Schierenbeck Management Edition

Herausgegeben von
Universitätsprofessor Dr. Dr. h.c. Henner Schierenbeck

Bisher erschienene Werke:

Rolfes, Moderne Investitionsrechnung, 2. Auflage
Schierenbeck · Lister, Value Controlling –
Grundlagen Wertorientierter Unternehmensführung,
2. Auflage

Value Controlling

Grundlagen Wertorientierter Unternehmensführung

Von

Dr. Dr. h. c. Henner Schierenbeck
o. Professor der Betriebswirtschaftslehre

und

Dr. Michael Lister
Assistenzprofessor für Betriebswirtschaftslehre

2., unveränderte Auflage

R. Oldenbourg Verlag München Wien

Die Deutsche Bibliothek – CIP-Einheitsaufnahme

Schierenbeck, Henner:
Value Controlling : Grundlagen Wertorientierter Unternehmensführung /
von Henner Schierenbeck und Michael Lister. – 2., unveränd. Aufl. -
München ; Wien : Oldenbourg, 2002
   (Schierenbeck Management Edition)
   ISBN 3-486-25940-7

© 2002 Oldenbourg Wissenschaftsverlag GmbH
Rosenheimer Straße 145, D-81671 München
Telefon: (089) 45051-0
www.oldenbourg-verlag.de

Das Werk einschließlich aller Abbildungen ist urheberrechtlich geschützt. Jede Verwertung außerhalb der Grenzen des Urheberrechtsgesetzes ist ohne Zustimmung des Verlages unzulässig und strafbar. Das gilt insbesondere für Vervielfältigungen, Übersetzungen, Mikroverfilmungen und die Einspeicherung und Bearbeitung in elektronischen Systemen.

Gedruckt auf säure- und chlorfreiem Papier
Druck: Grafik + Druck, München
Bindung: R. Oldenbourg Graphische Betriebe Binderei GmbH

ISBN 3-486-25940-7

Value Controlling
- Grundlagen Wertorientierter Unternehmensführung

Seite

Erster Teil:
Controlling als Fundament des Wertorientierten Managements 1

Erstes Kapitel: *Das Controlling-Phänomen* 3
Zweites Kapitel: *Funktionen und Prinzipien des Controllings* 11
Drittes Kapitel: *Konfiguration des Value Controllings* 77

Zweiter Teil:
Value Controlling: Stellschraube Rentabilität 119

Viertes Kapitel: *Periodenerfolgsorientiertes Rentabilitäts-Controlling* 121
Fünftes Kapitel: *Barwertorientiertes Rentabilitäts-Controlling* 221
Sechstes Kapitel: *Geschäftsfeldstruktur-Controlling* 283

Dritter Teil:
Value Controlling: Stellschraube Risiko 309

Siebtes Kapitel: *Konzeption eines integrierten Risiko-Controllings* 311
Achtes Kapitel: *Controlling ausgewählter Risikodimensionen* 377
Neuntes Kapitel: *Risikoadjustierte Kapitalallokation im Kontext des*
                             Risiko-Controllings 473

Inhaltsverzeichnis

	Seite
Inhaltsverzeichnis	VII
Vorwort	XVII

Erster Teil:
Controlling als Fundament des Wertorientierten Managements 1

Erstes Kapitel: Das Controlling-Phänomen 3
A. Controlling-Konzepte in Theorie und Praxis 3
B. Instrumente, Methoden und Verfahren des Controllings 5
C. Übersicht über alternative Controlling-Funktionen 7

Zweites Kapitel: Funktionen und Prinzipien des Controllings 11
A. Controlling als integrative Koordination der Unternehmensprozesse und -strukturen 11
    I. Wesen der Koordinationsfunktion des Controllings 11
        1. Wertorientierte Unternehmensphilosophie als Basis integrierter Controlling-Systeme 11
        2. Controlling als strukturdeterminierte und strukturdeterminierende Kraft im Unternehmen 13
        3. Konzeption des institutionalisierten Controlling-Zyklus 14
    II. Organisation des Führungssystems der Unternehmung 18
        1. Anforderungsprofil moderner Organisationsstrukturen 18
        2. Arbeitsteilige Erfüllung von Controlling-Aufgaben 20
        3. Hierarchische Einordnung des Controllings 24
    III. Anforderungsprofil des Controllers 30
B. Controlling als institutionalisierter Regelkreis von Planung und Kontrolle 32
    I. Aufbau des Planungs- und Kontrollprozesses 32
    II. Wesensmerkmale von Planungs- und Kontrollsystemen 37
        1. System und Funktionsprinzipien der hierarchischen Unternehmensplanung 38
        2. Kontrollfunktionen im Controlling-Zyklus 43
    III. Integration der Balanced Scorecard in den Planungs- und Kontrollprozess 44
        1. Das Wesen der Balanced Scorecard 44
            a) Zielsetzung des Balanced Scorecard Instrumentariums 44
            b) Perspektiven der Balanced Scorecard 45
            c) Der Anwendungsprozess der Balanced Scorecard 51
        2. Strategisches Controlling im Balanced Scorecard Prozess 56
        3. Budgetierung als operatives Element des Balanced Scorecard Prozesses 59
            a) Das Wesen der Budgetierung 59
            b) Prozessstufen der Budgetierung 62

C. Controlling als systematisches Informationsmanagement 68
   I. Anforderungsprofil effizienter Führungsinformationssysteme 68
   II. Das betriebliche Informationssystem: Financial Accounting, Management Accounting und Reporting 71

Drittes Kapitel: Konfiguration des Value Controllings..77
A. Wertmanagement und Value Controlling..77
   I. Hauptmerkmale und Fragestellungen des Shareholder Value-Ansatzes..................77
   II. Funktionen des Value Controllings im Wertmanagement 80
      1. Identifikation der Werttreiber des Unternehmenswertes......................................81
      2. Analyse des Wertsteigerungspotenzials 84
      3. Werttreiber als Ausgangspunkt von Wertsteigerungsstrategien..........................86
B. Unternehmensbewertung mithilfe der Discounted Cashflow-Verfahren 89
   I. Free-Cashflow 90
   II. Kapitalkosten...92
      1. Eigenkapitalkosten 92
         a) Capital Asset Pricing Model..93
         b) Arbitrage Pricing Theory...95
         c) Option Pricing Model 97
         d) Dividend Discount Model und Income Capitalization Model 99
         e) Coherent Market Hypothesis...100
      2. Fremdkapitalkosten 102
      3. Weighted Average Cost of Capital (WACC) 102
   III. Varianten zur Erfassung der Fremdkapitalleistungen 104
   IV. Ergänzende Bewertungsansätze 108
      1. Cashflow ROI als Wertsteigerungsmaß 108
      2. Kontrollrechnungen..109
C. Dimensionen des Value Controllings 111
   I. Stellschrauben des Value Controllings..111
   II. Bausteine des Value Controllings 115

Zweiter Teil:
Value Controlling: Stellschraube Rentabilität 119

Viertes Kapitel: Periodenerfolgsorientiertes Rentabilitäts-Controlling.................... 121
A. Ableitung der Soll-Eigenkapitalrentabilität.. 121
   I. Der finanzstrukturelle Ansatz zur Bestimmung der Mindest-Rentabilität.............. 122
      1. Konzeption des finanzstrukturellen Ansatzes 122
      2. Determinanten des strukturellen Gewinn- und Cashflow-Bedarfs.................... 123
         a) Umsatzwachstum.. 124
         b) Kapitalumschlag... 125
         c) Kapitalstrukturkennzahlen... 127
            (1) Vertikale Kapitalstrukturkennzahlen... 128
            (2) Horizontale Kapitalstrukturkennzahlen... 130
            (3) Vertikale Vermögensstrukturkennzahlen... 135
            (4) Kapitalstrukturnormen 138
         d) Externe Eigenkapitalzuführung... 142
         e) Dividende 144
         f) Steuern.. 146
         g) Gewinnbedarf... 146
         h) Determinanten des Cashflow-Bedarfs... 147
         i) Zusammenhang zwischen Gewinn- und Cashflow-Bedarf 148
      3. Planung von Finanzstrukturgleichgewicht und Gleichgewichtsrentabilität...... 149
         a) Die Konzeption der strukturellen Gleichgewichtsrentabilität im
            Kontext des finanziellen Gleichgewichts 149
            (1) Analytische Zusammenhänge zwischen Wachstum,
                Strukturgleichgewicht und Gleichgewichtsrentabilität 149
            (2) Beispiel zur gleichgewichtsorientierten Ergebnisplanung 151
            (3) Das Gleichgewichtsergebnis im ROI-Konzept 152
         b) Gleichgewichtsorientierte Ergebnisplanung bei stabiler Kapitalstruktur... 153
            (1) Ausgewählte Kennzahlen zur Gewinnbedarfsrechnung..................... 153
            (2) Formulierung von Bedingungsgleichungen 155
            (3) Beispiel zur formelmäßigen Berechnung des
                Gleichgewichtsergebnisses... 157
            (4) Das umsatzbezogene Mindestergebnis.. 158
            (5) Der Zusammenhang zwischen Wachstum und Umsatzrentabilität..... 159
            (6) Zusammenfassend: Der Zusammenhang zwischen
                Bedarfsdeckung und Bedarfsentstehung... 161
         c) Verfeinerung der Analyse um Cashflow-Relationen 162
            (1) Definition umsatzbezogener Kennzahlen.. 162
            (2) Integration des Cashflow-Bedarfs in die
                Bedingungsgleichungen des Gleichgewichtsergebnisses................... 164
            (3) Beispiel zur formelmäßigen Bestimmung des Cashflow-Bedarfs 167

II. Kapitalmarktorientierter Ansatz zur Bestimmung der Eigenkapitalkosten 169
    1. Eigenkapitalkosten in der Finanzierungstheorie 169
    2. Konstruktionselemente und Problemfelder des CAPM 169
        a) Bestimmung des risikofreien Zinses 169
        b) Quantifizierung der Risikoprämie 170
        c) Renditeerwartungen im CAPM 172
    3. Ableitung der Soll-Eigenkapitalrentabilität aus dem CAPM 173
III. Best-Practice-Standards 176
IV. Abstimmungsprozess zur Fixierung der Soll-Eigenkapitalrentabilität 178

B. Analyse der Ist-Eigenkapitalrentabilität 179
  I. Konzeption eines integrierten Kennzahlensystems für das ROI-Management 179
    1. Rahmenbedingungen integrierter Kennzahlensysteme 179
        a) Kennzahlen und Kennzahlensysteme 179
        b) Erfolgsspaltung in der GuV 181
        c) Definition alternativer Rentabilitätskennzahlen 183
    2. Konstruktionselemente der ROI-Kennzahlenhierarchie 185
        a) Der Leverage-Effekt 186
        b) Zusammenhang zwischen ROA_{Gross}, ROA_{Net} und UR_{Netto} 190
        c) Zusammenhang zwischen EKR und ROA_{Net} 192
        d) Zusammenhang zwischen UR_{Brutto} und UR_{Netto} 194
    3. Das erweiterte ROI-Kennzahlensystem 196
  II. Möglichkeiten zur stärkeren Differenzierung der ROI-Analyse 198
    1. Kennzahlen zur Aufwands- und Ertragsstruktur 198
    2. Verknüpfung von Rentabilitäts- und Cashflow-Dimension 200
    3. Mitarbeiterbezogene Kennzahlen 204
    4. Verknüpfung des ROI-Kennzahlensystems mit dem Marktwert des Eigenkapitals 205
        a) Der Marktwert des Eigenkapitals im ROI-Schema 205
        b) Kontrolle der Total-Investor-Performance 209
        b) Ergänzende Kennzahlen zur Marktwertsteuerung 210
  III. Geschäftspolitische Ansatzpunkte für das ROI-Management 213
    1. Kosten- und Ertragsoptimierung 214
    2. Ertragsorientiertes Wachstum 215
    3. Financial Engineering, gleichgewichtige Kapitalstruktur und finanzielle Rationalisierung 217

C. Der Abstimmungsprozess von Soll- und Ist-Eigenkapitalrentabilität 218
  I. Das Konzept des Economic Value Added 218
  II. Probleme bei der Gegenüberstellung von Soll- und Ist-Eigenkapitalrentabilität 220

Fünftes Kapitel: Barwertorientiertes Rentabilitäts-Controlling 221

A. Konzeption des barwertorientierten Rentabilitäts-Controllings 221
  I.   Abgrenzung alternativer Marktwertbegriffe 221
  II. Zielgrößen im barwertorientierten Rentabilitäts-Controlling 223
  III. Dimensionen des barwertorientierten Rentabilitäts-Controllings 224

B. Das Marktzinsmodell als Basis des Investitions-Controllings 224
   I. Begriff und Wesen des Investitions-Controllings 224
      1. Aufgabenbereiche des Investitions-Controllings 224
      2. Abgrenzung controlling-adäquater Investitionsrechnungen 226
      3. Integration von Investitions-, Kosten- und Liquiditätsrechnung 229
   II. Das Marktzinsmodell der Investitionsrechnung 230
      1. Kapitalwertbestimmung im Marktzinsmodell 230
         a) Konstruktionsprinzipien des Marktzinsmodells 230
         b) Berechnung des Kapitalwertes mithilfe zahlungsstrukturkongruenter Gegengeschäfte 234
         c) Der Einsatz von Zerobond-Abzinsfaktoren zur Kapitalwertbestimmung 235
      2. Analyse des Finanzierungserfolgs im Marktzinsmodell 238
         a) Investitionsrendite und Kalkulationszins 238
         b) Finanzierungserfolg und Fristentransformation 245
         c) Kalkulation des Finanzierungserfolgs bei inkongruenter Finanzierung und alternativer Zinsentwicklung 248
      3. Periodisierung des Kapitalwertes 251
   III. Abweichungsanalyse im Marktzinsmodell 254
C. Gesamtunternehmensbezogenes Barwertkalkül 255
   I. Alternative Erfolgsspaltungskonzepte 255
      1. Handelsrechtliche Ergebnisentstehungs- und –verwendungsrechnung 255
      2. Barwertorientierte Erfolgsspaltung als Basis des Industriemodell der Marktzinsmethode 258
      3. Beispiel zur Analyse der barwertorientierten Erfolgsspaltung 261
   II. Kalkulation der Teilergebnisse im Industriemodell der Marktzinsmethode ... 264
      1. Das operative Ergebnis 264
      2. Liquiditätsergebnis 268
      3. Anlageergebnis 270
      4. Passivisches Zinsergebnis 272
      5. Fristentransformationsergebnis 275
   III. Das ökonomische Jahresergebnis 280
      1. Zusammenführung der Teilergebnisse 280
      2. Vergleich von ökonomischem und handelsrechtlichem Ergebnis 281

Sechstes Kapitel: Geschäftsfeldstruktur-Controlling 283
A. Konstruktionselemente des Geschäftsfeldstruktur-Controllings 283
   I. Geschäftspolitische Fragestellungen 283
   II. Planung und Kontrolle im Geschäftsfeldstruktur-Controlling 284
   III. Modelle und Verfahren im Geschäftsfeldstruktur-Controlling 285
B. Instrumentarium zur Analyse einzelner Geschäftsfelder 286
   I. Lebenszykluskonzept 286
   II. Erfahrungskurvenanalyse 287
   III. Ressourcenanalyse 288

C. Konzepte zur Analyse der Integration strategischer Geschäftsfelder 290
   I. Geschäftsfeldstrukturanalysen 290
      1. Konzept der strategischen Geschäftsfeldkurve 290
      2. Cashflow-/Reinvestitionsanalyse 294
      3. Geschäftsfeldstrukturanalysen und Eigenkapitalkosten 296
         a) Eigenkapitalkosten im Konzept der strategischen Geschäftsfeldkurve 296
         b) Marktwertkoeffizientenanalyse 297
   II. Portfolioanalysen 298
      1. Marktanteils-/Marktwachstums-Matrix 299
      2. Konzeption eines Geschäftsfeldstärken-/Marktattraktivitäts-Portfolios 302
      3. Kernkompetenz-/Wertschöpfungs-Matrix 306

Dritter Teil:
Value Controlling: Stellschraube Risiko 309

Siebtes Kapitel: Konzeption eines integrierten Risiko-Controllings 311
A. Risiko-Controlling im Kontext des Wertmanagements 311
   I. Begriff und Wesen des Risikos 311
      1. Risikodefinition 311
      2. Risikoverständnis 312
   II. Risikowirkungen 314
      1. Risikospezifische Erhöhung der Eigenkapitalkosten 315
      2. Risikoinduzierte Gewinnminderung 317
      3. Risikospezifische Marktwerteffekte 322
   III. Ziele des Risiko-Controllings 324
      1. Risikopolitische Ziele im Wertmanagement 324
      2. Der Zielkonflikt gemäß Risiko-/Rendite-Paradoxon 327
B. Prozessstufen des Risiko-Controllings 328
   I. Risikoanalyse 329
      1. Risikoidentifikation 329
         a) Instrumente zur Risikoidentifikation 329
            (1) Ausfalleffektanalyse 329
            (2) Fehlerbaumanalyse 330
         b) Risikokategorisierung 331
      2. Risikobewertung 336
         a) Das Unsicherheitsproblem in der Risikomessung 336
         b) Alternative Verfahren zu Risikomessung 338
            (1) VaR 339
            (2) Risikomessung mithilfe annualisierter Gesamterwartungswerte 343
            (3) Sensitivitätsanalyse 345
            (4) Risikoanalyse mithilfe des Drei-Werte-Verfahrens 345
            (5) Szenarioanalyse 347
         c) Risk Map 350
   II. Risikosteuerung 352
      1. Risikobewältigungsstrategien 352
         a) Strategien der aktiven Risikobewältigung 353
         b) Instrumente der passiven Risikobewältigung 355
            (1) Risikovorsorge 356
            (2) Risikotransfer 357
            (3) Hybride Instrumente der Risikovorsorge und des Risikotransfers 360
         c) Fixierung des optimalen Sicherungsgrads 361
      2. Der Risikotragfähigkeitskalkül 362
         a) Die Grundgleichung des Risikotragfähigkeitskalküls 363
         b) Abstimmung von Risikopotenzial und Risikodeckungsmassen 364
         c) Aufbau einer Risikomatrix als Basis der Risikolimitierung 365
      3. Der Risiko-Chancen-Kalkül 367
   III. Risikokontrolle 370

C. Risikoorganisation 371
    I. Organisationsstruktur des Risiko-Controllings 371
    II. Das Mehr-Ebenen-Modell des Risikomanagements 372
    III. Empirische Befunde zur Organisation des Risiko-Controllings 373

Achtes Kapitel: Controlling ausgewählter Risikodimensionen 377
A. Abgrenzung alternativer Risikodimensionen 377
    I. Funktionsbereiche des Risiko-Controllings 377
    II. Das Abgrenzungsproblem im Rrisiko-Controlling 378
    III. Zentrale Bausteine des Risiko-Controllings 379
B. Geschäftsrisiko-Controlling 380
    I. Kostenrisiko Controlling 380
        1. Anforderungsprofil einer controlling-adäquaten Kostenrechnung............380
        2. Ausgewählte Verfahren der Plankostenrechnung 383
            a) Prozesskosten- und Standard-Einzelkostenrechnung..........................383
            b) Zielkostenrechnung bzw. Target Costing..388
        3. Risikospezifische Aspekte des Kosten-Controllings.................................389
            a) Problemstellungen im Controlling von Kostenrisiken 389
            b) Das Produktivitätsergebnis als Basis der Risikomessung 391
            c) Risikoreduktion durch Kostenflexibilisierung 393
    II. Controlling von Umsatzrisiken...394
    III. Controlling des Margenrisikos 396
C. Controlling finanzieller Risiken 402
    I. Liquiditätsrisiko-Controlling 402
        1. Der Finanzplan 402
        2. Der finanzielle Mobilitätsstatus...409
        3. Cash-Management-Systeme 413
    II. Controlling im Asset-Liability-Management 415
        1. Das Problem der optimalen Verschuldung..416
            a) Der Leverage-Effekt..416
            b) Kapitalstrukturelle Effekte auf die Soll-Eigenkapitalrentabilität 419
                (1) Kapitalstruktur und Gleichgewichtsergebnis 419
                (2) Kapitalstruktur und kapitalmarkttheoretische Eigenkapitalkosten 423
            c) Modelle zur Planung des optimalen Verschuldungsgrades........................424
                (1) Traditionelle These..426
                (2) Modigliani/Miller-These 426
        2. Controlling von Marktpreisrisiken 428
            a) Begriff und Wesen des Marktpreisrisikos 428
            b) Controlling von Zinsänderungsrisiken 429
                (1) Ausprägungen und Steuerungsbereiche des Zinsänderungsrisikos.....429
                (2) Quantifizierung von Zinsänderungsrisiken am Beispiel
                     von Marktwertrisiken 430
                (3) Steuerung des Zinsänderungsrisikos am Beispiel der Begrenzung
                     von Marktwertschwankungen des Eigenkapitals 437

        c) Elemente des Währungsrisiko-Controllings 440
           (1) Risikobegriff und Risikodeterminanten im klassischen
              Währungsmanagement 440
           (2) Beispiel zur Berechnung des Währungsrisikos 442
           (3) Instrumente zur Steuerung des Währungsrisikos 445
    3. Controlling von Ausfallrisiken 453
        a) Charakterisierung des Ausfallrisikos 453
        b) Modelle zur Quantifizierung des Ausfallrisikos 454
        c) Ansätze zur Ausfallrisikosteuerung 458
III. Bilanzplanung als integrierendes Element des finanzwirtschaftlichen Risiko-Controllings 461
    1. Prognoserechnungen 462
    2. Formulierung von Gleichgewichtsbedingungen 463
    3. Erstellung vorläufiger Planbilanzen und Planerfolgsrechnungen 464
    4. Kontrolle der Gleichgewichtsbedingungen 470
    5. Modifikation der Plangrößen und Fixierung der Planbilanz 471

Neuntes Kapitel: Risikoadjustierte Kapitalallokation im Kontext des Risiko-Controllings .. 473
A. Rahmenbedingungen einer integrierten Risiko-/ Renditesteuerung 473
    I. Problemstellung der Kapitalallokation 473
    II. Eignung alternativer Konzepte zur Beurteilung der Wertsteigerung 474
    III. Entscheidungsparameter im Rahmen der integrierten Risiko-/ Renditesteuerung ... 476
B. Geschäftsfeldspezifische Eigenkapitalkosten 477
    I. Übersicht über alternative Verfahren 477
    II. Analogie-Ansatz 479
    III. Analyseansatz 480
        1. Analyse des Investitionsbetas 480
        2. Gewinnstrukturspezifische Ermittlung von Beta-Faktoren 481
        3. Empirisch getestete Beta-Faktoren 482
    IV. Zusammenfassende Beurteilung 483
C. Controllingspezifische Aspekte der optimalen Eigenkapitalallokation 484
    I. Problematik der geschäftsfeldspezifischen Eigenkapitalzuordnung 484
    II. Fremdkapital, Fremdkapitalkosten und WACC 486
    III. Integrierte Risiko-/Renditesteuerung zur Optimierung des Eigenkapitaleinsatzes .. 489
        1. Transformation der Renditeforderungen 489
        2. Renditeansprüche in Abhängigkeit von der Art der Eigenkapitalzuweisung.... 490
        3. Der Prozess der Risikokapitalallokation 494

Literaturverzeichnis 497

Stichwortverzeichnis 515

Vorwort zur 2. Auflage

Die erste Auflage dieses Buches war unerwartet schnell vergriffen. Über diesen Erfolg freuen wir uns als Verfasser natürlich sehr. Leider ließ uns der rasche Absatz für eine umfassende inhaltliche Überarbeitung keine Zeit. Deshalb erscheint die zweite Auflage in grundsätzlich unveränderter Form. Es wurden jedoch Fehler korrigiert und einzelne Unklarheiten beseitigt. Zudem wurde die zweite Auflage digital reproduziert, so dass die zum Teil schlecht kopierten Abbildungen der ersten Auflage nun in bestmöglicher Qualität erscheinen.

Erneut möchten wir darauf aufmerksam machen, dass für Hinweise, Ergänzungen und Korrekturen zu diesem Buch, die uns bereits für die erste Auflage erreicht haben, wofür wir uns an dieser Stelle herzlich bedanken möchten, unter *www.value-controlling.de* eine Internet-Seite und mit *hinweise@value-controlling.de* die dazugehörige E-Mail-Adresse eingerichtet wurden.

Für die Bearbeitung der drucktechnischen Vorlagen bedanken wir uns bei Herrn cand. rer. pol. Fabian Schneider.

Henner Schierenbeck und Michael Lister

Vorwort zur 1. Auflage

Die rasanten Entwicklungen in der Informationstechnologie, die immer noch zunehmenden Globalisierungstendenzen und die permanent steigende Wettbewerbsintensität führen bei vielen Unternehmen zu sinkenden Rentabilitäten. Gleichzeitig wird durch das Wertmanagement als Paradigma einer modernen und zukunftsweisenden Unternehmensphilosophie der Performancedruck erhöht. In diesem Spannungsfeld fällt es den Unternehmen immer schwerer, die finanziellen Ansprüche ihrer Anteilseigner zu erfüllen.

Darüber hinaus weist das unternehmerische Geschehen einen ständig größer werdenden Komplexitätsgrad auf. Es fällt den Managern einer Unternehmung zunehmend schwerer, das gesamte betriebliche Geschehen zu durchdringen und die richtigen Entscheidungen im Sinne einer Steigerung des Unternehmenswertes zu treffen.

Die Unternehmen benötigen deshalb dringender denn je ein effizientes Führungssystem zur Steuerung aller geschäftspolitischen Aktivitäten. Die Gestaltung eines solchen Führungssystems stellt die zentrale Aufgabe des Controllings dar.

Vor diesem Hintergrund ist ein der Philosophie des Wertmanagement verpflichtetes Controlling-Konzept zu entwickeln, das möglichst allen Ansprüchen gerecht wird, die an ein modernes Führungskonzept gestellt werden. Dieses Konzept wird angesichts der Betonung des Wertaspektes als Value Controlling bezeichnet.

Im ersten Teil dieses Werkes werden dazu die wesentlichen Elemente des Value Controllings herausgearbeitet. Zum einen werden hier die Funktionen des Controllings erörtert. Zum anderen wird das Controlling in das Konzept des Wertmanagement integriert. Als zentrale Bausteine des Value Controllings werden dabei das Rentabilitäts- und das Risiko-Controlling identifiziert.

Im zweiten Teil wird das Rentabilitäts-Controlling vorgestellt. Dabei wird zwischen dem periodenerfolgsorientierten und dem barwertorientierten Rentabilitäts-Controlling sowie dem Geschäftsfeldstruktur-Controlling differenziert.

Im dritten Teil werden schließlich die immer stärker an Bedeutung gewinnenden Elemente des Risiko-Controllings erörtert. Dazu wird zunächst die Konzeption eines integrierten Risiko-Controllings entworfen. Hierauf aufbauend werden die wichtigsten Elemente des Controllings ausgewählter Risikodimensionen präsentiert. Abschließend werden die Möglichkeiten einer risikoadjustierten Kapitalallokation aufgezeigt.

Für Hinweise, Ergänzungen und Korrekturen zu diesem Buch, für die wir dankbar sind, wurde unter http://www.value-controlling.de eine Internet Seite eingerichtet.

Ein Buch wie das vorliegende kann nicht alleine anhand der Veröffentlichungen auf diesem Gebiet geschrieben werden. Es ist letztlich stets das Produkt einer Vielzahl von Personen, Quellen und Anregungen. An erster Stelle möchten wir deshalb Frau Dr. Claudia Wöhle, Basel, Herrn Prof. Dr. Bernd Rolfes, Duisburg, Herrn Prof. Dr. Reinhold Hölscher, Kaiserslautern, und Herrn Prof. Dr. Arnd Wiedemann, Siegen, für ihre ständige Gesprächsbereitschaft danken. Für die umfangreiche redaktionelle Unterstützung danken wir Frau Regina Lister. Mit ihrer technischen Unterstützung, der Hilfe beim Korrekturlesen sowie zahlreichen Anmerkungen haben sich die Assistenten der Abteilung Bankmanagement und Controlling, Wirtschaftswissenschaftliches Zentrum der Universität Basel, Herr lic. rer. pol. Mark Neukomm, Herr lic. rer. pol. Marc Schwarz, Herr Dipl.-Kfm. Stefan Vomstein und Herr Dipl.-Kfm. Antony Jia Yu Zhou verdient gemacht. Für die hilfreiche Unterstützung bei der Erstellung der Druckvorlagen danken wir Frau cand. rer. pol. Annabelle Haas, Frau cand. rer. pol. Truc Quan Luong, Frau stud. rer. pol. Yvonne Mende, Frau cand. rer. pol. Kaida Theen, Herrn cand. rer. pol. Michael Buess, Herrn cand. rer. pol. Felix Kohlermann, Herrn stud. rer. pol. Andrzej Kon, Herrn stud. rer. pol. Fabian Schneider, Herrn stud. rer. pol. Roman Uebelhart und Herrn cand. rer. pol. Olivier Wirz.

Ihnen allen gebührt unser herzlicher Dank.

Henner Schierenbeck und Michael Lister

Erster Teil

Controlling als Fundament des Wertorientierten Managements

Erstes Kapitel: Das Controlling-Phänomen

Unabhängig von ihrer Größe sind alle Unternehmen einem immer schneller ablaufenden Veränderungsprozess ausgesetzt. Zentrale Elemente dieses Veränderungsprozesses sind die zunehmende Internationalisierung, der sich verschärfende Wettbewerb und die rasanten Veränderungen im Bereich der Informationstechnologien. Die immer höhere Komplexität der Geschäftsrisiken, die immer kürzer werdenden Reaktionszeiten und die Überflutung mit Informationen führen dazu, dass die Anforderungen an das Management und an das verwendete Steuerungsinstrumentarium ständig zunehmen.

In diesem Umfeld ist mit der Durchsetzung des Shareholder Value-Managements ein neues Paradigma der Unternehmensführung entstanden. Der Shareholder Value-Ansatz basiert auf dem Konzept des Wertorientierten Managements. Er umfasst ein stark angelsächsisch geprägtes und auf ein einheitliches Ziel hin fokussiertes Konzept der Unternehmensführung. In dessen Mittelpunkt steht die nachhaltige Steigerung des Unternehmenswertes (= Value) bzw. der Anlegerrendite (= Performance) für die Aktionäre (= Shareholder).

Die Dynamik der Märkte einerseits und das Wertorientierte Management als neue Philosophie andererseits erfordern die Entwicklung neuer Strategien und den Einsatz moderner Instrumente in der Unternehmensführung. Weitgehend unverzichtbar für die Zukunftssicherung von Unternehmen ist ein modernes Controlling. Das Controlling trägt entscheidend dazu bei, Unternehmen erfolgreich durch das Spannungsfeld ihrer Märkte zu führen. Die Rolle des Controllings im Rahmen der Wertsteigerungsprozesse des Shareholder Value-Managements steht im Mittelpunkt dieses Werks.

A. Controlling-Konzepte in Theorie und Praxis

Der Begriff Controlling kann auf unterschiedliche Art und Weise interpretiert werden. Theorie und Praxis bemühen sich schon lange um eine einheitliche Definition. Zahlreiche empirische, praxisorientierte und theoretische Untersuchungen des Controlling-Phänomens können aber nur dessen Vielschichtigkeit belegen.

Etymologisch lässt sich der Begriff „Controlling" auf das lateinische „contra" für „gegen" und „rotulus" für Rolle zurückführen. Hieraus entstand das frühfranzösische „contrerole" bzw. „contreroller" als Bezeichnung einer Person, die Verträge oder Aufzeichnungen überprüfte. Aus diesem, bereits im 12. Jahrhundert ins Englische übernommenen Wort entstand schließlich im 16. Jahrhundert die Bezeichnung „comptroller" aus dem wiederum das heutige „controller" bzw. „controlling" resultierte.

Losgelöst von dieser etymologischen Entwicklung sind im Zeitablauf vier Entwicklungsstufen des Controllings zu erkennen (vgl. HAASE 1980 und 1996).

Stufe 1: Bis ins späte 19. Jahrhundert arbeiten Controller in öffentlichen Verwaltungen. Sie sind zuständig für Rechnungswesen, Zahlungsanweisungen und Innenrevision.

Stufe 2: Gegen Ende des 19. Jahrhunderts richten die ersten Unternehmen Controlling-Stellen ein. Die Controller übernehmen Aufgaben des Rechnungswesens, der Innenrevision und der Koordination der Unternehmensteilbereiche. 1880 führte die *Atkinson, Topeca and Santa Fe Railway System* erstmals eine „Comptroller"-Position ein, die für die Finanzierungsgeschäfte verantwortlich war.

Stufe 3: In der weiteren Folge werden für das Controlling verstärkt formalisierte, systematische Planungsverfahren entwickelt.

Stufe 4: Die immer größer werdende Zahl von Controllern führt 1949 zur Gründung des „Controllers Institute of America". Dieses Institut definiert folgende Aufgaben als zentrale **Controlling-Funktionen**:
- Gesamtplanung,
- Kontrolle,
- unternehmensinterne und externe Berichterstattung,
- Überwachung der Steuerangelegenheiten,
- Beobachtung außerbetrieblicher Einflüsse und
- Überwachung des Unternehmensvermögens.

Schon die Auseinandersetzung mit der Controlling-Geschichte zeigt, dass sich das Controlling längst von einer reinen Kontrollorientierung gelöst hat. Ergänzend wurden insbesondere Planungs- und Koordinationsfunktionen in das Controlling-Konzept integriert (vgl. HAASE 1980). Allerdings bleibt der Blick in die Controlling-Geschichte eine abschließende Aussage darüber schuldig, wie ein modernes Controlling-Konzept ausgestaltet werden soll.

Aber auch die **empirische Analyse** der in der Praxis vorzufindenden Ausprägungsformen des Controllings führt zu keiner allgemeingültigen Controlling-Definition. Die verschiedenen empirischen Untersuchungen kommen immer wieder zu dem Ergebnis, dass eine Vielzahl unterschiedlichster Charakteristika existiert. Die Empirien führen zwar regelmäßig zu einer Dominanz bestimmter Elemente. Eine wirklich klare und eindeutige Controlling-Konzeption lässt sich aber nicht erkennen. So werden bspw. in den empirischen Untersuchungen (vgl. hierzu z.B. AMSHOFF 1993) voneinander abgegrenzt:

Controlling-Ziele:
- Kontrolle,
- Steuerung,
- Planung und
- Sicherung der Harmonisierung.

Controlling-Zieltypen:
- der kontrollsicherungsorientierte Zieltyp,
- der die Entscheidungsqualität sichernde Zieltyp,
- der kontroll- und entscheidungsqualitätssicherungsorientierte Zieltyp und
- der planungs- und harmonisierungssicherungsorientierte Zieltyp.

Controlling-Philosophien:
- das passiv-vergangenheitsorientierte Controlling,
- das aktiv-zukunftsorientierte Controlling und
- das innovativ-antizipative Controlling.

Weitere, in der empirischen Analyse häufig differenzierte Kategorien zur Abgrenzung von Controlling-Systemen sind:

- **Teilaufgaben**, wie Planung, Kontrolle, Steuerung, Informationsverarbeitung,
- **Technologien**, wie Instrumente, EDV, Berichtsmethoden,
- **Träger**, wie unternehmensinterne und -externe Träger oder
- **Art der Formalisierung**, wie Stellen-, Aufgaben- oder Informationsflussformalisierung.

Schließlich wurden in zahlreichen theoretisch orientierten Analysen alternative Controlling-Konzeptionen präsentiert. Aber auch hier lässt sich keine Einigkeit hinsichtlich der Controlling-Definition erkennen. So werden bspw. folgende **Zwecksetzungen des Controllings** alternativ und teilweise miteinander kombiniert genannt (vgl. KÜPPER 1995):

- die Ziel- oder Gewinnorientierung,
- die Koordination,
- die Unterstützung,
- die Anpassung,
- die Innovation,
- die Spezialisierung auf bestimmte Aufgabengebiete und
- die Sicherstellung der Rationalität.

Hinsichtlich der **relevanten Führungsbereiche** werden die unterschiedlichen Stärken des Bezugs auf

- das Informationssystem,
- den Bereich der quantitativen Planung, Steuerung und Kontrolle,
- sowie der Bezug auf die strategische Ebene

differenziert.

Theorie und Praxis haben offensichtlich Mühe damit, sich auf eine einheitliche Controlling-Konzeption zu verständigen. Dies ist angesichts der großen Heterogenität des unternehmerischen Geschehens und der damit zwangsläufig unterschiedlichen Anforderungen, die das Controlling erfüllen soll, nicht weiter verwunderlich. Trotzdem lässt sich ungeachtet der unterschiedlichen Ausprägungsformen ein größtmöglicher gemeinsamer Nenner erkennen. Dieser besteht in der Hervorhebung der Koordinations- und Unterstützungsfunktionen des Controllings.

B. Instrumente, Methoden und Verfahren des Controllings

Die Vielschichtigkeit des Controlling-Phänomens spiegelt sich auch wieder in der großen Zahl von **Instrumenten** und **Techniken**, die im Controlling verwendet werden. Diese sind teilweise nicht speziell für das Controlling entwickelt worden. Sie stellen generelle Managementinstrumente und -techniken dar, die häufig für die Anwendung im Controlling entsprechend weiterentwickelt oder modifiziert werden müssen.

Management-Techniken	Literaturhinweise
1. Erhebungstechniken	
- Interviewtechniken	Schmidt, G. (1983)
- Fragebogentechniken	
- Stichprobenverfahren	Cochran (1972)
2. Analysetechniken	
- Systemanalyse	Koreimann (1972)
- Scenario-writing	Jantsch (1967)
- Netzplantechnik	Große-Oetringhaus (1979)
- Kennzahlensysteme	Staehle (1969)
- Check-list-Verfahren	Wild (1973)
- Wertanalyse	Fulton (1973)
3. Kreativitätstechniken	
- Brainstorming	Clark (1980)
- Methode 653	Rohrbach (1973)
- Synektik	Gordon (1961)
- Morphologische Methode	Zwicky (1971)
4. Prognosetechniken	
- Delphi Methode	Albach (1970)
- statistische Extrapolationsverfahren	Lewandowski (1974)
- Analogieverfahren	Martino (1972)
- Querschnittsanalyse	Lehneis (1971)
- Indikatormethode	Lehneis (1971)
- Regressionsanalyse	Rogge (1972)
- Ökonometrische Modelle	Schneeweiß (1990)
- Verweilzeitverteilungen	Guhse (1967)
- Input-Outputanalyse	Leontief (1970)
- Simulationsmodelle	Mertens (1982)
5. Bewertungstechniken	
- Produkt-Status-Analyse	Wild (1973)
- Scoring-Modelle	O`Meara (1961)
- Relevanzbäume (Pattern)	Töpfer (1976)
- Kosten-Nutzen-Analyse	Reckenwald (1971)
- Wirtschaftlichkeitsrechnung	Blohm/Lüder (1995)
- Break-Even-Analyse	Tucker (1973)
- Risiko-Analyse	Müller-Merbach (1984)
- Risiko-Chancen-Kalkül	Neubürger (1980)
6. Entscheidungstechniken	
- Mathematische Entscheidungsmodelle	Müller-Merbach (1973)
- Spieltheoretische Modelle	Bamberg/Coenenberg (1986)
- Entscheidungsregeln bei Ungewißheit	Schmidt, R.-B. (1973)
- Entscheidungstabellentechnik	Elben (1973)
- Entscheidungsbaumtechnik	Bühlmann et al. (1969)
7. Darstellungstechniken	
- Funktionsdiagramme	Wild (1973)
- Stellenbeschreibungen	Höhn (1979)
- Flow Charts	Reichard (1977)
- Methode Jordt-Gscheidle	Schmidt, G. (1983)
8. Argumentationstechnik	
- Präsentationstechnik	Wohlleben (1984)
- Verhandlungstechnik	Lay (1987)

Abb. 1.1: Übersicht über wichtige Management-Techniken im Controlling

Hinsichtlich dieser Managementinstrumente ist zu beachten, dass das Controlling grundsätzlich nicht nur **quantitativ**, sondern durchaus auch **qualitativ** ausgerichtet ist. Dies wird auch in empirischen Studien bestätigt (vgl. WITT 1994). Trotzdem liegt der Schwerpunkt des Controllings üblicherweise in der Quantifizierung wirtschaftlicher Sachverhalte. Für den Einsatz von Controlling-Instrumenten gilt dabei ein schon von *Galilei* formulierter Grundsatz (zitiert nach SCHMALENBACH 1963):

„Was man messen kann, soll man messen; was man nicht messen kann, soll man messbar machen!"

Angesichts der Konzentration auf die Quantifizierung wirtschaftlicher Sachverhalte bildet zwangsläufig das betriebliche Rechnungswesen das Kernstück des Controllings. Finanzbuchhaltung, Bilanz und Erfolgsrechnung sind häufig, aber nicht ausschließlich, die Zahlenlieferanten des Controllings. Hierauf aufbauend lassen sich

- Erhebungstechniken,
- Analysetechniken,
- Kreativitätstechniken,
- Prognosetechniken,
- Bewertungstechniken,
- Darstellungstechniken und
- Argumentationstechniken

als Kategorien alternativer Management-Techniken unterscheiden (vgl. Abb. 1.1). Diese Instrumente, Methoden und Verfahren sind der Gegenstand der noch folgenden Gliederungsabschnitte. Sie sollen deshalb an dieser Stelle nicht tiefergehend erörtert werden.

C. Übersicht über alternative Controlling-Funktionen

Schon 1962 wurde vom Financial Executive Institute (FEI) ein Aufgabenkatalog für das Controlling definiert, der die Bereiche Informationsbeschaffung (Rechnungswesen, Steuern, volkswirtschaftliche Analysen, interne Kontrollen und Revision) sowie Informationsverwendung (Planung, Budgetierung, Berichterstattung und Interpretation, Bewertung und Beratung) umfasst (vgl. FINANCIAL EXECUTIVE INSTITUTE 1962; PEEMÖLLER 1992).

Seit den 70er Jahren ist diese eher traditionelle Ausrichtung des Controllings mehr und mehr einer managementorientierten Sichtweise gewichen. Das heutige **Erscheinungsbild des Controllers** wird durch verschiedene, die traditionelle Sichtweise ergänzende Merkmale geprägt (vgl. BOTSCHATZKE 1996; PEEMÖLLER 1992):

- der Controller verfügt über genaueste Kenntnisse des Unternehmensgeschehens und steht mit seinem Fachwissen sogar teilweise in Konkurrenz zu den übrigen Führungskräften,
- der Controller soll mehr denn je zur Ergebnisverbesserung beitragen,
- der Controller soll als **internal quantitative (and qualitative) consultant** motivieren und inspirieren,
- der Controlling-Gedanke wird auf alle Wirtschaftszweige und Verwaltungen ausgedehnt,

- das Controlling wird in allen Unternehmensteilbereichen angewendet und
- das Controlling erfährt eine verstärkte Zukunftsorientierung.

Grundsätzlich dient das Controlling der systematischen Unterstützung von Managemententscheidungen bzw. -anordnungen. Es bildet insoweit ein **integrales Konzept einer betont ergebnisorientierten Unternehmenssteuerung**. Wegen dieses umfassenden Anspruchs ist es nicht verwunderlich, dass es praktisch alle Teilbereiche einer modernen Betriebswirtschaftslehre durchdringt. Dies wird auch deutlich in der Tatsache, dass neben zahlreichen branchenspezifischen Controlling-Konzepten, wie bspw.

- Industrie-Controlling,
- Banken-Controlling,
- Versicherungs-Controlling oder
- Handels-Controlling,

diverse Steuerungsbereiche eines Unternehmens mit einem Zusatz-Controlling versehen werden. Abb. 1.2 demonstriert eindrucksvoll die Vielfalt möglicher Begriffsbildungen, die als Bindestrich-Controlling bezeichnet werden (vgl. DEYHLE/STEIGMEYER 1993; LANTER 1996)

Organisations-bereiche	Konzern-Controlling Unternehmens-Controlling	Geschäftsfeld-Controlling Profit Center-Controlling Abteilungs-Controlling
Input	Personal-Controlling Material-Controlling	Informations-Controlling Anlagen-Controlling
Prozess	Beschaffungs-Controlling Produktions-Controlling Marketing-/Vertriebs-Controlling F/E-Controlling Logistik-Controlling	Investitions-Controlling Projekt-Controlling Kosten-Controlling Qualitäts-Controlling
Output	Rentabilitäts-Controlling Risiko-Controlling Finanz-Controlling	(Shareholder) Value-Controlling

Abb. 1.2: Bindestrich-Controlling

Im Mittelpunkt der managementorientierten Sichtweise steht stets die Unterstützung der Entscheidungsträger einer Unternehmung bei ihren Führungsaufgaben. Um diesem Anspruch gerecht zu werden, sind entsprechende Controlling-Systeme zu entwickeln, einzuführen und zu betreiben. Denn nur mithilfe effizienter Controlling-Systeme kann die Koordination von Informationsbeschaffung und -verwendung als Hauptaufgabe des Controllings bei der Unterstützung des Managements erfüllt werden.

Hieraus lassen sich die drei in Theorie und Praxis unbestrittenen **Kernfunktionen des Controllings** ableiten. Diese sind (vgl. BOTSCHATZKE 1996):

- Koordinationsfunktion,
- Planungs- und Kontrollfunktion und
- Informationsfunktion.

Die **Koordinationsfunktion** dominiert als **primäre Kernfunktion** die **Planungs- und Kontrollfunktion** sowie die **Informationsfunktion**. Letztlich stellen diese beiden **sekundären Kernfunktionen** des Controllings Teilelemente zur Erfüllung der Koordinationsfunktion dar. Die Koordinationsfunktion geht aber über diese beiden Bereiche weiter hinaus. Zur Erfüllung von Koordinationsaufgaben sind nämlich auch organisatorische, personalpolitische und unternehmensphilosophische Aspekte zu beachten. Zudem bestehen zwischen den Planungs- und Kontrollfunktionen sowie den Informationsfunktionen Interdependenzen. So ist ein umfassendes Kennzahlensystem einerseits Element der Informationsbereitstellung, kann aber andererseits auch in den Budgetprozess integriert werden (vgl. KÜPPER 1995). Die Kernfunktionen des Controllings (vgl. Abb. 1.3) bilden den gliederungstechnischen Rahmen der nachfolgenden Auseinandersetzung mit den Controlling-Funktionen.

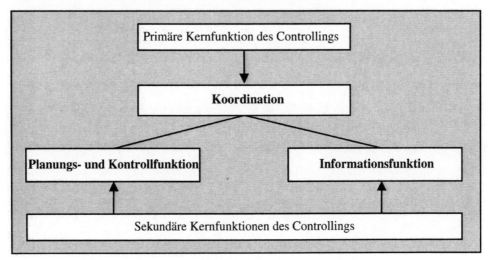

Abb. 1.3: Kernfunktionen des Controllings

Zweites Kapitel: Funktionen und Prinzipien des Controllings

A. Controlling als integrative Koordination der Unternehmensprozesse und -strukturen

I. Wesen der Koordinationsfunktion des Controllings

1. Wertorientierte Unternehmensphilosophie als Basis integrierter Controlling-Systeme

Die **Wertorientierte Unternehmensphilosophie** bildet das Kernelement eines integrierten Controlling-Systems. Sie ist Ausdruck einer Managementkonzeption, welche die Sicherung und Optimierung des Unternehmenswertes zum tragenden Fundament erhebt.

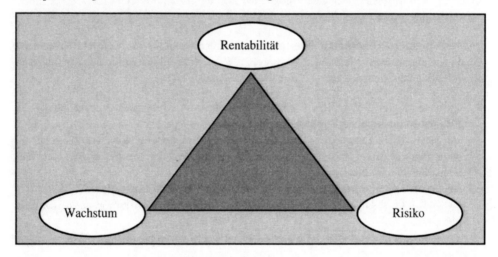

Abb. 2.1: Triade des wertorientierten Managements

Das Zielsystem einer solchen Managementkonzeption kann mithilfe der **Triade des Wertorientierten Managements** skizziert werden (vgl. Abb. 2.1). Das Zielsystem dieser Triade wird von einer konsequenten Orientierung des Denkens und Entscheidungsverhaltens vorrangig an Rentabilitätskriterien geprägt. Alle geschäftspolitischen Entscheidungen sind stets der Frage zu unterwerfen, ob bzw. inwiefern sie zur Erzielung einer angemessenen **Rentabilität** beitragen. Das Controlling fungiert als eine Art institutionalisiertes Ertragsgewissen der Unternehmung.

Die **Risikoübernahme** muss sich aus den zu erwartenden Rentabilitätsbeiträgen rechtfertigen. Dabei ist aus Sicht der Wertorientierung ein enger Zusammenhang zwischen Rentabilität und Risiko zu beachten: Bei gleichbleibender Rentabilität führt ein höheres Risiko zu einem niedrigeren Unternehmenswert. Ebenso steigt bei gleichbleibendem Risiko und höherer Rentabilität der Unternehmenswert. Wenn also eine Rentabilitätssteigerung nur über sehr viel höhere Risikoübernahmen zu erzielen ist, stellt sich u. U. gar kein positiver Effekt. Es besteht sogar die Gefahr, dass der Unternehmenswert sinkt. Risiko und Rentabilität können also aus wertorientierter Sicht nicht losgelöst voneinander betrachtet werden.

Wertorientierte Risikopolitik ist allerdings nicht nur auf die Optimierung des Risiko-Chancen-Verhältnisses ausgerichtet. Vielmehr ist die Risikoübernahme auch an die Risikotragfähigkeit einer Unternehmung gekoppelt. Insofern impliziert das Controlling zusätzlich eine tendenziell defensive Grundhaltung hinsichtlich des Eingehens von Risiken.

Schließlich fordert die Triade des Wertorientierten Managements eine Abkehr von der in Industrie- und Dienstleistungsunternehmen teilweise noch in manchen Köpfen vorherrschenden Wachstumsorientierung. **Geschäftswachstum** darf grundsätzlich nicht als Selbstzweck angestrebt werden. Vielmehr dient das Wachstum der Sicherung und Steigerung des Unternehmenswertes. Dementsprechend ist das angestrebte Wachstum stets hinsichtlich seiner Risiko- und Rentabilitätswirkung auf einen möglichen Beitrag zur Optimierung des Unternehmenswertes zu untersuchen.

Die **wertorientierte Geschäftsphilosophie** lässt sich aber nicht nur mithilfe der Elemente der Triade charakterisieren. Vielmehr existiert eine Reihe weiterer Indikatoren auf den verschiedenen Entscheidungsebenen eines Unternehmens. Hierzu zählen:

- ein ausgeprägtes Verständnis für Kostenkontrolle und Kostensenkungsmaßnahmen im Rahmen kontinuierlicher Verbesserungsprozesse,
- die systematische Entwicklung und/oder Sicherung komparativer Konkurrenzvorteile,
- die erfolgreiche Integration von Kundenorientierung und Wertorientierung in einem harmonischen Gesamtkonzept,
- eine betont leistungsorientierte Ausgestaltung betrieblicher Anreizsysteme,
- die Synchronisation von Unternehmenszielen und persönlichen Einkommens- und Karrierezielen,
- die konsequente Beurteilung von Kundenbeziehungen vor dem Hintergrund der Wertorientierung
- u. v. m.

Ein Teil der hier angesprochenen Indikatoren für die Existenz einer wertorientierten Geschäftsphilosophie lässt sich leicht überprüfen. Andere hingegen entziehen sich einer objektiven Beurteilung. Hier besteht dann in der Praxis häufig die Gefahr, dass die betriebliche Realität trotz eines „Lippenbekenntnisses" zur Wertorientierung noch stark von traditionellen Denkschemata und Werten geprägt ist. Vor diesem Hintergrund lassen sich für das Controlling verschiedene **Teilaufgaben** ableiten:

- Wachstumsgrenzen definieren,
- Rentabilitätsstruktur der Geschäftsfelder identifizieren,
- Planbilanzen erstellen und auf Konsistenz mit Strukturnormen prüfen,
- Portfolioanalysen erstellen und kommentieren,
- Rentabilitätsnormen fixieren,

- Frühwarnsignale für Fehlentwicklungen aufnehmen und interpretieren,
- Soll-/Ist-Abweichungen registrieren und Ursachenanalyse betreiben
- u. a. m.

Das Controlling steht dabei stets in einer besonderen **Beziehungsdynamik zum Manager**, der als eigentlicher „Agent" des (wertorientierten) Unternehmensgeschehens in der Praxis betrachtet werden kann. Manager entscheiden und ordnen an. Ihr Denken ist ergebnisorientiert - oder sollte es zumindest sein. Alle Controlling-Funktionen sind deshalb darauf auszurichten, diese Kernfunktionen des Entscheidens und Anordnens zu unterstützen. Die Unterstützung soll systematisch und strukturiert erfolgen. Letzteres wird naturgemäß um so wichtiger, je größer die Komplexität und Dynamik der zu lösenden Probleme sind und je weniger die Manager zeitlich oder intellektuell in der Lage sind, die Hilfsfunktionen des Controllings selbst zu erfüllen. Diese Unterstützung erfolgt, indem das Controlling die Koordination der betrieblichen Tätigkeiten übernimmt. Vor diesem Hintergrund avanciert die Koordinationsfunktion zur Hauptaufgabe des Controllings. Die Koordinationsaufgabe des Controllings wird demnach um so deutlicher,

- je größer und unüberschaubarer das Unternehmen wird,
- je rascher und umfassender sich die Unternehmensumwelt wandelt und
- je höher die Spezialisierung der Führungskräfte wird (vgl. SCHIERENBECK 2001; WEBER 1990).

2. Controlling als strukturdeterminierte und strukturdeterminierende Kraft im Unternehmen

Nicht nur vor dem Hintergrund des Wertmanagements ist die **Koordinationsfunktion** als Hauptfunktion des Controllings zu betrachten. Auch in den verschiedenen Untersuchungen des Controlling-Phänomens wird diese Koordinationsfunktion häufig besonders hervorgehoben (vgl. KÜPPER 1995). Die Koordinationsfunktion des Controllings besteht vor allem darin, die innerhalb des gesamten Führungssystems bestehenden Koordinationsprobleme zu beseitigen und somit die zielgerichtete Lenkung des Unternehmens sicherzustellen.

Eine Beschränkung dieser Funktion auf Teile des Führungssystems ist zwar grundsätzlich möglich. Üblicherweise ist die Koordination jedoch auf das gesamte Führungssystem zu beziehen. Aus der Komplexität moderner Führungssysteme resultiert die immer größer werdende Bedeutung der Koordination: Je mehr aufbau- und ablauforganisatorische Differenzierungen Führungssysteme aufweisen, desto größer ist die Notwendigkeit einer institutionalisierten Koordination innerhalb dieser Systeme (vgl. HORVÁTH 1999; KÜPPER 1995; STEINLE/BRUCH 1998)

Um die Koordination des gesamten Führungssystems sicherzustellen, muss das Controlling effiziente Planungs- und Kontroll-, sowie Informationssysteme bereitstellen. In diesem Zusammenhang sind verschiedene, die Systemgestaltung betreffenden Aufgaben zu erfüllen. Hierzu zählen:

- **Systemkoppelung**: Alle Informations-, Planungs- und Kontrollsysteme müssen effizient aufeinander abgestimmt werden.
- **Systembildung**: Auch innerhalb einzelner Führungsteilsysteme ist die Koordination aller Tätigkeiten erforderlich.
- **Systemüberprüfung und -anpassung**: Die sich permanent wandelnde Umweltsituation der Unternehmung erfordert die ständige Kontrolle der existierenden Systeme, die, falls sie nicht mehr steuerungsadäquat sind, modifiziert werden müssen.
- **Systemdurchsetzung**: Selbstverständlich reicht es nicht aus, Systeme zu konzipieren. Diese müssen auch implementiert, akzeptiert und angewendet werden.
- **Systembetrieb**: Die vom Controlling geschaffenen Systeme müssen auch von diesem, ob vollständig oder teilweise, betrieben werden (vgl. WEBER 1990, HORVÁTH 1998).

Zur Erfüllung dieser Teilaufgaben ist es zunächst erforderlich, eine aufbau- und ablauforganisatorische Einordnung des Controllings vorzunehmen. Diese organisatorische Analyse ist grundsätzlich der Koordinationsfunktion im engeren Sinne zuzuordnen. Dabei ist zu beachten, dass einerseits das Controlling die Unternehmensstrukturen entwickelt bzw. determiniert. Insofern wirkt hier das Controlling als **strukturdeterminierende Kraft**. Andererseits sind die organisatorischen Strukturen des Controllings selbst von den Unternehmensstrukturen abhängig, so dass das Controlling selbst von den Unternehmensstrukturen **determiniert** wird.

3. Konzeption des institutionalisierten Controlling-Zyklus

Die primären und sekundären Koordinationsaufgaben deuten schon darauf hin, dass Controlling-Systeme ihrem Kern nach komplexe Steuerungssysteme sind. Innerhalb dieser Steuerungssysteme werden die verschiedenen Aktivitäten nicht isoliert und unverbunden vollzogen. Sie werden konzeptionell in ein komplexes, hierarchisch vermaschtes, kybernetisches **Regelkreismodell** zur Koordination des unternehmerischen Gesamtgebildes eingefügt. Um in diesem Sinne einen **Controlling-Zyklus** zu institutionalisieren, ist es unerlässlich, strategische und operative Ziele vor dem Hintergrund einer wertorientierten Geschäftsphilosophie zu formulieren und in strategische wie auch operative Plangrößen umzusetzen. Die daraus resultierenden Sollgrößen dienen der Orientierung und damit vor allem der Koordination aller Organisationseinheiten. So können alle Planaktivitäten zu einem Gesamtplan koordiniert werden, in dem sich dann die gesamte Zielkonzeption der Unternehmung widerspiegelt. Dieser Gesamtplan bildet die Grundlage und Voraussetzung dafür, Kontrollmaßnahmen zu ergreifen, Probleme, die letztlich nichts anderes als Soll-/Ist-Abweichungen darstellen, überhaupt zu erkennen und kurskorrigierende Vorschläge zu unterbreiten.

Innerhalb der noch zu erörternden Planungs- und Kontrollfunktionen des Controllings stellt die Organisation des Planungsprozesses nach dem „**Gegenstromverfahren**" ein zentrales Element dar. Dabei erfolgt die Planung hierarchisch von oben nach unten, also durch eine Kombination aus „bottom-up-" und „top-down-approach". Das bedeutet, dass zunächst ein vorläufiges Zielsystem festgesetzt wird, das von oben nach unten zunehmend konkretisiert und detailliert wird. Nachdem dieser Prozess die unterste Planungsebene erreicht hat, setzt in umgekehrter Richtung ein progressiver Rücklauf ein, durch den auf jeder hierarchischen Stufe die unmittelbar nachgeordneten Pläne schrittweise koordiniert und zusammengefasst werden.

Erst nach Beendigung des Rücklaufs wird eine endgültige Entscheidung über das Gesamtsystem der Pläne getroffen. Die Umsetzung dieses Gesamtsystems kann dann bspw. mithilfe der **Balanced Scorecard** erfolgen.

Die Ausgestaltung einer regelmäßigen Zielerreichungskontrolle und systematischen Abweichungsanalyse erfolgt nach dem Führungskonzept „**Management by Exception**", also der Führung durch Abweichungskontrolle und der Intervention in Ausnahmefällen. In engem Zusammenhang mit diesem Führungskonzept steht das Prinzip des „**Self-Controllings**", durch das eine möglichst weitgehende Selbständigkeit dezentraler Geschäftsbereiche gewährleistet werden soll. Es ermöglicht, dass grundsätzlich jede Organisationseinheit ein eigenständiges Controlling durchführt, zu diesem Zweck eigenständige Soll-/Ist-Vergleiche vornimmt und daraus resultierend ein entsprechendes Problembewusstsein entwickelt. Die notwendige Voraussetzung dafür bildet die Verankerung von Problembewusstsein, Kompetenz und Verantwortlichkeit an der Schnittstelle der Unternehmung zum Markt und wird aus Gründen der Motivation und Marktkenntnis als besonders sinnvoll angesehen. Eine Beschränkung dieser Selbststeuerung erfolgt lediglich dort, wo es aus Gründen eines zentralen Steuerungsbedarfs unumgänglich erscheint.

Die sich bereits hier andeutende Dualität der Steuerungskreise und deren integrative Verknüpfung durch entsprechende organisatorische Vorkehrungen entsprechen den konzeptionellen Hauptmerkmalen eines Steuerungsansatzes, der als „**Duales Steuerungsmodell**" bezeichnet wird (vgl. Abb. 2.2).

Das duale Steuerungsmodell ist Ausdruck eines zweiteiligen Führungssystems für Unternehmen. Dieses ursprünglich für Banken entwickelte Steuerungsmodell (vgl. SCHIERENBECK 2001) lässt sich problemlos auch auf Nicht-Banken übertragen. Die im Dualen Steuerungsmodell vorgenommene Zweiteilung des Steuerungskreises ist eng verknüpft mit der Frage nach der organisatorischen Zuordnung von Entscheidungskompetenzen und Verantwortlichkeiten.

In einem über verschiedene Geschäftsbereiche divisionalisierten Unternehmen lassen sich dazu prinzipiell die geschäftsbereichsübergreifenden Tätigkeiten des Vorstands als Maßnahmen der zentralen Struktursteuerung und die innerhalb eines Geschäftsbereichs notwendigen Maßnahmen als dezentrale Geschäftssteuerung identifizieren. Aber auch innerhalb einzelner Geschäftsbereiche wäre es möglich, zwischen zentralen, den gesamten Geschäftsbereich betreffenden und dezentralen Teilelementen, bspw. der Produktion oder des Absatzes zu unterscheiden.

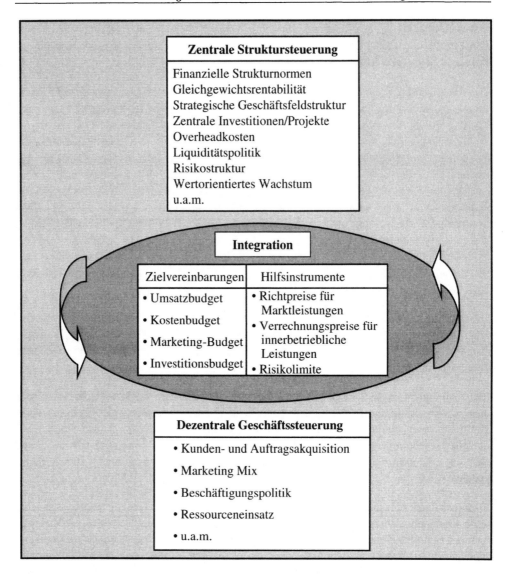

Abb. 2.2: Das Duale Steuerungsmodell

Grundsätzlich obliegen der **zentralen Struktursteuerung** all jene Problemkreise, die nur von einer übergeordneten Warte der Unternehmung aus beurteilt werden können. Relevante Aufgabenbereiche der dezentralen Struktursteuerung sind somit die Planung, Kontrolle und Steuerung

- der finanziellen Strukturnormen,
- der Gleichgewichtsrentabilität,
- der strategischen Geschäftsfeldstruktur,
- der zentralen Investitionen bzw. Projekte,
- der Overheadkosten,

- der Liquiditätspolitik,
- der Risikostrukturen,
- des wertorientierten Wachstums
- u. a. m.

Daneben zählen zu den Aufgabenbereichen der dezentralen Geschäftssteuerung

- die Kunden- und Auftragsakquisition,
- der Einsatz des optimalen Marketing-Mix,
- die Beschäftigungspolitik und
- der Ressourceneinsatz.

Die **dezentrale Geschäftssteuerung** weist demnach eine deutlich höhere Kundenorientierung auf. Bei aller Nähe zum Markt fehlt ihr allerdings die Übersicht über die Erfordernisse der gesamten Unternehmung. Deshalb muss die zentrale Struktursteuerung sicherstellen, dass trotz der grundsätzlich wünschenswerten Selbständigkeit der dezentralen Geschäftsbereiche keine unerwünschten Fehlentwicklungen auftreten. Die Ergebnis- und Strukturwirkungen aus den Tätigkeiten der einzelnen Geschäftsbereiche müssen stets im Einklang mit den obersten Zielen der Unternehmung stehen. Hierfür steht der zentralen Struktursteuerung eine Reihe von Maßnahmen zur Verfügung.

Zielvereinbarungen verknüpfen die zentralen Vorgaben bzw. Anforderungen mit den Möglichkeiten der dezentralen Geschäftsbereiche, Kundengeschäfte zu akquirieren und die dafür erforderlichen Leistungen zu produzieren. Im Rahmen des Planungsprozesses, der grundsätzlich nach den Prinzipien des Gegenstromverfahrens durchgeführt werden sollte, werden bspw. mithilfe der schon erwähnten Balanced Scorecard Budgets fixiert. Beispiele für solche Budgets sind:

- Umsatzbudgets,
- Kostenbudgets,
- Marketingsbudgets oder
- Investitionsbudgets.

Die Einhaltung von Budgetvereinbarungen kann durch den Einsatz von Hilfsinstrumenten unterstützt werden. Als Hilfsinstrumente können insbesondere Richtpreise für Marktleistungen, Verrechnungspreise für innerbetriebliche Leistungen und Risikolimite genannt werden.

Richtpreise für Marktleistungen dienen zum einen einem einheitlichen Marktauftritt. Zum anderen können mit Richtpreisen auch strukturelle Wirkungen erzielt werden. Denn mit Preisänderungen sind immer auch Veränderungen des Nachfrageverhaltens verbunden, die sich auf die Umsatzprozesse und damit auch auf den Gewinn niederschlagen.

Verrechnungspreise für innerbetriebliche Leistungen übernehmen vor allem eine Lenkungsfunktion. Sie sollen gewährleisten, dass die Verantwortlichen selbst über die Inanspruchnahme einer innerbetrieblichen Leistung entscheiden können. Gleichzeitig muss über die Höhe des Verrechnungspreises das Erreichen des obersten Unternehmensziels sichergestellt werden (vgl. ALBACH 1974).

Risikolimite begrenzen die Möglichkeiten der Marktbereiche, überhaupt Geschäfte zu tätigen. In diesem Zusammenhang kann z. B. durch die Risikolimitierung sichergestellt werden, dass die Risikoübernahme in Übereinstimmung mit der Risikotragfähigkeit der Unternehmung erfolgt.

II. Organisation des Führungssystems der Unternehmung

1. Anforderungsprofil moderner Organisationsstrukturen

Das Management steht unter dem Druck, die Organisationsstruktur permanent den aktuellen Entwicklungen anpassen zu müssen. Diesbezüglich sind Unternehmen zum einen einer stetig wachsenden Dynamik und Komplexität der Märkte ausgesetzt. Erschwerend treten immer häufiger abrupte Änderungen, sogenannte **Diskontinuitäten,** auf. Zum anderen reagieren die Unternehmen auf diese Problematik mit einer zunehmenden **Differenziertheit**. Tatsächlich muss das Management hier unter Zuhilfenahme des Controllings als harmonisierende Kraft auftreten und möglichst schnell wirkende Anpassungsmaßnahmen einleiten. (vgl. ANSOFF 1979; MACHARZINA 1993; BLEICHER 1992; MEFFERT 1985; HORVÁTH 1999). Im Zuge der erforderlichen organisatorischen Maßnahmen muss vor allem geklärt werden,

- ob flache oder tiefe Organisationsstrukturen sinnvoll sind,
- wie die Delegation von Entscheidungen erfolgen soll und
- wie das Führungsleitbild und die Controlling-Philosophie integriert werden können.

Zunächst ist grundsätzlich die Schaffung **dezentraler, flacher Organisationsstrukturen** erforderlich. Flache Organisationsstrukturen weisen eine sehr geringe Gliederungstiefe des pyramidenförmigen Stellengefüges einer Unternehmung auf. **Vorteile** flacher Organisationsstrukturen sind:

- Sicherung der Spontanität des Organisationssystems,
- Verkürzung des vertikalen Kommunikationsflusses und
- Eindämmung von dysfunktionalen Bürokratisierungserscheinungen.

Als **Nachteile** werden vor allem die sehr großen Leitungsspannen genannt. Große Leitungsspannen beinhalten die Gefahr, dass die übergeordneten Instanzen überfordert werden und dann ihre Leitungsfunktionen nur noch unvollständig erfüllen können. Damit wird die Fixierung der richtigen Leitungsspanne zu einem Optimierungsproblem: Die Leitungsspanne sollte auf jeder Ebene so groß wie möglich sein, ohne die Leitungskapazität der Vorgesetzten zu überfordern.

Neben der Strukturierung des Leitungssystems stellt die Art der **Delegation von Entscheidungen** ein weiteres Organisationsproblem dar. Für ein modernes Controlling-System sollten vier Prinzipien bezüglich der Art und Weise der Entscheidungsdelegation beachtet werden:

- **Kongruenzprinzip**: Aufgaben, Kompetenzen und Verantwortung sollen sich decken. Denn jeder Entscheidungsträger soll und kann nur für innerhalb seiner Kompetenz liegende Sachverhalte zur Verantwortung gezogen werden.
- **Operationalitätsprinzip**: Es soll eine klare Ergebnis- und Verantwortungszuweisung ermöglicht werden.
- **Minimal-Ebenen-Prinzip**: Es sollen möglichst wenige Management-Ebenen zur Koordination und Lösung auftretender Konflikte benötigt werden.
- **Management-by-Exception**: Entscheidungen sollen immer von der untersten Stelle gefällt werden, die hierfür gerade noch über den nötigen Überblick verfügt (vgl. KIESER/KUBICEK 1992; HILL/FEHLBAUM/ ULRICH 1992 und 1994; SCHIERENBECK 2001).

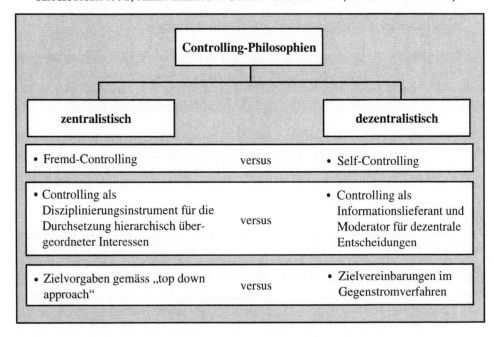

Abb. 2.3: *Gegenüberstellung von zentralistischen und dezentralistischen Controlling-Philosophien*

Schließlich ist gerade bei der Schaffung von Organisationsstrukturen die Integration von Führungsleitbild und Controlling-Philosophie zu beachten. Denn angesichts der systemdeterminierenden Kräfte des Controllings wären bspw. Konflikte unvermeidbar, wenn bei einer zentralistischen Controlling-Philosophie das Controlling dazu beitragen sollte, dezentrale Organisationsstrukturen zu entwickeln. Diesbezüglich können grundsätzlich die in Abb. 2.3 charakterisierten zentralistischen und dezentralistischen Organisationsphilosophien gegenübergestellt werden. Charakteristisch für zentralistische Controlling-Philosophien ist

- die Betonung des Fremd-Controllings,
- das Betreiben des Controllings als Disziplinierungsinstrument für die Durchsetzung hierarchisch übergeordneter Interessen und
- die Zielvorgabe gemäß "top-down-approach".

Demgegenüber zeichnen sich dezentralistische Controlling-Philosophien aus durch

- die Betonung des Self-Controllings,
- das Betreiben des Controllings als Informationslieferant und Moderator für dezentrale Entscheidungen und
- die Vereinbarung von Zielen im Gegenstromverfahren.

Aus der erörterten Notwendigkeit dezentraler Organisationsstrukturen wird deutlich, dass nur eine dezentralistische Controlling-Philosophie Basis eines effizienten Controlling-Systems sein und mit einem modernen Führungsverständnis integriert werden kann.

2. Arbeitsteilige Erfüllung von Controlling-Aufgaben

Das Controlling ist zur Erfüllung seiner vielfältigen Aufgaben in die Strukturorganisation der Unternehmen zweckentsprechend einzubinden. Das führt unmittelbar zu der Frage, wie Controlling-Systeme organisatorisch sowie personell zu gestalten sind, um die Erfüllung der Controlling-Aufgaben unter Effizienz- und Motivationsgesichtspunkten zu gewährleisten.

Dabei steht die Frage der Stellenbildung und der Stellenbesetzung im Vordergrund der Betrachtung. Im Zusammenhang mit der **Stellenbildung** ist zunächst zu untersuchen, inwieweit bestimmte Controllingaufgaben in einer spezialisierten Organisationseinheit zusammengefasst, also **zentralisiert** werden sollen oder aber **dezentral** auf verschiedene Bereiche aufgeteilt werden können. Im ersten Fall der zentralen Wahrnehmung von Controllingaufgaben sind ausschließlich für diese Funktion eingerichtete Stellen zuständig, während im zweiten Fall Leitungsstellen anderer Bereiche neben ihren originären Aufgaben Controllingfunktionen ausüben.

Daneben umfasst die Aufgabe der Stellenbildung die hierarchische Einordnung einer (möglicherweise) zentralen Controllingstelle. Hier muss festgelegt werden, ob diese den Charakter einer Linien-, einer Stabs- oder einer Dienstleistungsstelle (als Mischform der beiden ersten) annehmen soll, wie hoch das Controlling im Leitungssystem angesiedelt wird, und wie innerhalb des Controlling-Systems Weisungsbeziehungen zu gestalten sind. Im Rahmen der Verantwortungs- und Kompetenzzuweisung ist zu klären, welche Entscheidungsbefugnisse dem Controller insgesamt zugewiesen werden.

Interdependent verbunden mit dem Problem der Stellenbildung ist die Aufgabe der **Stellenbesetzung**. Nur dann, wenn ein Mitarbeiter die geforderten charakterlichen Eigenschaften und Fähigkeiten verkörpert, welche die Controlling-Stelle erfordert, kann eine Kongruenz erzeugt werden, die für eine funktionsfähige Implementierung unerlässlich erscheint.

Hingewiesen sei schon jetzt darauf, dass konkrete Aussagen über die optimale organisatorische Eingliederung des Controllings im Regelfall dadurch erschwert werden, dass eine Vielzahl von Einflussgrößen die Organisationsgestaltung mitbestimmen. Im Grunde kann diese Frage nur situativ, d. h. in Abhängigkeit von den spezifischen Kontextfaktoren einer Unternehmung beantwortet werden (vgl. KIESER/KUBICEK 1992). Zudem wirft die Beurteilung der organisatorischen Effizienz selbst erhebliche Probleme auf, da die organisatorische Gestaltung im wesentlichen nur qualitative Erfolgsfaktoren beeinflusst und deshalb auch nicht unmittelbar quantitativ messbar ist.

Im Rahmen der Zuweisung von Controllingfunktionen auf Stellen und Abteilungen ist zunächst zu entscheiden, in welchem Umfang und in welcher Art Controlling-Aufgaben arbeitsteilig erfüllt werden sollen. In der Organisationstheorie spricht man diesbezüglich von **Spezialisierung**, wobei sich Unterschiede in der Spezialisierung hinsichtlich

- des **Umfangs** der Spezialisierung: „In welchem Ausmaß gibt es spezialisierte Controlling-Stellen oder -Abteilungen und wo in der Strukturorganisation sind diese?"

und

- der **Art** der Spezialisierung: „Nach welchen organisatorischen Kriterien werden die Controlling-Stellen oder -Abteilungen gebildet?"

ergeben.

Im Hinblick auf die erste Frage nach dem **Spezialisierungsumfang** stehen sich völlig zentralisierte und teilweise dezentralisierte Varianten gegenüber. Völlig dezentralisierte Konzepte sind wegen des integrierenden Charakters des Controllings – seine Aufgabe liegt ja unter anderem auch darin, die sich mit der Dezentralisation entwickelnden Zentrifugalkräfte einzudämmen und die Handlungseinheit der Unternehmung zu wahren – von vornherein als ungeeignet anzusehen. Eine völlig zentralistische Wahrnehmung der Controllingaufgaben nur von einer einzigen zentralen Stelle oder Abteilung kann ebenfalls keine optimale Lösung sein können, da dies dem Grundgedanken des begrenzten „**Self-Controllings**" operativer Geschäftseinheiten widerspricht. Es wird also darum gehen, gewisse Teile des Controllings zu zentralisieren und andere möglichst dezentral zu den einzelnen Geschäftseinheiten zu verlagern.

Dabei spielen bestimmte Faktoren die Rolle von Determinanten für den Zentralisationsgrad von Controlling-Systemen. Grundsätzlich sind dabei praktisch dieselben Entwicklungen, die das Bedürfnis nach effizienten Controlling-Systemen hervorgebracht haben (Unternehmensgröße, Evolutionsdynamik der Märkte, Wettbewerb und Ertragssituation) auch maßgebend für Dezentralisationstendenzen innerhalb der Unternehmen. Dies wird am deutlichsten am Konzept der Schaffung von Gewinnverantwortungsbereichen (Profit-Center-Konzept), mit dem man die Vorteile der kleinen Unternehmung (Marktnähe, Flexibilität, Motivation) in der großen Unternehmung wiedergewinnen will. Um nun allerdings mit dem Controlling als ein vor allem auf die Integration bedachtes Konzept die Dezentralisation nicht faktisch rückgängig zu machen oder schwer zu beeinträchtigen (Profit-Center-Leiter werden von den Controllern aufgrund deren überlegenen Expertenwissens und Informationsvorsprüngen möglicherweise autoritär kontrolliert), muss sich das Controlling teilweise selbst dezentralisieren, d. h. der Dezentralisation folgen. Anzustreben ist also vor allem in großen Unternehmen insbesondere unter Motivationsaspekten ein möglichst weitgehendes „Self-Controlling" (vgl. MERTIN 1982). Der Controller muss sich dabei als Partner bei Problemlösungen, Helfer zur Selbsthilfe und Berater bzw. Moderator verstehen, um die Intentionen partnerschaftlicher und kooperativer Personalführung nicht zu konterkarieren.

Grundsätzlich gilt: Zentralisationsbedürftig sind generell all diejenigen Controlling-Aufgaben, welche die Gesamtunternehmung betreffen und/oder auf die Integration und Koordination der dezentralen Aktivitäten ausgerichtet sind. In allen anderen Fällen, in denen die wahrzunehmenden Controlling-Aufgaben innerhalb bestimmter Planungsphasen sich ausschließlich auf einen bestimmten Teilbereich beziehen und unabhängig von anderen Bereichen erfüllt werden können, ist eine Dezentralisierung anzustreben.

Für die Verteilung zentral oder dezentral wahrzunehmender Aufgaben auf entsprechende Stellen bestehen prinzipiell drei Möglichkeiten (vgl. PFOHL 1997). Erstens kann den **Linieninstanzen**, also den Stellen, die innerhalb der Linienorganisation Leitungsfunktionen übernehmen, zusätzlich zu ihrem originären Aufgabenbereich ein Teil der Controllingaufgaben übertragen werden. Der Vorteil einer solchen Zuordnung besteht darin, dass die Aufgaben von Entscheidungsträgern wahrgenommen werden und daher insbesondere bei der Umsetzung von Analyseerkenntnissen in konkretes Handeln besser durchgesetzt werden können. Nachteilig wirkt sich hier aber die mögliche Verdrängung der Controllingaufgaben durch das Tagesgeschäft aus.

Die beiden weiteren Möglichkeiten, den Linieninstanzen zugeordnete **Stabsstellen** mit einem Teil der Controllingfunktion zu betrauen oder eine **spezielle Controllingstelle** einzurichten, weisen dagegen den Vorteil auf, dass das Controlling institutionalisiert und aufgrund der Spezialisierungsmöglichkeiten intensiver betrieben wird. Allerdings kommen die letzten Alternativen nur bei großen Unternehmen, bei denen der Arbeitsumfang der durchzuführenden Controllingaufgaben ein entsprechendes Ausmaß annimmt, in Betracht.

Ein weiterer Aspekt der Arbeitsteilung im Controlling betrifft die Frage nach der **Art der Spezialisierung**. Im wesentlichen bieten sich hier zwei Strukturtypen für die Controlling-Organisation an: die Aufspaltung nach den zu erfüllenden Funktionen und die Aufteilung nach den betroffenen Organisationsbereichen (Sparten).

Entsprechend der für das Controlling geforderten Infrastruktur lassen sich zwei generelle **Funktionsbereiche** in der Controlling-Organisation trennen (vgl. KAESER 1984): das Planungs- und Kontrollsystem sowie das Management-Informationssystem. Obwohl beide Bereiche natürlich eng miteinander verknüpft sind, bestehen doch erhebliche Unterschiede im Tätigkeitsfeld dieser beiden Systeme. Während der Aufbau und die Gestaltung des Informationssystems der formalen und technischen Beschaffung, Aufbereitung und Lieferung zukunfts- und entscheidungsorientierter Informationen dient, geht es im Planungs- und Kontrollsystem vor allem um die Nutzung und Auswertung der gewonnenen Informationen, aus deren Analyse dann konkrete Handlungsempfehlungen für die Entscheidungsträger hervorgehen sollen. Vorteile einer funktionsorientierten Controlling-Organisation sind die hohe Integrität der Systeme und die gute Gesamtkoordination der Teilbereiche.

Neben der funktionsorientierten Gliederung des Controllings kann eine Spezialisierung zum zweiten nach **Organisationsbereichen** bzw. **Sparten** erfolgen. Organisationsbereiche können dabei nach Produkten, Regionen, Kundengruppen oder nach Kombinationen dieser Elemente gebildet werden. In allen Fällen haben die jeweiligen Controlling-Stellen Aufgaben sowohl innerhalb des Planungs- und Kontrollsystems als auch innerhalb des Informationssystems wahrzunehmen. Deshalb erhöhen sich die Anforderungen an die entsprechenden Mitarbeiter erheblich. Zudem besteht die Gefahr, dass die Einheitlichkeit und der Koordinationsauftrag des Controllings nicht gewährleistet werden, so dass diese Aufteilung in der reinen Form nicht durchführbar ist. Von Vorteil ist aber für eine spartenbezogene Divisionalisierung des Controllings die größere Kunden-/Marktnähe des Controllers. Für ein auf bestimmte Steuerungsbereiche ausgerichtetes Controlling ergibt sich zwangsläufig ein höherer Spezialisierungsgrad und damit ein tendenziell größeres Know-how. Dadurch wird sichergestellt, dass eine größere Akzeptanz des Controllings erreicht wird und individuelle Problemstellungen der Teilbereiche berücksichtigt werden können.

Um die Vorteile der funktionsorientierten Aufspaltung und der Aufspaltung nach Organisationsbereichen **gleichzeitig** zu nutzen, bietet es sich an, eine Kombination zwischen diesen Gliederungsprinzipien zu verwirklichen (vgl. Abb. 2.4).

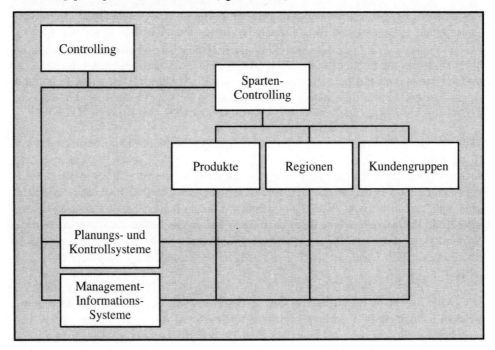

Abb. 2.4:   Controlling-Organisation nach dem Matrix-Konzept

Allerdings spielt hierbei auch die Betriebsgröße einer Unternehmung eine große Rolle. Für kleinere und mittlere Unternehmen erscheint wegen des tendenziell ohnehin höheren Zentralisationsgrades des Controllings eine funktionsorientierte Spezialisierung sinnvoll, da einerseits eine spartenorientierte Aufgliederung in reiner Form nicht durchführbar, andererseits eine Kombination der beiden Strukturtypen eher zu aufwendig ist. Insbesondere kann davon ausgegangen werden, dass solche Unternehmen noch in dem Maße überschaubar sind, dass alle bereichsspezifischen Controllingaufgaben in den jeweiligen Funktionsstellen hinreichend wahrgenommen werden können.

Einen wesentlichen Faktor für die organisatorische Effizienz von Controlling-Systemen stellen schließlich sekundär-organisatorische Maßnahmen dar, deren Zwecksetzung darin besteht, bestimmte Problem- und Aufgabenbereiche, die wegen ihrer Bedeutung für die Unternehmung und wegen des organisationsübergreifenden Charakters von der Controllingabteilung allein nicht gesteuert werden können, organisatorisch zu integrieren. Hierbei handelt es sich vor allem um bedeutsame und deshalb nur unter Mitwirkung der höchsten Führungsebene zu lösende Sonderprobleme sowie um solche Fälle, die wegen sich kurzfristig ändernder Umweltbedingungen einer schnellen ad-hoc-Koordination und rascher Entscheidungen bedürfen.

3. Hierarchische Einordnung des Controllings

Bei der Frage der hierarchischen Stellung des Controllers im Leitungssystem eines Unternehmens geht es einerseits darum, **auf welcher Hierarchieebene** das Controlling angesiedelt werden soll. In enger Verbindung dazu steht die Frage, ob das Controlling als Stabs- oder Linieninstanz zu organisieren ist und welche Weisungsbefugnisse dem Controller dabei zugewiesen werden. Wie hoch das Controlling in der Unternehmenshierarchie anzusiedeln ist, hängt davon ab, wie tiefgreifend die Veränderungen sind, die mit der Einführung eines Controllingkonzeptes innerhalb des Unternehmens notwendig werden, ob und wie der Controller an geschäftspolitischen Entscheidungen beteiligt werden soll oder ob die Neutralität des Controllers angestrebt wird (vgl. MANN 1989; KALTENHÄUSER 1979; BAUMGARTNER 1980).

Tiefgreifende Veränderungen innerhalb des sozialen Systems einer Unternehmung rufen i. d. R. erhebliche Widerstände hervor. Da ein effizientes Controlling solche Veränderungen jedoch häufig erfordert, kann es nur dort angesiedelt werden, wo man sich gegen diese Widerstände durchsetzen kann. Ob sich hieraus die Zuordnung zur höchsten Hierarchieebene zwingend ergibt, ist auch davon abhängig, in welchem Umfang sich die Geschäftsleitung für entsprechende Veränderungen entschieden und damit Fakten geschaffen hat. Tendenziell ist die Notwendigkeit, das Controlling auf höchster Ebene anzusiedeln, um so geringer, je mehr Rückendeckung der Controller durch grundsätzliche Vorentscheidungen der Geschäftsleitung erhält.

Der zweite Aspekt der hierarchischen Stellung des Controllers betrifft die Frage, **ob und mit welchen Kompetenzen** er an Entscheidungen beteiligt werden soll. Vorteilhaft ist eine Entscheidungsbeteiligung des Controllers vor allem deshalb, weil er wegen seiner breiten Informationsbasis und dem Überblick über die Gesamtzusammenhänge in der Lage ist, den häufig einseitigen Interessen verschiedener Teilbereiche entgegenzuwirken.

Da der Controller seiner Funktion und Persönlichkeit nach eher sicherheitsorientiert denkt, repräsentiert er zudem den notwendigen und nur mit entsprechender Entscheidungsgewalt voll wirksamen Gegenpol zum eher expansiven Charakter der Marktbereiche.

Da gegen eine Entscheidungsbeteiligung häufig eingewendet wird, dass der Controller aufgrund seines Informationsvorsprungs ein unerwünschtes Übergewicht erlange und Entscheidungen in seinem Sinne beeinflussen könne, ist zu überprüfen, ob und unter welchen Umständen die sich dahinter verbergende Neutralitätsforderung für den Controller und damit eine entsprechend niedrigere hierarchische Einordnung gerechtfertigt ist.

Zunächst ist gegen das obige Argument grundsätzlich anzuführen, dass die aufgrund des Informationsvorsprungs bestehenden Manipulationsmöglichkeiten des Controllers nicht allein von der Frage der Entscheidungsgewalt abhängen. Vielmehr verfügt er darüber auch ohne formelle Kompetenzen durch die Möglichkeit, Informationsströme entsprechend zu lenken. Auszuschließen ist dies letztlich nur, indem auch der Controller entsprechende Richtlinien für die Informationspflicht gegenüber anderen Bereichen vorgegeben bekommt. Der erforderliche Neutralitätsgrad des Controllers ist letztlich allein davon abhängig, inwieweit vom Controlling-System selbst Manipulationsmöglichkeiten zugelassen werden oder nicht. Dort, wo Ergebnisse und Aussagen vom System selbst und unbeeinflussbar von einer Person produziert werden (z. B. durch das Rechnungswesen), ist die Neutralität des Controllers gleichsam vom System her, gewissermaßen automatisch, gewährleistet. Andererseits ist dort, wo mit Schätzungen und nicht unmittelbar quantitativ messbaren Aussagen eine subjektive Komponente auftritt, der Controller zu Recht mit der Forderung nach manipulationsfreien Informationen konfrontiert.

Die Möglichkeiten der hierarchischen Einordnung des Controllers werden außer von diesen prinzipiellen Kriterien zudem von der **Unternehmensgröße** und der **Zahl der Mitglieder im Vorstand** determiniert. In kleineren und zum Teil auch mittleren Unternehmen dürfte kaum die Möglichkeit bestehen, dass ein Mitglied der Geschäftsleitung ausschließlich die Controllingfunktion wahrnimmt, da sich die Gesamtheit der dem Vorstand sich stellenden Aufgaben auf nur wenige Mitglieder verteilt. Zudem ist schon aufgrund des für diese Größenordnung geringeren Umfangs der Controllingtätigkeiten eine eigens dafür eingerichtete Vorstandsposition kaum gerechtfertigt.

Es bleiben somit nur die Möglichkeiten, entweder einem Vorstandsmitglied neben anderen Aufgaben auch die Controllingfunktion zuzuweisen, oder aber letztere auf die zweite Ebene zu verlagern. Zwar ist auf höchster Ebene die Durchsetzung von Controllingmaßnahmen am ehesten gewährleistet. Eine solche Einordnung hat jedoch den Nachteil, dass Controlling dort wegen dann möglicherweise zu hoher sonstiger Arbeitsbelastung nur unzureichend ausgeübt wird. Ein weiterer Gesichtspunkt ist in diesem Zusammenhang, dass bei Einführung des Controllings dem Management häufig das notwendige Know-how fehlt und deshalb der konsequente Aufbau eines Controlling-Systems und seine Funktionsfähigkeit von vornherein in Frage gestellt sind. Auf der anderen Seite ist bei der Zuordnung zur zweiten Ebene aufgrund der höheren Distanz zur oberen Entscheidungsebene die Gefahr, dass sich Widerstände durchsetzen, insbesondere wenn tiefgreifende Veränderungen notwendig sind, erheblich größer. Deshalb erscheint es sinnvoll, die Controllingfunktion bei kleineren Unternehmen auf der zweiten Ebene dort anzusiedeln, wo eine größtmögliche Nähe zum Vorstand gegeben ist. Dies ist zweifellos bei direkt dem Vorstand untergeordneten **Stabsabteilungen**, wie bspw. bei einem gegebenenfalls vorhandenen Vorstandssekretariat, der Fall. Diese Abteilungen qualifizieren sich häufig schon dadurch für diese Tätigkeit, dass der Stelleninhaber wesentliche Planungsaufgaben wahrnimmt und daher, möglicherweise durch einen entsprechenden Ausbildungsgang fundiert, die größten Kenntnisse für das Controlling mitbringt. Gegebenenfalls können dabei entstehende Probleme der Arbeitsbelastung durch die Einrichtung einer speziellen Controllingstelle gelöst werden.

Abb. 2.5 zeigt am Beispiel der Firma ALU-Sommer, wie eine solche Einordnung des Controllings als Stabsstelle aussehen kann. Die Firma ALU-Sommer beschäftigt ca. 300 Mitarbeiter. Sie ist marktführender Anbieter von Fenstern, Türen und Fassaden aus Aluminium im „pannonischen" Raum (vgl. STEINLE 1998).

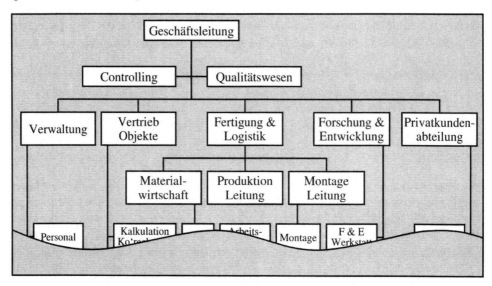

Abb. 2.5: Controlling bei der ALU-Sommer (vgl. STEINLE 1998C)

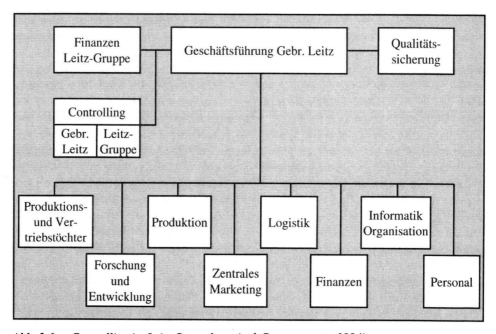

Abb. 2.6: Controlling im Leitz-Stammhaus (vgl. BRUCKLACHER 1994)

Gleichwohl sind derartige oder ähnliche Strukturen auch bei größeren Unternehmen denkbar. So zeigt Abb. 2.6, dass im Stammhaus der Leitz-Gruppe ebenfalls ein übergeordnetes Controlling als Stabsabteilung aufgebaut wurde. Die Leitz-Gruppe ist mit ca. 2000 Mitarbeitern als Hersteller von Präzisionsschneidwerkzeugen tätig. Zur Muttergesellschaft gehören 17 Firmen und 15 Vertriebsgesellschaften. Durch die im Organigramm ersichtliche Dezentralisierung von Verantwortlichkeiten und die Schaffung flacher Entscheidungshierarchien sollen über eine verbesserte Koordination Synergien für alle nutzbar gemacht werden (vgl. BRUCKLACHER 1994).

Daneben stellt sich die Frage, ob im Falle solcher Stabsabteilungen unmittelbar neben dem Controlling, aber doch von diesem getrennt, nicht ebenfalls der **Marketingbereich** anzusiedeln ist. Dafür spricht, dass man hier, wie bereits erwähnt, i. d. R. über das größte Planungs-Know-how verfügt und deshalb eine systematisch betriebene Marketingplanung und Marktorientierung am ehesten gewährleistet scheint. Da zudem alle wesentlichen Informationen und somit auch Marktinformationen hier zusammenlaufen, können Teilmärkte bzw. Geschäftsbereiche bewertet und verglichen werden. Sofern keine Geschäftsbereichsverantwortung vorliegt, können unabhängig von eigenen Interessen gezielte Strategien für die Marktbereiche entwickelt werden. Dabei wird durch die prinzipielle Trennung zwischen einer speziellen Controlling- und Marketing-Stelle zumindest theoretisch sichergestellt, dass den als beinahe gegensätzlich zu bezeichnenden Aufgabenbereichen und den daraus resultierenden unterschiedlichen personellen Anforderungen explizit Rechnung getragen wird. Während nämlich im Marketing Aufgaben der verkaufsfördernden Marktanalyse vorherrschen, beschäftigt sich das Controlling vornehmlich mit der Durchführung interner Betriebsanalysen. Demgemäß sollte der Inhaber der Marketingstelle einen tendenziell expansiven Charakter verkörpern und der typische Controller von der Persönlichkeit her eher ein „Bremser" sein.

Eine solche Strukturierung wird in Abb. 2.7 am Beispiel der KSB AG skizziert. Die KSB AG ist ein international tätiger Hersteller von Pumpen und Armaturen. Mit 14.200 Mitarbeitern und 30 konsolidierten Tochtergesellschaften konnte der Konzern 1992 einen weltweiten Umsatz von 1,0 Mrd. Euro erwirtschaften. In der KSB AG wird zwischen dem zentralen Controlling und dem Geschäftsbereichs-Controlling differenziert. Das zentrale Controlling ist unmittelbar dem Vorstand untergeordnet und übernimmt bereichsübergreifende Controllingaufgaben.

Demgegenüber wurde unter Verwirklichung der Ideen des Self-Controllings das geschäftsbezogene Controlling innerhalb der einzelnen Profit-Center angesiedelt. Dort ist es insbesondere für die Transparenz der Geschäftsprozesse verantwortlich. In der Abb. 2.7 wird bereits graphisch angedeutet, dass die Entwicklungen in der KSB AG geprägt sind von einer zunehmenden organisatorischen Integration auf der einen und des Controllings auf der anderen Seite (vgl. DEMMLER/HOMBURG 1994).

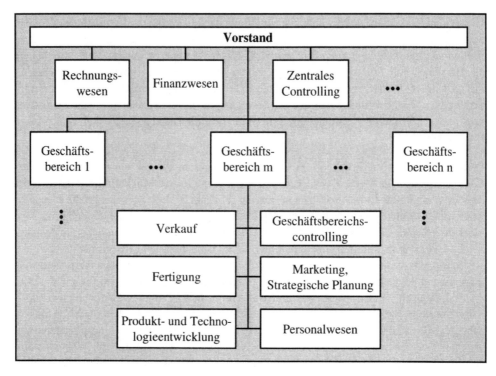

Abb. 2.7: Controlling in der KSB AG (vgl. DEMMLER/HOMBURG 1994)

Mit zunehmender Unternehmensgröße erlauben es die Anzahl der Vorstandsmitglieder und der Umfang der Controllingaufgaben, einem Vorstandsmitglied den Controllingbereich als Hauptaufgabe zuzuweisen. Daneben ist es sinnvoll, stark mit der Controllingaufgabe verflochtene Bereiche in diese Position zu integrieren, wie z. B. EDV und Organisation. Aus Gründen der Konzentration auf die Controllingfunktion und der notwendigen Neutralität des Controllers kann es allerdings problematisch sein, wenn das entsprechende Vorstandsmitglied gleichzeitig einen Geschäftsbereich führt und andere Vorstandsmitglieder mit Geschäftsbereichsverantwortung keine Controllingaufgaben wahrnehmen.

Diese Organisationsvariante soll am Beispiel des in Abb. 2.8 skizzierten Continental-Konzerns dargestellt werden, wobei festzustellen ist, dass das Organigramm der Continental dem der in Abb. 2.7 präsentierten KSB AG grundsätzlich ähnelt.

Die Continental ist mit ca. 48.000 Mitarbeitern weltweit als Kautschukverarbeiter tätig. Auf der ersten Führungsebene sind dort neben dem Vorstandsvorsitzenden zunächst zwei weitere Vorstände vorhanden, die zum einen das Ressort Personal und Soziales, zum anderen das Ressort Finanzen und Controlling betreuen. Daneben sind die Vorstände der verschiedenen Konzernbereiche angesiedelt. Diesen Vorständen einzelner Profit-Center sind Konzernbereichs-Controller unterstellt. Die geschäftsbereichsspezifischen Controller sind für das Self-Controlling in den Profit-Centern zuständig. Den Bedürfnissen der Unternehmung im Ganzen wird dadurch Rechnung getragen, dass die Konzernbereichs-Controller eng mit dem Konzern-Controller auf fachlicher Ebene zusammenarbeiten, ohne dass der Konzern-Controller Weisungsbefugnisse hat. Dieser Konzern-Controller ist wiederum dem nur für das Controlling zuständigen Vorstand ohne eigene Geschäftsbereichsverantwortung unterstellt (vgl. STEINLE 1998c).

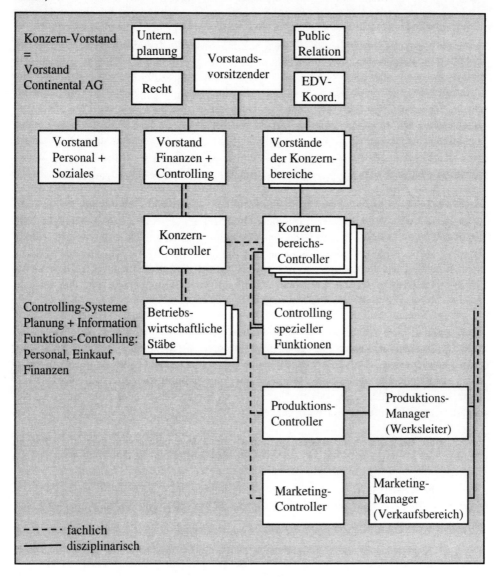

Abb. 2.8: Controlling im Continental-Konzern (vgl. STEINLE 1998c)

III. Anforderungsprofil des Controllers

Da es sich bei der Stellenbildung und -besetzung um Aufgaben handelt, die interdependent miteinander verknüpft sind, bedarf es einer gegenseitigen Abstimmung. Für die erfolgreiche Einbindung eines Controlling-Systems in eine bereits bestehende Organisationsstruktur bedeutet dies, dass ein Controller stets einem bestimmten **Anforderungsprofil** genügen muss. Ansonsten erscheint eine erfolgreiche Implementierung prinzipiell gefährdet. Aus diesem Grund muss nun – nach der Stellenbildung – die **Stellenbesetzung** im Vordergrund der Betrachtung stehen, in deren Rahmen die wesentlichen Persönlichkeitsmerkmale eines qualifizierten Controllers diskutiert werden sollen. Dabei ist zu beachten, dass ein Controller recht unterschiedlichen Anspruchsgruppen gerecht werden muss, so dass er in der Regel einem mehrdimensionalen Anforderungsprofil unterworfen sein wird. Da er prinzipiell auf die Mithilfe aller hierarchischen Ebenen der Unternehmung angewiesen ist, wird eine ihm gegenüber ablehnende Haltung stets negative Konsequenzen für die Effizienz seiner Tätigkeit haben.

Zunächst einmal sollte ein Controller über ausgeprägte **analytische Fähigkeiten** verfügen. Er muss in der Lage sein, komplexe Tatbestände in einzelne Fragmente zu zerlegen und zu untersuchen. Seine Tätigkeit verlangt von ihm eine ausgesprochene Zahlenorientiertheit. Häufig bestehen seine Aufgaben in der Erstellung von Budgets, der Auswertung von EDV-Listen, dem Aufspüren von Problemen und der Zuweisung von Verantwortlichkeiten. Da moderne Informationstechnologien hierbei oftmals als Hilfsinstrumente fungieren, sollte ihm der Umgang mit diesen ebenfalls unbedingt vertraut sein.

Auch wenn ein Controller als eher zahlenorientiert einzustufen ist, darf er keineswegs mit einem typischen „Buchhalter-Typ" gleichgesetzt werden. Letzterer muss als reiner Registrator bereits eingetretener Tatbestände äußerst penibel arbeiten. Dagegen sollte ein guter Controller eher zukunftsorientiert ausgerichtet sein, also über eine **planungsorientierte Denkweise** verfügen, gestalterisch tätig sein, was ein hohes Maß an Kreativität abverlangt und aufgrund seines Aufgabengebietes eher großzügig denken.

Ferner sollte ein Controller **vernetzt denken** können, denn häufig sind geschäftspolitische Probleme wegen ihrer Komplexität nur wirklich lösbar, wenn sie in ihren interdependenten Wirkungszusammenhängen gesamthaft (systematisch) gesehen werden. Das heißt, dass nicht nur einfache Kausalanalysen betrieben werden dürfen, sondern stets auch dynamische Rückkoppelungseffekte einzubeziehen sind. Kurz: Dem Controller wird ein mehrdimensionales, zirkuläres Denken abverlangt.

Um seine Aufgaben erfüllen zu können, muss ein Controller daneben auch mit den betrieblichen Strukturen vertraut sein. Dazu zählt neben den formellen, häufig schriftlich fixierten organisatorischen Regelungen nicht zuletzt das informelle Gefüge von Rollenerwartungen und Machtverhältnissen. Diese zu nutzen und gleichzeitig das notwendige Vertrauen für seine Tätigkeit zu gewinnen, gehört zu den zentralen Problemen seines Amtes und setzt eine entsprechende Persönlichkeitsstruktur voraus. Nicht allein aus diesem Grund sollte er sich stets um ein gutes Verhältnis zu den übrigen Mitarbeitern bemühen.

Es gehört zum Aufgabengebiet eines Controllers, häufig mit völlig neuen, ständig wechselnden Problemstellungen konfrontiert zu werden. Um in dieser Situation möglichst rasch effiziente Lösungsansätze bieten zu können, ist es unerlässlich, sich relativ kurzfristig sowohl theoretisch als auch praktisch in eine fremde Materie einzuarbeiten und sich zusätzliches Fachwissen anzueignen. Nur mithilfe einer besonders **schnellen Auffassungsgabe** wird es möglich sein, die an ihn gestellten Erwartungen zu befriedigen.

Ein Controller wird zur Erfüllung seiner Aufgaben immer auf die Informationsbereitschaft anderer Mitarbeiter angewiesen sein. Häufig jedoch wird seine Tätigkeit beargwöhnt und mit Fremdkontrolle gleichgesetzt, durch die jeder Fehler aufgedeckt und bestraft werden soll. Um nun trotzdem eine informationsfördernde Vertrauensbasis schaffen zu können, muss der Controller in der Lage sein, diese falsche Vorstellung von seiner Tätigkeit zu korrigieren. Denn diese besteht im eigentlichen Sinne darin, Hilfestellung zu leisten, zu beraten und so erst überhaupt das angestrebte Self-Controlling der Geschäftsbereiche zu ermöglichen. Aufgrund der Tatsache, dass der Controller häufig als Sprachrohr der Geschäftsleitung fungiert, erscheint es in diesem Zusammenhang wichtig, dass er über Verhandlungsgeschick und entsprechendes „Fingerspitzengefühl" verfügt. Nicht selten bedarf es dabei vor allem auch des Abbaus sprachlicher Barrieren, um wirksam tätig zu sein. Natürlich muss der Controller andererseits auch die Kommunikation zur Geschäftsleitung pflegen. Hier ist es wichtig, ein sicheres Auftreten zu besitzen und durch Fachwissen zu überzeugen. Die aufgeführten Beispiele machen deutlich: Der Erfolg eines Controllers hängt in starkem Maße von seinen **Kommunikationsfähigkeiten** ab.

Eigenschaften	Peemöller/ Schmid/Meister (1989) 1.242 Anzeigen	Klingenberg (1994) 40 Anzeigen	Steinle/Bruch/ Michels (1996) 98 Anzeigen
Kommunikationsfähigkeit	12,20 %	22,50 %	21,40 %
Teamfähigkeit und Kooperationsbereitschaft	26,20 %	37,50 %	41,80 %
Durchsetzungsvermögen	18,40 %	17,50 %	20,40 %
Analytisches Denkvermögen	25,10 %	45,00 %	48,00 %
Flexibilität	8,10 %	7,50 %	16,30 %
Organisationstalent	5,60 %	2,50 %	2,00 %

Abb. 2.9: *Empirisches Anforderungsprofil des Controllers (vgl. STEINLE/BRUCH 1998a)*

Nicht zuletzt sollte ein guter Controller neben unternehmerischem Gespür ebenfalls über ein **ausgeprägtes Risikobewusstsein** verfügen. Denn das Controlling versteht sich in seinem Selbstverständnis typischerweise als Korrektiv zu den expansiven Kräften in der Unternehmung, indem es konsequent und beständig auf die Gefahren einer undifferenzierten Wachstumspolitik hinweist. Der Controller muss – durch seine gleichsame Personifikation des ertragsorientierten Risikogewissens – für diese Bremserfunktion auch persönlich gerade stehen. Interessant ist dabei, dass der Controller gleichzeitig auch gewisse Treiber-Attitüden aufweisen muss und zwar, wenn es darum geht, für die Durchsetzung einer ertragsorientierten Geschäftspolitik und der damit verbundenen Entwicklung von Instrumenten, Regelungen und Mentalitäten zu streiten.

In empirischen Untersuchungen wurden Stellenanzeigen für Controller analysiert. Daraus ergab sich das in Abb. 2.9 wiedergegebene Anforderungsprofil. Grundsätzlich ist zwar die Zahl der untersuchten Zeitungsanzeigen in den neueren Studien geringer. Trotzdem lässt sich erkennen, dass **Teamfähigkeit** und **Kooperationsbereitschaft** sowie **analytisches Denkvermögen** als Ergebnis aller Studien Schwerpunkte des Anforderungsprofils sind. Zudem ist die Bedeutung dieser beiden Eigenschaften sowie der Kommunikationsfähigkeit und der Flexibilität des Controllers in der Vergangenheit ständig gewachsen.

B. Controlling als institutionalisierter Regelkreis von Planung und Kontrolle

Planung und Kontrolle stellen eine weitere Kernfunktion des Controllings dar. Wie bereits erwähnt, ist diese Kernfunktion trotzdem der Koordinationsfunktion unterzuordnen, da Planung und Kontrolle letztlich der Koordination aller unternehmerischen Tätigkeiten dienen.

In diesem Zusammenhang ist zunächst zu überlegen, welche grundlegenden Elemente der Planungs- und Kontrollprozess überhaupt aufweist. Für diese grundlegenden Elemente können dann im Rahmen alternativer Planungssysteme entsprechende Funktionsprinzipien für die alternative Gestaltung des Planungs- und Kontrollprozesses definiert werden. Am Beispiel des Instrumentariums der Balanced Scorecard lässt sich schließlich konkretisieren, wie Planung und Kontrolle in der Praxis ablaufen sollen.

I. Aufbau des Planungs- und Kontrollprozesses

Der gesamte Führungsprozess lässt sich in verschiedene Phasen bzw. Operationen zerlegen. Aus Sicht des Controllings entsteht daraus ein komplexer, mehrstufiger **Planungs- und Kontrollprozess**. Dieser lässt sich grundsätzlich in die Phasen der Ziel- und Problemanalyse, der Erarbeitung von Entscheidungsvorlagen sowie der Kontrolle und der Abweichungsanalyse zerlegen (vgl. Abb. 2.10).

Zwischen der zweiten und dritten Stufe des Planungs- und Kontrollprozesses werden Entscheidungen getroffen und realisiert. Entscheidungs- und Realisationsphase sind somit integraler Bestandteil des gesamten Führungsprozesses. Die Entscheidungsphase folgt dem Planungsprozess, so dass Planung und Entscheidung, wie in der Praxis üblich, voneinander getrennt werden. Nach der Entscheidung werden in der Durchsetzungsphase die beschlossenen Maßnahmen realisiert. Der gesamte Führungsprozess wird schließlich durch die Kontrollphase abgeschlossen. Dabei dient die Kontrolle als Bindeglied zwischen den Planungs-, Entscheidung- und Durchsetzungsprozessen. (vgl. WILD 1982; HAHN 1996; SCHIERENBECK 2000 UND 2001).

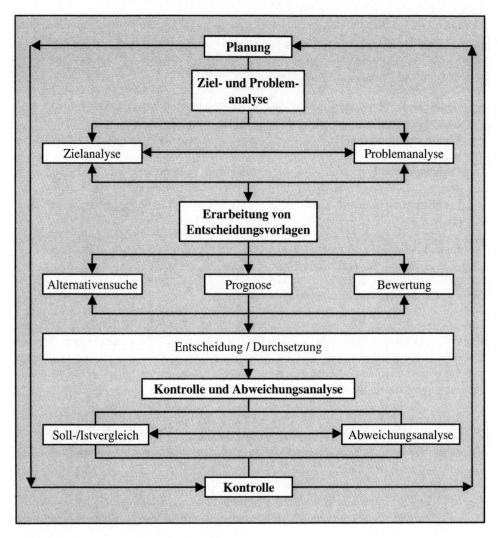

Abb. 2.10: Prozessfunktionen im Controlling

Stufe 1: Ziel und Problemanalyse

Ziel- und Problemanalysen bilden die erste Stufe des Planungsprozesses. Selbstverständlich werden vom Controlling im Rahmen der Zielanalyse keine Ziele vorgegeben oder abschließend fixiert. Statt dessen soll das Controlling Ziele entwickeln. Zu den Teilaufgaben des Controllings zählen hier z. B.:

- Vertretung der wertorientierten Geschäftsphilosophie in den Zieldiskussionen,
- Operationalisierung und Konkretisierung geschäftspolitischer Zielvorstellungen,
- Prüfung des Zielsystems auf Verträglichkeit, Konsistenz und Realisierbarkeit und
- periodische Überprüfung des Zielsystems und Lieferung von Anstößen für Zielrevisionen.

Um überhaupt im Rahmen der Planung Probleme lösen zu können, müssen diese klar definiert, in allen Details bekannt und systematisch strukturiert sein. Wenn dies nicht der Fall ist, muss zuvor eine systematische Problemanalyse erfolgen. Teilfunktionen des Controllings im Rahmen der **Problemanalyse** sind:

- **Lageanalyse**: Feststellung des Ist-Zustandes und seiner Bestimmungsfaktoren,
- **Lageprognose**: Prognose der wichtigsten Faktoren der Lageanalyse,
- **Problembestimmung**: Gegenüberstellung der Ziele und der Ergebnisse von Lageanalyse und -prognose,
- **Problemfeldanalyse**: Auflösung der Probleme in Teilprobleme oder Problemelemente und
- **Problemstrukturierung**: Ordnung der Teilprobleme nach Abhängigkeiten und Prioritäten.

Am Ende dieser Ziel- und Problemanalyse sind die betrieblichen Ziel- und Problemvorstellungen bekannt (vgl. SCHIERENBECK 2000 UND 2001).

Stufe 2: Erarbeitung von Entscheidungsvorlagen

Die zweite Stufe des Planungsprozesses beinhaltet die Entwicklung konkreter **Entscheidungsvorlagen** zur Problemlösung. Diese Prozessstufe umfasst die Alternativensuche, die Prognose sowie die Bewertung. Die **Alternativensuche** ist darauf ausgerichtet, Handlungsmöglichkeiten zu finden und inhaltlich zu konkretisieren. Dabei lassen sich sechs Teil-Prozessstufen differenzieren:

- Sammlung von Einzelvorschlägen durch kreative Suche,
- Gliederung, Ordnung und Zusammenfassung der Einzelvorschläge zu Alternativen,
- nähere Beschreibung der Alternativen hinsichtlich erforderlicher Maßnahmen, Ressourcen, Termine und Träger,
- Analyse der Alternativenbeziehungen und -bedingtheiten,
- Vollständigkeitsprüfung darauf, dass Alternativpläne das Möglichkeitsfeld hinreichend vollständig erfassen, sämtliche Problembestandteile abdecken und inhaltlich hinreichend bestimmt sind und
- Zulässigkeitsprüfung dahingehend, ob die erarbeiteten Alternativen gegen zwingende Nebenbedingungen oder allgemeine Prämissen der Problemlösung verstoßen.

Vermutlich werden gerade in der Praxis in dieser Phase diverse Schwierigkeiten auftreten. Bspw. können Alternativen entweder nur unabhängig oder nur gemeinsam realisierbar sein. Sie können aber auch einen Verbund sachlich untergeordneter und zeitlich nachgeordneter Teilalternativen aufweisen. Die Alternativen können sich zudem im Zeitablauf ändern und somit einen dynamischen Prozess erfordern. Schließlich ist die Realisierbarkeit von Alternativen und deren Wirkung, vom Eintreten bestimmter Umweltzustände abhängig (vgl. SCHIERENBECK 2001; WILD 1982).

Stufe 3: Prognose

Der Alternativensuche folgt die **Prognose**. Im Gegensatz zu den zuvor erwähnten Lageprognosen handelt es sich hierbei um **Wirkungsprognosen**. Diese Wirkungsprognosen sollen die Konsequenzen aufzeigen, die bei der Verwirklichung verschiedener Handlungsalternativen zu erwarten sind. Auch für diese Prognosephase lässt sich ein vom Controlling umzusetzender Maßnahmenkatalog aufstellen. Zu diesen Maßnahmen zählen:

- Abgrenzung des Prognoseproblems insbesondere hinsichtlich der erforderlichen Präzision und zeitlichen Reichweite der Prognosen sowie hinsichtlich deren Informationsgehalt, Wahrheit, Bestätigungsgrad, Prüfbarkeit, Wahrscheinlichkeit und anderer Gütekriterien,
- Klärung der Rahmendaten und Analyse des Ursachensystems,
- Aufstellung (Auswahl) eines Prognosemodells, Prüfung auf Anwendbarkeit, Beschaffung und Auswertung der Informationen, Ableitung der Prognose und Angabe der Bedingungen, unter denen die Prognose gelten soll,
- Aufstellung von Alternativenprognosen, Beurteilung der Alternativen anhand von Gütekriterien unter Berücksichtigung vorliegender Evidenzen, Auswahl der Prognosen, welche die Gütekriterien am besten erfüllen,
- Abschätzung der Prognosewahrscheinlichkeiten und
- Prüfung der (Einzel-)Prognosen auf Verträglichkeit und Widerspruchsfreiheit.

Für das Controlling ergibt sich in der Prognosephase ein faktisch wie logisch unauflösbarer **Widerspruch**. Dieser besteht in den einerseits hohen Anforderungen an die Prognosequalität und den andererseits stets beschränkten Möglichkeiten, zugleich sichere und informative Prognosen abzuleiten.

Stufe 4: Bewertung

Die Prognosen müssen schließlich in einer letzten Planungsstufe bewertet werden. Dazu werden die i. d. R. wahrscheinlichkeitsgewichteten Prognosen bezüglich ihrer Zielwirksamkeit miteinander verglichen. Auch diese **Bewertungsphase** kann wiederum schrittweise erfolgen:

- Zuerst werden für die zugrundeliegenden Ziele direkt oder indirekt messbare Bewertungskriterien festgelegt.
- Danach wird die relative Bedeutung dieser Bewertungskriterien zueinander bestimmt.
- Daraufhin werden die gewünschten bzw. möglichen Nominal-, Ordinal- oder Kardinalskalen zur Messung von Zielwirksamkeitsunterschieden ausgewählt.
- Schließlich wird die abschließende Bewertung durchgeführt.

In der Regel werden mehrere Ziele gleichzeitig verfolgt. Das erfordert eine **Wertsynthese**. Mit der Wertsynthese werden Alternativen in bezug auf alle Ziele respektive Kriterien beurteilt. Hieraus lässt sich eine konsistente Rangordnung ermitteln. Danach werden die Einzelurteile zu einem Gesamturteil aggregiert. Darüber hinaus erfordern Teilbereichsplanungen die Abstimmung mit Zielen und Instrumenten oder anderen Unternehmensbereichen.

Schließlich muss in der Alternativenbewertung der Unsicherheitsfaktor berücksichtigt werden. Deshalb ist die **Risikoanalyse** bei der Alternativenbewertung unverzichtbar. Diese Bewertungsphase schließt die Planungsphase ab.

Zusammenfassend lässt sich für die Planungsphase feststellen, dass Planung

- ein komplexer, mehrstufiger und immerwährender Denk- und Informationsprozess ist, der aus verschiedenen Teilprozessen besteht,
- rational ist, da bewusstes, zielgerichtetes Denken und methodisch-systematisches Vorgehen gegenüber rein intuitivem Handeln oder ad-hoc-Entscheidungen dominieren, der Versuch einer zieladäquaten Beherrschung zukünftigen Geschehens ist und
- aufgrund der Zukunftsbezogenheit auf mehr oder weniger unsicheren Prognosen basiert.

Stufe 5: Entscheidung und Durchsetzung

Zwischen der Planungs- und Kontrollphase ist die **Entscheidungs-** und **Durchsetzungsphase** anzusiedeln. Die Entscheidungsphase beinhaltet die endgültige Auswahl der Problemlösungsvorschläge. Grundsätzlich bereitet das Controlling nur vor bzw. unterstützt die Entscheidungsträger dabei, Entscheidungen zu treffen. Insofern fließen hier nur Vorleistungen des Controllings ein, ohne dass das Controlling direkt an Entscheidungen beteiligt ist. Der Entscheidung folgen aber Realisation und Durchsetzung der beschlossenen Maßnahmen. Die **Realisation** umfasst den technischen Vollzug der Entscheidung. Die **Durchsetzung** dient als eigenständige Aufgabe dazu, die Realisation sicherzustellen. Auch Durchsetzung und Realisation sind keine direkten, controllingspezifischen Teilfunktionen. Gleichwohl wird auch diese Phase des Führungsprozesses im Rahmen der Informations- und Koordinationsfunktionen vom Controlling zumindest begleitet.

Stufe 6: Kontrolle und Abweichungsanalyse

„Planung ohne Kontrolle ist sinnlos, Kontrolle ohne Planung unmöglich."

Die hier formulierte Verknüpfung der Planung mit der Kontrolle (vgl. WILD 1982) ist geradezu merkmalsbildend für den Controllingprozess, der in der systematischen Gegenüberstellung von realisierten Istwerten und Zielwerten (**Soll-/Istvergleich**) und der anschließenden Analyse von Abweichungsursachen (**Abweichungsanalyse**) seine eigentliche Bestimmung findet.

Kontrollen im Controlling-Prozess können dreifacher Natur sein:

- **Prämissenkontrollen**: Sie dient der Prüfung, ob und inwieweit die Entscheidungsgrundlagen, wie sie im Rahmen der Planung erarbeitet bzw. zugrunde gelegt waren, noch zutreffen, d. h. mit dem gegenwärtigen Zustand noch vereinbar sind.
- **Ergebniskontrollen**: Sie knüpfen (lediglich) an den angestrebten Sollzuständen und den realisierten Istzahlen an und stellen etwaige Abweichungen fest. Sie schließen begriffssystematisch auch sogenannte Planfortschrittskontrollen ein, die als zwischenzeitliche Ergebniskontrollen charakterisiert werden können.
- **Verfahrens-/Verhaltenskontrollen**: Sie sind primär prozessorientiert und konfrontieren die im Planungsprozess verwendeten Techniken und Verfahren, aber auch die Entschei-

dungs-, Durchsetzungs- und Ausführungsvorgänge mit den ursprünglich erwarteten bzw. vorgesehenen Verhaltens- und Verfahrensweisen.

Für den Soll-/Istvergleich wie für die Abweichungsanalysen gilt, dass sie verschiedene **Funktionen** zu erfüllen haben:

- Sie sollen möglichst frühzeitig Planabweichungen erkennen lassen, um rechtzeitig eventuelle Gegensteuerungsmaßnahmen gezielt und ursachenbezogen einleiten zu können.
- Sie sollen als Führungsinstrument die Mitarbeiter koordinieren, motivieren und beurteilen helfen.
- Sie sollen helfen, Schwächen im Planungsprozess zu verdeutlichen und abzubauen.
- Sie sollen als Bindeglied zu nachfolgenden Planungsprozessen und zugleich als deren Impulsgeber fungieren.

Für diese Funktionen der Kontrolle – wie im übrigen für alle Prozessfunktionen des Controllings, also auch für die Ziel- und Problemanalyse sowie die Erarbeitung von Entscheidungsvorlagen – gilt, dass zum Controlling stets auch die **Präsentation der Ergebnisse** gehört. Damit wird zum Ausdruck gebracht, dass das Controlling als Stabsfunktion erst in der Kommunikation und Diskussion mit den Entscheidungsträgern seine volle Wirksamkeit erzielen kann. Die Überzeugungskraft der Präsentation ist dabei nicht selten von größerer Bedeutung für das „Schicksal" einer Controlling-Vorlage als deren analytischer Gehalt.

II. Wesensmerkmale von Planungs- und Kontrollsystemen

Das Planungs- und Kontrollsystem bildet das Zentrum moderner Managementsysteme. Planung und Kontrolle sind dabei nicht voneinander zu trennen, so dass häufig auch nur der Begriff Planungssystem verwendet wird.

Ein **Planungs- und Kontrollsystem** ist eine geordnete und integrierte Gesamtheit verschiedener Teilpläne, die zur Erfüllung bestimmter Planungs- und Kontrollfunktionen nach einheitlichen Prinzipien aufgebaut und miteinander verknüpft sind (vgl. WILD 1982).

Die Anforderungen hinsichtlich Aufbau und Verknüpfung bedingen, dass Planungs- und Kontrollsysteme in hohem Maße organisatorisch determiniert sind. Die Organisationsstruktur gibt im allgemeinen vor

- welche Stellen auf den einzelnen Hierarchieebenen
- in welcher Reihenfolge und
- wie (Teilfunktionen, Kompetenzen)
- an den verschiedenen Teilprozessen der Planung und Kontrolle mitwirken sollen.

Zwangsläufig ergibt sich also bereits aus der Organisationsstruktur, wie über die verschiedenen Hierarchieebenen hinweg Pläne in einer Unternehmung entstehen, koordiniert, durchgesetzt und kontrolliert werden. Diesbezüglich hat sich das System der hierarchischen Unternehmensplanung in der Unternehmenspraxis weitgehend durchgesetzt. Es stellt somit das wohl bedeutendste Planungssystem dar.

1. System und Funktionsprinzipien der hierarchischen Unternehmensplanung

Die **hierarchische Unternehmensplanung** (vgl. KOCH 1977) ist grundsätzlich gekennzeichnet durch die Integration des Planungs- und Kontrollsystems in das hierarchische Stellengefüge der Unternehmensorganisation. Diese Integration bewirkt gleichzeitig die Notwendigkeit, Teilplanungen auf den unterschiedlichen Hierarchieebenen vorzunehmen. Diese Teilpläne lassen sich wiederum durch die kombinierte Anwendung von vier Merkmalen charakterisieren und inhaltlich differenzieren:

- **Anzahl und Größe** der erfassten betrieblichen Bereiche, welche die Teilpläne umfassen, führen zum Umfang der Teilpläne. So kann bspw. der Kapitalbedarfsplan für die gesamte Unternehmung, für einzelne Geschäftsbereiche oder für Abteilungen innerhalb dieser Geschäftsbereiche aufgestellt werden. Je weiter ein solcher Teilplan aufgespalten wird, desto stärker verringert sich der Planungsumfang.
- Hinsichtlich der **Dimensionen** eines (Teil-)Planes können Arten-, Mengen-, Werte-, Raum- oder Zeitpläne voneinander abgegrenzt werden. Beispiele hierfür sind Produktarten-, Absatzmengen-, Kosten-, Standort- und Ablaufplanungen.
- Der **Detaillierungsgrad**, den die durch die Planung fixierten Vorgabewerte erreichen, ist Ausdruck für die Tiefe eines Plans. Während bspw. ein Grob- bzw. Rahmenplan das gesamte Investitionsbudget vorgibt, wird im Rahmen der Detail- bzw. Feinplanung fixiert, welche speziellen Anlagekäufe vorzunehmen sind.
- Die **zeitliche Reichweite** resultiert aus dem Zeitraum, den die Planungen umfassen. Hier können grundsätzlich Kurz-, Mittel- und Langfristpläne unterschieden werden, wobei eine exakte zeitliche Abgrenzung angesichts unterschiedlicher Branchenstrukturen nicht allgemeingültig abgeleitet werden kann.

Diese vier miteinander verknüpften Merkmale führen zur Definition der Teilpläne. Im Rahmen des Planungsprozesses müssen aber nicht nur die Inhalte der Teilpläne festgelegt werden. Es ist zudem eine Entscheidung darüber zu treffen, nach welchen Prinzipien der Planungsprozess ablaufen soll. Diesbezüglich lassen sich drei Haupttypen der hierarchischen Unternehmensplanung unterscheiden (vgl. Wild 1982):

- das retrograde Planungsverfahren (top-down),
- das progressive Planungsverfahren (bottom-up) und
- das Gegenstromverfahren.

Beim **retrograden Planungsverfahren** erfolgt die Planung hierarchisch von oben nach unten bzw. top-down. Das Top-Management legt zunächst die obersten Unternehmensziele fest. Zudem werden die generelle Unternehmenspolitik und übergeordnete Rahmenpläne vorgestellt. Anschließend werden diese globalen Vorgaben stufenweise auf die Verantwortungsbereiche der nachgeordneten Managementebenen heruntergebrochen.

Im Rahmen des **progressiven Planungsverfahrens** werden die Teil-Pläne von unten nach oben bzw. bottom-up zu einem Gesamtplan aggregiert. Zuerst stellen die untersten Planungsebenen Detailpläne auf. Danach fassen die übergeordneten Leitungsinstanzen die Ergebnisse dieser Teilpläne zusammen bis an der Spitze der Unternehmung schließlich ein Gesamtplan entstanden ist.

Das **Gegenstromverfahren** kombiniert das retrograde mit dem progressiven Planungsverfahren. Dazu werden zuerst vorläufige Oberziele im Sinne des top-down-Ansatzes von oben nach unten konkretisiert und detailliert. Danach setzt ein progressiver Rücklauf von der untersten zur obersten Planungsebene ein. Dabei verfügen die unteren Planungsebenen über die Möglichkeit, die im Rahmen des top-down-Ansatzes vorläufig festgelegten Ziele zu modifizieren. Nach dem Rücklauf trifft die Unternehmensleitung eine Entscheidung über das Gesamtsystem aller Teilpläne.

Das Gegenstromverfahren ist den beiden anderen Planungsansätzen überlegen. Mit der Anwendung des Gegenstromverfahrens wird das **logische Zirkelproblem** der erstgenannten Planungsansätze vermieden. Danach können untergeordnete Ziele, Pläne oder Aktivitäten nicht ohne Kenntnis der übergeordneten (und umgekehrt) fixiert werden. Zudem trägt nur das Gegenstromverfahren folgenden, für den Erfolg der Planung unbedingt zu beachtenden **Führungsgrundsätzen** Rechnung (vgl. WILD 1982):

- Jede Führungskraft sollte die Aktivitäten in ihrem unmittelbaren Verantwortungsbereich selber planen und die Planung nachgelagerter Instanzen steuern und integrieren.
- Planung sollte arbeitsteilig erfolgen und deshalb so delegiert werden, dass das im Betrieb vorhandene Planungswissen optimal genutzt wird.
- Die Entwicklung und Konkretisierung von Plänen sollte strikt getrennt werden von der Koordination, Integration, Entscheidung und Durchsetzung der Pläne.

Für die Haupttypen von Planungsansätzen lassen sich zusätzliche **Funktionsprinzipien** definieren. Die Beachtung dieser Funktionsprinzipien soll dazu beitragen, die Planungs- und Kontrollsysteme funktionsfähig und schlagkräftig im Sinne des Controllings zu machen. Zentrale Funktionsprinzipien sind:

(1) Prinzip der Dominanz der strategischen Planung,
(2) Prinzip der revolvierenden Planung,
(3) Prinzip flexibler und elastischer Planung,
(4) Prinzip der Manipulationsabwehr im Planungs- und Kontrollsystem
u. a. m.

Zu (1): Strategische und operative Planung (vgl. Abb. 2.11) können nicht nur über den Zeithorizont, sondern über eine Vielzahl weiterer Wesensmerkmale voneinander abgegrenzt werden (vgl. ULRICH/FLURI 1992).

Die strategische Planung dominiert die operative Planung. Direkt kann dies aus dem Zielcharakter der strategischen Planung für die operative Planung gefolgert werden: In der operativen Planung werden Teilziele fixiert, wodurch sichergestellt werden soll, dass die obersten (strategischen) Unternehmensziele erreicht werden. Indirekt folgt **die Dominanz der strategischen Planung** aus dem von GUTENBERG formulierten **Ausgleichsgesetz der Planung**. Danach wird das Gesamtsystem der Planung vom schwächsten Teilbereich der Unternehmung, dem sogenannten **Minimumsektor**, determiniert. Die übrigen Teilbereiche werden durch diesen Engpassfaktor an der vollen Entfaltung ihrer quantitativen oder qualitativen Möglichkeiten gehindert. Kurzfristig kann der Minimumsektor nicht beseitigt werden. Langfristig wird die Unternehmensleitung versuchen, die Diskrepanz in der Leistungsfähigkeit der Unternehmensteilbereiche zu beseitigen bzw. stärker auszugleichen.

Merkmale	Strategische Planung	Operative Planung
1. Hierarchische Stufe	Schwerpunkt bei der obersten Führungsebene der Unternehmung	Involvierung aller Stufen mit Schwerpunkt auf mittleren Führungsstufen
2. Unsicherheit	wesentlich größer	kleiner
3. Art der Probleme	meistens unstrukturiert	relativ gut strukturiert und oft repetitiv
4. Zeithorizont	Akzent langfristig, jedoch auch kurz- und mittelfristige Aspekte möglich	Akzent kurz- bis mittelfristig
5. Informationsbedürfnisse	primär extern (Richtung Umwelt)	primär nach innen
6. Alternativen	Spektrum an Alternativen grundsätzlich weit	Spektrum eingeschränkt
7. Umfang	Konzentration auf einzelne wichtige Problemstellungen	umfasst alle funktionellen Bereiche und integriert alle Teilpläne
8. Grad der Detaillierung	globaler und weniger detailliert	relativ groß

Abb. 2.11: Strategische versus operative Planung

Zu (2): Das **Prinzip revolvierender Planung** verbindet zwei wichtige Teilprinzipien der Unternehmensplanung:

- Das **Prinzip des minimalen Prognosebedarfs** resultiert aus den grundlegenden informatorischen Problemen einer (an sich notwendigen) langfristigen Planung (vgl. HANSMANN 1995). Je geringer der Prognosebedarf, desto geringer sind die damit einhergehenden Unsicherheiten. Deshalb ist schon die Planung so zu gestalten, dass Prognosen in geringstmöglichem Umfang benötigt werden. Dazu sollen nur solche Prognosen verwendet werden, die gegenwärtige Entscheidungen beeinflussen bzw. die, je nach alternativer Zukunftsentwicklung, heute unterschiedliche Entscheidungen erfordern.
- Das **Schachtelprinzip** dient der Integration der Teilpläne in ein Gesamtsystem (vgl. WILD 1982). Jeder längerfristige Plan muss die kürzerfristigen Pläne in vollem Umfang übergreifen. Der längerfristige Plan kann somit als Verknüpfung mehrerer kürzerfristigerer Teilpläne interpretiert werden.

Diese beiden Prinzipien fordern letztlich ein mehrstufiges Planungs- und Kontrollsystem. Im Wege der Überarbeitung, Konkretisierung, Änderung und Fortschreibung werden die Planung angepasst und vorgelagerte Planungsstufen überarbeitet. Hieraus resultiert die spezielle **Rhythmik** eines solchermaßen definierten Systems (vgl. Abb. 2.12).

Prozesse \ Planungsstufe	1. Stufe: kurzfristiger Plan	2. Stufe: mittelfristiger Plan	3. Stufe: langfristiger Plan
Überprüfung	monatlich	halbjährlich	jährlich
Konkretisierung	-	jährlich	jährlich
Änderung	-	bei Bedarf	bei Bedarf
Fortschreibung	halbjährlich	jährlich	2-jährlich
Reichweiten	1 Jahr	3 Jahre	7 Jahre

Abb. 2.12: Beispiel zum Rhythmendiagramm eines Konzepts revolvierender Planung

Das Konzept der **rollenden Planung** (vgl. Abb. 2.13) wird ebenfalls durch die regelmäßige Fortschreibung und Konkretisierung der Pläne charakterisiert (vgl. AGTHE 1972). Hierbei werden die langfristige Grobplanung und die kurzfristige Detailplanung voneinander getrennt.

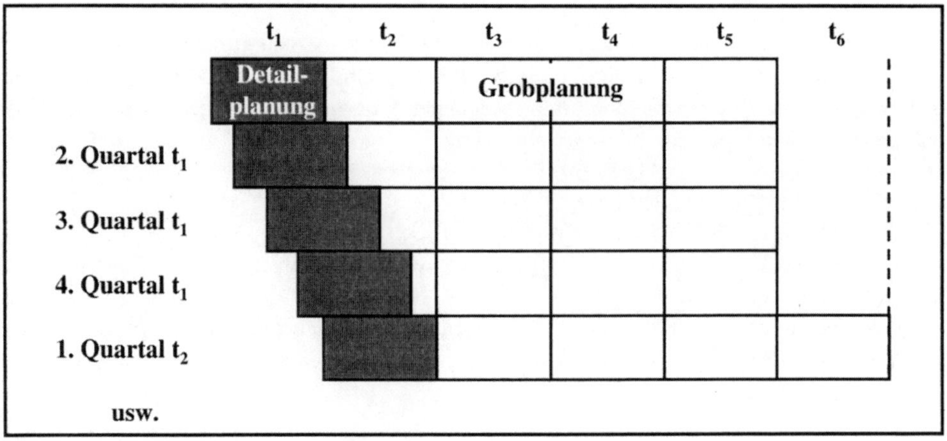

Abb. 2.13: Konzept der rollenden Planung

Das in Abb. 2.13 skizzierte Konzept der rollenden Planung, weist einen Planungshorizont von insgesamt 5 Perioden auf. Eine realisationsreife Detailplanung wird nur für jeweils ein Jahr im voraus erstellt. Quartalsweise verschiebt sich der Horizont der Detailplanung, während der Horizont der Grobplanung zunächst konstant bleibt. Durch die Verschiebung der Detailplanung erfährt die Grobplanung quartalsweise eine entsprechende Konkretisierung. Ist die erste Periode abgeschlossen, wird der Planungshorizont der Grobplanung entsprechend erweitert. Im Beispiel ist dieser Zeitpunkt zum Beginn der zweiten Periode erreicht. Insgesamt liefert somit die langfristige Grobplanung den Rahmen für die kurzfristigen Detailpläne. Gleichzeitig wirkt sich aber auch die Detaillierung der Pläne gestaltend auf die Grobplanung aus.

Zu (3): Mit dem **Prinzip flexibler und elastischer Planung** soll die Planungsungewissheit bewältigt werden. **Flexibilität** bezeichnet die Eigenschaft eines Planungsverfahrens. Demgegenüber kennzeichnet **Elastizität** die Existenz eines für die Zukunft verbleibenden Anpassungsspielraums und den Grad der Anpassungsfähigkeit, der nach der Plandurchführung noch verbleibt.

Das **Prinzip elastischer Planung** schlägt sich in der Reservenhaltung und in der Berücksichtigung elastischer Planalternativen nieder. Zur Reservehaltung können bspw. der Aufbau von Kapazitäts-, Verschuldungs-, Liquiditätsreserven, u. ä. gerechnet werden. Als elastische Planalternativen können z. B. die Berücksichtigung reversibler Entscheidungsmöglichkeiten oder der Erwerb anpassungsfähiger Universalmaschinen betrachtet werden.

Das **Prinzip flexibler Planung** ist darauf ausgerichtet, die dynamische Rationalität mehrstufiger Entscheidungssequenzen unter Ungewissheit zu sichern. Dazu wird versucht, Entscheidungen über zukünftige Maßnahmen simultan mit denen über gegenwärtige Aktionen abzustimmen. Dabei werden Eventualentscheidungen für alle möglichen Umweltkonstellationen in der Zukunft bereits heute festgelegt. Dadurch können heute schon optimale Entscheidungssequenzen im Zeitablauf im Wege der mehrstufigen Entscheidungsbaumtechnik identifiziert werden.

Zu (4): Im System der hierarchischen Unternehmensplanung besteht grundsätzlich die Gefahr, dass untergeordnete Stellen (Instanzen, Stäbe) durch Beeinflussung von Planungs- und Kontrollinformationen ihre persönlichen Interessenlagen durchzusetzen versuchen. Solche Manipulationen können bspw. darauf ausgerichtet sein:

- gewünschte Genehmigungen zu erhalten,
- den Leistungs- und Verantwortungsdruck zu lockern,
- die (lästige) Einmischung von Vorgesetzten und ihren Stäben auf ein Mindestmaß zu reduzieren und
- einen positiven Eindruck bei den Vorgesetzten zu erzeugen und daran anknüpfende Belohnungen (Beförderung, Gehaltserhöhung) zu erhalten oder zumindest negative Sanktionen zu vermeiden.

Aus solchen Einflussaktivitäten resultieren grundsätzlich dysfunktionale Wirkungen:

- Risiken und Chancen werden durch die Führungsspitze zu spät erkannt,
- auf einzelnen Managementebenen werden übermäßig Reserven gebildet,
- Ressourcen werden falsch zugeteilt,
- vorhandenes Managementpotenzial wird falsch beurteilt,
- u. v. a. m.

Angesichts derartiger Bedrohungen ist die **Manipulationsabwehr** als wesentliches Prinzip effizienter Planungs- und Kontrollsysteme zu beachten. Zur Manipulationsabwehr sind verschiedene Maßnahmen denkbar (vgl. KORMANN 1974):

- Analyse der Interessenlage untergeordneter Stellen und der bevorzugten Ansatzpunkte manipulationsgefährdeter Bereiche,
- Festlegung der Berichtsinhalte (Standardisierung und Formalisierung des Planungs- und Kontrollsystems),
- Durchführung von (Soll/Ist-, Branchen- und Zeit-)Vergleichen,
- Ausarbeitung von Alternativplänen (mit expliziter Kennzeichnung von Prämissen und Schätzungen),
- Einschaltung von Personenmehrheiten in die Prognose von Prämissen,
- Betonung von Berichten, die Informationen über Ursachen und nicht nur über Wirkungen liefern,
- getrennte Budgetierung der Aufwendungen zur Zukunftssicherung und Genehmigungsvorbehalte bei ihrer Änderung,
- fortlaufende Prognose der voraussichtlichen Budgetabweichungen zum Jahresende und für das Folgejahr,
- Schaffung dezentraler Controlling-Instanzen mit Unterstellung unter eine zentrale Controller-Instanz,
- eingehende Analyse des Leistungspotenzials aller Unternehmensbereiche,
- Einsatz der internen Revision zur Prüfung „vor Ort" (Management Audit),
- Sicherung des Prinzips der Gegenkontrolle durch Verteilung von Planungs- und Kontrollkompetenzen auf verschiedene, voneinander unabhängige und fachlich spezialisierte Stellen und
- Ergänzung der schriftlichen Fakteninformationen durch verbale Kommunikation.

2. Kontrollfunktionen im Controlling-Zyklus

Die Planung ist zukunftsgerichtet. Es besteht deshalb die Gefahr, dass bei der Festlegung von Zielen die falsche Wahl getroffen wurde oder geplante Ziele nicht erreicht werden konnten, weil unvorhergesehene Ereignisse das Erreichen des Ziels verhinderten. Diese, in der Planung nicht erfassten Umstände und die Erfassung der hieraus resultierenden Wirkungen zwingen zur Durchführung von **Kontrollen** (vgl. STEINLE 1998b). Die Kontrolle dient der zielgerichteten Überwachung der Geschäftstätigkeit. Wie schon bei der Planung ist auch hier zwischen der operativen und der strategischen Kontrolle zu differenzieren. Die **operative Kontrolle** ist auf die Identifikation von Soll-Ist-Abweichungen ausgerichtet. Hier wird also überprüft, inwieweit die Planung realisiert werden konnte. Die operative Kontrolle ist in erster Linie vergangenheitsorientiert: Am Ende der Planungsperiode wird der Soll-Ist-Vergleich durchgeführt. Mithilfe von Abweichungsanalysen werden die Ursachen für Soll-Ist-Differenzen erforscht. Integraler Bestandteil der operativen Kontrolle ist die Übernahme von Korrektur- und Bewertungsfunktionen. Zur Ausübung der **Korrekturfunktion** werden nach festgestellten Abweichungen reaktive Gegensteuerungsmaßnahmen eingeleitet. Zur **Bewertungsfunktion** zählt die Leistungs- und Verhaltensbeurteilung.

Demgegenüber ist die **strategische Kontrolle**, die auch feed-forward-Kontrolle genannt wird, im wesentlichen zukunftsorientiert. Als **Prämissenkontrolle** dient sie der Überprüfung der zentralen, strategischen Annahmen, die der Strategieentwicklung zugrunde liegen. Die **Planfortschrittskontrolle** dient dazu, kritische Erfolgsfaktoren rechtzeitig zu erkennen, um potenzielle Schwierigkeiten bei der zukünftigen Planrealisation zu vermeiden. Damit ist die strategische Kontrolle im Gegensatz zur operativen Kontrolle auf eine **antizipative Gegensteuerung** ausgerichtet.

III. Integration der Balanced Scorecard in den Planungs- und Kontrollprozess

Der Planungs- und Kontrollprozess erfolgt grundsätzlich nach den vom gewählten Planungssystem vorgegebenen Prinzipien. Allerdings stellt gerade die Operationalisierung dieses Prozesses das Controlling häufig vor große Probleme. Die Suche nach den für die einzelnen Unternehmensbereiche entscheidungsrelevanten Teilzielen, die Abstimmung des gesamten Zielsystems, die strategiekonforme Zieldefinition und die Zielumsetzung bereiten in der praktischen Umsetzung oftmals Schwierigkeiten. Ein modernes Instrument zur Umsetzung gesamtunternehmensbezogener Strategien in konkrete Aktivitäten, das derzeit mit großem Erfolg von vielen Unternehmen eingeführt wird, ist die **Balanced Scorecard** (vgl. hierzu sowie zum folgenden KAPLAN/NORTON 1996, 1996a und 1997).

1. Das Wesen der Balanced Scorecard

a) Zielsetzung des Balanced Scorecard Instrumentariums

Die Balanced Scorecard verfolgt zwei Ziele. Die **erste Zielsetzung** besteht darin, von den zentralen Visionen und Strategien des obersten Managements ausgehend, die verschiedenen Aspekte der Unternehmensführung in einen **Gesamtzusammenhang** zu stellen. Zur Umsetzung dieses Ziels müssen zunächst die verschiedenen Aspekte überhaupt erkannt werden. Die Balanced Scorecard ermöglicht hier ein strukturiertes Vorgehen, indem die verschiedenen Perspektiven des unternehmerischen Zielsystems voneinander abgegrenzt werden. Anschließend werden die Teilziele für die einzelnen Perspektiven konkretisiert. Der Abgrenzung alternativer Perspektiven liegt die Idee zugrunde, dass eine aussagekräftige Leistungsbemessung als Basis von Planung und Kontrolle nicht auf finanzielle Steuerungsgrößen beschränkt sein darf. Denn auch die Umsetzung und Einhaltung zahlreicher nicht-finanzieller Kriterien ist für den Erfolg von Unternehmensstrategien von teilweise fundamentaler Bedeutung.

Die **zweite Zielsetzung** besteht darin, explizit den Ausgleich bzw. die „**Balance**" zwischen den verschiedenen Messgrößen bei der Operationalisierung der Visionen und Strategien zu betonen. Diese „Balance" soll verhindern, dass bestimmte, aus der Gesamtbetrachtung heraus unbedingt zu beachtende Teilaspekte vernachlässigt und somit gegebenenfalls kontraproduktive Schwerpunkte gelegt werden. So soll vor allem die Balance hergestellt werden zwischen:

- **extern orientierten** Messgrößen für Teilhaber und Kunden (z. B. Eigenkapitalrentabilität, Umsatzwachstum, etc.) und **internen** Messgrößen für kritische Geschäftsprozesse, Innovationen, Lernen und Wachstum (z. B. Fehlerquoten, Investitionen in neue Produkte, Mitarbeiterproduktivität, etc.)

- **vergangenheitsbezogenen** Messgrößen (z. B. Return on Investment) und **zukunftsorientierten** Messgrößen (z. B. potenzielle Risiken)
- **objektiven, leicht zu quantifizierenden** Ergebnis-Kennzahlen (z. B. Cashflow-Return-on-Investment und **subjektiven, urteilsabhängigen** Leistungstreibern dieser Kennzahlen (z. B. Kundenzufriedenheit, Mitarbeiterzufriedenheit).

b) Perspektiven der Balanced Scorecard

Die ursprünglich von KAPLAN/NORTON (1996) vorgestellte Balanced Scorecard unterscheidet vier teilweise interdependente Perspektiven, die bereits in der praktischen Anwendung vor dem Hintergrund der unternehmensspezifischen Bedürfnisse geringfügig modifiziert worden sind (vgl. z. B. WITTMANN 1999). Bspw. können unterschieden werden (vgl. Abb. 2.14):

- die finanzwirtschaftliche Perspektive,
- die Kundenperspektive,
- die interne Prozessperspektive und
- die Lern- und Entwicklungsperspektive.

Die Gesamtheit der (ökonomischen) Ziele einer Unternehmung wird auch als ihre **Zielkonzeption** bezeichnet. Diese besteht grundsätzlich aus den Zielkategorien (vgl. SCHMIDT 1977)

- Leistungsziele (Beschaffungs-, Lagerhaltungs-, Produktions- und Absatzziele)
- Finanzziele (Liquiditäts-, Investitions- und Finanzierungsziele)
- Erfolgsziele (Umsatz-, Wertschöpfungs-, Gewinn- und Rentabilitätsziele).

Leistungs- und Finanzziele bilden als wirtschaftliche Sachverhalte den Bereich des Wirtschaftens in der Unternehmung ab. Erfolgsziele bringen als wirtschaftliche Formalziele den Umfang der angestrebten Wirtschaftlichkeit bei der Verfolgung der Sachziele zum Ausdruck.

Die solchermaßen abgegrenzten Ziele werden in der Balanced Scorecard auseinandergerissen und neu strukturiert. Alle Teilziele werden auf die vier o. g. Perspektiven verteilt. Zudem werden vor allem besonders die qualitativen Ziele hervorgehoben und stärker als bisher üblich gewichtet.

Zumindest theoretisch problematisch ist dabei die für die Anwendung der Balanced Scorecard propagierte Zusammenfassung von Finanz- und Erfolgszielen in der **finanzwirtschaftlichen Perspektive**. Die Erfolgsziele fassen letztlich das Ergebnis aller leistungswirtschaftlichen und finanziellen Ziele zusammen. Sie bilden daher eine übergeordnete Kategorie. In diesem Hauptziel spiegeln sich zudem am ehesten die Ergebnisse aus den Visionen und Strategien des Managements wider. Bei einer Zusammenfassung von Erfolgs- und Finanzzielen geht diese sachlogisch richtige und notwendige Trennung verloren.

In der Praxis hat sich jedoch diese Zusammenfassung und "Neuinterpretation" offensichtlich bewährt. Zum einen wird dadurch verhindert, dass die Balanced Scorecard mit einer Vielzahl von Perspektiven überfrachtet wird. Zum anderen werden die Ziele der Finanzperspektive von übergeordneten Unternehmensbereichen geplant, gesteuert und kontrolliert. Konkrete Finanzziele, wie bspw. das Ausmaß der konzernweit notwendigen Gewinnthesaurierung, bleiben somit für viele Geschäftsbereiche irrelevant. Demgegenüber sind Erfolgsziele wie bspw. die Umsatzrentabilität, für alle Geschäftsbereiche maßgebend. Eine Trennung zwischen Erfolgs- und Finanzzielen wäre somit aus Sicht des Balanced Scorecard-Instrumentariums lediglich für die übergeordneten Unternehmensbereiche sinnvoll.

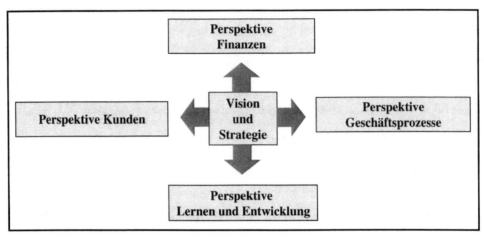

Abb. 2.14: Perspektiven der Balanced Scorecard

Vor diesem Hintergrund ist die Zusammenfassung von Erfolgs- und Finanzzielen aus pragmatischer Sicht durchaus zu befürworten. Im Balanced Scorecard-Instrumentarium dominiert demgemäß die finanzwirtschaftliche Perspektive die übrigen Zieldimensionen. Zur finanzwirtschaftlichen Dimension zählen ausnahmslos quantitative Zielformulierungen. Beispiele für Planungsgrößen sind:

- Umsatzvolumen/-struktur/-wachstum,
- Kostenstrukturen,
- Gewinn-/Rentabilitätskennzahlen,
- Liquiditätsreserveumfang/-struktur und
- finanzielle Struktur.

Die **Kundenperspektive** stellt die zweite Planungsdimension der Balanced Scorecard dar. Hier wird geplant, in welchen Marktsegmenten das Unternehmen aktiv werden will und welche Leistungen die Geschäftseinheiten in diesen Marktsegmenten erbringen sollen. Für die **Kundenperspektive** lassen sich bspw. Zielgrößen für

- Marktanteile,
- Kundentreue,
- Kundenakquisitionen,
- Kundenzufriedenheit und
- Kundenrentabilität

Zweites Kapitel: Funktionen und Prinzipien des Controllings

formulieren. Eingebettet in die Gesamtstrategie werden für die in unterschiedlichen Marktsegmenten tätigen Geschäftsbereiche unterschiedliche Zielvorgaben fixiert. Insbesondere für die Planung und Kontrolle der Elemente der Kundenperspektive wird sich immer wieder die Frage stellen, wie die qualitativen Ziele gemessen werden können. Hier sind geeignete Instrumente zu entwickeln und einzusetzen. So ließe sich bspw. die Kundenzufriedenheit mithilfe entsprechend gestalteter Scoring-Modelle (vgl. Abb. 2.15) quantifizieren.

Kriterien	Kunde						Durchschnittliche Zufriedenheit
	A	B	C	D	E	F	
1. Sicherheit	9	8	6	10		8	8,6
2. Erfüllung des Zeitplans	9	6	7				7,3
3. Arbeitsstunden	9	5	4				6,0
4. Pünktliche Abnahme	9	4	5				6,0
5. Minimale Überarbeitung	9	5	8				6,7
6. Ehrlichkeit und Offenheit des Vertragspartners	4	7	7	10			8,3
7. Flexibilität	9	4	7				7,3
8. Reaktionsfähigkeit	8	5	7				6,7
9. Ingenieurservice	8	7	7				7,3
10. Qualitätsbewusstsein und Leistung	10	6	8		8	7	7,8
11. Preis-Leistungsverhältnis	7	6	6	10	9	7	7,2
12. Standard der Ausrüstung	9	7	7			8	7,8
13. Kompetenz des Personals	10	7	7	10		8	8,5
14. Innovativität/Wille zur Kostensenkung				7			7,0
15. Produktionsqualität				10			10,0
16. Teamgeist			7				7,0
Zufriedenheitsindex	8,5	5,9	6,6	10,0	8,4	7,6	7,9

Abb. 2.15: Scoring-Modell zur Messung der Kundenzufriedenheit (vgl. KAPLAN/NORTON 1997)

Die dritte Dimension der Balanced Scorecard ist die **interne Prozessperspektive**. Die interne Prozessperspektive dient der Identifikation und Optimierung „kritischer Prozesse". Zum einen müssen hier die bereits existierenden Prozesse untersucht und verbessert werden. Zum anderen sollen aber auch neue Prozesse identifiziert werden. Sowohl die gegenwarts- als auch die zukunftsbezogene Prozessoptimierung ist darauf auszurichten, eine **höhere Kundenzufriedenheit,** bspw. durch Verbesserungen der Produktqualität, schnellere Auftragsabwicklung oder billigere Produktherstellung unter gleichzeitiger Ausnutzung von Kostensenkungspotenzialen zu erreichen.

Schon im Zusammenhang mit der Koordinationsfunktion des Controllings wurde auf die Bedeutung der Marktorientierung im Sinne einer besseren Befriedigung der Kundenwünsche hingewiesen. Diesem Aspekt wird mithilfe der Balanced Scorecard nicht nur über die Kundenperspektive, sondern auch über die Integration der internen Prozessperspektive Rechnung getragen. Die interne Prozessperspektive führt dazu, dass auch dem Problem der Kundenzufriedenheit schon im Planungs- und Kontrollprozess Rechnung getragen wird. Dabei muss die interne Prozessperspektive einen möglichst starken Zukunftsbezug aufweisen. Der damit verbundene Innovationsprozess stellt einen Aspekt der Wertschöpfung dar, der für die langfristige Existenzsicherung der Unternehmung unabdingbar ist.

Die Analyse der internen Prozessperspektive erfordert die prozessorientierte Zerlegung der betrieblichen Tätigkeit. Grundsätzlich sind hier verschiedene Varianten denkbar. KAPLAN/NORTON differenzieren zwischen

- dem Innovationsprozess,
- dem Betriebsprozess und
- dem Kundendienstprozess.

Der **Innovationsprozess** umfasst den Bereich der Forschung und Entwicklung, der je nach Branche völlig unterschiedlich ausgeprägt sein kann. Immer dient dieser Bereich der Suche nach neuen Märkten und Produkten zur Befriedigung der Kundenwünsche. Effizienz und Termintreue im Innovationsprozess sind für viele Unternehmen überlebenswichtig. Denn von den Ergebnissen des Innovationsprozesses sind letztlich alle übrigen Unternehmensteile abhängig. Planungskennzahlen für den Innovationsprozess sind z. B.:

- Anteil des Umsatzes aus neuen Produkten,
- Wertschöpfung aus neuen Produkten,
- Entwicklungsdauer neuer Produkte oder
- Zeit bis zum Erreichen des Break-Even.

Im **Betriebsprozess** werden die Leistungsbereiche Beschaffung, Produktion und Absatz miteinander verknüpft. Hier wird das Ergebnis des Innovationsprozesses operationalisiert. Kennzahlen des Betriebsprozesses sind bspw.:

- Effektivität des Fertigungszyklus bzw. **Manufacturing cycle effectiveness** (MCE), definiert als Verhältnis von Be- oder Verarbeitungszeit zur Durchlaufzeit,
- Fehlerquoten,
- Materialabfall,
- prozessabhängige Kosten oder
- Liefergeschwindigkeit.

Der **Kundendienstprozess** umfasst als dritten Teilprozess:

- Garantie- und Wartungsarbeiten,
- Bearbeitung von Fehlern und Reklamationen und
- Bearbeitung von Zahlungen.

Grundsätzlich ließe sich damit der Kundendienst auch dem Absatz und damit dem Betriebsprozess zuordnen, da hier die Pflege der Kundenbeziehung zur Aufrechterhaltung des

Marktpotenzials und damit aus absatzpolitischen Gründen betrieben wird. Allgemein ist jedoch die zunehmende Bedeutung der **Customer Relations** festzustellen. Insofern scheint es wiederum aus pragmatischer Sicht durchaus sinnvoll, die Pflege der Customer Relations von den übrigen, dem Absatz zuzuordnenden Elementen zu trennen. Beispiele für Kennzahlen des Kundendienstes sind:

- Relation des ausgenutzten Garantievolumens zum gewährten Garantievolumen,
- Zahl der Reklamationen im Verhältnis zur Zahl verkaufter Produkte oder
- Dauer des Inkassoprozesses.

Zusammenfassend bleibt festzustellen, dass mithilfe der internen Prozessperspektive vor dem Hintergrund einer zu verbessernden Kundenorientierung versucht wird, vorhandene Geschäftsprozesse zu optimieren und neue, zukunftsweisende Geschäftsprozesse rechtzeitig zu generieren.

Die **Lern- und Entwicklungsperspektive** stellt die vierte und letzte Dimension der Balanced Scorecard dar. Um Verbesserungen in den Bereichen der finanzwirtschaftlichen, der Kunden- und der internen Prozessperspektive überhaupt erreichen zu können, benötigt jedes Unternehmen entsprechendes Know-how. Die Unternehmen müssen über **kompetente Mitarbeiter** und **leistungsfähige Systeme** verfügen. Ziel der Lern- und Entwicklungsperspektive ist es, das Potenzial innerhalb dieser drei Bereiche aufzudecken, zu fördern und für das Unternehmen nutzbar zu machen.

Angesichts der sich rasch wandelnden Umwelt und der erforderlichen Anpassungsprozesse in den Unternehmen besteht eine zentrale Anforderung an das Management darin, diese rasanten Veränderungen zu bewältigen. Gleichzeitig ist festzustellen, dass autokratische Führungsstrukturen heute unzweckmäßig sind. Alleinentscheidungen des Managements werden mehr und mehr zurückgefahren. Statt dessen ist zu beachten, dass gerade die Mitarbeiter unterer Führungsebenen angesichts ihrer häufig deutlich größeren Kunden- und Marktnähe über spezielle Kenntnisse verfügen. Dieses Potenzial muss sich das Management nutzbar machen, zumal die Mitarbeiter diesem Ansinnen keineswegs im Wege stehen werden. Vielmehr ist es ein nachvollziehbarer Wunsch vieler Mitarbeiter, mehr in Entscheidungsprozesse einbezogen zu werden und dadurch mehr Verantwortung übertragen zu bekommen. Außerdem muss dieses Potenzial weiter gefördert werden. Gerade das menschliche Know-how ist als Basis zukünftiger Verbesserungen in allen Unternehmensbereichen zu betrachten. Je größer die hier vorhandenen Fähigkeiten, desto größer die Chance, in allen Perspektiven der Balanced Scorecard Vorreiterrollen einnehmen zu können.

Kennzahlen, mit denen sich der Grad des ausgenutzten Potenzials messen lässt, sind z. B.:

- Mitarbeiterproduktivität,
- Mitarbeitertreue,
- Mitarbeiterzufriedenheit,
- Weiterbildungsaktivitäten pro Mitarbeiter und

- die Kennzahl **strategic job coverage**, die das Verhältnis der Anzahl von Mitarbeitern, die für strategische Aufgaben qualifiziert sind, zum Bedarf an solchermaßen qualifizierten Mitarbeitern verdeutlicht.

Mitarbeiterfähigkeiten reichen aber alleine nicht aus, um als lern- und entwicklungsfähige Unternehmung zu gelten. Ein weiterer Erfolgsfaktor ist in diesem Zusammenhang die zur Verfügung stehende Informationstechnologie. Je exakter und frühzeitiger Informationen gewonnen werden, desto eher und besser können Verbesserungen in allen Bereichen eingeleitet werden. Kennzahlen hierfür sind bspw.

- Anteil der Prozesse mit real-time-Informationen über Qualität, Zykluszeit oder Kosten,
- Anteil der Mitarbeiter mit online-Zugriff auf kundenbezogene Informationen oder
- **information coverage ratio**, die das Verhältnis von erhältlichen Informationen zum angenommenen Informationsbedarf auszudrücken versucht.

Die mit diesen vier Perspektiven vorgegebene Abgrenzung ist keineswegs zwingend. Vielmehr sind vor dem Hintergrund individueller strategischer Ausrichtungen Modifikationen denkbar oder sogar notwendig. So erfordert gerade das dem Value Controlling zugrunde liegende Wertorientierte Management die Integration von Risiko- und Rentabilitätsaspekten. Auch vor dem Hintergrund der bereits erörterten Problematik der Abgrenzung der finanzwirtschaftlichen Perspektive bietet es sich an, diese gegen eine höher aggregierte strukturelle Perspektive auszutauschen. In dieser strukturellen Perspektive sollten dann sowohl Rentabilitäts- als auch Risikostrukturen erfasst werden. Die bereits genannten Kennzahlen der finanzwirtschaftlichen Perspektive wurden um Kennzahlen, wie bspw.

- Value at Risk,
- risikoadjustierte Performance-Kennzahlen oder
- Schwankungsindizes

ergänzt. Diese Risikointegration ist das besondere Kennzeichen der sogenannten **Risk Adjusted Balanced Scorecard** (RABASCO).

Alternativ zu dieser Variation der finanzwirtschaftlichen Perspektive wäre es auch denkbar, die finanzwirtschaftliche Perspektive in finanzielle, rentabilitätsbezogene und risikobezogene Teilperspektiven aufzuspalten. Grundsätzlich sollte aber aus den bereits diskutierten praktischen Erwägungen heraus die Zahl der Perspektiven möglichst gering gehalten werden. Trotzdem ist gerade vor dem Hintergrund der zunehmenden Bedeutung des Risikomanagements zu überlegen, ob eine Risikoperspektive als eigenständige fünfte Perspektive in die Balanced Scorecard aufgenommen werden sollte.

Für deutsche Unternehmen ist dies geradezu zwingend, da das **KonTraG** (Kontrolle- und Transparenzgesetz) die Unternehmen dazu verpflichtet, dem Risiko auch im Planungs- und Kontrollprozess auf allen Ebenen entsprechend Rechnung zu tragen. Vor diesem Hintergrund könnte eine Integration des Risikos in die finanzwirtschaftliche Perspektive dazu führen, dass dem Risiko nicht der nötige Stellenwert beigemessen wird, wohingegen eine eigenständige Risikoperspektive diesen Stellenwert besonders hervorheben würde. Zudem wird gerade im Value Controlling die Notwendigkeit eines effizienten Risikomanagements betont.

Unabhängig von der Zahl der zu unterscheidenden Perspektiven wird mithilfe einer Scorecard für jede Perspektive ein Prozess der Zielformulierung und Zieldurchsetzung vorgegeben. Dieser besteht darin, dass

- zuerst allgemeine Ziele der Unternehmung formuliert werden,
- diese anschließend in Kennzahlen transformiert werden,
- woraufhin Zielvorgaben für einzelne Unternehmensteilbereiche abgeleitet und
- Maßnahmen zur Errechnung der fixierten Teilziele formuliert werden.

c) Der Anwendungsprozess der Balanced Scorecard

Unabhängig von der Art und Weise, wie die Perspektiven der Balanced Scorecard definiert werden, erfordert die Anwendung der Balanced Scorecard einen mehrstufigen Prozess. KAPLAN/NORTON stellen für die Planung einen strategischen Handlungsrahmen vor, der in Abb. 2.16 dargestellt wird.

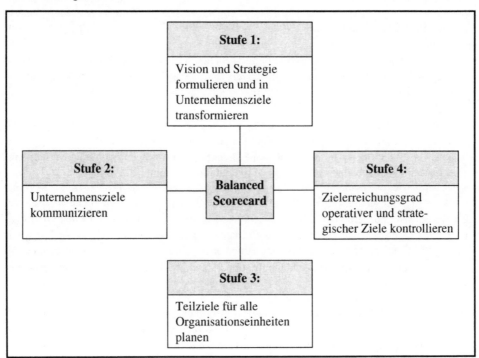

Abb. 2.16: *Strategischer Handlungsrahmen der Balanced Scorecard (vgl. KAPLAN/NORTON 1997)*

Dieser Handlungsrahmen hebt vier Schwerpunkte hervor, die im Rahmen des Planungs- und Kontrollprozesses unbedingt zu beachten sind und die letztlich in einem mehrstufigen Prozess aufeinander aufbauen. Diese vier Schwerpunkte sind:

- Stufe 1: Vision und Strategie formulieren und in Unternehmensziele transformieren.
- Stufe 2: Unternehmensziele kommunizieren.
- Stufe 3: Teilziele für alle Organisationseinheiten planen.
- Stufe 4: Erreichung operativer und strategischer Ziele kontrollieren.

Mit der ersten Stufe wird der Planungs- und Kontrollprozess im Sinne der Balanced Scorecard initiiert. Dazu werden Visionen und Strategien formuliert und in Teilziele umgesetzt.

Die **Formulierung und Umsetzung von Visionen und Strategien** muss vom obersten Management der Unternehmung initiiert werden. Visionen und Strategien werden sowohl auf der Ebene der gesamten Unternehmung als auch auf der Ebene einzelner Geschäftsfelder formuliert.

Die verbalisierten Visionen und Strategien sind schließlich in Teilziele zu transformieren. Zwischen Formulierung und Umsetzung klafft aber nicht selten eine große Lücke. Ursachen hierfür können sein,

- dass es den Beteiligten nicht gelingt, die formulierten Visionen und Strategien zu konkretisieren,
- dass die Zielvorgaben der unteren Führungsebenen sehr stark kurzfristig orientiert und i. d. R. auf die Einhaltung von Budgets fixiert sind; deshalb ist eine Verknüpfung mit den langfristigen, strategischen Zielen für die Mitarbeiter häufig nicht zu erkennen und damit auch nicht handlungsdeterminierend,
- dass die langfristige und kurzfristige Planung häufig in getrennten Prozessen vorgenommen werden und deshalb nur schwach miteinander verknüpft sind und
- dass viele Führungssysteme ein taktisches Feedback bevorzugen, wohingegen dem strategischen Feedback eine viel zu geringe Bedeutung zukommt.

Es besteht also die Gefahr einer **Operationalisierungslücke** für die Unternehmensstrategie. Eine wesentliche Funktion des Balanced Scorecard-Instrumentariums wird deshalb darin gesehen, diese Operationalisierungslücke zu schließen. Dazu müssen die Visionen und Strategien des Top-Managements allen Führungsebenen nahegebracht werden. Erst wenn dies gelingt, ist sichergestellt, dass kurz- und langfristige Pläne bzw. Teilziele miteinander harmonieren.

Vor diesem Hintergrund besteht der zweite Schwerpunkt des strategischen Handlungsrahmens zunächst einmal darin, allen Mitarbeitern die strategischen Ziele mitzuteilen. Hier müssen geeignete interne **Kommunikationsstrategien** entwickelt werden und entsprechende **Kommunikationsinstrumente** eingesetzt werden, wie bspw.:

- Videos,
- Mailing-Systeme,
- Meetings,
- Rundschreiben,
- Monatsberichte,
- etc.

Mit der Kommunikation der Visionen und Strategien soll das Bewusstsein für die strategische Dimension des Planungsprozesses geweckt werden. Selbstverständlich reicht dieses Bewusstsein alleine nicht aus, die Strategieumsetzung zu bewirken. Deshalb ist sinnvollerweise auch das persönliche **Anreiz- und Vergütungssystem** – zumindest teilweise – mit den strategischen Zielen der Unternehmung zu verknüpfen. So lässt sich die Balanced Scorecard auch als Basis für die Bemessung von Leistungszulagen nutzen. Abb. 2.17 zeigt am Beispiel der amerikanischen Firma Pioneer Petroleum, wie dort aus der unterschiedlichen Gewichtung der vier Balanced Scorecard-Perspektiven die Leistungsprämien des oberen Managements ermittelt werden.

Perspektive	Kriterium	Gewichtung
Finanzen (60 %)	Gewinnspanne gegenüber Konkurrenz	18,0 %
	ROCE gegenüber Konkurrenz	18,0 %
	Kostensenkung gegenüber Plan	18,0 %
	Wachstum auf neuen Märkten	3,0 %
	Wachstum auf bestehenden Märkten	3,0 %
Kunden (10 %)	Marktanteil	2,5 %
	Kundenzufriedenheitsstudie	2,5 %
	Händlerzufriedenheitsstudie	2,5 %
	Händlerrentabilität	2,5 %
Interne Betriebsprozesse (10 %)	Gemeinwohl/Umweltschutzindex	10,0 %
Lernen und Entwicklung (20 %)	Arbeitsklima (Studie)	10,0 %
	Klassifizierung der strategischen Fähigkeiten	7,0 %
	Zugang zu strategischer Information	3,0 %

Abb. 2.17: *Bestimmung der Leistungszulage bei Pioneer Petroleum (vgl.* KAPLAN/NORTON *1997)*

Der dritte Schwerpunkt betrifft erneut den Prozess der Umsetzung von Visionen und Strategien. Die Balanced Scorecard stellt kein ausschließlich strategisch ausgerichtetes Planungsinstrument dar. Sie ist unbedingt für die Fixierung von Teilzielen bis hinunter in den Bereich der operativen Planung und Kontrolle, letztlich also bis hin zum **Budget** kleinster Leistungseinheiten, einzusetzen.

Die erforderliche Verknüpfung von strategischer und operativer Planung erfolgt in vier Schritten:

1. Es werden herausfordernde, langfristig zu erreichende Ziele gesetzt.
2. Zwischen den aktuellen Ergebniswerten und den in der ersten Stufe fixierten Zielen bestehen Differenzen. Um diese zu schließen, müssen strategische Initiativen identifiziert werden.
3. Synergien zwischen den verschiedenen unternehmensinternen Initiativen müssen entdeckt und nutzbar gemacht werden.

4. Vor dem Hintergrund der langfristigen Ziele und der zur Erreichung dieser Ziele erforderlichen Alternativen erfolgt abschließend die Ressourcenallokation und Budgetierung.

Die Budgetierung steht damit am Ende des Planungsprozesses. Die effiziente Gestaltung des Budgetprozesses ist deshalb auch für die Balanced Scorecard ein entscheidender Erfolgsfaktor, dem entsprechende Aufmerksamkeit zu widmen ist.

Schon im Zusammenhang mit den Grundlagen des Planungsprozesses wurden die Vorzüge des Gegenstromverfahrens erklärt. Die Integration aller Mitarbeiter in den Planungsprozess bewirkt, dass das gesamte Planungspotenzial der Unternehmung genutzt werden kann. Vor diesem Hintergrund stellt der vierte und letzte Schwerpunkt des strategischen Handlungsrahmens das strategische Feedback und den strategischen Lernprozess in den Vordergrund.

Die vierte und letzte Stufe beinhaltet die operative und strategische Kontrolle sowohl der Ziele einzelner Geschäftsbereiche als auch der langfristigen und übergeordneten Unternehmensziele. Im Konzept der Balanced Scorecard wird dabei vor allem die häufig vernachlässigte Dimension der strategischen Kontrolle betont. Diese strategische Kontrolle umfasst diesbezüglich das strategische Feedback und den strategischen Lernprozess.

Das **strategische Feedback** soll helfen, die Hypothesen, die den Strategien zugrunde liegen, zu prüfen, zu bestätigen und zu modifizieren. Denn wenn die Hypothesen nicht mehr zutreffen, dann stimmen weder die Strategien noch die zur Umsetzung dieser Strategien fixierten Planungskennzahlen. Beispiele dafür, wie strategisches Feedback erreicht werden kann, sind

- **Korrelationsanalysen**: Es werden die Korrelationen zwischen Kennzahlen wie bspw. Mitarbeitermoral, Kundenzufriedenheit, ausstehende Forderungen und Rentabilitätskennziffern gemessen. So kann z. B. überprüft werden, ob die von der Balanced Scorecard geforderte Verbesserung der Mitarbeitermoral tatsächlich dazu führt, dass die Kunden besser bedient und deren Bedürfnisse besser befriedigt werden. Es kann zudem überprüft werden, ob sich eine höhere Kundenzufriedenheit in einer besseren Zahlungsmoral niederschlägt, wie ausgewählte empirische Beispiele belegen. Und es kann quantifiziert werden, inwiefern alle diese Kennzahlenveränderungen mit einer Verbesserung der Rentabilität verbunden sind.
- **Szenarioanalysen** und **Unternehmensplanspiele**: Die Führungskräfte werden aufgefordert, für die Vergangenheit zu analysieren, warum bestimmte Balanced Scorecard-Ziele nicht erreicht werden konnten. Sie sollen dann für alternative, zukünftige Szenarien überprüfen, wie sich die kritischen Erfolgsfaktoren bzw. die Treiber des Erfolgs der Vergangenheit verhalten könnten. Hierauf aufbauend werden die zukünftigen Strategien und Kennzahlen fixiert.
- **Erfolgsstories**: Bei der Planung werden Strategien erfolgreicher Konkurrenten analysiert. Die Erkenntnisse aus dieser Analyse bilden dann die Basis der eigenen Planungen.
- **Peer Review**: Unabhängige Dritte führen eine objektive Bewertung der Scorecardstruktur und des Scorecardprozesses durch.

Je stärker das strategische Feedback vorangetrieben wird, desto stärker wird die strategische Kompetenz im Unternehmen erhöht. Der **strategische Lernprozess** wird vor allem durch das

Double-Loop-Lernen geprägt. **Double-Loop-Denken bzw. -Lernen** beinhaltet das permanente Hinterfragen der zuvor getroffenen Annahmen und die ebenfalls permanente Überprüfung der Hypothesen, die dem Entscheidungsprozess zugrunde liegen.

Die vier skizzierten Schwerpunkte des strategischen Handlungsrahmens sind keineswegs überschneidungsfrei. So wird bspw. die Umsetzung der Visionen und Strategien mit allen übrigen Dimensionen operationalisiert. Auch ist die Verknüpfung der strategischen Ziele mit den Teilzielen und den Anreizsystemen erst dann möglich, wenn die Planung und Vorgabe von Teilzielen abgeschlossen ist. Deshalb kann dieser strategische Handlungsrahmen nicht als Ablaufschema betrachtet werden. Er dient vor allem dazu, die bei der Anwendung der Balanced Scorecard zu beachtenden Rahmenbedingungen hervorzuheben.

Die Balanced Scorecard stellt nicht nur ein Planungs- und Kontrollinstrumentarium mit verschiedenen Kennzahlen dar. Vielmehr ist sie zum einen ein **strategisches Konzept**, dass eine Vielzahl von Erfolgsfaktoren hervorhebt, die im Rahmen eines effizienten Planungs- und Kontrollprozesses zu beachten sind. Der Ablauf des Planungs- und Kontrollprozesses erfolgt dabei grundsätzlich nach den schon bewährten traditionellen Prinzipien. Innovativ ist vor allem die Betonung flankierender Maßnahmen. Diese sind allesamt darauf ausgerichtet, es dem Management besser als bisher zu ermöglichen, die eigenen Visionen und Strategien tatsächlich in die Tat umzusetzen und sie nicht mangels Umsetzung durch die operationalen Einheiten verpuffen zu lassen.

Sie ist zum anderen aber auch ein **greifbares Instrument**, in dem sich die zuvor erörterten Anforderungen an das strategische Konzept vereinen. So wird bereits in vielen Unternehmen ausgehend vom Top-Management bis hin zum einzelnen Mitarbeiter eine Balanced Scorecard als **Planungskarte** erstellt und den Organisationseinheiten übergeben. In Anlehnung an das Beispiel einer real existierenden und in der Praxis bei Pioneer Petroleum verwendeten Balanced Scorecard (vgl. KAPLAN/NORTON 1997) könnte eine Balanced Scorecard bspw. wie in Abb. 2.18 skizziert aufgebaut sein. Im konkreten Fall werden auf der Balanced Scorecard zunächst die Unternehmensziele angegeben. Hierauf aufbauend müssen zunächst die strategischen Geschäftseinheiten ihre Teilziele formulieren. Anschließend sind die Teams und sogar die einzelnen Mitarbeiter aufgefordert, eigene Ziele festzuschreiben und sich gleichzeitig Maßnahmen zu deren Erreichung zu überlegen. Im Beispiel würde jeder Mitarbeiter eine Balanced Scorecard mit sich tragen, aus der der Zusammenhang zwischen den obersten und untersten Teilzielen hervorgeht. Gleichzeitig wird mit dieser Karte verdeutlicht, welche Maßnahmen zur Erreichung der Ziele von den verschiedenen Unternehmensebenen einzuleiten sind.

		Unternehmensziel: Verdoppelung des Unternehmenswertes in den nächsten sieben Jahren								
		Ziele des gesamten Unternehmens			Ziele der einzelnen Geschäftseinheit			Ziele eines Teams/ einzelnen Mitarbeiters im Planungsjahr 2001		
Perspektive	Kennziffer	Jahr			Jahr			Ziel- grösse	Plan- wert	Mass- nahmen
		2001	2002	2003	2001	2002	2003			
Finanziell	Gewinne (in Mio. GE)	160	195	240	50	60	73	Prozess- geschwin- digkeit	54 Min./ Stück (-10 %)	Verrin- gerung der Verteil- zeiten
	Cashflow (in Mio. GE)	180	220	280	60	71	88			
Prozesse	Verringerung der Produktionskosten	- 10 %	- 5 %	- 3 %	- 10 %	- 10 %	- 10 %	Fehler- quote	10 % (- 2 %)	Intensivere Qualitäts- kontrollen
Kunden	Kundenzufriedenheit	3	2,5	2	2,8	2,3	1,8			
Lernen/Entwicklung	Mitarbeiterzufriedenheit	2,5	2	2	2,3	1,9	1,8	...	...	

Abb. 2.18: Beispiel zum Aufbau einer Balanced Scorecard

Die Balanced Scorecard wurde entwickelt, um die Umsetzung des Planungs- und Kontrollprozesses zu verbessern. Mithilfe der Balanced Scorecard soll sichergestellt werden, dass die wegweisenden Strategien des Managements auch tatsächlich von den Unternehmenseinheiten beachtet werden. Der vorgegebene Zielpfad soll eingehalten werden. Mit dem strategischen Handlungsrahmen werden die Erfolgsfaktoren herausgearbeitet und pointiert, die für einen effizienten Planungs- und Kontrollprozess entscheidend sind.

Im Zentrum dieses strategischen Handlungsrahmens stehen stets die (quantitativen und qualitativen) Kennzahlen der zuvor definierten Perspektiven der Balanced Scorecard. Die Planung und Kontrolle dieser Kennzahlen stellt somit eine der Hauptaufgaben des Controllings bei der Anwendung der Balanced Scorecard dar. Diese Aufgabe weist im Sinne der Wesensmerkmale von Planungs- und Kontrollsystemen eine strategische und eine operative Dimension auf. Im Rahmen der strategischen Dimension müssen Systeme aufgebaut werden, mit deren Hilfe sich rechtzeitig Chancen und Risiken potenzieller Entwicklungen feststellen lassen. Im Rahmen der operativen Dimension sind Budgets aufzustellen, die eingebettet in das gesamte Zielsystem dessen operative Umsetzung darstellen. Das strategische und das operative Controlling, die im Konzept der Balanced Scorecard miteinander verknüpft werden, bleiben trotz aller ergänzenden Maßnahmen die tragenden Säulen des Planungs- und Kontrollprozesses.

2. Strategisches Controlling im Balanced Scorecard Prozess

Zur Unterstützung der strategischen Unternehmensführung muss das Controlling nicht nur **Strategien entwickeln**. Die Strategieumsetzung muss auch **überwacht** werden. Die Strategieumsetzung wird bis in die kleinsten operativen Einheiten der Unternehmung hinein geplant. Auf operativer Ebene findet die Kontrolle im Rahmen des Budgetmanagements statt. Auf einer höher aggregierten, strategischen Ebene sind jedoch über das Budgetsystem hinausgehende Instrumente einzusetzen. Schon im Zusammenhang mit dem strategischen

Handlungsrahmen der Balanced Scorecard wurden die besondere Bedeutung der strategischen Elemente des Planungs- und Kontrollprozesses betont und verschiedene Instrumente als Beispiele für die Unterstützung des strategischen Feedbacks und Lernens genannt. Die dort genannten Instrumente sind grundsätzlich darauf ausgerichtet, in den Köpfen der Mitarbeiter strategisches Denken zu verbessern und von dem höheren Potenzial zu profitieren.

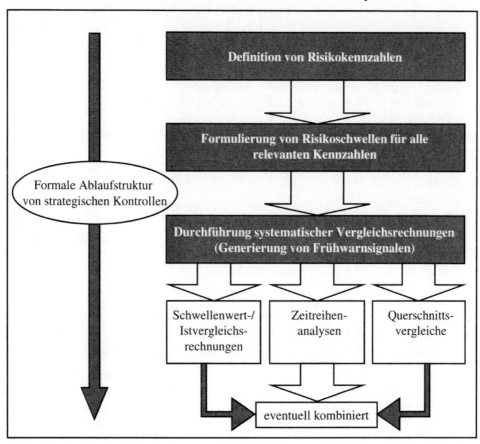

Abb. 2.19: Frühwarnsysteme

Weniger auf das geistige Potenzial und mehr auf die instrumentelle Vorgehensweise des strategischen Controllings ausgerichtet sind strategische Früherkennungssysteme als das wohl gebräuchlichste Instrumentarium strategischen Controllings. **Früherkennungssysteme** sind Informationssysteme, mit deren Hilfe die für die Unternehmung relevanten Sachverhalte zukünftiger Entwicklungen frühzeitig aufgedeckt werden sollen. Früherkennungssysteme dürfen nicht mit Frühwarnsystemen gleichgesetzt werden. Während **Frühwarnsysteme** nur Gefahren aufdecken sollen, sind Früherkennungssysteme darauf ausgerichtet, sowohl Risiken als auch Chancen zukünftiger Entwicklungen aufzuzeigen. Früherkennungssysteme stellen daher eine Erweiterung des Instrumentariums der Frühwarnsysteme dar. Während Frühwarnsysteme eher auf quantitative Risikokennzahlen beschränkt bleiben, werden in Früherkennungssysteme auch qualitative Elemente integriert. Ziel dieses Instrumentariums ist es, zu verhindern, dass Chancen nicht erkannt und genutzt werden, Unternehmensbedrohungen rechtzeitig erkannt und vermieden werden und das strategische Denken in der Unternehmung zu fördern.

Früherkennungssysteme sind somit sowohl für die strategische Planung als auch für die strategische Kontrolle einsetzbar. Als Basisaktivitäten der Früherkennungssysteme lassen sich das zielgerichtete und das ungerichtete Suchen sowie Scanning und Monitoring voneinander abgrenzen (vgl. KRYSTEK/MÜLLER-STEWENS 1990).

Zielgerichtetes Suchen erfolgt vor allem im Rahmen von Frühwarnsystemen, deren Ablauf in Abb. 2.19 dargestellt wird. Für Frühwarnsysteme müssen zunächst **Risikokennzahlen** definiert werden, mit denen sich die strategische Entwicklung des Unternehmens überprüfen lässt. Diese Kennzahlen beziehen sich sowohl auf unternehmensinterne als auch auf unternehmensexterne Beobachtungsbereiche. Sie müssen als potenzielle Entwicklungsindikatoren so gewählt werden, dass Veränderungen dieser Kennzahlen möglichst früh auf entscheidende Entwicklungen und Trends hinweisen. Beispiele für solche Risikokennzahlen finden sich in Abb. 2.20.

Absatz/Markt/Produkte	Produktivität/Rentabilität	Kapitalstruktur/Liquidität
z. B.: • Marktgröße (Umsatz, Umsatzpotenzial, Kundenzahl) • Marktanteil (in % des Gesamtumsatzes, relativ zur Konkurrenz) • Marktkonzentration • Umsatzwachstum (Wert- und Mengengerüst) • Umsatzstruktur (Konzentrationskoeffizienten im Bezug auf die Produkte, Kunden, Vertreter etc.) • Produkt-/Prozessinnovationen (Anteil der Nachwuchs-, Star-, Cash-, und Problemprodukte, FuE-Kosten im Vergleich zur Konkurrenz	z. B.: • Unternehmensrentabilität (z. B. EKR, GKR, UR; für die Definition ausgewählter Kennzahlen vgl. *Viertes Kapitel*) • Mitarbeiterproduktivität (Umsatz, Kosten, Ergebnis pro Mitarbeiter) • Altersstruktur der Belegschaft • Fluktuationsquote • Personalkostenintensität • Investitionsquote • Fixkostenkoeffizient	z. B.: • Verschuldungsgrad (statisch/dynamisch) • Anlagendeckungsgrad (I,II) • Liquidationskoeffizienten • Altersstruktur Debitoren/ Kreditoren • Cashflow-Hochrechnungen

Abb. 2.20: Auswahl strategischer Risikokennzahlen

Für diese Risikokennzahlen sind in einem nächsten Schritt **Risikoschwellen** zu definieren. Diese Risikoschwellenwerte fließen unmittelbar in die **Durchführung systematischer Vergleichsrechnungen** ein. Letztere sind die Basis der **Generierung von Frühwarnsignalen**. Vergleichsrechnungen können auf verschiedene Arten durchgeführt werden. Im Rahmen von **Schwellenwert-/Istvergleichen** wird überprüft, ob die Ist-Werte die zuvor definierten Risikoschwellenwerte übersteigen. **Zeitreihenanalysen** versuchen, Trends einzelner Kennzahlen zu erkennen. **Querschnittsvergleiche** dienen dazu, gleichzeitig die Entwicklung mehrerer Kennzahlen zu analysieren. Selbstverständlich können diese drei Varianten der Vergleichsrechnung auch miteinander kombiniert werden.

Von diesem zielgerichteten Suchen nach Frühwarnsignalen ist das **ungerichtete Suchen** nach Trends abzugrenzen. Die ungerichtete Suche verzichtet auf die Kennzahlenvorgabe. Statt dessen wird in bewusst unstrukturierten Prozessen, wie bspw. dem Brainstorming, versucht, Chancen und Risiken aufzudecken.

Scanning umfasst das systematische Abtasten und Rastern des unternehmerischen Umfelds. Scanning dient vor allem der Entdeckung schwacher Signale, aus denen Chancen und Risiken für die Unternehmensentwicklung resultieren können. Dazu werden verschiedenste Informationsquellen, wie z. B. Geschäftsberichte, Fachzeitschriften, Fernsehen, Internet, etc., gezielt analysiert.

Wird ein schwaches Signal erkannt und als bedeutend eingestuft, so wird es anschließend dem Monitoring unterstellt. Das **Monitoring** beinhaltet das vertiefende und dauerhafte Beobachten eines einmal gescannten Signals. Sofern sich ein schwaches Signal verstärkt, wird diese Entwicklung im Rahmen des Monitorings erfasst.

Natürlich bleibt der Prozess der strategischen Früherkennung nicht auf die Erfassung von Signalen für Chancen und Risiken beschränkt. Werden solche Signale entdeckt, müssen Gegenmaßnahmen eingeleitet werden. Zunächst ist zu überlegen, wie sehr die hinter den Signalen stehenden Entwicklungen das Unternehmensgeschehen beeinflussen können. Hierauf aufbauend sind geeignete Antwortstrategien zu konzipieren und gegebenenfalls schon einzuleiten (vgl. STEINLE 1998a).

3. Budgetierung als operatives Element des Balanced Scorecard Prozesses

a) Das Wesen der Budgetierung

Im Gegensatz zum strategischen Controlling ist das operative Controlling kurzfristig orientiert. Diesbezüglich steht im Mittelpunkt der operativen Ebene der Balanced Scorecard das Budgetmanagement. Ein **Budget** ist eine auf Vereinbarungen beruhende und im Hinblick auf das Gesamtunternehmen abgestimmte und verbindliche Vorgabe von **Sollgrößen**. Diese Sollgrößen werden für eine bestimmte Periode in Mengen- oder Werteinheiten für einen Verantwortungsbereich fixiert. Das Budget dient als Richtschnur für die Entscheidungen und Handlungen der Unternehmensteilbereiche. Diesen wird ein Spielraum vorgegeben, innerhalb dessen bestimmte Ergebnisse erreicht werden müssen, wobei die Verantwortlichen aber prinzipiell frei agieren können.

Die generelle **Zwecksetzung** der Budgetierung besteht darin,

- frühzeitig Planabweichungen zu erkennen und zu analysieren,
- Gegensteuerungsmaßnahmen rechtzeitig einleiten zu können,
- das Verhalten der Mitarbeiter „vor" zusteuern und
- einen organisatorisch einheitlich verankerten und akzeptierten Maßstab für die Messung des Erfolgs zu generieren.

Die Budgetierung soll somit als Planungsmethode verschiedene Funktionen erfüllen (vgl. SCHIERENBECK 2001; KÜPPER 1995; PEEMÖLLER 1992):

- **Koordinationsfunktion**: Durch die Erstellung von Budgets für die verschiedenen Unternehmensteilbereiche werden diese im Hinblick auf das Gesamtunternehmensziel aufeinander abgestimmt.
- **Planungsfunktion**: Budgets werden aus der langfristigen Strategieplanung abgeleitet und können nur nach Planung operativer Maßnahmen realisiert werden.
- **Motivationsfunktion**: Leistungsanforderungen und -ergebnisse werden sichtbar, Eigeninitiative wird durch die Einräumung von Entscheidungs- oder Handlungsspielräumen gefördert.
- **Bewilligungs- und Ressourcenallokationsfunktion**: Den einzelnen Unternehmensteilbereichen werden verfügbare Mittel z. B. über Kostenbudgets zugewiesen, bzw. zur Verfügung gestellt.
- **Vorgabefunktion**: Das Budget stellt eine zu erreichende Zielgröße dar.
- **Initiierungsfunktion**: Das Budget soll Aktivitäten auslösen.
- **Kontrollfunktion**: Mithilfe des Budgets können Plan- und Ist-Werte verglichen und Abweichungsanalysen durchgeführt werden.

Sofern diese Funktionen erfüllt werden, steht die Zweckmäßigkeit der Budgetierung wohl außer Frage. Allerdings lassen sich auch für die Budgetierung kritische Erfolgsfaktoren feststellen (vgl. PEEMÖLLER 1992), von denen der Erfolg der Verwendung von Budgets abhängt:

- Es ist unbedingt ein **angemessenes Verhältnis zwischen Aufwand und Ertrag** des Budgetsystems einzuhalten. Komplexe Abstimmungsprozesse oder der Zwang zu Vollständigkeit dürfen nicht zu unwirtschaftlichen Relationen führen.
- Die **Inhalte müssen stimmen**. Die Basisannahmen dürfen sich nicht ändern. Teilziele des Budgetsystems müssen sich zum Gesamtziel der Unternehmung aggregieren lassen.
- Das **Budget muss akzeptiert werden**. So besteht z. B. bei einem zu hohen Detaillierungsgrad die Gefahr, dass die Budgetvorgaben missachtet werden, da sie nicht mehr zweckmäßig erscheinen.
- Das Budget darf **nicht zu falschen Entscheidungen führen**, weil z. B. das zulässige Ausgabenvolumen zu hoch angesetzt wurde.

Um die aus der mangelnden Erfüllung dieser Faktoren resultierenden Probleme zu vermeiden, sind für das Budgetmanagement spezielle Grundsätze aufzustellen:

- **Prinzip der Zielvereinbarung**: Die Budgetierung soll im Sinne des bereits erörterten Gegenstromverfahrens durchgeführt werden. Jeder Verantwortliche soll für den eigenen Bereich die Aktivitäten aus Motivationsgründen selbst planen, die Planung untergeordneter Einheiten steuern und diese Teilelemente in das Gesamtsystem integrieren. Dabei soll die Planung aufgeteilt und so delegiert werden, dass die in dem Unternehmen vorhandenen Kenntnisse weitestgehend genutzt werden.
- **Prioritätenprinzip**: Die knappen Mittel sind vor dem Hintergrund der übergeordneten Zielsetzungen des Unternehmens in die Unternehmensbereiche zu lenken. Ein offener Diskurs zwischen den konkurrierenden Verwendungen ist wünschenswert.
- **Verursachungsprinzip**: Nur diejenigen Größen sind zu berücksichtigen, die vom Entscheidungsträger selbst beeinflusst werden können. Demgemäß sind die Gemeinkostenblöcke nicht budgetierungsfähig. Vollkostenrechnungen sind grundsätzlich zu vermeiden.
- **Verantwortungsprinzip**: Den Entscheidungsträgern wird die Verantwortung für die Budgeteinhaltung übertragen. Die Budgetverantwortlichen sind für das frühzeitige Ergreifen von Korrekturmaßnahmen selbst verantwortlich. Dadurch wird das unternehmerische Denken und Handeln auch auf den unteren Führungsebenen gefördert.
- **Prinzip der Zielkosten**: Einmal festgelegte Budgetgrößen sollten während einer noch laufenden Kontrollperiode grundsätzlich nicht verändert werden. Dies gilt natürlich nicht mehr, wenn sich die Basisannahmen ändern und dadurch eine möglichst rasche Zielanpassung erforderlich wird.

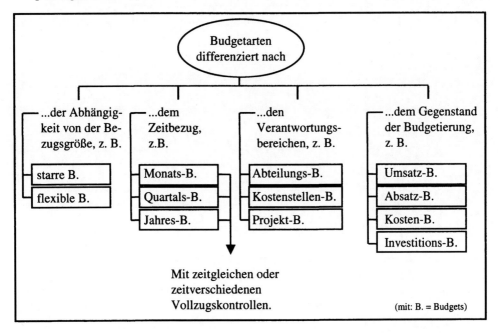

Abb. 2.21: Budgetarten

Vor dem Hintergrund alternativer Kriterien lassen sich diverse **Budgetarten** unterscheiden (vgl. Abb. 2.21). Nach der **Abhängigkeit von der jeweiligen Bezugsgröße** lassen sich starre und flexible Budgets voneinander abgrenzen. **Starre Budgets** sind während einer Budgetperiode unbedingt einzuhalten. Demgegenüber sind **flexible Budgets** von bestimmten Parametern abhängig. So würde ein flexibles Budget, z. B. in Abhängigkeit von Beschäftigungen, unterschiedlich hohe Personalaufwendungen zulassen. In Abhängigkeit vom **Zeitbezug** können z. B. Monats-, Quartals- oder Jahresbudgets definiert werden. Die Art und Weise der zeitlichen Unterteilung der Budgets erfolgt in Abhängigkeit von den zu erreichenden Zielen und der Fähigkeit, wirksame Gegenmaßnahmen im Falle von Zielabweichungen einleiten zu können, bzw. zu müssen. Je nach **organisatorischen Verantwortungsbereichen** lassen sich z. B. Abteilungs-, Kostenstellen- oder Projektbudgets differenzieren. Schließlich lassen sich auch nach dem **Gegenstand der Budgetierung** inhaltlich voneinander abgegrenzte Budgets definieren. Beispiele hierfür sind Umsatz-, Absatz-, Kosten- oder Investitionsbudgets.

b) Prozessstufen der Budgetierung

Der Prozess der Budgetierung setzt sich zusammen aus der Budgetvorgabe und der Budgetkontrolle. Die **Budgetvorgabe** kann mithilfe verschiedenster Techniken erfolgen. In Abb. 2.22 wird diesbezüglich zwischen problemorientierten und verfahrensorientierten Techniken differenziert (vgl. KÜPPER 1995).

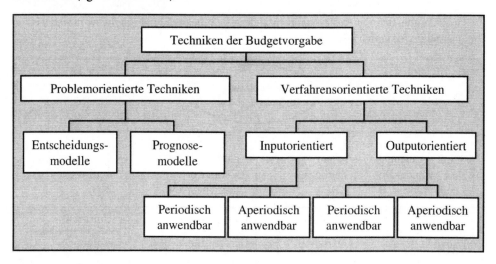

Abb. 2.22: Varianten der Budgetvorgabe (vgl. KÜPPER 1995)

Problemorientierte Techniken der Budgetvorgabe werden in erster Linie bei materiellen Produktionsprozessen und einfachen Dienstleistungs- und Verwaltungsprozessen mit hoher Standardisierbarkeit eingesetzt. Angesichts der Ausrichtung auf das Produktionsprogramm, die Dienstleistungs- oder Verwaltungstätigkeit können diese Verfahren auch als outputorientiert charakterisiert werden. Sie sind problemorientiert, weil der budgetierende Verantwortungsbereich über Handlungsprobleme zu entscheiden hat, die eng mit der betrieblichen Tätigkeit verknüpft sind. Beispiele für solche Entscheidungsparameter sind das Volumen der Fertigungslöhne, die Anzahl bearbeiteter Rechnungen oder die Verwaltungskosten.

Bei der Festlegung der (Budget-)Planwerte können Prognose- oder Entscheidungsmodelle eingesetzt werden. Mithilfe von **Prognosemodellen** wird z. B. über Kostenschätzverfahren beim Einsatz neuer Maschinen versucht, zukünftige Werte vorherzusagen. Alternativ dazu können Budgetvorgaben mithilfe verschiedener **Entscheidungsmodelle** erstellt werden. Dabei kann auf den großen Fundus der von der Betriebswirtschaftslehre bereitgestellten Entscheidungstechniken zurückgegriffen werden. Ein Beispiel hierfür ist die an der Break-Even-Analyse ausgerichtete Aufstellung eines Planpfads für kumulierte Deckungsbudgets. Die Deckungsbeiträge werden über die Planperiode hinweg so geplant, dass hintereinander erst die verschiedenen Kosten gedeckt und schließlich Gewinn erzielt wird.

Im Gegensatz zu den problemorientierten Budgetvorgaben werden **verfahrensorientierte Techniken** vor allem für schwer oder gar nicht standardisierbare Prozesse verwendet. Sie sind verfahrensorientiert, weil sie Verfahrensschritte und -empfehlungen zur Regelung des Budgetvorgabeprozesses empfehlen. Damit sind sie grundsätzlich den problemorientierten Techniken vorgelagert. Es lassen sich in- und outputorientierte Systeme unterscheiden.

Die **inputorientierten Verfahren** behandeln den Output als fixe Größe und budgetieren nur die Einsatzfaktoren. Sofern der mit dem gewählten Verfahren verbundene Aufwand zu hoch ist, werden die Verfahren lediglich aperiodisch angewendet. Die periodische Anwendung ist nur bei angemessenem Budgetierungsaufwand zu empfehlen. Eine einfache, sehr kostengünstige und deshalb periodisch anwendbare Variante ist die **Fortschreibungsbudgetierung**. Hier werden lediglich die Ist-Werte der Vorperiode oder Durchschnittswerte der vergangenen Perioden budgetiert. Deutlich komplexer, teurer und deshalb i. d. R. nur aperiodisch anwendbar sind die Verfahren der **Wertanalyse**. Ziel dieser Verfahren ist es, durch die Analyse des Wertschöpfungsprozesses rationellere Verfahren zur Erbringung der Unternehmensleistung zu entwickeln. Von der allgemeinen Wertanalyse sind die auf die Verwaltungstätigkeit fokussierte **administrative Wertanalyse** und die auf die Gemeinkosten ausgerichtete **Gemeinkostenwertanalyse** abzugrenzen.

Outputorientierte Systeme prüfen, ob bisherige Leistungen abgebaut, beibehalten oder ausgeweitet und ob neue Leistungen eingeführt werden sollen. Hierzu zählen z. B. die Programmbudgetierung und das Zero-Base-Budgeting. Die periodische **Programmbudgetierung** besteht darin, die mittelfristigen Programme des Unternehmens in periodische Budgets umzusetzen. Lediglich aperiodisch anwendbar wäre hingegen bspw. das **Zero-Base-Budgeting**. Beim Zero-Base-Budgeting wird die gesamte Unternehmensstruktur in Frage gestellt. Ausgehend von den obersten Unternehmenszielen und den daraus ableitbaren Teilzielen werden für alle Unternehmensteile völlig unabhängig von den bisherigen Unternehmensstrukturen diejenigen Kosten und Leistungen bestimmt, die zur Erreichung der Ziele unbedingt notwendig sind. Dadurch soll die bloße Fortschreibung der bisherigen Budgetvorgaben verhindert und die Entwicklung neuer Leistungsprogramme gefördert werden.

Der Budgetvorgabe folgt schließlich die Budgetkontrolle. Die **Budgetkontrolle** kann als eigenständiger Prozess in vier Phasen erfolgen (vgl. Abb. 2.23).

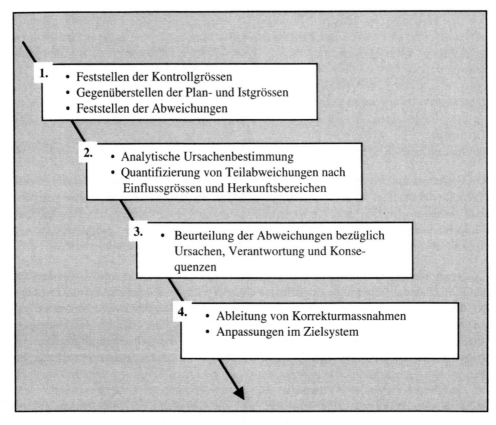

Abb. 2.23: Prozessstufen der Budgetkontrollen

In der **ersten Phase** werden die **Ist-Werte** der Kontrollgrößen festgestellt. Danach werden Ist- und Plangrößen gegenübergestellt und auf bestehende Abweichungen untersucht. **Die zweite Phase** beinhaltet die **Analyse der Abweichungsursachen**. Die Gesamtabweichung wird in Teilabweichungen zerlegt. Die Teilabweichungen werden je nach Einflussgröße und Herkunftsbereich quantifiziert.

Erst wenn die Höhe der Teilabweichung exakt bestimmt werden konnte, lässt sich eine sinnvolle Ursachenforschung betreiben. Grundsätzlich lassen sich insbesondere für quantitative Budgets unterschiedlichste Zukunftskonstellationen und Abweichungsarten unterscheiden. So könnte bspw. für Kostenbudgets die Quantifizierung von Verbrauchs-, Beschäftigungs- und Preisabweichungen durchgeführt werden. Die generelle Vorgehensweise bei der Quantifizierung von Teilabweichungen lässt sich am Beispiel einer zweiparametrigen Analyse von – teilweise miteinander kombinierten – Mengen- und Preisabweichungen leicht nachvollziehen (vgl. Abb. 2.24).

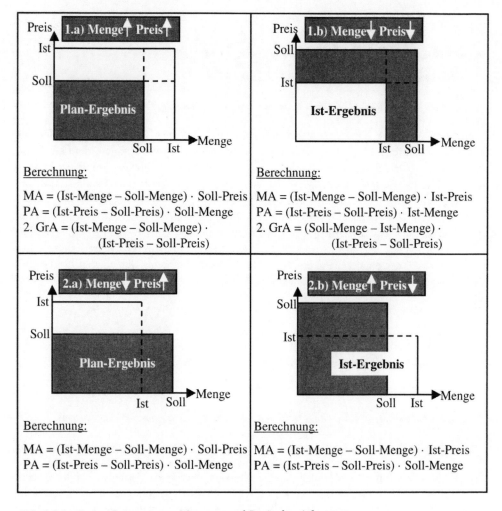

Abb. 2.24: Quantifizierung von Mengen- und Preisabweichungen

Die Gesamtabweichung des hier skizzierten Budgets lässt sich bei zweiparametrigen Analysen prinzipiell mithilfe der folgenden allgemeingültigen Formel zerlegen:

1. Grad - Abweichungen :

$\text{Mengenabweichung } MA = (Ist\text{-}Menge - Soll\text{-}Menge) \times Soll\text{-}Preis$

$\text{Preisabweichung } PA = (Ist\text{-}Preis - Soll\text{-}Preis) \times Soll\text{-}Menge$

2. Grad - Abweichung :

$2.\,GrA = (Ist\text{-}Menge - Soll\text{-}Menge) \times (Ist\text{-}Preis - Soll\text{-}Preis)$

Gesamtabweichung GA = MA + PA + 2.GrA

mit: GA = Gesamtabweichung; GrA = Grad; MA = Mengenabweichung; PA = Preisabweichung

Diese formal richtige Vorgehensweise ist allerdings zum einen in bestimmten Fällen nur schwer zu interpretieren. Zum anderen ergibt sich immer auch das Problem der Zuordnung der 2. Grad-Abweichung. Dieser Zusammenhang lässt sich sehr einfach an einem Beispiel erklären. Diesem Beispiel liegt der Fall 1b) aus Abb. 2.24 zugrunde: Unterstellt sei ein Umsatzbudget mit einer Soll-Absatzmenge von 100 Einheiten bei einem Soll-Preis von 5 Geldeinheiten (GE). Das budgetierte Umsatzvolumen beträgt somit 500 GE. Es wurde ein Ist-Preis von 4 GE bei einer Ist-Absatzmenge von 80 GE und einem Ist-Umsatz von 320 GE erzielt. Es liegen offensichtlich nur negative Abweichungen vor, da sämtliche Planwerte unterschritten wurden. Gemäß der oben genannten allgemeingültigen Formel zur Berechnung der Gesamtabweichung ergeben sich folgende Teilabweichungen:

$MA = (80 - 100) \times 5 = -100\,GE$

$PA = (4 - 5) \times 100 = -100\,GE$

$2.GrA = (80 - 100) \times (4 - 5) = +20\,GE$

$GA = (-100) + (-100) + (+20) = -180\,GE$

mit: GA = Gesamtabweichung; GrA = Grad; MA = Mengenabweichung; PA = Preisabweichung

Die Gesamtabweichung stimmt hiernach mit der tatsächlichen Budgetabweichung überein. Allerdings sind die Teilabweichungen insbesondere die 2. Grad-Abweichung, nicht mehr interpretierbar. Die Summe der beiden Abweichungen ersten Grades ist höher als die Gesamtabweichung. Ursache hierfür ist die positive zweite Grad-Abweichung für die angesichts der ausschließlich negativen Entwicklungen ein Erklärungsnotstand entsteht.

Eine sachlich nachvollziehbare Ursachenanalyse erfordert demzufolge eine modifizierte Quantifizierung der Teilabweichungen. Demgemäß sind für die vier in Abb. 2.24 dargestellten Fälle unterschiedliche Gleichungen für die Berechnung der Teilabweichungen anzuwenden. Für die einzelnen Fälle werden die relevanten Formeln in Abb. 2.24 angegeben. Dabei wird bewusst vor dem oben erklärten Hintergrund in den Fällen 2a) und 2b) auf die Berechnung der 2. Grad-Abweichung verzichtet. So wird die 2. Grad-Abweichung weder der Mengen- noch der Preisabweichung zugerechnet. Dies ist in den Fällen 2a) und 2b) möglich, weil sich jeweils für das Feld der 2. Grad-Abweichung eine positive Preis- und eine negative Mengenabweichung überschneiden. Deren kumulativer Gesamteffekt ist angesichts der Gegenläufigkeiten der beiden Parameter Null.

In den Fällen 1a) und 1b) ist eine andere Vorgehensweise zu wählen. Hier würden sich zwei positive oder zwei negative Teilabweichungen überlappen, die einmalig um eine gegenläufige 2. Grad-Abweichung korrigiert werden müssten. Deshalb werden hier die zu berechnenden Preis- und Mengenabweichungen um den Bereich der 2. Grad-Abweichung so ergänzt, dass zumindest die Richtung der 2. Grad-Abweichung – positiv oder negativ – interpretierbar ist.

Diese modifizierte Vorgehensweise soll anhand des ursprünglichen Beispiels demonstriert werden. Dieses Beispiel entspricht angesichts einer gegenüber der Planung niedrigeren Menge und eines niedrigeren Preises dem Fall 1b). Es werden folgende Abweichungen quantifiziert:

$$-MA_{MO} : (80 - 100) \times 4 = -80 \; GE$$

$$-PA_{MO} : (4 - 5) \times 80 = -80 \; GE$$

$$-2.GrA_{MO} : (100 - 80) \times (4-5) = -20 \; GE$$

$$-GA = (-80) + (-80) + (-20) = -180 \; GE$$

mit: *GA = Gesamtabweichung; GrA = Grad; MA = Mengenabweichung; MO = Modifiziert; PA = Preisabweichung*

Die Gegenüberstellung der unterschiedlichen Ergebnisse aus der Anwendung der modifizierten und der allgemeingültigen Formel zur Abweichungsanalyse zeigt, dass tatsächlich die Mengen- und Preisabweichungen um das sich überlappende Element der 2. Grad-Abweichung korrigiert wurden. Zudem erhält die 2. Grad-Abweichung, die unbedingt negativ sein muss, das richtige, weil nunmehr interpretierbare Vorzeichen.

Neben der unterschiedlichen Handhabung der 2. Grad-Abweichung kann die Analyse der Budgetabweichung auch noch auf andere Art und Weise verfeinert werden. Beispiele hierfür sind:

- die Einbeziehung kumulativer Werte im Mehrperiodenfall,
- die Einbeziehung von Vergleichswerten aus den Vorperioden und
- bei Bestandbudgets die Aufspaltung der Budget- und Ist-Werte in Anfangsbestand, Zu- und Abgänge und Endbestand.

In der **dritten Phase** der Budgetkontrolle erfolgt die abschließende **Beurteilung der Abweichungen** bezüglich der Ursachen, Verantwortlichkeiten und Konsequenzen. Hieraus leiten sich in der **vierten und letzten Phase** entweder **Korrekturmaßnahmen** oder **Anpassungen des bisherigen Zielsystems** ab. Letzteres geschieht immer dann, wenn festgestellt wird, dass Ziele endgültig nicht wie geplant erreicht werden können.

C. Controlling als systematisches Informationsmanagement

I. Anforderungsprofil effizienter Führungsinformationssysteme

Um überhaupt die Koordinationsfunktionen erfüllen zu können, muss das Controlling systematisches Informationsmanagement betreiben. Die Erfüllung der **Informationsfunktion** stellt einen weiteren zentralen Aufgabenbereich und damit die dritte Kernfunktion des Controllings dar. Diese Informationsfunktion wird sogar teilweise zu einem Schwerpunkt moderner Controlling-Konzepte erhoben. Bezüglich der Informationsfunktion besteht die zentrale Zwecksetzung des Controllings in der Abstimmung von **Informationsangebot, Informationsnachfrage** und **Informationsbedarf** (vgl. SCHIERENBECK 2000; KÜPPER 1995).

Die organisatorische Ausgestaltung der betrieblichen Informationswirtschaft ist eine Hauptaufgabe des Controllings. Das Controlling übernimmt Aufbau und Pflege eines umfassenden, planungsunterstützenden Führungsinformationssystems, wobei verschiedene Teilelemente zu berücksichtigen sind (vgl. LANTNER 1996; KALTENHÄUSLER 1979). Oberstes Ziel ist dabei die Bereitstellung **entscheidungsorientierter Informationen**. Für jede Entscheidung müssen Informationen zur Verfügung gestellt werden, die es dem Entscheidungsträger ermöglichen, ein rationales, objektiv nachvollziehbares Urteil zu fällen. Die Informationen müssen letztlich so gestaltet sein, dass jede Entscheidung aus Sicht der Wertorientierung dazu beiträgt, den Unternehmenswert zu erhöhen oder zumindest zu stabilisieren.

Wegen der großen Flut von Informationen, die auf die Entscheidungsträger ständig einwirken, ist die Aufgabe des Informationswesens im allgemeinen nicht darin zu sehen, möglichst viele richtige und zutreffende Informationen zusammenzutragen, sondern sich vielmehr im Sinne von **Informationsaskese** strikt zu beschränken. Gefragt werden muss also:

- Wer braucht unbedingt
- welche Informationen
- in welcher Differenzierung und
- wie häufig?

Dabei kann beispielsweise ein **zweistufiges Bedarfsschema** für die Produktion und Bereitstellung von Informationen Verwendung finden. Nur ein kleiner Teil der Informationen, die für den oder die Entscheidungsträger benötigt werden, wird auch regelmäßig unaufgefordert zur Verfügung gestellt. Alle anderen Informationen werden nur bei konkreter Bedarfsäußerung im Einzelfall abgegeben, wobei hier zwei Unterfälle zu unterscheiden sind. Informationen, die schon produziert und bereitstellungsfähig gemacht worden sind, so dass sie sofort ohne weitere Aufbereitung zur Verfügung gestellt werden können und Informationen, die bei Bedarfsauslösung erst noch erstellt werden müssen. Letztere sind im allgemeinen solche, die sich der automatischen Datenverarbeitung aus den verschiedensten Gründen entziehen und deren Erstellung überdurchschnittlich hohe Kosten verursacht.

Teilbereiche bzw. -aufgaben, die zur Erfüllung der Informationsfunktion des Controllings dienen, sind das Informationsmarketing und die Informationstransformation. Zielsetzung des **Informationsmarketings** ist die Belebung der Informationsnachfrage. Das Controlling wirbt für das eigene Informationsangebot, indem es Informationen über Informationsmöglichkeiten vermittelt. Die **Informationstransformation** betrifft die Art und Weise der Weiterleitung von Informationen. **Inhaltliche** Transformation umfasst die systematische Gewinnung bzw. Bereitstellung bedarfsgerechter Informationen. Zur **räumlichen** Transformation zählt die Gewährleistung eines optimalen Informationsflusses zwischen den einzelnen Unternehmenseinheiten. Die **zeitliche** Transformation betrifft die Aufzeichnung aller notwendigen Informationen (vgl. AMSHOFF 1993; WITTE 1972).

Damit alle Entscheidungen unter Berücksichtigung aller wesentlichen Informationen getroffen werden können, sind zuvor im Rahmen des Informationsmarketings und der Informationstransformation verschiedene Informationsprobleme zu lösen (vgl. AMSHOFF 1993; WEBER 1990):

- **Quantitätsproblem**: Der erforderliche Informationsumfang ist vor dem Hintergrund einer angemessenen Auswahl, Verknüpfung und Verdichtung von Informationen zu fixieren.
- **Qualitätsproblem**: Es ist zu entscheiden, welche Informationen für welche Zwecke geeignet sind und wie sie beurteilt und gewichtet werden sollen.
- **Zeitproblem**: Aktuelle Informationen müssen rechtzeitig bereitgestellt werden.
- **Kommunikationsproblem**: Informationen sind adäquat zu verteilen und zu präzisieren.
- **Wirtschaftlichkeitsproblem**: Dem Grenznutzen der Informationen stehen steigende Kosten für die Informationsgewinnung und -auswertung gegenüber.

Die Lösung dieser Probleme und Fragestellungen ist Aufgabe des Controllings. Hieraus lassen sich verschiedene Teilaufgaben ableiten. Bezüglich dieser Teilaufgaben können systemorientierte und prozessorientierte Teilaufgaben voneinander abgegrenzt werden. **Systemorientierte Teilaufgaben** betreffen den Aufbau eines unternehmensadäquaten Informationssystems. **Prozessorientierte Teilaufgaben** beziehen sich auf die Handlungsabläufe im Rahmen der Versorgung mit Informationen. In Abb. 2.25 werden diese Teilaufgabenbereiche voneinander abgegrenzt.

Ein steuerungsadäquates Führungssystem ist in besonderem Maße dem raschen Wandel der **Informationstechnologien** ausgesetzt. Damit verbunden ist die Möglichkeit, immer schneller und sogar kostengünstiger auf Planungs-, Entscheidungs- und Kontrollinformationen zurückzugreifen. Durch den mit hoher Geschwindigkeit erfolgenden Veränderungsprozess im Bereich der Informationstechnologien entsteht häufig ein Anpassungsproblem: Zwar wird der Einsatz neuer Mechanismen zur Bereitstellung von entscheidungsrelevanten Informationen gewünscht. Die neuen Instrumente lassen sich jedoch nur mit großem Aufwand oder gar nicht mit den bisher genutzten Modellen verknüpfen. Deshalb ist gerade im Bereich der Informationstechnologie-Systeme auf eine möglichst hohe **Integrationsqualität** zu achten.

Systemorientierte Teilaufgaben

1 Entwicklung eines Informationsversorgungs-/Berichtssystems
   a) Ermittlung und Festlegung der
     • relevanten Informationsempfänger/-abnehmer
     • Informationsübermittlungszeitpunkte und -häufigkeit
       (z. B. monatlich, periodisch oder aperiodisch)
     • Übermittlungsformen (z. B. schriftlich, elektronisch (Bildschirm))
     • Informationsversorgungsinstrumente/-methoden
       (z. B. Kennzahlen(-systeme), Checklisten)
     • Beobachtungsbereiche (z. B. Märkte/Unternehmensbereiche)
     • Speicherungs-/Dokumentationsformen
       (z. B. Magnetband, Microfilm oder Papier)
   b) Entwicklung eines aussagefähigen entscheidungs- und zukunftsorientierten Rechnungswesens
2 Genehmigung obiger Informationsversorgungs-/Berichtssystemkomponenten
3 Einrichtung/Installation des Informationsversorgungs-/Berichtssystems
4 Betrieb/Aktualisierung/Anpassung des bestehenden Informationsversorgungs-/Berichtssystems

Prozessorientierte Teilaufgaben

1 Ermittlung/Analyse des Informationsbedarfs der Abnehmer
2 Ermittlung/Analyse des Informationsstandes (Vollständigkeit)
3 Ermittlung der Informations-/Bezugsquellen (z. B. unternehmungsextern/intern) und Beschaffungsmöglichkeiten
4 Beschaffung der nicht vorhandenen Informationen
   (und ggfs. Entscheidung über Make or Buy)
5 Aktivierung der Informationsbedürfnisse (Informationsmarketing)
6 Prüfung der Informationen auf Bedarfsgerechtigkeit
   (z. B. Problemrelevanz, Genauigkeit, Aktualität)
7 Strukturierung und bedarfsgerechte Aufbereitung (Auswahl, Verknüpfung, Verdichtung, Darstellung) der Informationen nach
   a) inhaltlichen Kriterien (z. B. Planungs-/Kontrollinformationen)
   b) Empfänger (z. B. Unternehmensleitung, Sparte, Funktionen)
8 Speicherung und Dokumentation der Informationen
9 empfängergerechte Informationsübermittlung/Berichterstattung
   a) an die Unternehmungsleitung und/oder
   b) an die verschiedenen Unternehmungseinheiten/-bereiche

Abb. 2.25: Abgrenzung der Teilaufgabenbereiche im Rahmen der Informationsfunktion des Controllings (vgl. AMSHOFF 1993)

Für die Bereitstellung der Informationen sind verschiedene Datensysteme einzusetzen. Hierzu zählen bspw. moderne Kosten- und Erlösrechnungen, dynamische Investitionsrechnungen und umfassende Finanzierungsrechnungen. Auch vor dem Hintergrund der Koordinationsfunktion ist vor allem die **Integration** solcher Datensysteme voranzutreiben und sicherzustellen. In diesem Zusammenhang ist z. B. bei größeren Konzernen auf die Übereinstimmung der Kontenpläne zu achten. Zudem ist für Planungs- und Ist-Rechnungen eine Methodenidentität herzustellen. Eine prinzipielle Trennung zwischen internem und externem Rechnungswesen sollte vermieden werden.

Im Rahmen der **Informationsaufbereitung** und **-präsentation** ist zudem die größtmögliche Transparenz der Ergebnisentstehung für alle Entscheidungsebenen zu erzeugen. Dazu sind die verschiedenen Leitungsebenen einer Unternehmung ihrer jeweiligen Aufgabenstellung entsprechend mit Führungsinformationen zu versorgen. Eine mögliche Zuordnung von Berichtinhalten zu den Leitungs- und Berichtsebenen wird in Abb. 2.26 skizziert (vgl. BRAMSEMANN 1990; KOREIMANN 1976; LANTNER 1996).

	Strategisches Management	Operatives Management	Taktisches Management	Ausführende Ebene
Leitungs- und Berichtsebene	Geschäftsleitung	Bereichsleitung	Hauptabteilung/Abteilungsleitung	Kostenstellenleitung
Aufgabenstellung	Zielsetzung, Planung, Organisation, Führung und Kontrolle langfristig wirksamer Prozesse: Problem- und Konfliktlösungen mit Grundsatzcharakter	Bereichsorientierung: mittelfristige Planung und Kontrolle der eingesetzten Ressourcen	Begrenzter Entscheidungsraum: eher einzelfall- und vollzugsorientiert	Begrenzter Entscheidungsraum: ausschließlich einzelfall- und vollzugsorientiert
Berichtsinhalte	Repräsentative externe und interne Informationen; situationsbedingte Informationen; verdichteter Gesamtbericht; Querschnittsinformationen	Objektgebundene und bereichstypische Planungs- und Kontrollinformationen	Überwiegend Detailinformationen mit starker Betonung kurzfristig operativer Steuerungsgrößen	Einzelinformationen repetitiven Charakters

Abb. 2.26: Die Leitungs- und Berichtsebenenmatrix

II. Das betriebliche Informationssystem: Financial Accounting, Management Accounting und Reporting

Zentrale Elemente eines steuerungsadäquaten Informationssystems sind das Rechnungswesen und das Berichtswesen. Zur optimalen informatorischen Fundierung von Managemententscheidungen ist deshalb das **Rechnungswesen** zu einem Führungsinstrument auszubauen. Die Aufgaben des Rechnungswesens bestehen in der Dokumentation des betrieblichen Geschehens, der extern orientierten Rechenschaftslegung und der rechnerischen Fundierung unternehmenspolitischer Entscheidungen. Es kann also grundsätzlich zwischen dem extern und dem intern orientierten Rechnungswesen unterschieden werden. Für die Aufgaben als Führungsinstrument ist in erster Linie das intern orientierte Rechnungswesen heranzuziehen. Seinen Schwerpunkt hat das interne, entscheidungsorientierte Rechnungswesen naturgemäß im operativen Controlling und dort in der Bereitstellung von Informationen für die Budgetierung und den Soll-/Istvergleich. Dabei kann heute auf den Einsatz leistungsfähiger Rechenzentren und Computer-Software grundsätzlich nicht verzichtet werden, weil nur so die Masse der insgesamt anfallenden Daten effizient verarbeitet werden kann. Von Bedeutung ist ferner eine Verbindung von zentraler Groß-EDV, die der Datenerfassung und -speicherung dient, mit dezentralen PC-Systemen, mit deren Hilfe Auswertungsrechnungen und -analysen „vor Ort" und abgestimmt auf den spezifischen Informationsbedarf erstellt werden. Trotz dieses operativen Schwerpunkts müssen selbstverständlich auch für die Erfüllung aller Aufgaben des strategischen Controllings geeignete Informationen bereit gestellt werden, damit die entsprechenden Managementinstrumente sinnvoll eingesetzt werden können.

Das **Informationssystem** einer modernen Unternehmung kann heute nicht mehr mit dem **traditionellen betrieblichen Rechnungswesen** gleichgesetzt werden. Das betriebliche Rechnungswesen der traditionellen Fassung besteht aus den Bereichen Finanz-, Bilanz- und Erfolgsrechnung, Investitionsrechnung und Kostenrechnung, die auch als Betriebsabrechnung und Kalkulation bezeichnet werden kann (vgl. SCHIERENBECK 2001). Für moderne Informationssysteme ist dieses Grundgerüst sinnvoll zu ergänzen. Dies ist zum einen notwendig, weil die Bedeutung qualitativer Informationen, die bislang nur eine untergeordnete Rolle spielten, immer größer wird. Zum anderen erfordern die vielen neu entwickelten Managementtechniken und -instrumente Informationen, deren Bereitstellung und Verarbeitung weit über die Leistungsfähigkeit des traditionellen betrieblichen Rechnungswesens hinausgeht.

Das **Berichtswesen** ergänzt das Rechnungswesen. Es umfasst die Gesamtheit der Informationen, die den Entscheidungsträgern in bestimmten Intervallen unaufgefordert oder bei konkretem Bedarf zur Verfügung gestellt werden (können). Dabei handelt es sich zum einen um Informationen aus dem Rechnungswesen, die gegebenenfalls in entsprechender Form tabellarisch oder graphisch aufbereitet sind. Zum anderen sind als Teil des Berichtswesens natürlich Marktanalysen, Zins- und Konjunkturprognosen sowie alle sonstigen Informationen aus dem wirtschaftlich-politischen Umfeld der Unternehmung anzusehen.

Angesichts der Heterogenität der Unternehmen ist es kaum möglich, ein allgemeingültiges Konzept der betrieblichen Informationswirtschaft zu entwerfen. Insofern handelt es sich bei der in Abb. 2.27 skizzierten Konzeption und der damit verbundenen Abgrenzung der Teilbereiche der Informationswirtschaft lediglich um den Versuch eines praxisorientierten Ansatzes.

Danach werden drei Säulen des betrieblichen Informationssystems differenziert:

- das Financial Accounting,
- das Management Accounting und
- das Reporting.

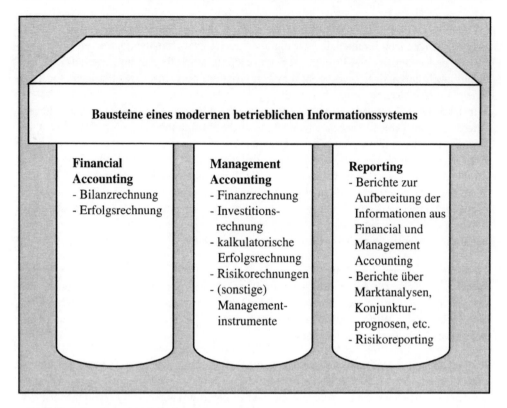

Abb. 2.27: Das betriebliche Informationssystem

Das **Financial Accounting** ist gleichzusetzen mit der Finanzbuchhaltung. Zum Financial Accounting zählen somit die Bilanzrechnung und die Erfolgsrechnung. Das Financial Accounting bildet auch traditionell den eigentlichen Kern des betrieblichen Rechnungswesens. Dieser Bereich des Informationssystems dient in erster Linie der offiziellen und extern orientierten Gesamtabrechnung eines Geschäftsjahres. Er basiert auf gesetzlichen Vorschriften, die häufig als Basis von Management-Entscheidungen ungeeignet oder nur bedingt geeignet sind.

Vor diesem Hintergrund besteht eine Hauptaufgabe der Betriebswirtschaftslehre darin, geeignete Instrumente, Verfahren und Methoden zu entwickeln, die das Management bei der Entscheidungsfindung unterstützen. Unter dem Oberbegriff des **Management Accounting** werden dabei alle Elemente des entscheidungsorientierten Rechnungswesens zusammengefasst, die den Entscheidungsprozess unterstützen und über das Financial Accounting hinausgehende Informationen liefern.

Hierzu zählt zunächst einmal die **Finanzrechnung**. Der Finanzrechung sind alle Maßnahmen zuzurechnen, die der Aufrechterhaltung der Zahlungsfähigkeit dienen. Element der Finanzrechnung ist bspw. die kurzfristig ausgerichtete **Liquiditätsplanung**. Auch **Kapitalflussrechnungen**, die immer häufiger freiwillig erstellt werden und bspw. im Rahmen der International Accounting Standards (IAS) sogar gezwungenerweise aufgestellt werden müssen, stellen ein Element der Finanzrechnung dar.

Investitionsrechnungen sind ebenfalls Bestandteil des Management Accounting. Investitionsrechnungen sind ermittelnde oder optimierende Rechenverfahren, mit deren Hilfe quantitative, an Liquiditäts- und Erfolgskriterien orientierte Maßstäbe für die wirtschaftliche Vorteilhaftigkeit alternativer Investitionsvorhaben ermittelt, oder, noch weitergehender, sogar optimale Investitionsprogramme bestimmt werden. Investitionsrechnungen bilden somit als **Wirtschaftlichkeitsrechnung** eine wesentliche Grundlage von Investitionsentscheidungen. Allerdings sind Investitionsrechnungen nicht auf die Bestimmung der Wirtschaftlichkeit von Investitionen beschränkt. Auch die Verfahren der Unternehmensbewertung stellen ihrem Kern nach ebenfalls Investitionsrechnungen dar. Gerade für das Value Controlling ist diese Zuordnung der **Unternehmensbewertung** zur Investitionsrechnung wesentlich. Denn die Wertorientierung verlangt vom Management, den Unternehmenswert zu erhöhen. Für die Informationsaufgaben des Controllings bedeutet dies, dass für einzelne Maßnahmen, aber auch für die gesamte unternehmerische Tätigkeit mithilfe entsprechender Verfahren beurteilt werden muss, inwieweit Wertveränderungen eintreten werden.

Ein weiteres Element des Management Accounting ist die **kalkulatorische Erfolgsrechnung**, die auch als **Kosten- und Leistungsrechnung** bezeichnet werden kann. Die Hauptaufgaben der kalkulatorischen Erfolgsrechnung sind die Ermittlung des kurzfristigen Betriebserfolgs, die Kontrolle der Wirtschaftlichkeit und Budgetierung sowie die rechnerische Fundierung unternehmenspolitischer Entscheidungen.

Risikorechnungen sind zunächst einmal darauf ausgerichtet, die identifizierten Risiken zu quantifizieren. Die aus der Risikobewertung resultierenden Ergebnisse werden in weitergehenden Risikorechnungen zum einen dazu benutzt, die Tragfähigkeit der übernommenen bzw. zu übernehmenden Risiken zu überprüfen. Sie dienen zum anderen dazu, mithilfe von Risiko-/Ertrags-Relationen zu beurteilen, ob sich die Risikoübernahme (ex ante) voraussichtlich überhaupt lohnen wird oder (ex post) gelohnt hat.

Außerdem wurde zur Unterstützung der Entscheidungsfindung eine Vielzahl von **Management-Instrumenten** entwickelt, die zur Verbesserung der Qualität von Management-Entscheidungen führen soll. Diesbezüglich besteht eine zentrale Aufgabe des Controllings darin, das Management bei der Anwendung dieser Instrumente zu unterstützen. So sind bspw. Kennzahlensysteme, Scoring-Modelle oder Entscheidungsmodelle aufzubauen und in das betriebliche Informationssystem zu integrieren. Diese Elemente bauen häufig auf den Daten der Finanzbuchhaltung oder der kalkulatorischen Erfolgsrechnung auf. Sie können deshalb nicht vom betrieblichen Informationssystem losgelöst betrachtet werden. Gerade die Integration dieser Elemente in das Gesamtsystem der Informationswirtschaft stellt das Controlling vor große Herausforderungen. Denn grundsätzlich besteht im Zeitalter moderner Informationstechnologien stets die Gefahr, dass neue Instrumente in Form von Software angeschafft werden, die nicht mit der bisher vorhandenen Datenbasis kompatibel sind.

Für die Management-Instrumente als Teil des betrieblichen Informationssystems ist zudem zu beachten, dass hier nicht nur quantitative Daten verwendet werden. Statt dessen werden z. B. im Rahmen von **Früherkennungssystemen** oder dem **Human Ressource Accounting** auch qualitative Informationen verarbeitet.

Finanzrechnungen, Investitionsrechnungen und kalkulatorische Erfolgsrechnungen könnten prinzipiell auch unter dem Begriff der Management-Instrumente zusammengefasst werden. Angesichts ihrer besonderen Bedeutung für die betriebliche Informationswirtschaft erscheint es jedoch zumindest aus praktischen Überlegungen sinnvoll und notwendig, sie von den übrigen, quasi ergänzend wirkenden Managementinstrumenten abzugrenzen.

Die dritte Säule des betrieblichen Informationssystems ist das **Reporting**. Das Financial Accounting ist auf die externe Rechenschaftslegung und das Management Accounting auf die Unterstützung von Entscheidungsprozessen ausgerichtet. Demgegenüber stellt das Reporting das Bindeglied zwischen den verschiedenen Elementen des Führungssystems dar.

Das **Reporting** umfasst alle Objekte und Abläufe, die mit der Erstellung und Weitergabe von Berichten verbunden sind. Berichte sind Informationen, die zu einer übergeordneten Zielsetzung zusammengefasst werden (vgl. KÜPPER 1995; BLOHM 1969). Sie dienen der Dokumentation, der Auslösung von Arbeitsvorgängen und der Vorbereitung und Kontrolle von Entscheidungen. Neben den Berichtszwecken lassen sich als Abgrenzungskriterien für alternative Berichtstypen auch

- Berichtsgegenstand (Gesamtunternehmen, Beschaffung, Produktion),
- Informationsart (Istwert, Prognosewerte),
- Erscheinungsweise (regelmäßig, unregelmäßig),
- auslösendes Ereignis (Zeitablauf, Toleranzwertüberschreitung),
- Datenträger (Schriftstück, Diskette) oder
- Verdichtungsgrad (Ursprungswerte, Kennzahlen)

heranziehen (vgl. KÜPPER 1995).

Das Reporting gibt demnach zum einen Informationen aus dem Financial und Management Accounting entsprechend aufbereitet weiter. Zum anderen werden im Rahmen des Reportings auch Marktanalysen, Konjunkturprognosen oder sonstige Informationen aus dem wirtschaftlichen Umfeld der Unternehmung bearbeitet. Angesichts der zunehmenden Bedeutung des Risiko-Controllings ist in diesem Zusammenhang selbstverständlich auch ein umfassendes Risikoreporting erforderlich. Darin werden alle risikopolitischen Sachverhalte, vor allem die Ergebnisse der Risikorechnung, in geeigneter Weise dargestellt.

Drittes Kapitel: Konfiguration des Value Controllings

A. Wertmanagement und Value Controlling

Die Analyse des Controlling-Phänomens zeigte dessen in Theorie und Praxis zu beobachtende Vielschichtigkeit. Trotzdem besteht ein allgemeiner Konsens darüber, dass das Controlling das Management unterstützen und dabei vor allem Koordinationsaufgaben erfüllen soll. Das Controlling ist die konstituierende Kraft des Führungssystems einer Unternehmung. Es agiert als die rechte Hand des Managements, unterstützt das Management bei allen Aktivitäten und koordiniert diese. Da das Führungssystem der Unternehmensphilosophie folgen muss, ist das Controlling der Umsetzung dieser Unternehmensphilosophie in besonderem Maße verpflichtet. Dieser Zusammenhang wurde schon bei der Diskussion der Koordinationsfunktion eines integrierten Controlling-Systems aufgezeigt.

Der aktuell zu beobachtende Paradigmenwechsel in der Unternehmensphilosophie hin zum Wertorientierten Management bzw. Value (= Wert) Management hat deshalb enorme Auswirkungen auf die Stoßrichtung des Controllings. In der jüngeren Vergangenheit wurde zunächst für alle Unternehmen eine Abkehr von der Wachstumsorientierung und Neuausrichtung auf eine reine Rentabilitätsorientierung gefordert. Mit dem Konzept des Wertorientierten Managements wird die Rentabilitätsorientierung neu definiert. Im Wertorientierten Management werden vor dem Hintergrund des Risikos die Erzielung „angemessener" bzw. „risikoadjustierter" Renditen zur Steigerung des Unternehmenswertes notwendig.

Vor diesem Hintergrund müssen alle Instrumente und Methoden des Controllings nun auf die Wertorientierung fokussiert werden. Ein solchermaßen ausgerichtetes Controlling kann deshalb auch als **Value Controlling** bezeichnet werden. Value Controlling bedeutet, dass alle Unterstützungs- und Koordinationsfunktionen des Controllings zur Erhaltung oder besser noch zur Steigerung des Unternehmenswertes bzw. des Shareholder Values beitragen sollen.

Hier stellt sich zunächst die Frage, was genau Shareholder Value Management bzw. Wertmanagement beinhaltet und welche speziellen Aufgaben bzw. Anforderungen sich daraus für das Value Controlling ableiten. Aus dem so definierten Anforderungsprofil ergibt sich schließlich der Aufbau eines modernen Konzepts zur Unternehmenssteuerung mithilfe des Value Controllings.

I. Hauptmerkmale und Fragestellungen des Shareholder Value-Ansatzes

Primäres Ziel des auf dem **Konzept des Wertorientierten Managements** basierenden Shareholder Value-Ansatzes ist die nachhaltige Steigerung des Unternehmenswerts (= Value) bzw. der Anlegerrendite (= Performance) für die Aktionäre (= Shareholder). Die Umsetzung dieser Zielsetzung erfolgt regelmäßig durch ein Bündel von Strategieempfehlungen und operativen Maßnahmen. Hierzu zählen bspw.

- die systematische Nutzung von Möglichkeiten zur Kostensenkung und zu Ertragssteigerungen im operativen Geschäft,
- die strategische Konzentration auf Geschäftsfelder, die infolge bestehender oder erwerbbarer Kernkompetenzen Mehrwerte zu generieren in der Lage sind,
- das Financial Engineering in bezug auf Kapitalstruktur und Ausschüttung sowie
- die Pflege der Investor Relations durch aussagekräftige finanzielle Berichterstattung und sonstige aktionärsfreundliche und vertrauensbildende Maßnahmen, welche die langfristige und hohe Bindung des Aktionärs an die Unternehmung zum Ziel haben (vgl. SCHIERENBECK 1997).

Die wissenschaftliche Beschäftigung mit dem Shareholder Value-Ansatz spielt sich konzeptionell grundsätzlich auf drei verschiedenen Ebenen ab: Die theoretische, die technologisch-technokratische und die normative Problemstellung sind dabei als Diskussionsebenen zu differenzieren.

Aus **theoretischer Sicht** gilt es, die Bestimmungsgründe für den Unternehmenswert bzw. die Anlegerrendite einschließlich aller interdependenten Wirkungsbeziehungen zwischen diesen Determinanten herauszuarbeiten. Hier kann die moderne Kapitalmarkttheorie, aber auch die Theorie der Unternehmensbewertung wichtige Impulse liefern.

Die Betriebswirtschaftslehre versteht sich nicht nur als theoretische, sondern vor allem auch als angewandte Wissenschaft. Insofern ist es nicht verwunderlich, dass in diesem Fach vor allem die **technologisch-technokratische Problemstellung** des Shareholder Value-Ansatzes im Vordergrund steht. Untersucht werden hierbei die Möglichkeiten und Strategien, mit denen der Shareholder Value nachhaltig gesteigert, im Grenzfall unter Umständen sogar maximiert werden kann.

In der gesellschaftlichen Diskussion steht häufig eine **normative Problemstellung** im Vordergrund, die – oft kritisch – sich mit der Fragestellung beschäftigt, ob und inwieweit die Philosophie des Shareholder Value-Gedankens als allgemein gültiges Konzept bzw. als ausschließliches Erfolgskriterium für die Unternehmensführung herangezogen werden darf. Auch hier kann die Wissenschaft wichtige Beiträge leisten, indem sie das stark praxisbezogene Konzept des Wertorientierten Managements auf ihren ethischen Gehalt und auf ihre Vereinbarkeit mit übergeordneten Grundsätzen und Normen untersucht.

Verfolgt man die Diskussion um das Shareholder Value-Konzept im wissenschaftlichen Schrifttum und in der gesellschaftspolitischen Diskussion, so werden immer wieder verschiedene **Kritikpunkte** genannt:

Erstens: Insbesondere aus betriebswirtschaftlicher Sicht wird über Shareholder Value-Konzepte geurteilt, dass hier im Kern nichts Neues, vorher Unbekanntes umgesetzt wird. In der Tat ist der Shareholder Value-Ansatz, was die zugrundeliegende Bewertungstheorie betrifft, nichts Neues. Neu und konstruktiv ist jedoch die Verbindung dieser Bewertungstheorie mit der Zielsetzung und den Strategien zur Erhöhung des Shareholder Values.

Zweitens: Nicht selten wird den Gesellschaften, die in Geschäftsberichten und öffentlichen Verlautbarungen die Ausrichtung ihrer Geschäftspolitik am Shareholder Value betonen, vorgeworfen, es handle sich hierbei lediglich um ein Lippenbekenntnis, um eine PR-Maßnahme also, ohne dass dies in der Geschäftsphilosophie tatsächlich konsequent zum Ausdruck käme.

Dies kann natürlich nicht völlig entkräftet werden, ist es doch typisch, dass bei Modeströmungen Unternehmen sich dem kollektiven "Zwang", als modern geführte Unternehmen zu gelten, nie gänzlich entziehen können. Auf der anderen Seite ist der Shareholder Value-Ansatz schon deshalb keine reine Marketing-Maßnahme, weil er sich nicht in der Gestaltung der Investor Relations als Kommunikationspolitik erschöpft. Im Mittelpunkt der Unternehmenspolitik steht vielmehr, das Unternehmen konsequent an das Konzept der nachhaltigen Steigerung des Unternehmenswertes heranzuführen und diese Zielsetzung durch wertsteigernde Strategien umzusetzen.

Drittens: Ein häufiger Kritikpunkt an Shareholder Value-Konzepten ist deren vermeintlich kurzfristige, ja kurzatmige Perspektive. So wird beispielsweise der Kostenabbau durch Personalreduktion, dessen Ankündigung alleine die Aktienkurse regelmäßig steigen lässt, als Beleg hierfür gesehen, obgleich es doch langfristig gesehen sinnvoller wäre, die Ertrags- und Beschäftigungsseite zu verbessern. Diesem Argument kann nicht gänzlich widersprochen werden. Tatsächlich ist der Shareholder Value-Ansatz jedoch nicht bzw. nicht notwendigerweise auf eine kurzfristige Marktwertmaximierung ausgerichtet. Im Mittelpunkt dieses Konzepts der Unternehmensführung steht vielmehr die nachhaltige Steigerung des Unternehmenswertes auf lange Sicht. Insoweit geht es vielmehr darum, getragen auch durch positive Kurzfristeffekte wie z. B. von Personalabbaumaßnahmen, die allgemeinen Bedingungen für die Schaffung von Aktionärsmehrwerten herauszuarbeiten und die Geschäftspolitik danach (auch langfristig!) auszurichten.

Viertens: Die Verwendung des Begriffs Shareholder Value legt nahe, dass die Steigerung des Unternehmenswertes nur für börsennotierte Gesellschaften bzw. deren Aktionäre von Belang sein kann. Die Kritik setzt demnach an der unzulässigen Übertragung von Shareholder Value-Konzepten auf die Masse der klein- und mittelständischen Unternehmen, die keinen Börsenkurs haben und daher nicht kapitalmarktgesteuert sind, an.

Dieses Argument übersieht aber zweierlei: Zum einen sind Shareholder Value-Konzepte nur der finanzielle Ausdruck von Strategien zur erfolgreichen Bewältigung von Wettbewerbszwängen, denen sich heutzutage kaum ein Unternehmen entziehen kann. Zum anderen ist festzuhalten, dass der Unternehmenswert zwar nur bei börsenkotierten Gesellschaften objektiv über den Aktienkurs bestimmt wird, dass aber die Orientierung am Unternehmenswert grundsätzlich für sämtliche Unternehmen und Rechtsformen von Bedeutung ist, sofern überhaupt ein finanzielles Interesse der Eigentümer unterstellt werden kann.

Fünftens: Vor dem Hintergrund hoher Arbeitslosigkeit in einer angespannten Wirtschaftslage werden Shareholder Value-Konzepte zunehmend und besonders aus gesellschaftspolitischer Sicht kritisiert. So gilt der Shareholder Value-Ansatz als einseitig kapitalistisch orientiertes Konzept der Unternehmenssteuerung, dessen Kern nur auf Kosten der übrigen Anspruchsgruppen, also der Arbeitnehmer, der Kunden, Lieferanten und des Staates (= Stakeholder) verwirklicht werden könne. Die Maximierung des Aktionärsnutzens müsse beispielsweise mit schlechterem Service und Produktmängeln für die Kunden, niedrigeren Löhnen und geringerer Arbeitsplatzsicherheit für die Arbeitnehmer sowie höherer Arbeitslosigkeit, die das Sozialsystem des Staates belastet, bezahlt werden.

In der Tat ist diese Position der Kritiker nichts Neues. Allerdings ist diese Kritik viel zu einseitig und verwechselt zudem häufig Ursache und Wirkung. Richtig ist vielmehr, dass Unternehmen, welche den Shareholder Value-Ansatz konsequent in ihrer Unternehmenspolitik umsetzen, beispielsweise deutlich innovativer und produktiver sind, mehr Arbeitsplätze schaffen und einen stärkeren Fokus auf die Kundenzufriedenheit legen als traditionell geführte Unternehmen. Zu diesem Ergebnis kommt eine umfassende Studie, die *McKinsey* bei 2.700 Unternehmen aus 20 Ländern über einen Zeitraum von 10 Jahren durchgeführt hat (vgl. SCHIERENBECK 1997).

Ausgehend von dieser, die eindeutigen Vorteile der Unternehmenssteuerung nach dem Shareholder Value-Konzept aufzeigenden Studie, ist für die Zukunft die **Prognose** aufzustellen, dass sich das Wertorientierte Management generell stärker als Leitmaxime für unternehmerisches Handeln im Wettbewerb durchsetzen und damit deutlich an Bedeutung gewinnen wird.

II. Funktionen des Value Controllings im Wertmanagement

Das Value Controlling muss auch im Prozess des Wertorientierten Managements alle Informations-, Planungs- und Kontroll- sowie Koordinationsfunktionen übernehmen. Diesbezüglich ließe sich eine Vielzahl von Teilaufgaben ableiten, die sich auf einer höher aggregierten Ebene zu einem dreistufigen Prozess zusammenfassen lassen (vgl. Abb. 3.1).

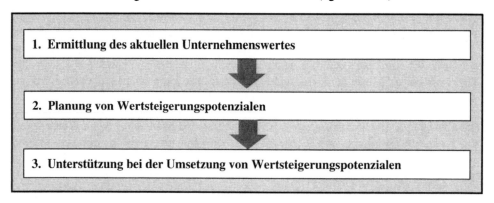

Abb. 3.1: Funktionen des Value Controllings im Wertmanagement

In der **ersten Stufe** wird der aktuelle Unternehmenswert quantifiziert, indem entsprechende Bewertungsverfahren der Investitionsrechnung eingesetzt werden. Hierauf aufbauend muss das Value Controlling im **zweiten Schritt** analysieren, welche Wertsteigerungspotenziale die Unternehmung aufweist. Dazu sind bspw. die aktuellen und potenziellen zukünftigen Geschäftsbereiche mithilfe entsprechender Controlling-Instrumentarien zu untersuchen. Schließlich sind in der **dritten Stufe** die Geschäftsbereiche, die sich mit der Umsetzung der vom Value Controlling entwickelten Wertsteigerungsstrategien auseinandersetzen, durch entsprechende controllingspezifische Maßnahmen zu unterstützen.

Diese drei Stufen sind keineswegs losgelöst von den drei Kernfunktionen des Controllings. Vielmehr sind die Koordinations-, Planungs- und Kontroll- sowie Informationsfunktionen integrale Bestandteile dieser drei Stufen. Die Besonderheit des Value Controllings besteht somit darin, alle Kernfunktionen des Controllings auf die neue Unternehmensphilosophie der Wertorientierung auszurichten.

Schließlich ist an dieser Stelle eine für die weiteren Ausführungen zu beachtende Begriffsabgrenzung erforderlich. Grundsätzlich wird der ökonomische Wert sämtlicher Aktiva als Unternehmenswert bezeichnet. Dieser Wert entspricht dem Preis, der für eine Unternehmung bei vollständiger Eigen(kapital)finanzierung zu zahlen wäre. Der Unternehmenswert setzt sich auf der Passivseite zusammen aus dem ökonomischen Wert des Fremdkapitals und aus dem ökonomischen Wert des Eigenkapitals. Der Wert des Eigenkapitals entspricht dem Preis, der für eine Unternehmung bei teilweiser Fremd(kapital)finanzierung zu zahlen wäre. Der Wert des Eigenkapitals kann deshalb auch als Unternehmenswert bei teilweiser Fremd(kapital)finanzierung bezeichnet werden (vgl. Abb. 3.2).

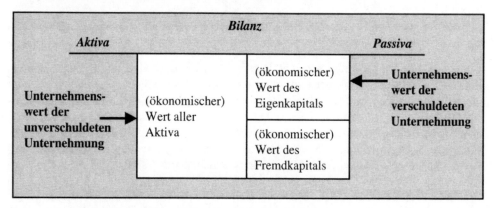

Abb. 3.2: Wertbegriffe im Shareholder Value-Konzept

1. Identifikation der Werttreiber des Unternehmenswertes

Um überhaupt Shareholder Value-Strategien anwenden zu können, müssen zunächst geeignete Verfahren zur **Unternehmensbewertung** herangezogen werden. Die neueren Entwicklungen auf dem Gebiet der Unternehmensbewertung sind durch die Betonung des **subjektiven Charakters** der Verfahren gekennzeichnet. Ganz bewusst wird die Interessenlage und die Entscheidungssituation der Beteiligten in den Mittelpunkt gestellt. Die Aufgabe der Unternehmensbewertung besteht danach in der Ermittlung von Entscheidungswerten, die es den jeweiligen Beteiligten ermöglichen sollen, rationale Entscheidungen zu fällen.

Demgemäß werden die Bewertungsverfahren konsequent als Investitionsrechnung konzipiert. Den modernen Verfahren der Unternehmensbewertung ist dabei gemeinsam,

- dass sie sich ausschließlich auf das Instrumentarium der klassischen dynamischen Investitions- bzw. Wirtschaftlichkeitsrechnung und hier insbesondere auf die Kapitalwertmethode stützen und
- dass sie einen subjektiven, aus der Investorenperspektive und damit konsequent aus den zukünftigen finanziellen Erträgen bzw. Entnahmeerwartungen abgeleiteten Unternehmenswert zu bestimmen suchen.

Für eine derartige Unternehmensbewertung ist die klassische Kapitalwertformel entsprechend zu modifizieren. Der Gegenwartswert der finanziellen Nettoerträge, die dem Investor durch den Unternehmensbesitz zufließen, ist zu quantifizieren. Dazu sind die finanziellen Nettoerträge mit einem entsprechenden Kalkulationszins zu diskontieren. Der Unternehmenswert ergibt sich schließlich aus der Formel:

$$UW = \sum_{t=1}^{n}(E_t - A_t) \times \frac{1}{(1+i)^t}$$

mit: A_t = Auszahlungen in Periode t, E_t = Einzahlungen in Periode t, i = Kalkulationszins, n = letzte Periode des Betrachtungszeitraumes, t = Periode, UW = Unternehmenswert

Die entscheidenden Determinanten des Unternehmenswertes sind demnach die erwarteten finanziellen Nettoerträge und der Kalkulationszinsfuß. Vor dem Hintergrund der Bestimmung dieser Parameter sind unterschiedliche Bewertungsverfahren entwickelt worden, deren theoretische Basis letztlich die von BUSSE VON COLBE (1957) entwickelte Zukunftserfolgswertmethode ist. Gerade im Hinblick auf das Shareholder Value-Konzept stehen diesbezüglich die stark praxisbezogenen Varianten der Discounted Cashflow-Methoden im Mittelpunkt der Diskussionen von Wissenschaft und Praxis (vgl. SCHIERENBECK 2000).

Die Discounted-Cashflow-(DCF) Methoden stellen grundsätzlich Modifikationen der Kapitalwertmethode zur Quantifizierung des Unternehmenswertes als Barwert von Zahlungen dar. Ausgangspunkt dieser Modifikationen ist ein von RAPPAPORT (1986) vorgeschlagenes Konzept von **Werttreibern**, die den Shareholder Value determinieren. Das Konzept von Rappaport wird häufig mit dem von ihm vorgeschlagenen Bewertungsmodell gleichgesetzt. Tatsächlich liegt der Schwerpunkt seiner Erkenntnisse aber auf der Identifikation derjenigen Werttreiber, die den Unternehmenswert beeinflussen. Denn erst die Kenntnis dieser Werttreiber ermöglicht es dem Management, den Unternehmenswert entsprechend zu steuern.

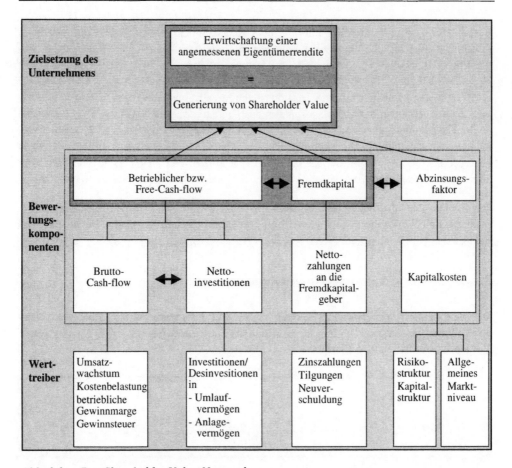

Abb. 3.3: Das Shareholder Value-Netzwerk

Das in Abb. 3.3 skizzierte Shareholder Value-Netzwerk demonstriert die Zusammenhänge (vgl. RAPPAPORT 1986). Die Zielsetzung des Unternehmens besteht darin, den Eigentümern eine angemessene Rendite des von ihnen eingesetzten Kapitals zu sichern. Die Eigentümerrendite setzt sich dabei insbesondere aus der Dividende und den Kursgewinnen zusammen. Die Unternehmung muss deshalb den Unternehmenswert mindestens stabilisieren oder besser noch erhöhen: Das Management muss Shareholder Value generieren.

Bei der Bewertung bzw. Berechnung des Shareholder Values wird, der Vorgehensweise der Kapitalwertmethode entsprechend, der Saldo aus Einnahmen und Ausgaben mit einem Abzinsungsfaktor multipliziert. In den Saldo aus Einnahmen und Ausgaben fließen verschiedene Bewertungskomponenten ein. An erster Stelle ist diesbezüglich der betriebliche Cashflow zu nennen, der sich aus dem erwirtschafteten Brutto-Cashflow abzüglich der Nettoinvestitionen in das Anlage- und Umlaufvermögen ergibt. Daneben sind die Nettozahlungen an die Fremdkapitalgeber zu berücksichtigen. Der Abzinsungsfaktor resultiert aus den Kapitalkosten der Unternehmung, die auf unterschiedliche Art und Weise ermittelt werden können.

Entscheidender als die formalen, mit den Bewertungskomponenten in Verbindung stehenden Zusammenhänge ist allerdings, wie bereits erwähnt, die Kenntnis der Werttreiber dieser Bewertungskomponenten (vgl. Abb. 3.3). So lassen sich bspw. für den Brutto-Cashflow das Umsatzwachstum, die Kostenbelastung, die betriebliche Gewinnmarge und die Gewinnsteuer als Werttreiber identifizieren. Die gesamten Nettoinvestitionen sind von den Investitionen bzw. Desinvestitionen in das Anlage- und in das Umlaufvermögen abhängig. Die Leistungen an die Fremdkapitalgeber umfassen die Zins- und Tilgungsleistungen sowie die Möglichkeiten der Neuverschuldung. Die Kapitalkosten sind schließlich einerseits von unternehmensspezifischen Faktoren wie bspw. der Risiko- oder der Kapitalstruktur, andererseits aber auch vom allgemeinen Zinsniveau bzw. den am Markt zu zahlenden (Markt-)Risikoprämien beeinflusst.

Die Analyse der inhaltlichen und formalen Zusammenhänge zwischen den Bewertungskomponenten und Werttreibern sowie deren Einfluss auf den Shareholder Value bilden das zentrale Element eines integrierten Konzepts des Value Controllings.

2. Analyse des Wertsteigerungspotenzials

Die wertorientierte Unternehmensführung ist grundsätzlich darauf ausgerichtet, den Shareholder Value zu erhöhen. Um dies zu erreichen, ist ein mehrstufiges, in Abb. 3.4 skizziertes Vorgehen erforderlich (vgl. COPELAND ET AL. 1993).

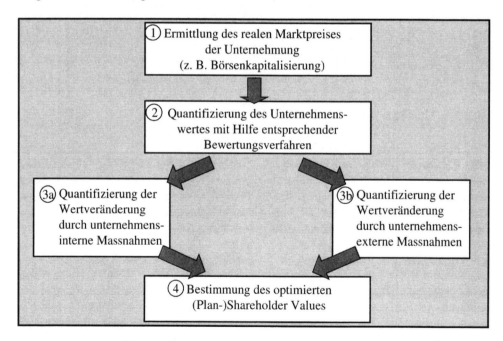

Abb. 3.4: Planungsstufen zur Optimierung des Shareholder-Values

In der **ersten Stufe** ist der reale, am Markt zu bezahlende Wert der Unternehmung zu bestimmen. Bei aktiennotierten Unternehmungen wäre hier die Börsenkapitalisierung als Preis heranzuziehen. Für nicht börsennotierte Unternehmen lässt sich ein derartiger Wert allerdings nur in Ausnahmefällen, z. B. unmittelbar nach Übernahmeverhandlungen, bestimmen.

Im **zweiten Schritt** ist der Unternehmenswert mithilfe entsprechender Bewertungsverfahren zu quantifizieren. Den Entwicklungen des Shareholder Value-Konzepts entsprechend würde hier tendenziell das Discounted-Cashflow-Modell verwendet werden. Im Rahmen von Kontrollrechnungen sollten aber auch alternative Bewertungsverfahren angewendet werden.

Zwischen dem tatsächlichen Preis der Unternehmung und den aus Bewertungsverfahren resultierenden Marktwerten können durchaus Differenzen auftreten. So wären bspw. **positive Differenzen** aufgrund zu niedriger Marktpreise ein Indiz für eine mangelnde Pflege der Investor Relations. Demgemäß ist gerade in Shareholder Value-Strategien auch die intensive Pflege der **Investor Relations** einzubeziehen. Im Mittelpunkt einer systematischen und konsequenten Informationspolitik steht die Vermittlung der Informationen, die dem Aktionär eine angemessene Bewertung der Anteilswerte ermöglichen. Als Maßnahmen sind die Veranstaltung von Pressekonferenzen, die Herausgabe von Pressemitteilungen und Aktionärsbriefen, die aussagekräftige und übersichtliche Gestaltung von Geschäftsberichten etc. zu nennen. Des weiteren sind aktionärsfreundliche Maßnahmen einzusetzen, die das Vertrauen zwischen Unternehmen und Anteilseignern stärken, wie beispielsweise die Gratisaufbewahrung von Aktien oder die Lancierung von Rückkaufprogrammen von Aktien anstelle von Dividendenausschüttungen.

Die **dritte Planungsstufe** beinhaltet zum einen die Analyse **interner Verbesserungsmöglichkeiten**. Hier ist zu untersuchen, welchen Einfluss strategische und operative Maßnahmen auf die Werttreiber und damit auf die Bewertungskomponenten haben. Aus der Zusammenführung dieser Werttreiber bzw. Bewertungskomponenten folgt dann der potenzielle Unternehmenswert nach internen Maßnahmen.

Zum anderen sind neben intern ausgerichteten geschäftspolitischen Maßnahmen **extern orientierte Strategien** zu überprüfen. Gegebenenfalls lassen sich auch durch den Verkauf von Unternehmensteilen oder durch Akquisitionen Wertsteigerungen erzielen. Zur Überprüfung der Werthaltigkeit derartiger, auf die Gestaltung der strategischen Geschäftsfelder durch Kauf bzw. Verkauf von Unternehmensteilen ausgerichteter Strategien, ist anschließend der potenzielle Unternehmenswert nach externen Veränderungen festzustellen.

Unter Zusammenführung und Optimierung aller Maßnahmen bzw. Strategien ergibt sich abschließend in der **vierten Stufe** der optimierte Unternehmenswert.

3. Werttreiber als Ausgangspunkt von Wertsteigerungsstrategien

Anhand des dargestellten Stufenkonzeptes zur Planung des Wertsteigerungspotenzials (vgl. Abb. 3.4) lässt sich ablesen, dass die zentralen Maßnahmen zur Wertsteigerung die internen strategischen und operativen Veränderungen sowie die extern ausgerichteten Strategien sind. Die extern orientierten Strategien sind letztlich auf den **Kauf und Verkauf von Unternehmensteilen** ausgerichtet. Die damit verbundenen Strategien fordern, dass entweder neue Unternehmensteile gefunden werden müssen, die hinsichtlich ihrer Struktur und des mit ihnen verbundenen Potenzials durch den Zukauf zu einer Steigerung des Unternehmenswertes führen. Oder es sind alte Unternehmensteile abzustoßen, deren Verkauf Verbesserungen des bisherigen Unternehmenswertes mit sich bringt. Kauf und Verkauf von Unternehmensteilen sind dem Geschäftsbereich von **Mergers and Acquisitions** (M&A) zuzuschreiben. Im Zentrum des M&A-Geschäfts steht insbesondere die Auseinandersetzung mit der „richtigen" Unternehmensbewertung, (vgl. VOLKART 1999; COPELAND/KOLLER/MURRIN 1993). Demgegenüber werden aber für Shareholder Value Überlegungen in den meisten Fällen die intern ausgerichteten Strategien im Mittelpunkt des unternehmerischen Interesses stehen.

Es wurde diesbezüglich bereits aufgezeigt, dass sich der Unternehmenswert aus der Zusammenführung des betrieblichen (Free-)Cashflows, der Kapitalkosten sowie des eingesetzten Fremdkapitals ergibt. Tendenziell gilt: Je höher der Cashflow bzw. je niedriger der Kapitalkostensatz bzw. je niedriger der Fremdkapitaleinsatz, desto höher ist der Unternehmenswert. Für die Entwicklung einer Unternehmensstrategie ist daher die Optimierung des Zusammenspiels dieser Elemente entscheidend.

Um die Transparenz der Einflussfaktoren auf den Cashflow zu erhöhen, kann das von PORTER (1998) entwickelte Konzept der Wertkette herangezogen und weiter spezifiziert werden. Gleichzeitig lassen sich anhand dieser Wertkette Beispiele für Shareholder Value-Strategien formulieren. Ein jedes Unternehmen befindet sich danach in einer bestimmten Wettbewerbssituation, die sich letztlich durch fünf entscheidende Wettbewerbskräfte (vgl. PORTER 1998) charakterisieren lässt:

- **Neue Konkurrenten** stellen eine potenzielle Bedrohung dar.
- **Substitutionsprodukte** gefährden den Absatz.
- **Nachfrager** können ihre Verhandlungsposition verbessern.
- **Lieferanten** können mit einer größeren Verhandlungsmacht auftreten.
- Am Markt bereits aktive **Konkurrenten** können den Wettbewerb verstärken und damit die Rivalität unter den Wettbewerbern intensivieren.

Um unter Beachtung dieser Wettbewerbskräfte Wettbewerbsvorteile zu generieren, kann ein Unternehmen z. B. die Kostenführerschaft anstreben oder eine Politik der Differenzierung durch die bewusste Gestaltung von Leistungsunterschieden betreiben. Die Identifikation der unternehmensindividuellen Wettbewerbsvorteile kann dabei mithilfe einer **Wertkettenanalyse** erfolgen. Eine **Wertkette** zeigt auf, wie sich aus den einzelnen Aktivitäten der Unternehmung schlussendlich der Betriebsgewinn ergibt. Aus dem Vergleich unterschiedlicher Wertketten kann ein gegenüber der Konkurrenz bestehender Wettbewerbsvorteil abgeleitet werden.

Wertkette in Anlehnung an (Porter)	Unterstützende Aktivitäten	z. B.-Unternehmensinfrastruktur -Personalwesen -Forschung und Entwicklung				Cash-Flow-Determinanten
		Primäre Kriterien				
	z. B. Eingangslogistik	z. B. Fertigung	z. B. Ausgangslogistik	z. B. Marketing &Vertrieb		
						Umsätze
	z.B. Materialtransport Lagerhaltung Wareneingang Administration	z.B. Bearbeitung Montage Testen Verpacken	z.B. Materialtransport Lagerhaltung Warenausgang Administration	z.B. Aussendienst Werbung Verkaufsunterstützung Administration		*– Betriebskosten*
						= *Betriebsgewinn* – *Gewinnsteuern* = *Betriebsgewinn nach Steuern* + *Abschreibungen und andere nicht zahlungswirksame Aufwendungen*
	z. B. Rohmateriallager Debitoren	z. B. Halbfertigfabrikatelager Kreditoren	z. B. Fertigfabrikatelager	z. B. Kreditoren		*–Zunahme des Umlaufvermögens*
	z. B. Lager Transportflotte Ausstattung	z. B. Produktionsanlagen Ausstattung	z. B. Lager Transportflotte Ausstattung	z. B. Vertriebseinrichtungen Autos des Aussendienstes Computer und andere unterstützende Ausstattung		*–Zunahme des Anlagevermögens*
						= **Free Cash-flow**

Abb. 3.5: Verbindung zwischen Wertkette und Cash-flow

Abb. 3.5 zeigt beispielhaft die grundlegenden Elemente einer Wertkette auf. Dabei ist zwischen den primären und den unterstützenden und damit sekundären **Wertaktivitäten** zu unterscheiden. Die primären Aktivitäten beschäftigen sich unmittelbar mit der Produkterstellung und dem Verkauf. Die sekundären, unterstützenden Tätigkeiten betreffen alle darüber hinausgehenden Prozesse.

Mithilfe dieser Wertkette lassen sich durch entsprechende Ergänzungen die Einflussfaktoren des Free-Cashflows sehr leicht erkennen. Dazu muss zunächst der **Umsatz** prognostiziert werden. Hinsichtlich des Umsatzes ist als Werttreiber das **Umsatzwachstum** zu berücksichtigen. Bei Konstanz der übrigen Faktoren würde ein höheres Umsatzwachstum grundsätzlich auch zu einem höheren Cashflow führen. Von diesem sind die **Betriebskosten** abzuziehen. Die Betriebskosten werden sowohl von den unterstützenden Teilbereichen als auch durch die Primäraktivitäten verursacht. Für die Primäraktivitäten können darüber hinaus die zentralen, in Abb. 3.5 beispielhaft skizzierten Kostenverursacher weiter spezifiziert werden.

Als Saldo aus Umsatz und Betriebskosten ergibt sich der **Betriebsgewinn**. An dieser Stelle ist erneut die Bedeutung der Gewinnmarge als Werttreiber zu erkennen. Je günstiger das Verhältnis aus Umsatz und Betriebskosten, desto höher ist die **Gewinnmarge**. Damit ist wiederum ein prinzipiell höherer Cashflow verbunden. Vom Betriebsgewinn sind die **Gewinnsteu-**

ern als weiterer Werttreiber abzuziehen. Je niedriger die Gewinnsteuern desto höher der Free-Cashflow.

Zur Cashflow Berechnung müssen dem Betriebsgewinn nach Steuern die **Abschreibungen** und **nicht-zahlungswirksamen Aufwendungen** hinzugezählt werden. Zu subtrahieren sind dann die beiden letzten, Cashflow-bezogenen Werttreiber: **Investitionen ins Netto-Umlaufvermögen** und ins **Netto-Anlagevermögen**. Auch für diese beiden Werttreiber lassen sich wiederum Beziehungen zu den Primäraktivitäten herstellen, wodurch der Cashflow-bestimmende Einfluss transparenter wird. Abb. 3.4 enthält diesbezüglich einige Beispiele, welche die Einflussfaktoren auf die verschiedenen Vermögenspositionen verdeutlichen. Aus dem Saldo der in der Abb. 3.4 genannten werttreibenden Elemente resultiert schließlich der Free-Cashflow.

Mithilfe dieser Wertkette lassen sich verschiedenste Strategien zur Bearbeitung des Marktes entwickeln. Die strategischen Entscheidungen betreffen z. B. als **Marktstrategien** die Frage nach der Bestimmung des relevanten Marktes oder als **Marktteilnehmerstrategien** die Frage nach dem Umgang mit den Marktteilnehmern. Hinsichtlich der Marktteilnehmer können kundenorientierte Strategieansätze, handelsorientierte Strategieansätze und konkurrenzorientierte Strategieansätze unterschieden werden. **Kundenorientierte** Strategieansätze betreffen die Art und Weise, wie der Kundenmarkt bearbeitet werden soll. **Handelorientierte** Ansätze betreffen die Vertriebsstrategie. **Konkurrenzorientierte** Ansätze fixieren das Verhältnis zu den die eigene Marktposition bedrohende Konkurrenten (vgl. MEFFERT 1998).

Mit **Konkurrenzstrategien** wird versucht, spezielle Konkurrenzvorteile zu generieren. Porter (1985) entwickelte hierfür drei strategische Grundkonzeptionen, die letztlich sogar über das Feld der Konkurrenzstrategien hinausgehen und auch Komponenten der übrigen Marktstrategien umfassen (vgl. PORTER 1983 und 1985; BACKHAUS 1992; KREIKEBAUM 1997; MEFFERT 1998).

- Im Rahmen der **Kosten- und Preisführerschaft** sollen die Stückkosten minimiert werden. Sinken die Stückkosten unter das Niveau der Konkurrenz, so können durch gegenüber der Konkurrenz niedrigere Preise Wettbewerbsvorteile erzielt werden.
- **Differenzierungsstrategien** zielen darauf ab, Produkt- oder Leistungsvorteile zu generieren. Wenn solche Vorteile bestehen, kann eine Unternehmung die differenzierten Kundenansprüche besser befriedigen.
- **Konzentrationsstrategien** zeichnen sich durch eine konsequente Selektion von Marktsegmenten oder durch die Spezialisierung auf ausgesuchte Zielgruppen aus. Mithilfe von Konzentrationsstrategien wird versucht, auf kleinen Teilmärkten Kosten- oder Leistungsvorteile zu entwickeln. Kostenstrategien umfassen somit auf kleine Märkte angewendete Strategien der Kosten- und Preisführerschaft oder der Differenzierung.

Auf dieser Systematik aufbauend lassen sich für Kostenführer- und Differenzierungsstrategien – die letztlich ja auch die Basis von Konzentrationsstrategien sind – alternative Handlungsempfehlungen zur Steigerung des Shareholder Values generieren. Beispiele für derartige

Handlungsalternativen werden vor dem Hintergrund der einzelnen um die Kapitalkosten ergänzten Werttreiber in der Abb. 3.5 gegenübergestellt (vgl. RAPPAPORT 1986).

Werttreiber	Strategieempfehlungen	
	Kostenführerschaft	Differenzierung
Umsatzwachstum	• Konkurrenzfähige Preise • Marktanteilserwartungen zur Ausnutzung von Skalenerträgen	• Preisgestaltung nach marktlicher Belastbarkeit • Wachstumsstrategien in Segmenten mit hoher Preisbelastbarkeit
Gewinnmarge	• Ausnutzung von Skalenerträgen • Standardisierung • Senkung der Overheadkosten	• Kosteneffiziente Differenzierungsstrategien
Investitionen	• Minimierung von Kassenbestand, Debitoren, Lagerbestand • Nutzungsgrad der Aktiva erhöhen	• Minimierung von Kassenbestand • Optimierte Lagerbestände, Debitoren u. Anlagebestände unter Beachtung der Notwendigkeiten der Differenzierungsstrategie
Kapitalkosten	• Optimale Kapitalstruktur • Minimierung der Eigen- und Fremdkapitalkosten • Reduktion des Geschäftsrisikos	• Optimale Kapitalstruktur • Minimierung der Eigen- und Fremdkapitalkosten • Differenzierung zur Risikoreduktion

Abb. 3.6: Gegenüberstellung alternativer Strategieempfehlungen

B. Unternehmensbewertung mithilfe der Discounted Cashflow-Verfahren

Das gesamte Instrumentarium des Wertmanagements dient dazu, den Unternehmenswert mindestens konstant zu halten oder besser noch zu erhöhen. Die „richtige" Quantifizierung des Unternehmenswertes wird damit zu einem entscheidenden Erfolgsfaktor des Value Controllings. Erst wenn der Unternehmenswert feststeht, können die Wirkungen vergangener und zukünftiger Maßnahmen beurteilt werden.

Den von RAPPAPORT (1986) zur Unternehmenswertbestimmung vorgeschlagenen Discounted Cashflow (DCF)-Methoden liegt grundsätzlich die Kapitalwertmethode zugrunde. In Anlehnung an die Kapitalwertmethode resultiert der Unternehmenswert aus der Gleichung:

$$UW = \sum_{t=1}^{n}(E_t - A_t) \times \frac{1}{(1+i)^t}$$

mit: A_t = *Auszahlungen in Periode t*, E_t = *Einzahlungen in Periode t, i = Kalkulationszins, n = letzte Periode des Betrachtungszeitraumes, t = Periode, UW = Unternehmenswert*

Diese sehr allgemeine Formel muss den Bedürfnissen des Wertmanagements entsprechend modifiziert werden. Danach müssen die finanziellen Überschüsse, die vom Betrieb erwirtschaftet werden, mit einem Kalkulationszins, der die Kapitalkosten widerspiegelt, diskontiert werden. Die Höhe bzw. die Zusammensetzung der finanziellen Überschüsse ist davon abhängig, ob und wie die Zahlungen an die Fremdkapitalgeber berücksichtigt werden. Die Unternehmensbewertung mithilfe der DCF-Methoden ist deshalb davon abhängig,

- wie der betriebliche Cashflow bzw. der sogenannte Free-Cashflow bestimmt wird,
- mit welchem Kapitalkostensatz diskontiert wird und
- auf welche Art und Weise die mit dem Fremdkapital verbundenen Zahlungen erfasst werden.

Die drei in die Bewertung einfließenden und bereits in Abb. 3.3 dargestellten Komponenten sind somit

- der betriebliche Cashflow bzw. der sogenannte Free-Cashflow
- der Kapitalkostensatz bzw. Abzinsungsfaktor und
- das Fremdkapital.

Neben den Varianten der DCF-Methode wurden von Theorie und Praxis weitere Verfahren der Unternehmensbewertung entwickelt, die entweder die im Rahmen der DCF-Verfahren getroffenen Aussagen ergänzen oder alternativ hierzu anzuwenden sind. Im Folgenden sollen deshalb sowohl die drei o. g. Komponenten als auch die ergänzenden Verfahren erörtert werden.

I. Free-Cashflow

Die Verwendung des Cashflows als Indikator für die Finanzkraft einer Unternehmung hat eine lange Tradition in der Betriebswirtschaftslehre. Sie ist hier im wesentlichen mit dem Begriff des Innenfinanzierungsvolumens bzw. der eigenerwirtschafteten Mittel verknüpft. Der **Free-Cashflow** bildet den aus dem Unternehmen entnahmefähigen Zahlungsmittelüberschuss ab. Dieser ergibt sich dadurch, dass die notwendigen Anlageinvestitionen, einschließlich der Investitionen (Desinvestitionen) in das Umlaufvermögen, vom (Brutto-)Cashflow abgezogen (hinzu addiert) werden. Der Free-Cashflow ist also der Teil des gesamten Cashflows, der für Zahlungen an die Eigen- und Fremdkapitalgeber prinzipiell zur Verfügung steht (vgl. SCHIERENBECK 2000).

Den Ausgangspunkt der Free-Cashflow-Bestimmung bilden die Umsätze. Von einem aktuellen Zeitpunkt ausgehend sind die sich aus einer bestimmten Wachstumsrate ergebenden Umsätze der Folgejahre zu planen. Formal ist dazu die Multiplikation des Vorjahresumsatzes mit dem Term *(1 + Wachstumsrate)* erforderlich. Um die umsatzbezogenen Auszahlungen zu erfassen, bietet es sich an, dieses Einzahlungsvolumen mit der betrieblichen Gewinnmarge, die der Umsatzrentabilität entspricht, zu multiplizieren. So steht dann der aus den Umsatzprozessen und den damit verbundenen Auszahlungen resultierende Cashflow fest. Die Multiplikation mit dem Faktor *(1 − Steuerquote)* führt zur Cashflow-Reduktion um die zu zahlenden Gewinnsteuern. Umsatzwachstum, Gewinnmarge und Steuerquote sind damit die Werttreiber des operativen Geschäfts.

Hiervon sind als weitere Auszahlungen die Investitionen in das Anlage- und Umlaufvermögen abzuziehen. Letztgenannte Werttreiber betreffen die Investitionsentscheidungen bspw. bezüglich der Lagerbestände oder bezüglich Kapazitätserweiterungen. Dabei ist zu beachten, dass mit der Gewinnmarge bzw. der Umsatzrentabilität bereits die Abschreibungen implizit als Auszahlungen erfasst worden sind. Insofern sind bezüglich der Netto-Investitionen lediglich die Differenzen zwischen den gesamten Brutto-Investitionen und den Abschreibungen zusätzlich zu erfassen.

Zusammenfassend kann der Free-Cashflow somit nach der folgenden Formel erfasst werden:

$$\begin{aligned}FCF_t &= E_t - A_t \\ &= U_{t-1} \times (1 + UWR_t) \times UR \times (1-s) - \Delta AV_{Netto} - \Delta UV_{Netto}\end{aligned}$$

mit: A_t = *Auszahlungen in t*, E_t = *Einzahlungen in t, FCF = Free-Cashflow, S = Steuerquote,* U_{t-1} = *Umsatz in t-1, UR = Umsatzrentabilität,* UWR_t = *Umsatzwachstumsrate in t, UW = Unternehmenswert* ΔAV_{Netto} = *Nettoinvestitionen in das Anlagevermögen,* ΔUV_{Netto} = *Nettoinvestitionen in das Umlaufvermögen*

Die Free-Cashflows sind üblicherweise nicht für unendlich lange Zeitintervalle hinreichend präzise zu schätzen. Die innerhalb der Unternehmenstätigkeit anfallenden Zahlungen können nur bis zu einem bestimmten Prognosehorizont in der Zukunft hinreichend genau abgeschätzt bzw. prognostiziert werden. Die Länge des Prognosezeitraums ist nicht generell für alle Unternehmen bzw. Unternehmensbereiche einheitlich fixiert. In der Regel bestimmt deshalb die Geschäftsleitung oder der für die Unternehmensplanung zuständige Bereich den von der spezifischen Unternehmensentwicklung abhängigen Prognosehorizont. In der Praxis werden üblicherweise Zeiträume von annähernd 5 bis 10 Jahren angenommen (vgl. COPELAND ET AL 1990).

Problematisch ist in diesem Zusammenhang die Prognose der nach Ende des formulierten Prognosezeitraums anfallenden Free-Cashflows. Hier sind konkrete Überlegungen notwendig, um den heutigen Wert dieser zukünftigen, nicht mehr fundiert einzuschätzenden Nettorückflüsse zu bestimmen.

Als eine häufig angewendete Möglichkeit wird der "letzte" noch exakt bestimmbare Free-Cashflow als konstanter Wert für den darüber hinausgehenden Zeitraum angesetzt (**Konzept der ewigen Rente**). Diesem Konzept liegt die Annahme zugrunde, dass ein Geschäft nach Abschluss des Prognosezeitraums im Durchschnitt genau die Kapitalkosten bezogen auf die neuen Investitionen verdient. Periodische Veränderungen des Free-Cashflows lassen dann den Wert eines Unternehmens unverändert.

$$RW_{jt} = \frac{FCF^{j}_{konst,t}}{i^{j}_{k}}$$

mit: $FCF^{j}_{konst,\,t}$ = Free-Cashflow der Unternehmung j im Zeitpunkt t (annahmegemäß konstant), i^{j}_{k} = Kapitalkostensatz der Unternehmung j, RW_{jt}= Restwert der Unternehmung j zum Zeitpunkt t

Eine weitere Variante besteht bspw. in der Anwendung der Kurs-/Gewinn-Verhältnis-(KGV-) Methode. Hier wird der erwartete Gewinn am Prognoseperiodenende mit dem erwarteten KGV multipliziert. Alternativ dazu wird bei der Markt-/Buchwert-Verhältnis-(MBV-)Methode der erwartete Buchwert des Eigenkapitals am Ende des Prognosezeitraums mit dem erwarteten MBV vervielfacht. (vgl. RAPPAPORT 1986; SCHIERENBECK 2000; PERRIDON/STEINER 1999).

Im Gegensatz zur in Abb. 3.3 gewählten Vorgehensweise ergänzt RAPPAPORT die Auflistung der Werttreiber des Cashflows um die **Dauer der Wertsteigerung**. Als Dauer der Wertsteigerung wird der vom Management zu fixierende Prognosehorizont bezeichnet. Damit stellt dieses Element weniger einen über das betriebliche Geschehen zu beeinflussenden Erfolgsfaktor als vielmehr eine rein formale Komponente des anzuwendenden Bewertungsmodells dar. Schließlich ist der Planungshorizont auch für die Höhe des in Abzug zu bringenden Fremdkapitals, ja sogar für die Kapitalkosten von Bedeutung (vgl. RAPPAPORT 1986).

II. Kapitalkosten

In der Kapitalwertmethode werden alle Zahlungen mit einem einheitlichen Kalkulationszins diskontiert bzw. mit dem entsprechenden Abzinsungsfaktor multipliziert. Die DCF-Methoden lösen sich hiervon, indem sie Zahlungen entweder mit einem Eigenkapitalkostensatz, mit einem Fremdkapitalkostensatz oder mit einem Durchschnittskapitalkostensatz, dem sogenannten Weighted Average Cost of Capital (WACC) abzinsen. Bevor auf die Verknüpfung mit den Zahlungsüberschüssen eingegangen werden kann, ist zunächst zu erörtern, wie überhaupt diese Kapitalkostensätze bestimmt werden können.

1. Eigenkapitalkosten

Die Ermittlung der Verzinsungsansprüche der Eigenkapitalgeber gestaltet sich in der Praxis schwierig, da diese nicht vertraglich fixiert sind. Die Finanzierungstheorie bietet hier eine Reihe von Modellen an, die im Folgenden diskutiert werden sollen. Hierzu zählen:

- das Capital Asset Pricing Modell (CAPM),
- die Arbitrage Pricing Theory (APT),
- das Option Pricing Model (OPM),
- das Dividend Discount Model (DDM) und das Income Capitalization Model (ICM) und
- die Coherent Market Hypothesis (CMH).

a) Capital Asset Pricing Model

Das **Capital Asset Pricing Model** (CAPM) ist als klassischer Ansatz der Kapitalmarkttheorie zu bezeichnen (vgl. SHARPE 1964; LINTNER 1965; MOSSIN 1966). Der Umfang des CAPM wird in der Literatur unterschiedlich weit definiert. In einer sehr engen Betrachtung wird nur die im Rahmen der Kapitalmarkttheorie entwickelte **Wertpapierlinie** als CAPM bezeichnet. Das Konzept der Wertpapierlinie versucht, den Preis eines einzelnen, in einem Marktportefeuille enthaltenen Wertpapiers zu bestimmen. Danach entspricht die Renditeerwartung der Investoren für eine bestimmte Kapitalanlage der Summe aus einer am Markt verfügbaren risikolosen Rendite zuzüglich einer Risikoprämie. Diese für die Risikoübernahme zu zahlende Risikoprämie ergibt sich aus dem allgemeinen Marktpreis für Risikoübernahmen multipliziert mit dem Risiko der betrachteten Kapitalanlage.

Grundsätzlich wird ein Investor zwischen der Renditeerwartung und der Renditeforderung differenzieren. Ein Marktteilnehmer wird erste dann in einen Titel investieren, wenn seine Renditeerwartung bzgl. dieses Titel mindestens der geforderten Rendite entspricht. Im CAPM sowie in den nachfolgenden Modellen wird diese Differenzierung jedoch aufgrund der den Modellen wird diese Differenzierung jedoch aufgrund der den Modellen zugrundeliegenden Prämissen aufgehoben. Insofern dürfen zumindest in diesem Kapitel die Begriffe synonym verwendet werden.

Dabei wird grundsätzlich zwischen dem systematischen und dem unsystematischen Risiko differenziert. Das **unsystematische Risiko** ist unternehmensspezifisch. Es lässt sich durch Diversifikation ausschalten. Deshalb wird hierfür auch keine Risikoprämie gezahlt bzw. erwartet. Demgegenüber ist das **systematische Risiko** Ausdruck für grundsätzlich nicht vermeidbare, allgemeine Marktschwankungen. Demgemäß erhält der Investor im Sinne des CAPM nur für die Übernahme dieses systematischen Marktrisikos eine Risikoprämie.

Die Grundidee des eigentlich für Aktieninvestments entwickelten CAPM kann problemlos auf die Eigenkapitalgeber von Unternehmen übertragen werden. Die Eigenkapitalgeber investieren Kapital und verlangen dafür eine bestimmte Verzinsung. Wäre die Investition risikolos, würden die Eigenkapitalgeber mindestens den risikofreien Zins als Rendite verlangen. Ist die Investition risikobehaftet, fordern sie eine Risikoprämie entsprechend dem jeweiligen Risiko ein. Diese Risikoprämie ergibt sich, indem die Differenz zwischen der allgemeinen Marktrendite, die üblicherweise aus einem repräsentativen **Marktindex** abgeleitet wird, und dem risikolosen Zins mit einem sogenannten Beta-Faktor multipliziert wird. Der **Beta-Faktor** drückt als Maß für das systematische Risiko aus, wie sehr die Investitionsrendite um die Marktrendite schwankt. Verläuft die Renditeentwicklung gleichgerichtet, so beträgt der Beta-Faktor 1. Die Risikoprämie entspricht in diesem speziellen Fall genau der Differenz von Marktrendite und risikolosem Zins, die auch als Marktrisikoprämie bezeichnet werden kann. Bei einem Beta-Faktor von 1,5 schwankt die Investitionsrendite um das 1,5-fache der Marktrendite. Die Risikoprämie beträgt demnach das 1,5-fache der Marktrisikoprämie.

Die folgende Gleichung beschreibt die von den Investoren gemäß CAPM geforderte Rendite:

$$EW(R_j) = RFZ + [EW(R_M) - RFZ] \times BETA_j$$

mit: $EW(R_j)$ = Renditeerwartung der Kapitalanlage j; RFZ = Zinssatz für "risikolose" Kapitalanlagen, $E(R_M)$ = Marktrenditeerwartungen, $E(R_M)$-RFZ = Marktrisikoprämie, $BETA_j$ = Renditevolatilität in Relation zur Kapitalanlage j der Marktrendite

Der Beta-Faktor lässt sich mithilfe der Gleichung

$$BETA_j = \frac{COV[R_M, R_j]}{VAR(R_M)} = KOR(R_M, R_j) \times \frac{STD_j}{STD_M}$$

mit: Beta = Beta-Faktor; COV = Covarianz; KOR = Korrelation; R_j = Rendite des Wertpapiers j; R_M = Rendite des Marktes, STD = Standardabweichung; VAR = Varianz

bestimmen. Aus einem Beta-Faktor der Investition j von 1,5, einer risikofreien Verzinsung von 4 %, einer Marktrenditeerwartung von 10 % resultiert schließlich eine Renditeerwartung für die Investition j von

$$4\% + (10\% - 4\%) \times 1{,}5 = 13\%$$

Die von den Investoren für Kapitalanlagen geforderte Rendite stellt den von der Unternehmung zu erfüllenden Renditeanspruch dar. Die von der Unternehmung selbst durchgeführten Investitionen müssen also neben der Verzinsung des Fremdkapitals genau diesen Renditeanspruch der Eigenkapitalgeber erfüllen. Insofern handelt es sich bei diesem Renditeanspruch um die Eigenkapitalkosten der Unternehmung. Allerdings ist zu beachten, dass sich die Renditeanforderung nach dem CAPM auf das investierte Kapital bezieht. So würde ein Aktionär die prozentuale Rendite gemäß CAPM auf den von ihm gezahlten Aktienpreis fordern. Insofern handelt es sich hierbei um die auf den Marktwert (und nicht auf den Buchwert) des Eigenkapitals zu leistende Verzinsung.

Weiterhin wird in den empirischen Untersuchungen jeweils das Beta von i. d. R. **verschuldeten Unternehmen** gemessen. Insofern wird mit dem empirischen Beta-Werten immer gleichzeitig das Investitions- und Finanzierungs- bzw. Kapitalstrukturrisiko der untersuchten Unternehmen ausgedrückt (vgl. DRUKARCZYK 1998). Für alle mithilfe solcher Betas bewerteten Unternehmen oder Unternehmensteile wird demgemäß eine gleichbleibende Finanzierungsstruktur unterstellt. Um sich hiervon zu lösen und die Eigenkapitalkosten eigenfinanzierter Projekte oder Unternehmen bestimmen zu können, müssen die Beta-Werte modifiziert werden. Es gilt:

$$BETA_v = BETA_u \times (1 + V)$$

mit: BETA = Beta; u = unverschuldet; v = verschuldet; V = Verschuldungsgrad

sofern die Fremdkapitalkosten zudem steuerlich abzugsfähig sind, gilt:

$$BETA_v = BETA_u \times (1+V) \times (1-s)$$

mit: BETA = Beta; s = Steuersatz; u = unverschuldet; v = verschuldet; V = Verschuldungsgrad

Dieser Ausdruck gibt gleichzeitig Aufschluss darüber, dass das Beta einer verschuldeten Unternehmung umso höher ist, je höher ihr Verschuldungsgrad ist.

Die Eigenkapitalkosten können mit dem CAPM grundsätzlich recht einfach nachvollziehbar quantifiziert werden. Allerdings wird die Gültigkeit der Aussagen des CAPM in Theorie und Praxis unterschiedlich beurteilt. So zeigen die Ergebnisse verschiedener empirischer Tests, dass insbesondere der lineare Zusammenhang zwischen der erwarteten Rendite und dem systematischen Risiko durchaus in Frage zu stellen ist. Ausserdem sind gerade die Beta-Faktoren im Zeitablauf nicht stabil. Strittig ist auch, ob tatsächlich kein Renditeanspruch für die Übernahme unsystematischer Risiken erhoben wird. Ferner ist die Annahme eines vollkommenen Kapitalmarktes kritisch zu beurteilen (vgl. BLACK/JENSEN/SCHOLES 1972; MILLER/SCHOLES 1972; FAMA/MACBETH 1973; FAMA/FRENCH 1992).

b) Arbitrage Pricing Theory

Im CAPM wird die Renditeerwartung lediglich auf eine risikofreie Verzinsung und auf eine Marktrisikoprämie zurückgeführt. Die **Arbitrage-Pricing-Theory** (APT) (vgl. ROSS 1976) erweitert diesen Ansatz. Die APT beruht auf der Idee, dass das systematische Risiko auf mehrere Quellen zurückgeführt werden kann. Auch in der APT wird zwischen dem systematischen und dem unsystematischen Risiko differenziert. Wiederum wird unterstellt, dass das unsystematische Risiko durch Diversifikation ausgeschaltet werden kann. Unternehmensspezifische, mikroökonomische Einflussfaktoren sind deshalb für die Renditeerwartung der Aktionäre irrelevant.

Die Quellen des systematischen Risikos werden nicht explizit genannt. Es können die verschiedensten **makroökonomischen Faktoren** verwendet werden. Beispiele hierfür sind die Veränderung des Bruttosozialprodukts, die Veränderung der Inflationsrate oder die Veränderung des Spreads zwischen kurz- und langfristigen Zinsen (vgl. BREALEY/MYERS 1991).

Die APT stellt ein von der Portfoliotheorie losgelöstes Gleichgewichtsmodell dar. Diesem Modell wird ein aus mehreren Wertpapieren bzw. Investitionen zusammengesetztes Portfolio zugrunde gelegt. Wenn dieses Portfolio heute und zu jedem zukünftigen Zeitpunkt einen Wert von Null aufweist, dann muss es risikolos sein. Weicht der Portfoliowert irgendwann von Null ab, so können **free lunches (risikofreie Gewinne)** erzielt werden. Käufe oder Leerverkäufe der Portfolios führen dann in Arbitrageprozessen zu einem Ausgleich des Portfolios bis das sich der Markt wieder im Gleichgewicht befindet. Damit ein solches Portfolio überhaupt aufgebaut werden kann, müssen schon beim Aufbau des Portfolios Käufe und Leerverkäufe zugelassen werden (vgl. STEINER/BRUNS 1996).

Die Rendite dieses Arbitrageportfolios lässt sich in drei Kernelemente zerlegen:

- Der **faktorunabhängige Renditebestandteil** entspricht der risikolosen Verzinsung.
- Die **faktorabhängigen Renditebestandteile** erklären, wie stark die Portfoliorendite auf (unerwartete) Veränderungen der Faktoren reagiert. Formal werden dazu **Faktorsensitivitäten** in Form von **Faktorbetas** definiert. Faktorbetas müssen sowohl für jeden einzelnen Faktor als auch für jede einzelne Investition innerhalb des Arbitrageportfolios bestimmt werden.
- In der Ausgangsgleichung des Multifaktorenmodells der APT ist als drittes Element ein zufallsabhängiger **Störterm** zu berücksichtigen. Dieser Störterm erfasst das unsystematische Risiko des Arbitrageportfolios. Das unsystematische Risiko lässt sich durch Diversifikation ausschalten. Deshalb kann der Störterm in der Folge außer Acht gelassen werden.

Aus den Prämissen, die für das Arbitrageportfolio aufgestellt wurden, lassen sich verschiedene formale Nebenbedingungen ableiten. So muss bspw. die Summe aller Anteile von Investitionen, die im Portfolio gehalten werden, Null betragen, damit ein Portfolioanfangswert von Null entsteht. Damit das Portfolio risikofrei ist, müssen die systematischen Risiken, die aus einem einzelnen Faktor, wie bspw. dem Bruttosozialprodukt resultieren, über alle Teilinvestitionen hinweg gleich Null sein. Deshalb muss die Summe aller mit den jeweiligen Anteilswerten multiplizierten Faktorbetas eines einzelnen Faktors Null ergeben. Unter Beachtung dieser Nebenbedingungen lässt sich schließlich die Grundgleichung der APT herleiten (vgl. STEINER/BRUHNS 1996, für eine detaillierte Herleitung dieser Grundgleichung vgl. z. B. UHLIR/STEINER 1994):

$$EW(R_i)$$
$$= RFZ + [EW(R_{F1}) - RFZ] \times BETA_{i1}$$
$$+ [EW(R_{F2}) - RFZ] \times BETA_{i2} + \cdots$$
$$+ [EW(R_{Fn}) - RFZ] \times BETA_{in}$$

mit: $BETA_{in}$ = Sensitivität des Wertpapiers i gegenüber Veränderungen des Faktors n; $EW(R_i)$ = Erwartungswert der Rendite des Wertpapiers i; $EW(R_{Fn})$ = Erwartungswert der mit dem Faktor n verbundenen Marktrendite; RFZ = Risikofreier Zinssatz

Auf die Erörterung und rechnerische Herleitung der Faktorrisikoprämien und Faktorbetas, wird an dieser Stelle bewusst verzichtet (vgl. hierzu z. B. COPELAND/WESTON 1992).

Im CAPM wurde der anlagespezifische Beta-Faktor mit der Marktrisikoprämie multipliziert. Demgegenüber werden in der APT die jeweiligen Faktorbetas mit Faktorrisikoprämien vervielfacht. Ein einfaches Beispiel (vgl. OERTMANN 1997) verdeutlicht die Zusammenhänge. Für zwei Portfolios werden die in Abb. 3.7 aufgelisteten Daten ermittelt.

	Risikofaktor 1	Risikofaktor 2	Risikofaktor 3
Faktorbeta des Portfolios A1	1,2	0,5	1,0
Faktorbeta des Portfolios A2	0,8	0,2	1,4
Faktorspezifische Risikoprämie	5 %	9 %	8 %
Risikofreier Zins	4 %		

Abb. 3.7: Datenbasis des Beispiels zur Anwendung der APT

Für die beiden Anlagen ergibt sich bei einem risikofreien Zins von 4% folgende Renditeerwartung nach der APT:

$$EW(R_{A1}) = 4\% + 1{,}2 \times 5\% + 0{,}5 \times 9\% + 1{,}0 \times 8\% = 22{,}5\%$$

$$EW(R_{A2}) = 4\% + 0{,}8 \times 5\% + 0{,}2 \times 9\% + 1{,}4 \times 8\% = 21{,}0\%$$

mit: $EW(R_{Ai})$ = Renditeerwartung der Anlage i

Im Gegensatz zum CAPM gelingt der APT eine mehrfaktorielle Erklärung der Rendite. Die APT benötigt keine speziellen Präferenzstrukturen, weist weniger restriktive Annahmen auf und verzichtet auf die Konstruktion eines Marktportefeuilles. Problematisch ist wiederum der lineare Zusammenhang zwischen Risikofaktoren und Rendite. Auch die Antwort auf die Frage, welche die richtigen Risikofaktoren sind, konnte bislang nicht endgültig beantwortet werden. Ebenso wie im CAPM ist auch in der APT die Zeitstabilität der Parameter in Frage zu stellen. Der empirische Beweis dafür, dass die APT dem CAPM überlegen ist, konnte bspw. für Deutschland bislang nicht erbracht werden. Für die USA gibt es zumindest Hinweise, die diese Überlegenheit bestätigen (vgl. STEINER/BRUNS 1996).

c) Option Pricing Model

Im Rahmen moderner und sehr innovativer Ansätze wird versucht, die **Optionspreistheorie** zur Bestimmung von Risikoprämien heranzuziehen. Dazu sind verschiedene Modelle entwickelt worden, in denen die Eigen- und Fremdkapitalgeber so betrachtet werden, als hätten sie eine Optionsposition eingenommen. Das ursprüngliche Ziel dieser alternativen Ansätze ist die Bestimmung von Risikoprämien für Fremdkapitalpositionen. Gleichwohl ist die Bestimmung des Marktwertes des Eigenkapitals – und damit implizit auch der Eigenkapitalkosten – integraler Bestandteil dieser Modelle.

Es lassen sich zwei alternative Konstellationen unterscheiden:

- Konstellation I: Aktionär als Inhaber einer Kaufoption auf das Unternehmen.
- Konstellation II: Kreditnehmer als Käufer einer Verkaufsoption auf das Unternehmen.

Unabhängig von der gewählten Konstellation kommen alle Ansätze jeweils zu den gleichen Ergebnissen. Für die zweite Konstellation wurden zudem drei alternative Verfahren entwickelt, die sich vor allem hinsichtlich der Zahl der im Betrachtungszeitraum beobachteten Wertveränderungen unterscheiden. Gleicht man die Zahl der Wertveränderungen an, kommen die Verfahren wiederum zum gleichen Ergebnis (vgl. KIRMßE 1996). Vor dem Hintergrund dieser Ergebnisidentität bietet sich das mit der Konstellation I verbundene, weniger komplexe Verfahren zur Erörterung der Zusammenhänge an.

Für das Verständnis dieser Optionskonstruktion ist zu beachten, dass der Brutto-Unternehmenswert der Summe des Marktwertes des Fremdkapitals und des Eigenkapitals entspricht. Ein Investor erwirbt mit dem Kauf eines Unternehmensanteils ein Optionsrecht. Danach kann er bis zur Fälligkeit der Option entscheiden, ob die aufgenommenen Verbindlichkeiten zurückgezahlt werden sollen oder nicht. Bei Nicht-Rückzahlung werden die Gläubiger die Liquidation der Unternehmung verlangen. Im Rahmen der Liquidation wird der Brutto-Unternehmenswert erlöst und der Gegenwert als Rückzahlungsbetrag für die aufgenommenen Verbindlichkeiten verwendet. Die Rückzahlungsentscheidung liegt danach beim Eigentümer der Unternehmung.

Insofern nimmt der Erwerber eines Unternehmensanteils die Position des Käufers einer Verkaufsposition ein. Er erwirbt das Recht, bei bzw. bis zur Optionsfälligkeit entweder die Option auszuüben. Dann wird ihm der Basiswert in Form des Brutto-Unternehmenswertes zum Preis der zur Verfügung gestellten Kredite, die damit verfallen, abgekauft. Oder er lässt die Option verfallen, zahlt die Kredite zurück und behält dafür den Basiswert in Form des Brutto-Unternehmenswertes. Somit entspricht der vom Optionskäufer zu zahlende Optionspreis dem Wert des Eigenkapitals der Unternehmung. Dieser Optionspreis bzw. Wert des Eigenkapitals kann durch geeignete Modifikationen der BLACK/SCHOLES-Optionspreisformel quantifiziert werde (vgl. KIRMßE 1996).

Das Dilemma dieses Verfahrens besteht zum einen darin, dass vor der Bestimmung des Marktwertes des Eigenkapitals der Marktwert des gesamten Unternehmens bestimmt werden muss. Zur Bestimmung des Wertes sämtlicher Aktiva eines Unternehmens sind Einzel- oder Gesamtbewertungsverfahren heranzuziehen. Die als Einzelbewertungsverfahren heranzuziehende Liquiditationswert- oder Substanzwertmethode sind für die Anwendung des Optionsmodells grundsätzlich nicht geeignet (vgl. für eine ausführliche Diskussion dieses Problems KIRMßE 1996). Ausgangspunkt des Gesamtbewertungsverfahrens ist der von der Unternehmung generierte Cashflow, der mit einem geeigneten Kalkulationszins zum Unternehmenswert diskontiert wird. Um aber den Kalkulationszins fixieren zu können, müssen zuvor Eigen- und Fremdkapitalkosten bekannt sein. Die Eigenkapitalkosten sollen jedoch erst mithilfe dieses Verfahrens kalkuliert werden.

Zum anderen ist eigentlich zu vermuten, dass der Marktwert des Eigenkapitals einer riskanteren Unternehmung bei gleichen Strukturen hinsichtlich des Marktwerts der Aktiva eigentlich niedriger sein müsste. Die Anwendung des Optionspreismodells führt jedoch zu einem höheren Marktwert des Eigenkapitals (vgl. LISTER 2000). Aus Sicht der Optionstheorie ist dieses Ergebnis durchaus sinnvoll. Denn bei einem long call bedingt eine höhere Volatilität eine höhere Ausübungswahrscheinlichkeit, für die der Optionskäufer eine höhere Prämie entrichten muss. Das aber der Wert des Eigenkapitals bei steigendem Risiko unter ansonsten gleichen Bedingungen zunimmt, erscheint kaum plausibel.

Insofern ist das Optionspreismodell für die Bestimmung der Eigenkapitalkosten unbrauchbar. Es stellt sich angesichts der erörterten Problematik zudem die Frage, ob die vorgeschlagene Kalkulation von Risikoprämien für Fremdkapital (vgl. KIRMßE 1996) mithilfe dieses Modells nicht ebenfalls verworfen werden muss.

d) Dividend Discount Model und Income Capitalization Model

Das Dividend Discount Model (DDM) und das Income Capitalization Model (ICM) wurden ursprünglich konzipiert, um Aktienkurse zu ermitteln. Danach werden die Aktienkurse über die Diskontierung der Dividende pro Aktie oder des Gewinns pro Aktie quantifiziert:

ICM :

$$S_0 = \sum_{t=1}^{n} \frac{G_t}{(1+i_t)^t} \quad (bei\ periodenungleichen\ Gewinnen)$$

$$S_0 = \frac{G}{i} \quad (bei\ konstanten\ Gewinnen)$$

DDM :

$$S_0 = \sum_{t=1}^{n} \frac{D_t}{(1+i_t)^t} \quad (bei\ periodenungleichen\ Dividenden)$$

$$S_0 = \frac{D}{i} \quad (bei\ konstanter\ Dividende)$$

mit: D_t = Dividende in der Periode t; G_t = Gewinn in der Periode t; i_t = periodengerechter Diskontierungszinsfuß; n = Anzahl der Perioden; S_0 = aktueller Aktienkurs

Beide Varianten sind nicht unproblematisch. Stets müssen Annahmen bezüglich des anzuwendenden Kalkulationszinsfußes getroffen werden. Beim ICM stellt sich zudem die Frage, welcher Gewinn angesetzt werden muss (vgl. DVFA/SG 1990).

Die Modelle lassen sich jedoch umkehren und dadurch zur Bestimmung des Kalkulationszinses nutzen. Unterstellt man die Fähigkeit des Marktes, den „richtigen" Gewinn hinreichend genau vorherzusagen, so ergibt sich für das ICM bei konstanten Gewinnen der Zusammenhang:

$$i = \frac{G}{K_0} = \frac{1}{KGV}$$

mit: G = konstanter Periodengewinn; i = Kalkulationszins; K_0 = aktueller Kurs; KGV = Kurs-/Gewinn-Verhältnis

Unter der Annahme konstanter Gewinne entspricht dies dem reziproken Wert des Kurs-/Gewinn-Verhältnisses (KGV). Für das Geschäftsjahr 1997 wurde bspw. für die Metallgesellschaft ein KGV von 14,4 und für die Allianz Holding ein KGV von 39,9 erreicht (vgl. O. V. 2000). Daraus ergeben sich Kalkulationszinssätze von 6,9 % für die Metallgesellschaft und 2,5 % für die Allianz. Der Metallgesellschaft würde also ein höheres Risiko zugesprochen werden als der Allianz. Allerdings erscheinen die Zahlenwerte kaum den Eigenkapitalkosten angemessen zu sein. So würde das KGV des Jahres 1997 der Allianz sogar unter dem Zins für risikofreie Investitionen liegen.

Parallel zum ICM folgt für das DDM:

$$i = \frac{D}{K_0}$$

mit: D = Dividende; i = Kalkulationszins; K_0 = aktueller Kurs

Für die Bestimmung der tatsächlichen Eigenkapitalkosten sind diese Verfahren, wie schon das o. g. Beispiel zeigt, äußerst fragwürdig. Bei gleicher Konstruktionsweise ergeben sich für beide Verfahren unterschiedliche Kalkulationssätze, da beim ICM der Gewinn, beim DDM die Dividende zugrunde gelegt wird. Beide Verfahren leisten zudem keinen normativen Erklärungsbeitrag für die Höhe der Risikoprämie. Sie liefern lediglich diffus quantifizierte Kapitalkostensätze als Ergebnis empirischer Analysen (vgl. VOLKART 1999).

e) Coherent Market Hypothesis

Die **Coherent Market Hypothesis** ist ein nicht-lineares, dynamisches Modell, das von einem unvollkommenen Markt ausgeht. Hier werden die Renditeerwartungen über die aktuellen fundamentalen Marktdaten und den Grad des Gruppenverhaltens der Anleger geschätzt (vgl. VAGA 1990).

Die Coherent Market Hypothesis stellt einen sehr modernen Ansatz zur Erklärung von Renditeerwartungen dar. Sie unterstellt einen unvollkommenen Kapitalmarkt. Im Gegensatz zu den bisher beschriebenen Modellen basiert dieser Ansatz auf der Idee, dass der in den übrigen Modellen häufig unterstellte lineare Zusammenhang zwischen bestimmten Einflussfaktoren und den Investitionsrenditen nicht existiert. So sind beispielsweise die irrationalen Verhaltensweisen der Marktteilnehmer während der Börsencrashs im Oktober 1978 und im Oktober 1987 nicht mithilfe linearer Funktionen zu erklären. Deshalb müssen vor allem die **nicht linear** wirkenden renditebeeinflussenden Kräfte untersucht werden.

Zentraler Baustein der Coherent Market Hypothesis ist die **Theory of Social Imitation** (vgl. CALLEN/SHAPERO 1974). Diese Theorie basiert letztlich auf dem **Ising Modell** der Physik, mit dem das Verhalten bestimmter Moleküle beschrieben wird: Wenn durch Energiezufuhr einige wenige Moleküle beginnen, sich in eine bestimmte Richtung zu bewegen, werden andere Moleküle dieser Bewegung folgen. Dieses physikalische Phänomen wurde in der Psychologie dazu verwendet, das Phänomen der Polarisation der Meinungen und Einstellungen innerhalb bestimmter sozialer Gruppen zu beschreiben. Unter normalen Umständen werden sich Individuen unabhängig voneinander verhalten. Treten aber besondere Umstände ein, so ist zu beobachten, dass die Individuen ihr rationelles Verhalten ablegen und dass fortan ein kollektives Gruppendenken bzw. -verhalten eintritt, das eben teilweise nicht rationalem Handeln entspricht. Damit ist die Theorie der sozialen Imitation grundsätzlich eng an die Chaos-Theorie angelehnt.

Auch für dieses nicht lineare Modell müssen Faktoren gesucht werden, mit denen das Anlegerverhalten erklärt werden kann. So lässt sich anhand des Ausmaßes von Marktveränderungen in bestimmten Zeitabständen die Stärke des in der Folge zu beobachtenden Gruppenverhaltens ableiten. Aus der Verknüpfung des **Gruppenverhaltens der Anleger** mit der Veränderung aktueller fundamentaler Daten können dann die zukünftigen Renditeerwartungen ermittelt werden. für das ursprüngliche vorgestellte Modell wurde folgende Gleichung aufgestellt:

$$f(q) = c\, Q^{-1}(q)\, exp\left\{ 2 \int_{-1/2}^{q} [K(y)/Q(y)]\, dy \right\}$$

mit:

$f(q)$ = Wahrscheinlichkeit für annualisierten Ertrag q

$K(q) = sin(h) \times (kq + h) - 2q\, cos(h) \times (kq + h)$

$Q(q) = 1/n\, [cos(h) \times (kq + h) - 2q\, sin(h) \times (kq + h)]$

n = Anzahl der Freiheitsgrade; k = Grad des Gruppenverhalten; h = Fundamentale Daten

$$c^{-1} = \int_{-1/2}^{+1/2} Q^{-1}(q)\, exp\left\{ 2 \int_{-1/2}^{q} [K(y)/Q(y)]\, dy \right\} dq$$

Dieses sehr komplexe statistische Modell stellt zunächst lediglich einen weiter zu entwickelnden Ansatz dar. Interessant ist sicher die Idee, dass zu den in den übrigen Modellen verarbeiteten **quantitativen Elementen** jetzt mit dem **sozialen Verhalten** eine **qualitative Komponente** bei der Beurteilung von Renditeerwartungen Verwendung findet. Allerdings erscheint die Modellierung der Formel zur Berechnung der Renditeerwartung zumindest fragwürdig. Ohne Überprüfung der empirischen Relevanz ist dieser Ansatz deshalb zur Berechnung von Eigenkapitalkosten vorerst unbrauchbar.

Zusammenfassend bleibt festzuhalten, dass empirisch grundsätzlich alle vorgestellten Verfahren zur Bestimmung von Eigenkapitalkosten nicht unproblematisch sind. So erscheint aus rein pragmatischen Erwägungen das CAPM als das am weitesten verbreitete Modell noch am ehesten dazu geeignet, eine angemessene Relation zwischen Unternehmensrisiko und Renditeerwartungen der Aktionäre herzuleiten. Insofern ist – auch mangels besserer Alternativen – das CAPM zur Bestimmung von Eigenkapitalkosten zu empfehlen.

2. Fremdkapitalkosten

Die DCF-Methoden gehen von der Prämisse aus, dass sowohl die Fremd- als auch die Eigenkapitalgeber für die angefallenen Opportunitätskosten eine monetäre Entschädigung erwarten. Opportunitätskosten entstehen durch den Verzicht auf die Investition in andere Finanzanlagen mit gleichem Risiko, die mit der Investition ihrer Mittel in ein bestimmtes Unternehmen verbunden sind. Infolgedessen handelt es sich bei dem Kapitalisierungszins um einen Mischzins, der sowohl die Verzinsungserwartungen der Fremd- als auch der Eigenkapitalgeber widerspiegelt.

Die Verzinsungserwartungen der Fremdkapitalgeber drücken sich in den vertraglich vereinbarten **Zinszahlungen** aus. Sie sind unternehmensintern leicht exakt zu bestimmen. Sie können aber auch aus unternehmensexterner Sicht zumindest approximativ aus den Erfolgsrechnungen abgeleitet werden, sofern dort der jährliche Zinsaufwand angegeben ist. Letzterer muss ins Verhältnis zum Fremdkapital gesetzt werden, um zumindest einen näherungsweisen Fremdkapitalzins zu erhalten. Im Gegensatz zu den Eigenkapitalkosten sind die Fremdkapitalzinsen grundsätzlich **steuerlich abzugsfähig**.

Bei der Bestimmung des Fremdkapitalkostensatzes ist deshalb zu beachten, dass das Fremdkapital steuerlich abzugsfähigen Aufwand darstellt. Demgemäß muss der Fremdkapitalkostensatz um den oder die Steuereffekte reduziert werden (vgl. VOLKART 1999). Durch die steuerliche Abzugsfähigkeit der Fremdkapitalzinsen reduziert sich die effektive Zinslast. Es sind somit bei den Wertberechnungen angepasste Fremdkapitalkostensätze zu verwenden:

$$FKZ = (1 - s_K) \times FKZ$$

mit: *FKZ = Fremdkapitalzins; S_K = Körperschaftsteuer*

Diese Berechnungen lassen sich selbstverständlich vor dem Hintergrund unterschiedlicher Besteuerungsvarianten hinsichtlich vollständiger bzw. teilweiser oder auch einfacher oder doppelter Abzugsfähigkeit weiter spezifizieren (vgl. DRUKARCZYK 1998). Allerdings ist im Einzelfall zu prüfen, inwiefern eine komplexere Berechnung der „richtigen" Fremdkapitalverzinsung zu entscheidenden Richtungsänderungen bei der Beurteilung wertorientierter Maßnahmen führt.

3. Weighted Average Cost of Capital (WACC)

Wenn die gesamten, aus allen Aktiva resultierenden Zahlungen vor Abzug von Fremdkapital- oder Eigenkapitalleistungen diskontiert werden, so ist gegebenenfalls ein Durchschnittszins als Kapitalkostenzusatz zu verwenden. Dieser Durchschnittszins ist Ausdruck dafür, dass der aus den Aktiva resultierende Cashflow gleichzeitig aus der Refinanzierung mittels Fremd- und Eigenkapital resultiert. Demgemäß müssen auch die insgesamt auf das Eigen- und das Fremdkapital entfallenden Kapitalkosten verdient werden.

Als **Weighted Average Cost of Capital** (WACC) wird diesbezüglich der durchschnittliche Gesamtkapitalkostensatz bezeichnet. Der WACC ergibt sich aus der Gewichtung der Eigen- und Fremdkapitalkosten.

Aus den Ausführungen zum CAPM geht bereits hervor, dass sich die Eigenkapitalkosten nicht auf den Buchwert des Eigenkapitals beziehen. Denn die Eigenkapitalgeber investieren nicht in den **Buchwert** des Eigenkapitals. Mit ihren Kapitalanlagen müssen sie den jeweiligen Marktpreis des Eigenkapitals bezahlen. Deshalb beziehen sie ihre Renditeforderung selbstverständlich auch auf den **Marktwert** des Eigenkapitals. Für die Höhe des Eigenkapitalkostensatzes ist diese Überlegung nicht entscheidend. Denn der in die Diskontierung einfließende Eigenkapitalkostensatz entspricht der aus dem jeweiligen Modell abgeleiteten Renditeforderung.

Wesentlich ist dieses Marktwertproblem für die Zusammensetzung des die Fremd- und Eigenkapitalkosten umfassenden WACC. Aufgrund der Marktwertorientierung darf hier keine Gewichtung nach Maßgabe der Buchwerte erfolgen. Statt dessen sind für die Gewichtung die Marktwerte des Eigen- und Fremdkapitals heranzuziehen (vgl. PERRIDON/STEINER 1999). Die Gesamtkapitalkosten ergeben sich demnach im Nicht-Steuerfall aus der Formel:

$$WACC = R_{GK}^{EGBST} = \frac{EK^M}{GK^M} \times R_{EK} + \frac{FK^M}{GK^M} \times R_{FK}$$

mit: *EK = Eigenkapital, FK = Fremdkapital, GK = Gesamtkapital, M = Marktwert; R = Zins- bzw. Renditeforderung; WACC = Weighted Avarage Cost of Capital*

Im Steuerfall muss diese Formel entsprechend angepasst werden:

$$WACC = R_{GK} = \frac{EK^M}{GK^M} \times R_{EK} + \frac{FK^M}{GK^M} R_{FK} \times (1 - s_K)$$

mit: *EK = Eigenkapital, FK = Fremdkapital, GK = Gesamtkapital, M = Marktwert; R= Zins- bzw. Renditeforderung; s_K = Körperschaftsteuer; s_E = Einkommensteuer*

Schon aus diesen formalen Zusammenhängen werden die Einflussfaktoren des Diskontsatzes bzw. des durchschnittlichen Kapitalkostensatz und die damit verbundenen Werttreiber des Unternehmenswertes deutlich. An **erster** Stelle ist hier die **Risikostruktur** zu nennen. Denn je höher das von der Unternehmung eingegangene Risiko ist, desto höher ist auch die von ihr zu zahlende Risikoprämie. **Zweitens** ist die **Kapitalstruktur** zu beachten. Zum einen ist ein hoher Verschuldungsgrad der Unternehmung grundsätzlich gleichbedeutend mit einem riskanteren Engagement des Investors. Zum anderen ist die Kapitalstruktur maßgeblich für die Bestimmung der Gesamtkapitalkosten bzw. für die Gewichtung von Eigenkapital und Fremdkapital. Neben diesen beiden **unternehmensinternen** Determinanten ist **drittens** eine **unternehmensexterne** Größe zu beachten. Schließlich ist die allgemeine Situation am Geld- und Kapitalmarkt sowohl für die Höhe der in die Bewertung einfließenden risikofreien Verzinsung als auch für die Höhe der Risikoprämie entscheidend. Im Steuerfall sind als **vierte** Komponente die **Steuersätze** zu berücksichtigen.

Hinsichtlich der Kapitalkosten ist der Vollständigkeit halber anzumerken, dass im Sinne des Shareholder Value-Konzepts eine optimale Kapitalstruktur verbunden mit einer Minimierung der Kapitalkosten problematisch ist. Im Sinne des Theorems von MODIGLIANI/MILLER (1958) ist die Gestaltung der Kapitalstruktur irrelevant. Eine Erhöhung des Unternehmenswertes lässt sich durch eine Veränderung der Kapitalstruktur nicht erreichen. Eine stärkere Verschuldung führt nämlich in einer statischen Betrachtung zu einer Erhöhung des systematischen Risikos und damit zu einem Anstieg des Eigenkapitalkostensatzes. Damit kompensieren sich der positive Effekt aus der Erhöhung des "billigeren" Fremdkapitalanteils und der Effekt aus der Erhöhung des Eigenkapitalkostensatzes. Dies gilt allerdings nur für eine statische Betrachtung des Phänomens. In einer dynamischen Analyse kann aber unter Berücksichtigung z. B. von Steuern, Konkurs- und Agency-Kosten gezeigt werden, dass in den unvollkommenen Kapitalmärkten der Praxis es eben doch möglich ist, eine optimale Finanzierungspolitik zu betreiben (vgl. ZIMMERMANN 1997).

Im Rahmen eines Unternehmensvergleichs von 500 europäischen Aktiengesellschaften wurden auf der Basis des CAPM zunächst deren Eigenkapitalkosten und anschließend deren WACC bestimmt. Abb. 3.8 zeigt das Ergebnis einiger ausgesuchter Beispiele. Die WACC sind dabei stets geringer als die Eigenkapitalkosten. Dies ist nicht weiter überraschend, da die Fremdkapitalkosten immer unter den Eigenkapitalkosten liegen und die WACC den Durchschnittswert dieser beiden Größen darstellen.

Unternehmen	Branche	Land	Marktkapitalisierung (in Mio. Euro)	Eigenkapital-kosten (in %)	WACC (in %)
Nokia	Telekommunikation	SF	103.104	15,6	15,5
National Grid	Versorgung	GB	9.894	8,5	7,5
Vodafone	Telekommunikation	GB	117.508	10,9	10,6
Olivetti	Telekommunikation	I	6.839	13,7	11,4
Iceland	Handel	GB	730	9,7	8,2
Alitalia	Verkehr	I	3901	12,4	11,6
Galerie Lafayette	Handel	F	1.678	10,5	7,9
Compass	Konsumgüter	GB	6.462	9,9	8,8
GKN	Maschinen	GB	11.708	12,4	12,3
Cap Gemini	Technologie.	F	10.632	9,3	9,0

Abb. 3.8: *Eigenkapitalkosten nach CAPM und WACC ausgewählter europäischer Aktiengesellschaften (Quelle: O. V. 1999)*

III. Varianten zur Erfassung der Fremdkapitalleistungen

Als weitere, unmittelbar mit den Einzahlungsüberschüssen zusammenhängende Bewertungskomponente bei der Quantifizierung des Shareholder Values ist das **Fremdkapital** zu berücksichtigen. Diesbezüglich werden drei Varianten zur Erfassung der mit dem Fremdkapital verbundenen Wertminderungen unterschieden:

- Brutto- bzw. Entity-Methode,
- Netto- bzw. Equity-Methode und
- Adjusted Present Value Methode (APV).

Die in der Praxis populärste DCF-Methode stellt die sogenannte **Brutto-** oder **Entity-Methode** dar. Sie sieht vor, dass die ermittelten (Brutto-)Free-Cashflows mit den WACC auf den Betrachtungszeitpunkt abgezinst und die daraus resultierenden Barwerte addiert werden. Von dem auf diese Weise ermittelten Bruttounternehmenswert ist sodann der Gegenwartswert der Nettozahlungen an die Fremdkapitalgeber in Abzug zu bringen, um so den Wert des Eigenkapitals zu erhalten. Der Wert des Eigenkapitals wird bei diesem Ansatz lediglich **indirekt** ermittelt. Der Barwert der Nettozahlungen an die Fremdkapitalgeber resultiert aus der Abzinsung der Nettozahlungen mit dem unternehmensspezifischen Fremdkapitalzins, der gegebenenfalls um Steuereffekte korrigiert werden muss. Die Nettozahlungen bestehen aus den **Zinszahlungen** sowie dem Saldo aus **Tilgung** und **Neuverschuldung**.

Die folgende Gleichung beschreibt die formale Vorgehensweise bei der Berechnung des Unternehmenswertes für die Unternehmung j mittels der Entity-Methode:

$$UW_{DCF_j}^{Entity} = \sum_{t=1}^{n} \frac{FCF_t^j}{(1+WACC^j)^t} - \sum_{t=1}^{n} \frac{Nettozahlungen\ an\ die\ FK-Geber_t^j}{(1+FKS^j)^t}$$

mit: FCF_t^j = Free-Cash-flow der Unternehmung j zum Zeitpunkt t, FK = Fremdkapital, $WACC^j$ = Gewichteter Kapitalkostensatz der Unternehmung j, FKS^j = Fremdkapitalkostensatz der Unternehmung j, $UW_{DCF_j}^{Entity}$ = DCF-Unternehmenswert der Unternehmung j nach Entity-Methode

Bei der **Netto-** bzw. **Equity-Methode** erfolgt die Ermittlung des Unternehmenswertes **direkt**. Infolgedessen werden nur die Nettozahlungen an die Eigenkapitalgeber, die sich aus Dividenden, Aktienrückkäufen und Aktienemissionen zusammensetzen, diskontiert. Formal lässt sich der Zusammenhang folgendermaßen ausdrücken:

$$UW_{DCF_j}^{Equity} = \sum_{t=1}^{n} \frac{Nettozahlungen\ an\ die\ EK-Geber_t^j}{(1+EKKS^j)^t}$$

mit: EK = Eigenkapital, $EKKS^j$ = Eigenkapitalkostensatz der Unternehmung j, $UW_{DCF_j}^{Equity}$ = DCF-Unternehmenswert der Unternehmung j nach Equity-Methode

Der Free-Cashflow entspricht in jeder Periode grundsätzlich der Summe aus den Nettozahlungen an die Fremdkapitalgeber und an die Eigenkapitalgeber. Sofern der in der Entity-Methode verwendete Gesamtkapitalkostensatz mithilfe einer marktwertorientierten Gewichtung der Fremd- und Eigenkapitalkostensätze ermittelt wurde, müssen auch vor dem Hintergrund des **Wertadditivitätstheorems** beide Methoden immer zum selben Unternehmenswert führen (vgl. PERRIDON/STEINER 1999; SPREMANN 1996).

Bei der Equity-Methode werden alle Einflussfaktoren des Unternehmenswertes in einer Rechnung zusammengefasst. Demgegenüber nimmt die Entity-Methode immerhin eine Trennung zwischen dem Wert der Aktiva und dem Wert des – gegebenenfalls steuerlich adjustierten – Fremdkapitals vor. Die **APV-Methode** versucht, dieses Manko einer undifferenzierten Wertermittlung zu beheben und den Wert des Eigenkapitals im einem mehrstufigen Verfahren so zu bestimmen, dass die einzelnen Einflussfaktoren unmittelbar ersichtlich werden.

In einem **ersten Schritt** wird deshalb **der Unternehmenswert bei vollständiger Eigenfinanzierung** bestimmt. Dazu werden die Free-Cashflows an die Eigenkapitalgeber auf der Basis des Residualprinzips ermittelt. Nach dem **Residualprizip** werden nur die unbedingt für Investitionen benötigten finanziellen Mittel einbehalten. Der Rest wird vollständig ausgeschüttet. Diese Ausschüttung wird nach Berücksichtigung der Einkommensteuer der Aktionäre mit dem risikoäquivalenten Eigenkapitalkostensatz eines unverschuldeten Unternehmens diskontiert.

Im Modell von DRUKARCZYK wird in einem **zweiten Schritt** analysiert, ob eine **steuerlich optimierte Ausschüttungspolitik** zu zusätzlichen Wertbeiträgen führen kann. Das vorliegende Beispiel basiert diesbezüglich auf der in Deutschland bis zum Jahr 2000 bestehenden Möglichkeit, die auf Unternehmensgewinne anfallende Körperschaftsteuer auf die persönliche Einkommensteuerzahlung anrechnen zu lassen. Auf diese Weise ließe sich für deutsche Unternehmen der Cashflow an die Anteilseigner erhöhen, wenn deren Einkommensteuersatz unter dem Körperschaftsteuersatz liegt. Dann wäre es nämlich günstiger, dass für Investitionen erforderliche Kapital erst direkt an die mit geringeren Steuersätzen belasteten Anteilseigner auszuschütten und anschließend als Einlage neuen Eigenkapitals von den Anteilseignern zurückzuholen. Dadurch ließe sich der den Anteilseignern insgesamt zur Verfügung stehende Cashflow aufgrund der geringeren Steuerbelastung erhöhen. Ab dem Jahr 2001 entfällt dieser steuerliche Aspekt. Dann wird auch in Deutschland der Reingewinn eines Unternehmens mit 25 % Körperschaftssteuer belegt, unabhängig davon, ob der Gewinn ausgeschüttet wird oder nicht. Im Falle der Ausschüttung wird die Hälfte des Ausschüttungsbetrags als Einkommen steuerpflichtig. Anschließend kann eine steuerlich optimierte Ausschüttungspolitik nur noch darin bestehen, Gewinnausschüttungen in solche Jahre zu verlagern, in denen die Einkommensteuerbelastung der Anteilseigner aufgrund niedrigerer Einkünfte in diesen Jahren geringer ist.

Im **dritten Schritt** wird die Prämisse einer unverschuldeten Unternehmung aufgehoben. Durch die steuerliche Abzugsfähigkeit der Fremdkapitalzinsen für das Unternehmen lässt sich über die **Verschuldung** der Unternehmenswert erhöhen. Die im dritten Schritt durchgeführte Veränderung der Kapitalstruktur hat zudem in einer **vierten Stufe** erneut einkommenssteuerliche Konsequenzen, die bei der Ausschüttungs- und Thesaurierungspolitik zu beachten sind. Unter Berücksichtigung der für Investitionen und die Rückzahlung des Fremdkapitals nötigen finanziellen Mittel ergeben sich neue Strukturen von Ausschüttungen und Thesaurierungen bzw. Wiedereinlagen. Unabhängig davon, ob im zweiten Schritt die steuerlich optimierte Ausschüttung berücksichtigt wurde oder nicht, ist der gesamte Einkommensteuereffekt auf den Unternehmenswert, bestehend aus dem Einkommensteuereffekt bei steuerlich optimierter

Ausschüttung und dem Einkommensteuereffekt aus der Veränderung der Kapitalstruktur, immer gleich hoch.

Aus der Summe der in den ersten vier Schritten bestimmten Teileffekten ergibt sich schließlich der Wert des gesamten Unternehmens. Hiervon ist im fünften Schritt der analog zur Entity-Methode berechnete Wert des Fremdkapitals (inklusive Pensionsrückstellungen) abzuziehen. Daraus folgt schließlich der Wert des Eigenkapitals.

Die Cashflows, die diesen fünf Stufen jeweils zuzuweisen sind, müssen mithilfe recht komplexer Formeln quantifiziert werden. Ohne auf diese Formelzusammenhänge näher einzugehen, verdeutlicht Abb. 3.9 das Ergebnis der APV-Methode anhand eines Beispiels (vgl. DRUKARCZYK 1998). Danach wird für die ersten sieben Jahre der Cashflow periodenspezifisch bestimmt. Ab dem 8. Jahr wird eine ewige (Cashflow-) Rente unterstellt. Die Diskontsätze variieren, je nachdem, ob den Eigenkapitalgebern (Diskont 9,39 %) oder den Fremdkapitalgebern (Diskont steueradjustiert 4,55 %) zustehende Zahlungen abgezinst werden. Die Abzinsung der Cashflows bzw. der Cashflow-Veränderungen führt zum Unternehmensteilwert. Die Summe aller Unternehmensteilwerte stellt den Wert des Eigenkapitals dar

Jahr	1. CF aus residualer Ausschüttungspolitik	2. ΔCF aus Einkommensteuereffekt durch optimale Ausschüttungspolitik	3. ΔCF aus Unternehmensteuereffekten bei Verschuldung	4. ΔCF aus Einkommensteuereffekten bei Verschuldung	5. ΔCF aus Zins- und Tilgung für Fremdkapital (inklusive Pensionen)
1	1.618	48	147	- 120,1	- 1.036,3
2	1.128	129	144	- 128,1	- 615,4
3	1.130	118	144	- 116,3	- 618,8
4	1.297	96	146	- 119,9	- 761
5	1.253	118	144	- 134,1	- 723,4
6	1.423	103	144	- 145,3	- 868,3
7	1.148	151	142	- 151,8	- 631,8
8ff.	2.079	0	142	0	- 570,1
Diskontsatz	9,39 %	9,39 %	4,55 % [=7%x(1–0,35)]	9,39 %	4,55 % [=7%x(1–0,35)]
Teilwert	18.246	525	3.136	- 641	- 13.615 (=Wert des FK)
KumulierterTeilwert	18.246	18.771	21.907	21.266 (=Unternehmensgesamtwert)	7.615 (=Wert des EK)

Abb. 3.9: *Beispiel zur APV-Methode (alle Zahlen - mit Ausnahme der Diskontsätze - in TGE) (vgl. DRUKARCZYK 1998)*

Das Beispiel zeigt, dass eine unverschuldete Unternehmung angesichts der unterstellten Cashflows einen Teilunternehmenswert von 18,246 Mio. GE ausweisen würde. Durch steueroptimierte Ausschüttungs- und Thesaurierungspolitik ließe sich dieser Wert um 0,525 Mio. GE auf 18,771 Mio. GE erhöhen. Die Zulassung von Verschuldung erhöht den Unternehmenswert um weitere 3,136 Mio. GE, da die Fremdkapitalzinsen einerseits steuerlich abzugsfähig und andererseits ohnehin niedriger als die Eigenkapitalkosten sind. Nach der Verschuldung ergibt sich im Beispiel ein negativer Werteffekt aus der Einkommensteuerbelastung der Aktionäre von 0,641 Mio. GE, wodurch sich der Unternehmenswert auf 21,266 Mio. GE reduziert. Der gesamte Einkommensteuereffekt wirkt sich mit 0,126 Mio. GE negativ auf die Entwicklung des Unternehmenswertes einer verschuldeten gegenüber einer unverschuldeten Unternehmung aus. Bei einem Fremdkapitalwert von 13,615 Mio. GE, der sich aus der Diskontierung der den Fremdkapitalgebern zustehenden Cashflows ergibt, beträgt der Wert des Eigenkapitals 7,615 Mio. GE.

Grundsätzlich ermöglicht die APV-Methode einen detaillierteren Einblick in die Zusammensetzung des Eigenkapitalwertes. Allerdings übersteigt ihre Komplexität deutlich die Vorgehensweise bei der sehr viel einfacheren Entity- oder der Equity-Methode. Zudem liefern alle drei Varianten den gleichen Erklärungsbeitrag für die inhaltlichen Zusammenhänge zwischen Unternehmenswert, Cashflow und Kapitalkosten. Es werden lediglich formale Differenzierungen vorgenommen. Insofern ließen sich schon mit der sehr stark vereinfachten Equity Methode die relevanten Wertzusammenhänge hinreichend genau erklären.

IV. Ergänzende Bewertungsansätze

1. Cashflow-ROI als Wertsteigerungsmaß

Mit dem Konzept des Cashflow-Return on Investment (CFROI) wurde ein die DCF-Methoden ergänzendes Wertsteigerungsmaß vorgestellt (vgl. für eine ausführliche Diskussion dieses Konzepts HACHMEISTER 1997 oder LEWIS 1995). Der CFROI soll grundsätzlich für die Bewertung einzelner Investitionen und Projekte herangezogen werden. Diese Kennzahl lässt sich aber auch auf eine Analyse der gesamten Unternehmung übertragen (vgl. LEWIS 1995).

Während die DCF-Methoden der Kapitalwertberechnung entsprechen, orientiert sich die Vorgehensweise bei der Bestimmung des CFROI an der Internen Zinsfußmethode.

Dem Konzept des CFROI liegen stark vereinfachende Annahmen zugrunde:

- Zu jedem beliebigen Bewertungszeitpunkt wird unterstellt, dass die historische Anschaffungsausgabe einer Investition erneut durchgeführt wird.
- Der segmentspezifische, in der Betrachtungsperiode erwirtschaftete Cashflow kann auch in allen Folgeperioden erzielt werden.

Die so näherungsweise bestimmten Größen Anschaffungsauszahlung und Cashflow fließen in die Formel zur Berechnung des Internen Zinsfußes CFROI ein:

$$-AAZ + \sum_{f=1}^{n} \frac{CF_t}{(1+CFROI)^t} = 0$$

mit: *AAZ = Anschaffungsauszahlung; CF_t = Cashflow in t; CFROI = Cashflow-Return on Investment; n = Investitionslaufzeit*

Der CFROI soll demnach die Rentabilität des während der gesamten Laufzeit gebundenen Kapitals anzeigen. Dadurch kann überprüft werden, ob Investitionen oder laufende Projekte ausreichend hohe Verzinsungen aufweisen. Investitionsprojekte gelten somit immer dann als sinnvoll, wenn der CFROI die Kapitalkosten übersteigt. Eine Steigerung des Unternehmenswertes wird danach immer dann erreicht, wenn die Kapitalkosten bzw. die WACC geringer sind als der CFROI. Insofern stellt der CFROI ein Limit für die maximal zulässigen Kapitalkosten dar.

Prinzipiell könnte somit das Konzept des CFROI auch als eigenständiges Verfahren zur Beurteilung von Wertsteigerungen herangezogen werden. In Theorie und Praxis werden aber gegenüber diesem Konzept erhebliche Vorbehalte geäußert (vgl. hierzu *Neuntes Kapitel* und HACHMEISTER 1997). Deshalb ist es nicht weiter verwunderlich, dass sich das Konzept des CFROI nicht durchsetzen konnte.

2. Kontrollrechnungen

Die zuvor erörterte Quantifizierung des Unternehmenswertes bzw. des Shareholder Values und die damit verbundene Identifizierung von Werttreibern bilden die zentrale Basis des Shareholder Value-Konzepts. Die Unternehmenswertbestimmung darf jedoch nicht so verstanden werden, dass hier ein theoretisch nicht mehr angreifbarer und wissenschaftlich exakter Wert gemessen wird. Gerade angesichts der Zukunftsbezogenheit und der Berücksichtigung von Planzahlen und Markteinschätzungen wird eine wesentliche Intention von Unternehmensbewertungen deutlich: Die Bewertungsverfahren sind als **Simulationshilfe zum Verständnis der Werttreiber** zu begreifen und sollen die **Abhängigkeiten des Unternehmenswertes von bestimmten Einflussfaktoren** aufzeigen. Gerade anhand der im Shareholder Value-Konzept üblicherweise verwendeten Discounted Cashflow-Methoden wird die bewusst in Kauf genommene Subjektivität des Verfahrens deutlich: Die Werttreiber ergeben sich in der Regel nur aus Schätzungen und sind daher kaum als sichere Werte anzusehen.

Deshalb ist vor allem zu überlegen, welches Bewertungsverfahren den unternehmensspezifischen Eigenschaften am ehesten Rechnung trägt und wie diese unternehmensspezifischen Eigenschaften in die Bewertung einfließen können. So ist unmittelbar einsichtig, dass Banken grundsätzlich nach anderen Prinzipien beurteilt werden müssen als Industrieunternehmen, da sich gänzlich andere Werttreiber ergeben.

Die Theorie bietet vor diesem Hintergrund eine Reihe unterschiedlicher Verfahren traditioneller und moderner Unternehmensbewertungen an. Die Praxis kann diese Vielfalt nutzen, indem alternative Verfahren gleichzeitig angewendet werden. Mit derartigen Kontrollrechnungen kann einerseits die Korrektheit der ermittelten Unternehmenswerte durch entsprechende Vergleichswerte überprüft werden. Andererseits lassen sich die potenziellen Veränderungen, die nach der Einleitung bestimmter geschäftspolitischer Maßnahmen zu erwarten sind, besser abschätzen. Letztlich wird durch diesen eher formalen Akt die Effizienz des Shareholder Value-Managements erhöht.

Wie unterschiedlich die Ergebnisse alternativer Verfahren sein können, zeigt eine Untersuchung von J. P. Morgan (vgl. DIEDERICHS 1998). Danach ergaben sich für die Deutsche Bank Aktie als Maßstab des Shareholder Values in Abhängigkeit vom gewählten Verfahren die in Abb. 3.10 skizzierten Werte. Auf eine Erörterung der einzelnen Verfahren wird an dieser Stelle verzichtet, da nur die aufgezeigte Bandbreite der Ergebnisse bedeutend ist.

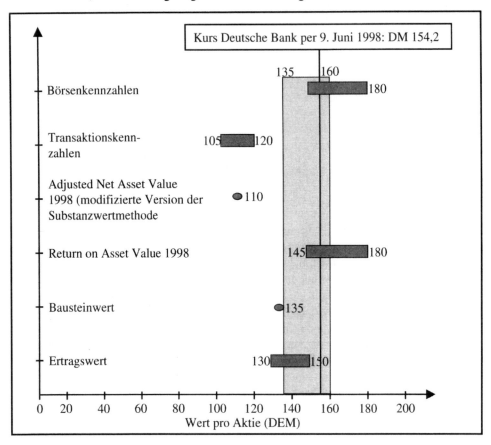

Abb. 3.10: Kontrollrechnung am Beispiel Deutsche Bank AG (Quelle: DIEDERICHS 1998)

Die verwendeten Verfahren unterscheiden sich insbesondere hinsichtlich der Komplexität, der Aussagekraft und der Integration von Werttreibern. Demgemäß sind auch die unterschiedlichen Ergebnisse, die zwar insgesamt zwischen Kurswerten von 105 und 180 GE schwanken, aus denen sich aber trotzdem ein zentraler Korridor mit Kurswerten zwischen 135 und 160 GE ableiten lässt, nicht verwunderlich. Wesentlich ist daher die Erkenntnis, dass die Unternehmensbewertung keine "exakte" Wissenschaft ist. Vielmehr ist gerade auch vor dem Hintergrund des Shareholder Value-Konzepts ausreichende **Erfahrung** und gutes **Beurteilungsvermögen** für das Verständnis der quantifizierten Werte erforderlich.

C. Dimensionen des Value Controllings

I. Stellschrauben des Value Controllings

Das Value Controlling soll im Sinne des Wertorientierten Managements dazu beitragen, den Marktwert der Unternehmung zu sichern oder zu erhöhen. Auf dieses oberste Ziel ist das gesamte Führungssystem auszurichten. Alle Controlling-Elemente der Planung- und Kontrolle, der Information und der Koordination sind so zu gestalten, dass die Marktwertziele erreicht werden.

Deshalb ist vor der Gestaltung der Controlling-Elemente zu entscheiden, welche Steuerungsgrößen im Fokus des Value Controllings stehen. Die ursprüngliche Shareholder Value Konzeption spricht hier ganz allgemein von Werttreibern. Die Einflussfaktoren dieser Werttreiber lassen sich jedoch auf einer höheren Ebene zusammenfassen. Dazu müssen zunächst die tiefergehenden, über die formale Diskussion hinausgehenden Zusammenhänge diskutiert werden.

Losgelöst von den neueren finanzierungstheoretischen Erkenntnissen lassen sich dazu die zentralen Determinanten des Marktwertes sehr einfach mithilfe des Kurs-/Gewinn-Verhältnisses (KGV) bzw. der Price-/Earnings-Ratio (PER) darstellen. Das KGV erklärt das Verhältnis von Aktienkurs zum Gewinn der Unternehmung (pro Aktie). Grundsätzlich wird gelten, dass das KGV

- von den Zukunftserwartungen der Marktteilnehmer bezüglich Gewinnwachstum und Gewinnvolatilität sowie
- von den allgemeinen Rahmenbedingungen an den Geld- und Kapitalmärkten

bestimmt wird.

So ist das KGV bei gegebenen makroökonomischen Bedingungen regelmäßig umso höher,

- je stärker das erwartete Gewinnwachstum pro Aktie ist,
- je schwächer die erwartete Gewinnvolatilität um diesen Wachstumstrend ist und
- je größer das Vertrauen in die Gültigkeit dieser Erwartungen ist.

Bei gegebenen Gewinnerwartungen (die sich in den Konsensschätzungen der Analysten widerspiegeln) und gegebenen Marktbedingungen wird das KGV also maßgeblich geprägt von dem Risiko, dem sich die Investoren bei ihrer Kapitalanlage ausgesetzt sehen. Wegen der vielfältigen sonstigen Einflussgrößen kann das KGV allerdings grundsätzlich keinen theoretischen Erklärungsbeitrag für die Höhe des Risikos bzw. der Risikoprämie liefern, die mit bestimmten Investitionen verbunden sind. Gleichwohl liefert es zumindest einen logischen und leicht nachvollziehbaren Einblick in die Zusammenhänge des Value Controllings.

Ausgehend vom KGV soll nun eine Verbindung zum Marktwert des Eigenkapitals hergestellt werden. Der Marktwert des Eigenkapitals EK_{MW} wird dabei mit der Börsenkapitalisierung gleichgesetzt. Werden Nenner und Zähler des KGV gleichzeitig mit der Aktienanzahl multipliziert, so zeigt sich, dass das KGV auch dem Verhältnis des gesamten Marktwertes des Eigenkapitals zum Gesamtgewinn der Unternehmung entspricht.

$$KGV = KGV \times \frac{Aktienanzahl}{Aktienanzahl}$$

$$= \frac{Aktienkurs \times Aktienanzahl}{Gewinn\,pro\,Aktie \times Aktienanzahl}$$

$$= \frac{Marktwert\,des\,Eigenkapitals}{Gesamtgewinn\,der\,Unternehmung} = \frac{EK_{MW}}{J\ddot{U}}$$

mit: JÜ = Jahresüberschuss; KGV = Kurs-/Gewinn-Verhältnis; EK_{MW}= Marktwert des Eigenkapitals

Diese Formel lässt sich weiterhin nutzen, um den Zusammenhang zwischen Eigenkapitalrentabilität, Risiko und Marktwerten aufzuzeigen. Die Eigenkapitalrentabilität zu Buchwert EKR_{BW} ist definiert als

$$EKR_{BW} = \frac{Gesamtgewinn\,der\,Unternehmung}{Buchwert\,des\,Eigenkapitals} = \frac{J\ddot{U}}{EK_{BW}}$$

mit: EK_{BW}= Buchwert des Eigenkapitals; EKR_{BW} = Eigenkapitalrentabilität zu Buchwerten; JÜ = Jahresüberschuss

Der Buchwert entspricht dem in der Bilanz abzulesenden Eigenkapitalausweis. Die Multiplikation aller Komponenten führt zu folgender Gleichung:

$$KGV \times \frac{Aktienanzahl}{Aktienanzahl} \times EKR_{BW} = \frac{EK_{MW}}{J\ddot{U}} \times \frac{J\ddot{U}}{BW_{EK}} = \frac{EK_{MW}}{EK_{BW}}$$

aus $\frac{Aktienanzahl}{Aktienanzahl} = 1$ folgt

$$KGV \times EKR_{BW} = \frac{EK_{MW}}{EK_{BW}} = MBV$$

mit: EK_{BW} = Buchwert des Eigenkapitals; EKR_{BW} = Eigenkapitalrentabilität zu Buchwerten ; JÜ = Jahresüberschuss; KGV = Kurs-/Gewinn-Verhältnis; MBV = Markt-/Buchwert-Verhältnis; EK_{MW} = Marktwert des Eigenkapitals

Das MBV drückt aus, wie stark der Marktwert des Eigenkapitals dessen Buchwert übersteigt und ist insoweit eng mit dem wertorientierten Management verknüpft. Allerdings handelt es sich insofern nur um eine abgeleitete Zielgröße, weil sich der Marktwert des Eigenkapitals auch bei gegebenem MBV verbessern kann, eben dann, wenn der Buchwert des Eigenkapitals (vor allem durch Gewinnthesaurierungen) zunimmt. Davon abgesehen ist das MBV aber ein wichtiger Indikator für den Erfolg einer wertorientierten Unternehmensstrategie.

Vor diesem Hintergrund ist eine Darstellung illustrativ, die die Wirkungszusammenhänge von EKR und KGV auf das MBV sichtbar macht (vgl. Abb. 3.11). Die Isoquanten erfassen alle Kombinationen von EKR und KGV, die zu einem identischen MBV führen. Je weiter rechts bzw. je weiter oben die Isoquanten liegen, desto höher ist das MBV.

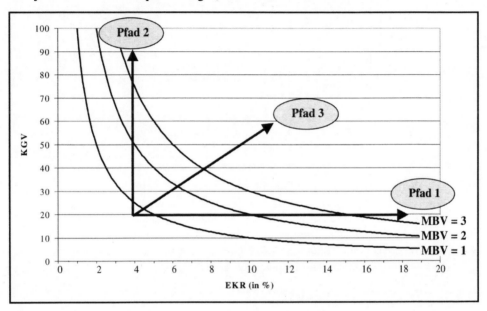

Abb. 3.11: Isoquantenanalyse

Shareholder Value-Strategien können somit theoretisch drei unterschiedliche Zielpfade beschreiten.

- Zielpfad 1: Die Bemühungen zur Erhöhung des MBV konzentrieren sich auf eine Erhöhung der EKR und betrachten das KGV als Konstante.
- Zielpfad 2: Hier werden bei gegebener EKR Maßnahmen zu ergreifen sein, die auf eine Verbesserung des KGV ausgerichtet sind.
- Zielpfad 3: Wegen der multiplikativen Verknüpfung von EKR und KGV wird eine Strategie der gemeinsamen Verbesserung von EKR und KGV für die Erhöhung des MBV am ehesten zum Ziel führen.

Das Value Controlling, das sich also auf die Steuerung der beiden Dimensionen EKR und KGV auszurichten hat, wird folgerichtig in ein Rentabilitäts-Controlling und in ein Risiko-Controlling aufgespalten.

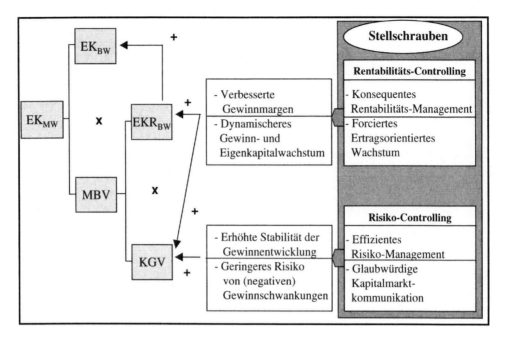

Abb. 3.12: Stellschrauben im Value Controlling

Abb. 3.12 demonstriert diese Zusammenhänge abschließend. Aus der Multiplikation der Eigenkapitalrentabilität zu Buchwerten mit dem KGV resultiert das Markt-/Buchwert-Verhältnis. Wird das Markt-/Buchwert-Verhältnis mit dem Buchwert des Eigenkapitals multipliziert, so ergibt sich daraus der Marktwert des Eigenkapitals:

$$EK_{BW} \times MBV = EK_{BW} \times \frac{EK_{MW}}{EK_{BW}} = EK_{MW}$$

mit: BW = Buchwert; EK = Eigenkapital; MBV = Markt-/Buchwert-Verhältnis, MW = Marktwert

In einer rein formalen Betrachtung wird der Marktwert des Eigenkapitals gesteigert, indem entweder das Markt-/Buchwert-Verhältnis oder der Buchwert des Eigenkapitals erhöht werden. Eine Verbesserung des Buchwertes des Eigenkapitals lässt sich durch die Erhöhung der Eigenkapitalrentabilität zu Buchwerten erreichen. Die Steigerung des Markt-/Buchwert-Verhältnisses wird entweder durch eine Erhöhung der Eigenkapitalrentabilität zu Buchwerten oder durch eine Erhöhung des Kurs-/Gewinn-Verhältnisses erreicht.

Eine Steigerung der Eigenkapitalrentabilität bzw. damit zumindest indirekt einhergehend des Buchwertes des Eigenkapitals kann durch verbesserte Gewinnmargen oder dynamischeres Gewinn- und Eigenkapitalwachstum herbeigeführt werden. Dazu ist im Rahmen des Rentabilitäts-Controllings ein konsequentes Rentabilitäts-Management oder ein forciertes ertragsorientiertes Wachstum anzustreben.

Zur Erhöhung des Kurs-/Gewinn-Verhältnisses tragen vor allem eine erhöhte Stabilität der Gewinnentwicklung und ein geringeres Risiko von Gewinnschwankungen bei. Beide Elemente sind im Rahmen des Risiko-Controllings durch ein effizientes Risikomanagement und eine glaubwürdige Kapitalmarktkommunikation steuerbar. Darüber hinaus kann das Kurs-/Gewinn-Verhältnis aber auch durch die Elemente des Rentabilitäts-Controllings positiv beeinflusst werden.

Risiko und **Rentabilität** sind danach als die entscheidenden **Stellschrauben des Wertmanagements** zu betrachten. Das Value Controlling ist deshalb auf die Steuerung dieser Stellschrauben auszurichten.

II. Bausteine des Value Controllings

Die mithilfe der Isoquantenanalyse (vgl. Abb. 3.11) herausgearbeiteten Zielpfade und die damit verbundenen Stellschrauben Rentabilität und Risiko bilden den Rahmen für den konzeptionellen Aufbau des aus verschiedenen Subsystemen bestehenden Value Controllings. Zur Steuerung und Optimierung des Marktwertes können auf den Ergebnissen der Isoquantenanalyse aufbauend und parallel zu den drei herausgearbeiteten Zielpfaden drei Thesen formuliert werden:

- These 1: Bei gegebenem Risiko führt die Maximierung der Eigenkapitalrentabilität zu einer Maximierung des Unternehmenswertes (Zielpfad 1).
- These 2: Bei gegebener Eigenkapitalrentabilität führt die Minimierung des Risikos zu einer Maximierung des Unternehmenswertes (Zielpfad 2).
- These 3: Letztlich kann eine wirkliche Maximierung des Unternehmenswertes nur durch die gleichzeitige Optimierung von Eigenkapitalrentabilität und Risiko erfolgen (Zielpfad 3).

Zur Umsetzung der These 1 müssen die Funktionen des Value Controlling auf die Steuerung der Eigenkapitalrentabilität ausgerichtet werden. Das hierzu erforderliche Rentabilitäts-Controlling weist zwei Dimensionen auf. In einem periodenerfolgs-orientierten Ansatz werden die jahresabschlussorientierten Erfolgskomponenten gesteuert. Hier sind Führungsteilsysteme aufzubauen, die es ermöglichen, die (periodische) Eigenkapitalrentabilität zu optimieren. Demgemäß kann hier auch vom **periodenerfolgs-orientierten Rentabilitäts-Controlling** gesprochen werden. In diesem Zusammenhang sind alle Instrumente und Verfahren zur Ableitung der Soll-Eigenkapitalrentabilität, zur Analyse der Ist-Eigenkapitalrentabilität, sowie zur Abstimmung dieser beiden Größen zu erörtern.

Im Wertmanagement wird darüber hinaus die besondere Bedeutung einer barwertorientierten Betrachtungsweise betont. Für eine moderne Rentabilitätssteuerung ist diese barwertorientierte Betrachtungsweise unverzichtbar. Denn das periodenerfolgs-orientierte Rentabilitäts-Controlling basiert letztlich auf den gesetzlichen Rechnungslegungsvorschriften. Im modernen Barwertkalkül kann man sich hiervon völlig lösen. Hier steht nicht mehr die periodengerechte Abgrenzung von Aufwendungen und Erträgen im Vordergrund. Statt dessen wird versucht, den Erfolg unternehmerischer Tätigkeiten über mehrere Perioden hinweg zu bewerten. Dazu ist es einerseits erforderlich, einzelne Investitionen mithilfe geeigneter Verfahren barwertorientiert zu bewerten. Als moderner Steuerungsansatz hierfür kann die Marktzinsmethode der Investitionsrechnung herangezogen werden. Daneben kann im Rahmen des Industriemodells der Marktzinsmethode eine barwertorientierte Erfolgsspaltung vollzogen werden. Dabei ergeben sich aus diesem Industriemodell der Marktzinsmethode gegenüber der jahresabschlussorientierten Betrachtungsweise ergänzende Steuerungsimpulse. Diese Prozesse werden daher dem **barwertorientierten Rentabilitäts-Controlling** zugeordnet.

Ein besonderes Element des Rentabilitäts-Controllings ist die Planung und Kontrolle der optimalen Geschäftsfeldstruktur, die auf den Elementen des GuV- und des barwertorientierten Ansatzes aufbaut. Sofern nur an der Stellschraube Rentabilität gedreht werden soll, können rein rentabilitätsorientierte Geschäftsfeldanalysen eingesetzt werden, um eine unter Rentabilitätsgesichtspunkten optimale Geschäftsfeldstruktur zu erzeugen. Das **Geschäftsfeldstruktur-Controlling** stellt deshalb das dritte Element des auf die Stellschraube Rentabilität fokussierten Value Controllings dar.

Periodenerfolgs-orientiertes Rentabilitäts-Controlling, barwertorientiertes Rentabilitäts-Controlling und Geschäftsfeldstruktur-Controlling sind Teilsysteme des Value Controllings, die ausschließlich auf die Stellschraube Rentabilität ausgerichtet sind. Die Stellschraube Risiko wird dabei im Rahmen der *These 1* als konstant unterstellt.

Während demgegenüber die *These 2* eher formal die Minimierung des Risikos bei Konstanz der Rentabilität fordert, wird eine wirkliche Marktwertmaximierung nur über die mit der *These 3* verbundenen Aussage erreicht. Darin wird die integrative Verknüpfung beider Stellschrauben angestrebt. Im Gegensatz zur *These 1* lassen sich die mit den *Thesen 2* und *3* verbundenen Prozesse, Systeme und Strukturen, die für das Value Controlling relevant sind, nicht mehr (theoretisch) exakt voneinander abgrenzen.

Insofern ist hier zunächst umfassendes **Konzept eines integrierten Risiko-Controllings** zu entwerfen. Mit dieser Konzeption müssen die Grundsätze des Risiko-Controllings im Wertmanagement, vor allem hinsichtlich der Risikotragfähigkeit und des Risiko-Chancen-Verhältnisses aufgestellt und die diversen Prozessstufen des Risiko-Controllings analysiert werden.

Auf der Konzeption des Risiko-Controllings aufbauend können dann die zentralen Risikokategorien der unternehmerischen Tätigkeit analysiert werden. Angesichts der noch aufzuzeigenden Vielfalt unternehmerischen Risiken wird an dieser Stelle das Controlling ausgewählter Risikodimensionen diskutiert. Dabei stehen zum einen die aus den Geschäftsprozessen und -strukturen resultierenden Risiken im Mittelpunkt des Geschäftsrisiko-Controlling. Zum anderen folgt bei der Analyse des Controllings finanzieller Risiken die Auseinandersetzung mit dem Liquiditäts-Risiko, den controlling-spezifischen Aspekten der Asset-Liability-Managements und der Bilanzplanung, mit der alle vorgenannten Elemente im Planungsprozess verknüpft werden können.

Für die effiziente Steuerung des Marktwertes einer Unternehmung ist ferner eine risikoadjustierte Steuerung des Kapitaleinsatzes erforderlich. Vor diesem Hintergrund sind abschließend die Möglichkeiten zur Optimierung der Kapitalallokation zu untersuchen.

In Abb. 3.13 werden die Stellschrauben, Subsysteme und Thesen zum Value Controlling abschließend zusammengefasst.

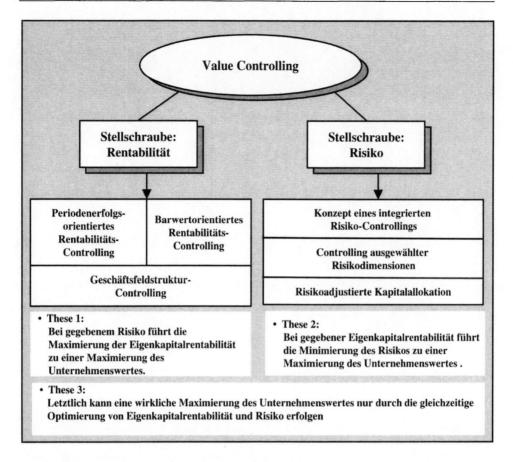

Abb. 3.13: Konzeption des Value Controllings

Zweiter Teil

Value Controlling:
Stellschraube Rentabilität

Einführung

Im *Dritten Kapitel* wurden mit der Rentabilität und dem Risiko die Stellschrauben des Value Controllings identifiziert und voneinander abgegrenzt. Die mit der Stellschraube Rentabilität verbundenen Effekte sollen nun im zweiten Teil dieses Buches untersucht werden.

Um die aus der Veränderung des Risikos resultierenden Effekte vernachlässigen zu können, wird in diesem zweiten Teil das Risiko als konstante Größe betrachtet. Wenn das Risiko als Fixgröße vorgegeben wird, muss der Unternehmenswert über die Stellschraube Rentabilität maximiert werden. Deshalb können alle in diesem Zusammenhang vorgestellten Modelle und Instrumente unter dem Begriff Rentabilitäts-Controlling subsumiert werden.

Vor diesem Hintergrund können drei Teilbereiche des auf die Stellschraube Rentabilität bezogenen Value Controllings voneinander abgegrenzt werden. Im Rahmen des **Periodenerfolgs-orientierten Rentabilitäts-Controllings** werden die auf das Controlling des Periodenerfolgs ausgerichteten Instrumente und Maßnahmen analysiert. Es wird gezeigt, wie die Steuerung des Periodenerfolgs zur Erhöhung des Unternehmenswertes beitragen kann. Im Rahmen des **barwertorientierten Rentabilitäts-Controllings** wird diese finanzbuchhalterische Ebene verlassen. Schon bei der Vorstellung der Grundelemente des Wertmanagements wurde dessen Barwertfokussierung verdeutlicht. Deshalb müssen Steuerungselemente in das Führungssystem integriert werden, die eine Messung und Steuerung des Barwertes unternehmerischer Aktivitäten ermöglichen. Die Instrumente und Methoden des periodenerfolgs- und des barwertorientierten Rentabilitäts-Controllings bilden die Basis des Controllings einzelner Geschäftsfelder. Diesen beiden Bereichen ist deshalb das **Geschäftsfeldstruktur-Controlling** als drittes Element des Rentabilitäts-Controllings untergeordnet.

Viertes Kapitel: Periodenerfolgsorientiertes Rentabilitäts-Controlling

Im Fokus des GuV-orientierten Rentabilitäts-Controllings stehen die Zahlen der Gewinn- und Verlustrechnung, insbesondere der Jahresüberschuss. Schon im dritten Kapitel wurde aufgezeigt, dass Unternehmensmehrwert immer dann erzeugt wird, wenn die erwirtschafteten Jahresüberschüsse die absoluten Eigenkapitalkosten übersteigen. GuV-orientiertes Rentabilitäts-Controlling beinhaltet demgemäß vor allem den Prozess der Abstimmung von Soll- und Ist-Eigenkapitalrentabilität: Je mehr die Ist- die Soll-Eigenkapitalrentabilität übersteigt, desto größer ist der Wertzuwachs und, vice versa, die Wertvernichtung.

Erste Aufgabe des Rentabilitäts-Controllings ist es deshalb, im Rahmen des Planungsprozesses die Höhe des im Planjahr zu erwirtschaftenden Jahresüberschusses bzw. der unternehmensspezifischen **Soll-Eigenkapitalrentabilität** zu fixieren. Daneben müssen im Rahmen des Kontrollprozesses Höhe und Struktur der **Ist-Eigenkapitalrentabilität** mithilfe entsprechender Instrumente und Methoden untersucht und gesteuert werden. Erst die **abschließende Gegenüberstellung** von Soll- und Ist-Eigenkapitalrentabilität wird zeigen, ob eine Unternehmung in der Lage war, den Unternehmenswert zu erhöhen.

A. Ableitung der Soll-Eigenkapitalrentabilität

Die Soll-Eigenkapitalrentabilität kann entweder mithilfe des finanzstrukturellen Ansatzes, des kapitalmarktorientierten Ansatzes oder mithilfe von Best-Practice-Standards fixiert werden.

Im **finanzstrukturellen Ansatz** wird diejenige Mindest-Eigenkapitalrentabilität bestimmt, die erforderlich ist, um das finanzielle Gleichgewicht des Unternehmens sicherzustellen. Im **kapitalmarktorientierten Ansatz** wird zunächst auf die verschiedenen Modelle der neoklassischen und neoinstitutionalistischen Finanzierungslehre zurückgegriffen (vgl. *Drittes Kapitel*). Aus dem Kreis dieser Modelle ist das CAPM hervorzuheben. Das CAPM dominiert die übrigen Ansätze sowohl in der theoretischen Konzeption als auch in der Häufigkeit der praktischen Anwendung. Deshalb wird im Rahmen dieses zweiten Ansatzes nur auf diesen kapitalmarktorientierten Ansatz zurückgegriffen. Losgelöst von finanzstrukturellen und kapitalmarkttheoretischen Überlegungen lässt sich mithilfe der Technik des Benchmarkings mit der Ermittlung von **Best-Practice-Standards** ein dritter Ansatz identifizieren.

Alle drei Varianten können nicht losgelöst voneinander betrachtet werden. Ihre Einzelaussagen müssen vielmehr in einem integrierten Konzept miteinander verknüpft und aufeinander abgestimmt werden. Erst danach lässt sich abschließend die endgültige Höhe der Soll-Eigenkapitalrentabilität fixieren.

I. Der finanzstrukturelle Ansatz zur Bestimmung der Mindest-Rentabilität

1. Konzeption des finanzstrukturellen Ansatzes

Das **finanzielle Gleichgewicht** einer Unternehmung hat verschiedene Dimensionen. Zentrale Elemente dieses finanziellen Gleichgewichts sind das finanzstrukturelle Gleichgewicht und die strukturelle Gleichgewichtsrentabilität.

Das **finanzstrukturelle Gleichgewicht** kann wiederum in zwei Teilbereiche aufgespalten werden. Im Rahmen des **strukturellen Portfoliogleichgewichtes** soll ein dynamisches Gleichgewicht von Cashflow-generierenden und Cashflow-verzehrenden Geschäftsfeldern erzeugt werden (vgl. *Sechstes Kapitel*). Das **Kapitalstrukturgleichgewicht** dient demgegenüber der Einhaltung von gültigen Kapitalstrukturnormen, zum Beispiel in Form anerkannter Finanzierungsregeln bzw. -standards. Das Finanzstrukturgleichgewicht hat somit eine dynamische Cashflow-Komponente und eine statische Kapitalstrukturkomponente. Es liegt vor, wenn

- zwischen Cashflow-generierenden und Cashflow-verzehrenden Geschäftsfeldern ein Gleichgewicht in der Weise existiert, dass der Cashflow-Saldo für das Unternehmen im Zeitablauf ausreicht, um den Finanzbedarf zu decken, der sich nach (zulässiger und möglicher) Außenfinanzierung (im Wege von Kapitalerhöhung oder Verschuldung) ergibt,
- interne Mittelaufbringungen und externe Mittelzuführung zu Finanzstrukturen führen, die allseits anerkannten Qualitätsstandards entsprechen.

Mögliche (interdependente) Ursachen für strukturelle Ungleichgewichte sind

- zu starkes Wachstum (Überinvestition),
- zu kurze/dünne Kapitaldecke (Unterfinanzierung) und
- zu schwache Rentabilität (Unterrentabilität).

Demgegenüber dient das **Gleichgewichtsergebnis** zur Sicherung einer ausreichenden Ertragskraft, um alle finanziellen Ansprüche an das Unternehmen bei Aufrechterhaltung einer gleichgewichtigen Finanzstruktur abdecken zu können. Die **strukturelle Gleichgewichtsrentabilität** stellt somit ein integratives Konzept zur Verknüpfung von **Finanzstrukturgleichgewicht** und **Rentabilitätsbedarf** dar. Sie liegt vor, wenn die Rentabilität ausreicht, um alle finanziellen Ansprüche der Unternehmensträger an das Unternehmen (Kapitalgeber, Banken, Staat, Arbeitnehmer usw.) abzudecken und darüber hinaus hinreichende Reservebildungen möglich sind, um die Existenz der Unternehmung selbst strukturell zu sichern.

Dem **finanzstrukturellen Ansatz** liegt zum einen das Konzept der strukturellen Gleichgewichtsrentabilität zugrunde. Zum anderen sind auch allgemeingültige Kapitalstrukturnormen, z. B. hinsichtlich der Eigenkapitalquote, einzuhalten.

2. Determinanten des strukturellen Gewinn- und Cashflow-Bedarfs

Zur Quantifizierung der strukturellen Gleichgewichtsrentabilität sind zunächst die Determinanten des strukturellen Gewinnbedarfs zu analysieren. Aus dem Zusammenwirken der Determinanten

- Umsatzwachstum,
- Kapitalumschlag und
- Kapitalstrukturnormen

resultiert der Eigenkapitalbedarf. Aus

- dem Eigenkapitalbedarf,
- dem externen Eigenkapitalzuführungspotenzial,
- den Ausschüttungsstandards und
- der Steuerbelastung

ergibt sich schließlich der strukturelle Gewinnbedarf (vgl. Abb. 4.1).

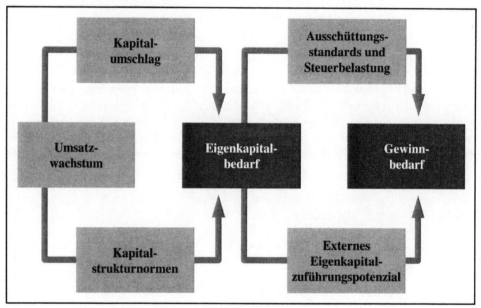

Abb. 4.1: Determinanten des strukturellen Gewinnbedarfs

Umsatzwachstum, Kapitalumschlag und Kapitalstrukturnormen sind eng miteinander verknüpft. Veränderungen dieser Parameter führen dazu, dass die geplante Eigenkapitalausstattung gegebenenfalls von der aktuellen abweicht. Wenn das Plan-Eigenkapital das Ist-Eigenkapital übersteigt, entsteht ein zur Einhaltung des finanzstrukturellen Gleichgewichts zu deckender Eigenkapitalbedarf.

Dieser Eigenkapitalbedarf kann grundsätzlich über die Zuführung externen Eigenkapitals gedeckt werden. Sofern aber die externe Eigenkapitalzuführung - gewollt oder ungewollt - nicht ausreicht, müssen die Fehlbeträge über die interne Gewinnthesaurierung bereit gestellt werden. Dazu ist es erforderlich, Gewinne in ausreichender Höhe zu generieren. Außerdem werden Gewinnbestandteile benötigt, um Dividenden ausschütten zu können.

Dividenden und Gewinnthesaurierungen stellen dabei grundsätzlich Nach-Steuer-Größen dar. Damit aber diese Beträge überhaupt bereitgestellt werden können, sind zuvor auch die anfallenden Steuern zu berücksichtigen. Die Summe aus den Planwerten für Dividendenzahlungen, Gewinnthesaurierung und Steuerlast umfasst schließlich den gesamten Gewinnbedarf einer Unternehmung. Die diversen Einflussfaktoren des Gewinnbedarfs werden im Folgenden tiefergehend analysiert.

a) Umsatzwachstum

Umsatz ist der mit Preisen bewertete Absatz der betrieblichen Wirtschaftsgüter in den Geschäftsfeldern der Unternehmung. Er resultiert aus der Multiplikation von Menge und Preis:

$$U = M \times P$$

mit: M = Menge; P = Preis; U = Umsatz

Die Höhe des zukünftigen Umsatzes kann mithilfe der **Umsatzwachstumsrate** ausgedrückt werden. Das Umsatzwachstum stellt bekanntlich einen zentralen Werttreiber des Unternehmenswertes dar (vgl. *Drittes Kapitel*). Abb. 4.2 zeigt die durchschnittliche Umsatzwachstumsrate von 20 ausgewählten DAX-Werten der Jahre 1996 bis 1998. Die meisten Unternehmen weisen Wachstumsraten von ca. 8 – 10 % auf. Lediglich Karstadt kämpfte mit in dieser Zeit sinkenden Umsätzen. Außergewöhnlich hohe Werte von über 40 % konnten Adidas, SAP und Fresenius verbuchen.

Zur formelmäßigen Beschreibung lässt sich die Umsatzwachstumsrate in eine preis- und in eine mengenbedingte Komponente zerlegen:

$$\underbrace{\frac{U_1}{U_0} = \frac{U_0 + \Delta U}{U_0} = 1 + \frac{\Delta U}{U_0}}_{UWR} = \underbrace{\left(1 + \frac{\Delta P \times M_0}{U_0}\right)}_{preisbedingte\,UWR} \times \underbrace{\left(1 + \frac{\Delta M \times P_0}{U_0}\right)}_{mengebedingte\,UWR}$$

mit: M_0 = Menge der Basisperiode; P_0 = Preis der Basisperiode; U_0 = Umsatz der Basisperiode; UWR = Umsatzwachstumsrate; ΔU = absolutes Umsatzwachstum

So folgt bspw. aus einer Menge in der Basisperiode von 100 ME und einem Preis in der Basisperiode von 1 GE bei einer angestrebten Preiserhöhung um 0,25 GE bzw. 25 % und einer Absatzmengensteigerung um 10 ME bzw. 10 % eine Umsatzwachstumsrate von 37,5 %:

$$\left(1 + \underbrace{\frac{0{,}25 \times 100}{100}}_{preisbedingte\,UWR}\right) \times \left(1 + \underbrace{\frac{10 \times 1}{100}}_{mengenbedingte\,UWR}\right) = \left(1 + \underbrace{0{,}375}_{UWR}\right)$$

mit: $M_0 = 100\,ME$, ME = Mengeneinheiten; $P_0 = 1\,EUR/ME$; $\Delta M = 10\,ME$; $\Delta P = 0{,}25\,GE$

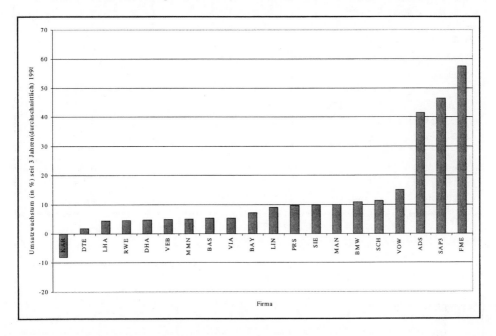

Abb. 4.2: Umsatzwachstumsrate (Quelle: o. V. 2000)

b) Kapitalumschlag

Der **Kapitalumschlag** entspricht dem Verhältnis aus Umsatz zum Kapitaleinsatz. Mit dieser Kennziffer werden die Zusammenhänge zwischen den Umsatzprozessen und der zur Finanzierung dieser Umsätze erforderlichen Kapitalausstattung beschrieben. Die Kennziffer zeigt, wie oft das zur Verfügung stehende Kapitel "umgeschlagen" bzw. "verflüssigt" wurde. Sie wird deshalb auch als Umschlagshäufigkeit bezeichnet.

Die Höhe des Kapitalumschlags ist vom Leistungsprogramm des betrachteten Unternehmens abhängig. Das produzierende Gewerbe weist tendenziell einen niedrigeren Kapitalumschlag als der Handel auf. In Abhängigkeit von der branchenspezifischen Tätigkeit des betrachteten Unternehmens ist es einigen Unternehmen möglich, mit geringem Kapitaleinsatz einen relativ hohen Umsatz zu erzeugen, während andere Unternehmen ungünstigere Relationen aufweisen (vgl. Abb. 4.3). Ein Zeitvergleich der Kennziffer Kapitalumschlag für die Gesamtheit aller deutschen Unternehmen und für ausgewählte Branchen wird in Abb. 4.3 dargestellt. Es zeigt sich, dass der Kapitalumschlag über mehrere Jahre hinweg relativ stabil geblieben ist.

Branche	Kapitalumschlag (1987)	Kapitalumschlag (1993)
Alle Unternehmen	1,69	1,59
davon:		
Verarbeitende Unternehmen	1,54	1,45
• Chemische Industrie	1,24	1,04
• Eisenschaffende Industrie	1,30	1,30
• Stahl- und Leichtmetallbau	1,29	1,38
• Maschinenbau	1,31	1,22
• Strassenfahrzeugbau	1,85	1,79
• Elektrotechnik	1,13	1,15
• Herstellung von EBM-Waren	1,77	1,58
• Papier- und Pappeverarbeitung	1,98	1,66
• Textilgewerbe	1,79	1,62
• Bekleidungsgewerbe	2,21	2,23
• Ernährungsgewerbe	2,02	1,89
Baugewerbe	1,18	1,14
Grosshandel	2,85	2,54
Einzelhandel	2,48	2,45

Abb. 4.3: Branchenspezifischer Kapitalumschlag

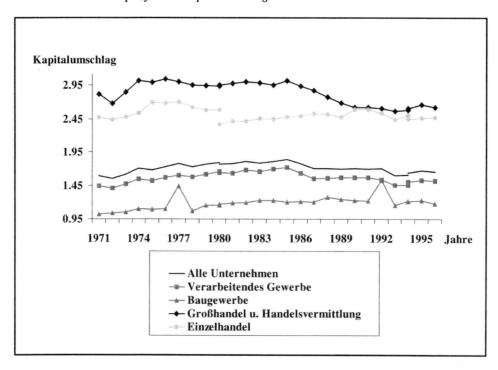

Abb. 4.4: Kapitalumschlag (Quelle: Deutsche Bundesbank 2000, eigene Berechnungen)

Hinweis: Für alle Abbildungen in diesem Kapitel, die aus der Auswertung von Daten der Deutschen Bundesbank resultieren, sind in den Jahren 1980 und 1994 Sprünge in den Funktionslinien festzustellen. Diese resultieren aus gegenüber den Vorjahren veränderten Branchenzuordnungen.

Ceteris paribus erfordert eine Verringerung des Kapitalumschlags die Erhöhung des Kapitaleinsatzes. Umgekehrt würde eine Erhöhung des Kapitalumschlags die Reduktion des Kapitaleinsatzes ermöglichen.

c) Kapitalstrukturkennzahlen

Die Höhe des Eigenkapitalbedarfs wird nicht alleine durch das Umsatzwachstum oder den Kapitalumschlag beeinflusst. Eine weitere wesentliche Determinante stellen die Kapitalstrukturnormen dar, die eine Unternehmung zu beachten hat. **Kapitalstrukturnormen** können als Regeln für die Ausgestaltung der finanziellen Struktur verstanden werden. Als Rahmenbedingungen für die finanzielle Struktur einer Unternehmung beeinflussen sie – direkt oder indirekt – die Höhe der Eigenkapitalausstattung und damit auch des Eigenkapitalbedarfs. Für **Kapitalstrukturkennzahlen** lassen sich zum einen in einer ex post-Betrachtung Ist-Werte quantifizieren. Zum anderen können Sollgrößen als Normwerte vorgegeben werden. Diese Normwerte werden als Kapitalstrukturnormen bezeichnet.

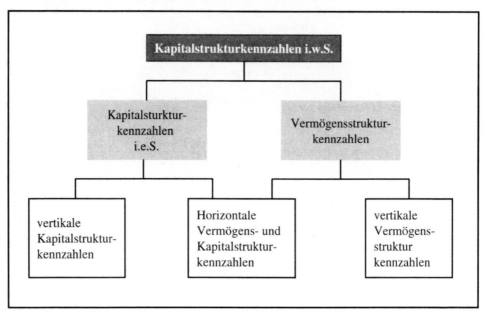

Abb. 4.5: Kategorisierung der Kapitalstrukturkennzahlen

Die Finanzstruktur einer Unternehmung weist grundsätzlich drei voneinander nicht unabhängige Dimensionen auf:

- die **vertikale Kapitalstruktur** spiegelt die Art und Zusammensetzung der hierfür in Anspruch genommenen Kapitalquellen wieder,
- die **horizontale Kapitalstruktur** berücksichtigt vornehmlich die zeitliche Struktur der genutzten Kapitalquellen in ihrem Verhältnis zu Vermögen, Kapitalbindung und Kapitalfreisetzung und
- die **Vermögensstruktur** bringt die Art und Zusammensetzung des in den einzelnen Vermögenspositionen gebundenen Kapitals inklusive der Kassenmittel zum Ausdruck.

Vor diesem Hintergrund umfassen die Kapitalstrukturkennzahlen im weiteren Sinne sowohl Vermögensstrukturkennzahlen als auch Kapitalstrukturkennzahlen im engeren Sinne (vgl. Abb. 4.5). Zu den Vermögensstrukturkennzahlen zählen danach die vertikalen Vermögensstrukturkennzahlen sowie die horizontalen Vermögens- und Kapitalstrukturkennzahlen. Letztere können gleichzeitig den Kapitalstrukturkennzahlen im engeren Sinne zugerechnet werden. Hierzu zählen aber auch die vertikalen Kapitalstrukturkennzahlen.

(1) Vertikale Kapitalstrukturkennzahlen

Vertikale Kapitalstrukturkennzahlen offenbaren, wie sich das Unternehmen außenfinanziert bzw. welche Verschuldungspolitik betrieben wird. Unterschieden werden Kennzahlen zum Verschuldungsgrad und zur Verschuldungsstruktur.

$$Statischer\ Verschuldungsgrad = \frac{Fremdkapital}{Eigenkapital}$$

$$Dynamischer\ Verschuldungsgrad = \frac{Effektivverschuldung}{Cashflow}$$

$$Kurzfristige\ Verschuldungsintensität = \frac{kurzfristiges\ Fremdkapital}{Fremdkapital}$$

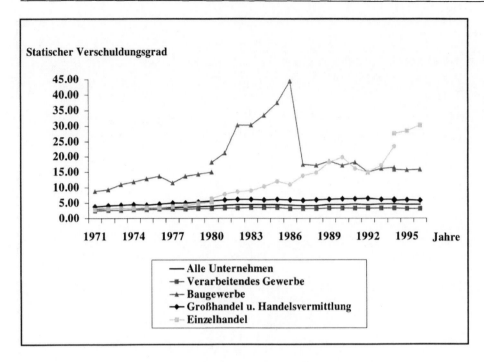

Abb. 4.6: Statischer Verschuldungsgrad (Quelle: Deutsche Bundesbank 2000; eigene Berechnungen)

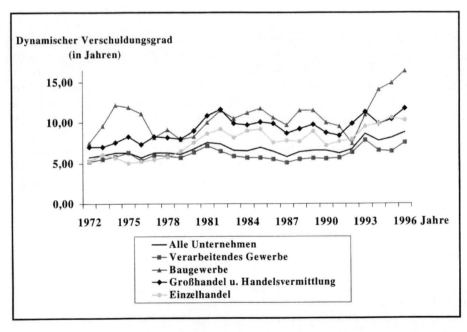

Abb. 4.7: Dynamischer Verschuldungsgrad (Quelle: Deutsche Bundesbank 2000, eigene Berechnungen)

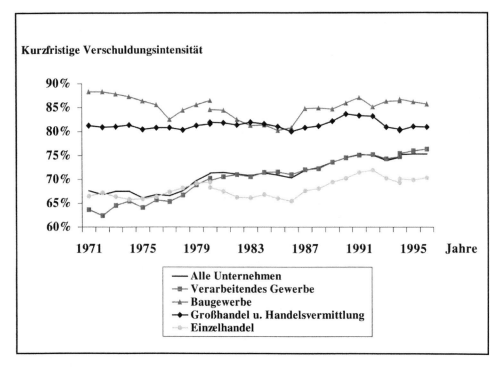

Abb. 4.8: Kurzfristige Verschuldungsintensität (Quelle: Deutsche Bundesbank 2000; eigene Berechnungen)

Während der **statische Verschuldungsgrad** allein aus der bilanziellen Kapitalstruktur Aussagen über die Höhe der Verschuldung und des damit verbundenen Verschuldungsrisikos ableitet, orientiert sich der **dynamische Verschuldungsgrad** an der Fragestellung, wie lange es bei Annahme eines gleichbleibenden Cashflow-Volumens dauern würde, bis die gesamten Schulden getilgt sind. Der dynamische Verschuldungsgrad ist demnach als Maßstab für die Schuldentilgungskraft der Unternehmung zu verstehen.

Die **kurzfristige Verschuldungsintensität** kann ergänzend als Kennzahl zur Beurteilung des Kapitalentzugsrisikos herangezogen werden. Je höher der Anteil des kurzfristigen Kapitals am gesamten Fremdkapital ist, desto höher wird die finanzielle Anspannung und das Risiko eines finanziellen Ungleichgewichts eingeschätzt. Beispiele zu den Entwicklungen dieser Kennziffern finden sich in Abb. 4.6, Abb. 4.7 und Abb. 4.8. Für alle drei Kennzahlen lässt sich über alle Unternehmen hinweg eine leichte Verschlechterung feststellen.

(2) Horizontale Kapitalstrukturkennzahlen

Horizontale Kapitalstrukturkennzahlen ergänzen die vertikalen Kennzahlen, indem sie die Beziehungen zwischen Investition und Finanzierung sowie zur Liquidität aufzeigen. Ihrem Charakter nach handelt es sich um **Deckungskennzahlen**, da sie die Frage nach der Deckung bestimmter Vermögenspositionen durch entsprechende Kapitalpositionen beantworten. Sie entspringen damit dem (theoretisch fragwürdigen) Grundsatz der Fristenkongruenz (vgl. hierzu *Fünftes Kapitel*).

Die Kennzahlen zum Anlagendeckungsgrad ermitteln spezifische Relationen zwischen langfristigen Vermögens- und Kapitalpositionen:

$$Anlagendeckungsgrad\ I\ =\ \frac{Eigenkapital}{(Netto\text{-})Anlagevermögen}$$

$$Anlagendeckungsgrad\ II\ =\ \frac{Eigenkapital\ +\ langfr.\ Fremdkapital}{(Netto\text{-})Anlagevermögen}$$

Bei diesen Kennzahlen, deren Entwicklungen beispielhaft in Abb. 4.9 und Abb. 4.10 aufgezeigt sind, wird darauf abgestellt, dass die Kapitalüberlassungsdauer nicht unabhängig von der Kapitalbindungsdauer beurteilt werden kann und dass insbesondere spezifische Kapitalstrukturrisiken entstehen, wenn Kapital in größerem Umfang länger gebunden ist, als es seitens der Kapitalgeber zur Verfügung gestellt worden ist.

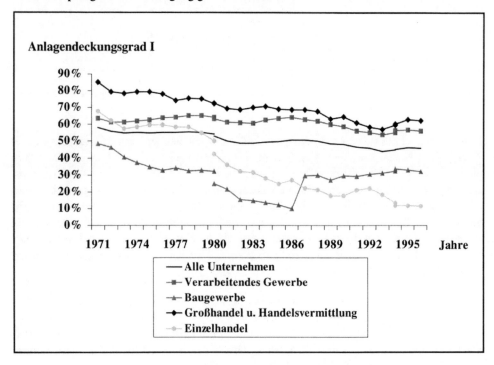

Abb. 4.9: Anlagedeckungsgrad I (Quelle: Deutsche Bundesbank 2000, eigene Berechnungen)

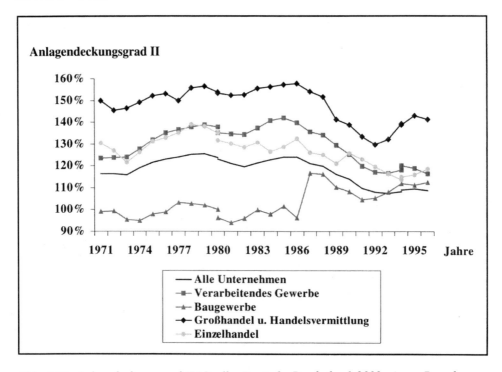

Abb. 4.10: Anlagedeckungsgrad II (Quelle: Deutsche Bundesbank 2000, eigene Berechnungen)

Dabei wird allerdings davon ausgegangen, dass die Einteilung der Vermögensgegenstände in Anlage- und Umlaufvermögen identisch ist mit langfristiger bzw. kurzfristiger Kapitalbindung und dass die Positionen auf der Passivseite der Bilanz den Vermögenspositionen fristenkongruent zugeordnet werden können. Diese Annahme ist problematisch (ganz abgesehen davon, dass der Nutzen einer solchen Zuordnung überhaupt bestritten werden kann). Denn allein aus der Bilanz sind in aller Regel weder die Liquidationsprozesse der Aktiva noch die effektiven Fristigkeiten der Passiva präzise ersichtlich. Was speziell letzteres betrifft, denke man an die Möglichkeit einer Kündigung langfristigen Kapitals oder an Prolongationszusagen bei kurzfristigen Verbindlichkeiten.

Die hiermit angedeuteten theoretischen Einwände gegen Anlagendeckungskennzahlen gelten auch für die kurzfristigen Deckungskennzahlen in Gestalt der Liquidität ersten, zweiten und dritten Grades sowie des working capitals. Hinzu kommt hier noch die Besonderheit kurzfristiger Deckungskennzahlen, dass sie in der Regel zu dem Zeitpunkt, zu dem sie nach Vorlage der Bilanz aufgestellt werden können, längst überholt sind.

$$\text{Liquidität 1.Grades} = \frac{liquide\ Mittel}{kurzfristiges\ Fremdkapital}$$

$$\text{Liquidität 2.Grades} = \frac{monetäres\ Umlaufvermögen}{kurzfristiges\ Fremdkapital}$$

$$\text{Liquidität 3.Grades} = \frac{Umlaufvermögen}{kurzfristiges\ Fremdkapital}$$

$$\text{working capital} = Umlaufvermögen - kurzfristiges\ Fremdkapital$$

Die Kennzahl **working capital** entspricht weitgehend derjenigen der „Liquidität 3. Grades". Das working capital bleibt jedoch durch eine gleichmäßige Erhöhung sowohl des Umlaufvermögens als auch des kurzfristigen Fremdkapitals in seiner Höhe unverändert, während die Liquidität 3. Grades hierbei eine Veränderung erfahren würde. Das working capital ist also weniger anfällig gegen bilanzpolitisches „Window Dressing".

Allgemein gilt für alle Liquiditätsgrade, dass die Liquidität der Unternehmung um so günstiger eingeschätzt wird, je höher der Wert der jeweiligen Kennzahl ist. Dabei verleiten die Kennzahlenwerte jedoch aus mindestens zwei Gründen zu einer gravierenden Fehlbeurteilung der Liquiditätslage:

- zum einen werden Forderungen, Vorräte u. ä. gegen die kurzfristigen Verbindlichkeiten ohne Rücksicht auf die einzelnen Liquidations- bzw. Fälligkeitszeitpunkte aufgerechnet, und
- zum anderen werden bestimmte Arten von Zahlungsverpflichtungen, etwa aus Bestellungen, fälligen Löhnen u. ä., gar nicht berücksichtigt.

Abb. 4.11 zeigt, dass der Liquiditätsgrad I im Durchschnitt aller deutschen Unternehmen seit 1970 leicht angestiegen ist und in den letzten Jahren ca. 15 % betrug. Der Branchenvergleich deutet darauf hin, dass bspw. das verarbeitende Gewerbe stärkeren Liquiditätsschwankungen unterworfen ist, als z. B. der Großhandel. Bezüglich der in Abb. 4.12 dargestellten Entwicklung des working capitals kann ein permanenter Anstieg in allen Branchen konstatiert werden.

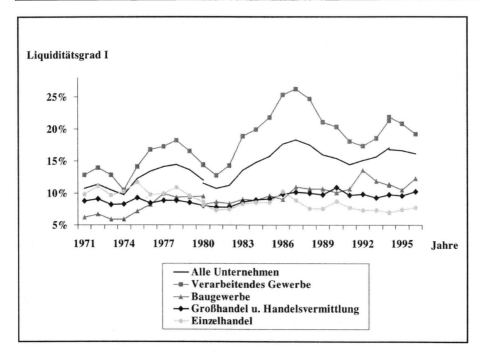

Abb. 4.11: Liquiditätsgrad I (Quelle: Deutsche Bundesbank 2000, eigene Berechnungen)

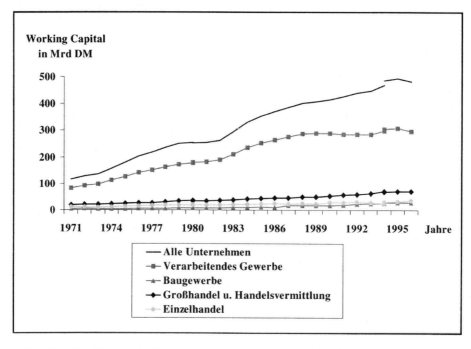

Abb. 4.12: Working Capital (Quelle: Deutsche Bundesbank 2000, eigene Berechnungen)

(3) Vertikale Vermögensstrukturkennzahlen

Bei den vertikalen Vermögensstrukturkennzahlen lassen sich vor allem vier Ausprägungen unterscheiden (das Gesamtvermögen entspricht der Summe aus Eigen- und Fremdkapital):

$$Anlageintensität = \frac{Netto \text{-} Anlagevermögen}{Gesamtvermögen}$$

$$Vorratsintensität = \frac{Vorräte}{Gesamtvermögen}$$

$$Forderungsintensität = \frac{Warenforderungen}{Gesamtvermögen}$$

$$Kassenmittelintensität = \frac{liquide\ Mittel}{Gesamtvermögen}$$

Die Entwicklungen dieser Kennzahlen werden in Abb. 4.13 bis Abb. 4.16 aufgezeigt.

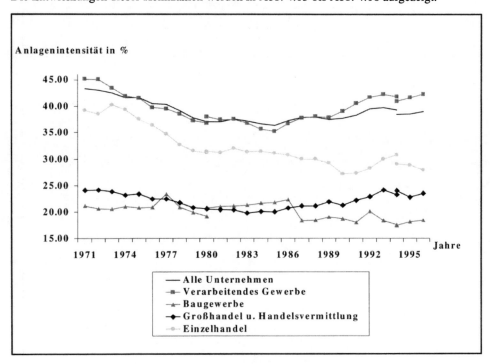

Abb. 4.13: Anlagenintensität (Quelle: Deutsche Bundesbank 2000, eigene Berechnungen)

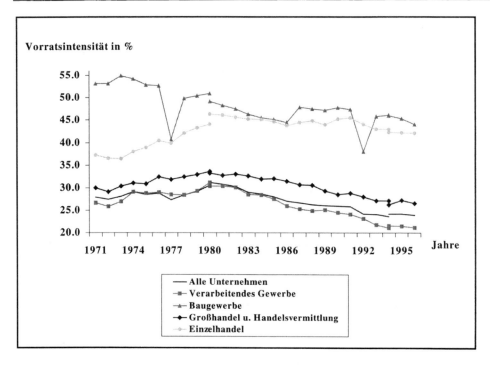

Abb. 4.14: Vorratsintensität (Quelle: Deutsche Bundesbank 2000, eigene Berechnungen)

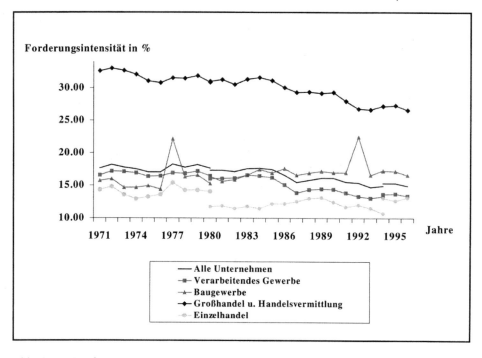

Abb. 4.15: Forderungsintensität (Quelle: Deutsche Bundesbank 2000, eigene Berechnungen)

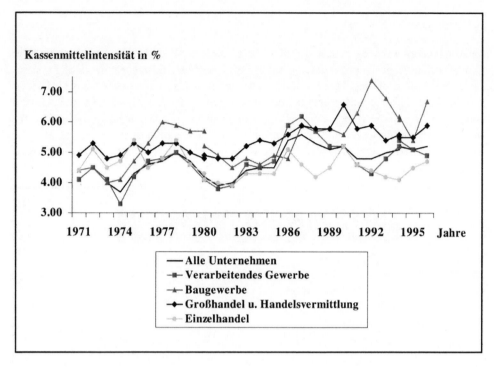

Abb. 4.16: Kassenmittelintensität (Quelle: Deutsche Bundesbank 2000, eigene Berechnungen)

Höhe und Veränderungen der einzelnen Vermögensintensitäten werden von zahlreichen Einflussfaktoren geprägt. Beispielsweise ist die Höhe der Anlagenintensität abhängig von

- der Branche,
- der Geschäftspolitik (Leasing!),
- der Produktionstiefe,
- der Automatisierung der Fertigungsprozesse und
- saisonalen und konjunkturellen Faktoren.

Allgemein gilt, dass die Flexibilität eines Unternehmens um so geringer und der Fixkostenkoeffizient (= Anteil der fixen Kosten an den Gesamtkosten) um so höher ist, je größer die Anlagenintensität ist.

(4) Kapitalstrukturnormen

Kennzahlennormwerte existieren vor allem im Bereich der Rentabilitätskennzahlen und der Kapitalstrukturkennzahlen. Letztere haben sich als **Kapitalstrukturnormen** vor allem in sogenannten **Finanzierungsregeln** niedergeschlagen. Kapitalstrukturnormen sind in Theorie und Praxis als Finanzierungsregeln bekannt. Im Gegensatz zu den allgemeinen Rentabilitätsnormen sind sie in der Regel quantitativ präzise formuliert. Es lassen sich grundsätzlich die auch als **Verschuldungsregeln** bekannten vertikalen Kapitalstrukturnormen von den als horizontale Finanzierungsregeln bezeichneten horizontalen Kapitalstrukturnormen abgrenzen (vgl. Abb. 4.17).

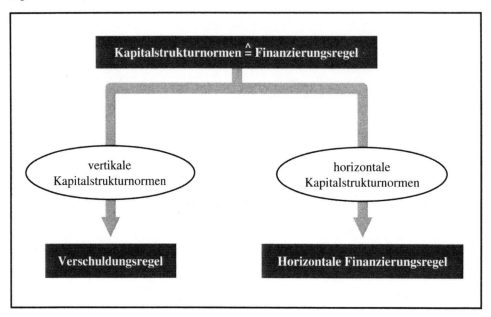

Abb. 4.17: Kapitalstrukturnormen

Verschuldungsregeln stellen auf den statischen, neuerdings auch teilweise auf den dynamischen Verschuldungsgrad ab. Diesbezüglich kann eine Vielzahl von Verschuldungsregeln aufgestellt werden. Beispiele hierfür sind:

1) Keine (langfristige) Verschuldung unter allen Umständen.
2) So viel (langfristiges) Fremdkapital wie möglich.
3) So viel (langfristiges) Fremdkapital, wie ohne Bonitätszuschläge erhältlich.
4) So hohe (langfristige) Verschuldungen, wie sie mit den Standards einer "ersten Kreditadresse" in Einklang zu bringen ist.
5) Begrenzung der (langfristigen) Verschuldungen auf einen bestimmten Prozentsatz der Bilanzsumme oder des Eigenkapitals.
6) Begrenzung der (langfristigen) Verschuldung auf ein bestimmtes Cashflow-Deckungsverhältnis.

7) (Langfristige) Verschuldungen nur im Einzelfall bei spezifischen (relativ risikoarmen) Investitionsobjekten.
8) Beschränkung der Verschuldungsregeln auf Zeiten wirtschaftlicher Prosperität mit entsprechenden Tilgungsmöglichkeiten.

Zu 5: Bezüglich des statischen Verschuldungsgrades können zwei Regeln unterschieden werden. Die erste fordert, dass das Verhältnis von Fremd- zu Eigenkapital höchstens 1:1 ist, also

$$\frac{FK}{EK} \leq 1$$

mit: *EK = Eigenkapital; FK = Fremdkapital*

Demgegenüber lässt die zweite Variante ein weniger restriktives Verhältnis von maximal 2:1 zu, also

$$\frac{FK}{EK} \leq 2$$

mit: *EK = Eigenkapital; FK = Fremdkapital*

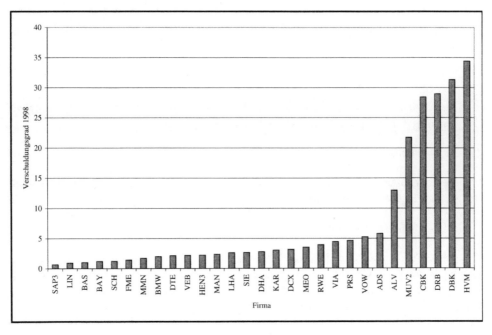

Abb. 4.18: Verschuldungsgrad (Quelle: Consors 2000)

Beide Regeln sind in ihrem Ausschließlichkeitsanspruch theoretisch nicht fundierbar. Wie nicht anders zu erwarten, bietet die Einhaltung dieser Regeln allein keine Gewähr für die finanzielle Stabilität der Unternehmung. Abb. 4.18 zeigt den Verschuldungsgrad für DAX-

Werte per Ende 1998. Daran lässt sich erkennen, dass die zuvor aufgestellten Verschuldungsregeln selbstverständlich nicht für Banken und Versicherungen gelten können.

Zu 6: Der hier angesprochene dynamische Verschuldungsgrad bietet zusammen mit den Berücksichtigungen branchenspezifischer Besonderheiten eine theoretisch fundierte Basis für die Ableitung von Verschuldungsregeln. Ein Beispiel für eine in der Praxis erprobte dynamische Verschuldungsregel bietet die Vereinbarung zwischen den Unternehmen der deutschen Großchemie und dem Bundesaufsichtsamt für das Versicherungswesen, nach der diese Unternehmen sich verpflichten, ihre Effektivverschuldung auf das 3,5-fache des durchschnittlichen Cashflow der jeweils vergangenen drei Geschäftsjahre zu begrenzen (dynamischer Verschuldungsgrad $\leq 3,5$).

Von den Verschuldungsregeln sind die horizontalen **Finanzierungsregeln** abzugrenzen. Horizontale Finanzierungsregeln basieren auf horizontalen Kapitalstrukturnormen. Die wichtigsten hiervon sind:

- die goldene Bilanzregel. In ihrer unmodifizierten Grundversion fordert sie eine vollständige Finanzierung des Anlagevermögens mit Eigenkapital, also

    Anlagendeckungsgrad I ≥ 1.

- In der modifizierten (üblichen) Version wird auch eine Finanzierung des Anlagevermögens mit langfristigem Fremdkapital zugestanden, also

    Anlagendeckungsgrad II ≥ 1,

- die 1:1 Acid-Test-Regel. Hiernach wird verlangt, dass das kurzfristige Fremdkapital nicht den Wert des monetären Umlaufvermögens übersteigt, also

    Liquidität 2.Grades ≥ 1,

- die 2:1 Current Ratio-Regel. Sie fordert, dass das Umlaufvermögen mindestens doppelt so hoch ist wie alle kurzfristigen Verbindlichkeiten zusammengenommen, also

    Liquidität 3.Grades ≥ 2.

Die praktische Anerkennung derartiger Normen zeigen beispielsweise die Vermögensanlagerichtlinien des Bundesaufsichtsamtes für das Versicherungswesen. In denen wird explizit die Einhaltung bestimmter Finanzierungsregeln gefordert. So verlangt das Bundesaufsichtsamt für das Versicherungswesen beispielsweise für die Liquidität 2. Grades einen Wert von mindestens 50% und für die Liquidität 3. Grades 100 %. Aber nicht nur Aufsichtsorgane stellen derartige Finanzierungsregeln auf. Auch die Unternehmen selbst formulieren insbesondere für ihren Planungsprozess in der Zukunft einzuhaltende Normwerte, die als Qualitätsmaßstab für die eigene finanzielle Struktur herangezogen werden. Dies führt beispielsweise bei der BASF zu einer geforderten Current-Ratio von mindestens 180 % (vgl. Abb. 4.19).

Unternehmensziele der BASF

- Ertragskraft
- Finanzielle Sicherheit
-

Finanzleitlinien

- Mittelverwendung am Cash Flow ausrichten
- Eigenkapitalrelationen anstreben, die ausreichende Sicherheit gewährleisten

Quantifizierte finanzwirtschaftliche Zielsetzung

- Eigenkapitalanteil ≥ 40 % (= Verschuldungsgrad ≤ 1,5)
- Fälligkeitsstruktur der Finanzschulden (langfristig zu kurzfristig) ≥ 3
- Current Ratio (Umlaufvermögen zu kurzfristigem Fremdkapital) ≥ 1,8
- Zinsdeckung (Ergebnis vor Steuern und Zinsen zu Zinsaufwand) ≥ 4
- Schuldendeckungsquote (Nettoschulden zu Cash Flow) ≥ 3,5

Abb. 4.19: Unternehmensziele der BASF

Hinsichtlich der Beurteilung von Finanzierungsregeln besteht Einigkeit dahingehend, dass die üblichen Finanzierungsregeln theoretisch nicht fundiert sind. Die von ihnen gezogenen Verschuldungsgrenzen sind grundsätzlich als willkürlich zu bezeichnen. Die Finanzierungsregeln bieten wegen ihrer weitgehenden Bilanzorientierung keine Gewähr für die jederzeitige Sicherung der Liquidität. Problematisch ist diesbezüglich zum Beispiel die Berücksichtigung von bilanziellen Durchschnittsbeständen, der bilanzielle Vergangenheitsbezug oder die Unvollständigkeit des Liquiditätsbildes in der Bilanz. Trotzdem sind die Finanzierungsregeln keineswegs wertlos. Ihr Wert besteht vor allem darin, dass durch ihre in aller Regel konservative Grundhaltung die Wahrscheinlichkeit von Liquiditätsstörungen vermindert wird. Zudem verschafft die Einhaltung bestimmter Finanzierungsregeln der Unternehmung ein gewisses Kreditstanding bis hin zur Anerkennung als erste Adresse mit einer entsprechend positiven Ausstrahlung auf zukünftige Kapitalspielräume.

Die mit der Einhaltung von Kapitalstrukturnormen einhergehenden Prozesse sind häufig mit Veränderungen des unternehmerischen Risikos verbunden. Veränderungen des Risikos werden jedoch im Folgenden vernachlässigt. Trotzdem kann selbst die Einhaltung unveränderter Kapitalstrukturnormen zu einer notwendigen Erhöhung des Eigenkapitals führen, wenn beispielsweise eine bestimmte Eigenkapitalquote auch in der Zukunft beibehalten werden soll. So würde eine Umsatzausdehnung mit einer Ausdehnung des gesamten Kapitaleinsatzes einhergehen und damit auch eine Erhöhung der bisherigen Eigenkapitalausstattung erfordern.

Mit dem Umsatzwachstum, dem Kapitalumschlag und den Kapitalstrukturkennzahlen wurden die zentralen Determinanten der zukünftigen Eigenkapitalausstattung präsentiert. Die Differenz des Soll-Eigenkapital-Betrags und des Ist-Eigenkapitals entspricht dem zu deckenden Eigenkapitalbedarf.

Als Zwischenergebnis ist somit festzuhalten, dass die aus der geplanten Umsatzwachstumsrate, den Veränderungen des Kapitalumschlags und der Definition der Kapitalstrukturkennzahlen resultierenden finanzstrukturellen Effekte zum zu deckenden **Eigenkapitalbedarf** führen. Dieser Eigenkapitalbedarf kann entweder über die externe Zuführung neuen Eigenkapitals oder über die Gewinnthesaurierung gedeckt werden. Um hierauf aufbauend zum strukturellen Gewinnbedarf zu gelangen, sind ferner neben der erforderlichen Gewinnthesaurierung die notwendige Dividendenzahlung und die auf Gewinnthesaurierung und Dividende vorab zu zahlenden Steuern zu berücksichtigen.

d) Externe Eigenkapitalzuführung

Die externe Kapitalzuführung führt zunächst zu einer **Entlastung** des Gewinnbedarfs. Denn die durch externe Kapitalzuführung bereitgestellten Beträge müssen nicht im Rahmen von Gewinnthesaurierungen verdient werden. Langfristig ist jedoch zu beachten, dass für das extern zugeführte Kapital fortan Gewinnansprüche geltend gemacht werden. Deshalb ist zu entscheiden, welche der beiden Varianten ökonomisch überlegen ist.

Ein einfaches Beispiel demonstriert die Zusammenhänge: Ein Unternehmen weist einen Marktwert von 10 Mio. GE aus. Der Kapitalmarkt verlangt eine risikoadjustierte Rendite von jährlich 10 %. Sofern die Unternehmung den Aktionären eine jährliche Rente von 1 Mio. GE ausschüttet, verändert sich der Marktwert nicht. Denn aus einer jährlichen Rente von 1 Mio. GE folgt ein Marktwert von 10 Mio. GE (= 1 Mio. GE /10 %), solange der Kalkulationszins von 10 % nicht angepasst werden muss.

In der Unternehmung entsteht nunmehr ein Eigenkapitalbedarf von 1 Mio. GE. Im Falle der internen Gewinnthesaurierung wird deshalb der Jahresüberschuss von 1 Mio. GE einbehalten und durch Rücklagenbildung dem Eigenkapital zugeführt. Für den Aktionär ist diese Maßnahme unproblematisch. Der Gewinn von 1 Mio. GE wird zwar nicht an ihn ausgeschüttet. Die dem Aktionär fehlenden Mittel werden dann jedoch von der Unternehmung verwaltet. Damit es für den Aktionär unerheblich ist, ob er das Geld heute ausgeschüttet bekommt oder es die Unternehmung in seinem Sinne verwaltet und später an ihn ausschüttet, muss der nicht ausgeschüttete Betrag fortan mitverzinst werden. Bei gleichbleibenden Kapitalkosten muss dann der zukünftige Gewinn um 100.000 GE (= 1 Mio. GE · 10 %) pro Jahr erhöht werden. Der zukünftig erforderliche Gewinn beträgt 1,1 Mio. GE. Sofern dieser Gewinn tatsächlich erwirtschaftet wird, erhöht sich der Marktwert des Eigenkapitals ebenso wie der Buchwert um 1 Mio. auf 11 Mio. GE (= 1,1 Mio. GE / 10 %).

Wird stattdessen Eigenkapital extern zugeführt, so verlangen die Eigenkapitalgeber hierauf zukünftig eine Verzinsung von 10 %. Dies entspricht bei einer externen Zuführung von 1 Mio. GE einem Betrag von 100.000 GE. Der Marktwert der Unternehmung und der Buchwert des Eigenkapitals erhöhen sich um den Zuführungsbetrag von 1 Mio. GE, der wiederum dem

Barwert der zukünftig hierauf zu erwirtschaftenden Gewinne entspricht (1 Mio. GE = 100.000 GE / 10 %).

Damit wird deutlich, dass aus wertorientierter Sicht bei unveränderter Risikosituation die mit einer Eigenkapitalerhöhung verbundenen Effekte von der Art und Weise der Eigenkapitalzuführung unabhängig sind. Die Erhöhung des Marktwertes der Unternehmung, des Buchwertes des Eigenkapitals und die Erhöhung der zukünftigen Gewinnansprüche sind identisch. Die externe Eigenkapitalzuführung ist deshalb nur dann der Gewinnthesaurierung vorzuziehen, wenn

- die Aktionäre in der betreffenden Periode nicht bereit sind, einer Gewinnthesaurierung in entsprechender Höhe zuzustimmen oder
- die Gewinnthesaurierungsmöglichkeiten nicht ausreichen, um den Eigenkapitalbedarf zu decken.

Die Bedeutung der Innenfinanzierung über Gewinnthesaurierung nimmt demzufolge zu, wenn die Marktlage eine externe Kapitalzuführung schwierig oder unmöglich werden lässt. Für die Kapitalentwicklung deutscher Aktiengesellschaften seit 1989 ist festzustellen, dass der Betrag der Aktienemissionen insgesamt zugenommen hat (vgl. Abb. 4.20) So stieg bspw. das gesamte Aktienemissionsvolumen von 1989 bis 1998 trotz zwischenzeitlich rückläufiger Phasen um durchschnittlich ca. 22 % pro Jahr. Diese Entwicklung in

Jahr	Aktienemissionen			Marktka-pitalisie-rung	Emissionen in % der Marktkapitalisierung		
	Insgesamt	Neuemissionen	Sonstige		insgesamt	Neuemissionen	Sonstige
	(Kurswerte in Mio. EUR)						
1989	9901	1211	8690	316998	3,1 %	0,4 %	2,7 %
1990	14327	1550	12777	286939	5,0 %	0,5 %	4,5 %
1991	6809	1637	5172	304973	2,2 %	0,5 %	1,7 %
1992	8807	522	8286	287292	3,1 %	0,2 %	2,9 %
1993	9976	494	9482	409084	2,4 %	0,1 %	2,3 %
1994	14909	658	14251	395680	3,8 %	0,2 %	3,6 %
1995	12067	3566	8500	422522	2,9 %	0,8 %	2,0 %
1996	17492	12684	4809	528713	3,3 %	2,4 %	0,9 %
1997	11371	2604	8767	758681	1,5 %	0,3 %	1,2 %
1998	24949	3171	21778	931627	2,7 %	0,3 %	2,3 %

Abb. 4.20: Aktienemissionen und Marktkapitalisierung deutscher Aktiengesellschaften (Quelle: DEUTSCHES AKTIENINSTITUT E. V. 1999)

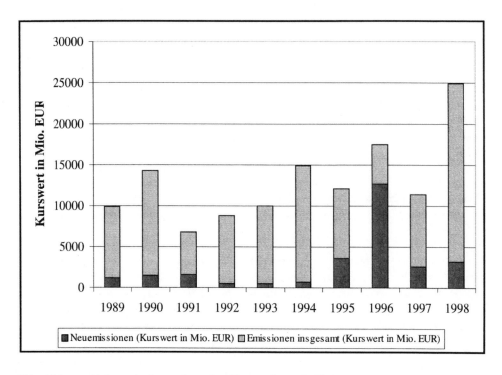

Abb. 4.21: Aktienemissionen deutscher Unternehmen in Kurswerten

e) Dividende

Als weiteres Element des Gewinnbedarfs sind die zu zahlenden Dividenden zu berücksichtigen. Für die Entscheidung über die Höhe einer angemessenen Dividende können verschiedene Ausschüttungsstandards herangezogen werden. So würde eine **ertragsorientierte Dividendenpolitik** Ausschüttungen in Abhängigkeit von den erzielten Gewinnen vornehmen: Je höher der erwirtschaftete Gewinn, desto höher die Gewinnausschüttung. Bei einer **branchenüblichen Dividendenzahlung** werden die Dividenden an die in der jeweiligen Branche übliche Dividendenrendite ausgerichtet. Losgelöst von der Gewinnhöhe wird versucht, diese Branchenstandards bei der Gewinnausschüttung einzuhalten.

Daneben kann die Dividendenpolitik auch als **Instrument für die Kapitalmarktpflege** dienen. So stellt zum einen die Dividende eine notwendige Voraussetzung für die Durchführung von Kapitalerhöhungen dar: Je höher die in der Vergangenheit gezahlten Dividenden waren, desto eher besteht für eine Unternehmung die Möglichkeit, **Kapitalerhöhungen** durchzuführen.

Sofern keine Doppelbesteuerung der Unternehmensgewinne vorliegt, sondern die vom Unternehmen gezahlten Steuern auf die Einkommensteuer des Aktionärs angerechnet werden, wäre ferner das **Schütt-aus-hol-zurück-Verfahren** zu beachten. Danach kann es sinnvoll sein, den gesamten Unternehmensgewinn zunächst vollständig an die Aktionäre bzw. Eigentümer auszuschütten. Dies bietet sich immer dann an, wenn die Einkommensteuerbelastung der Eigentümer geringer ist, als die Gewinnsteuerbelastung der Unternehmen. Die zunächst vollständig ausgeschütteten Gewinne werden von den Eigentümern über entsprechende Kapitalerhöhungen der Unternehmung wieder zugeführt. Aufgrund der geringeren Steuerbelastung der Eigentümer fließen der Unternehmung somit mehr finanzielle Mittel zu, als wenn die Unternehmung die Gewinne direkt thesauriert hätte.

Selbstverständlich ist die Höhe der Dividendenzahlung auch von der Aktionärsstruktur abhängig. So wird bspw. die Dividendenpolitik zum Objekt von **Großaktionärsinteressen**, wenn ein Großaktionär die Unternehmung so beherrscht, dass er Einfluss auf die Höhe der Dividendenzahlungen nehmen kann. In solchen Fällen wird der Großaktionär versuchen, die an ihn zu zahlende Dividende von eigenen bilanz- oder finanzpolitischen Notwendigkeiten abhängig zu machen.

Zuletzt ist die im Rahmen finanzpolitischer Zielsetzungen zu beachtende **Politik der qualifizierten Dividendenstabilität** zu nennen. Danach sollen die letztlich unvermeidbaren zyklischen Gewinnschwankungen entweder geringfügig oder gar nicht die Ausschüttungsentscheidungen berühren. Vielmehr müssen sich Ausschüttungsentscheidungen an der längerfristigen Gewinnentwicklung orientieren. Ziel ist die Verstetigung der Gewinnentwicklung im Zeitablauf mithilfe einer entsprechenden Rücklagenpolitik. Die Verstetigung der Dividendenentwicklung bringt eine Reihe von Vorteilen mit sich. Hier ist vor allem die unmittelbar positive Ausstrahlung auf die Kapitalmärkte hervorzuheben. So ist anzunehmen, dass die Dividendenstabilität dazu führt, dass der Marktwert der Unternehmung und die möglichen Emissionskurse für neues Aktienkapital sich im zyklischen Durchschnitt erhöhen. Vermutlich werden auch die Möglichkeiten, Kapitalerhöhungen zu angemessenen Konditionen auch in ungünstigen Kapitalmarktsituationen durchzuführen, verbessert. Eine Politik der qualifizierten Dividendenstabilität lässt sich beispielsweise daran erkennen, dass die absoluten Dividendenzahlungen einer Unternehmung sich im Zeitablauf mit einer erkennbaren, **stabilen Wachstumsrate** permanent erhöhen. Zudem würde bei steigendem Aktienkapital, z. B. durch die Ausgabe von Gratisaktien, ein **konstanter Dividendensatz** als Ausdruck für eine beabsichtigte Dividendenstabilität zu bewerten sein.

Unter-nehmen	AK	OR	EK	DS	Dividende nach Steuern		DQ
	in Mio. CHF	in Mio. CHF	in Mio. CHF	in Mio. CHF	je Aktie in CHF	in % des EK	
Novartis	1443	29540	30983	2164	30	7,0 %	35,7 %
Roche	160	32904	33064	794	92	2,4 %	18,1 %
Nestle	404	22620	23024	1533	38	6,7 %	35,7 %
UBS	4300	25945	30245	2150	10	7,1 %	70,9 %
CSG	5382	19110	24492	1361	5	5,6 %	44,3 %

Abb. 4.22: Dividendenzahlung schweizerischer Unternehmen im Jahr 1995
(AK = Aktienkapital; DQ = Dividendenquote = Dividendensumme : Gewinn nach Steuern; DS = Dividendensumme; EK = Eigenkapital total; OR = Offene Rücklagen bzw. Reserven)

Die Dividendenzahlungen ausgewählter schweizerischer Unternehmen werden in Abb. 4.22 dargestellt. Für den Betrag der Dividenden je Aktie schwanken die Werte zwischen 5 und 92 CHF. Diese Differenz wird relativiert, wenn die Dividende auf das gesamte Eigenkapital bezogen wird. Dann schwanken die Werte einzelner Unternehmen nur noch zwischen 2,4 % und 7,1 %. Mithilfe der Dividendenquote lässt sich aufzeigen, wie groß der Anteil ausgeschütteter Gewinne am insgesamt erzielten Gewinn ist. Hier beträgt die niedrigste Dividendenquote ca. 18 %, die höchste ca. 71 %. Je höher die Dividendenquote ist, desto weniger Gewinne werden thesauriert.

f) Steuern

Das sechste Element des Gewinnbedarfs stellt die **Gewinnsteuerbelastung** dar. Die Dividendenzahlungen und Gewinnthesaurierungsbeträge sind nach Steuern definiert. In den Geschäften müssen aber Vor-Steuer-Werte verdient werden, um nach der Steuerzahlung entsprechende Beträge überhaupt generieren zu können. Deshalb muss der zu zahlende Steuerbetrag bei der Ermittlung des Gewinnbedarfs berücksichtigt werden.

Die Gewinnsteuerbelastung ist länderspezifisch unterschiedlich. So werden in Deutschland ab dem Jahr 2001 Gewinne von Körperschaften mit 25 % besteuert. Unter Berücksichtigung der sonstigen Steuern wird sich in Deutschland zukünftig eine Steuerbelastung der Gewinne von ca. 30 bis 40 % ergeben. Im Vergleich dazu beträgt der Steuersatz in der Schweiz je nach Kantonszugehörigkeit des Unternehmens, zwischen 20 % und 40%. In den USA werden die ausgewiesenen Gewinne von Körperschaften mit einem Steuersatz von zur Zeit 34 % belegt. Auch in den übrigen OECD-Ländern wird sich zukünftig eine Steuerbelastung zwischen 30 und 40 % ergeben, so dass die bisher zu beobachtenden, teilweise hohen länderspezifischen Unterschiede fortan entfallen.

g) Gewinnbedarf

Die Summe aus Eigenkapitalbedarf, zu zahlenden Dividenden und der Steuerlast abzüglich des extern zugeführten Eigenkapitals ergibt den Gewinnbedarf der Unternehmung. Dieser Betrag muss in den Geschäftsprozessen mindestens verdient werden, um einerseits den aus Umsatzwachstum, Kapitalumschlag und Kapitalstrukturnormen resultierenden Eigenkapitalbedarf zu decken und andererseits den Ausschüttungsverpflichtungen nachkommen zu können.

Der Reingewinnbedarf lässt sich als absoluter oder als relativer Wert ausdrücken. So würde bspw. ein absoluter Reingewinnbedarf von 100 GE bei einer Eigenkapitalausstattung von 500 GE zu einer Soll-Eigenkapitalrentabilität von 20 % (= 100 GE / 500 GE) führen. Bei einer Gesamtkapitalausstattung von 1000 GE ergibt sich ein Soll-Return on Investment von 10 % (= 100 GE / 1000 GE). Bezogen auf einen Umsatz von 2000 GE lässt sich der Reingewinnbedarf außerdem als Soll-Umsatzrentabilität von 5 % (= 100 GE / 2000 GE) fixieren.

h) Determinanten des Cashflow-Bedarfs

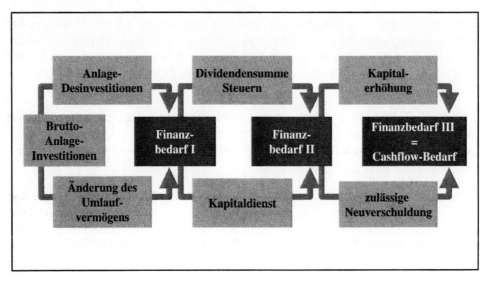

Abb. 4.23: Der strukturelle Cashflow-Bedarf

Im Fokus der zuvor erörterten Zusammenhänge stand der strukturelle Gewinnbedarf. Hiervon abzugrenzen ist die Analyse des strukturellen **Cashflow-Bedarfs** (vgl. Abb. 4.23). Der strukturelle Cashflow-Bedarf löst sich von der jahresabschlussorientierten Fokussierung und stellt stattdessen die finanziellen Zahlungsströme in den Mittelpunkt der Betrachtung.

Der strukturelle Cashflow-Bedarf lässt sich mit einem dreistufigen Konzept aufeinander aufbauender Finanzbedarfsrechnungen quantifizieren. So resultiert in der ersten Stufe der **Finanzbedarf I** aus dem Saldo der mit den Bruttoanlageinvestitionen, den Anlagedesinvestitionen und den Veränderungen des Umlaufvermögens verbundenen Liquiditätszu- bzw. -abflüsse. Dabei wirken die Bruttoanlageinvestitionen finanzbedarfserhöhend, die Anlagedesinvestitionen finanzbedarfsmindernd. Die Wirkung der Änderung des Umlaufvermögens auf den Finanzbedarf ist davon abhängig, ob das Umlaufvermögen erhöht (finanzbedarfserhöhende Wirkung) oder verringert (finanzbedarfsmindernde Wirkung) wird.

Der **Finanzbedarf II** baut auf dem Finanzbedarf I auf. Dieser wird ergänzt um den von einer Unternehmung für Zinsen und Tilgungen zu leistenden Kapitaldienst sowie um die zu zahlenden Dividenden und die an die jeweilige Steuerverwaltung abzuführende Steuerlast.

Die dritte und letzte Stufe des strukturellen Cashflow-Bedarfs führt zum **Finanzbedarf III**, der die oberste Zielgröße darstellt. Auf dem Finanzbedarf II aufbauend wird analysiert, inwieweit Kapitalerhöhungen oder die Möglichkeiten zur Neuverschuldung dazu beitragen können, den in der zweiten Stufe fixierten Finanzbedarf zu reduzieren. Der Finanzbedarf III entspricht somit dem gesamten Cashflow-Bedarf einer Unternehmung.

i) Zusammenhang zwischen Gewinn- und Cashflow-Bedarf

Bei der Berechnung des strukturellen Gewinnbedarfs steht grundsätzlich die Bestimmung der **Gleichgewichtsrentabilität** im Mittelpunkt (vgl. Abb. 4.24). Das so formulierte Gleichgewichtsergebnis dient der **Sicherung einer ausreichenden Ertragskraft,** um alle finanziellen Ansprüche an das Unternehmen bei Aufrechterhaltung einer gleichgewichtigen Finanzstruktur erfüllen zu können.

Hiervon abzugrenzen ist der Cashflow-Bedarf. Der Cashflow stellt bekanntlich die dominante Zielgröße im Kontext des Wertmanagements dar. Allerdings wird der Cashflow in Theorie und Praxis auf unterschiedliche Art und Weise definiert. Dabei lassen sich zwei Interpretationsvarianten differenzieren.

In der ersten Variante wird der Cashflow als **erfolgswirtschaftlicher Überschuss** zur Bestimmung der Ertragskraft einer Unternehmung herangezogen. Dann wird der Cashflow eher aufwands- und ertragsorientiert definiert. Der Cashflow ist tendenziell weniger stark manipulierbar als der Jahresüberschuss. Trotzdem darf dieser Wert nicht als der "wahre" Gewinn einer Unternehmung fehlinterpretiert werden. So stellen z. B. die aus dem Jahresüberschuss herauszurechnenden Abschreibungen und Rückstellungen (zumindest teilweise) echten Aufwand dar. Für die Ermittlung des richtigen Gewinns wären aber nur die darin enthaltenen Differenzen aufgrund der Ausnutzung von Bewertungsspielräumen herauszurechnen. Nach der einfachsten und allgemein bekanntesten Gleichung zur Bestimmung des erfolgswirtschaftlichen Cashflows werden dem Jahresüberschuss die Abschreibungen und die Veränderungen der langfristigen Rückstellungen hinzuaddiert.

In der zweiten Interpretationsrichtung wird der Cashflow als **finanzwirtschaftlicher Überschuss** zur Analyse der Innenfinanzierungskraft verwendet. Bei dieser zahlungsorientierten Betrachtung wird versucht, mithilfe des Cashflows die erwirtschafteten liquiden Mittel zu quantifizieren. Dazu werden analog zur erfolgswirtschaftlichen Cashflow-Definition, dem Jahresüberschuss alle finanzunwirksamen Aufwendungen hinzugerechnet und alle finanzunwirksamen Erträge abgezogen. So werden bspw. die Liquiditätswirkungen aus Bestandsveränderungen typischerweise beim erfolgsorientierten Cashflow vernachlässigt, demgegenüber beim finanzwirtschaftlichen Cashflow erfasst (vgl. PERRIDON/STEINER 1999). Eine rein erfolgswirtschaftliche Cashflowbetrachtung würde an dieser Stelle die Gefahr von Fehlbetrachtungen mit sich bringen.

Im Wertmanagement werden letztlich beide Richtungen miteinander verknüpft. Zum einen wird die fehlende Aussagekraft des Jahresüberschusses bemängelt. Zum anderen ist der erwirtschaftete Liquiditätsüberschuss als derjenige Betrag zu bestimmen, der an die Aktionäre ausgeschüttet werden könnte und der damit die Basis der Unternehmensbewertung z. B. bei Anwendung der DCF-Methoden bildet.

Die Cashflow-Bedarfsrechnung ist im Gegensatz zu den übrigen Varianten der Cashflow-Analyse nicht vergangenheits- sondern zukunftsorientiert. Aus der internen Sicht des Unternehmens wird ex ante eruiert, welche Parameter wie die Höhe der zu erwirtschaftenden liquiden Mittel beeinflussen. Vor diesem Hintergrund unterscheiden sich Cashflow-Bedarf und Gewinnbedarf vor allem durch die Abschreibungen (vgl. Abb. 4.24).

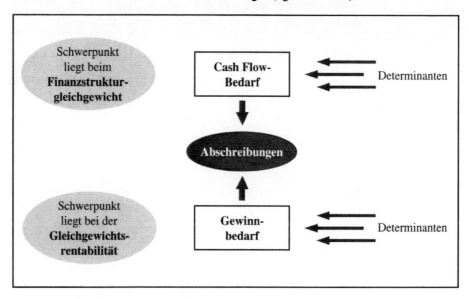

Abb. 4.24: Zusammenhang zwischen Gewinn- und Cashflow-Bedarf

3. Planung von Finanzstrukturgleichgewicht und Geichgewichtsrentabilität

a) Die Konzeption der strukturellen Gleichgewichtsrentabilität im Kontext des finanziellen Gleichgewichts

(1) Analytische Zusammenhänge zwischen Wachstum, Strukturgleichgewicht und Gleichgewichtsrentabilität

Die Planung von Finanzstrukturgleichgewicht und Gleichgewichtsrentabilität baut auf den zuvor erörterten Determinanten des strukturellen Gewinn- und Cashflow-Bedarfs auf. Für den Aufbau eines effizienten Führungsinformationssystems sind die inhaltlichen Komponenten des Gewinn- und des Cashflow-Bedarfs formal zu erfassen und in geeigneten Planungsrechnungen zusammenzuführen. Dazu ist ein Konzept aufzubauen, das die analytischen Zusammenhänge zwischen den verschiedenen Faktoren des Finanzstrukturgleichgewichtes und der Gleichgewichtsrentabilität modelliert.

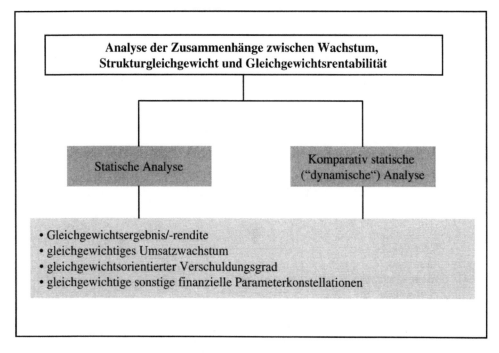

Abb. 4.25: Wachstum, Finanzstrukturgleichgewicht und Gleichgewichtsrentabilität

Diese Untersuchung kann zum einen in Form statischer Analysen, zum anderen in Form komparativ statischer Analysen, mit dynamischem Charakter bezeichnet werden können, erfolgen. Im Mittelpunkt dieser Untersuchungen stehen:

- Das **Gleichgewichtsergebnis** bzw. die **Gleichgewichtsrendite**: Welchen Jahresüberschuss bzw. welche Rentabilität muss eine Unternehmung erzielen, um allen finanziellen Ansprüchen gerecht zu werden?
- Das gleichgewichtige **Umsatzwachstum**: Welches Umsatzwachstum muss eine Unternehmung erzielen, um die finanziellen Ansprüche erfüllen zu können?
- Der gleichgewichtsorientierte **Verschuldungsgrad**: Welcher Verschuldungsgrad darf bei Befriedigung aller finanziellen Ansprüche zugelassen werden?
- Die gleichgewichtigen **sonstigen finanziellen Parameterkonstellationen**: Wie wirken sich die übrigen Einflussfaktoren auf das Gleichgewicht aus?

Veränderungen der mit dem finanzstrukturellen und rentabilitätsmäßigen Gleichgewicht verbundenen Parameter können, z. B. beim Verschuldungsgrad, Risikowirkungen mit sich bringen. Im zweiten Teil werden jedoch nur Parameterveränderungen ohne Risikoeffekte analysiert. Bei konstantem Risiko kann deshalb die gleichgewichtsorientierte Ergebnisplanung unter Annahme stabiler Kapitalstrukturen durchgeführt werden.

(2) Beispiel zur gleichgewichtsorientierten Ergebnisplanung

Das Modell zur gleichgewichtsorientierten Ergebnisplanung mit **stabiler Kapitalstruktur** kann mithilfe eines einfachen Beispiels demonstriert werden (vgl. Abb. 4.26).

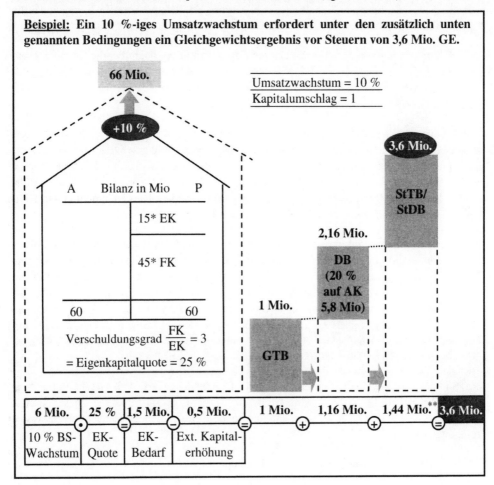

Abb. 4.26: Beispiel zur Berechnung des Gleichgewichtsergebnisses
(mit: Aktienkapital = 5,8 Mio. GE; Steuersatz = 40 %; DB = Dividendenbedarf;
GTB = Gewinnthesaurierungsbedarf; StTB/StDB = Steuern auf Thesaurierungs-
und Dividendenbedarf)

Die zu analysierende Unternehmung verfügt in der Ausgangssituation über eine Bilanzsumme in Höhe von 60 Mio. GE. Bei einem Eigenkapitaleinsatz von 15 Mio. GE und einem Fremdkapitaleinsatz von 45 Mio. GE folgt daraus ein Verschuldungsgrad in Höhe von 3 (= 45 Mio. GE / 15 Mio. GE). Die Eigenkapitalquote beträgt 25 % (= 15 Mio. GE / 60 Mio. GE).

Bei einem Kapitalumschlag von 1 plant die Unternehmung ein Umsatzwachstum in der Folgeperiode von 10 %. Bei gleichbleibendem Kapitalumschlag bedeutet dies, dass die Bilanzsumme ebenfalls um 10 % auf dann 66 Mio. GE ansteigen muss. Das absolute Bilanzsummenwachstum beträgt somit 6 Mio. GE (= 66 Mio. GE – 60 Mio. GE).

Diese 6 Mio. GE setzen sich zusammen aus 25 % Eigen- und 75 % Fremdkapital. Demgemäß muss die Unternehmung zur Einhaltung der bisherigen Kapitalstrukturen ihr Eigenkapital um 1,5 Mio. GE (= 6 Mio. GE · 25 %) erhöhen.

Die Erhöhung kann entweder über die externe Kapitalzuführung oder über die Gewinnthesaurierung erreicht werden. Für das Beispiel sei unterstellt, dass es der Unternehmung möglich ist, 0,5 Mio. GE extern zuzuführen. Der Gewinnthesaurierungsbedarf reduziert sich dadurch auf 1 Mio. GE (= 1,5 Mio. GE – 0,5 Mio. GE).

Dieser Betrag stellt jedoch nicht die einzige Komponente des absoluten Reingewinnbedarfs dar. Selbstverständlich muss die Unternehmung auch die zu zahlende Dividende bei der Ergebnisplanung berücksichtigen. Hier sei unterstellt, dass das neu zugeführte externe Kapital im Zuführungsjahr nicht dividendenberechtigt ist. Auf das vorhandene Aktienkapital in Höhe von 5,8 Mio. GE soll eine Dividende von 20 % gezahlt werden. Dies entspricht einem Dividendenbedarf in Höhe von 1,16 Mio. GE (= 5,8 Mio. GE · 20 %).

Schließlich ist zu beachten, dass Gewinnthesaurierungs- und Dividendenbedarf Nach-Steuer-Größen darstellen. Um nach den Steuerzahlungen über den aus Gewinnthesaurierung und Dividendenzahlung resultierenden Gesamtbetrag in Höhe von 2,16 Mio. GE zu verfügen, müssen zuvor in den Geschäftstätigkeiten der Unternehmung auch die hierauf anfallenden Steuern verdient worden sein. Bei einem Steuersatz von einheitlich 40 % – in Deutschland wäre zu berücksichtigen, dass zur Zeit noch für Dividenden und Gewinnthesaurierungen unterschiedliche Körperschaftsteuersätze gelten – muss die Unternehmung zusätzlich 1,44 Mio. GE (= 2,16 Mio. GE : 60 % · 40 %) für Steuerzahlungen erwirtschaften.

Die Summe aus Gewinnthesaurierungsbedarf, Dividendenbedarf und hierauf entfallende Steuern beträgt 3,6 Mio. GE (= 1 Mio. GE + 1,16 Mio. GE + 1,44 Mio. GE). Diese 3,6 Mio. GE entsprechen dem von der Unternehmung in den Geschäftsprozessen zu verdienenden Reingewinnbedarf.

(3) Das Gleichgewichtsergebnis im ROI-Konzept

Die Erkenntnisse der gleichgewichtsorientierten Ergebnisplanung lassen sich mit dem ROI- (Return on Investment) Konzept verknüpfen (vgl. Abb. 4.27). Zentrale Schnittstelle zwischen der Gewinnbedarfsplanung und dem ROI-Konzept ist die **Eigenkapitalrendite bzw. Return on Equity**. Diese Kennziffer wird aus dem Verhältnis von Gewinn zu Eigenkapital gebildet. Aus der Division des Gewinnbedarfs durch das geplante Eigenkapital folgt die Soll-Return on Equity.

Im Rahmen der **Zieldekomposition** lässt sich die Return on Equity weiter herunterbrechen. So lässt sich bspw. die Kennziffer Return on Assets durch Multiplikation mit dem Kapitalhebel in die Return on Equity überführen, bzw. in einer umgekehrten Rechnung aus der Soll-Return on Equity die Soll-Return on Assets ableiten. Gleiches gilt für die multiplikative Verknüpfung von Umsatzrendite und Kapitalumschlag zur Kennziffer Return on Assets. Aus dieser Rechnung lässt sich die Soll-Umsatzrendite als Vorgabewert ableiten. Natürlich ließe sich an dieser Stelle die Soll-Umsatzrendite noch weiter in ihre Ergebnisbestandteile aufspalten.

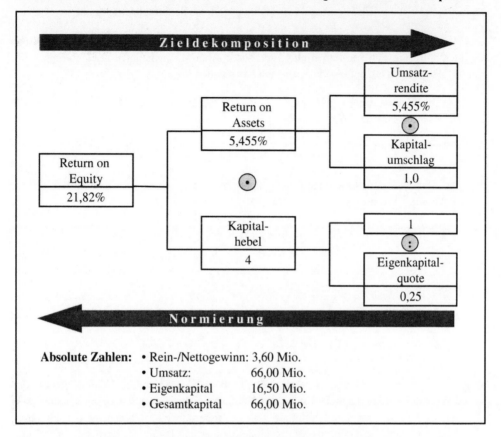

Abb. 4.27: Die gleichgewichtsorientierte Ergebnisplanung im ROI-Konzept

Neben der Zieldekomposition zeigt das ROI-Konzept aber auch auf, von welchen Größen die Soll-Return on Equity abhängig ist. So wird die Soll-Return on Equity durch die Kennziffern Eigenkapitalquote und Kapitalhebel **normiert**. Im Beispiel beträgt die geplante Eigenkapitalquote 25 % (= 16,5 Mio. GE / 66 Mio. GE). Daraus resultiert ein Kapitalhebel von 4 (= 66 Mio. GE / 16,5 Mio. GE = 1 / 25 %). Diese Elemente stellen somit in der gleichgewichtsorientierten Ergebnisplanung zentrale Determinanten der Soll-Return on Equity dar.

b) Gleichgewichtsorientierte Ergebnisplanung bei stabiler Kapitalstruktur

(1) Ausgewählte Kennzahlen zur Gewinnbedarfsrechnung

Für die unternehmerische Praxis bietet es sich an, diese Zusammenhänge in ein entsprechend strukturiertes Modell von Gleichgewichtsrechnungen zu überführen. Mithilfe eines solchen, sich aus diversen (Teil-)Formeln zusammensetzenden Systems lässt sich zum einen die Ergebnisplanung rationalisieren. Zum anderen werden schon bei der Formulierung des Gleichungssystems die Einflussfaktoren des Gewinnbedarfs noch einmal verdeutlicht.

Zur Herleitung der rechnerischen Zusammenhänge sind zunächst ausgewählte Kennziffern zu definieren, für die sich vor dem Hintergrund des in Abb. 4.26 genannten Zahlenbeispiels folgende Gleichungen aufstellen und Kennzahlen berechnen lassen:

- Die **Dividendenquote** gibt an, wie viel Prozent des Gewinns nach Steuern als Dividende ausgeschüttet werden soll.

$$Dividendenquote\ D = \frac{Dividendenbetrag}{Gewinn\ nach\ Steuern} = \frac{1{,}16}{2{,}16} = 0{,}537$$

- Die **Thesaurierungsquote** stellt denjenigen Teil des Gewinns nach Steuern dar, der zur Gewinnthesaurierung verwendet wird:

$$Thesaurierungsquote\ Q = \frac{Thesaurierungsbetrag}{Gewinn\ nach\ Steuern} = \frac{1}{2{,}16} = 0{,}463$$

Da sich der Gewinn nach Steuern aus den beiden Komponenten Dividende und Thesaurierungsbetrag zusammensetzt, muss die Summe aus Dividendenquote und Thesaurierungsquote stets 1 betragen. Es gilt:

$$D + Q = 1 \quad und \quad W = Q + E(1 - Q)$$

mit: D = Dividendenquote; E = Kapitalerhöhungsquote; Q = Thesaurierungsquote; W = Eigenkapitalwachstumsquote

- Die **Kapitalerhöhungsquote** zeigt auf, wie sehr eine Unternehmung in der Lage ist, sich durch externe Eigenkapitalzuführung zu finanzieren. Diesbezüglich kann unterstellt werden, dass die externe Kapitalerhöhung um so größer ausfällt, je höher die gezahlte Dividende ist. Diese Verknüpfung von Kapitalerhöhung und Dividende wird bei der Definition der Kapitalerhöhungsquote genutzt. Die Kapitalerhöhungsquote stellt deshalb das Verhältnis aus dem durchsetzbaren Kapitalerhöhungsbetrag zum Dividendenbetrag dar:

$$Kapitalerhöhungsquote\ E = \frac{Kapitalerhöhungsbetrag}{Dividendenbetrag} = \frac{0{,}5}{1{,}16} = 0{,}431$$

Mithilfe dieser Kennzahl wird bei einem Vergleich aber auch aufgezeigt, dass verschiedene Unternehmen bei gleicher Dividendenzahlung in unterschiedlicher Weise zu externer Eigenkapitalzuführung in der Lage sind. Denn natürlich ist die externe Kapitalzuführung nicht nur von der Dividendenhöhe, sondern auch von zahlreichen anderen Faktoren abhängig.

- Als vierte Kennziffer ist die **Eigenkapitalwachstumsquote** zu definieren. Eine Unternehmung wird immer dann ein hohes Eigenkapitalwachstum erreichen, wenn der Gewinn nach Steuern besonders hoch ist. Denn zum einen wird ein hoher Gewinn nach Steuern dazu führen, dass auch ein hoher absoluter Thesaurierungsbetrag zustande kommt. Zum anderen wird auch die Möglichkeit der externen Kapitalzuführung durch hohe Gewinne entsprechend unterstützt. Deshalb ist die Eigenkapitalwachstumsquote definiert als das Verhältnis der Summe von Thesaurierungs- und Kapitalerhöhungsbetrag zum Gewinn nach Steuern:

$$\text{Eigenkapital-wachstumsquote } W = \frac{\text{Thesaurierungs- und Kapitalerhöhungsbetrag}}{\text{Gewinn nach Steuern}} = \frac{1{,}5}{2{,}16} = 0{,}694$$

- Die **Eigenkapitalwachstumsquote** setzt sich zusammen aus den Brüchen Thesaurierungsbetrag zum Gewinn nach Steuern plus Kapitalerhöhungsbetrag zum Gewinn nach Steuern. Der erste Bruch entspricht der Thesaurierungsquote. Für den zweiten Bruch gilt, dass die Multiplikation der Thesaurierungsquote mit der Dividendenquote dazu führt, dass sich im Zähler und Nenner der beiden miteinander multiplizierten Brüche der Dividendenbetrag kürzt. Das Ergebnis entspricht somit dem gesuchten Verhältnis von Kapitalerhöhungsbetrag zum Gewinn nach Steuern. Es gilt also:

$$W = Q + E \times D = E \times (1 - Q) + Q$$

mit: D = Dividendenquote; E = Kapitalerhöhungsquote; Q = Thesaurierungsquote; W = Eigenkapitalwachstumsquote

(2) Formulierung von Bedingungsgleichungen

Auf den zuvor definierten Kennzahlen und Formeln aufbauend kann eine Gleichung für den gleichgewichtsorientierten Gewinn hergeleitet werden. Über die definierten Kennzahlen hinaus sind dazu weitere formale und materielle Zusammenhänge zu beachten.

So ergibt sich der Gesamtbetrag des zuführbaren Eigenkapitalbetrags aus der Summe des Gewinnthesaurierungsbetrages und der externen Kapitalerhöhung. Die zuvor definierten Kennzahlen stellen Relativzahlen dar, die sich entweder auf den Gewinn nach Steuern oder auf den Dividendenbetrag beziehen. Zur Ermittlung des Gewinnthesaurierungsbedarfs in absoluter Höhe muss deshalb die Thesaurierungsquote mit dem absoluten Gewinn nach Steuern multipliziert werden. Der absolute Gewinn nach Steuern ergibt sich hier aus der Multiplikation des Gewinns vor Steuern mit dem Faktor (1 − Steuersatz).

Der gleiche Zusammenhang gilt für die Dividendenquote. Wird diese mit dem Gewinn nach Steuern multipliziert, resultiert daraus der absolute Dividendenbetrag. Aus der Vervielfachung des absoluten Dividendenbetrages mit der Kapitalerhöhungsquote folgt der Betrag der externen Kapitalerhöhung. Somit gilt:

$$\Delta EK = \text{Gewinnthesaurierung} + (\text{ext.}) \text{Kapitalerhöhung}$$

$$\Delta EK = Q \times G \times (1-s) + E \times D \times G \times (1-s)$$

$$\Delta EK = Q \times G \times (1-s) + E \times (1-Q) \times G \times (1-s)$$

$$\Delta EK = [Q + E \times (1-Q)] \times [G \times (1-s)]$$

mit: D = Dividendenquote; E = Kapitalerhöhungsquote; ΔEK = zusätzliches Eigenkapital; G = Gewinn vor Steuern; S = durchschnittlicher (Ertrag-) Steuersatz; Q = Thesaurierungsquote; W = Eigenkapitalwachstumsquote

Schon in Abb. 4.26 wurde der Zusammenhang zwischen geplanter Gesamtkapitalerhöhung und der geplanten Umsatzausdehnung skizziert. Sofern der Kapitalumschlag stabil bleiben soll, ergibt sich die Veränderung des Gesamtkapitals aus der Division des geplanten Umsatzwachstums durch den Kapitalumschlag:

$$\Delta GK = \Delta U \times \frac{1}{KU}$$

mit: *GK = zusätzliches Gesamtkapital; ΔU = zusätzlicher Umsatz; KU = Kapitalumschlag*

Das zusätzlich erforderliche Gesamtkapital setzt sich aus Eigen- und Fremdkapital zusammen. Hinsichtlich der Relation zwischen zusätzlichem Eigen- und zusätzlichem Fremdkapital ist zu beachten, dass der Verschuldungsgrad konstant gehalten werden soll. Insofern gilt auch für die neu hinzuzugewinnenden Kapitalbestandteile, dass die bisherige Relation von Fremdkapital zu Eigenkapital beibehalten werden muss. Daraus folgt:

$$\Delta GK = \Delta EK + \Delta FK$$

$$V = \frac{\Delta FK}{\Delta EK} \left(= \frac{FK}{EK} \right)$$

mit: *GK = zusätzliches Gesamtkapital; ΔEK = zusätzliches Eigenkapital; ΔFK = zusätzliches Fremdkapital; V = Verschuldungsgrad*

Die mehrstufige Auflösung dieses Gleichungssystems führt schließlich zur Formel für den **gleichgewichtsorientierten Gewinn vor Steuern**:

$$\Delta FK = V \times \Delta EK$$

$$\Delta GK = \Delta EK + V \times \Delta EK = \Delta EK \times (1+V)$$

$$\Delta EK \times (1+V) = \Delta U \times \frac{1}{KU}$$

$$Q + E \times (1-Q) \times [G \times (1-s)] \times (1+V) = \Delta U \times \frac{1}{KU}$$

$$G \times (1-s) = \frac{\Delta U}{KU \left[Q + E(1-Q) \right](1+V)}$$

$$G^* = \frac{\Delta U}{KU \left[Q + E(1-Q) \right](1+V)(1-s)}$$

mit: *E = Kapitalerhöhungsquote; ΔGK = zusätzliches Gesamtkapital; ΔEK = zusätzliches Eigenkapital; ΔFK = zusätzliches Fremdkapital; Q = Thesaurierungsquote; G* = Gleichgewichtsorientierter Gewinn vor Steuern; V = Verschuldungsgrad*

(3) Beispiel zur formelmäßigen Berechnung des Gleichgewichtsergebnisses

Die **Gleichgewichtsformel** kann mithilfe des oben genannten Datenbeispiels (vgl. Abb. 4.26) überprüft werden. Ohne Verwendung der Formel wurde für die Ausgangssituation ein erforderlicher Gewinn vor Steuern von 3,6 Mio. GE ermittelt. Die Anwendung der Gleichung zur Bestimmung des Gleichgewichtsergebnisses führt zum selben Ergebnis:

$$G^* = \frac{6\,Mio.}{1\times[0{,}463+0{,}431(1-0{,}463)]\times(1+3)\times(1-0{,}4)} = 3{,}6\,Mio.GE$$

mit: G^* = Gleichgewichtsorientierter Gewinn vor Steuern

Der besondere Vorteil der Gleichgewichtsformel besteht darin, ohne größeren Aufwand zum Beispiel mithilfe eines Tabellenkalkulationsprogramms sehr einfach und schnell Simulationsrechnungen durchführen zu können. So würde bspw. eine Halbierung des Umsatzzuwachses oder eine Verdopplung des Kapitalumschlages das gegenüber der Ausgangssituation definierte Gleichgewichtsergebnis halbieren. Im Beispiel würde demnach die Halbierung des Umwachszuwachses auf 3 Mio. GE bzw. die Verdopplung des Kapitalumschlages auf 2 den Gewinnbedarf auf 1,8 Mio. GE reduzieren.

$$G^* = \frac{3\,Mio}{1\times[0{,}463+0{,}431(1-0{,}463)]\times(1+3)(1-0{,}4)} = 1{,}8\,Mio.GE$$

$$\frac{6\,Mio}{2\times[0{,}463+0{,}431(1-0{,}463)]\times(1+3)(1-0{,}4)} = 1{,}8\,Mio.GE$$

mit: G^* = Gleichgewichtsorientierter Gewinn vor Steuern

Sowohl hinsichtlich dieser als auch hinsichtlich der nachfolgenden Gleichgewichtsformeln ergibt sich immer dann ein Problem, wenn das Umsatzwachstum sehr niedrig sein oder sogar Null betragen soll. Da dann keine oder nur sehr geringe Thesaurierungsbeträge erforderlich werden, tendiert der damit im Gleichungssystem verknüpfte Dividendenbetrag ebenfalls gegen Null. In der Praxis wird es vermutlich einen Mindestbetrag geben, der unabhängig von den finanzstrukturellen Zusammenhängen ausgeschüttet werden muss, um die Bedürfnisse der Eigentümer zu befriedigen. Zur Erfassung einer solchen Nebenbedingung wäre für den in Höhe der Minimal-Dividende mindestens zu erzielenden Gewinn folgende Gleichung aufzustellen:

$$Mindestgewinn\,G_{min} = Max\left\{G^*, Mindest-(Brutto-)Dividende\right\}$$

mit: G = Gewinn; min = Minimum; Max = Maximum

Der über die Mindest-Dividende definierte **Mindestgewinn** ist nicht zur Aufrechterhaltung der Kapitalstruktur erforderlich. Zudem wird die Formel nur in Fällen sehr niedrigen Umsatzwachstums relevant. Deshalb wird im Folgenden auf die Beachtung der in dieser Gleichung integrierten Restriktion verzichtet.

Der zentrale Vorteil der aufgestellten Gleichungen besteht darin, ein- und mehrparametrige Veränderungen der Einflussfaktoren des Gleichgewichtsergebnisses rasch und einfach hinsichtlich ihrer quantitativen Wirkung berechnen zu können. Ein weiterer Vorteil der Gleichgewichtsformel besteht darin, nicht nur den gleichgewichtsorientierten Gewinn vor Steuern, sondern – nach entsprechenden Umstellungen der Gleichgewichtsformel – auch andere Parameter, wie beispielsweise die gleichgewichtsorientierte Umsatzrentabilität oder die gleichgewichtsorientierte Umsatzwachstumsrate, kalkulieren zu können.

(4) Das umsatzbezogene Mindestergebnis

Umsatz, Umsatzwachstum und Umsatzrentabilität wurden bereits als bedeutende Werttreiber im Kontext des Shareholder Value Managements identifiziert (vgl. *Drittes Kapitel*). Der Umsatz der Folgeperiode lässt sich aus der Multiplikation des aktuellen Umsatzes mit dem Faktor (1 + Umsatzwachstumsrate) errechnen. Wird dieser zukünftige Umsatz mit der geplanten Umsatzrentabilität multipliziert, so resultiert daraus der geplante Gewinn vor Steuern.

Diese Zusammenhänge lassen sich mithilfe einer ergänzenden Bedingungsgleichung beschreiben. Es gilt:

$$G = UR \times U_0 \times (1+UWR)$$

mit: *UR = (Netto-)Umsatzrentabilität vor Steuern; U_0 = aktueller Umsatz; UWR = (geplante) Umsatzwachstumsrate*

Durch Auflösung und Umstellung folgt für die **gleichgewichtsorientierte Umsatzrentabilität**:

$$UR^* = \frac{UWR}{(1+UWR) \times KU \times [Q + E(1-Q)] \times (1+V) \times (1-s)}$$

mit: *E = Kapitalerhöhungsquote; KU = Kapitalumschlag; Q = Thesaurierungsquote; S = Steuersatz; UR* = gleichgewichtsorientierte Umsatzrentabilität; UWR = Umsatzwachstumsrate*

Für die Zahlen des in Abb. 4.26 genannten Beispiels gilt dann:

$$UR^* = \frac{0,1}{(1+0,1) \times 1 \times [0,463 + 0,431 \times (1-0,463)] \times (1+3)(1-0,4)} = 0,0546 = 5,46\%$$

mit: *E = Kapitalerhöhungsquote; KU = Kapitalumschlag; Q = Thesaurierungsquote; S = Steuersatz; UR* = gleichgewichtsorientierte Umsatzrentabilität; UWR = Umsatzwachstumsrate*

Die Verwendung der Formel führt zu einer geplanten Umsatzrentabilität von 5,46 %. Diese muss in den Geschäftsprozessen erreicht werden, um finanzstrukturellen Erfordernissen, z. B. hinsichtlich der Eigenkapitalausstattung, und den Ergebnisansprüchen der Aktionäre gerecht werden zu können. Das Ergebnis aus der Anwendung der Formel für die gleichgewichtsorientierte Umsatzrentabilität lässt sich anhand der Daten der in Abb. 4.26 genannten Ausgangssituation verifizieren.

Schon in den vorangegangenen Analysen wurde vor diesem Hintergrund ein Gewinnbedarf von 3,6 Mio. GE festgestellt. Aus dem in Abb. 4.26 genannten Beispiel folgt, dass der Gesamtkapitaleinsatz in der Folgeperiode auf 66 Mio. GE ansteigen soll. Bei einem konstanten Kapitalumschlag von 1 muss demnach auch der Umsatz von 66 Mio. GE steigen. Bei einem Umsatz von 66 Mio. GE und einer gleichgewichtsorientierten Umsatzrentabilität von 5,46 % würde ein Gewinn von 3,6 Mio. GE (= 66 Mio. GE · 5,46 %) erwirtschaftet, q. e. d.

(5) Der Zusammenhang zwischen Wachstum und Umsatzrentabilität

Mithilfe der Gleichgewichtsbedingungen für die Umsatzrentabilität lässt sich eindrucksvoll der Zusammenhang zwischen Wachstum und Mindestumsatzrentabilität aufzeigen. Dazu werden die Thesaurierungsquote, der Steuersatz und die Kapitalerhöhungsquote konstant gehalten. Im Gegensatz zu den bisherigen Ausführungen werden aber jetzt alternative Kennziffern für den Kapitalumschlag gewählt.

$Q = 0,21$ $S = 0,4$ $E = 1$ $V_{neu} = V_{alt} = 1,5$

	KU = 0,5	KU = 1	KU = 1,5	KU = 2
UWR	UR* in %	UR* in %	UR* in %	UR* in %
2 %	2,61	1,31	0,87	0,65
4 %	5,13	2,56	1,71	1,28
6 %	7,55	3,77	2,52	1,89
8 %	9,88	4,94	3,29	2,47
10 %	12,12	6,06	4,04	3,03
12 %	14,29	7,14	4,76	3,57
14 %	16,37	8,19	5,46	4,09
16 %	18,39	9,20	6,13	4,60

Abb. 4.28: Zusammenhang zwischen Wachstum und Unsatzrentabilität

Das Ergebnis der Berechnungen (vgl. Abb. 4.28) zeigt unter Vernachlässigung potenzieller Risikoeffekte einerseits, dass eine Verdoppelung des Kapitalumschlages ceteris paribus zu einer Halbierung der erforderlichen Umsatzrentabilität führt. So könnte eine Unternehmung bei einer geplanten Umsatzwachstumsrate von 10 % und einem bisherigen Kapitalumschlag von 1 eine zuvor erforderliche Umsatzrentabilität von 6,06 % zur Einhaltung finanzstruktureller Normen auf 3 % reduzieren. Dazu müsste sie es allerdings schaffen, den Kapitalumschlag beispielsweise durch Nutzung von Finanzierungsinstrumenten wie Factoring, Leasing, Abbau nicht betriebsnotwendiger Vermögensbestandteile oder Beschleunigung des Zahlungseingangs aus Forderungen zu verdoppeln. Hinsichtlich der mit diesen Maßnahmen ebenfalls verbundenen Risikoeffekte sei auf den dritten Teil dieses Buches verwiesen. Eine 50 %-ige Erhöhung des Kapitalumschlages auf einen Wert von 1,5 würde eine Reduktion der erforderlichen Umsatzrentabilität um 33 % von 6,06 % auf 4,04 % mit sich bringen.

Die Erhöhung der Umsatzwachstumsrate führt demgegenüber dazu, dass die erforderliche Umsatzrentabilität im Beispiel nahezu proportional zur Veränderung der Umsatzwachstumsrate ansteigt. So würde eine Verdoppelung der Umsatzwachstumsrate von 4 % auf 8 % fast zu einer Verdopplung der erforderlichen Umsatzrentabilität von 5,13 % auf 9,88 % führen.

Allerdings wird gerade in der derzeit häufig zu beobachtenden Situation verteilter Märkte und intensiven Wettbewerbs eine Umsatzausweitung nur durch entsprechende Verdrängungsprozesse möglich sein. Derartige Strategien lassen sich in der Regel jedoch nur durch niedrigere Preise umsetzen. Ein Sinken der Umsatzrentabilität kann dann nur noch durch gleichzeitige Kostenreduktionen aufgehalten werden. Auf jeden Fall muss also eine geplante Steigerung der Umsatzwachstumsrate durch entsprechende Maßnahmen flankiert werden, um dazu beizutragen, dass mindestens die zur Aufrechterhaltung finanzstruktureller Normen erforderliche Umsatzrentabilität erzielt wird.

Jede Umsatzausdehnung ist – bei gleichbleibendem Kapitalumschlag – mit einer Kapitalerweiterung und damit mit einer höheren Thesaurierungsnotwendigkeit verbunden. Ohne Umsatzausdehnung wäre der erforderliche Gewinn gleich Null bei gleichbleibender Kapitalstruktur und bei Missachtung der zuvor aufgestellten Mindestbedingung zur Zahlung einer Mindest-Dividende, wobei Umsatz in beliebiger Höhe vorhanden sein kann. Jede zusätzliche Geldeinheit Umsatz führt zu einem zusätzlichen Gewinnerfordernis. Gleichzeitig ist – zumindest in allen in Abb. 4.28 aufgelisteten Beispielen – der relative Gewinnanstieg stets höher als der relative Umsatzanstieg. Der erforderliche Grenzgewinn einer jeden zusätzlichen Geldeinheit Umsatz bleibt dabei stets konstant. Trotzdem steigt, aufgrund der oben genannten Zusammenhänge, die erforderliche Umsatzrentabilität.

Für eine tiefergehende Analyse der Zusammenhänge zwischen Wachstum und Umsatzrentabilität bietet es sich an, die Gleichgewichtsformel für die Umsatzrentabilität nach der **Umsatzwachstumsrate** aufzulösen. Dann gilt:

$$UWR^* = \frac{1}{1-UR \times KU \times [Q+E(1-Q)] \times (1+V) \times (1-s)} - 1$$

mit: *E = Kapitalerhöhungsquote; KU = Kapitalumschlag; Q = Thesaurierungsquote; S = Steuersatz; UR = Umsatzrentabilität; UWR* = gleichgewichtsorientierte Umsatzwachstumsrate; V = Verschuldungsgrad*

Zur Anwendung dieser Formel muss eine Prämisse bezüglich der in der Zukunft erzielbaren Umsatzrentabilität gesetzt werden. Bei einer Umsatzrentabilität von 8 % führt eine Thesaurierungsquote von 57 % zu einer maximal möglichen Umsatzwachstumsrate von 16,46 %. Bei einer Reduktion der Thesaurierungsquote auf 21 % wird sich zwangsläufig das maximal mögliche Umsatzwachstum verringern. Denn mit der Reduktion der Thesaurierungsquote wird die Unternehmung in der Fähigkeit beschnitten, Gewinne zu thesaurieren. Die Verringerung des Kapitalzuführungspotenzials bedeutet gleichzeitig eine Verringerung des zukünftigen Gesamtkapitaleinsatzes. Damit einhergehend wird bei gleichbleibendem Kapitalumschlag der maximale Umsatz der Folgeperiode beschränkt. Demgemäß muss auch die Umsatzwachstumsrate geringer ausfallen.

Im Beispiel ergibt sich für eine Reduktion der Thesaurierungsquote auf 21 % eine maximal zulässige Umsatzwachstumsrate von 12,22 %. Die Gleichungen für Q = 57 % und Q = 21 % lauten:

$$UWR^*(Q=57\%) = \frac{1}{1-0{,}08 \times 1{,}5 \times [0{,}57 + 0{,}5(1-0{,}57)](1+1{,}5) \times (1-0{,}4)} - 1 = 16{,}46\%$$

$$UWR^*(Q=21\%) = \frac{1}{1-0{,}08 \times 1{,}5 \times [0{,}21 + 0{,}5(1-0{,}21)](1+1{,}5) \times (1-0{,}4)} - 1 = 12{,}22\%$$

mit: Q = Thesaurierungsquote; UWR* = gleichgewichtsorientierte Umsatzwachstumsrate

Die Gleichgewichtsformel zur Umsatzwachstumsrate kann zur Überprüfung strategischer Pläne herangezogen werden. Sofern die betrachtete Unternehmung beabsichtigt, die bisherigen Umsätze innerhalb von 5 Jahren zu verdoppeln, muss sie eine jährliche Umsatzwachstumsrate von 14,87 % (= $\sqrt[5]{2/1}-1$) anstreben. Wie die vorherigen Rechnungen gezeigt haben, würde eine Thesaurierungsquote von 57 % eine maximale Umsatzwachstumsrate von 16,46 % zulassen. Da diese maximale Umsatzwachstumsrate von 16,64 % die zur Umsatzverdopplung angestrebte Umsatzwachstumsrate von 14,87 % übersteigt, erscheint unter Beibehaltung der übrigen Parameter das angestrebte Wachstum realisierbar.

Demgegenüber beträgt die maximale Umsatzwachstumsrate bei einer Thesaurierungsquote von 21 % lediglich 12,2 %. Dieser Wert unterschreitet die zur Umsatzverdopplung erforderliche Wachstumsrate von 14,87 %. Bei einer Thesaurierungsquote von 21 % ist demgemäß das angestrebte Wachstum nicht realisierbar.

Durch Umstellung der Kapitalerhöhungsquote nach E und durch Iteration lässt sich für den Zielwert feststellen, dass bei einer Thesaurierungsquote von 43,83 % die maximale Umsatzwachstumsrate 14,87 % beträgt. Dieser Wert entspricht genau der zur Umsatzverdoppelung erforderlichen Umsatzwachstumsrate.

(6) Zusammenfassend: Der Zusammenhang zwischen Bedarfsdeckung und Bedarfsentstehung

Zusammenfassend lassen sich die finanzpolitischen Ansatzpunkte mithilfe der ROI-Kennzahlenhierachie skizzieren (vgl. Abb. 4.29). Das ROI-Schema lässt sich diesbezüglich zum einen dazu nutzen, die Zusammenhänge der Entstehung des Eigenkapitalbedarfs aufzuzeigen. Zum anderen wird damit auch verdeutlicht, wie der entstandene Eigenkapitalbedarf in den Geschäftsprozessen gedeckt werden kann, bzw. muss.

Schon aus der formalen Analyse wurde ersichtlich, dass der Eigenkapitalbedarf um so höher ist, je höher die Umsatzwachstumsrate, je niedriger der Kapitalumschlag und je niedriger der Verschuldungsgrad sind. Gleichzeitig ist die Bedarfsdeckung um so einfacher, je höher die Umsatzrentabilität ist und je höher Gewinnthesaurierungsfähigkeiten und die Möglichkeiten der externen Eigenkapitalzuführung sind.

Darüber hinaus deutet die Gegenüberstellung von Bedarfsdeckungs- und Bedarfsentstehungselementen auf einen inneren Zusammenhang hin. Denn einerseits wirkt die Umsatzwachstumsrate bedarfserhöhend. Andererseits würde der Gewinn vor Steuern bei gleichbleibender Umsatzrentabilität umso höher ausfallen, je höher die Umsatzwachstumsrate ist, wodurch sich auch die Fähigkeit einer Unternehmung, den Eigenkapitalbedarf in entsprechender Weise decken zu können, erhöht.

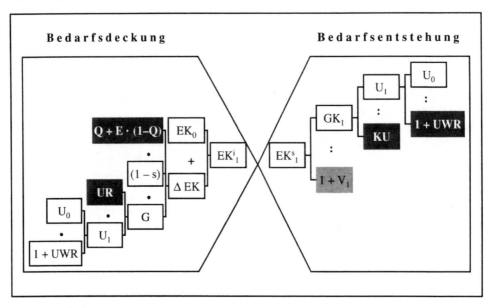

Abb. 4.29: *Bedarfsdeckung und Bedarfsentstehung im ROI-Schema*

mit: *E = Kapitalerhöhungsquote; EK = Eigenkapital; G = Gewinn; GK = Gesamtkapital; KU = Kapitalumschlag; Q = Thesaurierungsquote; S = Steuersatz; U = Umsatz; UR = Umsatzrentabilität; UWR = Umsatzwachstumsrate*

c) Verfeinerung der Analyse um Cashflow-Relationen

Die Gewinnbedarfsplanung darf sich nicht allein auf den finanzbuchhalterischen Gewinn beschränken. Vielmehr ist es zwingend erforderlich, die Gewinnbedarfsanalyse um entsprechende **Cashflow-Relationen** zu erweitern. Gerade aus Sicht des Wertmanagements ist für die Fähigkeit, Zahlungen an die Kapitalgeber zu leisten, unbedingt der Cashflow als Maßstab heranzuziehen (vgl. *Drittes Kapitel*).

(1) Definition umsatzbezogener Kennzahlen

Für eine Analyse des Cashflow-Bedarfs müssen zunächst dessen zentrale Einflussfaktoren bestimmt werden. Mithilfe von Finanzbedarfsrechnungen lässt sich dazu ein dreistufiges Schema zur Bestimmung des gesamten Cashflow-Bedarfs aufstellen (vgl. Abb. 4.30).

Determinanten des Cash Flow-Bedarfs	Definition von umsatzbezogenen Kennzahlen	
Brutto-Anlageinvestitionen - Anlage-Desinvestitionen ± Änderungen des Umlaufvermögens = **Finanzbedarf I**	$\dfrac{\text{Finanzbedarf I}}{\text{Umsatz}}$	= Investitionsrate (IR)
+ Dividendensumme	$\dfrac{\text{Dividenden}}{\text{Umsatz}}$	= Dividendenrate (DR)
+ Steuern	$\dfrac{\text{Steuern}}{\text{Umsatz}}$	= Steuerrate (SR)
+ Kapitaldienst (Fremdkapitalzinsen und Tilgungen) = **Finanzbedarf II**	$\dfrac{\text{Kapitaldienst}}{\text{Umsatz}}$	= Kapitaldienstrate (KR)
− Mittelzufluss aus Kapitalerhöhung	$\dfrac{\text{Mittelzufluss aus Kapitalerhöhung}}{\text{Umsatz}}$	= Eigenkapital-aufnahmerate (ER)
− (zulässige) Neuverschuldung	$\dfrac{\text{Neuverschuldung}}{\text{Umsatz}}$	= (zulässige) Neu-verschuldungsrate (VS)
= **Finanzbedarf III** (=Cash Flow-Bedarf)	$\dfrac{\text{Cash Flow–Bedarf}}{\text{Umsatz}}$	= Finanzkraft (FK*)

$$FK^* = IR + DR + SR + KR - ER - VR$$

Abb. 4.30: *Determinanten des Cashflow-Bedarfs*

mit: *DR = Dividendenrate, ER = Eigenkapitalaufnahmerate; FK = Finanzkraft; IR = Investitionsrate; KR = Kapitaldienstrate; SR = Steuerrate; VR = Neuverschuldungsrate*

Die Berechnung des **Finanzbedarfs I** dient grundsätzlich der Analyse der mit der Aktivseite einer Bilanz zusammenhängenden Prozesse. Der Finanzbedarf I resultiert aus den erforderlichen Brutto-Anlageinvestitionen, deren Wert um die Anlagedesinvestitionen gekürzt wird. Ergänzend sind die Veränderungen des Umlaufvermögens zu berücksichtigen, wobei eine Erhöhung des Umlaufvermögens finanzbedarfssteigernd und eine Reduktion finanzbedarfsmindernd wirkt. Der Beschränkung auf die Analyse der Veränderung des Umlaufvermögens liegt indirekt die Prämisse zugrunde, dass keine Abschreibungen auf das Umlaufvermögen vorgenommen werden. Diese Annahme ist sinnvoll, da für das Umlaufvermögen tatsächlich keine planmäßigen Abschreibungen vorgenommen werden. Sofern jedoch z. B. mit sicheren marktpreisbedingten Abschreibungen im Umlaufvermögen gerechnet wird, müsste analog zum Anlagevermögen zwischen Brutto- und Desinvestitionen differenziert werden.

Mit dem **Finanzbedarf II** werden grundsätzlich nur bedarfserhöhende Wirkungen erfasst. Analysiert werden die mit der Dividendenzahlung, der (Gewinn-)Steuerlast und dem Kapitaldienst verbundenen Liquiditätsbelastungen. Auf dem Finanzbedarf I aufbauend ergibt sich der Finanzbedarf II durch Addition der Dividendensumme, der Steuern und des für Fremdkapitalzinsen und Tilgungen zu leistenden Kapitaldienstes.

Zur Bestimmung des **Finanzbedarfs III** müssen schließlich noch die Cashflow-bedarfsverringernden Elemente erfasst werden. Deshalb werden vom Finanzbedarf II der Mittelzufluss aus Kapitalerhöhung sowie die (zulässige) Neuverschuldung subtrahiert.

Diese dreistufige Aufspaltung des Cashflow-Bedarfs kann dazu verwendet werden, umsatzbezogene Kennzahlen zu definieren und analog zur Gewinnbedarfsrechnung ein Gleichungssystem für Cashflow-Bedarfsrechnungen aufzustellen. Dazu werden die absoluten Zahlen der Cashflow-Bedarfsrechnung jeweils in Relation zum Umsatz gesetzt (vgl. Abb. 4.30). Im Zähler der Investitionsrate steht dabei der Finanzbedarf I. Dividenden, Steuern und Kapitaldienst führen zur Dividendenrate, Steuerrate und Kapitaldienstrate und in der Summe zum Finanzbedarf II. Aus dem Mittelzufluss aus der Kapitalerhöhung resultiert die Eigenkapitalaufnahmerate. Die Neuverschuldung fließt in die Neuverschuldungsrate ein. Schließlich ergibt sich aus der Relation des gesamten Cashflow-Bedarfs zum Umsatz die Kennzahl Finanzkraft, die analog zu den Gewinnbedarfsrechnungen als gleichgewichtsorientierte Kennziffer berechnet werden soll und die dem Finanzbedarf III entspricht.

(2) Integration des Cashflow-Bedarfs in die Bedingungsgleichungen des Gleichgewichtsergebnisses

Mithilfe der umsatzbezogenen Kennzahlen lässt sich eine allgemeingültige Gleichung für die **gleichgewichtsorientierte Finanzkraft** aufstellen:

$$FK^* = IR + DR + SR + KR - ER - VR$$

mit: DR = Dividendenrate, ER = Eigenkapitalaufnahmerate; FK = Finanzkraft; IR = Investitionsrate; KR = Kapitaldienstrate; SR = Steuerrate; VR = Neuverschuldungsrate

Für die einzelnen Elemente des Cashflow-Bedarfs lassen sich sechs individuelle Bedingungsgleichungen aufstellen. Aus diesen Bedingungsgleichungen kann anschließend anhand der für die gleichgewichtsorientierte Finanzkraft aufgestellten Formel aus einem komplexen Gleichungssystem eine Gleichgewichtsformel für die Finanzkraft abgeleitet werden.

Für die insgesamt erforderlichen sechs Bedingungsgleichungen müssen mit der Abschreibungsquote, dem Anteil des Umlaufvermögens am Gesamtkapital bzw. -vermögen und dem Fremdkapitalzins ergänzende Elemente in die bisher vorgestellte Systematik integriert werden. Die Abschreibungsquote drückt aus, wie viel Prozent des Anlagevermögens abgeschrieben werden. Die Abschreibungsquote muss bei der Fixierung der Investitionsrate berücksichtigt werden. In diesem Zusammenhang ist ebenfalls der geplante Anteil des Umlaufvermögens zu beachten. Der Fremdkapitalzins ist bei der Berechnung der Zinsbelastungsrate zu berücksichtigen. Die Integration dieser Elemente führt schließlich zu den sechs nachfolgend erörterten Bedingungsgleichungen:

$$IR = \frac{1}{KU}\left[\frac{UWR}{1+UWR} + A\times(1-\frac{UV}{GK})\right]$$

$$DR = \frac{G(1-s)}{U}D$$

$$SR = \frac{G\times s}{U}$$

$$KR = \frac{i}{(\frac{1}{V}+1)\times KU}D$$

$$ER = \frac{E\times D\times G\times(1-s)}{U}$$

$$VR = \frac{V\times[Q+E\times(1-Q)]\times[G\times(1-s)]}{U}$$

mit: A = Abschreibungssatz; D = Dividende; DR = Dividendenrate, E = Kapitalerhöhungsquote; ER = Eigenkapitalaufnahmerate; FK = Finanzkraft; G = Gewinn; GK = Gesamtkapital; i = Fremdkapitalzins; IR = Investitionsrate; KR = Kapitaldienstrate; KU = Kapitalumschlag; Q = Thesaurierungsquote; S = Steuersatz; SR = Steuerrate; U = Umsatz; UV = Umlaufvermögen; UWR = Umsatzwachstumsrate; V = Verschuldungsgrad; VR = Neuverschuldungsrate

Die Bedingungsgleichung zur **Investitionsrate** erfasst zum einen die liquiditätswirksame Veränderung des Anlagevermögens und die Nettoveränderung des Umlaufvermögens. Die liquiditätswirksame Veränderung des Anlagevermögens lässt sich aus dem rechnerischen Zusammenhang zwischen Anfangs- und Endbestand des Anlagevermögens herleiten. Es gilt:

AV_0 + Brutto-Investitionen – Desinvestitionen – Abschreibungen = AV_1

$(AV_1 - AV_0)$ + Abschreibungen = Brutto-Investitionen – Desinvestitionen

mit: AV = Anlagevermögen

Zur Berechnung des aus dem Anlagevermögen resultierenden Cashflow-Bedarfs müssen der Nettoveränderung des Anlagevermögens die Abschreibungen hinzuaddiert werden. Dabei werden über die Abschreibungsquote die auf den bilanziellen Endbestand des Anlagevermögens am Planungshorizont bezogenen Abschreibungen erfasst. Die Bezugnahme auf den bilanziellen Endbestand stellt eine für die weiteren Rechenschritte notwendige Vereinfachung dar. Tatsächlich werden Abschreibungssätze üblicherweise mit dem Anfangsbestand des Anlagevermögens multipliziert. Diese Vorgehensweise würde jedoch die Rechnung unnötig komplizieren.

Da gerade die Formel zur Berechnung der Investitionsrate sehr komplex erscheint, sei deren Herleitung kurz kommentarlos aufgezeigt:

$$IR = \frac{\text{Nettoveränderung des AV} + \text{Abschreibungen} + \text{Nettoveränderung des Umlaufvermögens}}{\text{geplanter Umsatz}}$$

$$= \frac{\left(\dfrac{U_0(1+UWR)}{KU} - \dfrac{U_0}{KU}\right) \times \left(1 - \dfrac{UV}{GK}\right) + \dfrac{U_0 \times (1+UWR)}{KU} \times \left(1 - \dfrac{UV}{GK}\right) \times A + \left(\dfrac{U_0 \times (1+UWR)}{KU} - \dfrac{U_0}{KU}\right) \times \dfrac{UV}{GK}}{U_0 \times (1+UWR)}$$

$$= \frac{\left(\dfrac{U_0(1+UWR)}{KU} - \dfrac{U_0}{KU}\right) \times \left(1 - \dfrac{UV}{GK} + \dfrac{UV}{GK}\right)}{U_0 \times (1+UWR)} + \frac{\dfrac{U_0(1+UWR)}{KU}\left(1 - \dfrac{UV}{GK}\right) \times A}{U_0(1+UWR)}$$

$$= \frac{U_0 \times (1+UWR-1)}{KU \times U_0(1+UWR)} + \frac{1}{KU}\left(1 - \dfrac{UV}{GV}\right) \times A$$

$$= \frac{1}{KU}\left[\frac{UWR}{1+UWR} + \left(1 - \dfrac{UV}{GV}\right) \times A\right]$$

mit: U = Umsatz; UWR = Umsatzwachstumsrate; KU = Kapitalumschlag; UV = Umlaufvermögen; GK = Gesamtkapital; A = Abschreibungssatz

Die Summe aus den Nettovermögensänderungen und den Abschreibungen entspricht somit der Investitionsrate, in der sich der Finanzbedarf I widerspiegelt.

Die **Dividendenrate** enthält im Zähler den insgesamt zu zahlenden Dividendenbetrag, der ebenfalls auf den Umsatz bezogen wird. Gleiches gilt für die Steuerrate, in deren Zähler der Gewinn vor Steuern mit der Steuerquote des jeweiligen Unternehmens multipliziert wird. Die Zinsbelastungsrate drückt aus, wie viel Prozent des Umsatzes Zinsaufwand darstellen. Sie enthält nicht die für das Fremdkapital zu leistenden Tilgungen. Diese sind Bestandteil der sechsten Bedingungsgleichung, in der die Netto-Neuverschuldung quantifiziert wird. Diese ersten vier Bedingungsgleichungen umfassen saldiert den Finanzbedarf II.

Die – üblicherweise – finanzbedarfsentlastenden Wirkungen werden mit der **Eigenkapitalaufnahmerate** sowie mit der Neuverschuldungsrate erfasst. Mit der Eigenkapitalaufnahmerate wird das Verhältnis aus externer Kapitalzuführung, deren Berechnung bereits in den vorherigen Abschnitten aufgezeigt wurde, zum Umsatz dargestellt.

Im Zähler der **Neuverschuldungsrate** wird zunächst der aus Gewinnthesaurierung und externer Kapitalzuführung resultierende Gesamtbetrag der Eigenkapitalerhöhung quantifiziert. Zur Beibehaltung des bisherigen Verschuldungsgrads muss auch das Verhältnis der Veränderungsbeträge von Eigen- und Fremdkapital dem bisherigen Wert entsprechen. Durch die Multiplikation mit dem Verschuldungsgrad ergibt sich dann die geplante Netto-Veränderung des Fremdkapitals. Dieser Wert entspricht der Neuverschuldung. Analog zur Investitionsrate hätte auch hier zwischen den Tilgungen, die für das Fremdkapital zu leisten sind, und der Bruttoerhöhung des Fremdkapitals differenziert werden können. Tatsächlich ist es jedoch schon aus formalen Gründen einfacher, direkt die (Netto-)Neuverschuldung als Saldo aus Bruttoerhöhung des Fremdkapitals und den auf das Fremdkapital entfallenden Tilgungsleistungen zu berechnen.

Zinsbelastungs- und Neuverschuldungsrate sind miteinander verknüpft. Mit der **Zinsbelastungsrate** wird die Cashflow-Belastung aus Zinszahlungen ausgedrückt. Werden die Zinsen aber lediglich dem Kapital einfach zugeschlagen, so ergibt sich hieraus keine Cashflow-Belastung. Dieser Effekt wird aus der Zusammenführung von Zinsbelastungs- und der Netto-Neuverschuldungsrate verständlich. Unterstellt man, dass nicht getilgt wird und die Zinsen tatsächlich im Rahmen der Netto-Neuverschuldungsrate kapitalisiert werden dürfen, so kompensieren die negativen Effekte aus der Zinsbelastungsrate gerade die positiven Effekte aus der Netto-Neuverschuldungsrate.

Durch Umstellungen und Zusammenführung der sechs Bedingungsgleichungen ergibt sich schließlich die recht komplexe Gleichgewichtsformel für den Cashflow-Bedarf:

$$FK^* = \frac{1}{KU}\left[\frac{UWR}{1+UWR} + A\times\left(1-\frac{UV}{GK}\right)\right] + UR\{s+(1-s)\times(1-Q)\times[1-E\times(1+V)] - V\times Q\times(1-s)\} + \frac{i}{(\frac{1}{V}+1)\times KU}$$

mit: *A = Abschreibungssatz; E = Kapitalerhöhungsquote; FK* = gleichgewichtsorientierte Finanzkraft; i = Fremdkapitalzins; GK = Gesamtkapital; KU = Kapitalumschlag; Q = Thesaurierungsquote; S = Steuersatz; UR = Umsatzrentabilität; UV = Umlaufvermögen; UWR = Umsatzwachstumsrate; V = Verschuldungsgrad*

(3) Beispiel zur formelmäßigen Bestimmung des Cashflow-Bedarfs

Die Funktionalität der Formel zur Bestimmung der gleichgewichtsorientierten Finanzkraft lässt sich eindrucksvoll an einem einfachen Beispiel demonstrieren. Unterstellt sei die folgende, bereits aus dem Ausgangsbeispiel bekannte Datenkonstellation. Der Umsatz beträgt in der Ausgangsperiode 60 Mio. GE. Geplant wird mit einer Umsatzwachstumsrate von 10%, einer Thesaurierungsquote von 46,3 %, einem Steuersatz von 40 %, einem Kapitalumschlag von 1, einer Kapitalerhöhungsquote von 43,1 %, einem Verschuldungsgrad von 3 und einer Umsatzrentabilität von 5,46 %. Aus den Gewinnbedarfsrechnungen resultierte ein Gewinnbedarf vor Steuern in Höhe von 3,6 Mio. GE. Werden die angegebenen Daten in die obige Gleichgewichtsformel für den Cashflow-Bedarf eingesetzt, so berechnet sich hieraus ein Finanzbedarf in Höhe von 24,951 % des zukünftigen Umsatzes:

FK^*

$$= \frac{1}{1}\left[\frac{0,1}{1+0,1} + 0,2\times(1-0,4)\right] + 0,0546\{0,4+(1-0,4)\times(1-0,463)\times[1-0,431\times(1+3)] - 3\times 0,463\times(1-0,4)\} + \frac{0,1}{(\frac{1}{3}+1)\times 1}$$

$$= 0,24951$$

mit: FK^* = gleichgewichtsorientierte Finanzkraft

Zur Bestimmung des absoluten Wertes muss dieser prozentuale Cashflow-Bedarf mit dem geplanten Umsatz multipliziert werden. Bei einem Umsatzwachstum von 10 % soll der zukünftige Umsatz 66 Mio. GE betragen. Aus der Multiplikation des zukünftigen Umsatzes mit der prozentualen gleichgewichtsorientierten Finanzkraft von 24,951 % resultiert schließlich ein Cashflow-Bedarf von 16,47 Mio. GE.

Zur Verifizierung dieses Ergebnisses ist eine Kontrollrechnung durchzuführen. Diese Kontrollrechnung basiert auf den Verfahren der indirekten Cashflow-Ermittlung. Danach ergibt sich der Cashflow-Bedarf aus dem Saldo von strukturellem Gewinnbedarf, Zinsaufwand und Abschreibungen.

Wie bereits aufgezeigt wurde, beträgt der strukturelle Gewinnbedarf 3,6 Mio. GE. Bezüglich dieses strukturellen Gewinnbedarfs sind Zinsaufwendungen und Abschreibungen bereits berücksichtigt worden. Für die Berechnung des damit verbundenen Cashflows sind in einer retrograden Betrachtung Zinsen und Abschreibungen dem strukturellen Gewinnbedarf hinzuzurechnen.

Der Zinsaufwand ergibt sich als Belastung des Fremdkapitals. Der durchschnittliche Fremdkapitalzins wird dazu mit dem Betrag des Fremdkapitals am Ende der Planungsperiode multipliziert. Bei einer geplanten Gesamtkapitalausstattung von 66 Mio. GE und einem Verschuldungsgrad von 3 wird die Fremdkapitalausstattung am Planungsende 49,5 Mio. GE betragen. Demgemäß rechnet die planende Unternehmung mit einem Zinsaufwand in Höhe von 4,95 Mio. GE.

Auch für die Quantifizierung der Abschreibungen werden ergänzende Annahmen benötigt. So wird mit einem Abschreibungssatz von 20 % auf das am Planungsperiodenende vorhandene Anlagevermögen gerechnet. Der Anteil des Umlaufvermögens am Gesamtkapital soll 40 % betragen. Angesichts der geplanten Gesamtkapitalausstattung von 66 Mio. GE bedeutet dies, dass die Unternehmung mit einem geplanten Anlagevermögen von 39,6 Mio. GE [= 60 Mio. GE · 1,1 · (1 – 0,4)] rechnet. Aus der Multiplikation mit dem Abschreibungssatz in Höhe von 20 % folgt dann ein absoluter Abschreibungsbetrag von 7,92 Mio. GE.

Es sei noch einmal darauf hingewiesen, dass bei der hier beschriebenen Vorgehensweise zu beachten ist, dass aus Vereinfachungsgründen Abschreibungen und Zinsen auf Basis der jeweiligen Planungsperiodenendbestände berechnet worden sind. Tatsächlich wäre es auch möglich gewesen, den Berechnungen die Planperiodenanfangs- oder die Durchschnittsbestände zugrunde zu legen. Dann hätten aber die Abschreibungssätze bzw. der durchschnittliche Fremdkapitalzins entsprechend angepasst werden müssen.

Zur abschließenden Überprüfung der Ergebnisse müssen nun die zuvor gewonnenen Werte addiert werden. Die Summe aus strukturellem Gewinnbedarf, Zinsaufwand und Abschreibungen beträgt 16,47 Mio. GE (3,6 Mio. GE + 4,95 Mio. GE + 7,92 Mio. GE). Dieser Wert entspricht genau dem mithilfe der Gleichgewichtsformel gewonnenen Ergebnis und zeigt deren Richtigkeit.

II. Kapitalmarktorientierter Ansatz zur Bestimmung der Eigenkapitalkosten

1. Eigenkapitalkosten in der Finanzierungstheorie

Der finanzstrukturelle Gewinnbedarf stellt das finanzielle Gleichgewicht der Unternehmung in den Mittelpunkt. Im Wertmanagement erfolgt tendenziell eine Abkehr von dieser Sichtweise. Stattdessen werden die Interessen der Anteilseigner an die Spitze des Zielsystems gestellt. Der rational handelnde Anteilseigner fordert grundsätzlich eine angemessene Verzinsung des von ihm zur Verfügung gestellten Kapitals. Die Verzinsung kann als angemessen bezeichnet werden, wenn das eingegangene Risiko marktgerecht entlohnt wird. Fraglich ist allerdings, wie diese marktgerechte Entlohnung quantifiziert werden kann.

Die traditionelle, die neoklassische und die neoinstitutionalistische **Finanzierungstheorie** beschäftigen sich seit langem mit der Beantwortung dieser Frage. Es wurden verschiedene Verfahren entwickelt, die im Zusammenhang mit der Quantifizierung der Eigenkapitalkosten im Rahmen der Unternehmensbewertung (vgl. *Drittes Kapitel*) bereits erörtert wurden. Zu nennen sind hier:

- das Dividend Discount Model (DDM),
- das Income Capitalization Model (ICM),
- das Capital Asset Pricing Model (CAPM)
- die Arbitrage Pricing Theory (APT),
- das Option Pricing Model (OPM) und
- die Coherent Market Hypothesis (CMH).

Vor- und Nachteile der einzelnen Verfahren wurde ebenfalls bereits diskutiert. Als Ergebnis wurde festgehalten, dass das **CAPM** zwar nicht unkritisch verwendet werden sollte. Angesichts der einfachen Anwendbarkeit, der – zumindest teilweisen – empirischen Bestätigung und der praktischen Bedeutung ist das CAPM jedoch aus dem Kreis der vorgestellten Modelle besonders hervorzuheben.

2. Konstruktionselemente und Problemfelder des CAPM

a) Bestimmung des risikofreien Zinses

Gemäß CAPM setzt sich die von den Investoren geforderte Rendite zusammen aus der Verzinsung einer risikofreien Investition und einer Risikoprämie. Schon die Ableitung des **risiko-**

freien Zinses ist nicht unproblematisch (vgl. OFFENBÄCHER/SCHMITT 1999). So stellt sich zunächst einmal die Frage, ob es überhaupt risikolose Anlagen gibt, da selbst Staatstitel, wenngleich nur minimal, bonitätsrisikobehaftet sind. Auch das Zinsänderungsrisiko lässt sich grundsätzlich nicht völlig ausschalten. Zwar kann der tatsächliche Anlageerfolg, z. B. bei einem einjährigen Titel, schon ex ante als sicherer Wert vorhergesagt werden. Es bleibt jedoch immer offen, ob im nachhinein nicht durch mehrere kurzfristigere Anlagen ein besseres Ergebnis hätte erzielt werden können.

Daneben ist der Zeithorizont der zur Bestimmung des risikofreien Zinses auszuwählenden Anlage diskussionswürdig. So kann es prinzipiell keinen allgemeingültigen Zeithorizont geben, da Investoren unterschiedliche zeitliche Zielsetzungen aufweisen. Im gleichen Zusammenhang stellt sich die Frage, ob gewichtete Durchschnittszinsen oder aktuelle Marktdaten als risikoloser Zinssatz Verwendung finden sollten. Für eine anstehende Investition sind die aktuellen Marktdaten als Referenzsätze sinnvoller. Auch aus der Sicht eines Investors, der hinsichtlich einer bereits durchgeführten Investition überlegt, diese für einen bestimmten Zeitraum weiter zu halten oder in eine andere Anlageform zu wechseln, sind aktuelle Marktdaten zu präferieren. Ohne derartige Entscheidungssituationen und zur Beurteilung langfristiger Investitionen kann allerdings die Durchschnittsmethode bevorzugt werden. Sie bietet den Vorteil, die mit den Zinszyklen verbundenen Schwankungen der Bewertungszinsen zu glätten. Letzteres ist zumindest aus Sicht der Unternehmensbewertung sinnvoll.

Auch die Verwendung der am Geld- und Kapitalmarkt zu beobachtenden Zinssätze ist kritisch zu hinterfragen. Aus den Erkenntnissen der Marktzinsmethode (vgl. SCHIERENBECK 2000 und 2001, siehe auch *Fünftes Kapitel*) wird deutlich, dass zur Ausschaltung des Wiederanlagerisikos aus den aktuellen Geld- und Kapitalmarktsätzen arbitragefreie Zerobond-Abzinsungs-faktoren bzw. Zerobondrenditen zur Bestimmung des risikofreien Zinses herangezogen werden müssten.

b) Quantifizierung der Risikoprämie

Die zweite Komponente der Renditeanforderung nach CAPM ist die Risikoprämie. Die **Risikoprämie** ergibt sich aus der Multiplikation der Differenz zwischen der Marktrendite und dem risikofreien Zins mit dem sogenannten Beta-Faktor. Bezüglich der Marktrendite stellt sich zunächst die Frage nach dem relevanten Markt. Das CAPM wurde ursprünglich für den Aktienmarkt entwickelt. Insofern liegt es nahe, die Performance der Aktienmärkte als Marktrendite heranzuziehen. Selbst dann wäre zu überlegen, ob ein nationaler (z. B. Deutschland) oder internationaler Markt untersucht werden soll. Der Markt muss aber nicht unbedingt auf den Aktienmarkt beschränkt werden. Es könnten auch andere Anlageformen, wie bspw. Immobilien, integriert werden.

Beispielhaft kann für die Bestimmung der Marktrendite eine *Commerzbank*-Untersuchung angeführt werden (vgl. OFFENBÄCHER/SCHMITT 1999). Für unterschiedliche Konjunkturphasen wurden verschiedene Performance-Werte für den deutschen Aktienmarkt ermittelt. Daraus leitet sich eine durchschnittliche Performance von 10,4 % p. a. ab (vgl. Abb. 4.31).

Viertes Kapitel: Periodenerfolgsorientiertes Rentabilitäts-Controlling

Vergleichbare konjunkturelle Aufschwungphasen	Marktrendite in % p. a.
1968 bis 1977	5,1
1975 bis 1984	12,6
1983 bis 1992	13,4
Durchschnitt	**10,4**

Abb. 4.31: Marktrendite alternativer Konjunkturphasen (Quelle: OFFENBÄCHER/SCHMITT 1999)

Unterstellt man für einen beliebigen Zeitpunkt eine risikofreie Verzinsung von bspw. 5 %, so leitet sich daraus die sogenannte Marktrisikoprämie in Höhe von 5,4 % (= 10,4 % – 5 % = 5,4 %) ab. Die Marktrisikoprämie ist diejenige Prämie, die ein Investor als Zusatzprämie für die Übernahme von Risiken erwartet, wenn er in den Aktienmarkt statt in die risikofreie Anlagemöglichkeit investiert.

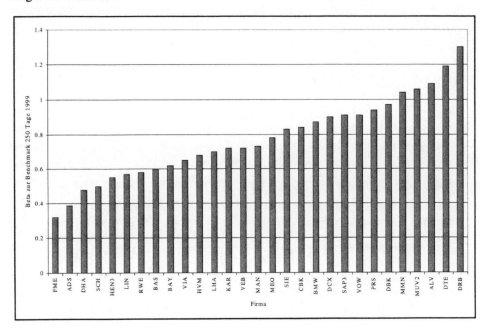

Abb. 4.32: Beta-Faktoren der DAX-Werte per Ende 1999 (Quelle: Consors 2000)

Hinsichtlich der Investition in den Aktienmarkt ist zu beachten, dass der Investor ein optimal diversifiziertes, dem Marktportefeuille entsprechendes Portefeuille aufbauen müsste, um die Marktperformance erwarten zu können. Wenn der Investor dies nicht tut, wird sein Portefeuille ein höheres (oder niedrigeres) Risiko als das Marktportefeuille aufweisen. Dementsprechend würde er bei einer höheren (niedrigeren) Risikoübernahme eine höhere (niedrigere) Risikoprämie erwarten. Dieser Zusammenhang kann auf einzelne Titel innerhalb des Marktportefeuilles übertragen werden. Wenn das Risiko eines einzelnen Titels höher ist, als das des

Marktes bzw. des Marktportefeuilles, so wird für dieses höhere Risiko eine höhere Renditeerwartung aufgebaut. Der Grad dieses gegenüber dem Marktportefeuille höheren Risikos wird mit dem Betafaktor gemessen. Der **Beta Faktor** drückt aus, wie der Aktienkurs einer Unternehmung auf Veränderungen des Marktes reagiert. Abb. 4.32 zeigt die Beta-Faktoren der 30 DAX-Werte per Ende 1999. Ein Beta-Faktor über (unter) 1 weist darauf hin, das der Aktienkurs der Unternehmung stärker (schwächer) als der Markt reagiert.

Für nicht börsennotierte Aktiengesellschaften besteht das Problem, dass sich Beta-Faktoren ohne Aktienkurse nicht quantifizieren lassen. Hier kann man sich behelfen, indem branchenspezifische Durchschnitts-Betas ermittelt und verwendet werden.

Der Beta-Faktor erfasst nicht das gesamte Aktienkursrisiko. Das Risiko der Aktienkursbewegung wird stattdessen aufgeteilt in ein systematisches und in ein unsystematisches Risiko. Mit dem **systematischen Risiko** wird gemessen, wie stark der Aktienkurs in Abhängigkeit von allgemeinen Marktbewegungen schwankt. Dieses systematische Risiko wird mit dem Beta-Faktor erfasst. Das **unsystematische Risiko** entspricht dem titelspezifischen Risiko. Damit werden die unternehmensspezifischen Kursschwankungen gemessen, die von den allgemeinen Marktbewegungen unabhängig sind. Für das unsystematische Risiko kann im Sinne des CAPM keine Risikoprämie verlangt werden. Es lässt sich durch Diversifikation ausschalten.

c) Renditeerwartungen im CAPM

Aus der Integration von risikofreier Verzinsung, Marktrisikoprämie und Beta-Faktor folgt die Gleichung des CAPM. Die Renditeforderung gemäß CAPM bezieht sich grundsätzlich auf den Marktwert des Eigenkapitals. Diese Renditeforderung kann daher auch als der auf den Marktwert des Eigenkapitals zu zahlenden Eigenkapitalkostensatz bezeichnet werden. Es gilt:

$$EKKS_i = RFZ + [EW(r_M) - RFZ] \times Beta_i$$

mit: $EKKS_i$ = Eigenkapitalkostensatz i; RFZ = "risikofreier" Zinssatz; $EW(r_M)$ = erwartete Rendite des Marktportefeuilles; $(EW(r_M) - RFZ)$ = Risikoprämie des Marktes; $Beta_i$ = Renditevolatilität des Unternehmens/der Branche in Relation zur Marktvolatilität

In einer empirischen Untersuchung wurden die Shareholder Value Performance europäischer Aktienwerte analysiert und ein Ranking für die 250 Top-Unternehmen aufgestellt. In diesem Zusammenhang wurden für den europäischen Gesamtmarkt die Eigenkapitalkostensätze der 250 Unternehmen mithilfe des CAPM für den europäischen Markt berechnet. Abb. 4.33 zeigt einen Ausschnitt der nach Branchen geordneten Ergebnisse.

Unternehmen	Land	EKKS (in %)	Branche	Unternehmen	Land	EKKS (in %)	Branche
Porsche	D	12,2	Auto	TI Group	GB	12,9	Maschinen
Scania	S	11,4		GKN	GB	12,4	
Audi	D	10,5		Aker Maritime	N	10,4	
Lloyds TSB	GB	13,5	Bank	Wolters Kluwer	NL	8,6	Medien
Banco Comercial Port.	P	11,9		Springer	D	7,7	
Nat. Bank of Grecce	GR	11,3		Reed Elsevier	GB/NL	7,1	
CRH	IRE	12,7	Bau/ Baustoffe	Unilever	NL/GB	11,0	Nahrung/ Genuss
SGE	F	11,9		Colryt	B	10,6	
Caradon	GB	11,4		Hillsdown	GB	9,5	
Clariant	CH	12,5	Chemie/ Pharma	SAP	D	12,2	Technologie
Novartis	CH	11,1		Computacenter	GB	9,9	
Astra Zeneca	GB	10,2		ABB	CH/S	9,5	
SCA Hygiene	D	10,8	Grundstoffe	Nokia	SF	15,6	Telekom- munikation
FPB Holding	D	10,8		Hellenic Telecom	GR	10,7	
UPM	SF	10,6		Vodafone	GB	10,2	
D'Ieteren	B	12,1	Handel	Alitalia	I	12,4	Verkehr
Dixons	GB	11,0		National Express	GB	9,4	
WH Smith	GB	10,8		Stagecoach	GB	8,9	
Thomson Travel	GB	11,0	Konsum- güter	AM-Leben	D	12,7	Versiche- rung
Hennes & Mauritz	S	10,2		Prudential	GB	11,4	
Compass	GB	9,9		AMB	D	8,0	
Randstad	NL	11,8	Invgüter/ Dienstl.	National Power	GB	10,0	Versorgung
Hays	GB	11,5		National Grid	GB	8,5	
Hogg Robinson	GB	10,8		Southern Electric	GB	7,4	

Abb. 4.33: Eigenkapitalkostensätze europäischer Unternehmen (Quelle: O. V. 1999) (mit: EKKS = Eigenkapitalkostensatz)

3. Ableitung der Soll-Eigenkapitalrentabilität aus dem CAPM

Die aus dem CAPM in Form eines Eigenkapitalkostensatzes hergeleitete Renditeerwartung entspricht der Mindestperformance, welche die Anleger auf ihr investiertes Eigenkapital erwarten. Es handelt sich hierbei insofern um eine **Total Investor Performance (TIP)**, als sie sich stets aus Dividenden- und Kursgewinnen zusammensetzt, wobei unter steuerlichen Gesichtspunkten die beiden Komponenten der Performance i.d.R. nicht gleichwertig sind, da Kursgewinne entweder, wie in Deutschland, gar nicht (nach Ablauf der Spekulationsfrist) oder, wie in den USA, zu einem begünstigten Satz zu versteuern sind. Seht man von dieser Komplizierung ab, geht es darum, beide Komponenten in eine Mindest-Eigenkapitalrentabilität, die als unternehmensinterne Steuerungsgröße fungiert, zu transformieren. Dabei spielt das Marktwert-/Buchwert-Verhältnis bzw. seine Veränderung eine zentrale Rolle. Die Zusammenhänge werden in Abb. 4.34 verdeutlicht.

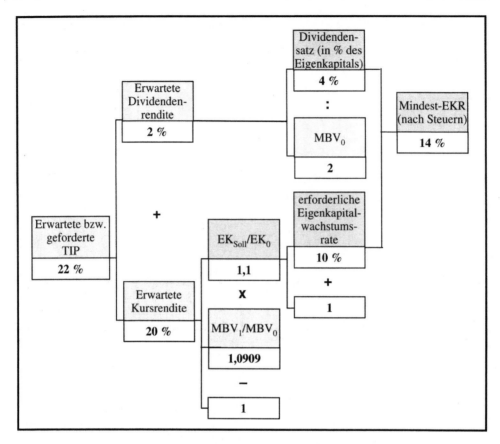

Abb. 4.34: *Ableitung der Soll-Eigenkapitalrentabilität aus der Total Investor Performance (mit EKR = Eigenkapitalrentabilität; MBV = Marktwert-/Buchwert-Verhältnis)*

(1): Die von den Anlegern **erwartete Dividendenrendite** wird in einen Dividendensatz bezogen auf den Buchwert des Eigenkapitals transformiert, indem erstere mit dem Marktwert-/Buchwert-Verhältnis (MBV) multipliziert wird. Im Beispiel führt das zu einer auf das Eigenkapital zu Buchwerten bezogenen Dividendenbelastung von 4 %, die als Bestandteil der Mindest-Eigenkapitalrentabilität zu interpretieren ist, denn die Dividende ist naturgemäß im Normalfall aus dem Gewinn zu erwirtschaften.

(2): Komplizierter sind die Zusammenhänge bei der **erwarteten Kursrendite (bzw. Marktwertrendite)**. Diese entsteht aus der Erhöhung der Markt- bzw. Kurswerte im Periodenvergleich. Dabei sind zwei mögliche Entwicklungen zu kombinieren. Zum einen können sich die Marktwerte verbessern, ohne dass die zugrundeliegenden Buchwerte des Eigenkapitals eine Änderung erfahren. Zum anderen kann auch der Buchwert des Eigenkapitals zunehmen, was eine entsprechende Auswirkung auf dessen Marktwert haben kann. Im ersten Fall wird sich das Marktwert-/Buchwert-Verhältnis stets verbessern, im zweiten Fall kann es konstant bleiben, sich sogar verringern oder sich erhöhen.

Der rechnerisch einfachste Fall ist die Konstellation eines im Periodenvergleich konstanten Marktwert-/Buchwert-Verhältnisses. In einer solchen Situation entspricht die erwartete Kursrendite exakt der erwarteten bzw. erforderlichen Eigenkapitalwachstumsrate (aus eigener Ertragskraft). Wenn sich hingegen das Marktwert-/Buchwert-Verhältnis verändert, ist die erforderliche Eigenkapitalwachstumsrate entweder höher als die erwartete Kursrendite (wenn das MBV sinkt) oder geringer als diese (wenn das MBV steigt).

Im Beispiel von Abb. 4.34 wird angenommen, dass das MBV_1 (am Ende der betrachteten Periode) um 9,09 % höher liegen wird, als das MBV_0 (zu Beginn der Periode). Das führt dazu, dass die Hälfte der Kursrendite über diesen Effekt erzielt werden kann und das Eigenkapital zu Buchwerten selbst lediglich um 10 % wachsen muss. Dies ist allerdings aus eigener Kraft nur möglich, wenn eine Eigenkapitalrentabilität nach Steuern in dieser Größenordnung erwirtschaftet wird.

Nimmt man nun (1) und (2) zusammen, so ergibt sich im Beispiel also eine Soll-Eigenkapitalrentabilität von insgesamt 14 %.

Im übrigen lässt sich eine optische Vereinfachung der Zusammenhänge zwischen Kursrendite und Eigenkapitalrentabilität herstellen, wenn die Parameter, die beide Kennzahlen miteinander verknüpfen, in einem einheitlichen Korrekturfaktor zusammengefasst werden. Wie Abb. 4.34 verdeutlicht, müsste ein solcher Korrekturfaktor im Beispiel den Wert 0,5 annehmen, da die erforderliche Eigenkapitalwachstumsrate gerade halb so hoch ist, wie die erwartete Kursrendite. Der MBV-Korrekturfaktor ergibt sich allgemein durch Umformung der Parameter-Verknüpfung gemäß Abbildung 1:

$$MBV\text{-}Korrekturfaktor = \frac{MBV_0}{MBV_1} + \frac{MBV_0}{MBV_1 \cdot KR} - \frac{1}{KR}$$

mit: MBV = Marktwert-/Buchwert-Verhältnis; KR = (erwartete) Kursrendite

Abb. 4.35 zeigt abschließend die funktionalen Zusammenhänge zwischen der Veränderung des Marktwert-/Buchwert-Verhältnisses (MBV) und der erforderlichen Eigenkapitalwachstumsrate bei gegebenen Kursrenditen auf. Bspw. führt danach die Erhöhung des MBV bei einer vorgegebenen Kursrendite zu einer Verringerung der Eigenkapitalwachstumsrate. Bei gleichbleibendem MBV ist mit einer Verringerung der Kursrendite ebenfalls eine Verringerung der Eigenkapitalwachstumsrate verbunden. Außerdem ist bei gleichbleibender Eigenkapitalwachstumsrate eine Erhöhung des MBV mit einer höheren Kursrendite verknüpft.

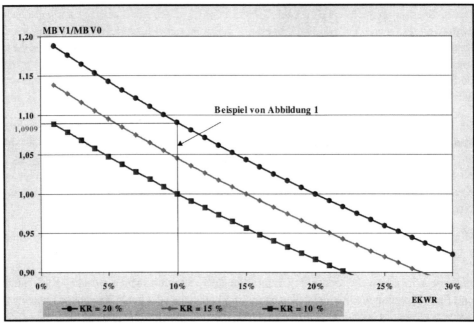

Abb. 4.35: Zusammenhang zwischen der Veränderung des Marktwert-/Buchwert-Verhältnisses und der Eigenkapitalwachstumsrate

III. Best-Practice-Standards

Als dritte Alternative zur Fixierung der Soll-Eigenkapitalrentabilität kann der **Best-Practice-orientierte** Ansatz herangezogen werden. Der Best-Practice-Ansatz folgt den Prinzipien des **Benchmarkings**. Als Instrument der Wettbewerbsanalyse beinhaltet das Benchmarking den permanenten Vergleich mit anderen, i. d. R. branchengleichen Unternehmen. Ziel ist es, strukturelle Unterschiede und Verbesserungen zu erkennen, um Lücken zum jeweiligen Marktführer zu schließen.

Vor diesem Hintergrund werden im Rahmen des Best-Practice-Ansatzes Unternehmen mit herausragenden Eigenkapitalrentabilitäten gesucht. Für die eigene Unternehmung sollten in der Folge Eigenkapitalrentabilitäten angestrebt werden, die von den sogenannten Best-Practice-Unternehmen in der Vergangenheit tatsächlich realisiert werden konnten oder zumindest als realisierbar gelten. Solche Best-Practice-Unternehmen können allgemein wie folgt charakterisiert werden (vgl. SCHIERENBECK 2001):

- Die Return on Equity rangiert ("consistently") unter den weltweiten Branchenführen.
- Kurs- und Dividenden-Performance stehen dauerhaft im Einklang mit dem Top-Segment.
- Ein klares Geschäftsprofil kombiniert mit dem Ausspielen von Kernkompetenzen kennzeichnet die Geschäftspolitik.
- Deutlich über dem Markt liegendes, stabiles Geschäftswachstum ist verbunden mit steigender (zumindest nicht fallender) Return on Equity.
- Die Return on Equity weist eine unterdurchschnittliche Volatilität auf.

Im Rahmen der bereits zuvor erwähnten empirischen Untersuchung der Shareholder Value Performance (vgl. O. V. 1999) wurden auch die auf den Buchwert des Eigenkapitals bezogenen Ist-Eigenkapitalrentabilitäten untersucht. Die branchenspezifischen Spitzenwerte werden in Abb. 4.36 dargestellt. Bei der Messung der Shareholder Value Performance wurde zudem bestätigt, dass grundsätzlich die Unternehmen mit den Top-Eigenkapitalrentabilitäten auch eine Top-Shareholder Value-Performance aufweisen konnten.

Unternehmen	Land	EKR (in %)	Branche	Unternehmen	Land	EKR (in %)	Branche
Porsche	D	47,1	Auto	GKN	GB	35,5	Maschinen
Scania	S	22,0		TI Group	GB	27,0	
Audi	D	21,5		Aker Maritime	N	23,6	
Nat. Bank of Grecce	GR	49,8	Bank	Springer	D	31,2	Medien
Banco Comercial Port.	P	34,0		Reed Elsevier	GB/NL	30,5	
Lloyds TSB	GB	29,1		Wolters Kluwer	NL	25,5	
Caradon	GB	27,6	Bau/Baustoffe	Unilever	NL/GB	26,2	Nahrung/Genuss
CRH	IRE	24,5		Hillsdown	GB	23,0	
SGE	F	23,3		Colryt	B	22,6	
Astra Zeneca	GB	29,4	Chemie/Pharma	SAP	D	34,4	Technologie
Novartis	CH	22,6		Computacenter	GB	32,3	
Clariant	CH	19,3		ABB	CH/S	24,7	
SCA Hygiene	D	44,7	Grundstoffe	Nokia	SF	51,2	Telekommunikation
FPB Holding	D	24,4		Vodafone	GB	36,7	
UPM	SF	22,7		Hellenic Telecom	GR	27,8	
WH Smith	GB	30,0	Handel	TNT Post Group	NL	34,6	Verkehr
D'Ieteren	B	21,8		Stagecoach	GB	29,3	
Dixons	GB	21,2		National Express	GB	25,0	
Compass	GB	38,3	Konsumgüter	AMB	D	37,1	Versicherung
Thomson Travel	GB	35,6		AM-Leben	D	28,3	
Hennes & Mauritz	S	35,3		Prudential	GB	26,2	
Hays	GB	28,8	Invgüter/Dienstl.	National Grid	GB	70,4	Versorgung
Hogg Robinson	GB	27,6		Southern Electric	GB	28,4	
Randstad	NL	12,1		National Power	GB	22,3	

Abb. 4.36: *Top-Eigenkapitalrentabilitäten europäischer Unternehmen im Branchenvergleich (Quelle: o. V. 1999)*

Natürlich muss ein internationaler Wertevergleich nicht auf den europäischen Markt beschränkt bleiben. Vielmehr würde eine, nicht zuletzt angesichts der seit Jahren zu beobachtenden Globalisierungstendenzen durchaus sinnvolle, weltweite Betrachtung vermutlich zu noch höheren Standards führen.

IV. Abstimmungsprozess zur Fixierung der Soll-Eigenkapitalrentabilität

Vor dem Hintergrund der verschiedenen Verfahren zur Bestimmung der Eigenkapitalrentabilität ist abschließend zu überlegen, wie die **Soll-Eigenkapitalrentabilität** endgültig fixiert werden soll.

Der im **finanzstrukturellen Ansatz** ermittelte Mindestgewinn stellt den zur Einhaltung des finanziellen Gleichgewichts aus Sicht des Unternehmens zwingend notwendigen Rentabilitätsbedarf dar. Dieser Wert ist als Mindestgröße zu beachten, damit die Existenz der Unternehmung (langfristig) gesichert werden kann. Der finanzstrukturelle Gewinnbedarf stellt somit eine zwingend zu erfüllende Bedingung dar.

Zur Wertgenerierung ist eine finanzstrukurell-orientierte Zielfixierung alleine nicht ausreichend. Denn die Sichtweise des finanzstrukturellen Ansatzes ist für den **Kapitalmarkt** zwar als existenzsichernde Nebenbedingung relevant. Für Investoren ist aber die Erwirtschaftung einer kapitalmarktadäquaten Verzinsung des investierten Kapitals entscheidend. Tendenziell werden die risikoadjustierten Renditeerwartungen des Kapitalmarktes über dem finanzstrukturellen Gewinnbedarf liegen, auch wenn sich in Abhängigkeit von den zugrunde liegenden Daten die Reihenfolge durchaus umdrehen kann. Insofern handelt es sich auch bei dem hier bestimmten Zielwert um eine Mindest-Rentabilität.

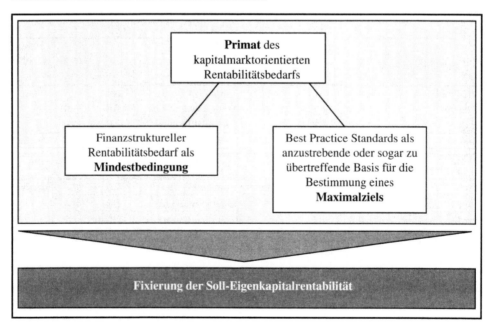

Abb. 4.37: Fixierung der Soll-Eigenkapitalrentabilität

Der maximale Zielwert für die ROE wird aus dem **Best-Practice-Ansatz** resultieren. Best-Practice-Standards dienen der Orientierung am Marktführer. Jede Unternehmung muss sich daran messen und bewerten lassen, dass gegebenenfalls andere, branchengleiche Unternehmen bessere Rentabilitätswerte erzielen. Insofern sollte jedes Unternehmen zumindest versuchen, in dieselbe Richtung zu stoßen. Gleichwohl ist für die Generierung von Shareholder Value die kapitalmarktorientierte Fixierung der Soll-Rentabilität ausreichend.

Die Soll-Eigenkapitalrentabilität wird demzufolge im Rahmen des in Abb. 4.37 skizzierten Abstimmungsprozesses fixiert. Die Wertorientierung fordert grundsätzlich das **Primat** des kapitalmarktorientierten Rentabilitätsbedarfs. Der finanzstrukturelle Rentabilitätsbedarf ist als **Mindestbedingung** unbedingt einzuhalten. Demgegenüber stellen Best-Practice-Standards **Maximalziele** dar, die mindestens anzustreben, vielleicht sogar zu übertreffen sind.

B. Analyse der Ist-Eigenkapitalrentabilität

Die geplante Soll-Eigenkapitalrentabilität muss durch die geschäftspolitischen Aktivitäten des Unternehmens erreicht werden. Aus Sicht des Value Controllings ist dazu ein (Teil-)Führungsinformationssystem aufzubauen, das die Steuerung der Ist-Eigenkapitalrentabilität in entsprechender Weise unterstützt. Erst wenn die Ist-Eigenkapitalrentabilität die Soll-Eigenkapitalrentabilität mindestens erreicht oder besser noch übersteigt, sind die unternehmerischen Zielsetzungen erfüllt.

I. Konzeption eines integrierten Kennzahlensystems für das ROI-Management

1. Rahmenbedingungen integrierter Kennzahlensysteme

a) Kennzahlen und Kennzahlensysteme

Zur Analyse der Ist-Rentabilität ist in der GuV-orientierten Betrachtungsweise die Konzeption eines **integrierten Kennzahlensystems** besonders geeignet. Kennzahlen und Kennzahlensysteme lassen sich auf verschiedene Art und Weise charakterisieren. Kennzahlen erfassen quantitative Sachverhalte in konzentrierter Form. Grundsätzlich lassen sich zwei Kategorien von Kennzahlen differenzieren. Die Kennzahlen zu Liquidität, Finanzierung und Investition dienen dazu, die Liquiditätssituation, die Finanzierungsstrukturen sowie die Investitionstätigkeit einer Unternehmung zu beurteilen. Demgegenüber sind die Kennzahlen zur Ertragslage darauf ausgerichtet, die Quellen des unternehmerischen Erfolgs sichtbar zu machen und die wechselseitige Bedingtheit und Relativität der Erfolgsgrößen herauszuarbeiten.

Kennzahlen sind grundsätzlich nicht dazu geeignet, Probleme zu lösen. Die Verwendung von Kennzahlen dient vielmehr dazu, betriebswirtschaftlich relevante Fragen zu stellen: Was ändert sich wann, warum und in welcher Höhe?

In diesem Sinne besteht der eigentliche Verwendungszweck von Kennzahlen darin, Kennzahlenvergleiche durchzuführen. Erst durch den Kennzahlenvergleich lassen sich ökonomisch informative Aussagen ableiten. Es lassen sich diesbezüglich drei zentrale **Vergleichsdimensionen** differenzieren (vgl. LEFFSON 1984):

- Im Rahmen von **Perioden- oder Zeitvergleichen** werden Kennzahlen unterschiedlicher Geschäftsperioden miteinander verglichen.
- Im Rahmen von **Betriebsvergleichen** werden Kennzahlenvergleiche für unterschiedliche Unternehmen oder Branchen durchgeführt.
- Im Rahmen von **Soll-/Ist-Vergleichen** werden Plan- bzw. Normwerte den Ist-Werten gegenübergestellt.

Periodenvergleiche dienen dazu, die Entwicklung einer Unternehmung im abgelaufenen Geschäftsjahr sowie über einen längeren Zeitraum zu erkennen. Für die korrekte Interpretation der Kennzahlenwerte im Rahmen von Periodenvergleichen müssen

- die Bilanzpositionen zu den betrachteten Stichtagen in gleicher Weise und unter vergleichbaren Bedingungen ermittelt werden,
- zudem müssen alle wesentlichen Unstimmigkeiten aufgedeckt worden sein
- und es müssen die angegebenen Werte zu den Bilanzstichtagen im Großen und Ganzen der Entwicklungstendenz während der einzelnen Geschäftsjahre entsprechen.

Nur wenn diese Voraussetzungen zumindest bedingt gegeben sind, lassen sich aus den ermittelten Veränderungen repräsentativer Kennzahlen im Zeitablauf sachlogisch korrekte Schlüsse ziehen.

Die Verwendung von Kennzahlensystemen kann bei Periodenvergleichen zum einen auf mögliche Änderungstendenzen aufmerksam machen. Sie dienen zum anderen als zentrales Instrumentarium zur Ursachenforschung bzw. zur Lokalisierung des Ursachenherdes.

Zur Durchführung von **Betriebsvergleichen** ist es zunächst erforderlich, die Unternehmungen in entsprechende Branchen einzuteilen. Problematisch ist hierbei, dass einerseits Branchen häufig nicht genügend homogen sind. Andererseits sind viele, gerade größere Unternehmen unter Umständen gleichzeitig in mehreren Branchen tätig. Demgemäß kann bei Betriebsvergleichen entweder die Entwicklung einer Unternehmung mit ihren jeweiligen Konkurrenten oder mit der Entwicklung der entsprechenden Branche verglichen werden. Bei einem Branchenvergleich ist jedoch immer zu beachten, dass die oftmals ganz erheblichen betrieblichen Unterschiede durch die Zusammenfassung zu Gesamtwerten oder zu Durchschnittswerten ausgeschaltet oder zumindest stark nivelliert werden. Deshalb ist die Aussagefähigkeit von Betriebsvergleichen grundsätzlich eingeschränkt.

Mithilfe solcher Vergleiche lässt sich zum einen zeigen, wie die Kennzahlenwerte einer Unternehmung vom jeweiligen Durchschnittswert abweichen. Zum anderen zeigt sich, inwieweit die Entwicklung der betrachteten Unternehmung auch der Branchenentwicklung entspricht oder aber hiervon abweicht. Aufschlussreich ist ein Betriebsvergleich vor allem dann, wenn sich eine Unternehmung deutlich anders entwickelt als alle vergleichbaren Unternehmungen. In eben diesem Fall stellt sich aber sofort wieder die Frage nach der Vergleichbarkeit der Kennzahlen (vgl. LEFFSON 1984), woraus ein entsprechender Zirkelschluss resultiert.

Schließlich setzen **Soll-/Ist-Vergleiche** voraus, dass bestimmte normative Kennzahlenwerte überhaupt existieren. In diesem Kapitel wurden in Zusammenhang mit den Kapitalstrukturnormen entsprechende Richtwerte bereits diskutiert. Die Kennzahlennormen können dahingehend differenziert werden, ob sie entweder theoretisch fundiert sind oder von der Praxis als wünschenswert erachtet werden.

Selbstverständlich sind die Kennzahlenvergleiche nicht auf eine dieser drei Dimensionen beschränkt. Vielmehr wird gerade die Kombination verschiedener Vergleichsdimensionen zu umfassenderen Erkenntnissen führen. So stellt bspw. die Beurteilung der Entwicklung von Unternehmungen im Branchenvergleich eine Kombination der Dimensionen Zeitvergleich und Betriebs-/Konkurrenzvergleich dar.

b) Erfolgsspaltung in der GuV

Für die Formulierung spezifischer Erfolgsziele bedarf es naturgemäß einer genauen Kenntnis der verschiedenen **Erfolgsbegriffe**, die sich vor allem dadurch unterscheiden,

- welche Erträge und Aufwendungen (Kosten) im Einzelfall einander gegenübergestellt werden und
- ob sie als absolute Erfolgsgröße (etwa im Sinne einer absoluten Gewinngröße) oder als relative Erfolgsgröße (im Sinne von Rentabilität) definiert werden.

Abb. 4.38 veranschaulicht die Zusammenhänge. Hierzu ist folgendes zu bemerken:

- **Kalkulatorische Erfolgsgrößen** bleiben an dieser Stelle ausgeklammert. Bei Verwendung interner Daten aus den Bereichen Betriebsabrechnung und Kalkulation können diese Erfolgsgrößen jedoch analog ermittelt werden.
- Der **Brutto-Gewinn** ist hier nach dem Umsatzkostenverfahren ermittelt, das heißt, dass lediglich die Umsatzerlöse der Periode als Periodenleistung erfasst werden und davon die Herstellkosten der in der Periode abgesetzten Produkte abgezogen werden.
- Die Bezeichnung der Erfolgsgrößen mit dem Zusatz "**Brutto**" und "**Netto**" deutet die Unterscheidung der Erfolgsgrößen vor und nach Abzug der Fremdkapitalzinsen an. Dies ist insbesondere für die später vorgenommene Definition von Rentabilitätskennziffern, die sich auf Kapitaleinsatzgrößen beziehen, von Bedeutung. Des weiteren wird diese Unterscheidung bei der Cashflow-Bestimmung im Rahmen der Unternehmensbewertung wieder aufgegriffen.
- Die Bezeichnung "**operativ**" lässt darauf schließen, dass die jeweiligen Erfolgsgrößen ausschließlich aus dem Betriebszweck resultieren, also weder Erträge aus Finanzanlagen noch ein außerordentliches Ergebnis beinhalten.

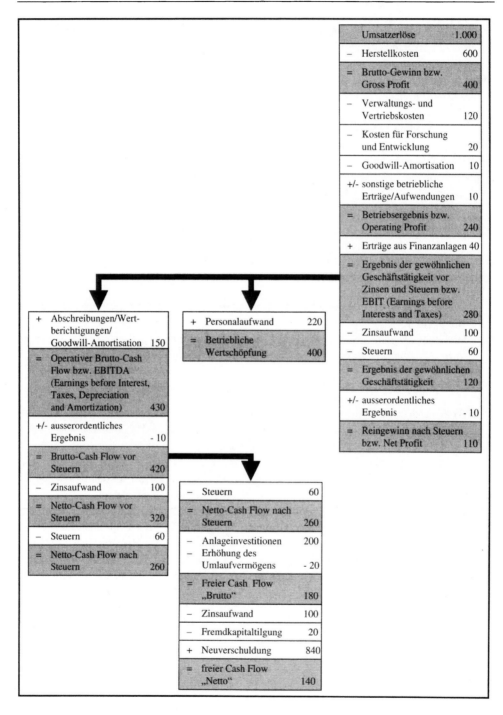

Abb. 4.38: Alternative Erfolgsbegriffe (vgl. SCHIERENBECK 2000)

Beispielhaft wird in Abb. 4.39 die in diesem Zusammenhang definierte Zwischengröße EBITDA anhand der DAX-Werte per Ende 1998 aufgelistet.

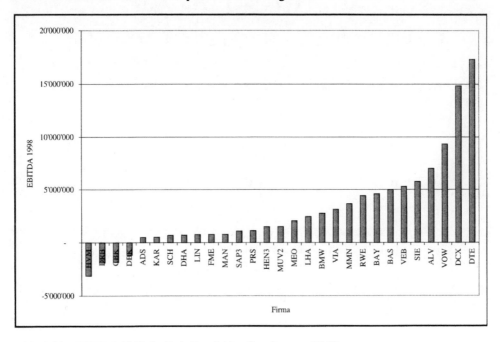

Abb. 4.39: EBITDA 1998 (in Tsd. Euro) (Quelle: Consors 2000)

c) Definition alternativer Rentabilitätskennzahlen

Aufbauend auf die in Abb. 4.38 abgegrenzten Erfolgsgrößen werden in der Abb. 4.40 zentrale Rentabilitätskennziffern definiert.

Dabei handelt es sich um Rentabilitätskennziffern, die einen Zusammenhang zwischen den verschiedenen Erfolgsgrößen und unterschiedlich definierten Kapitaleinsatzgrößen beschreiben. Hierbei wird zunächst zwischen dem Eigenkapital, dem Gesamtkapital, dem zu Betriebszwecken eingesetzten Kapital (Employed Capital), das dem Betriebsvermögen entspricht, und dem in Finanzanlagen investierten Kapital unterschieden. Letztere beiden Größen ergeben in der Summe das Gesamtkapital, das dem Gesamtvermögen entspricht. Das Gesamtvermögen (Total Assets) ist auf Basis einer kompensierten Bilanz, also nach Abzug passivisch ausgewiesener Wertberichtigungen etc., zu ermitteln, in diesem Sinne also als Netto-Gesamtvermögen bzw. Total Net Assets zu verstehen. Für den Fall, dass ein Teil des Gesamtvermögens in Finanzanlagen investiert ist und somit Erträge aus Finanzanlagen existieren, ist hinsichtlich der verschiedenen Kapitaleinsatzgrößen zu differenzieren, damit in Verbindung mit den jeweils passenden Erfolgsgrößen die Kennzahlen zu sinnvollen Rentabilitätsaussagen führen.

Nenner	Zähler	Rentabilitäts-kennzahl	Symbol
Eigenkapital (Equity)	Reingewinn (Net Profit)	Eigenkapitalrentabilität (Net-Return on Equity)	EKR (ROE)
	Netto-Cashflow (Net Cashflow)	Netto-Cashflow-Eigenkapitalrentabilität (Net-Cashflow-Return on Equity)	$CFEKR$ ($CFROE$)
Gesamtkapital (Total-)Assets	Ergebnis aus der gewöhnlichen Geschäftstätigkeit vor Zinsen und Steuern (EBIT)	(Brutto-) Gesamtkapitalrentabilität (Gross-Return on (Total-) Assets)	GKR_{Brutto} (ROA_{Gross})
	Reingewinn (Net Profit)	Netto-Gesamtkapitalrentabilität (Net-Return on (Total-) Assets)	GKR_{Netto} (ROA_{Net})
	Brutto-Cash Flow (Gross Cash Flow)	Brutto-Cash Flow-Gesamtkapitalrentabilität (Gross-Cashflow-Return on (Total-)Assets)	$CFGKR_{Brutto}$ ($CFROA_{Gross}$)
	Netto-Cash Flow (Net-Cash Flow)	Netto-Cash Flow-Gesamtkapitalrentabilität (Net-Cash Flow-Return on (Total-)Assets	$CFGKR_{Netto}$ ($CFROA_{Net}$)
Betriebsvermögen (Invested Capital)	Betriebsergebnis (Operating Profit)	Brutto-Betriebsvermögensrentabilität (Operating Return on Invested Capital)	BVR_{Brutto} ($OROIC$)
	Operativer Brutto-Cash Flow (EBITDA)	Brutto-Cash Flow-Betriebsvermögensrentabilität (EBITDA on Employed Capital)	$CFBVR_{Brutto}$ ($CFROIC_{Gross}$)
Finanzanlagen (Financial Assets)	Zinserträge aus Finanzanlagen (Gross-Income on Financial Assets)	Brutto-Finanzanlagenrentabilität (Gross-Return on Financial Assets)	FAR_{Brutto} ($ROFA_{Gross}$)
Umsatzerlöse (Sales)	Reingewinn (Net Profit)	Netto-Umsatzrentabilität (Net-Return on Sales)	UR_{Netto} (ROS_{Net})
	Betriebsergebnis (Operating Profit)	Brutto-Umsatzrentabilität (Operating Returns on Sales)	UR_{Brutto} ($OROS$)
	Operativer Brutto-Cash Flow (EBITDA)	EBITDA-Marge (EBITDA-Margin)	$CFUR_{Brutto}$ ($CFROS_{Gross}$)
	Netto-Cash Flow (Net Cash Flow)	Netto-Cash Flow-Umsatzrentabilität (Net Cash Flow-Margin)	$CFUR_{Netto}$ ($CFROS_{Net}$)

Abb. 4.40: Auswahl zentraler Rentabilitätskennzahlen (vgl. SCHIERENBECK 2000)

Die in Abb. 4.40 aufgeführten Umsatzrentabilitäten sind Kennziffern, welche die aus der betrieblichen Tätigkeit erzielten Umsatzerlöse zur Basis haben. Aus diesem Grund ist es hier nur sinnvoll, Erfolgsgrößen, die aus dem betrieblichen Umsatzprozess resultieren, im Zähler einzusetzen. Es sind dies der Reingewinn unter der Annahme, dass dieser im wesentlichen durch den betrieblichen Umsatz erzielt wurde, das Betriebsergebnis (EBIT = Earnings before Interest and Taxes) sowie der operative Brutto-Cashflow (EBITDA = Earnings before Interest, Taxes, Depreciation and Amortization), welche relativ zu den Umsatzerlösen ausgedrückt werden.

Zwischen den in Abb. 4.40 angeführten Rentabilitäten bestehen nun eine Reihe relevanter Beziehungen, die bei der Konzeption einer Kennzahlenhierarchie insofern Berücksichtigung verlangen, als grundsätzlich zu fordern ist, dass eine solche Kennzahlenhierarchie widerspruchsfrei formuliert ist. Die Beziehungen zwischen den Rentabilitäten spielen aber auch eine große Rolle für eine rentabilitätsbezogene Unternehmungsanalyse. Dabei wird vereinfachend davon ausgegangen, dass weder Erträge aus Finanzanlagen noch ein außerordentliches Ergebnis existieren, so dass der Reingewinn mit dem Betriebsergebnis gleichgesetzt werden kann. Wird diese Annahme konsequent auf die Kapitaleinsatzprämisse übertragen, dann sind das Gesamtkapital (Total Assets) und das für den eigentlichen Betriebszweck eingesetzte Kapital (Employed Capital) identisch, wovon in den folgenden Erläuterungen ausgegangen wird.

2. Konstruktionselemente der ROI-Kennzahlenhierarchie

Die Betrachtung einzelner Kennzahlen ist für eine tiefergehende Analyse und Interpretation unzweckmäßig. Besser geeignet ist die rechnerische Verknüpfung von Kennzahlen zu Kennzahlensystemen. Bei diesem Kennzahlensystem stehen die einzelnen Kennzahlen in einer sachlogischen, häufig hierarchischen, also ursache-/wirkungsbezogenen bzw. ziel-/mittelbezogenen Beziehung zueinander.

In Theorie und Praxis hat sich diesbezüglich das von Dupont entwickelte ROI-(=Return on Investment) Kennzahlenschema durchgesetzt. Dieses ROI-Kennzahlensystem weist verschiedene Charakteristika auf:

- Durch Bildung von Relationen zwischen zentralen Erfolgsgrößen und der Bilanzsumme bzw. dem Geschäftsvolumen oder den Eigenmitteln wird es in der ROI-Analyse möglich, Unternehmen unterschiedlichster Größe und Struktur auf einer systematischen Grundlage zu vergleichen.
- Das hierarchisch aufgebaute ROI-Analyse-Konzept verdeutlicht die verschiedenartigen geschäftspolitischen Ansatzpunkte, um die Eigenkapitalrentabilität und - im erweiterten Konzept - den Shareholder Value systematisch zu verbessern.
- Die ROI-Analyse ist ein zentrales Werkzeug zur Simulation von Kennzahlenveränderungen und zur Verdeutlichung ihres kumulativen Durchschlageffektes auf zentrale Erfolgs- und Performancegrößen.

Zur Konzeption eines integrierten Kennzahlensystems für das ROI-Management sind also die verschiedenen Rentabilitätskennzahlen in einen rechnerischen Zusammenhang zu bringen. Zentrale Rentabilitätskennzahlen sind die Kennziffern

- Return on Equity bzw. Eigenkapitalrentabilität;
- Gross-Return on Assets bzw. (Brutto-)Gesamtkapitalrentabilität,
- Net-Return on Assets bzw. (Netto-)Gesamtkapitaltrentabilität,
- (Gross-)Return on Sales bzw. (Brutto-)Umsatzrentabilität und
- (Net-)Return on Sales bzw. (Netto-)Umsatzrentabilität.

Im **Dupont'schen System** der **klassischen ROI-Analyse** werden die Zusammenhänge zwischen der Gesamtkapitalrentabilität, der Net-Return on Assets, der Brutto-Umsatzrentabilität sowie der Netto-Umsatzrentabilität dargestellt. In der **erweiterten ROI-Analyse** werden diese Zusammenhänge durch die Integration des Leverage-Effekts, der die Beziehung zwischen der Gesamtrentabilität und der Eigenkapitalrentabilität beschreibt, ergänzt. Zur Darstellung der erweiterten ROI-Analyse wird zunächst der Leverage-Effekt erörtert. Anschließend werden die übrigen Kennzahlenverknüpfungen diskutiert.

a) Der Leverage-Effekt

Die Analyse des **Leverage-Effekts** erfolgt mithilfe des in Abb. 4.41 skizzierten Zahlenbeispiels. Hier wird eine Unternehmung betrachtet, die über eine Gesamtkapitalausstattung in Höhe von 1000 GE verfügt. Das Gesamtkapital setzt sich zusammen aus 400 GE Eigenkapital und 600 GE Fremdkapital. Die Struktur des Anlage- und Umlaufvermögens ist zunächst irrelevant.

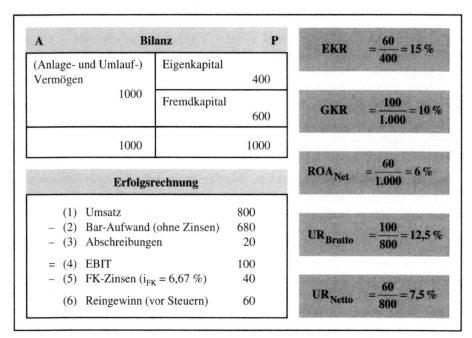

Abb. 4.41: *Beispiel zur Berechnung zentraler ROI-Kennzahlen*
(mit: EKR = Eigenkapitalrentabilität; GKR = Gesamtkapitalrentabilität; ROA = Return on Assets; UR = Umsatzrentabilität)

Die Erfolgsrechnung weist einen Umsatz in Höhe von 800 GE auf. Der liquiditätswirksame Aufwand vor Zinsen beträgt 680 GE. Bei 20 GE Abschreibungen ergeben sich hieraus EBIT in Höhe von 100 GE.

Bei einem unterstellten Fremdkapitalkostensatz in Höhe von 6,67 % auf das in der Bilanz ausgewiesene Fremdkapital von 600 GE beträgt der absolute Zinsaufwand 40 GE. Demgemäß beträgt der Reingewinn vor Steuern 60 GE.

Für diese Datenkonstellation lassen sich die Kennzahlen einzeln berechnen. Es ergibt sich eine Eigenkapitalrentabilität von 15%, eine Gesamtkapitalrentabilität von 10 %, eine Net-Return on Assets von 6 %, eine Brutto-Umsatzrentabilität von 12,5 % sowie eine Netto-Umsatzrentabilität von 7,5 %.

Für den zwischen diesen Kennzahlen bestehenden Zusammenhang ist die Leverage-Formel aufzustellen. Die theoretische Herleitung ergibt sich aus folgenden Gleichungen:

$$EBIT = GKR \times (EK + FK)$$

$$\underbrace{EKR \times EK}_{Reingewinn} = EBIT - \underbrace{FKZ \times FK}_{Zinsaufwand}$$

$$EKR \times EK = GKR \times (EK + FK) - FKZ \times FK$$

$$EKR = \frac{GKR \times EK}{EK} + \frac{GKR \times FK}{EK} - \frac{FKZ \times FK}{EK}$$

$$Leverage-Formel: EKR = GKR + (GKR - FKZ) \times \frac{FK}{EK}$$

mit: EK = Eigenkapital; EKR = Eigenkapitalrentabilität; FK = Finanzkraft; FKZ = Fremdkapitalzins; GKR = Gesamtkapitalrentabilität; EBIT = Earnings Before Interest and Taxes

Mithilfe der Leverage-Formel lässt sich die Eigenkapitalrentabilität aus der Verknüpfung von Gesamtkapitalrentabilität, Fremdkapitalzinssatz und Verschuldungsgrad berechnen. Der Leverage-Effekt erklärt, dass mit steigendem Anteil der Fremdfinanzierung die Eigenkapitalrendite zunimmt, solange die Gesamtkapitalrentabilität größer als der Fremdkapitalzins ist.

Offensichtlich sind mit dem Leverage-Effekt zwei **Hebelwirkungen** verbunden. Der **Rentabilitätshebel** drückt sich darin aus, dass bei gleichbleibendem Verschuldungsgrad durch die Ausdehnung des Spreads zwischen Gesamtkapitalrentabilität und dem Fremdkapitalzins eine Verbesserung der Eigenkapitalrentabilität erreicht werden kann.

Der **Risikohebel** ist mit dem Verschuldungsgrad verknüpft. Bei gleichbleibender Differenzierung zwischen Gesamtkapitalrentabilität und Fremdkapitalzins führt eine zunehmende Verschuldung zu einer Verbesserung der Eigenkapitalrentabilität. Damit führt die Veränderung des Verschuldungsgrades einerseits zu einer Rentabilitätswirkung.

Andererseits folgt aus der zunehmenden Verschuldung aber auch eine Erhöhung des Kapitalstrukturrisikos. Die risikospezifischen Effekte werden im dritten Teil diskutiert. An dieser Stelle werden nur die mit der Stellschraube Rentabilität verbundenen Effekte erörtert.

Anhand der Daten des Ausgangsbeispiels kann der Einfluss des Fremdkapitalzinses auf die Rentabilitätsziffern aufgezeigt werden (vgl. Abb. 4.42). In der Ausgangssituation betrug der Fremdkapitalzins 6,67 %. Bei 600 GE Fremdkapital ergab sich daraus ein Zinsaufwand in Höhe von 40 GE. Bei EBIT von 100 GE resultiert hieraus ein Reingewinn von 60 GE. Setzt man diesen Reingewinn in Relation zu den 400 GE Eigenkapital, so führt dies zu einer Eigenkapitalrentabilität von 15 %. Bezogen auf die Gesamtkapitalausstattung von 1000 GE ergibt sich aus dem Reingewinn die Kennziffer Netto-Return on Asset in Höhe von 6 %.

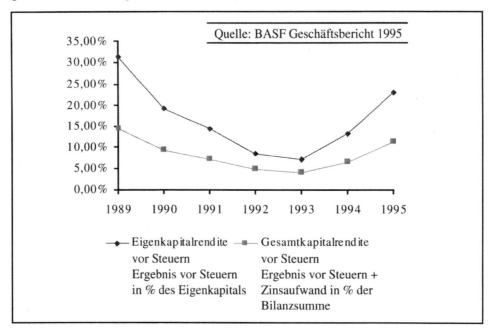

Abb. 4.42: Rentabilitätskennziffern der BASF

Ungeachtet der nachfolgenden Variationen des Fremdkapitalzinses bleiben die EBIT konstant in Höhe von 100 GE bestehen. Damit verbunden ist eine Gesamtkapitalrentabilität in Höhe von 10 %. Wenn die Unternehmung es schafft, durch entsprechende Maßnahmen den Fremdkapitalzins auf 5 % zu senken, so reduziert sich der Zinsaufwand auf nunmehr nur noch 30 GE. Bei gleichbleibenden EBIT erhöht sich der Reingewinn auf 70 GE, so dass die neue Eigenkapitalrentabilität 17,5 % und die neue Net-Return on Assets 7 % beträgt. Umgekehrt führt die Steigerung des Fremdkapitalzinses zu Verschlechterungen der Rentabilität. Wird anschließend die Konstanz des Fremdkapitalzinses unterstellt, so lassen sich über die Veränderung der Gesamtkapitalrentabilität gleichlautende Veränderungen der Rentabilitätskennziffern Eigenkapitalrentabilität und Net-Return on Assets aufzeigen. Dazu wird bei identischer Ausgangssituation im ersten Schritt die Gesamtkapitalrentabilität auf 11 % angehoben, so dass die EBIT auf 110 GE steigen. Dann erhöht sich wiederum der Reingewinn auf 70 GE.

Damit einhergehend werden die Rentabilitätskennziffern auf 17,5 % für die Eigenkapitalrentabilität und 7 % für die Net-Return on Assets ansteigen.

Umgekehrt führt die Verschlechterung der Gesamtkapitalrentabilität auf 8 % und die damit einhergehende Verringerung der EBIT auf 80 GE zu einer Verringerung des Reingewinns auf 40 GE und einer Verschlechterung der Eigenkapitalrentabilität auf 10 % sowie der Kennziffer Netto-Return on Asset auf 4 %.

Bei gleichbleibendem Verschuldungsgrad führen also Erhöhungen (Verringerungen) der Gesamtkapitalrentabilität beziehungsweise Verringerungen (Erhöhungen) des Fremdkapitalzinses zu einer Erhöhung (Verringerung) der Eigenkapitalrentabilität. Selbstverständlich können beide Effekte auch miteinander kombiniert werden.

Ohne die Effekte aus der Kennziffer Verschuldungsgrad weiter zu problematisieren, lässt sich dieser Zusammenhang am Beispiel der BASF-Gruppe durch einen grafischen Vergleich der Entwicklungen von Eigenkapitalrentabilität und Gesamtkapitalrentabilität eindrucksvoll demonstrieren (vgl. Abb. 4.42). Es zeigt sich, dass in jedem der betrachteten Geschäftsjahre Veränderungen der Gesamtkapitalrentabilität sich immer gleichgerichtet auf die Eigenkapitalrentabilität auswirken. Grundsätzlich sind die absoluten Veränderungen der Eigenkapitalrendite jedoch größer als die der Gesamtkapitalrendite. Setzt man jedoch die 1989 zu beobachtenden Ausgangswerte einem Index von 100 gleich, so zeigt sich, dass die prozentualen Veränderungen dieser Indizes im Laufe der Jahre nahezu identisch sind. Ergänzend werden für die DAX-Werte die Gesamtkapitalrenditen des Jahres 1998 in Abb. 4.43 angegeben. Dabei zeigen sich wiederum große, vor allem branchenabhängige Unterschiede.

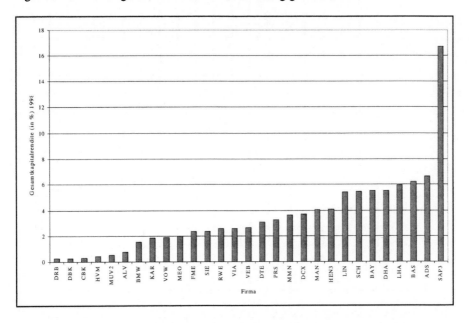

Abb. 4.43: Gesamtkapitalrendite der DAX-Werte per 1998 (Quelle: Consors 2000)

b) Zusammenhang zwischen ROA$_{GROSS}$, ROA$_{NET}$ und UR$_{NETTO}$

Für die ROI-Kennzahlenhierarchie ist weiterhin der Zusammenhang zwischen den Kennziffern Net-Return on Assets (ROA$_{Net}$) und Netto-Umsatzrentabilität (UR$_{Netto}$) zu analysieren. Der formelmäßige Zusammenhang zwischen diesen beiden Kennziffern stellt sich folgendermaßen dar:

$$ROA_{NET} = \frac{NG}{GK} \times \frac{U}{U} = \frac{NG}{U} \times \frac{U}{GK} = UR_{NETTO} \times KU$$

mit: GK = Gesamtkapital; KU = Kapitalumschlag; NG = Nettogewinn; ROA$_{NETTO}$ = Net-Return on Assets; U = Umsatz

Die Kennziffer **Net-Return on Assets (ROA$_{NET}$)** ergibt sich aus der Multiplikation der Netto-Umsatzrentabilität mit dem Kapitalumschlag. Je höher die Netto-Umsatzrentabilität bzw. der Kapitalumschlag, desto höher ist der Wert der Net-Return on Assets.

Mithilfe einer Isoquantenanalyse lässt sich zeigen, wie der Kapitalumschlag bzw. die Netto-Umsatzrentabilität verändert werden müssen, damit ein gleichbleibender Wert für die Kennziffern ROA$_{Net}$ aufrecht erhalten werden kann (vgl. Abb. 4.44).

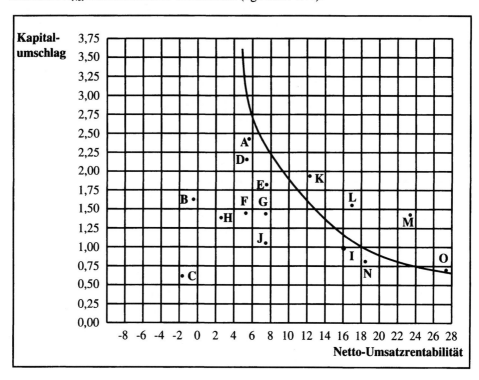

Abb. 4.44: Der Zusammenhang zwischen Kapitalumschlag und Netto-Umsatzrentabilität

Für die Unternehmensrechnung müssen alle Geschäftsfelder dazu beitragen, dass die Ziel-ROA_{Net} erreicht wird. Das bedeutet, dass für alle Geschäftsfelder Kombinationen der Kennziffern KU und UR_{Netto} angestrebt werden sollten, die sich auf einer der Ziel-ROA_{Net} entsprechenden Isoquante befinden. Tatsächlich werden die geschäftsfeldspezifischen Ist-ROA_{Net} von der Ziel-Isoquante abweichen.

Alle Werte links bzw. unterhalb dieser Funktionslinie führen zu niedrigeren ROA_{Net}-Kennziffern. Umgekehrt führen alle rechts bzw. oberhalb der Funktionslinie positionierten Werte zu einer höheren Kennziffer. Für das Gesamtportefeuille der Unternehmung ist der Ausgleich zwischen den Geschäftsfeldern links und rechts der Funktionslinie anzustreben.

Dieser Zusammenhang gilt nicht nur für die ROA_{Net}, sondern ebenfalls für die **Gross-Return on Assets (ROA_{Gross})**. Die zuvor für die ROA_{Net}-Kennziffer aufgestellte Formel muss zur Verdeutlichung dieses Zusammenhangs lediglich dahingehend modifiziert werden, dass der Kapitalumschlag mit der Brutto-Umsatzrentabilität multipliziert wird.

Der zuvor in Abb. 4.44 skizzierte Zusammenhang lässt sich für die ROA_{Gross} zu einer **Portfolioanalyse** ausdehnen (vgl. Abb. 4.45). In einem Koordinatensystem werden dazu auf der X-Achse der Kapitalumschlag und auf der Y-Achse die Brutto-Umsatzrendite eingetragen. Für die verschiedenen Segmente, in denen eine Unternehmung tätig ist, werden die segmentspezifischen Werte für die Bruttoumsatzrendite sowie für den Kapitalumschlag ermittelt. Aus der Multiplikation der beiden Werte resultiert die in das Koordinatensystem einzutragende Gesamtkapitalrentabilität bzw. ROA_{Gross}. Die unterschiedliche Größe der in das Koordinatensystem eingetragenen Punkte dokumentiert, welche Geschäftsbereiche in welchem Umfang unterdurchschnittliche und welche überdurchschnittliche Rentabilitätsbeiträge generieren.

Am Beispiel eines mittelständischen Möbelherstellers (vgl. Abb. 4.45) zeigt sich die große Differenziertheit der Rentabilitätssituation in den verschiedenen Segmenten, in denen der Möbelhersteller aktiv ist. Durch die Integration der Durchschnittswerte der Möbelindustrie für die **Brutto-Umsatzrendite** bzw. den **Kapitalumschlag** des Jahres 1994 ergeben sich im Koordinatensystem vier Felder. Das obere rechte Feld enthält alle Kombinationen mit überdurchschnittlichem Kapitalumschlag und überdurchschnittlicher Brutto-Umsatzrendite. Zumindest für die Kennzifferwerte des Jahres 1992 lässt sich für den mittelständischen Möbelhersteller konstatieren, dass er in den verschiedenen Segmenten fast immer dieses obere rechte Feld erreichen oder zumindest streifen konnte.

Der Vergleich von Zahlen des Jahres 1992 mit den Durchschnittswerten von 1994 ist angesichts der gesamtwirtschaftlichen Entwicklungen nicht unproblematisch. Trotzdem zeigt sich eine eindrucksvolle Entwicklung. In allen Segmenten musste der Möbelhersteller eine Reduktion des Kapitalumschlages hinnehmen, wodurch sich negative Auswirkungen auf die Gesamtkapitalrentabilität ergeben. Zudem verringerte sich die Umsatzrentabilität in den Segmenten Büromöbel, Wohn- und Schlafzimmermöbel sowie Polstermöbel. Lediglich im Küchenmöbelsegment konnte die negative Entwicklung des Kapitalumschlages durch eine Erhöhung der Bruttoumsatzrendite aufgefangen und sogar wettgemacht werden. Nur dieses Segment befindet sich deshalb im Jahr 1994 noch im positiv zu bewertenden Feld mit überdurchschnittlichem Kapitalumschlag und überdurchschnittlicher Brutto-Umsatzrentabilität. Demgegenüber rutschen die Segmente Büromöbel und Wohn- und Schlafzimmermöbel in das schlechteste aller Felder mit unterdurchschnittlichem Kapitalumschlag und unterdurchschnittlicher Brutto-Umsatzrendite.

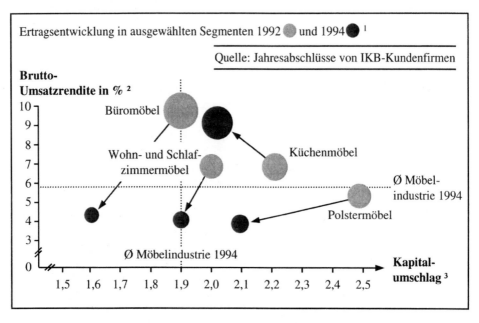

Abb. 4.45: *Ertragsentwicklung am Beispiel eines Möbelherstellers*
[mit: 1) dargestellt ist hier (durch die Kreise) die Gesamtkapitalrendite, die sich aus der Multiplikation von Umsatzrendite (Brutto) und Kapitalumschlag ergibt; die Größe der Kreise dokumentiert die unterschiedliche Ertragsstärke der Segmente; 2) Brutto-Umsatzrendite = (Betriebs- und Finanzergebnis+Zinsaufwand) / Netto-Umsatz; 3) Kapitalumschlag = Netto-Umsatz / Bilanzsumme]

c) Zusammenhang zwischen EKR und ROA_{Net}

Für die erweiterte ROI-Analyse ist des Weiteren der Zusammenhang zwischen Eigenkapitalrentabilität und Net-Return on Assets zu erörtern. Die Eigenkapitalrentabilität ist definiert als das Verhältnis der Netto-Gewinne zum Eigenkapital.

Das Verhältnis von Nettogewinn zu Gesamtkapital entspricht der Kennziffer Net-Return on Assets (vgl. Abb. 4.46). Das Verhältnis Gesamtkapital zu Eigenkapital wird als Kapitalhebel bezeichnet. Der Kapitalhebel erklärt, um das Wievielfache die Net-Return on Assets-Kennziffer zur Eigenkapitalrentabilität hochgehebelt wird. Der reziproke Wert des Kapitalhebels entspricht dem Verhältnis aus Eigenkapital zu Gesamtkapital, also der Eigenkapitalquote.

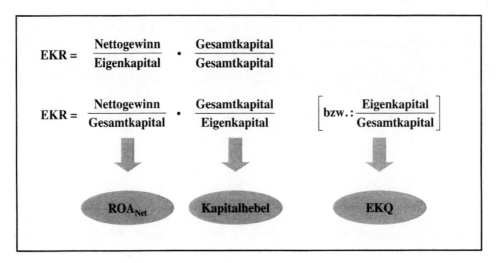

Abb. 4.46: ROA, Kapitalhebel und EKQ

Die Kennziffern Net-Return on Assets und Gross-Return on Assets sind über den **Zinsaufwand** miteinander verknüpft. Die Kennziffer Gross-Return on Assets muss um den Zinsaufwand bereinigt werden, um zur Kennziffer Net-Return on Assets zu gelangen. Da jedoch in den Return on Assets-Kennziffern Gewinngrößen in Relation zum Gesamtkapital stehen, muss auch der von der Gross-Return on Assets abzuziehende Zinsaufwand in Relation zum Gesamtkapital gestellt werden. Daraus ergibt sich folgende rechnerische Verknüpfung:

$$ROA_{NET} = ROA_{Gross} - \frac{ZA}{GK}$$

mit: GK = Gesamtkapital; ROA = Return on Assets; ZA = (Fremdkapital-) Zinsaufwand

Auch die Zinsbelastung in Relation zum Gesamtkapitaleinsatz lässt sich weiter aufschlüsseln bzw. durch die Verknüpfung zweier Kennzahlen berechnen. Dazu muss der Fremdkapitalzins, der sich aus dem Verhältnis des Zinsaufwandes zum Fremdkapitaleinsatz ergibt, mit der Fremdkapitalquote, die das Verhältnis aus Fremdkapital zu Gesamtkapital umfasst, multipliziert werden. Der Wert des Fremdkapitals im Zähler und Nenner der beiden Brüche kann gekürzt werden. Es ergibt sich folgende Gleichung:

$$\frac{ZA}{GK} = \frac{ZA}{FK} \times \frac{FK}{GK}$$

mit: FK = Fremdkapital; GK = Gesamtkapital; ZA = Zinsaufwand

Eigenkapital- und Fremdkapitalquote lassen sich des Weiteren über den Verschuldungsgrad miteinander verknüpfen. Die Division der Fremdkapitalquote durch den Verschuldungsgrad entspricht der Multiplikation der Fremdkapitalquote mit dem Kehrwert des Verschuldungsgrades. Bezüglich dieser Multiplikation lässt sich der Wert des Fremdkapitals im Zähler und im Nenner kürzen. Als Ergebnis zeigt sich das Verhältnis von Eigenkapital zum Gesamtkapital, welches der Eigenkapitalquote entspricht. Die Division der Fremdkapitalquote durch den Verschuldungsgrad führt also zur Eigenkapitalquote:

$$\frac{EK}{GK} = \frac{EK}{GK} \times \frac{FK}{FK} = \frac{FK}{GK} \times \frac{EK}{FK} = \frac{FK}{GK} \div \frac{FK}{EK}$$

mit: EK = Eigenkapital; FK = Fremdkapital; GK = Gesamtkapital

d) Zusammenhang zwischen UR_{Brutto} und UR_{Netto}

Die letzte, für die erweiterte ROI-Analyse relevante Verknüpfung, ist die der Kennziffern Brutto-Umsatzrentabilität und Netto-Umsatzrentabilität. Diese beiden Kennziffern, deren Werte für ausgewählte Unternehmen in Abb. 4.47 und Abb. 4.48 dargestellt werden, unterscheidet ebenfalls lediglich die Berücksichtigung des Zinsaufwandes. Im Gegensatz zu den Return on Assets-Kennziffern sind die Umsatzrentabilitäten nicht auf den Gesamtkapitaleinsatz, sondern auf den Umsatz bezogen. Deshalb muss an dieser Stelle der Zinsaufwand ins Verhältnis zum Umsatz gesetzt und die daraus resultierende Kennziffer von der Brutto-Umsatzrentabilität subtrahiert werden.

Auch für die Zinsbelastung in Relation zum Umsatz lässt sich eine weitergehende Aufspaltung durchführen. Die Multiplikation des bereits erörterten Fremdkapitalzinses mit der Fremdkapitalquote führt in einem ersten Schritt zum Zinsaufwand im Verhältnis zum Gesamtkapital. Die Division dieser Zinsbelastung durch den Kapitalumschlag ist gleichbedeutend mit der Multiplikation mit dem Kehrwert des Kapitalumschlages, also mit dem Verhältnis aus Gesamtkapital zum Umsatz. Diese Rechnung führt wiederum zur Kürzung des Gesamtkapitals in Zähler und Nenner. Hieraus ergibt sich das Verhältnis Zinsaufwand zum Umsatz. Insgesamt gilt:

$$UR_{NETTO} = UR_{BRUTTO} - \frac{ZA}{U}$$

wobei gilt: $\quad \underbrace{\frac{ZA}{U}}_{\substack{Zinsbelastung\ in \\ Relation\ zum \\ Umsatz\ (ZB/U)}} = \underbrace{\frac{ZA}{FK}}_{\substack{Fremdkapital- \\ zins\ (FKZ)}} \times \underbrace{\frac{FK}{GK}}_{\substack{Fremdkapital- \\ quote\ (FKQ)}} \times \frac{GK}{U} \left[bzw.: \underbrace{\frac{U}{GK}}_{\substack{Kapitalum- \\ schlag\ (KU)}} \right]$

mit: FK = Fremdkapital; GK = Gesamtkapital; U = Umsatz; ZA = Zinsaufwand

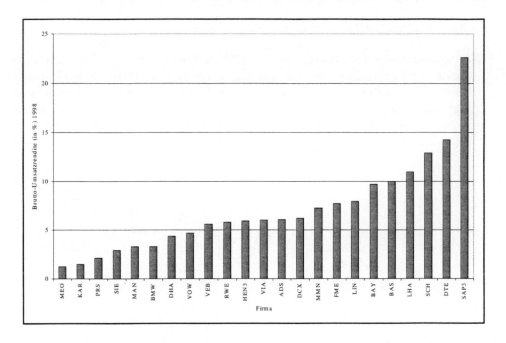

Abb. 4.47: UR_{Brutto} für DAX-Werte per 1998 (Quelle: Consors 2000)

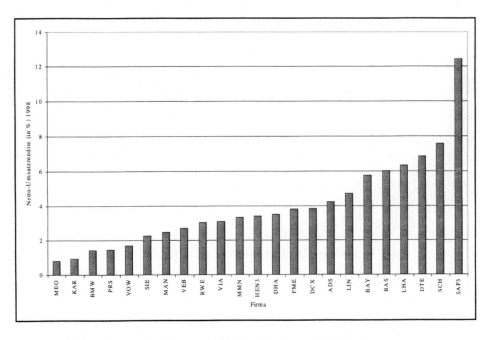

Abb. 4.48: UR_{Netto} für DAX-Werte per 1998 (Quelle: Consors 2000)

3. Das erweiterte ROI-Kennzahlensystem

Alle Teilelemente der Verknüpfung unterschiedlichster Kennziffern können abschließend im erweiterten ROI-Kennzahlensystem zusammengeführt werden (vgl. Abb. 4.49). Einerseits wird die Eigenkapitalrentabilität in diesem Kennzahlenschema in ihre Erfolgsbestandteile zerlegt. Andererseits werden die Erfolgsbestandteile der Eigenkapitalrentabilität so aggregiert, dass sich am Ende dieses Aggregationsprozesses die Eigenkapitalrentabilität ergibt.

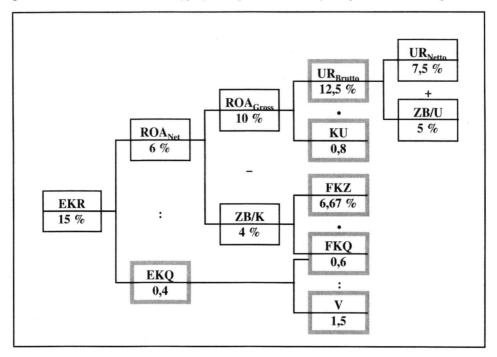

Abb. 4.49: Das erweiterte ROI-Kennzahlensystem
(mit: EKR = Eigenkapitalrentabilität; FKQ = Fremdkapitalquote; FKZ = Fremdkapitalzins; KU = Kapitalumschlag; UR = Umsatzrentabilität; ROA = Return on Assets; V = Verschuldungsgrad; ZB/K = Zinsbelastung in Relation zum Kapital; ZB/U = Zinsbelastung in Relation zum Umsatz)

Indem die Netto-Umsatzrentabilität und die Zinsbelastung des Umsatzes addiert werden, erhält man die Brutto-Umsatzrentabilität. Im Beispiel (vgl. Abb. 4.49) resultiert aus der Addition der Netto-Umsatzrentabilität in Höhe von 7,5 % und der Zinsbelastung des Umsatzes in Höhe von 5 % die Brutto-Umsatzrentabilität von 12,5 %. Bei einem Kapitalumschlag von 0,8 führt die Multiplikation mit der Brutto-Umsatzrentabilität zur Gross-Return on Assets-Kennziffer in Höhe von 10 %. Aus der Vervielfachung des Fremdkapitalzinses von 6,67 % mit der Fremdkapitalquote von 60 % resultiert die Zinsbelastung des Gesamtkapitaleinsatzes in Höhe von 4 %. Da die Gross-Return on Assets und die Zinsbelastung des Gesamtkapitals beide auf das Gesamtkapital bezogen sind, kann die Zinsbelastung des Gesamtkapitals an dieser Stelle von der Gross-Return on Assets-Kennziffer abgezogen werden. Hieraus resultiert die Kennziffer Net-Return on Assets in Höhe von 6 %.

Um schließlich die Transformation der Net-Return on Assets in die Eigenkapitalrentabilität vornehmen zu können, muss die Division durch die Eigenkapitalquote erfolgen. Die Eigenkapitalquote ergibt sich dabei aus der Division der Fremdkapitalquote in Höhe von 60 % durch den Verschuldungsgrad, der im Beispiel einen Wert von 1,5 einnimmt. Es ergibt sich eine Eigenkapitalquote von 40 %. Aus der Division der Kennziffer Net-Return on Assets von 6 % durch die Eigenkapitalquote von 40 % erhält man schließlich die Eigenkapitalrentabilität von 15 %.

Auf den Daten der Bundesbank aufbauend konnte die Gesamtheit aller Unternehmen eine ROI-Kennzahlenhierarchie im Rahmen eines Zeitvergleichs aufgestellt werden. Trotz teilweise gegenläufigen Entwicklungen z. B. hinsichtlich der UR_{Netto} und der Zinsbelastung des Umsatzes ist die EKR im Zeitraum von 1994 bis 1996 leicht gesunken. Allerdings lässt sich aber z. B. hinsichtlich der Fremdkapitalquote und dem Verschuldungsgrad eine Konstanz der Kapitalstruktur feststellen. Demnach ist der Rückgang der Eigenkapitalrentabilität eher auf Veränderungen der Aufwands- und Ertragsstruktur zurückzuführen (vgl. Abb. 4.50). Grundsätzlich könnte hier der Eindruck entstehen, dass die genannten Werte verzerrt sind. Denn in der Gesamtheit aller Unternehmen sind natürlich auch die Banken und Versicherungen enthalten. Deshalb wird in Abb. 4.51 ergänzend die für das verarbeitende Gewerbe aufgestellte Kennzahlenhierarchie dargestellt.

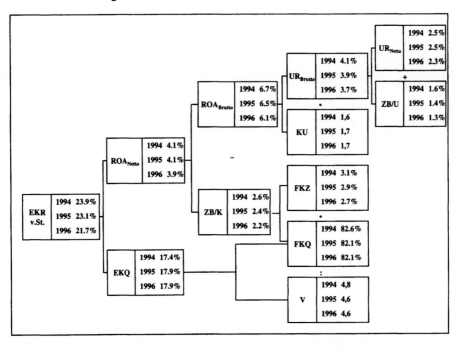

Abb. 4.50: *Das erweiterte ROI-Schema für die Gesamtheit aller deutschen Unternehmen (Quelle: Deutsche Bundesbank 2000, eigene Berechnungen)*

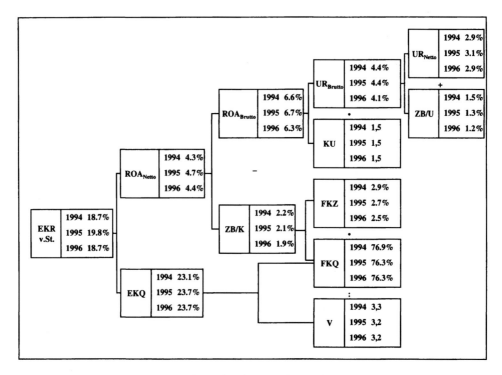

Abb. 4.51: Das erweiterte ROI-Schema für das verarbeitende Gewerbe (Quelle: Deutsche Bundesbank 2000, eigene Berechnungen)

II. Möglichkeiten zur stärkeren Differenzierung der ROI-Analyse

Die **erweiterte ROI-Analyse** stellt bereits eine Ergänzung der Dupont'schen vorgeschlagenen Kennzahlenhierarchie dar. Trotzdem lässt sich auch die erweiterte ROI-Analyse modifizieren. Es ergeben sich verschiedene Möglichkeiten zu einer stärkeren Differenzierung dieser ROI-Analyse. Dazu kann

- die ROI-Analyse um Kennzahlen zur Aufwand- und Ertragsstruktur ergänzt werden,
- eine Verknüpfung der Rentabilitätsdimension mit der Cashflow-Dimension erfolgen und
- eine Umdimensionierung der ROI-Kennzahlen in mitarbeiterbezogene Erfolgskennzahlen vorgenommen werden.

1. Kennzahlen zur Aufwands- und Ertragsstruktur

Die Erfolgsspaltung in der Gewinn- und Verlustrechnung kann grundsätzlich auf unterschiedliche Art und Weise durchgeführt werden. So differenziert beispielsweise die Novartis-Gruppe im Geschäftsjahr 1996 (vgl. Abb. 4.52) zwischen dem ordentlichen Betriebsergebnis, dem Finanzergebnis, dem Ergebnis der gewöhnlichen Geschäftstätigkeit, dem A.o.-Ergebnis, dem Gesamtergebnis vor Steuern sowie dem Jahresüberschuss bzw. -fehlbetrag. Diese Differenzierung in der Erfolgsspaltung kann in einem weiteren Schritt dazu verwendet werden,

Kennzahlen zur Aufwands- und Ertragsstruktur zu bilden. Ziel dieser Kennzahlenberechnung ist es, den Anteil einzelner Erfolgskomponenten an der Ergebnisentstehung zu durchleuchten. Sie dienen somit der Ergebnisstruktur- bzw. -quellenanalyse.

	1998	1999	Veränderung
Umsatz − Herstellkosten der verkauften Ware	31.702 − 10.052	32.465 − 9.822	+ 2,4 % − 2,3 %
= Bruttoergebnis	= 21.650	= 22.643	+ 4,6 %

− Sonstige Aufwendungen
  − Marketing und Vertrieb
  − Forschung und Entwicklung
  − Administration und allgemeine Kosten
	
	− 8.790
	− 3.906
	− 2.034
		
		− 9.561
		− 4.246
		− 1.493
			
			+ 8,8 %
			+ 8,7 %
			− 26,6 %

= Operatives Ergebnis	= 6.920	= 7.343	+ 6,1 %
+ Netto-Finanzergebnis + Gewinn der assoziierten Unternehmen	+ 759 + 239	+ 793 + 383	+ 4,5 % + 60,3 %
= Gewinn vor Steuern und Minderheitsanteilen	= 7.918	= 8.519	+ 7,6 %
− Steuern	− 1.882	− 1.833	− 2,6 %
= Gewinn vor Minderheitsanteilen	= 6.036	= 6.682	+ 10,7 %
− Minderheitsanteile	− 26	− 27	+ 3,8 %
= Reingewinn nach Steuern	= 6.010	= 6.659	+ 10,8 %

Abb. 4.52: Erfolgsspaltung bei Novartis im Jahr 1999 (in Mio. CHF, Quelle: Novartis 2000)

Struktur des Gesamtergebnisses	Ertragsstruktur des ordentlichen Betriebsergebnisses	Aufwandsstruktur des ordentlichen Betriebsergebnisses
$\dfrac{\text{ordentliches Betriebsergebnis}}{\text{Gesamtergebnis vor Steuern}}$	$\dfrac{\text{Rohertrag}}{\text{Gesamtertrag}}$	$\dfrac{\text{Gesamtpersonalaufwand}}{\text{Gesamtleistung}}$
$\dfrac{\text{Finanzergebnis}}{\text{Gesamtergebnis vor Steuern}}$	$\dfrac{\text{Spartenumsatz (nach Angaben im Anhang)}}{\text{Umsatz}}$	$\dfrac{\text{Abschreibung auf Sachanlagen}}{\text{Gesamtleistung}}$
$\dfrac{\text{ausserordentliches Ergebnis}}{\text{Gesamtergebnis vor Steuern}}$	$\dfrac{\text{Auslandsumsatz (nach Angaben im Anhang)}}{\text{Umsatz}}$	$\dfrac{\text{Materialaufwand}}{\text{Gesamtleistung}}$
	$\dfrac{\text{Umsatz}}{\text{Gesamtleistung}}$	

Abb. 4.53: Kennzahlen zur Analyse der Ergebnisstruktur

Als Analysebereiche lassen sich zum Beispiel die Struktur des Gesamtergebnisses, die Ertragsstruktur des ordentlichen Betriebsergebnisses sowie die Aufwandsstruktur des ordentlichen Ergebnisses differenzieren (vgl. Abb. 4.53). Insbesondere für das Beispiel der Novartis-Gruppe ließe sich mithilfe dieser Kennzahlen beispielsweise die Struktur des Gesamtergebnisses tiefergehend analysieren, indem die Teilelemente aus der Erfolgsspaltung der Novartis-Gruppe in Relation zum Gesamtergebnis vor Steuern gesetzt werden.

2. Verknüpfung von Rentabilitäts- und Cashflow-Dimension

Insbesondere vor dem Hintergrund der besonderen Bedeutung des Cashflows im Shareholder Value-Management ist es zudem ratsam, die Kennziffern des ROI-Schemas mit den aus der **Cashflow-Bedarfsrechnung** bekannten und auf den Cashflow bezogenen Kennzahlen in Verbindung zu bringen (vgl. Abb. 4.54).

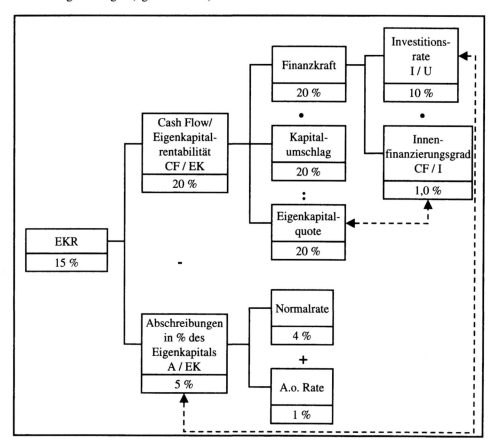

Abb. 4.54: Verknüpfung der ROI-Kennzahlenhierarchie mit der Cashflow-Dimension

Aus der Multiplikation der **Investitionsrate** mit dem **Innenfinanzierungsgrad** ergibt sich die **Finanzkraft** einer Unternehmung. Im Beispiel führt die Multiplikation einer Investitionsrate von 10 % mit einem Innenfinanzierungsgrad von 1 zur Finanzkraft in Höhe von 10 %. Wenn die Finanzkraft mit dem Kapitalumschlag multipliziert wird, ergibt sich daraus das Verhältnis des Cashflows zum Gesamtkapital. Bei einer Finanzkraft von 10 % und einem Kapitalumschlag von 0,8 beträgt das Verhältnis von Cashflow zum Gesamtkapital 8 %. Dieses Verhältnis wird auch als **Cashflow-ROI (CFROI)** bezeichnet. Abb. 4.55 zeigt wiederum für ausgewählte Unternehmen den CFROI des Jahres 1998.

Wenn der **CFROI** anschließend durch die **Eigenkapitalquote** dividiert bzw. mit dem Kapitalhebel multipliziert wird, entfällt durch Kürzung das Gesamtkapital. Übrig bleibt das Verhältnis des Cashflows zum Eigenkapital, welches auch als **Cashflow-Eigenkapitalrentabilität (CFEKR oder CFROE)** bezeichnet wird. Bei einer Eigenkapitalquote von 40 % ergibt sich im Beispiel ein Zahlenwert für die CFROE von 20 %.

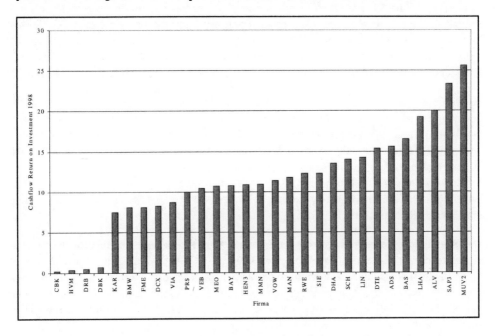

Abb. 4.55: CFROI ausgewählter Unternehmen für das Jahr 1998 (Quelle: CONSORS 2000)

Zur Überführung der Cashflow-Eigenkapitalrentabilität in die jahresüberschussbezogene Eigenkapitalrentabilität müssen die nicht-liquiditätswirksamen Bestandteile des Jahresüberschusses von der Cashflow-Eigenkapitalrentabilität subtrahiert werden. Im Beispiel werden lediglich die Abschreibungen als nicht-liquiditätswirksame Positionen erkannt. Zur Subtraktion von der Cashflow-Eigenkapitalrentabilität müssen die Abschreibungen auf das Eigenkapital bezogen werden. Hier bietet es sich zudem an, die Normalrate der Abschreibungen und die A.o.-Rate der Abschreibungen zu unterscheiden. In der A.o.-Rate werden die außerordentlichen Abschreibungen, in der Normalrate die dem normalen Geschäftsbetrieb entsprechenden Abschreibungen jeweils in Relation zum Eigenkapital gesetzt. Für das Beispiel ergibt sich dabei eine Normalrate von 4 % bei einer A.o.-Rate von 1 %. Insgesamt betragen die Abschreibungen daher 5 % des Eigenkapitals. Durch die Subtraktion dieser Abschreibungsrate von der Cashflow-Eigenkapitalrentabilität folgt schließlich die schon originär aufgezeigte Eigenkapitalrentabilität in Höhe von 15 %.

Hinsichtlich dieses um die Cashflow-Dimension erweiterten ROI-Schemas lassen sich zwischen den einzelnen Kennzahlen bestimmte Zusammenhänge erkennen. So wird bspw. die Abschreibungsrate um so höher ausfallen, je höher die Investitionsrate gewählt wird. Hieraus resultieren bezüglich der Eigenkapitalrentabilität gegenläufige Effekte. Denn grundsätzlich führt eine höhere Investitionsrate zu einer höheren Cashflow-Eigenkapitalrentabilität und damit auch zu einer höheren Eigenkapitalrentabilität. Demgegenüber führen die mit der höheren Investitionsrate verbundenen höheren Abschreibungen zu einer Minderung der Eigenkapitalrentabilität.

Ein weiterer gegenläufiger Effekt besteht hinsichtlich des Innenfinanzierungsgrades sowie der Eigenkapitalquote. Je höher der Innenfinanzierungsgrad ausfällt, desto höher ist die Finanzkraft und damit auch die die Eigenkapitalrentabilität determinierende Cashflow-Eigenkapitalrentabilität. Je höher aber der Innenfinanzierungsgrad ausfällt, desto mehr ist die Unternehmung darauf ausgerichtet, die eigenerwirtschafteten Mittel im Unternehmen zu behalten.

So würde ein Innenfinanzierungsgrad von 1 bedeuten, dass der insgesamt von einer Unternehmung erwirtschaftete Cashflow vollständig zur Finanzierung der Investitionen herangezogen wird. Demgemäß müsste der erwirtschaftete Gewinn vollständig thesauriert und damit tendenziell die Eigenkapitalquote erhöht werden, sofern nicht gleichzeitig neues Fremdkapital aufgenommen wird. Eine Erhöhung der Eigenkapitalquote führt aber angesichts der rechnerischen Verknüpfung von Finanzkraft, Kapitalumschlag und Eigenkapitalquote zu einer Verringerung der Cashflow-Eigenkapitalrentabilität und damit ebenfalls zu einer Verringerung der Eigenkapitalrentabilität.

Das Shareholder Value-Management ist bekanntlich darauf ausgerichtet, den für die Anteilseigner zu erwirtschaftenden Cashflow zu optimieren. Je höher der Cashflow, desto höher ist – bei unveränderter Risikosituation – der Unternehmenswert. Wertoptimierung ist dann gleichzusetzen mit der Maximierung der Cashflow-Eigenkapitalrentabilität. Deshalb bietet gerade die Verknüpfung des erweiterten ROI-Schemas mit der Cashflow-Dimension wichtige Impulse für das Wertmanagement der Unternehmen.

Auch an dieser Stelle kann auf den Daten der Deutschen Bundesbank aufbauend eine Cashflow-fokussierte Kennzahlenhierarchie für alle deutschen Unternehmen und für das verarbeitende Gewerbe aufgestellt werden (vgl. Abb. 4.56 und Abb. 4.57). Auch hier zeigt die Konstanz der Kapitalstruktur, wohingegen die Kennziffern Finanzkraft, CFROE und Abschreibungsrate von 1994 bis 1996 leicht gesunken sind.

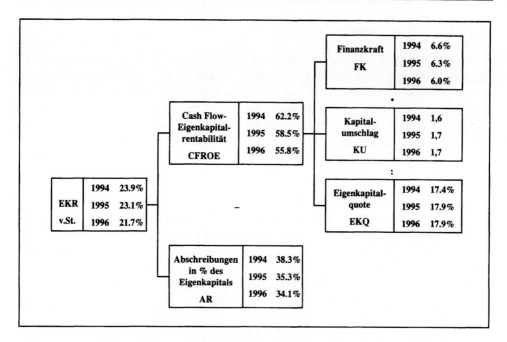

Abb. 4.56: Cashfloworientierte Kennzahlenhierarchie für alle deutschen Unternehmen (Quelle: Deutsche Bundesbank 2000, eigene Berechnungen)

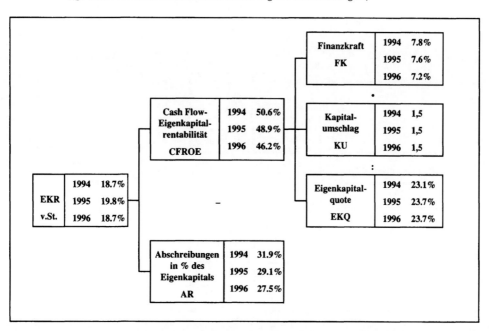

Abb. 4.57: Cashfloworientierte Kennzahlenhierarchie für das verarbeitende Gewerbe (Quelle: Deutsche Bundesbank 2000, eigene Berechnungen)

3. Mitarbeiterbezogene Kennzahlen

Eine weitere Modifikationsmöglichkeit des Grundschemas der ROI-Analyse besteht in der Umdimensionierung der bislang lediglich auf das Gesamtkapital, das Eigenkapital oder den Umsatz bezogenen Kennzahlen. Als weitere Bezugsgröße kommt hier vor allem die Zahl der Mitarbeiter in Frage. So ließen sich beispielsweise das Betriebsergebnis, der Cashflow, der Umsatz, der Kapitaleinsatz, die Kosten oder die Kundenzahl nicht nur ins Verhältnis zu den bisher genannten Größen sondern eben auch ins Verhältnis zur Mitarbeiterzahl setzen. Daraus ergeben sich ergänzende Steuerungsinformationen für das Controlling der Mitarbeitertätigkeit.

So kann beispielsweise die Umsatzrentabilität einer Unternehmung auch durch die Division des Betriebsergebnisses pro Mitarbeiter durch die Kennziffer Umsatz pro Mitarbeiter berechnet werden (vgl. Abb. 4.55). Im Beispiel ergibt sich bei einem Betriebsergebnis pro Mitarbeiter von 64.000 GE und einem Umsatz pro Mitarbeiter von 1,6 Mio. GE eine Umsatzrentabilität von 4 %. Ferner lässt sich der Umsatz pro Mitarbeiter aus der Multiplikation des Kapitaleinsatzes pro Mitarbeiter mit dem Kapitalumschlag quantifizieren. Bei einem Kapitalumschlag von 1,6 und einem Kapitaleinsatz pro Mitarbeiter von 1 Mio. GE ergibt sich die bereits bekannte Kennziffer Umsatz pro Mitarbeiter in Höhe von 1,6 Mio. GE. Abb. 4.59 zeigt beispielhaft den Umsatz pro Mitarbeiter der DAX-Werte 1998.

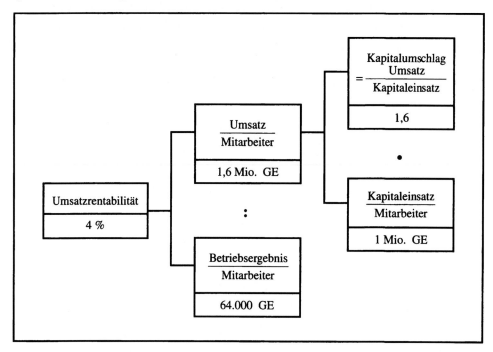

Abb. 4.58: *Mitarbeiterbezogene Kennzahlen*

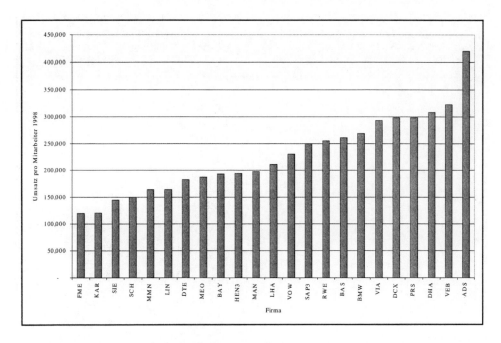

Abb. 4.59: Umsatz pro Mitarbeiter der DAX-Werte 1998 in Euro (Quelle: Consors 2000)

4. Verknüpfung des ROI-Kennzahlensystems mit dem Marktwert des Eigenkapitals

a) Der Marktwert des Eigenkapitals im ROI-Schema

In der erweiterten ROI-Analyse bildet die Eigenkapitalrentabilität die oberste Zielgröße. Im Wertmanagement wird das Hauptaugenmerk der Rentabilitätsanalyse zunächst jedoch weniger auf die Eigenkapitalrentabilität als vielmehr auf den Shareholder Value gelegt. Um die Zusammenhänge zwischen der Eigenkapitalrentabilität und dem Shareholder Value aufzeigen zu können, ist das ROI-Kennzahlensystem nunmehr über die Eigenkapitalrentabilität hinaus bis hin zum Shareholder Value zu erweitern. Dadurch finden die Zusammenhänge zwischen der Eigenkapitalrentabilität und dem Value-per-share ihre explizite Berücksichtigung in einem integrierten geschäftspolitischen Konzept.

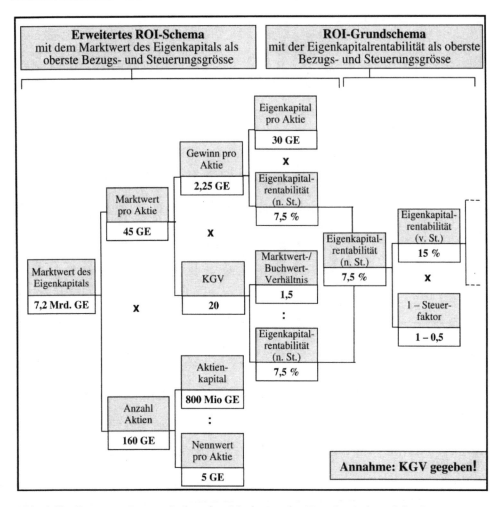

Abb. 4.60: Zusammenhang zwischen dem Marktwert des Eigenkapitals und der Return on Equity

Zur Verknüpfung der **Eigenkapitalrentabilität** mit dem **Shareholder Value** ist zunächst die Eigenkapitalrentabilität nach Steuern mit dem **Eigenkapital pro Aktie** zu multiplizieren (vgl. Abb. 4.60). Aus dieser Multiplikation resultiert der **Gewinn pro Aktie**. Bei einer Eigenkapitalrentabilität von 7,5 % und einem Eigenkapital pro Aktie von 30 GE ergibt sich ein Gewinn pro Aktie von 2,25 GE.

Schon im Zusammenhang mit der Konzeption des Value Controllings (vgl. *Drittes Kapitel*) wurde auf die Zusammenhänge zwischen der **Eigenkapitalrentabilität** und dem **Marktwert der Unternehmung** hingewiesen. Die Verknüpfung erfolgte dabei über das **Kurs-/Gewinn-Verhältnis (KGV)**. Die Multiplikation des Gewinns pro Aktie mit dem KGV führt zum Marktwert pro Aktie. Der KGV ergibt sich aus der Division des Markt-/Buchwert-Verhältnisses (MBV) durch die Eigenkapitalrentabilität. Im Beispiel ergibt sich bei einem KGV von 20 ein Marktwert pro Aktie von 45 GE.

Viertes Kapitel: Periodenerfolgsorientiertes Rentabilitäts-Controlling

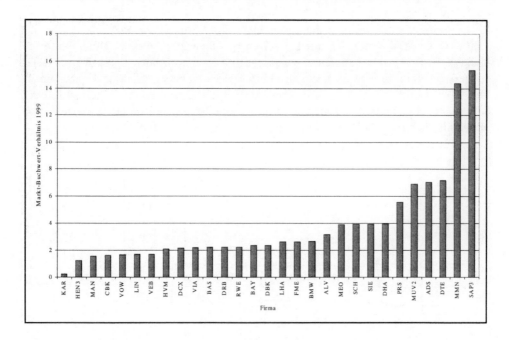

Abb. 4.61: Markt-/Buchwert-Verhältnis der DAX-Werte per 1999 (Quelle:Consors 2000)

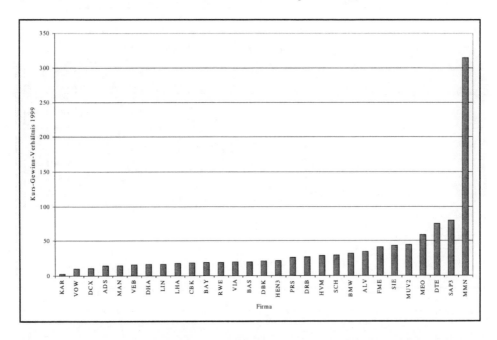

Abb. 4.62: Kurs-/Gewinn-Verhältnis der DAX-Werte per Ende 1999 (Quelle: Consors 2000)

In der Praxis ist tatsächlich ein durchschnittliches KGV von 20 zu beobachten. Abb. 4.62 zeigt dazu die KGV-Kennziffern der DAX-Werte per Ende 1999. Aus der Multiplikation des Marktwertes pro einzelner Aktie mit der gesamten Anzahl der Aktien ergibt sich schließlich der gesamte Marktwert des Eigenkapitals. Im Beispiel wird bei einem Aktienkapital von 800 Mio. GE und einem Nennwert pro Aktie von 5 GE eine Aktienanzahl von insgesamt 160 Mio. Stück unterstellt. Die Multiplikation dieses Wertes mit dem Marktwert pro Aktie von 45 GE führt schließlich zum Marktwert des Eigenkapitals in Höhe von 7,2 Milliarden GE.

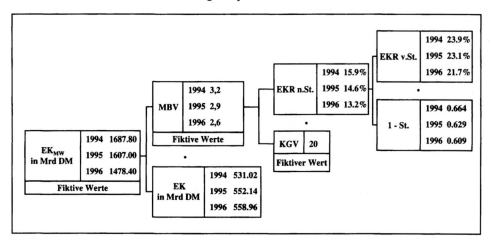

Abb. 4.63: Marktwerte aller deutscher Unternehmen in der ROI-Kennzahlenhierarchie (Quelle: Deutsche Bundesbank 2000, eigene Berechnungen)

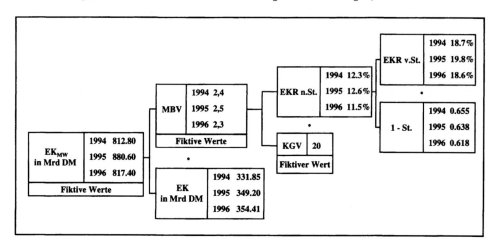

Abb. 4.64: Marktwerte der Unternehmen des verarbeitenden Gewerbes in der ROI-Kennzahlenhierarchie (Quelle: Deutsche Bundesbank 2000, eigene Berechnungen)

Unterstellt man für die Gesamtheit aller deutschen Unternehmen ein – durchaus realistisches – KGV von 20, so lässt sich daraus eine zudem hinsichtlich des MBV und des EK_{MW} **fiktive,** marktwertorientierte Kennzahlenhierarchie aufbauen, die wiederum für alle deutsche Unternehmen und das verarbeitende Gewerbe getrennt abgebildet wird (vgl. Abb. 4.63 und Abb. 4.64). Damit soll jedoch nur eine mögliche, aber keineswegs reale Verknüpfung von Werten aufgezeigt werden. Im – fiktiven – Beispiel führt die rückläufige Eigenkapitalrentabilität trotz eines steigenden Eigenkapital-Buchwertes zu rückläufigen Effekten bzgl. des Eigenkapital-Marktwertes.

b) Kontrolle der Total-Investor-Performance

Die Total-Investor-Performance stellt bekanntlich die auf den Marktwert des Eigenkapitals bezogene Rendite dar. Sie wurde im Zusammenhang mit der Ableitung der Mindest-Eigenkapitalrentabilität aus dem CAPM zunächst als Planungsgröße vorgestellt. Natürlich kann der analytische Zusammenhang zwischen erwarteter/geforderter Total-Investor Performance und Mindest-Eigenkapitalrentabilität (zu Buchwerten) auch für Kontrollrechnungen eingesetzt werden kann, also aus einer Perspektive heraus, in den das realisierbare Eigenkapitalwachstum aus einbehaltenen Gewinnen, die ausgeschüttete Dividende und die tatsächliche Veränderung des Markt-/Buchwertverhältnisses bekannt sind.

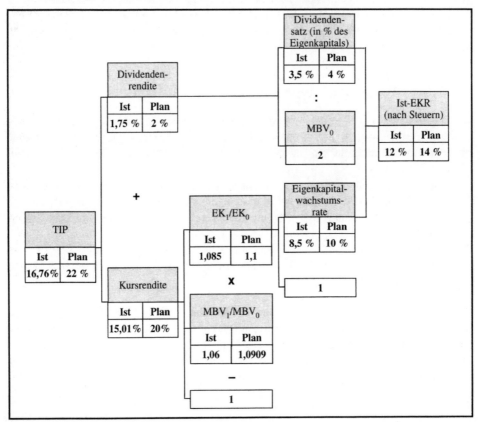

Abb. 4.65: Kontrolle der TIP

Abb. 4.65 verdeutlicht dies mit folgender (angenommener) Konstellation:

- Ist-Eigenkapitalrentabilität (auf Buchwertbasis und nach Steuern) 12 %,
- Dividendensatz (in Prozent des Eigenkapitals zu Buchwerten) 3,5 %,
- Erhöhung des MBV um nur 6 %.

Wie ersichtlich ergibt sich hieraus eine realisierte Total-Investor Performance von 16,76 %, die um 5,24 % unter der erwarteten TIP von 22 % liegt.

c) Ergänzende Kennzahlen zur Marktwertsteuerung

Gerade im Zusammenhang mit der Erweiterung des ROI-Schemas bis hin zum Marktwert des Eigenkapitals existiert zudem eine Vielzahl von teilweise bereits bekannten, teilweise aber noch nicht erörterter ergänzender Kennzahlen, die zur Steuerung des Marktwertes herangezogen werden können (vgl. Abb. 4.66).

Finanzanalytiker verwenden derartige Kennzahlen im Rahmen von Unternehmensbewertungen. Auch aus diesen Kennzahlen lassen sich Impulse für die Beurteilung und Steuerung des unternehmensspezifischen Shareholder Values ableiten. Abb. 4.67 zeigt bspw. das Ergebnis eines Vergleichs verschiedener Unternehmen des Management Consulting- und Informationstechnologie-Bereichs.

Für die ermittelten unternehmensspezifischen Werte und Durchschnittsgrößen lassen sich verschiedene Blickrichtungen unterscheiden:

- Grundsätzlich gilt die Annahme, dass branchengleiche Unternehmen ähnliche Kosten und Ertragsstrukturen aufweisen. Über- oder unterdurchschnittliche Werte sind deshalb entweder auf spezielle Konkurrenzvorteile oder auf fehlerhafte Marktbewertungen zurückzuführen.
- Potentielle zukünftige Investoren suchen Unternehmen, deren Konkurrenzvorteile noch nicht erkannt wurden bzw. die am Markt noch unterbewertet sind. Eine tendenziell vorhandene Unterbewertung lässt sich durch den Vergleich mit den Durchschnittswerten erkennen.
- Bereits vorhandene Anteilseigner sind grundsätzlich an positiven Abweichungen vom Durchschnittswert interessiert. Dies wäre prinzipiell der Ausdruck für einen zusätzlich generierten Shareholder Value.

Vor diesem Hintergrund werden in Spalte (1) der Abb. 4.67 die Kurs-/Gewinnverhältnisse (KGV) aufgelistet. Über alle Unternehmen hinweg ergibt sich ein durchschnittliches KGV von 44,46. Unternehmen mit einem höheren KGV weisen ein schlechteres Verhältnis zwischen Aktienkurs und Gewinn pro Aktie auf, so dass aus Shareholder Value Sicht unterdurchschnittliche KGV anzustreben sind.

	Kennzahl	Formel		
1)	**Book-to-par-Value Ratio** [= Bilanzkurs(BK)]	$=\dfrac{\text{Eigenkapital pro Aktie}}{\text{Nennwert pro Aktie}}$	$=\dfrac{30\text{ GE}}{5\text{ GE}}=$	**600 %**
2)	**Price-to-book-Value Ratio** [Markt-/Buchwert-Verhältnis (MBV)]	$=\dfrac{\text{Marktwert pro Aktie}}{\text{Eigenkapital pro Aktie}}$	$=\dfrac{45\text{ GE}}{30\text{ GE}}=$	**150 %**
3)	**Price-to-par-Value Ratio** [Markt-/Nennwert-Verhältnis (MNV)]	$=\dfrac{\text{Marktwert pro Aktie}}{\text{Nennwert pro Aktie}}$	$=\dfrac{45\text{ GE}}{5\text{ GE}}=$	**900 %**
4)	**Pay-out Ratio** [Ausschüttungsquote (D)]	$=\dfrac{\text{Dividende pro Aktie}}{\text{Gewinn pro Aktie}}$	$=\dfrac{1\text{ GE}}{2{,}25\text{ GE}}=$	**44 %**
5)	**Dividend Rate** [Dividendenrate in % des Eigenkapitals (DER)]	$=\dfrac{\text{Dividende pro Aktie}}{\text{Eigenkapital pro Aktie}}$	$=\dfrac{1\text{ GE}}{30\text{ GE}}=$	**3,33 %**
6)	**Price-Earnings-Ratio** [Kurs/Gewinn-Verhältnis (KGV)]	$=\dfrac{\text{Marktwert pro Aktie}}{\text{Gewinn pro Aktie}}$	$=\dfrac{45\text{ GE}}{2{,}25\text{ GE}}=$	**2000 %** bzw. **20**
7)	**Price-to-Sales-Ratio** [Marktwert-/Umsatz-Verhältnis (MUV)]	$=\dfrac{\text{Marktwert pro Aktie}}{\text{Umsatz pro Aktie}}$	$=\dfrac{45\text{ GE}}{9\text{ GE}}=$	**500 %**
8)	**Price-to-Cashflow-Ratio** [Marktwert/Cashflow-Verhältnis (MCV)]	$=\dfrac{\text{Marktwert pro Aktie}}{\text{Cashflow pro Aktie}}$	$=\dfrac{45\text{ GE}}{3\text{ GE}}=$	**1500 %**
9)	**Enterprise Value-to-EBIT-Ratio** [Unternehmenswert/EBIT-Verhältnis bzw. Marktwert/EBIT (pro Aktie)-Verhältnis (MEV)]	$=\dfrac{\text{Marktwert pro Aktie}}{\text{EBIT pro Aktie}}$	$=\dfrac{45\text{ GE}}{12\text{ GE}}=$	**375 %**
10)	**Compounded-annual-growth-rate-of-Earnings-per-share** [Zusammengesetzte jährliche Wachstumsrate des Gewinns pro Aktie (CAGR_{EPS})]	$=\dfrac{\text{(Gewinn pro Aktie in t=1 - Gewinn pro Aktie in t=0)}}{\text{Gewinn pro Aktie in t=0}}$	$=\dfrac{(2{,}25\text{ GE}-1{,}8\text{ GE})}{1{,}8\text{ GE}}=$	**25 %**
11)	**Price-Earnings-Growth-Rate** [KGV/Gewinnwachstumsrate-Verhältnis (KGR)]	$=\dfrac{\text{KGV}}{\text{CAGR}_{\text{EPS}}}$	$=\dfrac{20}{25\,\%}=$	**8000 %** bzw. **80**

Abb. 4.66: Ergänzende Kennzahlen zur Marktwertsteuerung

	Ticker	(1) KGV 1998	(2) MBV 1997	(3) MUV 1997	(4) KCV 1997	(5) MEV 1997	(6) CAGR$_{EPS}$ 1997-99	(7) KGR 1998
CAP Gemini SA	CAP	69,40	6,66	2,97	35,24	17,24	27 %	252
CMG PLC	CMG	60,94	50,16	8,29	89,4	22,45	24 %	254
Getronics NV	GVKN	41,00	60,73	3,30	86,27	20,41	22 %	187
SEMA GROUP PLC	SEM	62,91	30,66	3,01	44,53	15,62	20 %	315
Management SHARE NV	MGSN	27,32	43,5	5,74	63,27	11,01	32 %	85
Superior Consultant HLDGS	SUPC	46,62	3,93	5,19	N/a	28,08	41 %	114
KEANE Inc	KEA	45,87	13,8	5,13	116,29	26,95	38 %	121
Vanstar CORP	VST	13,16	3,31	0,24	7,46	6,92	40 %	33
Metzler Gtoup Inc	METZ	39,16	19,91	9,07	100,1	31.50	45 %	87
Diamond Tech Partners Inc	DTPI	49,24	13,87	4,33	N/a	N/a	30 %	164
Tieto Corp-B SHS	TTEBS	47,26	12,47	4,67	33,18	11,85	20 %	232
Parity PLC	PTY	29,40	27,59	1,91	74,17	19,96	23 %	128
Amiral PLC	ADC	55,05	25,59	6,74	49,56	20,91	26 %	211
Atlantic Data Services Inc	ADSC	35,14	23,1	5,55	48,92	N/a	20 %	173
Durchschnitt		44,46	23,95	4,72	62,37	19,41	31 %	168

Abb. 4.67: *Ausgewählte Unternehmenskennzahlen (vgl.* VALUE MANAGEMENT & RESEARCH *1998)*

In der Spalte (2) werden die Marktwert-/Buchwert-Verhältnisse gegenübergestellt, wobei die zugrunde liegenden Marktwerte der Börsenkapitalisierung entsprechen. Mit dem Durchschnittswert von 23,95 wird aufgezeigt, dass die Börsenkapitalisierung im Durchschnitt das 24-fache des bilanziellen Eigenkapitals beträgt. Je höher dieser Wert ausfällt, desto höher ist der Marktpreis, den ein potenzieller neuer Anteilseigner für einen Anteil am bilanziellen Eigenkapital bezahlen muss. Gleichzeitig wird ein bereits vorhandener Anteilseigner immer an einer Erhöhung dieser Kennzahl interessiert sein, da dies Ausdruck für eine entsprechende Marktwertsteigerung ist. Für eine Beurteilung des Unternehmenspotenzials ist aber zu beachten, dass es einer Unternehmung mit niedrigem Marktwert-/Buchwert-Verhältnis leichter fallen wird, neuen Shareholder Value zu generieren.

Die in Spalte (3) angegebene Kennzahl Marktwert zum Umsatz erklärt das Verhältnis zwischen Börsenkapitalisierung und Umsatz der Unternehmung, wobei die betriebliche Gewinnmarge zunächst unberücksichtigt bleibt. Für alle Unternehmen, die hier unter dem Durchschnitt von 4,72 liegen, ist bei identischen Gewinnmargen eine Angleichung und damit tendenziell der Anstieg des Marktpreises zu erwarten.

Für das in Spalte (4) angegebene Verhältnis zwischen Marktpreis und Cashflow gelten die bereits zum KGV getroffenen Aussagen. Durch die Bezugnahme auf den Cashflow sollen die bereits im Zusammenhang mit den Grundideen des marktorientierten Managements erörterten Probleme bezüglich Beeinflussbarkeit des bilanziellen Gewinns ausgeschaltet werden.

Spalte (5) zeigt die Relationen zwischen dem Unternehmenswert (bzw. Enterprise Value) und den EBIT auf. Unterdurchschnittliche Werte wären ein Indiz für zu niedrige, überdurchschnittliche Werte ein Indiz für besonders hohe Gewinnmargen.

In Spalte (6) wird mit der zusammengesetzten jährlichen Wachstumsrate des Gewinns pro Aktie (CAGR$_{EPS}$) ein weiterer Werttreiber des Shareholder Values genannt. Diese Kennzahl wird deshalb als zusammengesetzte Wachstumsrate bezeichnet, weil sich gegebenenfalls die analysierten Unternehmen aus verschiedenen, für die Bestimmung der Gesamtwachstumsrate adäquat gewichteten Teilbereichen zusammensetzen. Grundsätzlich gilt: Je höher dieser Wert ausfällt, desto positiver ist die Wirkung auf den Unternehmenswert.

In der Spalte (7) wird das Kurs-Gewinn-Verhältnis (bzw. die Price Earnings Ratio) in Relation zur Wachstumsrate des Gewinns pro Aktie gesetzt. Damit entsteht letztlich folgende Beziehung:

$$\frac{KGV}{\Delta EPS} = \frac{Marktwert\ je\ Aktie}{Gewinn\ je\ Aktie \times Gewinnwachstum\ in\ \%} = \frac{Marktwert\ je\ Aktie}{Gewinnwachstum\ je\ Aktie}$$

Es zeigt sich, dass auch hier niedrigere Werte auf ein günstiges Verhältnis hindeuten. Es sei denn, dass bestimmte negative Effekte zu diesem niedrigen Wert geführt haben und der Markt hinsichtlich der Aktienbewertung eine gewisse Vorsicht walten lässt.

Abschließend ist darauf hinzuweisen, dass die Durchschnittswerte auch zur Bewertung neuer oder nicht bzw. noch nicht an der Börse gehandelter Unternehmen verwendet werden kann. Unter der bereits erwähnten Annahme identischer Unternehmensstrukturen können diese Durchschnittswerte als Multiplikatoren verwendet werden. Mit Hilfe des Gewinns oder des Cashflows lassen sich dann potenzielle Aktienpreise berechnen, die für ein bestimmtes Unternehmen zu zahlen sind.

III. Geschäftspolitische Ansatzpunkte für das ROI-Managment

Das ROI-Management ist selbstverständlich nicht auf die Quantifizierung von Kennziffern in der ROI-Kennzahlenhierarchie beschränkt. Vielmehr lassen sich mithilfe der ROI-Kennzahlenhierarchie zahlreiche **geschäftspolitische Ansatzpunkte** zur Optimierung der Eigenkapitalrentabilität aufzeigen. Die Verbesserung der Eigenkapitalrentabilität kann über deren zentrale Einflussfaktoren Brutto-Umsatzrendite, Fremdkapitalzins, Kapitalstruktur und Kapitalumschlag erfolgen (vgl. Abb. 4.68). Zur Erhöhung der Brutto-Umsatzrendite muss eine angemessene Kosten- und Ertragsoptimierung sowie ein ertragsorientiertes Wachstum angestrebt werden. Die Beeinflussung des Fremdkapitalzinses erfolgt über das Financial Engineering. Selbstverständlich kann auch durch gleichgewichtige Kapitalstruktur die Eigenkapitalrentabilität beeinflusst werden. Die Optimierung des Kapitalumschlages ist über Maßnahmen der finanziellen Rationalisierung erreichbar. Im Sinne einer unveränderten Risikosituation sollen hier nur solche Maßnahmen angesprochen werden, mit denen keinerlei Risikowirkungen verbunden sind. Allerdings sind die Grenzen fließend, so dass eine theoretisch exakte Trennung kaum möglich ist. Zudem wird vermutlich in der Praxis stets die Integration von Risiko und Rendite angestrebt werden.

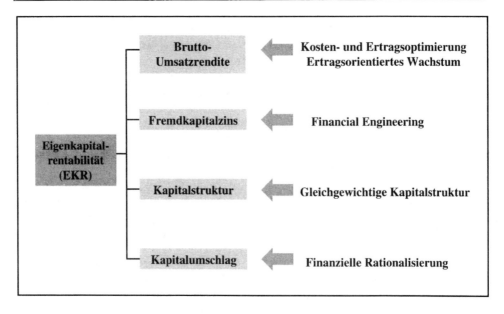

Abb. 4.68: Geschäftspolitische Ansatzpunkte für das ROI-Management

1. Kosten- und Ertragsoptimierung

Die **Kosten- und Ertragsoptimierung** ist auf die Maximierung der Gewinnmarge, bspw. ausgedrückt durch die Umsatzrentabilität, fokussiert. Die Höhe dieser Gewinnmarge ist abhängig von den Kosten und den Erträgen: Je höher die Erträge oder je niedriger die Kosten, desto höher die Umsatzrentabilität.

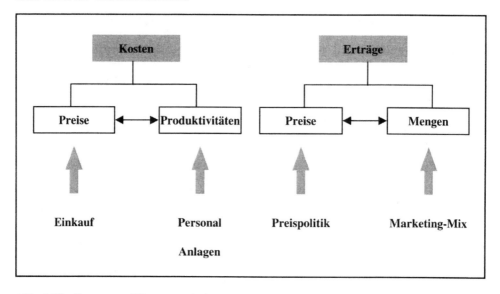

Abb. 4.69: Kosten- und Ertragsoptimierung

Zur Beeinflussung der Kosten sind die Preise für den Einsatz der Produktionsfaktoren zu reduzieren. Dies schließt selbstverständlich den Preis für die menschliche Arbeitskraft ebenso mit ein wie den Preis für die Beschaffung von Materialien oder Maschinen. Die in einer Unternehmung feststellbaren Produktivitäten stellen eine weitere zentrale Determinante der Kosten dar. Hier ist in jeder Unternehmung die Optimierung der Personal- aber auch der Anlageproduktivität anzustreben. Neben der Beeinflussung der Kosten kann selbstverständlich auch die Erhöhung der Erträge zu einer Optimierung der Gewinnmarge führen. So lassen sich die Absatzpreise über entsprechende preispolitische Maßnahmen erhöhen. Eine weitere Stellschraube zur Erhöhung der Umsatzerlöse besteht darin, die Absatzmenge heraufzuschrauben. An dieser Stelle greift das gesamte Instrumentarium des Marketing-Mix, dem aus einer marketingorientierten Sichtweise selbstverständlich auch die Preispolitik zuzuordnen wäre.

2. Ertragsorientiertes Wachstum

Auch das Erreichen eines **ertrags- bzw. wertorientierten Wachstums** steht im engen Zusammenhang mit der Optimierung der Umsatzrentabilität. Das Konstrukt des ertragsorientierten Wachstums ergibt sich aus der gedanklichen Verknüpfung der Umsatzwachstumsrate mit dem Rentabilitätsbedarf bzw. -potenzial (vgl. Abb. 4.70).

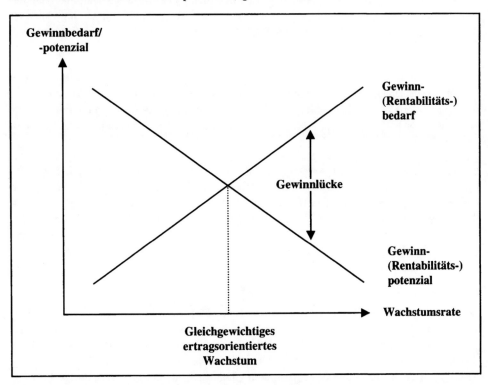

Abb. 4.70: Zusammenhang von Gewinnbedarf, Gewinnpotenzial und Umsatzwachstumsrate

Schon im Zusammenhang mit den Gewinnbedarfsrechnungen wurde aufgezeigt, dass bei gleichbleibendem Kapitalumschlag ein Eigenkapitalbedarf für eine Unternehmung entsteht, wenn diese eine positive Umsatzwachstumsrate anstrebt. Denn bei gleichbleibendem Kapitalumschlag muss der erhöhte Umsatz durch eine Ausweitung des Gesamtkapitaleinsatzes finanziert werden. Sofern zudem die Kapitalstruktur konstant gehalten werden soll, muss zur Erhaltung der bisherigen Eigenkapitalquote auch das Eigenkapital entsprechend wachsen.

Zur Deckung des Eigenkapitalbedarfs können entweder externe Kapitalzuführungsmaßnahmen greifen oder interne Gewinnthesaurierungen vorgenommen werden. Unterstellt man, dass tatsächlich nur ein bestimmter Teil des jeweiligen Gewinnbedarfs durch die Zuführung neuen externen Eigenkapitals finanziert werden kann, so muss eine Unternehmung umso mehr Gewinne thesaurieren, je höher die von ihr angestrebte Umsatzwachstumsrate ist. Daraus resultiert die Erkenntnis, dass der Rentabilitätsbedarf einer jeden Unternehmung umso höher ausfällt, je höher die von ihr angestrebte Umsatzwachstumsrate ist.

Angesichts der umkämpften Märkte, der immer stärker werdenden Konkurrenz und der in vielen Branchen zu beobachtenden Reduktion der Gewinnmargen ist aber gleichzeitig festzustellen, dass eine Ausdehnung des bisherigen Umsatzes häufig nur zu Lasten des Rentabilitätspotenzials durchgeführt werden kann. Zur Ausdehnung des Umsatzes sind Unternehmungen zum Beispiel zu Preisnachlässen gezwungen. Auch ist es denkbar, dass eine Unternehmung bei der Umsatzausdehnung an ihre Kapazitätsgrenzen stößt und dadurch höhere Grenzkosten bei der Produktion entstehen.

Grundsätzlich lässt sich deswegen für das Rentabilitätspotenzial die These aufstellen, dass eine steigende Umsatzwachstumsrate mit einem sinkendem Rentabilitätspotenzial verbunden sein wird. Werden nun Rentabilitätsbedarf und Rentabilitätspotenzial als Funktionen in ein Koordinatensystem eingetragen (vgl. Abb. 4.70), so entsteht ein Schnittpunkt beider Funktionen.

Rechts von diesem Punkt im Bereich höherer Wachstumsraten klafft zwischen Rentabilitätsbedarf und Rentabilitätspotenzial eine mit steigender Umsatzwachstumsrate immer größer werdende Rentabilitätslücke. Die Rentabilitätslücke entsteht genau dann, wenn der Rentabilitätsbedarf, der mit steigenden Umsatzwachstumsraten verbunden ist, nicht mehr mit entsprechendem Rentabilitätspotenzial aus neuen Geschäften gedeckt werden kann. Diese Rentabilitätslücke bringt jede Unternehmung in ein strukturelles Dilemma. Wenn die Gewinne nicht mehr ausreichen um die notwendige Gewinnthesaurierung durchzuführen, so ist die Unternehmung langfristig nicht mehr in der Lage, das finanzielle Gleichgewicht zu erhalten.

Dieses finanzielle Gleichgewicht wurde bereits als Mindestbedingung bei der Planung zukünftiger Entwicklungen formuliert und definiert. Insofern sollte jede Unternehmung bemüht sein, genau den „imaginären" Schnittpunkt zwischen Rentabilitätsbedarf und Rentabilitätspotenzial zu finden und zur Basis aller Planungen und Entwicklungen zu erheben. Nur dann ist die langfristige Sicherung des finanziellen Gleichgewichts auf eine vernünftige Basis gestellt. Der Schnittpunkt zwischen Rentabilitätsbedarf und -potenzial entspricht deshalb auch derjenigen Umsatzwachstumsrate, die auch als gleichgewichtiges, ertragsorientiertes Wachstum bezeichnet werden kann. Das in Abb. 4.70 skizzierte Konzept darf allerdings nicht statisch betrachtet werden. Vielmehr erfordert dieses Modell eine dynamische, sich über mehrere Perioden erstreckende Analyse der Einflussgrößen.

Dies gilt z. B. für die sogenannte New Economy-Unternehmen. New Economy-Unternehmen agieren in stark wachsenden Märkten. Häufig besteht ihre primäre Zielsetzung darin, Marktanteile zu generieren bzw. weiter auszubauen. Im Sinne des Lebenszykluskonzepts sollen dabei Positionen aufgebaut werden, die es dem Unternehmen zu einem späteren Zeitpunkt ermöglichen, Gewinne bzw. Cashflow-Überschüsse zu vereinnahmen. Solche Unternehmen weisen in der aktuellen Marktsituation bei sehr hohen Wachstumsraten und hohem Gewinnbedarf niedrige Gewinne oder sogar Verluste auf. Diese Ergebnisse sollen erst durch in späteren Perioden nachfolgende Überschüsse kompensiert werden. Wenn dies tatsächlich gelingt, ist die Hinnahme der in der Anlaufphase zu beobachtenden Rentabilitätslücke durchaus sinnvoll

3. Financial Engineering, gleichgewichtige Kapitalstruktur und finanzielle Rationalisierung

Financial Engineering, gleichgewichtige Kapitalstruktur und finanzielle Rationalisierung sind tendenziell mit bilanziellen Veränderungen verbunden. Damit geht in der Regel eine Risikoveränderung einher. Deshalb werden diese Elemente im dritten Teil ausführlicher diskutiert. Trotzdem sollen hier zumindest die Begriffe kurz erklärt werden.

Financial Engineering wird auch als Finanzchemie bezeichnet. Im Rahmen des Financial Engineerings werden Finanzinstrumente in ihre einzelnen Bestandteile zerlegt. Die Elemente werden anschließend individuell bewertet. Diese Vorgehensweise entspricht grundsätzlich der aus der Chemie bekannten Analyse und Synthese. Ziel dieses Verfahrens ist, den Wert bzw. die Vorteilhaftigkeit von Finanzinstrumenten besser beurteilen zu können. Eine optimierte Beurteilung ermöglicht einen besseren, vor allem unter Rentabilitätsaspekten effizienteren Einsatz der Finanzinstrumente. Dadurch können die Fremdkapitalzinsen reduziert und die Eigenkapitalrentabilität gesteigert werden.

In den Gleichgewichtsrechnungen zum finanzstrukturellen Gewinnbedarf konnte mithilfe bestimmter Vorgabewerte wie bspw. dem Verschuldungsgrad oder dem Kapitalumschlag die Gleichgewichtsrentabilität zur Einhaltung einer **gleichgewichtigen Kapitalstruktur** berechnet werden. Würde der Verschuldungsgrad als exogene Größe verändert, so würde sich dies selbstverständlich auf die Höhe der Gleichgewichtsrentabilität auswirken. Ein höherer Verschuldungsgrad wirkt einerseits rentabilitätsbedarfsentlastend, da ein geringerer Eigenkapitaleinsatz angestrebt wird. Andererseits führt ein höherer Verschuldungsgrad im Rahmen des Leverage-Effektes zu einer Verbesserung der Ist-Eigenkapitalrentabilität, wenngleich damit natürlich risikoerhöhende Effekte verbunden sind.

Ein weiteres Element stellt die **finanzielle Rationalisierung** dar. Grundsätzlich kann die finanzielle Rationalisierung durch die Straffung des Produktionsprogramms erfolgen. Die Straffung des Produktionsprogramms kann zu einer Verringerung der Kapitalbindung führen und sich dadurch Rentabilitätssteigernd auswirken. Auch die Kontrolle der kapitalbindenden Aktiva ist darauf ausgerichtet, unnötige Kapitalbindungen zu vermeiden. So kann hinsichtlich des Anlagevermögens die Veräußerung nicht betriebsnotwendiger Vermögensteile in Betracht gezogen werden. Des Weiteren kann durch die Inanspruchnahme von Leasinggeschäften die ansonsten mit dem Kauf bestimmter Gegenstände des Anlagevermögens verbundene Kapitalbindung vermieden werden.

Im Umlaufvermögen können ebenfalls verschiedene Maßnahmen zur finanziellen Rationalisierung beitragen. Hierzu zählen z. B.:

- die Vorratsoptimierung,
- die Optimierung des Materialflusses,
- die just-in-time-Produktion,
- das Factoring,
- eine tiefergehende Debitorenkontrolle,
- die Liquiditätsoptimierung,
- u. a. m.

C. Der Abstimmungsprozess von Soll- und Ist-Eigenkapitalrentabilität

In den vorherigen Abschnitten wurde aufgezeigt, wie die Vorgabe der Soll-Eigenkapitalrentabilität erfolgt und wie die Ist-Eigenkapitalrentabilität analysiert und gesteuert werden kann. Hierauf aufbauend kann nun der Abstimmungsprozess von Soll- und Ist-Eigenkapitalrentabilität diskutiert werden. Dazu werden zunächst die Grundlagen des Economic-Value-Added-Konzepts erörtert, mit dem die Verbindung zum Wertmanagement geschaffen wird. Danach werden die mit der Gegenüberstellung verbundenen Probleme behandelt. Schließlich wird im dritten und letzten Abschnitt das Rentabilitätsdilemma des Wertmanagements diskutiert.

I. Das Konzept des Economic Value Added

Das Konzept des **Economic Value Added (EVA)** (vgl. STEWART 1991) beinhaltet die Periodisierung der Barwertbetrachtung des Wertmanagements. Nach der Grundidee des Shareholder Value-Konzepts muss der im Sinne der DCF-Methoden grundsätzlich barwertorientiert quantifizierte Unternehmenswert erhöht oder zumindest stabilisiert werden. Das EVA-Konzept löst sich von dieser Marktwertorientierung. Stattdessen reduziert es die Aussage des Shareholder Value Managements auf eine einfache Grundregel:

Shareholder Value wird generiert, wenn das Jahresergebnis größer ist als die Eigenkapitalkosten. Umgekehrt wird Shareholder Value vernichtet, wenn die Eigenkapitalkosten das Jahresergebnis übersteigen (vgl. Abb. 4.71).

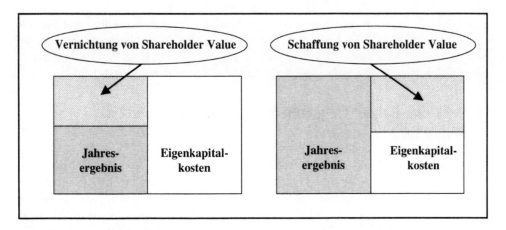

Abb. 4.71: Das EVA-Konzept

Ein Beispiel verdeutlicht diese Zusammenhänge: Ein Unternehmen verfügt über 100 Mio. GE Fremdkapital und über 100 Mio. GE Eigenkapital. Marktwerte und Buchwerte stimmen überein. Das Fremdkapital wird mit 10 % verzinst, der Eigenkapitalkostensatz beträgt 15 %. Die im Zusammenhang mit der Total-Investor-Performance angesprochenen Effekte werden vernachlässigt. Die Unternehmung erzielt im Fall A einen Jahresüberschuss vor Zinsen von 25 Mio. GE, im Fall B von 30 Mio. GE und im Fall C von 20 Mio. GE. Hieraus resultiert ein Ergebnis nach Zinsen von 15 Mio. GE im Fall A, 20 Mio. GE im Fall B und 10 Mio. GE im Fall C. In allen Fällen verlangen die Eigenkapitalgeber eine Verzinsung des von ihnen eingesetzten Kapitals von 15 %. Sie erwarten also einen Gewinn von 15 Mio. GE. Wird diese Gewinnerwartung erfüllt, so verändert sich der Marktwert des Eigenkapitals nicht. Denn die Eigentümer hatten schon zuvor die richtige Gewinnerwartung als Bewertungsmaßstab bei der Bewertung des Eigenkapitals zugrunde gelegt.

Im *Fall A* entsprechen sich diesbezüglich das Jahresergebnis und die Eigenkapitalkosten. Der Unternehmenswert bleibt unverändert.

Im *Fall B* übertrifft das Jahresergebnis von 20 Mio. GE die Eigenkapitalkosten von 15 Mio. GE. Die Gewinnerwartungen wurden übererfüllt. Sofern die Unternehmung keine höheren Risiken eingegangen ist, hätten die Anteilseigner die zukünftigen Gewinne zu gering geschätzt. Deshalb wäre ein zu niedriger Marktwert entstanden. Die positive Differenz führt dann zu einer Verbesserung des Unternehmenswertes.

Im *Fall C* unterschreitet das Jahresergebnis von 10 Mio. GE die Eigenkapitalkosten von 15 Mio. GE. Der Fall C stellt somit das Spiegelbild des Falles B dar. Der Unternehmenswert sinkt.

In allen drei Fällen wurden ex ante vor dem Hintergrund des unternehmensspezifischen Risikos die Eigenkapitalkosten fixiert. Damit verbunden ist die Auffassung der Investoren, dass die Ist-Eigenkapitalrentabilität und damit auch der Unternehmenswert mit einer bestimmten Wahrscheinlichkeit innerhalb eines bestimmten Korridors schwanken. Insofern werden die als nicht nachhaltig zu beurteilenden Abweichungen des Ist-Ergebnisses von der Soll-Vorgabe gar keine Marktwertveränderungen verursachen. Erst wenn die Investoren die Abweichungen als dauerhaft beurteilen, werden sich die Marktwerte ändern. Dieses Phänomen ist auch auf den Aktienmärkten zu beobachten. So führen manche überaus positiven Gewinnankündigungen aktiennotierter Gesellschaften immer wieder eben nicht zu einem Kursanstieg.

II. Probleme bei der Gegenüberstellung von Soll- und Ist-Eigenkapitalrentabilität

Für den Abstimmungsprozess von Ist- und Soll-Eigenkapitalrentabilität hinsichtlich des EVA-Konzepts ist zu beachten, dass die Eigenkapitalkosten im ursprünglichen EVA-Konzept ausschließlich kapitalmarkttheoretisch abgeleitet werden. Der finanzstrukturelle Ansatz und die Best-Practice-Standards zur Fixierung der Soll-Eigenkapitalrentabilität werden vollständig vernachlässigt. Letztere sind jedoch, wie zuvor gezeigt wurde, integrale Bestandteile des Verfahrens zur Bestimmung der Soll-Eigenkapitalrentabilität.

Daneben müssen die Eigenkapitalkostensätze, um sie mit dem Jahresergebnis vergleichen zu können, in absolute Werte transformiert werden. Ein Kennzahlenvergleich wäre natürlich auch möglich. Wenn das Jahresergebnis auf das (bilanzielle) Eigenkapital bezogen wird, erhält man die Ist-Eigenkapitalrentabilität. Um diese mit den Eigenkapitalkosten vergleichen zu können, müssen letztere auf das bilanzielle Eigenkapital bezogen sein. Üblicherweise werden Eigenkapitalkosten jedoch auf den Marktwert des Eigenkapitals bezogen. Deshalb wäre hier eine Transformation erforderlich. Dazu müssen lediglich die im Zusammenhang mit der Total-Investor-Performance erörterten Verknüpfungen beachtet werden.

Im EVA-Konzept erfolgt die im Sinne des Wertmanagements erforderliche Gegenüberstellung von Jahresergebnis bzw. Ist-Eigenkapitalrentabilität und Eigenkapitalkosten bzw. der daraus resultierenden Soll-Eigenkapitalrentabilität.

Unklar ist weiterhin, ob die Vergleichsziffern vor oder nach Steuern definiert sind. Schließlich stellt sich die im Zusammenhang mit dem Risiko-Controlling zu behandelnde Frage, wie Wiederaufholeffekte bzw. allgemein zeitliche Schwankungen bewertet werden. Insofern besteht hinsichtlich der Weiterentwicklung dieses Ansatzes durchaus noch Handlungsbedarf.

Fünftes Kapitel: Barwertorientiertes Rentabilitäts-Controlling

A. Konzeption des barwertorientierten Rentabilitäts-Controllings

I. Abgrenzung alternativer Marktwertbegriffe

Im *Dritten Kapitel* wurde erklärt, mit welchen Verfahren der Unternehmenswert bestimmt werden kann. Dabei wurden die Discounted-Cashflow-Verfahren als zentrales Element des Wertmanagements hervorgehoben. Mithilfe dieser Verfahren wird der Barwert des für die Unternehmenseigentümer zu erwirtschaftenden Cashflows quantifiziert. Nicht zuletzt daraus ist abzulesen, dass die Philosophie des Wertmanagements Elemente einer modernen Barwertsteuerung enthält.

Vor diesem Hintergrund wurden im *Vierten Kapitel* die Bausteine eines GuV-orientierten Rentabilitäts-Controllings diskutiert. Es wurde dargestellt, wie über die mit der Zielgröße Eigenkapitalrentabilität verbundenen Steuerungsprozesse der Marktwert der Unternehmung optimiert werden kann. Als Ergebnis konnte festgehalten werden, dass auch mit dem auf die Erfolgsrechnung fokussierten Instrumentarium ein effizientes Wertmanagement betrieben werden kann. Das GuV-orientierte Rentabilitäts-Controlling steht somit keinesfalls im Widerspruch zu der bereits im *Dritten Kapitel* aufgezeigten Barwertorientierung des Wertmanagements.

Allerdings ist für ein modernes Rentabilitäts-Controlling die GuV-Orientierung alleine kaum ausreichend. Vielmehr sind unbedingt für das Wertmanagement geeignete Systeme zur Barwertsteuerung zu implementieren. Dazu sind Modelle und Verfahren zu entwickeln, mit deren Hilfe sich der Barwert einer Unternehmung richtig kalkulieren lässt.

Das barwertorientierte Rentabilitäts-Controlling ist im Sinne des Value Controllings darauf ausgerichtet, zur Erhöhung des gesamten Barwertes der Unternehmung und damit auch der barwertoptimierten Gestaltung des Investitionsportefeuilles beizutragen. In diesem Zusammenhang ist vorab eine Abgrenzung der Begriffe "Marktwert" und "Barwert" der Unternehmung erforderlich. Grundsätzlich lassen sich drei Varianten des Marktwertes einer Unternehmung differenzieren:

- Marktwert als Marktpreis,
- Marktwert als Ergebnis risikoadjustierter Unternehmensbewertung und
- Marktwert als Barwert im Sinne einer risikofreien Cashflow-Bewertung.

Es existiert ein **Marktwert im Sinne eines Marktpreises** für Unternehmen. Für börsennotierte Gesellschaften folgt dieser Marktwert aus der Börsenkapitalisierung. Für nicht-börsennotierte Unternehmen kann ein solcher Marktpreis nur im Rahmen von Übernahme- oder Fusionsverhandlungen festgestellt werden.

Hiervon abzugrenzen ist der **Marktwert im Sinne einer risikoadjustierten Unternehmensbewertung**. Dieser Marktwert resultiert in einer dynamischen Betrachtung aus der Diskontierung zukünftiger, für Ausschüttungen an die Eigentümer zur Verfügung stehender Cashflows mit risikoadjustierten Eigenkapitalkostensätzen, wie dies im Rahmen der DCF-Verfahren geschieht (vgl. *Drittes Kapitel*). Wirklich dynamisch ist diese Betrachtung allerdings nie, da noch kein theoretisch fundiertes Konzept existiert, mit dessen Hilfe laufzeitspezifische Risikoprämien für eine mehrperiodige Betrachtung bestimmt werden können. In einer einfacheren und eher statischen Betrachtung wird mit einer prinzipiell ähnlichen Vorgehensweise der Jahresüberschuss mit dem Kurs-/Gewinnverhältnis (KGV) multipliziert (vgl. *Viertes Kapitel*). Im KGV spiegelt sich dabei die Markterwartung hinsichtlich des risikofreien Zinses und der Risikoprämie wieder. Allerdings fehlt dem KGV im Gegensatz zu den risikoadjustierten Eigenkapitalkostensätzen der normative Charakter. In beiden Konzepten wird versucht, über die Ableitung von risikofreien Zinsen und Risikoprämien Rückschlüsse auf den objektiv richtigen Unternehmenswert zu ziehen.

Der dritte Marktwertbegriff umfasst den **Marktwert im Sinne einer prinzipiell risikofreien Cashflow-Bewertung**. Dieser ergibt sich aus dem Barwertkalkül der Marktzinsmethode (vgl. SCHIERENBECK 2001). Im Barwertkalkül werden sämtliche Cashflows einer beliebigen Zahlungsreihe durch den – fiktiven oder realen – Aufbau zahlungsstrukturkongruenter Alternativanlagen bzw. -refinanzierungen ausgeglichen. Bei diesen Gegen- bzw. Opportunitätsgeschäften handelt es sich um risikofreie, am Geld- und Kapitalmarkt jederzeit durchführbare Geschäfte. Wenn die zukünftigen Cashflows der zu bewertenden Investition und der Gegengeschäfte betragsmäßig identisch sind, so folgt aus dem Vergleich der Zahlungen in t = 0 der Barwert der Investitionen. Dieser ließe sich als Überschuss tatsächlich realisieren, wenn eine Unternehmung zu dem aus dem Abschluss eines Geschäfts resultierenden Cashflow am Geld- und Kapitalmarkt eine exakt gegenläufige Position aufbauen würde. Auf diese Weise kann für jedes Geschäft ein Barwert berechnet werden. Die Summe der Barwerte aller Geschäfte ergibt den Barwert bzw. Marktwert des Eigenkapitals.

Die Marktwertsteuerung kann und muss sich letztlich immer am Marktpreis einer Unternehmung orientieren. So wird bspw. eine börsennotierte Unternehmung zumindest von den Aktionären wohl nur bedingt nach den Verfahren der Unternehmensbewertung beurteilt. Denn für den Aktionär ist letztlich nur der Aktienkurs entscheidend. Der Aktienkurs kann jedoch nicht ex ante exakt berechnet, sondern lediglich ex post an der Börse festgestellt werden.

Bezüglich der risikoadjustierten Bewertungsmethoden ist heute noch die Frage danach unbeantwortet, wie Risikoprämien mit welchem zeitlichen Bezug für welche Risiken quantifiziert werden sollen. Solange aber diese Frage nicht exakt beantwortet werden kann, ist die Risikoadjustierung immer nur als Versuch, nicht jedoch als objektiv richtige Lösung zu betrachten.

Schon deshalb scheint das Barwertkalkül der Marktzinsmethode diesen Verfahren überlegen. Hier wird mit nachvollziehbaren, in der Praxis zu beobachtenden, risikofreien und durchsetzbaren Preisen bewertet und ein tatsächlich zu erwirtschaftender Marktwert quantifiziert. Allerdings ist sehr wohl zu konstatieren, dass auch bei Anwendung des Barwertkalküls der Marktzinsmethode eine Risikoadjustierung immer dann erforderlich wird, wenn Gegengeschäfte eben nicht abgeschlossen werden oder die Barwerte aus Bankgeschäften aus anderen

Gründen unsicher sind (für eine ausführliche Darstellung des Barwertkalküls vgl. ROLFES 1992; SCHIERENBECK 2001 und 2000; SCHIERENBECK/WIEDEMANN 1996).

II. Zielgrößen im barwertorientierten Rentabilitäts-Controlling

Vor dem Hintergrund dieser Marktwerte stellt sich die Frage nach der richtigen **Zielgröße** im Barwertkalkül. Primäres Ziel des Wertmanagements ist es, das Vermögen des Eigentümers bzw. des Shareholders zu mehren. Schon ein nur gleichbleibendes Eigentümervermögen wäre nicht akzeptabel. Denn der Eigentümer hätte immer die Alternative, sein Vermögen in eine risikofreie Anlage zu investieren und dafür als Ertrag eine risikofreie Verzinsung zu erhalten. Aus einem Anfangsvermögen von 100 GE in t = 0 würde bei einer risikofreien Verzinsung von 4 % schließlich ein Endvermögen von 104 GE entstehen. Wenn der Investor statt in die risikofreie Anlage in eine Unternehmung investiert, will er mindestens den gleichen, im Risikofall sogar einen höheren Wertzuwachs erzielen. Die Unternehmung kann zwischen drei Alternativen wählen, wie sie diese Vermögensmehrung generieren kann:

Entweder **schüttet sie nichts aus** und erhöht den Barwert bzw. Marktwert des Eigenkapitals. In diesem Fall müsste zunächst der Barwert des Eigenkapitals z. B. mithilfe des nachfolgend erörterten Marktzinsmodells quantifiziert werden. Dieser Barwert könnte im Marktzinsmodell tatsächlich in t = 0 erzeugt werden wenn alle zukünftigen Cashflows glattgestellt werden. Um dann eine Barwertsteigerung zu erzeugen, müsste der Barwert des Eigenkapitals, der als Liquiditätsüberschuss zur Verfügung steht, am Geld- und Kapitalmarkt angelegt werden, z. B. über eine risikofreie Anlage zum risikofreien Zins. Dadurch würde der Barwert der Unternehmung am Periodenende um diese risikofreie Verzinsung ansteigen. Der Eigentümer, dem diese Vermögen gehört, hätte die gewünschte Vermögensmehrung erreicht. Unterstellt sei bspw. ein Barwert des Eigenkapitals von 100 GE, der vollständig einem einzigen Eigentümer gehört. Dieser könnte entweder seinen Unternehmensanteil für 100 GE verkaufen und den Betrag in eine risikofreie Anlage zu 4 % investieren. Dadurch steigt sein Vermögen am Periodenende auf 104 GE. Oder er behält seinen Anteil. Dann legt die Unternehmung den Barwert des Eigenkapitals in Höhe von 100 GE am Geld- und Kapitalmarkt zu 4 % an. Der Barwert des Eigenkapitals, der dem Aktionärsvermögen entspricht, wird so von 100 GE auf 104 GE gesteigert.

Alternativ zu dieser Vorgehensweise könnte die Unternehmung auch bei einer auf die Periode hinweg betrachteten Konstanz des Barwerts des Eigenkapitals das Aktionärsvermögen erhöhen. Dazu wird wiederum der Barwert des Eigenkapitals am Geld- und Kapitalmarkt angelegt. Die risikofreie Verzinsung wird jetzt allerdings an den Eigentümer **ausgeschüttet**. Der Barwert des Eigenkapitals steigt damit zunächst von 100 GE auf 104 GE. Durch die Ausschüttung wird dieser Barwert sofort wieder auf 100 GE zurückgefahren. Der Eigentümer hält nach wie vor einen Vermögensanteil von 100 GE. Zusätzlich würden ihm 4 GE aus der Ausschüttung der risikofreien Verzinsung ausgezahlt. Insgesamt beträgt sein Vermögen auch in diesem Fall 104 GE (= 100 GE + 4 GE).

Selbstverständlich sind auch **Kombinationen** der beiden zuvor erörterten Varianten möglich. Auch bei diesen Kombinationen muss in einer barwertorientierten Betrachtung zuerst der

Barwert des Eigenkapitals erhöht werden, bevor anschließend Ausschüttungsentscheidungen getroffen werden. Im Risikofall würde zudem eine über die risikofreie Verzinsung hinausgehende Risikoprämie verlangt werden.

III. Dimensionen des barwertorientierten Rentabilitäts-Controllings

Im Barwertkalkül der Marktzinsmethode wird als Zielgröße der Marktwert des Eigenkapitals herangezogen. Dieser Marktwert muss entsprechend gemehrt werden. Barwerte müssen dabei zum einen für einzelne Investitionen, zum anderen aber auch für die Unternehmung als Ganzes kalkuliert werden. Insofern weist das barwertorientierte Rentabilitäts-Controlling zwei Dimensionen auf:

- Das **Marktzinsmodell der Investitionsrechnung** dient im Rahmen des Investitions-Controllings generell der barwertorientierten Planung und Kontrolle einzelner Investitionsprozessen.
- Demgegenüber dient das **Industriemodell der Marktzinsmethode** der barwertorientierten Planung und Kontrolle des in seine einzelnen Bestandteile zerlegten Gesamterfolgs einer Unternehmung.

Natürlich lassen sich diese beiden Dimensionen ineinander überführen. So baut das Industriemodell der Marktzinsmethode letztlich immer auf den Erkenntnissen des Marktzinsmodells der Investitionsrechnung auf, ergänzt dieses allerdings in wesentlichen, für die Unternehmenssteigerung bedeutenden Teilbereichen. Besonders hervorzuheben ist für beide Varianten des Marktzinsmodells, dass es mit ihrer Hilfe erstmals gelingt, den Ergebnisbereich der Fristentransformation als Erfolgsquelle zu identifizieren und zu kalkulieren.

Vor diesem Hintergrund werden in den nachfolgenden Abschnitten zunächst die Barwerte einzelner Investitionen ermittelt. Anschließend wird aufgezeigt, wie eine gesamtunternehmensbezogene Kalkulation des Barwertes erreicht werden kann. Beiden Dimensionen des Barwertkalküls wird die Marktzinsmethode als das wohl modernste und fortschrittlichste Konzept der Barwertkalkulation zugrunde gelegt.

B. Das Marktzinsmodell als Basis des Investitions-Controllings

I. Begriff und Wesen des Investitions-Controllings

1. Aufgabenbereiche des Investitions-Controllings

Das **Investitions-Controlling** dient vor allem der Planung und Kontrolle der Investitionsprozesse einer Unternehmung. Es lassen sich im einzelnen drei zentrale Aufgabenbereiche des Investitions-Controllings unterscheiden (vgl. EILENBERGER 1997; SCHIERENBECK 2000):

- Beteiligung an Investitionsplanung und Investitionskoordination,
- Kontrolle der Investitionsprojekte in der Realisationsphase und

- Investitionskontrolle i. e. S. (nach Realisierung der Investition).

Im Rahmen der **Beteiligung an der Investitionsplanung und der Investitionskoordination** sind verschiedene Teilaufgaben des Investitions-Controllings zu beachten:

- Das Investitions-Controlling dient dazu, die Investitionstätigkeit einer Unternehmung überhaupt anzuregen.
- Die Planungsinstanzen müssen mit auf die Investitionsentscheidungen bezogenen Informationen versorgt werden.
- Üblicherweise übernimmt das Investitions-Controlling auch die vollständige Durchführung der Investitionsplanung. Zudem werden Investitionsplanung und Investitionsvolumen vom Investitions-Controlling koordiniert.
- Als Instanz muss das Investitions-Controlling selbstverständlich gestellte Investitionsanträge auf ihre Wirtschaftlichkeit hin überprüfen.
- In diesem Zusammenhang erfolgt auch die Durchführung der Investitionsrechnung und -beurteilung.
- Ein immer bedeutender werdendes Feld ist zudem die Evaluation der mit einzelnen Investitionen verbundenen Risiken.

In der **Realisationsphase** ist die **Kontrolle der Investitionsprojekte** erforderlich:

- Als Projektkontrolle wird diesbezüglich die Kontrolle einzelner, durchgeführter Investitionsprojekt bezeichnet.
- Hiervon abzugrenzen ist die Realisationskontrolle der Investitionsbudgets.
- Auch im Rahmen der Kontrolle muss eine entscheidungsbezogene Informationsverarbeitung erfolgen.
- Zudem müssen die Genehmigungs- und Planungsinstanzen mit entscheidungsbezogenen Informationen versorgt werden.
- Schließlich fällt unter die Kontrolle selbstverständlich auch die Risikobeobachtung und Überwachung der Investitionsprojekte.

Hiervon abzugrenzen ist die **Investitionskontrolle im engeren Sinne**, die nach Realisierung der Investition erfolgt:

- Diesbezüglich ist zunächst einmal die Objektkontrolle durchzuführen. Dazu erfolgt die Wirtschaftlichkeitskontrolle durch das Nachrechnen der Investitionen.
- Zur Investitionskontrolle im engeren Sinne gehört auch die Budgetkontrolle, mit deren Hilfe die Einhaltung der geplanten Kosten und Erträge überprüft wird. Hierbei handelt es sich um eine Globalkontrolle.
- Ferner sind in diesem Zusammenhang die planorientierte Vermögens- und Kapitalbindungskontrolle zu nennen.
- Es müssen Abweichungsanalysen durchgeführt werden. Im Falle von Abweichungen sind zudem die Entscheidungs- und Planungsinstanzen mit entsprechenden Informationen zu versorgen.
- Außerdem sind in dieser Stufe Verbesserungsvorschläge zu entwickeln und neue Investitionen anzuregen.

In Abb. 5.1 werden die Aufgabenbereiche des Investitions-Controllings abschließend zusammengefasst.

Aufgabenbereiche des Investitions-Controllings		
Beteiligung an Investitionsplanung und Investitionskoordination	Kontrolle der Investitionsprojekte in der Realisationsphase	Investitionskontrolle i. e. S. (nach Realisierung der Investition)
- Investitionsanregung - Entscheidungsbezogene Informationsversorgung der Planungsinstanz - Koordination der Investitionsplanung und des Investitionsvolumens - Überprüfung der Investionsanträge - ggf. Durchführung der Investitionsrechnung und -beurteilung - Evaluation der Investitionsrisiken	- Kontrolle einzelner Investitionsprojekt-Durchführungen (Projektkontrolle) - Realisationskontrolle der Investitionsbudgets - Entscheidungsbezogene Informationsverarbeitung und -versorgung der Genehmigungs- und Planungsinstanzen - Risikobeobachtung und -überwachung	- Wirtschaftlichkeitskontrolle durch Investitionsnachrechnung (Objektkontrolle) - Budgetkontrolle (Globalkontrolle) - Planorientierte Vermögens- und Kapitalbindungskontrolle - Abweichungsanalysen und entsprechende Informationsversorgung der Entscheidungs- und Planungsinstanzen - Entwicklung von Verbesserungsvorschlägen und Investitionsanregungen

Abb. 5.1: Aufgabenbereiche des Investitions-Controllings

2. Abgrenzung controlling-adäquater Investitionsrechnungen

Investitionsrechnungen stellen das zentrale Instrumentarium des Investitions-Controllings dar. Sie dienen zur Unterstützung von Entscheidungen über Investitionen im Hinblick auf bestimmte Zielsetzungen. Investitionsrechnungen sind ermittelnde oder optimierende Rechenverfahren. Mit ihrer Hilfe werden quantitative, an Liquiditäts- und Erfolgskriterien orientierte Maßstäbe für die wirtschaftliche Vorteilhaftigkeit alternativer Investitionsvorhaben ermittelt oder sogar optimale Investitionsprogramme bestimmt.

Es lassen sich verschiedene Kategorien von Investitionsrechnungen differenzieren (vgl. für eine Übersicht SCHIERENBECK 2000). Auf oberster Ebene sind die Verfahren der **Unternehmensbewertung** von den Verfahren der **Wirtschaftlichkeitsrechnung** abzugrenzen. Während die Unternehmensbewertung nach dem Wert einer Unternehmung insgesamt sucht, soll mithilfe der Wirtschaftlichkeitsrechnung über die Vorteilhaftigkeit einzelner Investitionen entschieden werden. Bezüglich der Wirtschaftlichkeitsrechnung lassen sich Simultan- und Sukzessivansätze unterscheiden. Mithilfe von **Simultanmodellen** wird der interdependente, sachlich-zeitliche Wirkungszusammenhang von Investitions- und Finanzierungsentscheidungen untersucht. Angesichts der Komplexität derartiger Modelle dominieren in der Praxis die Sukzessivansätze. Diese gelten als praxisrelevante Entscheidungshilfen für Entscheidungsprobleme.

Sukzessivansätze bestehen in Form von Total- und Partialmodellen. **Totalmodelle** versuchen, alle mit Investitionen verbundenen Investitions- und Finanzierungselemente vollständig zu erfassen. Totalmodelle finden sich u. a. in den Modellen der Bilanzplanung (vgl. *Achtes Kapitel*) und dem Konzept des vollständigen Finanzplanes (vgl. GROB 1989).

Partialmodelle werden in der unternehmerischen Praxis am häufigsten angewendet. In Partialmodellen erfolgt die Vorteilsbestimmung lediglich anhand von partiellen, vom verwendeten Algorithmus abhängigen Entscheidungskriterien. Für die Vorteilhafigkeitsbestimmung werden dabei teilweise realitätsferne Prämissen verwendet.

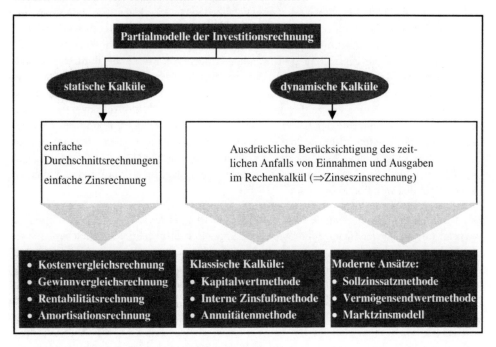

Abb. 5.2: Partialmodelle der Investitionsrechnung

Für eine controlling-adäquate Investitionsrechnung mithilfe von Partialmodellen lassen sich drei generelle **Anforderungen** nennen (vgl. SCHIERENBECK 2000):

- Die erwarteten Cashflows müssen einschließlich aller Investitionsausgaben entsprechend ihrem zeitlichen Anfall beurteilt werden.
- Der verwendete Kalkulationszinsfuß soll

- eine von anderen Entscheidungen und vor allem von der Art und Weise der Finanzierung unabhängige Einzelbewertung sicherstellen,
- eine objektive und nicht manipulierbare Bewertung der Zeitstruktur von Cashflows garantieren und
- dem im Entscheidungszeitpunkt jeweils aktuellen Kostensatz für das eingesetzte Kapital entsprechen.
- Die Investitionsrechnung muss die systematische Abweichungsanalyse ermöglichen und die investitions- und finanzierungsinduzierten Ergebnisbestandteile des realisierten Investitionsergebnisses sichtbar machen.

Vor dem Hintergrund dieser Anforderungen sind die verschiedenen Partialmodelle kurz zu analysieren. Als Partialmodelle lassen sich statische und dynamische Kalküle voneinander abgrenzen, wobei bezüglich der dynamischen Kalküle zwischen den klassischen und den modernen Ansätzen differenziert wird. Statische und klassische dynamische Kalküle werden auch als traditionelle Investitionsrechnungsverfahren bezeichnet (vgl. Abb. 5.2).

Als **statische Kalküle** sind die Kostenvergleichsrechnung, die Gewinnvergleichsrechnung, die Rentabilitätsrechnung sowie die Amortisationsrechnung zu nennen. Bei diesen Verfahren handelt es sich grundsätzlich um einfache Durchschnittsrechnungen, bezüglich derer zudem eine stark vereinfachte Zinsrechnung Anwendung findet. Als **klassische dynamische Kalküle** werden die Kapitalwertmethode, die interne Zinsfussmethode sowie die Anuitätenmethode genannt. Diese Verfahren unterscheiden sich von den statischen Kalkülen durch die explizite Berücksichtigung des zeitlichen Anfalls von Einnahmen und Ausgaben im Rechenkalkül. Dadurch erlangen sie den Charakter einer Zinseszinsrechnung. Die im dritten Kapital vorgestellten Discounted Cashflow-Methoden bauen grundsätzlich auf den Erkenntnissen der dynamischen Kalküle und hier speziell auf den Aussagen der Kapitalwertmethode auf. Grundsätzlich sind die klassischen Verfahren der dynamischen Investitionsrechnung den statischen Kalkülen weit überlegen.

Die Kritik an den klassischen Verfahren der dynamischen Investitionsrechnung knüpft vorwiegend an der „Wiederanlageprämisse" an. Speziell bei Investitionsvergleichen müssen meist entsprechende Prämissen über Anschlussinvestitionen (bei unterschiedlichen Nutzungsdauern) und/oder Ergänzungsinvestitionen (in Höhe der Kapitalbindungsdifferenzen) gesetzt bzw. hingenommen werden. Hinzu kommt, dass die Finanzierungsseite durch den einheitlichen Kalkulationszinsfuß, zu dem annahmegemäß jederzeit Kapital aufgenommen (aber auch wieder angelegt) werden kann, gleichsam als Problem wegdefiniert wird. Mit anderen Worten arbeiten die klassischen Kalküle mit einer einschneidenden Prämisse: der Annahme eines vollkommenen Kapitalmarktes (vgl. SCHIERENBECK 2000). Sie können deshalb ebenso wie die statischen Kalküle die zuvor genannten Anforderungen an eine controlling-adäquate Investitionsrechnung nicht erfüllen.

Aus der sich hieran entzündenden Kritik sind in neuerer Zeit Modelle entwickelt worden, die als **Vermögens-Endwertmodelle** konzipiert sind. Ziel dieser Modelle ist es, die Wiederanlageprämisse durch explizite Differenzinvestitionen zumindest teilweise zu entschärfen. Diese Endwertmodelle arbeiten mit zwei unterschiedlichen Zinssätzen: Einem Sollzinssatz, mit dem das bereitgestellte Fremdkapital zu verzinsen ist, sowie einem Habenzinssatz, zu dem Eigenmittel bzw. Einnahmenüberschüsse bis zum Ende des Planungszeitraums angelegt werden können (vgl. BLOHM/LÜDER 1995; KRUSCHWITZ 1995).

Vermögens-Endwertmodelle berücksichtigen zwar einige der gegenüber der klassischen Investitionsrechnung geäußerten Kritikpunkte. Sie lassen aber auch neue Probleme entstehen. Insbesondere muss bei allen Modellvarianten kritisch gesehen werden, dass

- sie durch die explizite Berücksichtigung der Wiederanlage von Investitionsrückflüssen und der notwendigen Annahme über die Höhe des Anfangsvermögens Erfolgseffekte auf die Grundinvestition zurechnen, die von dieser originär gar nicht verursacht werden (vgl. ROLFES 1992),
- sie bei frei wählbarem Wiederanlagezinsfuß die realen Gegebenheiten zwar grundsätzlich besser berücksichtigen können, diese zukünftigen Zinssätze aber in praktischen Investitionsbeispielen nur mit großen Unsicherheiten prognostiziert werden können und
- sie zwar realistischerweise mit zwei unterschiedlichen Zinssätzen arbeiten, damit aber konzeptionell noch nicht die Vielfalt der Marktzinssätze auf den realen Geld- und Kapitalmärkten zu berücksichtigen vermögen.

Ein Rechnungskonzept, das diese Kritikpunkte aufgegriffen und schlüssig erarbeitet hat, ist das **Marktzinsmodell der Investitionsrechnung** (vgl. ROLFES 1992). Letztlich wird, wie im nachfolgenden Abschnitt noch zu zeigen ist, nur das Marktzinsmodell der Investitionsrechnung den Anforderungen einer controlling-adäquaten Investitionsrechnung gerecht.

3. Integration von Investitions-, Kosten- und Liquiditätsrechnung

Grundsätzlich kann die Investitionsrechnung nicht losgelöst von den anderen Teilbereichen des Management-Informationssystems (vgl. *Zweites Kapitel*) einer Unternehmung betrachtet werden. Sie ist vor allem eng verknüpft mit der Kosten- und mit der Liquiditätsrechnung (vgl. Abb. 5.3).

Der **Prozess** des Investitions-Controllings lässt sich zur Verdeutlichung der bestehenden Zusammenhänge in vier Stufen zerlegen. In der ersten Stufe erfolgt die **Präzisierung der Investitionsvorhaben**. Daran schließt sich in der zweiten Stufe die Phase des **Kapazitätsaufbaus** und der **Kapazitätsnutzung** an. Hierzu zählen vor allem die Anschaffung der Kapazitäten, die Verrechnung der Kapazitätsausnutzung über Abschreibungen und die Verrechnung der Nutzung des gebundenen Kapitals über den Zinsaufwand. Der Planungsphase folgt in der dritten Stufe die **Kontrolle der investierten und genutzten Anlagen**. Abschließend wird in der vierten Stufe die **Investitionskontrolle** i. e. S. durchgeführt.

Mit diesen Planungs- und Kontrollstufen einhergehend muss im Investitions-Controlling immer wieder auf die Daten der Investitions-, sowie der Kostenrechnung des Kapazitätsaufbaus, der Kosten- und Leistungsrechnung der Kapazitätsnutzung und der Liquiditätsrechnung zurückgegriffen werden. Dabei greifen die übrigen Rechnungsbereiche stets auf die Daten der übergeordnete Liquiditätsrechnung zurück.

Eine mögliche Zuordnung dieser Teilbereiche zu den vier Stufen des Investitions-Controllings wird in Abb. 5.3 angedeutet. Zudem werden die im Rahmen der einzelnen Teilrechnungen zu bewältigenden Teilaufgaben präzisiert. Vor diesem Hintergrund kann nunmehr das Marktzinsmodell eingebettet in das Konzept des Investitions-Controllings als modernes Instrumentarium zur Investitionsbewertung erörtert werden.

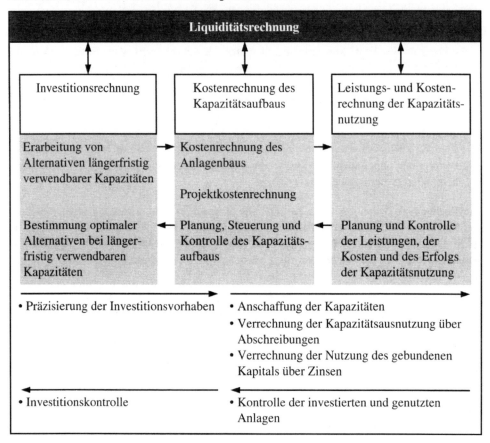

Abb. 5.3:   Zusammenhang zwischen Investitions-, Kosten- und Liquiditätsrechnung (aus KÜPPER 1995)

II. Das Marktzinsmodell der Investitionsrechnung

1. Kapitalwertbestimmung im Marktzinsmodell

a) Konstruktionsprinzipien des Marktzinsmodells

Das Marktzinsmodell der Investitionsrechnung basiert auf den Erkenntnissen der modernen Bankkalkulation und der dort entwickelten „Marktzinsmethode" (vgl. SCHIERENBECK 2001).

Letztgenannte baut auf dem Grundgedanken der pretialen Lenkung von SCHMALENBACH auf. Diese Übertragung auf die Investitionsrechnung liegt aus mindestens zwei Gründen nahe:

- Die Zahlungsreihen von Investitionen sind formal mit denen von Kreditgeschäften im Bankgewerbe identisch. Auch materiell können Kreditgeschäfte als Investitionen interpretiert werden.
- Die Entwicklung im Bereich der bankbetrieblichen Marktzinsmethode hat den Erkenntnisstand der investitionsrechnerischen Partialmodelle weit hinter sich gelassen. Insbesondere liefert die Marktzinsmethode erheblich realitätsgerechtere, entscheidungsorientiertere Bewertungsinformationen durch Rückgriff auf die realen Geld- und Kapitalmärkte.

Die entscheidende Erweiterung des Marktzinsmodells gegenüber den klassischen Investitionskalkülen besteht darin (vgl. zu den theoretischen Grundlagen und Voraussetzungen im einzelnen SCHIERENBECK 2001; ROLFES 1992),

- dass konsequent eine **Einzelbewertung von Investitionsprojekten** angestrebt wird und Erfolgseinflüsse, die aus Differenzinvestitionen oder aus übergeordneten Kapitalstrukturen bzw. Finanzierungsmaßnahmen entstehen, der Grundinvestition prinzipiell nicht zugerechnet werden,
- dass der Bewertung von Investitionen statt eines einheitlichen pauschalen Kalkulationszinsfußes das an den Geld- und Kapitalmärkten real zu beobachtende, aktuelle **Marktzinsgefüge** zugrundegelegt wird und
- dass das Marktzinsmodell explizit eine **Finanzierungsrendite** bzw. Finanzierungsmarge bei inkongruenter Finanzierung **als eigenständige Erfolgsquelle** offenlegt.

Die Verknüpfung zwischen dem Postulat der Einzelbewertung und dem der Verwendung von Marktzinssätzen erfolgt durch Verwendung von Kalkulationszinsfüßen, die aus den im Entscheidungszeitpunkt gültigen, laufzeitabhängigen Marktzinssätzen unter der Prämisse fristenkongruenter Investitionsfinanzierung abgeleitet sind. Dadurch wird zum einen eine restriktionsfreie Grenzbetrachtung möglich. Zum anderen wird vermieden, dass die Investitionsbewertung durch frühere (Fehl-)Entscheidungen über zwischenzeitliche Wiederanlagen respektive Nachfinanzierungen oder durch (fehlerhafte) Marktzinsprognosen für die Zukunft beeinflusst wird. Zu betonen ist noch die Verwendung laufzeitabhängiger Marktzinssätze, da die Investitionsbewertung bei laufzeitkongruenter Finanzierung zwangsläufig von der Tatsache beeinflusst wird, dass – von speziellen Zinskonstellationen abgesehen – für unterschiedliche Laufzeiten bzw. Zinsbindungsfristen auch unterschiedliche Zinssätze gelten (vgl. FAßBENDER 1973; ROLFES 1992).

Grundsätzlich gelten am Geld- und Kapitalmarkt für unterschiedliche Laufzeiten bzw. Zinsbindungsfristen auch unterschiedliche Zinssätze. Im Falle einer normalen **Zinsstruktur** werden für längerfristige Geldanlagen höhere Zinssätze gezahlt (vgl. Abb. 5.4). So lag bspw. der 10-Jahreszins am deutschen Geld- und Kapitalmarkt im September 1986 mit 6,22 % um 1,83 % über dem Tagesgeldsatz in Höhe von 4,39 %. Die Kapitalgeber erhalten in einer solchen Situation eine Kapitalbindungs- oder Laufzeitprämie dafür, dass sie auf die kurzfristige Verfügbarkeit ihrer Mittel verzichten und diese längerfristig anlegen.

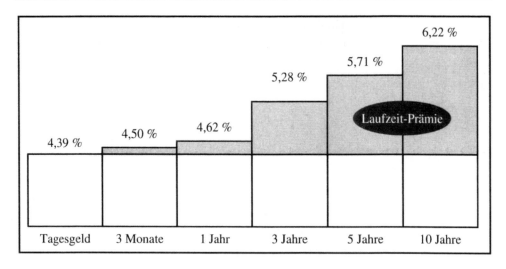

Abb. 5.4: (Normale) Zinsstruktur am deutschen Geld- und Kapitalmarkt im September 1986

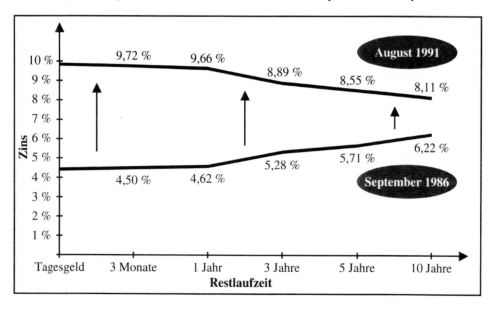

Abb. 5.5: Deutsche Zinsstrukturkurven im September 1986 und im August 1991

Gemäß der in Abb. 5.4 skizzierten alternativen Zinsstrukturkurven wird offensichtlich je nach Zinsphase der Vorteil der kurzfristigen Verfügbarkeit unterschiedlich bewertet. Bei einer normalen Zinsstruktur geht der Markt offensichtlich von steigenden Zinsen aus. Sich längerfristig bindende Kapitalanleger gehen dann das Risiko ein, an zukünftigen Zinssteigerungen nicht mehr teilhaben zu können (vgl. FASSBENDER 1973). Der Laufzeitprämie steht also eine konkrete Risikoleistung gegenüber und umgekehrt. Im Extremfall der für Hochzinsphasen typischen inversen Zinsstruktur liegen sogar die kurzfristigen Geldmarktsätze über den langfristigen Kapitalmarktsätzen. So lag z. B. im August 1991 der Zins für 3-Monats-Geld mit

9,72 % um 1,61 % über dem Zins für 10-Jahres-Geld (vgl. Abb. 5.5). Da in diesem Fall die Anleger im kurzfristigen Bereich das Risiko fehlender Zinsen tragen würden, erhalten sie in dieser Situation die Risikoprämie.

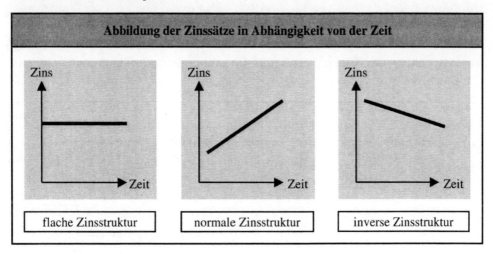

Abb. 5.6: *Zinsstrukturkurven*

Im Normalfall sind mit längerfristigen Kapitalanlagen höhere Renditen zu erzielen als mit kurzfristigen Anlagen. Analog sind kurzfristige (Festzins-)Finanzierungen am Geld- und Kapitalmarkt normalerweise mit niedrigeren Zinskosten verbunden als längerfristige. Man spricht infolgedessen dann auch von einer normalen Zinsstruktur. Umgekehrt wird von einer inversen Zinsstruktur gesprochen, wenn die Zinssätze im kurzfristigen Bereich höher sind als für längere Fristen. Eine flache Zinsstruktur liegt vor, wenn für alle Laufzeiten ein einheitlicher Zins gezahlt wird (vgl. Abb. 5.6).

Die Finanzierungstheorie bietet für dieses Phänomen zwei Erklärungsansätze (vgl. BREALEY/MYERS 1991). Nach der **Liquidity Preference Theory** (vgl. HICKS 1946) erhält der Anleger eine Prämie für seinen Konsumverzicht. Statt sein Geld heute schon auszugeben, verlegt er durch die Geldanlage den Konsumzeitpunkt in die Zukunft und verlangt hierfür ein entsprechendes Entgelt. Demgegenüber erklärt die **Expectation Hypothesis** (vgl. LUTZ/LUTZ 1951), dass der Markt im Falle einer normalen Zinsstruktur mit steigenden Zinsen rechnet. Dann geht derjenige, der sich längerfristig bindet, dass Risiko ein, von steigenden Zinsen nicht mehr profitieren zu können. Beide Theorien sind für sich genommen nicht in der Lage, das Phänomen sich verändernder Zinsstrukturkurven zu erklären. So würde die Liquidity Preference Theory als alleinigen Erklärungsansatz eine inverse Zinsstruktur nicht erklären können. Und nach der Expectation Hypothesis müsste es für Investoren irrelevant sein, ob sie in kurz- oder langfristige Anlagen investieren, da dauerhaft immer der gleiche Ertrag erwirtschaftet werden müsste. Dies ist jedoch in der Praxis nicht der Fall.

Auf jeden Fall ist festzustellen, dass auf den Geld- und Kapitalmärkten eine flache Zinsstrukturkurve, wie sie in den klassischen dynamischen Kalkülen unterstellt wird, nur in extremen Ausnahmefällen zu beobachten ist. Diese Erkenntnis führt zwangsläufig zu der Notwendigkeit, sich bei der Investitionsbewertung von der Prämisse einer flachen Zinsstrukturkurve zu lösen.

Die Zinsstrukturen der Geld- und Kapitalmärkte bilden deshalb die Basis des Marktzinsmodells. Dessen prinzipielle Vorgehensweise soll im Folgenden aufgezeigt werden.

b) Berechnung des Kapitalwertes mithilfe zahlungsstrukturkongruenter Gegengeschäfte

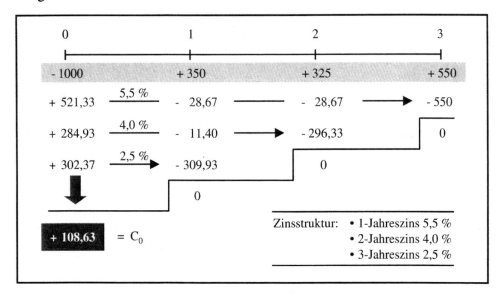

Abb. 5.7: *Kapitalwertberechnung im modernen Marktzinskalkül*

Der **Kapitalwert** einer Investition ist im Marktzinsmodell dadurch gekennzeichnet, dass er als Überschuss-Barwert der Investitionszahlungen von der bei Investitionsbeginn gültigen Marktzinsstruktur bestimmt wird. Wegen der bei nicht-flachen Zinsstrukturkurven unterschiedlich hohen Zinssätze ist eine schrittweise, retrograde Abzinsung der Investitionszahlungen vorzunehmen. Abb. 5.7 verdeutlicht dies anhand einer dreijährigen Investition mit gegebener Zahlungsreihe (- 1000, + 350, + 325, + 550) und einer normalen Zinsstruktur (Zinssatz für 1-Jahresgeld 2,5 %, für 2-Jahresgeld 4,0 %, für 3-Jahresgeld 5,5 %).

Dazu wird implizit unterstellt, dass der Cashflow aus der Investitionszahlungsreihe durch Gegengeschäfte am Geld- und Kapitalmarkt kompensiert wird. Bei diesen Gegengeschäften handelt es sich stets um endfällige Geschäfte mit zwischenzeitlichen, i. d. R. jährlichen Zinszahlungen. So soll zunächst die Schlusszahlung in t = 3 in Höhe von + 550 GE durch ein Gegengeschäft mit einem negativen Cashflow von - 550 GE kompensiert werden. Deshalb wird heute ein Kredit über 521,33 GE (= 550 GE / 1,055) aufgenommen. In t = 1, t = 2 und t = 3 sind hierauf Zinsen von jeweils 28,67 GE (= 521,33 GE · 5,5 %) zu zahlen. In t = 3 kommt zur Zinszahlung noch die Kreditrückzahlung von 521,33 GE hinzu. Demzufolge werden in t = 3 insgesamt 550 GE (= 521,33 GE + 28,67 GE) fällig.

Häufig wird die Berechnung des originären Kreditbetrages von 521,33 GE und der zukünftigen Zinszahlungen missverstanden. Fälschlicherweise wird analog zur Kapitalwertmethode mit dem Faktor $\left(\dfrac{1}{1,055^3}\right)$ diskontiert und daraus ein falscher Kreditbetrag abgeleitet. Hier muss man sich vor Augen führen, dass am Geld- und Kapitalmarkt, z. B. bei einem dreijährigen Geschäft, die Zinsen eben nicht am Ende eines jeden Jahres dem Kapital hinzugeschlagen und fortan mitverzinst werden. Stattdessen sind die Zinsen üblicherweise jährlich fällig, woraus dann eine entsprechende Liquiditätsbelastung resultiert. Wenn aber die Zinsen jährlich zu zahlen sind, so berechnet sich der originäre Kapitalbetrag des dreijährigen Geschäftes nicht durch Diskontierung mit dem Exponenten "hoch drei", sondern mit dem Exponenten "hoch eins".

Im zweiten Schritt müssen nun die Cashflows des ersten und zweiten Jahres durch ergänzende Gegengeschäfte kompensiert werden. In t = 2 führt die ursprüngliche Investitionszahlungsreihe zu einem Cashflow von + 325 GE. Aus dem dreijährigen GKM-Geschäft resultiert ein Cashflow von - 28,67 GE. Insgesamt beträgt der Zahlungsmittelüberschuss beider Transaktionen + 296,33 GE (= 325 GE - 28,67 GE). Dieser Betrag wird durch einen zweijährigen Kredit glattgestellt. Nimmt man einen zweijährigen Kredit von 284,93 GE (= 296,33 GE / 1,04) auf, so führt dies zu Zinszahlungen in t = 1 und t = 2 von 11,40 GE. In t = 2 muss zudem der Kreditbetrag getilgt werden. Die Summe von Zins- und Tilgungsleistung beträgt somit 296,33 GE. Dadurch beträgt auch der Saldo der Cashflows aus Investition, drei- und zweijährigem Geld- und Kapitalmarktgeschäft schließlich Null GE. Für den Zeitpunkt t = 1 ist diese Vorgehensweise über die Aufnahme eines einjährigen Kreditgeschäfts zu wiederholen.

Aus der **Glattstellung zukünftiger Cashflows** ergeben sich somit vier originäre Zahlungen in t = 0. Mit der Investition ist eine Anschaffungsauszahlung von - 1000 GE verbunden. Die Geld- und Kapitalmarktgeschäfte stellen allesamt Kreditgeschäfte dar, die zu Kreditaufnahmebeträgen von + 521,33 GE, + 284,93 GE und + 302,37 GE führen. In der Summe resultiert daraus ein Cashflow-Überschuss in t = 0 von + 108,63 GE. Dieser Überschuss entspricht dem Kapitalwert der Marktzinsmethode.

Der sich ergebende Kapitalwert von 108,63 GE ist insofern ein **realer Überschuss-Barwert** als er – unter der Voraussetzung, dass die Investitionszahlungsreihe realisiert wird und die erörterten Kreditgeschäfte tatsächlich abgeschlossen werden – finanziell in t = 0 vereinnahmt werden kann (vgl. Abb. 5.7).

c) Der Einsatz von Zerobond-Abzinsfaktoren zur Kapitalwertbestimmung

Die Konstruktion solcher Gegengeschäfte zur Kapitalwertbestimmung ist recht komplex. Die damit verbundene retrograde, stufenweise Abzinsung kann erleichtert werden, wenn das Konzept der **Zerobond-Abzinsfaktoren** angewendet wird. Diese Abzinsfaktoren lassen sich losgelöst von irgendeiner speziellen Zahlungsreihe aus der jeweils vorliegenden Marktzinsstruktur herleiten. Sie ermöglichen später eine direkte Abzinsung der Investitions-Zahlungsreihen (vgl. ausführlich MARUSEV 1990; ROLFES 1992; SCHIERENBECK 2001).

Die Vorgehensweise bei der Ableitung von Zerobond-Abzinsfaktoren entspricht im Prinzip der retrograden Kapitalwertberechnung. Die Besonderheit besteht darin, dass die Investitionszahlung des Zeitpunktes, für den der Abzinsfaktor berechnet wird, allgemein gleich 1 oder 100 % gesetzt wird. Gleichzeitig werden die anderen – vom Zeitpunkt t = 0 aus gesehen – dazwischen liegenden Investitionszahlungen in die stufenweise Abzinsung selbst nicht mit einbezogen.

Diese Vorgehensweise wird in Abb. 5.8 skizziert. Gesucht wird nach dem Wert einer GE, die man in zwei Jahren erhält. Zwischenzeitliche Zahlungen dürfen dabei nicht anfallen. So wird für den Zeitpunkt t = 2 ein Cashflow von - 1 GE eingetragen. Um einen solchen Cashflow zu erzeugen, müsste heute ein zweijähriger Kredit zu 0,96154 GE (= 1 GE / 1,04 GE) aufgenommen werden. Aus diesem Kredit folgen Zinszahlungen von - 0,03846 GE in t = 1 und t = 2. Zudem wird der Kredit in t = 2 mit - 0,96154 GE getilgt. Insgesamt werden in t = 2 also - 1 GE [= (0,96154 GE + 0,03846 GE)] zurückgezahlt. Problematisch ist der dadurch in t = 1 entstandene, negative Cashflow von - 0,0846 GE. Um diesen kompensieren zu können, muss in t = 0 eine einjährige Geldanlage über 0,03752 GE (= 0,03846 GE / 1,025) vorgenommen werden. In der Summe über alle Zahlungsreihen ergibt sich daraus ein Gesamt-Cashflow von + 0,9402 GE in t = 0, 0 in t = 1 und - 1 GE in t = 2. Eine GE, die man in zwei Jahren erhält, ist demnach heute 0,92402 GE wert.

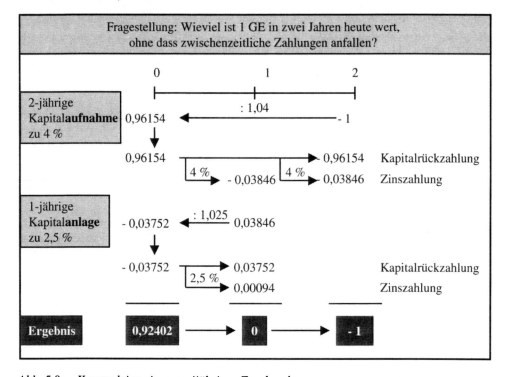

Abb. 5.8: *Konstruktion eines zweijährigen Zerobonds*

Würde der Markt hierfür kurzfristig einen höheren oder niedrigeren Betrag verlangen, würden solange Arbitrageprozesse ablaufen, bis dieser Wert wieder erreicht ist. Die so berechneten

Abzinsfaktoren werden deshalb auch als arbitragefreie Zerobond-Abzinsfaktoren bezeichnet. Denn der konstruierte Zerobond entspricht exakt dem „Gegenwert" einer Kombination einzelner Finanzgeschäfte mit dem gleichen Netto-Zahlungsstrom.

1-Jahres-ZB-Abzinsfaktor			
Marktsätze	Jahr	0	1
2,5 %	1	+ 0,97561	- 1
		+ 0,97561	**- 1**

2-Jahres-ZB-Abzinsfaktor				
Marktsätze	Jahr	0	1	2
4,0 %	2	+ 0,96154	- 0,03846	- 1
2,5 %	1	- 0,03752	+ 0,03846	-
		+ 0,92402	**0**	**- 1**

3-Jahres-ZB-Abzinsfaktor					
Marktsätze	Jahr	0	1	2	3
5,5 %	3	+ 0,94787	- 0,05213	- 0,05213	- 1
4,0 %	2	- 0,05013	+ 0,00200	+ 0,05213	-
2,5 %	1	- 0,04891	+ 0,05013	-	-
		+ 0,84883	**0**	**0**	**- 1**

Abb. 5.9: Ermittlung von Zerobond-Abzinsfaktoren

Analog zum zweijährigen Zerobond-Abzinsfaktor lassen sich für die im Grundbeispiel verwendete Zinsstruktur die in Abb. 5.9 dargestellten Abzinsfaktoren, für die übrigen Laufzeiten bestimmen (vgl. ausführlich dazu ROLFES 1992).

Aus den so berechneten Zerobond-Abzinsfaktoren lassen sich zudem Zerobondrenditen berechnen. Diese entsprechen dem jeweils mit einer Zerobond-Zahlungsreihe verbundenen Effektivzins. Für das Beispiel lassen sich Zerobondrenditen von

- $2,5\ \% = \sqrt[1]{\dfrac{1}{0,97561}} - 1$ für ein Jahr,

- $4,03\ \% = \sqrt[2]{\dfrac{1}{0,92402}} - 1$ für zwei Jahre und

- $5{,}62\ \% = \sqrt[3]{\dfrac{1}{0{,}84883}} - 1$ *für drei Jahre*

ermitteln. Es zeigt sich, dass diese für alle nicht einjährigen Zerobonds von den (nominellen) Marktzinssätzen abweichen.

Zeitpunkt	Zahlungsreihe	(ZB-) Abzinsfaktor	Barwerte
t_1	- 1.000	1	-1.000
t_1	+ 350	0,97561	341,46
t_1	+ 325	0,92402	300,31
t_1	+ 550	0,84883	466,86
Σ	+ 225		**108,63** Kapitalwert der Investition

Abb. 5.10: Der Einsatz von Zerobondabzinsfaktoren zur retrograden Kapitalwertermittlung

Abb. 5.10 zeigt, wie einfach mit Hilfe von Zerobond-Abzinsfaktoren der Kapitalwert einer Investition bestimmt werden kann. Bekanntlich erklärt der Zerobond-Abzinsfaktor, wie viel eine GE in der Zukunft heute wert ist. Für das Beispiel gilt, dass eine GE in drei Jahren heute 0,84883 GE wert ist. Deshalb sind 550 GE in drei Jahren heute 466,86 GE (= 550 GE x 0,84883) wert. Auf diese Weise werden sämtliche Cashflows der Zahlungsreihe mit dem laufzeitspezifischen Zerobond-Abzinsfaktor multipliziert. Abschließend ergibt sich aus der Addition der einzelnen Barwerte der Kapitalwert einer Investition.

2. Analyse des Finanzierungserfolgs im Marktzinsmodell

a) Investitionsrendite und Kalkulationszins

Nicht nur die Berechnung und Interpretation des Kapitalwertes erhält im Marktzinsmodell eine spezifische Neuausrichtung. Auch die Bestimmung der Investitionsrendite ist gegenüber der Internen Zinsfußmethode konzeptionell anders ausgelegt.

Zunächst ist zu beachten, dass die Kapitalbasis der Investitionsrendite fristenspezifisch definiert wird. Denn in aller Regel ist das eingesetzte Investitionskapital nicht in gleichbleibender Höhe über die gesamte Laufzeit der Investition gebunden. Der ursprünglich eingesetzte Kapitalbetrag stellt infolgedessen ein Konglomerat von Teilbeträgen mit unterschiedlicher Laufzeit dar.

Fünftes Kapitel: Barwertorientiertes Rentabilitäts-Controlling

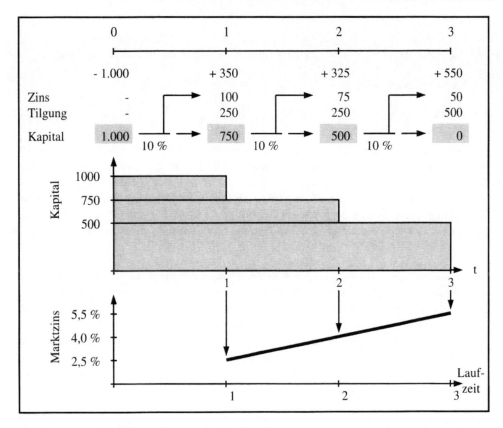

Abb. 5.11: Kapitalbindung im Marktzinsmodell

Abb. 5.11 verdeutlicht dies am Beispiel der zuvor analysierten Investition mit der Zahlungsreihe (- 1000, + 350, + 325, + 550): Der interne Zinsfuß beträgt exakt 10 %. Der interne Zinsfuß entspricht im Marktzinsmodell der Brutto-Investitionsrendite. Eine Staffelrechnung veranschaulicht den Amortisationsverlauf. Der Kapitaleinsatz in t = 0 entspricht der Kapitalbindung im ersten Jahr. Diese beträgt 1000 GE. Hierauf fallen am Ende des ersten Jahres Zinsen in Höhe der Brutto-Investitionsrendite von 10 % an. Der zu verrechnende Zinsbetrag in Höhe von 100 GE (= 1000 GE · 10 %) wird mit dem aus der Investition resultierendem Cashflow von 350 GE verrechnet. Weil die Einzahlung im Zeitpunkt t = 1 den bei 10 % Brutto-Investitionsrendite anfallenden effektiven Investitionsertrag um 250 GE übersteigt, reduziert sich das gebundene Kapital im zweiten Jahr um diesen Betrag auf 750 GE. Analog sinkt es im dritten Jahr auf 500 GE, um am Ende der Investitionslaufzeit den Wert Null anzunehmen.

Der im ersten Schritt berechnete interne Zinsfuß stellt die **Brutto-Investitionsrendite** dar. Dieser Wert erklärt, wie groß der Investitionserfolg wäre, wenn keine Finanzierungskosten berücksichtigt werden müssten. Zur Beurteilung des Netto-Erfolgs aus einer Investition sind die Finanzierungskosten von dieser Brutto-Investitionsrendite abzuziehen. Demnach gilt für die **Netto-Investitionsrendite**:

$$\frac{\text{Netto-}}{\text{Investitionsrendite}} = \frac{\text{Brutto-Investitionsrendite}}{\text{bzw. Interner Zinsfuß}} - \frac{\text{Kalkulationszins}}{(\text{bei kongruenter Finanzierung})}$$

$$\frac{\sum \text{Netto-Investitionsüberschüsse}}{\sum \text{Kapitalbindung}} = \frac{\sum \text{Brutto-Investitionsüberschüsse}}{\sum \text{Kapitalbindung}} - \frac{\sum \text{Finanzierungskosten}}{\sum \text{Kapitalbindung}}$$

Die Brutto-Investitionsrendite entspricht dem **internen Zinsfuß**. Sie wird deshalb mithilfe des Instrumentariums der Internen Zinsfußmethode berechnet. Zur Kontrolle dieses Wertes kann eine einfache Rechnung durchgeführt werden. Wie Abb. 5.11 zeigt, beträgt die Summe der Kapitalbindung 2.250 GE (= 1.000 GE + 750 GE + 500 GE). Die Summe der (Brutto-)Investitionsüberschüsse beläuft sich auf 225 GE (= - 1.000 GE + 350 GE + 325 GE + 550 GE). Somit bestätigt sich der zuvor berechnete Wert für die Brutto-Investitionsrendite von 10 % (= 225 GE / 2250 GE).

Problematischer ist die Berechnung des **Kalkulationszinses** als Ausdruck für die Finanzierungskosten. Im zuvor aufgezeigten Gleichungssystem ist man zur Berechnung des Kalkulationszinses gezwungen, die über die Investitionslaufzeit verteilte Kapitalbindung in drei Teilbeträge zu zerlegen. Im Beispiel beträgt die Kapitalbindung bekanntlich 1000 GE im ersten, 750 GE im zweiten und 500 GE im dritten Jahr (vgl. Abb. 5.11). Dieser Kapitalbindungsverlauf muss nun mithilfe entsprechender Finanzierungstranchen abgebildet werden. Die Finanzierungstranchen verzinsen sich entsprechend der jeweils aktuellen Zinsstruktur am Geld- und Kapitalmarkt. Hieraus resultiert ein komplexes Gleichungssystem (vgl. ROLFES 1992) mit:

$$+ a_1 + a_2 + a_3 = 1000$$

$$a_1 \times 1{,}025 + a_2 \times 0{,}04 + a_3 \times 0{,}055 = 1000 \times i + 250$$

$$a_2 \times 1{,}04 + a_3 \times 0{,}055 = 750 \times i + 250$$

$$a_3 \times 1{,}055 = 500 \times i + 500$$

Nach Auflösung folgt:

Finanzierungstranche 1 – Jahr : $a_1 = 254{,}47$

Finanzierungstranche 2 – Jahr : $a_2 = 248{,}80$

Finanzierungstranche 3 – Jahr : $a_3 = 496{,}73$

Kalkulationszins $i = 4{,}81\%$

Der Kalkulationszinsfuß im Marktzinsmodell stellt letztlich den kapitalgewogenen Durchschnittszins der für die Investition relevanten Marktzinsen der Zinsstrukturkurve dar (vgl. Abb. 5.11). Diesbezüglich lässt sich das Ergebnis der Auflösung des obigen Gleichungssystems leicht überprüfen, indem die Summe aller Finanzierungskosten ins Verhältnis zur Summe der Kapitalbindung gesetzt wird. Die Summe der Finanzierungskosten entspricht dem

Fünftes Kapitel: Barwertorientiertes Rentabilitäts-Controlling

Saldo aller auf die drei Finanzierungstranchen über die Gesamtlaufzeit hinweg zu zahlenden Zinsen:

1. *Jahres-Tranche: 254,47 GE × 0,025 × 1 = 6,36 GE*

2. *Jahres-Tranche: 248,80 GE × 0,04 × 2 = 19,90 GE*

3. *Jahres-Tranche: 496,73 GE × 0,055 × 3 = 81,96 GE*

Summe der Finanzierungskosten: = 6,36 GE + 19,90 GE + 81,96 GE = 108,22 GE

Summe der Kapitalbindung = 1.000 GE + 750 GE + 500 GE = 2.250 GE

Kalkulationszins: 108,22 GE / 2250 GE = 4,81 %

Mithilfe des Kalkulationszinses lässt sich schließlich die Netto-Investitionsrendite berechnen. Sie beträgt im Beispiel 5,19 % (= 10 % – 4,81 %).

Eine deutlich einfachere Vorgehensweise zur Quantifizierung der Investitionsrendite ergibt sich aus den Zusammenhängen des o. g. Gleichungssystems. Es lässt sich nämlich zeigen (vgl. ROLFES 1992; MARUSEV 1990), dass die Netto-Investitionsrendite auch dem Verhältnis des Kapitalwertes der Investition zur Barwertsumme der Kapitalbindung entspricht (vgl. Abb. 5.12).

Zeitraum	Ø gebundenes Kapital	(ZB-) Abzinsfaktor	Barwerte
$t_0 - t_1$	1.000	0,97561	975,610
$t_1 - t_2$	750	0,92402	693,015
$t_2 - t_3$	500	0,84883	424,415
Σ	2.225		2.093,040

Ergebnis

Investitionsmarge $= \dfrac{108,63}{2.093,04} =$ **5,18989 %**

Interner Zinsfuss – Investitionsmarge = **Kalkulationszins**
10 % – 5,18989 % = **4,81011 %**

Abb. 5.12: Ermittlung der Netto-Investitionsrendite und des Kalkulationszinsfußes über das Konstrukt der Zerobond-Abzinsfaktoren

Der Kapitalwert einer Investition entspricht dem Barwert der Differenz aus Brutto-Investitionsüberschüssen und Finanzierungskosten. Die Summe der Barwerte der Kapitalbindung ist ein rein rechnerisches Konstrukt. Die im Zähler und im Nenner dieser Relation enthaltenen Barwerte werden durch die Multiplikation der entsprechenden Werte mit den laufzeitspezifischen Zerobond-Abzinsfaktoren ermittelt. Im Beispiel ergibt sich zwangsläufig die Netto-Investitionsrendite zu 5,19 %. Hieraus kann abschließend der Kalkulationszins bestimmt werden. Er beträgt 4,81 % (= 10 % – 5,19 %).

Sowohl aus dem Gleichungssystem zur Berechnung des Kalkulationszinses als auch aus der mithilfe von Zerobond-Abzinsfaktoren berechneten Variante kann anschließend die dem Beispiel entsprechende kapitalstrukturkongruente Finanzierungszahlungsreihe aufgestellt werden. Aus dem Gleichungssystem resultieren die in Abb. 5.13 skizzierten Tranchen mit den dazugehörigen Zins- und Tilgungszahlungen. Deren Saldo entspricht der Finanzierungszahlungsreihe.

3-Jahres-Tranche (5,5 %)	+ 496,73	$\xrightarrow{\times 0,055}$	– 27,32	$\xrightarrow{\times 0,055}$	– 27,32	$\xrightarrow{\times 1,055}$	– 524,05
2-Jahres-Tranche (4 %)	+248,80	$\xrightarrow{\times 0,04}$	– 9,95	$\xrightarrow{\times 1,04}$	– 258,72		
1-Jahres-Tranche (2,5 %)	+ 254,47	$\xrightarrow{\times 1,025}$	– 260,83				
Summe	+ 1000		– 298,10		– 286,04		– 524,05

Abb. 5.13: Ableitung des Zahlungsstroms aus den Finanzierungsgeschäften

Alternativ dazu lässt sich auch direkt unter Verwendung des Kalkulationszinses die kapitalstrukturkongruente Finanzierungszahlungsreihe konstruieren (vgl. Abb. 5.14). Dazu muss der in Abb. 5.11 skizzierte Kapitalbindungsverlauf mit den aus dem Kalkulationszins resultierenden effektiven Zinszahlungen verknüpft werden. So führt die Verzinsung der Kapitalbindung im ersten Jahr zu einer Belastung von 48,10 GE. Am Ende des ersten Jahres beträgt die Kapitalbindung 1000 GE. Zu Beginn und während des zweiten Jahres soll sie jedoch nur noch 750 GE betragen. Demnach muss eine Rückzahlung in Höhe von 298,10 GE (= – 48,10 GE – 1000 GE + 750 GE) in t = 1 erfolgen. Für t = 2 und t = 3 ergeben sich analog dazu Finanzierungszahlungen von – 286,08 GE und – 524,05 GE. Die Verifizierung dieser Daten erfolgt durch die Berechnung des Kalkulationszinses. Letzterer muss sich wiederum aus dem Verhältnis des Saldos der Finanzierungszahlungsreihe zur Summe der Kapitalbindung ergeben. Im Beispiel beträgt dieser Wert 4,81 %. Ferner lassen sich aus dieser Abb. 5.14 die effektiven Finanzierungskosten ablesen. Sie betragen 48,10 GE (= 1.000 GE · 4,81 %) im ersten, 36,08 GE (= 750 GE · 4,81 %) im zweiten und 24,05 GE (= 500 GE · 4,81 %) im dritten Jahr.

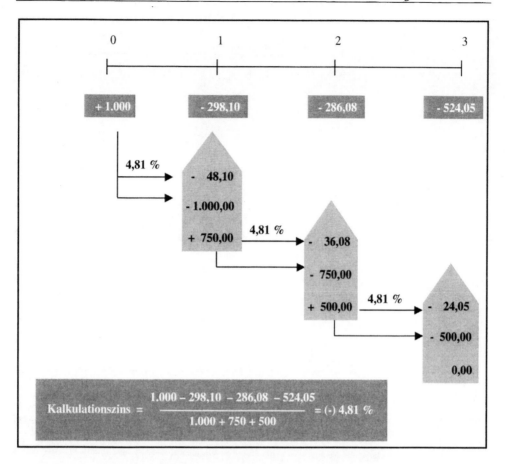

Abb. 5.14: Konstruktion der zahlungsstrukturkongruenten Zahlungsreihe

Die effektiven Finanzierungskosten entsprechen nicht den für die Finanzierungstranchen nominell zu zahlenden Zinsen, deren Höhe aus Abb. 5.13 ersichtlich wird. Denn die effektiven, dem Kalkulationszins entsprechenden Finanzierungskosten stellen einen Durchschnittswert der nominellen Zinsbelastung dar. Dieser bereits im Zusammenhang mit der Abb. 5.11 angesprochene Effekt der Durchschnittsverzinsung der Geld- und Kapitalmarkt-Geschäfte wird noch einmal mit den zwischen Abb. 5.13 und Abb. 5.14 bestehenden Zusammenhängen verdeutlicht. Denn der Kapitalwert der Finanzierungszahlungsreihe muss bei kapitalstrukturkongruenter Finanzierung stets null sein. Ursache hierfür ist, dass sich der Kalkulationszins stets als Mischzins aus den aktuellen Refinanzierungssätzen ergibt. Wäre dem nicht so, würde der Kapitalwert der Finanzierungszahlungsreihe von Null abweichen.

Auch die Überprüfung der Netto-Investitionsrendite bestätigt die bisher gewonnenen Ergebnisse (vgl. Abb. 5.15). Wird der Brutto-Investitionszahlungsstrom um die effektiven jährlichen Finanzierungskosten korrigiert, so führt dies zu dem Netto-Investitionszahlungsstrom in Abb. 5.15. Deren interner Zins beträgt, wie Abb. 5.14 zeigt, 5,19 %, q. e. d..

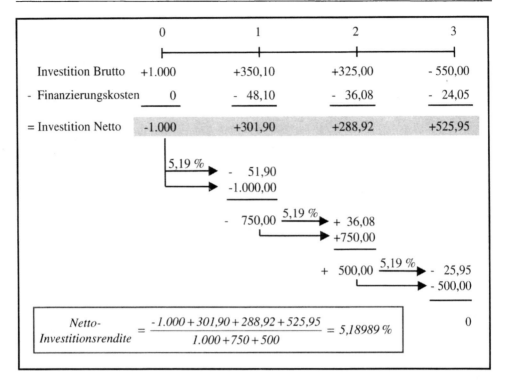

Abb. 5.15: Überprüfung der Nettoinvestitionsrendite

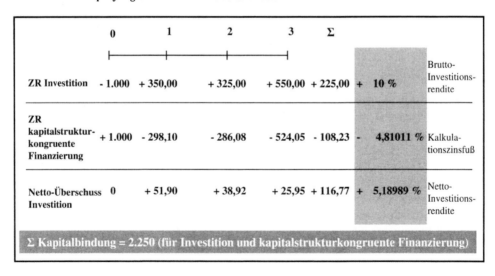

Abb. 5.16: Aufspaltung der Zahlungsreihe einer Investition

Zusammenfassend lässt sich feststellen, dass der Zahlungsstrom einer Investition im Sinne des **Wertadditivitätstheorems** in zwei Teilzahlungsströme zerlegt werden kann (vgl. Abb. 5.16). So ist die Zahlungsreihe der zahlungsstrukturkongruenten Finanzierung von der Zahlungsreihe des Netto-Überschusses einer Investition zu trennen. Damit verknüpft ist die Aufspaltung der Brutto-Investitionsrendite in den Kalkulationszinsfuß und in die Netto-Investitionsrendite. Schließlich ist zu beachten, dass der Kapitalwert einer Investition immer dem mit der Netto-Investitionsrendite diskontierten Barwert bzw. Kapitalwert der Netto-Überschüsse entsprechen muss. Denn bei kapitalstrukturkongruenter Finanzierung beträgt der Kapitalwert der Finanzierung stets Null.

b) Finanzierungserfolg und Fristentransformation

Die Investitionsmarge im Marktzinsmodell geht richtigerweise von der Annahme **fristenkongruenter Finanzierungen** aus. Denn nur so kann der Erfolgsbeitrag der Investition bei gegebener Marktzinsstruktur unverfälscht ermittelt werden. Wie sich die realen Finanzierungskosten aus der Differenz von internem Zinsfuß und Investitionsmarge ergeben und wie die kapitalstrukturkongruente Finanzierungszahlungsreihe letztlich aussieht wurde bereits erklärt.

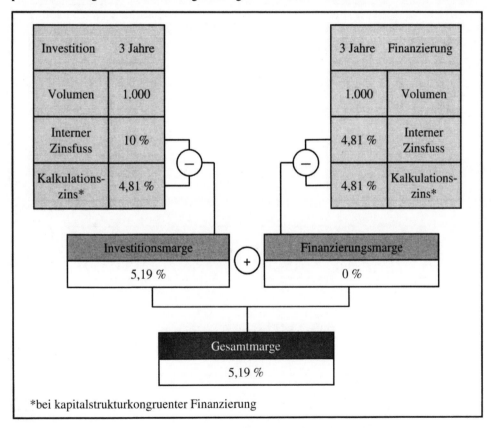

Abb. 5.17: *Investitions- und Finanzierungserfolg bei kongruenter Finanzierung*

Abb. 5.17 fasst die dabei gewonnenen Erkenntnisse zusammen. Die gesamte Investitionszahlungsreihe wird in einen Investitions- und einen Finanzierungsteil zerlegt. Im Investitionsteil wird der interne Zinsfuß mit dem Kalkulationszins verglichen. Diese Werte müssen sich im Falle kapitalstrukturkongruenter Finanzierung entsprechen. Demnach ist die Finanzierungsmarge Null. Die Finanzierungsmarge umfasst dabei zum einen das Ergebnis aus der Fristentransformation. Es lassen sich jedoch, wie das Industriemodell der Marktzinsmethode zeigt (vgl. nachfolgende Gliederungsabschnitte), weitere Ergebniskomponenten identifizieren.

Solche ergänzenden Ergebniskomponenten können bspw. aus der Differenz den unternehmensspezifisch relevanten Marktzinssätzen und den am Geld- und Kapitalmarkt zu beobachtenden, risikofreien Geld- und Kapitalmarktsätzen resultieren. Für die nachfolgende Betrachtung wird aus Vereinfachungsgründen auf die Kalkulation diesen ergänzenden Ergebniskomponenten verzichtet. Stattdessen wird ausschließlich der aus der Fristentransformation resultierende Erfolg quantifiziert und analysiert. Die Gesamtrendite entspricht der Summe aus Netto-Investitionsrendite, die auch Investitionsmarge heißt, und Finanzierungsmarge. Im Beispiel beträgt der Wert hierfür 5,19 % (= 5,19 % + 0 %).

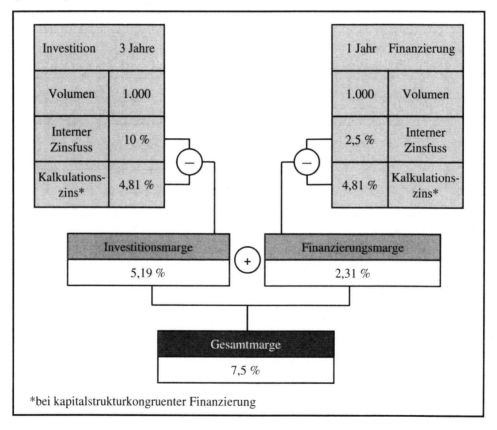

Abb. 5.18: Investitions- und Finanzierungserfolg bei inkongruenter Finanzierung

Die periodischen Netto-Überschüsse der Investition können sich verändern, wenn inkongruente Finanzierungen vorgenommen werden. Bei der angenommenen normalen Zinsstruktur wäre eine Finanzierung der Investition mit beispielsweise Jahresgeld, das revolvierend zum

Zinssatz von 2,5 % eingesetzt würde, deutlich günstiger als die einer kapitalstrukturkongruenten Finanzierung.

Dieser Effekt wird in Abb. 5.18 dargestellt. Im Beispiel bleibt die Netto-Investitionsrendite mit 5,19 % bestehen. Auch auf der Finanzierungsseite bleibt der Kalkulationszins mit 4,81 % konstant. Jetzt sinkt jedoch aufgrund der zunächst günstigeren Finanzierung der interne Zinsfuß der Finanzierungszahlungsreihe auf 2,5 %. Wenn die Finanzierung tatsächlich günstiger durchgeführt werden kann, so ist damit ein weiterer Erfolgsbeitrag in Höhe der Finanzierungsrendite von im Beispiel 2,31 % (= 4,81 % – 2,5 %) verbunden. Dadurch würde sich auch die Gesamtrendite auf 7,5 % (= 5,10 % + 2,31 %) erhöhen.

Allerdings werden diese Vorteile mit zusätzlichen Risiken „eingekauft", die darin bestehen, dass der Marktzins für 1-Jahresgeld im Verlauf der dreijährigen Laufzeit der Investition steigt und damit die Erfolgsbeiträge der Investition insgesamt reduziert.

Der Erfolg derartiger Finanzierungsgeschäfte ist von der gewählten Art der **Fristentransformation** und von der **Zinsstruktur** abhängig (vgl. SCHIERENBECK 2001). Die Fristentransformation kann durch das Verhältnis von durchschnittlicher Investitionslaufzeit zur durchschnittlichen Finanzierungslaufzeit ausgedrückt werden. Der Fall, dass sich beide entsprechen, wird von der klassischen Investitionstheorie unterstellt. Danach wäre es zu keinem Zeitpunkt möglich, durch die geschickte Auswahl alternativer Finanzierungsgeschäfte zusätzliche Erfolgsbeiträge zu generieren. Tatsächlich kann eine Unternehmung von der Investitionslaufzeit abweichende Finanzierungslaufzeiten wählen. Wenn im Falle einer normalen Zinsstruktur eine kürzerfristige Finanzierungslaufzeit angestrebt wird, so lassen sich daraus gegebenenfalls zusätzliche positive Erfolgsbeiträge erzielen. Denn im Gegensatz zur inkongruenten Finanzierung müsste die fristenkongruente Finanzierung mit einer längeren Fristigkeit und – bei normaler Zinsstruktur – demnach auch zu einem höheren Zins abgeschlossen werden.

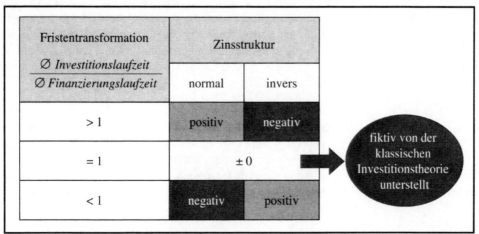

Abb. 5.19: *Der Finanzierungserfolg in Abhängigkeit von Fristentransformation und Zinsstruktur*

Die aufgrund einer inkongruenten Finanzierung mit kürzeren Laufzeiten niedrigeren Zinsen führen dann zu positiven Erfolgsbeiträgen. Für alle anderen möglichen Konstellationen gilt die gleiche Argumentationskette unter Beachtung der abweichenden Transformationen und Zinsstrukturen (vgl. Abb. 5.19).

c) Kalkulation des Finanzierungserfolgs bei inkongruenter Finanzierung und alternativer Zinsentwicklung

Die potenziellen Erfolgseffekte aus der fristeninkongruenten Finanzierung können anhand des bisherigen Zahlenbeispiels aufgezeigt werden. Es werden im Folgenden drei Fälle untersucht. In allen drei Fällen wird unterstellt dass die bisher zugrundegelegte Investition mit ihrer Zahlungsreihe (- 1000, + 350, + 325, + 550) nicht kongruent, sondern mit einer revolvierenden einjährigen Finanzierung in Höhe von 1000 GE zum (einjährigen) Marktzins von 2,5 % finanziert würde. Zur Abgrenzung wird im Fall A ein **gestiegenes**, im Fall B ein **gesunkenes** und im Fall C ein **konstantes** Zinsniveau unterstellt.

Im Fall A wird angenommen, dass für 1-Jahresgeld 5 % und für 2-Jahresgeld 8 % zu zahlen sind. Um den Finanzierungserfolg abschließend aus der für das erste Jahr inkongruenten Finanzierung ermitteln zu können, wird nun für die Restlaufzeit wieder eine kongruente Finanzierung durchgeführt. Die Finanzierungen für das zweite und dritte Jahr werden auf Basis der neuen Zinssätze abgeschlossen. Dieses Glattstellen der verbliebenen Cashflows aus t = 2 und t = 3 soll bewirken, dass die Zahlungsströme der kongruenten Finanzierung in t = 2 und t = 3 genau abgebildet werden. Dies wird erreicht durch die Finanzierung von 485,23 GE (= 524,05 GE / 1,08) zu 8 % über zwei Jahre und durch die Finanzierung von 235,49 GE [= (286,08 GE - 38,82 GE) / 1,05 = 247,26 GE / 1,05] zu 5 % über ein Jahr.

Insgesamt ist demnach ein Kreditbetrag von 720,72 GE aufzunehmen. Im Falle einer kongruenten Finanzierung hätten im Zeitpunkt t = 1 - 298,10 gezahlt werden müssen. Dann wäre für die Investition insgesamt ein Nettoerfolg in Höhe von 51,90 GE (= 1000 GE · 5,19 %) erwirtschaftet worden. Aufgrund der inkongruenten Finanzierung fließen nunmehr - 304,28 GE (= - 1025 GE + 485,23 GE + 235,49 GE) ab. Der Liquiditätsabfluss ist also um 6,18 GE [= - 298,10 GE – (- 304,28 GE)] höher. Diese - 6,18 GE entsprechen gleichzeitig dem Kapitalwert des Finanzierungserfolgs im Zeitpunkt t = 1.

Im Fall B werden für den 1-Jahreszins ein Wert von 1,5 % und für den 2-Jahreszins ein Wert von 3 % unterstellt. Jetzt führt das gesunkene Zinsniveau zu einem positiven Effekt. Der Barwert des zusätzlichen Finanzierungserfolgs beträgt + 48,70 GE (vgl. Abb. 5.21). Wäre die Zinsstruktur konstant geblieben, wäre zumindest ein Rutschen auf der Zinsstruktur zu beobachten. Dann würden in t = 1 Zinsen von 2,5 % für ein und 4 % für zwei Jahre gelten. Hieraus folgt schließlich ein Barwert des Finanzierungserfolgs von + 36,43 GE (vgl. Abb. 5.22).

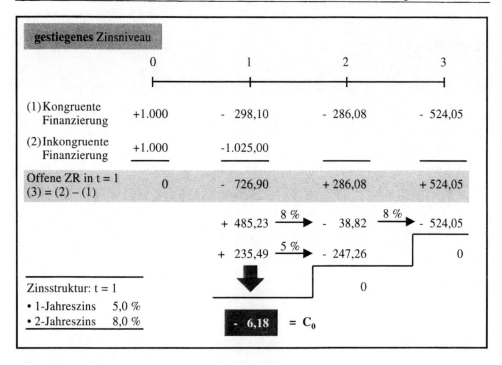

Abb. 5.20: Inkongruente Finanzierung bei steigenden Zinsen

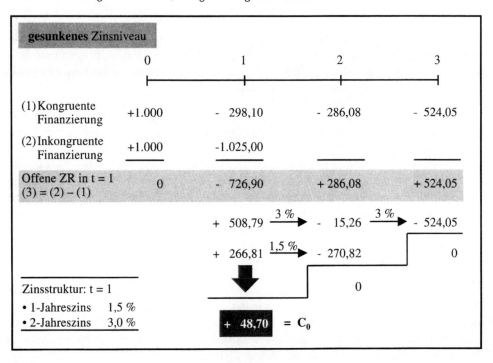

Abb. 5.21: Inkongruente Finanzierung bei sinkenden Zinsen

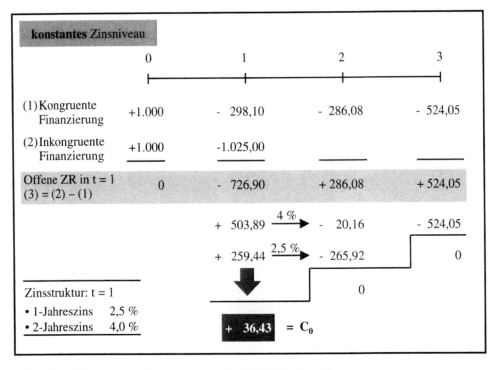

Abb. 5.22: Inkongruente Finanzierung bei gleichbleibenden Zinsen

Aus der Abzinsung der Differenzbeträge zur kongruenten Finanzierung resultiert demnach ein zusätzlicher positiver oder negativer Erfolgsbeitrag. Letzterer wurde in den genannten Beispielen (vgl. Abb. 5.20, Abb. 5.21 und Abb. 5.22) stets als Barwert quantifiziert. Dieser Erfolgsbeitrag weist zwei zentrale Charakteristika auf (vgl. SCHIERENBECK 2000).

- Es handelt sich hierbei um einen spezifischen Finanzierungserfolg. Dieser ist praktisch ein variabler, nur mit der gleichzeitigen Übernahme von Zinsänderungsrisiken erzielbarer Ergebnisbeitrag.
- Es handelt sich um einen Erfolgsbeitrag, der nicht von der Investition selbst „produziert" wird und ihr damit auch nicht "gutgeschrieben" oder „belastet" werden darf. Er ist ausschließlich finanzierungsabhängig und muss daher auch eigenständig mit Blickrichtung auf das Gesamtunternehmen verantwortet werden. Einflussgrößen auf diese (Finanzierungs-) Entscheidung sind neben den Zinserwartungen insbesondere auch die Kapitalstruktur der Unternehmung sowie Finanzierungsregeln, die losgelöst vom einzelnen Investitionserfolg für die gesamte Unternehmung eingehalten werden müssen.

Insbesondere dieses zweite Charakteristikum führt dazu, dass mithilfe der Marktzinsmethode zum ersten Mal ein Fristentransformationsbeitrag für Nichtbanken als eigenständige Erfolgsquelle identifiziert, kalkuliert und somit auch gesteuert werden kann. Der Fristentransformationsbeitrag lässt sich zudem von der einzelnen Investition losgelöst sogar für das gesamte Unternehmen bestimmen (vgl. *Fünftes Kapitel*, Teil C).

3. Periodisierung des Kapitalwertes

Die Beurteilung einer Investition alleine über das Entscheidungskriterium des Kapitalwertes ist nicht unproblematisch. Wenn der Kapitalwert einer Investition A 2000 GE und der einer Investition B 10.000 GE beträgt, so würde man zunächst der Investition A den Vorzug geben. Als ergänzende Information wird nun bekannt, dass die Nutzungsdauer von A ein Jahr beträgt und die Möglichkeit besteht, A mehrfach zu wiederholen. Demgegenüber beläuft sich die Nutzungsdauer von B auf 10 Jahre. Somit ist die erste Einschätzung der Rangfolge bei der Investition unbedingt zu revidieren. Wenn nämlich A entsprechend häufig wiederholt werden kann, könnte es sinnvoller sein, A der Investition B vorzuziehen. Dieses Problem des fehlenden Zeitbezugs kann durch die Periodisierung des Kapitalwerts aufgehoben werden. Dabei wird der Kapitalwert auf mehrere Perioden verteilt. Ein Vergleich alternativer Investitionen kann anschließend auf der Basis von periodisierten Erfolgswerten durchgeführt werden. Der durch retrograde Abzinsung mit Marktzinssätzen errechnete Kapitalwert einer Investition lässt sich grundsätzlich auf verschiedene Weise periodisieren (vgl. Abb. 5.23). Als Bedingung für diese Periodisierung muss allerdings gelten, dass die Periodenergebnisse dem Kapitalwert wertmäßig äquivalent sind.

Grundsätzlich lassen sich aus der Sicht von Nicht-Banken die kapitalbindungsproportionale, zeitproportionale und rückflussproportionale Verteilung des Kapitalwerts über die Investitionslaufzeit unterscheiden.

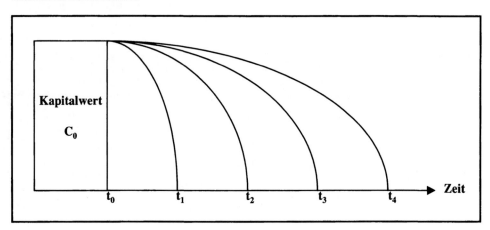

Abb. 5.23: Verteilungsprinzipien für den Kapitalwert

Die **kapitalbindungsproportionale Periodisierung** des Kapitalwertes entspricht dem Ansatz nach dem Verteilungsschlüssel, den die Interne Zinsfußmethode bzw. die daraus abgeleitete Investitionsmarge implizit enthält. (vgl. Abb. 5.24) zeigt diesen Zusammenhang auf, wobei die periodischen Überschussgrößen exakt denen entsprechen, die sich aus der Anwendung der kapitalstrukturkongruenten Investitionsmarge ergeben haben.

Zunächst wird die Kapitalbindung der einzelnen Perioden festgestellt (Spalte 1). Danach wird durch Multiplikation mit den Zerobond-Abzinsfaktoren deren Barwert bestimmt (Spalte 2).

Aus der Summe der Barwerte der Kapitalbindung (Spalte 3) wird schließlich der prozentuale Anteil des gesamten Barwertes der jährlichen Kapitalbindung berechnet (Spalte 4). Diese Anteilswerte bilden die Basis für die Verteilung des gesamten Kapitalwertes auf die einzelnen Perioden (Spalte 5). Diese Anteilswerte gelten für den Zeitpunkt t = 0. Für die abschließende Periodisierung sind diese Barwertanteile in die zukünftigen Zahlungszeitpunkte zu transformieren. Denn sie sollen erst in der Zukunft und nicht schon heute vereinnahmt werden. Dazu müssen die Barwertanteile lediglich durch die laufzeitspezifischen Zerobond-Abzinsfaktoren dividiert werden. Daraus folgt eine Verteilung des Kapitalwertes von 51,90 GE in t = 1, 38,92 GE in t = 2 und 25,92 GE in t = 3.

(0)	Periodische Kapitalbindung (1)	Barwerte der Kapitalbindung (2)	Barwertsumme der Kapitalbindung (3)	Verteilungsschlüssel: Anteil der jährlichen Kapitalbindung an der gesamten Kapitalbindung (4) = (2) : (3)	Periodischer Anteil am Kapitalwert von $C_0 = 108{,}60$ (5) = C_0 • (4)
1. Jahr	1.000	975,60	2.093,00	46,6 %	50,61
2. Jahr	750	693,00	2.093,00	33,1 %	35,95
3. Jahr	500	424,40	2.093,00	20,3 %	22,04
Summe	2.250	2.093,00	–	100,0 %	108,60

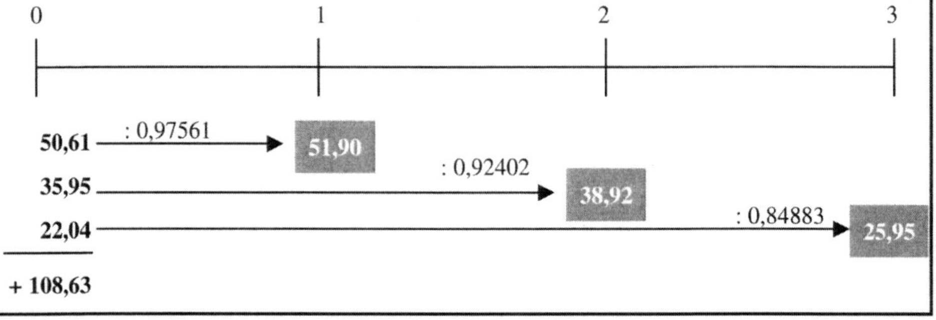

```
0                       1                       2                       3
├───────────────────────┼───────────────────────┼───────────────────────┤

50,61  : 0,97561  ▶ 51,90
35,95 ──────────────────── : 0,92402 ▶ 38,92
22,04 ─────────────────────────────────────── : 0,84883 ▶ 25,95

+ 108,63
```

Abb. 5.24: Kapitalbindungsproportionale Verteilung des Kapitalwertes

Die **zeitproportionale Periodisierung** des Kapitalwertes entspricht der Vorgehensweise der Annuitätenmethode. Im Gegensatz zu den klassischen Verfahren muss hier mit der realen Marktzinsstruktur, d. h. mit dem Kehrwert der Zerobond-Abzinsfaktoren aufgezinst werden (vgl. Abb. 5.25). Aus der Division des Kapitalwertes durch die Summe der relevanten Zerobond-Abzinsfaktoren ergibt sich die Annuität. Sie beträgt im Beispiel 39,52 GE.

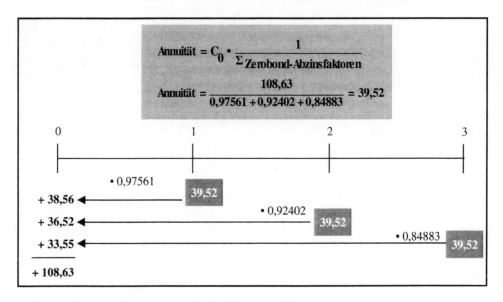

Abb. 5.25: Zeitproportionale Verteilung des Kapitalwertes

Als drittes Verteilungskriterium könnte die originäre Zahlungsreihe der Investition selbst verwendet werden. Man kann von **rückflussproportionaler Periodisierung** sprechen, wenn der Kapitalwert so verteilt wird, dass die periodischen Erfolgsgrößen einen festen Prozentsatz der jeweiligen Periodenzahlungen ausmachen. Diese dem Realisationsprinzip der Buchhaltung nahestehende Verteilungsformel führt im Beispiel zu der in Abb. 5.26 skizzierten Vorgehensweise (vgl. auch ROLFES 1992). Dabei werden zuerst die Rückflüsse aus der Investition (Spalte 1) mit den laufzeitspezifischen Zerobondabzinsfaktoren (Spalte 2) multipliziert. Hieraus folgt der Barwert der einzelnen Rückflüsse (Spalte 3), dessen Anteil am Gesamt-Barwert (Spalte 4) die Verteilungsbasis bildet. Die weitere Vorgehensweise entspricht dem im Zusammenhang mit der kapitalbindungsproportionalen Verteilung erörterten Verfahren. Der Kapitalwert wird gemäß Anteilswert auf die einzelnen Perioden verteilt (Spalte 5) und durch Division mit den laufzeitspezifischen Zerobond-Abzinsfaktoren periodisiert. Es ergibt sich eine Verteilung des Kapitalwertes von 34,30 GE in t = 1, 31,85 GE in t = 2 und 53,89 GE in t = 3. Abschließend bleibt festzustellen, dass durch die Periodisierung des Kapitalwertes wichtige ergänzende Informationen zur Beurteilung alternativer Investitionen gewonnen werden.

	Rückflüsse	Zerobond-Abzinsfaktoren	Barwerte der Rückflüsse	Periodische Erfolgsbeiträge (Zeitwerte)	Periodische Erfolgsbeiträge (Barwerte)
(0)	(1)	(2)	(3) = (1) • (2)	(4) = (1) • 9,8 %	(5) = (2) • (4)
1. Jahr	+ 350	0,97561	+ 341,46	34,30	33,46
2. Jahr	+ 325	0,92402	+ 300,31	31,85	29,43
3. Jahr	+ 550	0,84883	+ 466,86	53,89	45,74
S	+ 1.225	2,74846	+ 1.108,63	120,04	108,63

$$\text{Rückflussproportionaler Erfolgsquotient} = \frac{C_0}{\Sigma \text{ Barwert der Rückflüsse}} = \frac{108,63}{1.108,63} = 9,8\,\%$$

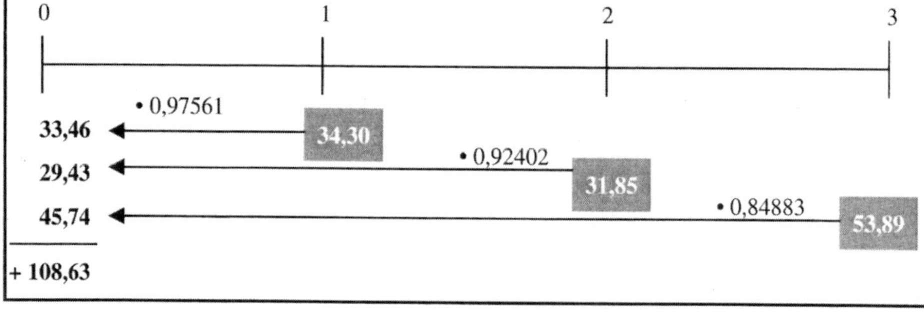

Abb. 5.26: *Rückflussproportionale Verteilung des Kapitalwertes*

III. Abweichungsanalyse im Marktzinsmodell

Zentrales Element des Controllings ist der Aufbau eines Systems von Planung und Kontrolle. Dies gilt selbstverständlich auch für das Investitions-Controlling. Für Investitionen lassen sich zwei Hauptkategorien von Teilabweichungen isolieren. An erster Stelle sind hier die **Änderungen der Netto-Investitionsrendite** zu nennen. Diese müssen nach der Marktzinsmethode stets investitionsinduziert sein. Denn die Netto-Investitionsrendite wird auf der Basis einer kongruenten Finanzierung kalkuliert. Wenn aber eine kongruente Finanzierung mit sicheren Zahlungsströmen aufgebaut wird, können Schwankungen der Netto-Investitionsrendite nur auf investitionsinduzierte, nicht jedoch auf finanzinduzierte Schwankungen der Brutto-Investitionsrendite zurückgeführt werden. Beispiele hierfür sind:

- Rückflüsse sind kleiner als erwartet,

- Rückflüsse verschieben sich zeitlich nach hinten oder
- Investitionsbetrag in t = 0 erhöht sich gegenüber den ursprünglichen Annahmen.

Alle darüber hinaus wirksam werdenden Veränderungen der Investitionsergebnisse werden stets **im Bereich der Finanzierung** verursacht. Das gilt vor allem,

- wenn Investitionen tatsächlich ursprünglich nicht kongruent refinanziert wurden oder
- wenn dies zwar geschehen ist, Änderungen in der geplanten Investitionszahlungsreihe aber faktisch nachträgliche Inkongruenzen "produzieren", die in Abhängigkeit von der zwischenzeitlichen Zinssituation dann zu einer Verteuerung oder Verbilligung der Refinanzierung führen.

Die Trennung zwischen diesen beiden Effekten ist wichtig, da Ergebnisabweichungen, die aus dem zweiten Effekt resultieren der Investition zugerechnet werden müssen, die aus dem ersten Effekt dagegen der Finanzierung.

Wichtig erscheint, dass Investitionsprojekte mindestens jährlich einmal durch eine Kontrollrechnung laufen, um bei entstehenden Abweichungen möglichst rechtzeitig Gegenmaßnahmen (bis hin zum Abbruch der Investition) einleiten zu können.

C. Gesamtunternehmensbezogenes Barwertkalkül

I. Alternative Erfolgsspaltungskonzepte

Ziel des barwertorientierten Rentabilitäts-Controllings ist es, nicht nur den Barwert einzelner Investitionen richtig zu kalkulieren und damit den Barwert des Investitionsportfolios richtig zu steuern. Ziel ist es vor allem, insgesamt zu einer verbesserten Steuerung des Barwertes der Unternehmung beizutragen. Das zuvor vorgestellte Konzept der marktzinsorientierten Investitionsrechnung wurde bislang lediglich auf einzelne Investitionen angewendet. Für eine Steuerung des gesamten Unternehmensbarwertes ist dieses Marktzinsmodell der Investitionsrechnung (vgl. ROLFES 1992) auf die übrigen unternehmerischen Erfolgsquellen übertragen und als **Industriemodell der Marktzinsmethode** vorgestellt worden (vgl. WIEDEMANN 1998). Vor der Demonstration des Industriemodells der Marktzinsmethode und der daraus resultierenden Steuerungsimpulse wird zunächst aufgezeigt, welche Probleme mit der handelsrechtlichen Erfolgsspaltung verbunden sind.

1. Handelsrechtliche Ergebnisentstehungs- und -verwendungsrechnung

Im Zusammenhang mit der ROI-Analyse wurde bereits das traditionelle System der Erfolgsspaltung vorgestellt (vgl. *Viertes Kapitel*). Dabei wurde das Jahresergebnis in das Betriebsergebnis, Finanzergebnis und a. o. Ergebnis zerlegt. Alternativ dazu kann auch im Rahmen einer **Ergebnisentstehungs- und -verwendungsrechnung** analysiert werden, wo welche Ergebnisse entstanden sind und wie diese verwendet wurden.

Als integrierende Größe zwischen Ergebnisentstehung und Ergebnisverwendung wirken stets die **EBIT** (vgl. Abb. 5.27) bzw. die daraus resultierende **Gesamtkapitalrentabilität** (vgl. Abb. 5.28). Unter Vernachlässigung des a. o. Ergebnisses setzen sich die EBIT aus der Sicht der Ergebnisentstehung aus dem Betriebsergebnis und den Finanzerträgen (nicht dem Finanzergebnis) zusammen. Damit zeigen die EBIT den von der Ergebnisverwendung völlig losgelösten Gesamterfolg der unternehmerischen Tätigkeit auf. Die Finanzierungsstruktur hat auf die Höhe der EBIT keinen Einfluss.

Aus der Perspektive der Ergebnisverwendung resultieren die EBIT grundsätzlich aus der Summe von Reingewinn bzw. Jahresüberschuss und Zinsaufwand. Der Reingewinn ist dabei dem Eigenkapital, der Zinsaufwand dem Fremdkapital zuzuordnen. In der Ergebnisverwendungsrechnung schlagen sich die Auswirkungen veränderter Finanzierungsstrukturen im Zinsaufwand wieder. Allerdings wird hier nicht dahingehend differenziert, welches Ergebnis bei unterschiedlichen Fristenstrukturen hätte erzielt werden können.

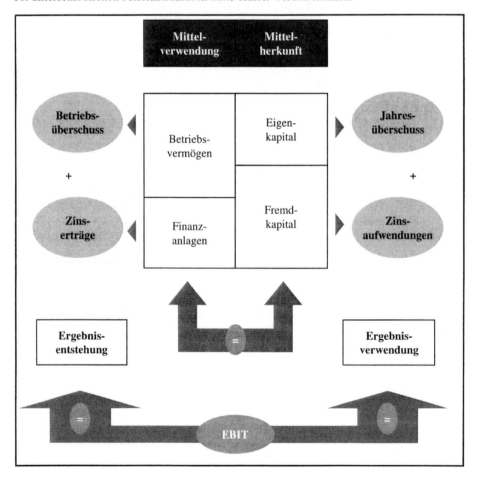

Abb. 5.27: Ergebnisentstehungs- und -verwendungsrechnung auf der Basis der handelsrechtlichen GuV

Die in Abb. 5.27 angedeutete Rechnung basiert auf absoluten Werten. Das prinzipiell gleiche Ergebnis zeigt sich, wenn eine Rentabilitätsbetrachtung vollzogen wird (vgl. Abb. 5.28). Die sich aus den EBIT ergebende Gesamtkapitalrentabilität resultiert in der Ergebnisentstehung aus der Summe der Kennzahlen Brutto-Betriebsvermögensrentabilität und Brutto-Finanzanlagenrentabilität. Auf der Ergebnisverwendungsseite stellt die Gesamtkapitalrentabilität die Summe aus Eigen- und Fremdkapitalverzinsung dar.

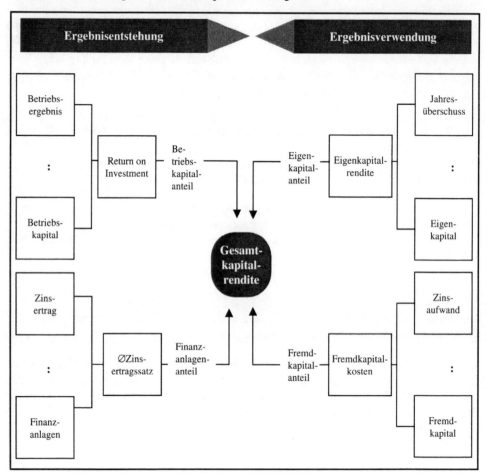

Abb. 5.28: *Gesamtkapitalrentabilität als Schnittstelle von Ergebnisentstehung und Ergebnisverwendung*

Abb. 5.27 und Abb. 5.28 weisen auf das traditionell vorherrschende Verständnis unternehmerischer Erfolgsquellen hin. So werden in der Bilanz üblicherweise Mittelherkunft und -verwendung und in der Erfolgsrechnung die Ergebnisentstehung und -verwendung unterschieden. Danach können positive Erfolgsbeiträge ausschließlich auf der Aktivseite aus dem Betriebsvermögen oder den Finanzanlagen resultieren.

Schon im vorherigen Gliederungsabschnitt wurde im Rahmen der Analyse inkongruenter Finanzierungen aufgezeigt, dass sich im günstigsten Fall aus dem Eingehen von Fristentransformationsrisiken zusätzliche Erfolgsbeiträge erwirtschaften lassen. Diese Erfolgsbeiträge werden als Fristentransformationsbeiträge bezeichnet. In einer auf die gesamte Unternehmung bezogenen Betrachtung lässt sich aus dem Zusammenspiel aller aktivischen und passivischen Positionen ein Fristentransformationsergebnis erzielen. Dieses Fristentransformationsergebnis kann im Rahmen handelsrechtlich orientierter Rechnungen nicht ausgewiesen werden. Eine barwertorientierte Ergebnisplanung wäre dazu in der Lage. Deshalb liefert die Abkehr von der handelsrechtlichen hin zu einer barwertorientierten Erfolgsspaltung mindestens im Hinblick auf das Fristentransformationsergebnis ergänzende Steuerungsimpulse. Darüber hinaus wird mit der barwertorientierten Erfolgsspaltung aber auch eine verantwortungs- und verursachungsgerechtere Zuweisung der erwirtschafteten Erfolgsbeiträge erreicht.

2. Barwertorientierte Erfolgsspaltung als Basis des Industriemodells der Marktzinsmethode

Ein entscheidungsorientiertes Rechnungskonzept muss vor allem

- den Gesamterfolg auf einzelne Steuerungsbereiche mit unterschiedlichen Ergebnismechanismen und eigenständigen Managementverhalten aufteilen,
- dabei auch entscheidungsrelevante Informationen für das Zinsmanagement bereit stellen,
- die einzelnen Ergebnisbereiche eindeutig einzelnen Organisationseinheiten zuordnen und
- die lückenlose Überführung der Kalkulationsergebnisse in das bilanzielle Rechenwerk sicherstellen können.

Diesem Anforderungsprofil (vgl. SCHIERENBECK 2001) versucht die **barwertorientierte Ergebnisspaltung** gerecht zu werden.

Das Gesamtkonzept der industriellen Marktzinsmethode (vgl. Abb. 5.29) löst sich von der handelsrechtlichen Erfolgsspaltung. Stattdessen wird versucht, eine im Sinne des genannten Anforderungsprofils ökonomischeren Ergebnisspaltung vorzunehmen. Dabei wird zwischen fünf Ergebniskomponenten differenziert. Diese sind:

- das operative Ergebnis Brutto,
- das Liquiditätsergebnis,
- das Anlageergebnis,
- das Fristentransformationsergebnis und
- das passivische Zinsergebnis.

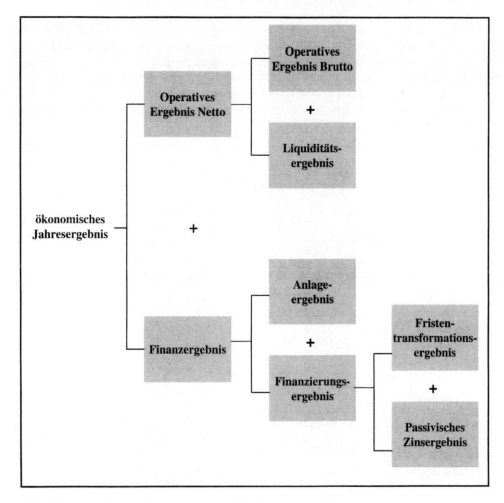

Abb. 5.29: *Ergebnisspaltung im industriellen Marktzinsmodell*

Aus diesen fünf Ergebniskomponenten resultiert schließlich die in Abb. 5.30 dargestellte Ergebnisspaltung im industriellen Marktzinsmodell:

- Das hierin enthaltene **operative Ergebnis** erfasst den Überschuss, den das investierte Kapital über die laufzeitspezifischen Zinsaufwendungen hinaus erwirtschaftet. Dieser Überschuss entspricht der (periodisierten) Netto-Investitionsrendite.
- Die Kosten der Liquiditätshaltung werden im **Liquiditätsergebnis** erfasst.
- Der Ertrag aus den Anlageinvestitionen einer Unternehmung kann im Sinne der Marktzinsmethode mit einem laufzeitgleichen, aber risikofreien Geld- und Kapitalmarktsatz verglichen werden. Die sich hieraus ergebende Differenz führt zum **Anlageergebnis**.
- Parallel hierzu können auch die Finanzierungskosten einer Unternehmung mit den spezifischen Geld- und Kapitalmarktsätzen verglichen werden. Einer Unternehmung können

höhere Finanzierungskosten entstehen als am Geld- und Kapitalmarkt im risikofreien Zustand zu zahlen wären. Die Differenz entspricht dem **Passivischen Zinsergebnis**.
- Das **Fristentransformationsergebnis** entsteht selbstverständlich nicht nur im Zusammenhang mit einzelnen Investitionen. Vielmehr lässt sich aus einer gesamtunternehmensbezogenen Sicht aus dem Zusammenspiel aller aktivischen und passivischen Zinsbindungsverläufe ein auf die gesamte Unternehmung bezogenes Fristentransformationsergebnis berechnen.

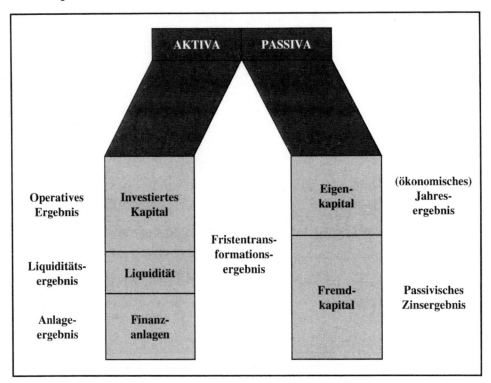

Abb. 5.30: Das Gesamtkonzept der industriellen Marktzinsmethode

Das operative Ergebnis Brutto und das Liquiditätsergebnis können zum operativen Ergebnis Netto zusammengefasst werden. Die Summe von Fristentransformationsergebnis und Passivischem Zinsergebnis führt zum Finanzierungsergebnis. Die Summe aus Anlageergebnis und Finanzierungsergebnis entspricht dem Finanzergebnis.

Die Summe von operativem Ergebnis Brutto und Liquiditätsergebnis bzw. die Summe aller fünf Ergebniskomponenten, wird als ökonomischer Jahresüberschuss bezeichnet. Hinsichtlich des Jahresüberschusses wird deshalb fortan eine Differenzierung zwischen dem Jahresüberschuss nach ökonomischem Ergebnis und dem Jahresüberschuss nach handelsrechtlichem Ergebnis vorgenommen.

3. Beispiel zur Analyse der barwertorientierten Erfolgsspaltung

Die Zusammenhänge zwischen den einzelnen Ergebnisbestandteilen, deren Zusammenführung zum ökonomischen Jahresergebnis, sowie die Abgrenzung des ökonomischen Ergebnisses vom handelsrechtlichen Ergebnis werden im Folgenden anhand eines umfassenden **Berechnungsbeispiels** erörtert. Dieses Zahlenbeispiel sowie die nachfolgenden Abbildungen wurden leicht modifiziert entnommen aus WIEDEMANN (1998) (vgl. Abb. 5.31).

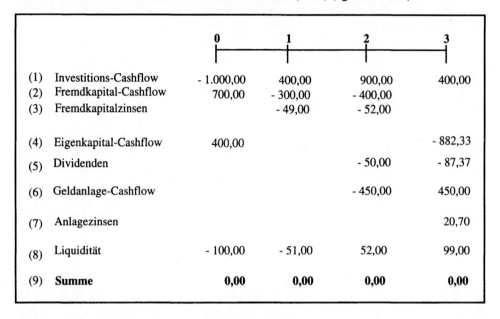

Abb. 5.31: Beispiel zum industriellen Marktzinsmodell

Im Beispiel (vgl. Abb. 5.31) investiert die betrachtete Unternehmung im Zeitpunkt t = 0 1000 GE. Aus dieser Investition wird in den nachfolgenden Perioden ein Cashflow von + 400 GE in t = 1, + 900 GE in t = 2 und + 400 GE in t = 3 erwartet (Zeile 1).

Zur Finanzierung der Anschaffungsauszahlung nimmt die Unternehmung in t = 0 einen Kredit in Höhe von 700 GE auf (Zeile 2). Dieser Kredit verzinst sich im ersten Jahr mit 7 %. Der Kredit muss am Ende des ersten Jahres vollständig zurückgezahlt werden. Als Anschlussfinanzierung wird in t = 1 ein Kredit über 400 GE aufgenommen, der sich zu 13 % verzinst. Die Unternehmung erhält somit in t = 0 einen positiven Cashflow in Höhe von 700 GE während sie in t = 1 einen negativen Cashflow aus der Fremdkapitalposition in Höhe von - 300 GE (= -700 GE + 400 GE) aufweist. In t = 2 erfolgt die Rückzahlung des in t = 1 aufgenommenen Krediteis, verbunden mit einem negativen Cashflow in Höhe von - 400 GE.

Zusätzlich zu diesen die Kapitalleistung betreffenden Cashflows sind die Fremdkapitalzinszahlungen zu berücksichtigen (Zeile 3). In t = 1 sind 7 % Zinsen auf einen aufgenommenen Kapitalbetrag von 700 GE zu bezahlen. Hieraus folgt ein absoluter Betrag in Höhe von 49 GE (= 700 GE · 7 %). In t = 2 sind 13 % Zinsen auf die im zweiten Jahr aufgenommenen 400

GE zu entrichten. Dies entspricht einem absoluten Betrag in Höhe von 52 GE (= 400 GE x 13 %).

Zur vollständigen Finanzierung der Anschaffungsauszahlung fehlen der Unternehmung zunächst noch 300 GE. Zudem benötigt die Unternehmung noch eine Liquiditätsreserve. Deshalb nimmt sie externes Eigenkapital in Höhe von 400 GE auf (Zeile 4). 300 GE aus dieser Eigenkapitalaufnahme werden für die Finanzierung der Anschaffungsauszahlung verwendet. 100 GE werden der Liquiditätsreserve zugeführt (Zeile 5). Aus den investitions- und fremdkapitalbedingten Zahlungen in t = 1 resultiert ein Cashflow-Überschuss in Höhe von 51 GE. Aus der Investition fließen 400 GE an die Unternehmung zurück. Aus der Tilgung des ersten und der Neuaufnahme des zweiten Kredites resultiert eine Cashflow-Belastung in Höhe von 300 GE. Zudem sind 49 GE Fremdkapitalzinsen zu zahlen. Der daraus resultierende Überschuss in Höhe von 51 GE (= + 400 GE − 700 GE + 400 GE − 49 GE) wird nicht ausgeschüttet, sondern der Liquiditätsreserve zugeführt.

In t = 2 erhält die Unternehmung aus der Investition einen Cashflow von 900 GE (Zeile 1). Auf den Kredit in Höhe von 400 GE sind zum einen 13 % Zinsen in Höhe von 52 GE (= 400 GE · 13 %) (Zeile 3) fällig. Zum anderen muss der Kreditbetrag in Höhe von 400 GE zurückgezahlt werden (Zeile 2). Im zweiten Jahr soll eine Dividende in Höhe von 50 GE gezahlt werden (Zeile 5). Zudem will die Unternehmung 450 GE am Geld- und Kapitalmarkt anlegen (Zeile 6). Dies führt zu einem Zwischensaldo von − 52 GE (= + 900 GE − 400 GE − 52 GE − 50 GE − 450 GE). Das heißt, der Unternehmung fehlt Cashflow in Höhe von 52 GE. Diesen Cashflow kann sie jedoch generieren, indem sie die Liquiditätsreserve um 52 GE reduziert.

In t = 3 wird die Auflösung der Unternehmung unterstellt. Aus der Investition resultiert ein abschließender positiver Cashflow in Höhe von 400 GE. Aus der Geldanlage erhält die Unternehmung einen Rückfluss in Höhe von 450 GE für das eingesetzte Kapital sowie 4,6 % Anlagezinsen in Höhe von 20,70 GE (= 450 GE x 4,6 %), die für die Geldanlage gezahlt werden. Da die Unternehmung aufgelöst wird, kann auch die Liquiditätsreserve zurückgeführt werden. Diese beträgt im Zeitpunkt t = 3 noch 99 GE (= 100 GE + 51 GE − 52 GE). Insgesamt verbleibt somit ein den Eigenkapitalgebern zustehender Rückzahlungsbetrag in Höhe von 969,70 GE (= 400 GE + 450 GE + 20,70 GE + 99 GE). Im Beispiel wird dieser den Anteilseignern zustehende Gesamtbetrag zum einen als Dividende in Höhe von 87,37 GE sowie als Restzahlung aus der Auflösung des Unternehmens in Höhe von 882,33 GE ausgezahlt. Die Strukturierung des den Eigenkapitalgebern zustehenden Betrages wird nachfolgend im Rahmen der Analyse des handelsrechtlichen Periodenerfolgs erörtert.

Der handelsrechtliche Ist-Periodenerfolg kann in einer vierstufigen Vorgehensweise analysiert werden (vgl. Abb. 5.32). In dieser Betrachtung bildet der aus der Investition resultierende periodische Überschuss als Netto-Ertrag vor Abschreibungen und Zinsen (EBITDA) die Ausgangsbasis. Hiervon sind die Investitionsabschreibungen abzuziehen. Unterstellt man eine dreijährige Nutzungsdauer der Investition über insgesamt 1000 GE sowie die Anwendung einer linearen Abschreibung, so ergibt sich ein jährlicher Abschreibungsbetrag für die Perioden 1 bis 3 von jeweils 333,33 GE. Aus dem Saldo von EBITDA und Abschreibungen resultiert das Betriebsergebnis vor Zinsen (EBIT). Im ersten Jahr betragen die EBIT 66,67 GE. Im zweiten Jahr beträgt dieser Wert 566,66 GE und im dritten Jahr 66,67 GE.

Fünftes Kapitel: Barwertorientiertes Rentabilitäts-Controlling

	1	2	3	Summe
Investitionsüberschuss	400,00	900,00	400,00	1.700,00
– Investitionsabschreibung	- 333,33	- 333,34	- 333,33	- 1.000,00
(1) Betriebsergebnis	**66,67**	**566,66**	**66,67**	**700,00**
Zinserträge	0,00	0,00	20,70	20,70
– Zinsaufwendungen	- 49,00	52,00	0,00	- 101,00
(2) Zinsergebnis	**- 49,00**	**- 52,00**	**20,70**	**- 80,30**
(3) Jahresüberschuss (1) + (2)	**17,67**	**514,66**	**87,37**	**619,70**
Dividenden	0,00	- 50,00	- 87,37	- 137,37
+ Gewinnthesaurierung	- 17,67	- 464,66	0,00	- 482,33
(4) Gewinnverwendung [- (3)'']	**- 17,67**	**- 514,66**	**- 87,37**	**- 619,70**

Abb. 5.32: Entwicklung des handelsrechtlichen Periodenerfolgs

In der handelsrechtlichen Betrachtung muss das Betriebsergebnis um das Finanzergebnis ergänzt werden, um zum Jahresüberschuss zu gelangen. Im Zinsergebnis werden die Zinserträge den Zinsaufwendungen gegenübergestellt. Die Unternehmung erzielt lediglich in der dritten Periode einen Zinsertrag aus der in der zweiten Periode sich ergebenden Geldanlage. Dieser Zinsertrag beträgt in der dritten Periode 20,70 GE. Demgegenüber sind für den aufgenommenen Kredit in Höhe von 700 GE am Ende der ersten Periode 49 GE Zinsen zu bezahlen. Aufgrund des starken Zinsanstiegs fallen in der zweiten Periode auf den verminderten Kreditbetrag von 400 GE insgesamt 52 GE. Zinsen an. Am Ende der zweiten Periode wird kein neuer Kredit aufgenommen, so dass in der dritten Periode kein Zinsaufwand mehr zu berücksichtigen ist.

Das aus der Gegenüberstellung von Zinserträgen und Zinsaufwendungen resultierende Zinsergebnis beträgt demnach in der ersten Periode - 49 GE, in der zweiten Periode - 52 GE und in der dritten Periode + 20,70 GE.

Aus der Saldierung von Betriebsergebnis und Zinsergebnis resultiert der Jahresüberschuss. Dieser beträgt in der ersten Periode 17,67 GE, in der zweiten Periode 514,66 GE und in der dritten Periode 87,37 GE.

Der Ermittlung des Jahresüberschusses folgt der Gewinnverwendungsnachweis. Im Beispiel wird unterstellt, dass die Unternehmung angesichts des geringen Jahresüberschusses in der ersten Periode auf eine Dividendenzahlung verzichtet. Insofern kann der erwirtschaftete Jahresüberschuss von 17,67 GE vollständig zur Gewinnthesaurierung verwendet werden.

In der zweiten Periode entschließt sich die Unternehmung, angesichts des erhöhten Jahresüberschusses eine Dividendenzahlung in Höhe von 50 GE zu leisten. Jetzt verbleibt ein Betrag in Höhe von 464,66 GE (= 514,66 GE − 50 GE) zur Gewinnthesaurierung.

In der dritten Periode wird die Unternehmung bekanntlich aufgelöst. Am Ende der zweiten Periode betrug das Eigenkapital nach Durchführung der Gewinnthesaurierung mittlerweile 882,33 GE. Diese resultieren aus der Eigenkapitaleinlage in t = 0 von 400 GE sowie den Gewinnthesaurierungen von 17,67 GE in t = 1 und 464,66 GE in t = 2 (882,33 GE = 400 GE + 17,67 GE + 464,66 GE). Neben dem bis dahin erwirtschafteten Eigenkapital wird zudem der in der dritten Periode erwirtschaftete Jahresüberschuss in Höhe von 87,37 GE an die Anteilseigner ausgeschüttet. Die zuvor erörterten, in der dritten Periode den Eigenkapitalgebern zugewiesenen Cashflows (vgl. Abb. 5.31) beinhalten demnach den in der dritten Periode erwirtschafteten Jahresüberschuss von 87,37 GE und das bis dahin erwirtschaftete Eigenkapital von 882,33 GE.

Die in Abb. 5.32 skizzierte Cashflow-Struktur bildet zusammen mit der Struktur des handelsrechtlichen Ergebnisses die Basis der nachfolgenden Interpretation des ökonomischen Ergebnisses der zugrunde liegenden Unternehmung. Diese ökonomische Analyse basiert auf den Prinzipien des Barwertkalküls. Dabei wird die vom Industriemodell der Marktzinsmethode vorgegebene Aufspaltung des ökonomischen Ergebnisses (vgl. Abb. 5.27 und Abb. 5.28) zugrunde gelegt.

II. Kalkulation der Teilergebnisse im Industriemodell der Marktzinsmethode

1. Das operative Ergebnis

Im **operativen Ergebnis** wird der Mehrertrag einer Investition errechnet, der bei einer laufzeitkongruenten Refinanzierung erwirtschaftet worden wäre. Schon im Zusammenhang mit dem Barwertkalkül der Marktzinsmethode für einzelne Investitionen wurde erklärt, dass Investitionen stets auf Basis der aktuellen, im jeweiligen Entscheidungszeitpunkt am Geld - und Kapitalmarkt gültigen Zinsstrukturen beurteilt werden müssen. Es wurde gezeigt, dass die Brutto-Investitionsrendite einer Investition zerlegt werden kann in die Netto-Investitionsrendite und den für die Finanzierung der Investition relevanten Kalkulationszins.

In diesem Zusammenhang wurde ferner auf die Existenz des Fristentransformationserfolges und dessen Abgrenzung vom mit der Netto-Investitionsrendite ausgedrückten Investitionserfolg hingewiesen. Die Trennung von Fristentransformationsergebnis und dem Nettoerfolg einer Investition basierte auf der Grundidee einer fristenkongruenten Finanzierung. Zur fristenkongruenten Finanzierung einer Investition muss der Kapitalbindungsverlauf der Investition dem Kapitalbindungsverlauf der Finanzierung entsprechen.

Grundsätzlich lassen sich in diesem Zusammenhang verschiedene Verfahren der fristenkongruenten Finanzierung von Investitionen darstellen. So wurde im vorherigen Abschnitt die **kapitalstrukturkongruente Finanzierung** erörtert. Ziel der kapitalstrukturkongruenten Finanzierung ist es, eine konstante Investitionsmarge im Zeitablauf zu gewährleisten. Die Investitionsmarge ergab sich als Differenz zwischen der dem internen Zinsfuss der Investition entsprechenden Brutto-Investitionsrendite und dem Kalkulationszins, welcher der Durchschnittsverzinsung der zur Refinanzierung der Investition erforderlichen Geld- und Kapitalmarktgeschäfte entsprach. Die kapitalstrukturkongruente Finanzierung führt dazu, dass der Periodengewinn in den der Anschaffungsauszahlung folgenden Perioden proportional zum jeweils gebundenen Kapital ausfällt.

Eine zweite Variante der fristenkongruenten Finanzierung besteht in der **annuitätischen Finanzierung**. Ziel dieser Variante ist es, in jeder Periode ein in absoluten Werten gleichhohes Ergebnis zu erzielen. In dem das annuitätische operative Ergebnis vom Cashflow der Investition subtrahiert wird, ergibt sich der zu diskontierende Finanzierungs-Cashflow, der wiederum die Basis des Fristentransformationsergebnisses bildet. Charakteristikum der kapitalstrukturkongruenten und der annuitätischen Finanzierung ist die Vorgabe eines gewünschten periodischen operativen Ergebnisses. Aus dieser Vorgabe wird retrograd der Finanzierungs-Cashflow abgeleitet.

Die dritte Variante fristenkongruenter Finanzierung löst sich von dieser Sichtweise. Im Fokus der **Finanzierung gemäß handelsrechtlicher Abschreibung** steht die Synchronisation interner Steuerungsinstrumente mit der externen Rechnungslegung. Hier geben die handelsrechtlichen Abschreibungspläne den Kapitalbindungsverlauf vor. Die in t = 0 aufzunehmenden Finanzierungstranchen entsprechen dabei den handelsrechtlich determinierten periodischen Abschreibungsbeträgen.

Der Amortisationsverlauf kann von den operativen Bereichen über die Wahl des Abschreibungsverfahrens beeinflusst werden. Die operativen Bereiche geben der Fristentransformationssteuerung somit über den gewünschten Abschreibungsverlauf gleichzeitig den gewünschten Kapitalbindungsverlauf vor. Hierauf aufbauend wird anschließend das operative Ergebnis vom Fristentransformationsergebnis getrennt.

Ein Vergleich der Ergebnisse dieser drei alternativen fristenkongruenten Finanzierungen zeigt, dass stets der gleiche Investitionsbarwert zukünftiger Zahlungen quantifiziert werden kann (vgl. WIEDEMANN 1998). Zum Teil erhebliche Differenzen entstehen jedoch hinsichtlich der Verteilung und der Höhe der Periodenergebnisse. Da sich offensichtlich über die Wahl des Verfahrens die Periodenergebnisse beeinflussen lassen, muss eine Entscheidung getroffen werden, welches der vorgenannten Verfahren Anwendung finden soll.

Für die Fristentransformation muss mit der fristenkongruenten Finanzierung ein sicherer Cashflow generiert werden. Dieser bildet die Basis der Fristentransformationssteuerung. Jedes der vorgenannten Verfahren kann diese Bedingung erfüllen. Prinzipiell könnte daraus die Forderung abgeleitet werden, dass die operativen Bereiche das für sie günstigste Verfahren nach ihrem eigenen Dafürhalten frei wählen dürfen. Problematisch ist diesbezüglich jedoch die dadurch geschaffene Möglichkeit der operativen Bereiche, den zeitlichen Anfall des Periodenergebnisses und damit gleichzeitig in der Regel auch ihrer individuellen Beurteilungsgröße zu beeinflussen. Dadurch entstünde ein nicht unerhebliches Manipulationspotenzial. Viele Gründe sprechen deshalb für die Wahl der Finanzierung gemäß handelsrechtlicher Abschreibungen (vgl. WIEDEMANN 1998):

- In vielen Unternehmen werden die handelsrechtlichen Abschreibungen schon heute für die interne Steuerung verwendet. Die Übernahme der handelsrechtlichen Abschreibungen in die kalkulatorische Rechnung vereinfacht und strafft das interne Rechnungswesen.
- Synergieeffekte entstehen, wenn auf einen im Zusammenhang mit den handelsrechtlichen Abschreibungen sicher vorhandenen Datenpool aufgebaut werden kann.
- Insbesondere die praktische Implementierung des Barwertkalküls kann durch den Rückgriff vereinfacht werden.

Vor diesem Hintergrund wird den weiteren Überlegungen die fristenkongruente Finanzierung gemäß handelsrechtlicher Abschreibung zugrunde gelegt.

Zur **Berechnung des operativen Ergebnisses** müssen von den Investitionsüberschüssen der einzelnen Perioden die periodenspezifischen Abschreibungsbeträge sowie der kalkulatorische Zinsaufwand subtrahiert werden. Die Investitionsüberschüsse stehen bereits fest. Der Abschreibungsbetrag ergibt sich unter der Annahme einer linearen Abschreibung aus der Division der Anschaffungsauszahlung in Höhe von 1000 GE durch die Periodennutzungsdauer von 3 Perioden mit einem jährlichen Betrag von jeweils 333,33 GE.

Zur Bestimmung der kalkulatorischen Zinsaufwendungen ist es erforderlich, eine fristenkongruente Investitionsfinanzierung aufzubauen. Bei einer fristenkongruenten Finanzierung gemäß handelsrechtlicher Abschreibung bedeutet dies, dass drei Finanzierungstranchen über jeweils 333,33 GE am Geld und Kapitalmarkt aufgenommen werden müssen. Bei einer unterstellten Geld- und Kapitalmarktstruktur mit laufzeitspezifischen Zinssätzen von 5 % für einjährige, 6 % für zweijährige und 7 % für dreijährige Laufzeiten ergibt sich der in Abb. 5.33 für t = 0 dargestellte Verlauf der fristenkongruenten Finanzierung.

In t = 1 fallen dabei Zinsaufwendungen in Höhe von 23,33 GE für das dreijährige GKM-Geschäft, 20 GE für das zweijährige GKM-Geschäft und 16,67 GE für das einjährige Geld- und Kapitalmarktgeschäft an. Insgesamt beträgt somit der Zinsaufwand in t = 1 60 GE (= 23,33 GE + 20 GE + 16,67 GE). In t = 2 ist das einjährige GKM-Geschäft ausgelaufen. Jetzt sind noch Zinsaufwendungen für das drei- und das zweijährige Geld- und Kapitalmarktgeschäft fällig. Insgesamt sind Zinsen in Höhe von 43,33 GE (= 23,33 GE + 20 GE) in t = 2 zu zahlen. In t = 3 ist zudem das zweijährige GKM-Geschäft weggefallen. Demnach entsteht in t = 3 lediglich ein Zinsaufwand für das dreijährige GKM-Geschäft in Höhe von 23,33 GE. Auf Basis dieser kalkulatorischen Zinsaufwendungen lässt sich nunmehr das Ergebnis der operativen Bereiche quantifizieren (vgl. Abb. 5.34). Das periodenspezifische operative Ergebnis beträgt in t = 1 6,67 GE, in t = 2 523,33 GE und in t = 3 43,34 GE.

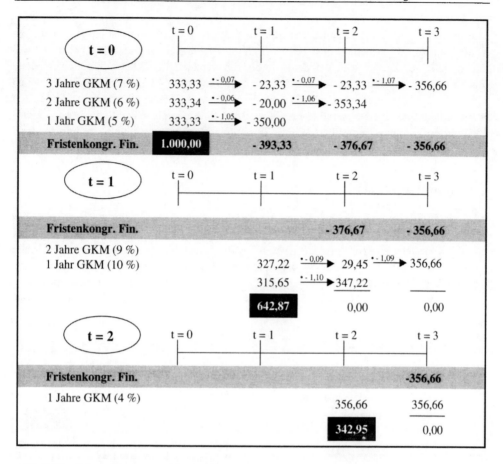

Abb. 5.33: Fristenkongruente Finanzierung

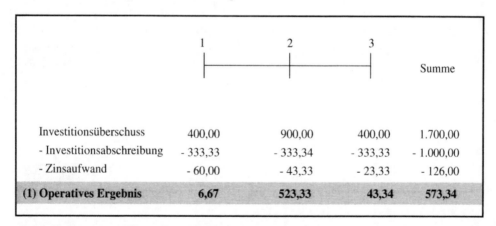

Abb. 5.34: Das operative Ergebnis (Brutto)

Aus Abb. 5.34 ist zudem der Barwert der zukünftigen Finanzierungszahlungen abzulesen. Dieser beträgt im Zeitpunkt t = 0 1000 GE. Wird die Finanzierung erst in t = 2 oder t = 3 glattgestellt, so ergeben sich bei den in Abb. 5.33 unterstellten Zinsstrukturen veränderte Barwerte der fristenkongruenten Investitionsfinanzierung von 642,87 GE in t = 2 und 342,95 GE in t = 3. Diese Werte werden später bei der Zusammenführung aller Teilergebnisse noch Verwendung finden. Das operative Ergebnis (Brutto) ergibt sich schließlich aus der Zusammenführung von Investitionsüberschüssen, Investitionsabschreibungen und Zinsaufwand (vgl. Abb. 5.34).

2. Liquiditätsergebnis

Im **Liquiditätsergebnis** werden die Kosten der Liquiditätshaltung erfasst. Die Kosten des Liquiditätsergebnisses lassen sich nicht mithilfe des Barwertkalküls quantifizieren. Denn der Liquiditätsbestand eines Unternehmens kann sich permanent verändern. Es ist keine sichere Prognose des Liquiditäts-Cashflows möglich. Deshalb wird das Liquiditätsergebnis als Periodengröße quantifiziert.

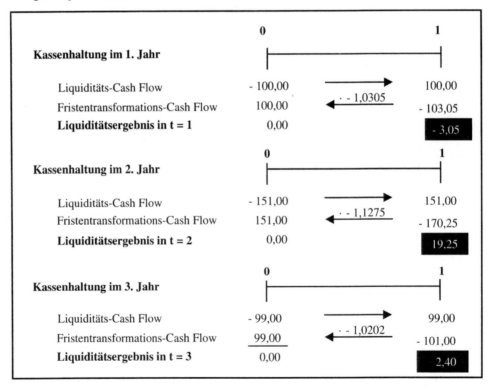

Abb. 5.35: Kalkulation der Liquiditätsergebnisse

Zur Quantifizierung der Kosten, die aus dem notwendigen Halten einer Liquiditätsreserve resultieren, muss der damit verbundene Zinsnachteil quantifiziert werden. Dazu werden für die in den verschiedenen Perioden erforderliche Kassenhaltung die jeweiligen Zahlungsströme aufgestellt und mit einer alternativ am Geld- und Kapitalmarkt möglichen Anlage verglichen (vgl. Abb. 5.35).

So wird im Beispiel für die erste Periode unterstellt, dass zunächst 100 GE der Liquiditätsreserve zugewiesen werden und diese 100 GE zum Zeitpunkt t = 1 durch Auflösung der Reserve zurückfließen. Zur Bewertung des Liquiditäts-Cashflows wird die tägliche Refinanzierung des Cashflows am Geld- und Kapitalmarkt durchgeführt. An dieser Stelle wird ein täglicher Zins von 3 % für das erste Jahr unterstellt. Bei täglicher Zinskapitalisierung und einem konstanten Zins von 3 % ergibt sich ein amortisierter effektiver Jahreszins nach ISMA (International Security Market Association) von 3,05 %:

$$\left(1 + \frac{3\%}{360}\right)^{360} - 1 = 3,05\%$$

		t = 1	t = 2	t = 3	Summe
	Investitionsüberschuss	400,00	900,00	400,00	1.700,00
+	Investitionsabschreibung	- 333,33	- 333,34	- 333,33	- 1.000,00
−	kalk. Zinsaufwendungen	- 60,00	- 43,33	- 23,33	- 126,67
=	**Operatives Ergebnis (Brutto)**	**6,67**	**523,33**	**43,33**	**573,33**
	Zinserträge	0,00	0,00	0,00	0,00
−	kalk. Zinsaufwendungen	- 3,05	- 19,25	- 2,00	- 24,30
=	**Liquiditätsergebnis**	**- 3,05**	**- 19,25**	**- 2,00**	**- 24,30**
	Operatives Ergebnis Brutto	6,67	523,33	43,33	573,33
+	Liquiditätsergebnis	- 3,05	- 19,25	- 2,00	- 24,30
=	**Operatives Ergebnis (Netto)**	**3,62**	**504,08**	**41,33**	**549,03**

Abb. 5.36: Das operative Ergebnis (Netto)

Demzufolge wird der Liquiditäts-Cashflow mit 3,05 % p. a. bewertet. Im ersten Jahr müssen deshalb zur Refinanzierung des Liquiditäts-Cashflows 100 GE zu effektiv 3,05 % p. a. Zinsen aufgenommen werden. Hierfür müssen in t = 1 insgesamt 103,05 GE zurückgezahlt werden. Demnach würde der Unternehmung durch die Liquiditätsreserve ein Nachtteil in t = 1 in Höhe von 3,05 GE entstehen (vgl. Abb. 5.35).

Die Vorgehensweise im 2. und 3. Jahr entspricht derjenigen des 1. Jahres. Die hier vorgenommene Kalkulation des Liquiditätsergebnisses auf 1-Jahres Basis stellt eine vereinfachende Annahme dar. Tatsächlich würde sich der Liquiditäts-Cashflow tendenziell täglich verändern, so dass eine tägliche Kalkulation der Liquiditätsreserve durch den Vergleich mit einer alternativ möglichen Tagesgeldanlage bzw. einer Refinanzierung über Tagesgeldgeschäfte vorzunehmen wäre. Im Beispiel ergeben sich schließlich für das 2. und das 3. Jahr Liquiditätsergebnisse von - 19,25 GE bzw. von - 2 GE.

Anschließend können das operative Ergebnis (Brutto) und das Liquiditätsergebnis **zum operativen Ergebnis (Netto)** zusammengefasst werden (vgl. Abb. 5.36). Das operative Ergebnis (Netto) beträgt im ersten Jahr 3,62 GE, im zweiten 504,08 GE und im dritten 41,33GE.

3. Anlageergebnis

Zur Interpretation des **Anlageergebnisses** kann die unternehmensspezifische Anlagezinsstrukturkurve herangezogen werden (vgl. Abb. 5.37).

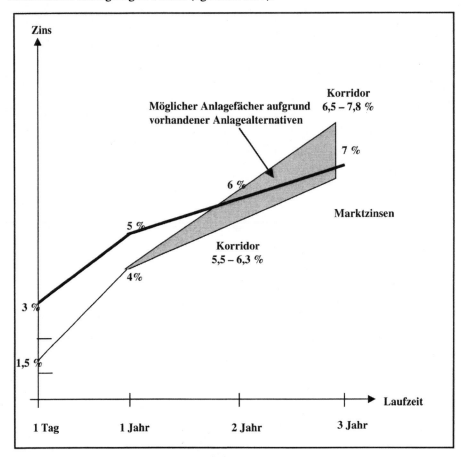

Abb. 5.37: Unternehmensspezifische Anlage-Zinsstrukturkurve (con 2-135)

Das **Anlageergebnis** ist ebenso wie das operative Ergebnis (Brutto) und das Liquiditätsergebnis auf die Beurteilung der aus den Aktivpositionen der Bilanz einer Unternehmung resultierenden Erfolgsquellen ausgerichtet. Das Anlageergebnis verdeutlicht den Mehr- oder Mindererlös, den eine von der Unternehmung gewählte Anlage gegenüber einer laufzeitgleichen, aber risikolosen Geld- und Kapitalmarktanlage erzielt.

Die Geld- und Kapitalmarktstruktur ist grundsätzlich aus ausfallrisikolosen Geschäften abzuleiten. Insbesondere die vom Staat angebotenen Geld- und Kapitalmarktgeschäfte bzw. Wertpapiere werden üblicherweise zur Ableitung von Marktzinsen verwendet. Von der daraus resultierenden Marktzinsstrukturkurve weicht die unternehmensspezifische Anlagezinsstrukturkurve ab. Denn eine Unternehmung ist nicht gezwungen, sich bei ihren Anlagegeschäften auf die vom Bund angebotenen Papiere zu beschränken. Vielmehr werden die Unternehmen den Geld- und Kapitalmarkt im Hinblick auf alternative Anlagemöglichkeiten untersuchen. Je nachdem, mit wem die Unternehmung Anlagegeschäfte durchzuführen beabsichtigt, werden die geschäftsspezifischen Anlagezinsen gegebenenfalls über oder unter der ausfallrisikolosen Marktzinsstrukturkurve liegen. So werden beispielsweise Anlagegeschäfte mit der Hausbank tendenziell zu unterhalb der Marktzinsstrukturkurve liegenden Konditionen führen. Demgegenüber ist es zum Beispiel durch den Kauf von Industrieanleihen möglich, eine über der Marktzinsstrukturkurve liegende Verzinsung zu erhalten.

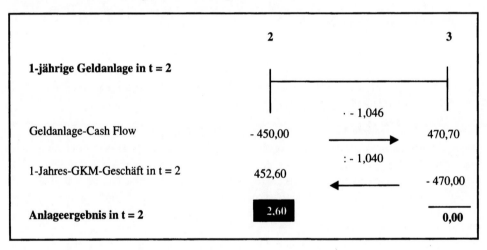

Abb. 5.38: *Kalkulation des Anlageergebnisses*

Für die barwertorientierte Kalkulation des Anlageergebnisses ist zunächst der aus der Anlage resultierende Cashflow aufzustellen (vgl. Abb. 5.38). Diesem ist gemäß der Vorgehensweise im Barwertkalkül ein alternatives Geld- und Kapitalmarktgeschäft gegenüberzustellen. Da im Beispiel die Geldanlage erst in t = 2 beginnt und bis zum Zeitpunkt t = 3 reicht, sind die für das dritte Jahr relevanten GKM-Sätze zu beachten. Aus der Geldanlage resultiert ein Cashflow von - 450 GE in t = 2 und + 470,70 GE in t = 3. Zur Glattstellung des Cashflows in t = 3 ist eine Geldaufnahme in Höhe von 452,60 GE in t = 2 erforderlich, die sich mit 4 % verzinst. Der Unternehmung ist es demnach gelungen, am Geld- und Kapitalmarkt Geld zu 4,6 % anzulegen, während die risikofreie Verzinsung im gleichen Zeitraum lediglich 4,0 %

beträgt. Der Barwert des alternativen Geld- und Kapitalmarktgeschäftes beträgt 452,60 GE. Die Gegenüberstellung der Cashflows führt in t = 2 zu einem Anlageergebnis in Höhe von

	t = 1	t = 2	t = 3	Summe
kalk. Anlagebarwert	0,00	452,60	0,00	452,60
+ nominelles Anlagekapital	0,00	- 450,00	0,00	- 450,00
= Anlageergebnis	0,00	2,60	0,00	2,60

2,60 GE. Dies führt zu dem in Abb. 5.39 zusammenfassend dargestellten **Anlageergebnis**.

Abb. 5.39: Das Anlageergebnis

4. Passivisches Zinsergebnis

Das **Passivische Zinsergebnis** stellt den vierten Baustein des Industriemodells der Marktzinsmethode dar. Das Passivische Zinsergebnis entspricht konzeptionell dem Anlageergebnis. Im Gegensatz zum Anlageergebnis ist das Passivische Zinsergebnis jedoch auf die Passivseite der Unternehmung bezogen.

Die aus der Marktzinsstruktur resultierenden risikofreien Marktzinsen können von den Finanzierungskostensätzen der Unternehmung abweichen (vgl. Abb. 5.40). Diese Differenz wird im Passivischen Zinsergebnis erfasst. Zentrale Ursache für das Entstehen des Passivischen Zinsergebnisses ist, dass Unternehmen gegenüber dem Satz für risikofreie Gelder eine Risikoprämie zu zahlen haben. Die Höhe dieser Risikoprämie ist von verschiedenen Faktoren abhängig. Je riskanter die unternehmerische Tätigkeit, je geringer die Werthaltigkeit der zur Verfügung stehenden Sicherheiten und je geringer die Möglichkeiten des Kreditgebers auf den Kreditnehmer Einfluss zu nehmen, desto höher wird auch die vom Kreditgeber verlangte Risikoprämie ausfallen. Daneben können die Finanzierungskosten auch deshalb über dem Satz für risikofreie Gelder liegen, weil dem kreditsuchenden Unternehmen der notwendige Marktzugang fehlt. So werden kleinere und mittlere Unternehmen ohne Börsenzugang stets auf die Kreditvergabe von Banken angewiesen sein. Die von Banken geforderten Kreditzinsen werden jedoch tendenziell über den auf den Finanzmärkten zu zahlenden Zinsen liegen.

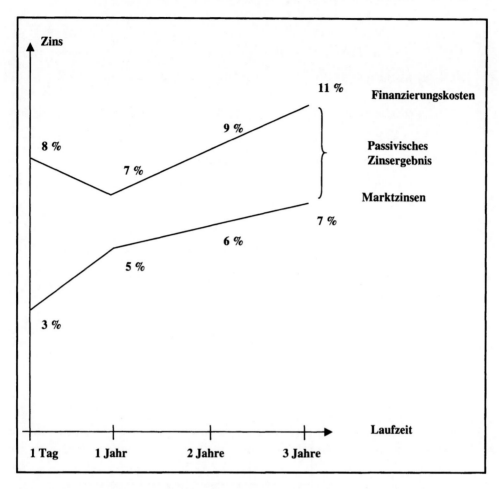

Abb. 5.40: Unternehmensspezifische (Kredit-)Zinsstruktur als Ursache des Passivischen Zinsergebnisses

Im vorliegenden Beispiel werden von der Unternehmung zwei Kredite aufgenommen. Der erste Kredit t = 0 führt zu einem positiven Cashflow von + 700 GE und in t = 1 zu einem negativen Cashflow in Höhe von - 749 GE. Analog zum Anlageergebnis kann über die GKM-Zinsstruktur des ersten Jahres der Barwert dieser Zahlung quantifiziert werden (vgl. Abb. Abb. 5.41). Bei einem GKM-Satz für 1-jährige Geschäfte in Höhe von 5 % ergibt sich ein Barwert in Höhe von 713,33 GE. Da die von der Unternehmung zu zahlenden Kreditzinsen über dem Vergleichssatz von 5 % liegen, beträgt das negative Passivische Zinsergebnis - 13,33 GE in t = 0. Im zweiten Jahr nimmt die Unternehmung einen wiederum einjährigen Kredit über nunmehr nur noch 400 GE auf, der mit 13 % zu verzinsen ist, und in t = 2 zu einem negativen Cashflow von - 452 GE führt. Bei einem dann gültigen Einjahres-GKM-Satz von 10 % ergibt sich ein Barwert dieser 452 GE in t = 1 von 410,91 GE. Demgemäß ist das Passivische Zinsergebnis in t = 1 negativ mit - 10,91 GE. Hieraus leitet sich das in Abb. 5.42 zusammenfassend dargestellte **Passivische Zinsergebnis** ab.

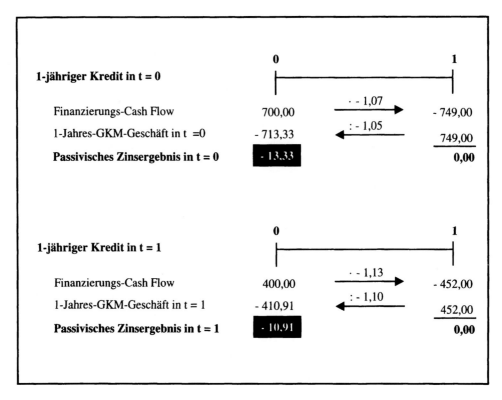

Abb. 5.41: Kalkulation des Passivischen Zinsergebnis

	t = 0	t = 1	t = 2	t = 3	Summe
kalk. Finanzierungsbarwert	- 713,33	- 410,91	0,00	0,00	- 1.124,24
+ nominelles Fremdkapital	700,00	400,00	0,00	0,00	1.100,00
= Passivisches Zinsergebnis	- 13,33	- 10,91	0,00	0,00	- 24,24

Abb. 5.42: Das Passivische Zinsergebnis

5. Fristentransformationsergebnis

Das Ergebnis inkongruenter Finanzierungen wurde im vorherigen Abschnitt für einzelne Investitionen kalkuliert. Die dabei gewonnenen Erkenntnisse werden nun auf das gesamte Unternehmen übertragen.

Das **Fristentransformationsergebnis** resultiert aus dem Zusammenspiel der unterschiedlichen Zinsbindungen auf der Aktiv- und Passivseite einer Bilanz. Die Berechnung des gesamtunternehmensspezifischen Fristentransformationsergebnisses erreicht eine deutlich höhere Komplexität als das im Zusammenhang mit dem Barwert einzelner Investitionen vorgestellte Fristentransformationsergebnis.

Trotzdem basiert die Kalkulation des Fristentransformationsergebnisses auf einer prinzipiell sehr einfachen Idee. Es wird unterstellt, dass ein Geschäftsbereich der Fristentransformation existiert, der den übrigen Geschäftsbereichen deren zukünftige Cashflows abkauft. Dieser Geschäftsbereich wird als Treasury bezeichnet. Im Gegenzug werden alle mit diesen Geschäften verbundenen zukünftigen Cashflows an den Geschäftsbereich der Fristentransformation abgetreten. Ergänzend ist zu beachten, dass beispielsweise für die operativen Einheiten Vereinbarungen auch dahingehend getroffen werden können, dass heute bereits ein Cashflow abgekauft, trotzdem aber Gewinnbestandteile erst in der Zukunft diesen Geschäftsbereichen gutgeschrieben werden.

Dies ist insbesondere dann erforderlich, wenn, wie in den vorherigen Abschnitten beschrieben, die fristenkongruente Refinanzierung auf Basis des Abschreibungsverlaufs vereinbart wird. Denn Ziel dieser Vereinbarung ist es bekanntlich, künftige Gewinnbestandteile den operativen Einheiten zuweisen zu können. Der so bezeichnete Kauf der Barwerte aus den verschiedenen Geschäftsbereichen beinhaltet zunächst den Kauf des Barwertes der Investition mit 1000 GE. Dieser Barwert stimmt nicht mit dem Barwert überein, wie er sich bei kapitalstrukturkongruenter Refinanzierung im Sinne des Marktzinsmodells der Investitionsrechnung ergeben würde. Ursache hierfür ist der an der Abschreibungsentwicklung orientierte Kapitalbindungsverlauf. Letzterer führt zum einen zu der bereits in Abb. 5.33 dargestellten Barwertentwicklung der Investition.

Zum anderen ist damit für die Leistungseinheiten, die den Investitions-Cashflow abgetreten haben, die Erwirtschaftung des operativen Ergebnisses verbunden (vgl. Abb. 5.43). Letzteres muss von der Fristentransformationseinheit an die operativen Einheiten abgeführt werden. Der Geschäftsbereich Fristentransformation erwirbt somit einen Barwert von insgesamt 386,67 GE (= + 1000 GE + 100 GE − 713,33 GE).

An den Erwerb dieser Barwerte sind in t = 0 weitere Zahlungen gekoppelt. So erhält der Geschäftsbereich der Fristentransformation aus dem aufgenommenen Fremdkapital einen Cashflow in Höhe von + 700 GE. Ferner muss für die Anschaffungsauszahlung ein Betrag von 1000 GE gezahlt werden. Die Zuführung zur Liquiditätsreserve erfordert einen Betrag von 100 GE. Insgesamt muss die Fristentransformation somit bilanzwirksame Zahlungen in Höhe von 400 GE (= + 700 GE − 1000 GE − 100 GE) leisten.

In t = 0 werden, wie in den vorherigen Abschnitten erörtert, für das operative Ergebnis, das Anlageergebnis und das Liquiditätsergebnis Werte von Null erwirtschaftet. Schließlich erhält der Geschäftsbereich der Fristentransformation eine kalkulatorische Gutschrift des (negativen) Passivischen Zinsergebnisses in Höhe von 13,33 GE. Insgesamt ergibt sich unter Berücksichtigung der gekauften Barwerte sowie der damit verbundenen Zahlungen für die Fristentransformation in t = 0 eine Summe für den Fristentransformationsbarwert von 0 GE (= 386,67 GE + 0 GE + 0 GE − 400 GE + 0 GE + 0 GE + 0 GE + 13,33 GE). Dieses Ergebnis ist nicht weiter überraschend, da alle Erfolgswirkungen aus den Entscheidungen über Zinsbindungen erst in den Zeitpunkten nach t = 0 wirksam werden.

Erst in t = 1 werden die ersten Konsequenzen der Handlungen des Fristentransformationsbereiches spürbar. Angesichts des abschreibungsorientierten Kapitalbindungsverlaufs der Investition ergab sich für die fristenkongruente Refinanzierung der Investition bei einer veränderter Situation am Geld- und Kapitalmarkt ein Barwert von nunmehr 642,87 GE (vgl. Abb. 5.33). Der Barwert der Liquidität ist nach der Zuführung in t = 1 auf 151 GE gestiegen. Die Veränderungen in der Kreditaufnahme führten zu einer Veränderung des Fremdkapitalbarwertes in Höhe von 410,91 GE. Insofern beträgt die Summe aller Barwerte, die von der Fristentransformation erworben werden, jetzt 382,96 GE (= + 642,87 GE + 151 GE + 0 GE − 410,91 GE).

Die Veränderung der Barwertsumme entspricht keineswegs dem Fristentransformationsergebnis. Um dieses zu ermitteln ist, wie schon für den Zeitpunkt t = 0, die Summe der Barwerte um die der Fristentransformation zustehenden Zahlungen bzw. um die von der Fristentransformation zu leistenden Zahlungen zu korrigieren. Aus der Investition stehen der Fristentransformation in t = 1 operative Einzahlungen in Höhe von 400 GE zu. für die Fremdkapitalaufnahme muss die Fristentransformation eine Zinszahlung in Höhe von 49 GE leisten. Als bilanzwirksame Zahlungen sind die aus der erneuten Fremdkapitalaufnahme resultierende Einzahlung in Höhe von 400 GE sowie die aus der Rückzahlung des ersten Kredites fälligen 700 GE und die Erhöhung der Liquiditätsreserve um weitere 51 GE zu berücksichtigen. In der Summe muss die Fristentransformation demzufolge bilanzwirksame Zahlungen in Höhe von − 351 GE leisten.

Für t = 1 wurde mit den operativen Einheiten bei unterstellter fristenkongruenter Finanzierung der Investition die Zuführung eines operativen Ergebnisses in Höhe von 6,67 GE fixiert. Aus der Liquiditätsreserve resultiert ein kalkulierter Verlust in Höhe von 3,05 GE, der der Fristentransformation gutgeschrieben wird. Schließlich ist ein Passivisches Zinsergebnis aus der negativen Konditionsgestaltung in Höhe von 10,91 GE dem Bereich der Fristentransformation gutzuschreiben. In der Summe aller zuvor genannten Positionen ergibt sich deswegen ein Barwert für die Fristentransformation von insgesamt 390,25 GE.

Diese Rechnungen wiederholen sich nunmehr für die Zeitpunkte t = 2 und t = 3. In t = 2 ist ergänzend zu beachten, dass die Liquiditätsreserve abgebaut wird, woraus eine Einzahlung aus der Liquiditätsreserve in Höhe von 52 GE resultiert. Zudem führt der Kauf der Finanzanlage zu einer Auszahlung aus Sicht der Fristentransformation in Höhe von 450 GE. Außerdem wird in t = 2 das barwertig berechnete Anlageergebnis in Höhe von − 2,60 GE erzielt. Daraus resultiert für t = 2 ein Fristentransformationsbarwert von 437,87 GE.

In t = 3 entfallen die Barwerte für Investition, Liquidität, Finanzanlage und Fremdkapital. Es fallen lediglich operative Einzahlungen in Höhe von 400 GE, Zinseinzahlungen aus der Geldanlage in t = 2 von 20,70 GE, die Einzahlung aus der Finanzeinlage in Höhe von 450 GE, die Einzahlung aus der Auflösung der Liquiditätsreserve in Höhe von 99 GE und ein operatives Ergebnis, das an die operativen Einheiten zu zahlen ist, in Höhe von 43,33 GE, sowie ein Liquiditätsergebnis in Höhe von 2 GE an. Insgesamt verfügt die Fristentransformation damit im Zeitpunkt t = 3 über einen Vermögenswert in Höhe von 928,37 GE.

Auf dieser Entwicklung des dem Bereich der Fristentransformation zur Verfügung stehenden Vermögenswertes aufbauend, kann nunmehr das Fristentransformationsergebnis berechnet werden (vgl. Abb. 5.44). Dazu ist noch einmal auf die Idee des Kaufs der Barwerte hinzuweisen. In t = 0 hat die Fristentransformation Barwerte in Höhe von 386,67 GE erworben. Ein Jahr später, im Zeitpunkt t = 1, haben sich die Entscheidungen der Fristentransformation so ausgewirkt, dass der der Fristentransformation zustehende Barwert jetzt 390,25 GE beträgt. Der Barwert der Fristentransformation konnte somit von 386,67 GE um 3,58 GE auf 390,25 GE erhöht werden. Dieser Betrag von 3,58 GE entspricht deshalb dem Fristentransformationsergebnis des ersten Jahres.

Vom Zeitpunkt t = 1 zum Zeitpunkt t = 2 darf nicht die Veränderung des gesamten Fristentransformationswertes betrachtet werden. Vielmehr ist zu analysieren, wie es die Fristentransformation über ihre verschiedenen Tätigkeiten und die damit verbundenen, fremdbestimmten Zahlungen geschafft hat, den Barwert des von ihr erworbenen Vermögens zu verändern. Der Barwert des von der Fristentransformation erworbenen Vermögens betrug in t = 1 382,96 GE. In t = 1 konnte bis t = 2 ein gesamthafter Fristentransformationsbarwert in Höhe von 437,87 GE ermittelt werden. Demnach ist es der Fristentransformation im zweiten Jahr gelungen, den Fristentransformationsbarwert von 382,96 GE um 94,91 auf 437,87 GE zu erhöhen. Die rechnerisch gleiche Vorgehensweise ist schließlich für das dritte und letzte Jahr anzuwenden. Hier ergibt sich ein absolutes Fristentransformationsergebnis in Höhe von 33,82 GE (= 928,37 GE − 894,55 GE).

Die **Entscheidungen der Fristentransformation** haben also in allen drei Jahren zu einem positiven Fristentransformationsergebnis geführt. Dieses absolute Ergebnis lässt sich in die relative Fristentransformationsperformance und in die Fristentransformationsrendite überführen. Die **Fristentransformationsperformance** erklärt, um das wievielfache der Barwert vor fremdbestimmten Zahlungen zum Fristentransformationsbarwert hochgehebelt wurde. Zieht man von der Fristentransformationsperformance den Wert 1 ab, erhält man die **Fristentransformationsrendite**. Letztere entspricht zudem dem Verhältnis aus dem absoluten Fristentransformationsergebnis zum Fristentransformationsbarwert nach fremdbestimmten Zahlungen.

		t = 0	t = 1	t = 2	t = 3
	BW Investitionen	1.000,00	642,87	342,95	0,00
+	BW Liquidität	100,00	151,00	99,00	0,00
+	BW Finanzanlage	0,00	0,00	452,60	0,00
+	BW Fremdkapital	- 713,33	- 410,91	0,00	0,00
(1)	**Summe Barwerte (BW)**	**386,67**	**382,96**	**894,55**	**0,00**
	operative Einzahlungen	0,00	400,00	900,00	400,00
−	operative Auszahlungen	0,00	0,00	0,00	0,00
(2)	**Δ operative Zahlungen**	**0,00**	**400,00**	**900,00**	**400,00**
	Zinseinzahlungen	0,00	0,00	0,00	20,70
−	Zinsauszahlungen	0,00	- 49,00	- 52,00	0,00
(3)	**Δ Zinszahlungen**	**0,00**	**- 49,00**	**- 52,00**	**20,70**
	Einz. Fremdkapital	700,00	400,00	0,00	0,00
+	Einz. Investition	0,00	0,00	0,00	0,00
+	Einz. Finanzanlage	0,00	0,00	0,0	450,00
+	Einz. Liquidität	0,00	0,00	52,00	99,00
−	Ausz. Fremdkapital	0,00	- 700,00	- 400,00	0,00
−	Ausz. Investitionen	- 1.000,00	0,00	0,00	0,00
−	Ausz. Finanzanlage	0,00	0,00	- 450,00	0,00
−	Ausz. Liquidität	- 100,00	- 51,00	0,00	0,00
(4)	**Δ bilanzwirksame Zahlungen**	**- 400,00**	**- 351,00**	**- 798,00**	**549,00**
(5)	**Operatives Ergebnis x (- 1)**	**0,00**	**- 6,67**	**- 523,33**	**- 43,33**
(6)	**Anlageergebnis x (- 1)**	**0,00**	**0,00**	**- 2,60**	**0,00**
(7)	**Liquiditätsergebnis x (- 1)**	**0,00**	**3,05**	**19,25**	**2,00**
(8)	**Passiv. Zinsergebnis x (- 1)**	**13,33**	**10,91**	**0,00**	**0,00**
(9)	**FT-Barwert Σ (1) − (8)**	**0,00**	**390,25**	**437,87**	**928,37**

Abb. 5.43: Kalkulation des Fristentransformationsbarwertes

	t = 0	t = 1	t = 2	t = 3
FT-BW vor fremdbestimmten Zahl.	0,00	390,25	437,87	928,37
+ Operatives Ergebnis	0,00	6,67	523,33	43,33
+ Anlageergebnis	0,00	0,00	2,60	0,00
+ Liquiditätsergebnis	0,00	- 3,05	- 19,25	- 2,00
+ Passivisches Zinsergebnis	- 13,33	- 10,91	0,00	0,00
+ Δ nominelles Eigenkapital	400,00	0,00	0,00	- 400,00
− Div.zahl./Rückzahl. thesaurierte Gewinne	0,00	0,00	- 50,00	- 569,70
= **FT-BW nach fremdbestimmten Zahl.**	386,67	382,96	894,55	0,00
FT-BW vor fremdb. Zahl. akt. Periode	0,00	390,25	437,87	928,37
− FT-BW nach fremdb. Zahl. Vorperiode	0,00	386,67	382,96	894,55
= **absolutes FT-Ergebnis**	0,00	3,58	54,91	33,82
FT-BW vor fremdb. Zahl. akt. Periode		390,25	437,87	928,37
: FT-BW nach fremdb. Zahl. Vorperiode		386,67	382,96	894,55
= **FT-Performance**		1,0093	1,1434	1,0378
absolutes FT-Ergebnis		3,58	54,91	33,82
: FT-BW nach fremdb. Zahl. Vorperiode		386,67	382,96	894,55
= **FT-Rendite**		0,93 %	14,34 %	3,78 %

Abb. 5.44: *Fristentransformationsperformance und –rendite*

Aus der Summe von Anlageergebnis, Fristentransformationsergebnis und Passivischem Zinsergebnis folgt schließlich das **Finanzergebnis** (vgl. Abb. 5.45), wobei Passivisches Zinsergebnis und Fristentransformationsergebnis in einem Zwischenschritt zuvor noch zum Finanzierungsergebnis zusammengefasst werden könnten. Das Finanzergebnis bildet neben dem operativen Ergebnis (Netto) den zweiten zentralen Ergebnisbereich im Industriemodell der Marktzinsmethode.

	t = 0	t = 1	t = 2	t = 3	Summe
Anlagerergebnis	0,00	0,00	2,60	0,00	2,60
FT-Ergebnis	0,00	3,58	54,91	33,83	92,31
Passivisches Zinsergebnis	- 13,33	- 10,91	0,00	0,00	- 24,24
= **Finanzergebnis**	- 13,33	- 7,33	57,51	33,82	70,67

Abb. 5.45: *Das Finanzergebnis*

III. Das ökonomische Jahresergebnis

1. Zusammenführung der Teilergebnisse

Nachdem die Ergebniswirkungen aller fünf Bausteine der industriellen Marktzinsmethode für die einzelnen Perioden fixiert worden sind, können diese nunmehr zusammengeführt werden. Dazu sollen die fünf Bausteine in einer zweistufigen Vorgehensweise zum **ökonomischen Jahresergebnis** zusammengefasst werden. Das operative Ergebnis (Brutto) und das Liquiditätsergebnis werden im operativen Ergebnis (Netto) zusammengefasst. Das Liquiditätsergebnis ist grundsätzlich dem operativen Ergebnis zuzurechnen, da die Notwendigkeit einer Liquiditätsreservehaltung aus der Unsicherheit der operativen Cashflows resultiert. Höhe und Ausmaß der Liquiditätsreserve und der damit verbundenen Kosten können insofern von den operativen Bereichen beeinflusst werden.

Die barwertorientiert kalkulierten Bereiche des Anlageergebnisses, des Passivischen Zinsergebnisses sowie des Fristentransformationsergebnisses werden dem sogenannten Finanzergebnis zugewiesen. In der Summe aus operativem Ergebnis (Netto) und dem Finanzergebnis ergibt sich schließlich das ökonomische Jahresergebnis. Die Zusammenfassung aller Ergebnisbereiche zeigt eine für das ökonomische Ergebnis erstaunliche Entwicklung des Jahresüberschusses. Schon im Zeitpunkt t = 0 erwirtschaft die Unternehmung aufgrund des negativen Finanzergebnisses ein Defizit in Höhe von - 13,33 GE. Auch im Zeitpunkt t = 1 wird aufgrund des negativen Finanzergebnisses der positive Ergebnisbeitrag des operativen Ergebnisses überkompensiert, sodass ein Jahresüberschuss von - 3,71 GE erwirtschaftet wird. In t = 2 und t = 3 werden deutlich höhere, positive Ergebnisse erzielt.

	t = 0	t = 1	t = 2	t = 3	
Ökonomisches Ergebnis					**Summe**
Operatives Ergebnis Netto	0,00	3,62	504,08	41,33	549,03
+ Finanzergebnis	- 13,33	- 7,33	57,51	33,82	70,67
= **ökon. Jahresergebnis**	**- 13,33**	**- 3,71**	**561,59**	**75,15**	**619,70**
Handelsrechtliches Ergebnis					**Summe**
Betriebsergebnis	0,00	66,67	566,66	66,67	700,00
+ Zinsergebnis	0,00	- 49,00	- 52,00	20,70	- 80,30
= **Jahresüberschuss**	**0,00**	**17,67**	**514,66**	**87,37**	**619,70**

Abb. 5.46: Vergleich des ökonomischen mit dem handelsrechtlichen Ergebnis

2. Vergleich von ökonomischem und handelsrechtlichem Ergebnis

In der Summe aller Jahresfehlbeträge bzw. -überschüsse ergibt sich ein Betrag von 619,70 GE (vgl. Abb. 5.47). Stellt man dieser Entwicklung des ökonomischen Ergebnisses das bereits in Abb. 5.32 dargestellte handelsrechtliche Ergebnis gegenüber, so zeigt sich eine gänzlich andere Struktur der Verteilung des Jahresüberschusses. Gleichwohl entspricht die Summe der nach dem handelsrechtlichen Ergebnis erwirtschafteten Jahresüberschüsse der schon für das ökonomische Ergebnis quantifizierten Summe aller Jahresüberschüsse.

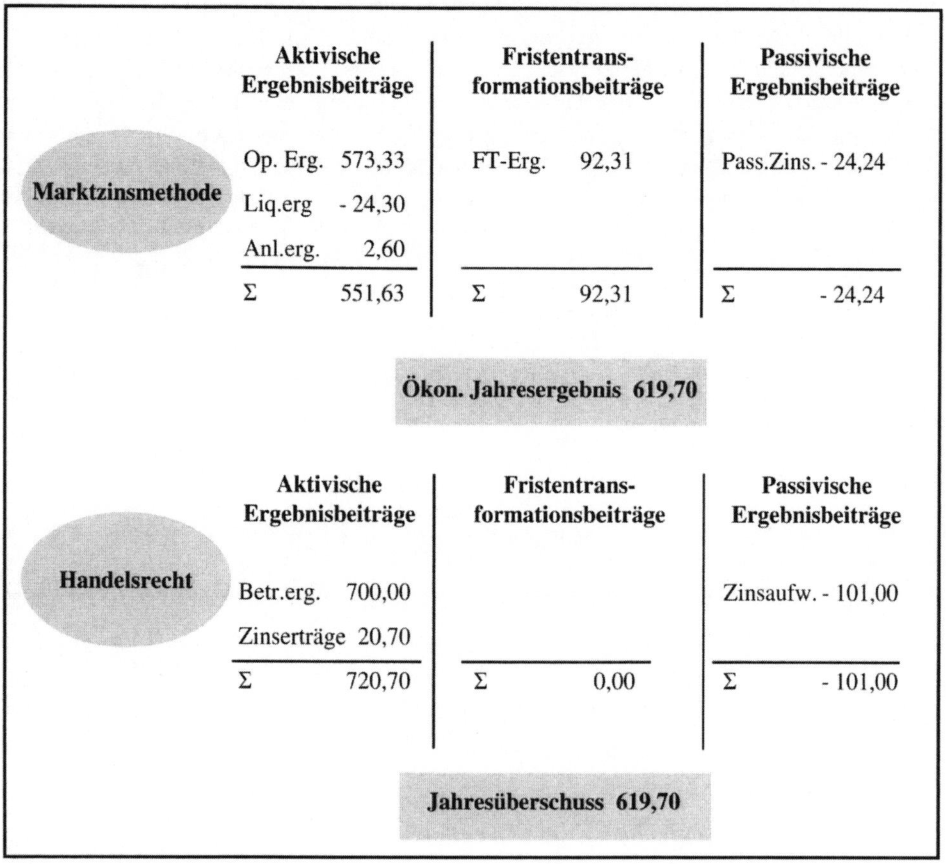

	Aktivische Ergebnisbeiträge	Fristentransformationsbeiträge	Passivische Ergebnisbeiträge
Marktzinsmethode	Op. Erg. 573,33 Liq.erg - 24,30 Anl.erg. 2,60	FT-Erg. 92,31	Pass.Zins. - 24,24
	Σ 551,63	Σ 92,31	Σ - 24,24
	Ökon. Jahresergebnis 619,70		
	Aktivische Ergebnisbeiträge	Fristentransformationsbeiträge	Passivische Ergebnisbeiträge
Handelsrecht	Betr.erg. 700,00 Zinserträge 20,70		Zinsaufw. - 101,00
	Σ 720,70	Σ 0,00	Σ - 101,00
	Jahresüberschuss 619,70		

Abb. 5.47: *Gegenüberstellung von handelsrechtlichem Ergebnis und dem Ergebnis des Industriemodells der Marktzinsmethode*

Aus dieser über die Gesamtlaufzeit hinweg durchgeführten Zusammenfassung der nach dem ökonomischen bzw. handelsrechtlichen Ergebnis ermittelten Ergebnisbeiträge zeigt sich die andersartige Struktur der Ergebniszuweisung auf der Aktiv- und auf der Passivseite in den beiden betrachteten Modellen. Auf der Aktivseite liegen die Ergebnisse gemäß dem industriellen Marktzinsmodell unter und auf der Passivseite über den Ergebnisbeiträgen gemäß Handelsrecht. Ursache hierfür ist, dass im ökonomischen Ergebnis nur noch der Überschuss über die äquivalenten Geld- und Kapitalmarktopportunitäten als passivische bzw. aktivische Ergebnisbeiträge verstanden werden. Die Gegenpositionen hierzu schlagen sich im Fristentransformationsergebnis nieder, das im handelsrechtlichen Ergebnis gänzlich außer Acht gelassen wird. Das Fristentransformationsergebnis stellt aber die aus einer barwertorientierten Sicht unbedingt zu beachtende Verbindung zwischen Aktiv- und Passivseite dar. Der Fristentransformationsbeitrag wird dabei durch die bislang bei der Unternehmungssteuerung tendenziell völlig unbeachtete Laufzeitstruktur der Aktiva und Passiva sowie durch das auf Ergebnissteuerungssicht meist unbeachtete aktuelle Marktzinsgefüge geprägt.

Insbesondere darin zeigt sich schließlich die andersartige Sicht der Ergebnisquellenanalyse im industriellen Marktzinsmodell gegenüber der traditionellen Ergebnisentstehungs- und -verwendungsrechnung. Während in der traditionellen Ergebnisentstehung lediglich die Aktivseite als Erfolgsquelle identifiziert wird, werden im Industriemodell der Marktzinsmethode neben den aktivischen erstmals auch passivische Ergebnisbeiträge erkannt. Außerdem wird der Fristentransformationsbeitrag als Ergebnisquelle offengelegt. Damit werden neue Ergebnisbereiche kalkuliert, die – trotz ihrer bislang stiefmütterlichen Behandlung – im unternehmerischen Geschehen tatsächlich zur Erwirtschaftung eines Unternehmenswertes beitragen.

Sechstes Kapitel: Geschäftsfeldstruktur-Controlling

A. Konstruktionselemente des Geschäftsfeldstruktur-Controllings

I. Geschäftspolitische Fragestellungen

Das Rentabilitäts-Controlling ist selbstverständlich nicht auf die Ebene der gesamten Unternehmung beschränkt. So müssen bspw. die im periodenerfolgsorientierten Rentabilitäts-Controlling mithilfe der ROI-Kennzahlenhierarchie gewonnenen Erkenntnisse möglichst bis auf das Einzelgeschäft heruntergebrochen werden. Dazu ist z. B. der Aufbau einer geeigneten Deckungsbeitragsrechnung erforderlich. Letztere kann natürlich mit den Kennzahlen des ROI-Schemas verknüpft werden. Darüber hinaus wurde im barwertorientierten Rentabilitäts-Controlling bereits zwischen der Ebene einzelner Investitionen und der Gesamtunternehmung differenziert.

Moderne Unternehmensstrukturen sind häufig durch die Aufteilung in verschiedene Geschäftsbereiche gekennzeichnet. Dies gilt vor allem für viele mittlere und große Unternehmen (vgl. *Erstes Kapitel*). In solchen Gesellschaften ist es sinnvoll, zwischen den Ebenen der gesamten Unternehmung und des Einzelgeschäfts ein effizientes Rentabilitäts-Controlling auf der Basis voneinander getrennter Geschäftsfelder aufzubauen.

Ein **strategisches Geschäftsfeld** ist definiert als abgrenzbarer produkt- und marktbezogener Geschäftsbereich mit eigenen Chancen und Risiken, für die sich unabhängig von anderen Geschäftsbereichen eigenständige Strategien entwickeln lassen. Zentrale Abgrenzungskriterien für strategische Geschäftsfelder (SGF) sind

- eine spezifische Marktaufgabe,
- hohe Eigenständigkeit und
- ein eigener Beitrag zum Erfolgspotenzial der Unternehmung.

Zur spezifischen **Marktaufgabe** zählt bspw., dass das SGF selbst als Wettbewerber auftritt und Anwenderprobleme zu lösen versucht. Die **Eigenständigkeit** der SGF kann z. B. an der Existenz einer eigenen, nur das SGF betreffenden, Konkurrenz abgelesen werden. Zur Eigenständigkeit zählt auch ein nach Größe, Wachstum und Konzentration eindeutig definierbarer Markt mit homogenen Kundenstrukturen und einheitlichen Vertriebswegen. Die organisatorische Selbständigkeit lässt sich aus der selbständigen Planung und Durchführung strategischer Aktivitäten sowie der für das SGF eigenen Zielformulierung ablesen. Zum **Erfolgspotenzialbeitrag** als Abgrenzungskriterium zählen die Erzielung von Wettbewerbsvorteilen, die Ausnutzung von Synergieeffekten und die Verfügbarkeit einer effizienten Führung (vgl. hierzu ausführlich MEFFERT 1998).

Für jedes SGF sind zur Beurteilung der Rentabilitätslage geeignete **Situationsanalysen** durchzuführen. Erst die vollständige Erfassung und genaue Kenntnis sämtlicher Umweltzustände ermöglicht eine effiziente Rentabilitätssteuerung einzelner Geschäftsfelder. In diesem Zusammenhang lässt sich die Entscheidungssituation eines einzelnen SGF durch eine Vielzahl unternehmensinterner und -externer Faktoren beschreiben. Hierzu zählen vor allem die Marktsituation, das Verhalten der Marktteilnehmer, die zur Unternehmenssteuerung eingesetzten betriebswirtschaftlichen Instrumente sowie die Umweltsituation. Im Rahmen des Geschäftsfeldstruktur-Controllings sind diese zentralen Einflussfaktoren sowie deren Bestimmungselemente zu untersuchen.

Ziel solcher bereichsspezifischen Analysen ist die Beantwortung **geschäftspolitischer Fragestellungen**, die für die Unternehmung bzw. die einzelne Geschäftseinheit von zentraler Bedeutung sind. Das Geschäftsfeldstruktur-Controlling muss planen

- welche SGF in der Zukunft auszubauen und welche zu eliminieren sind,
- wie hoch die damit gegebenenfalls verbundenen Investitionen sind und ob die Finanzkraft des Unternehmens ausreicht, diese Investitionen zu tätigen und
- welche Anpassungen in der Rentabilität oder im Cashflow-Beitrag einzelner Geschäftsfelder erforderlich sind, um die vorgegebene Ziel-Rentabilität zu erreichen.

II. Planung und Kontrolle im Geschäftsfeldstruktur-Controlling

Selbstverständlich ist das Geschäftsfeldstruktur-Controlling nicht auf die Planung beschränkt. Im Sinne eines institutionalisierten Controlling-Zyklus (vgl. *Erstes* und *Zweites Kapitel*) sind die Geschäftsfeldanalysen einem permanenten Prozess von Planung und Kontrolle zu unterwerfen.

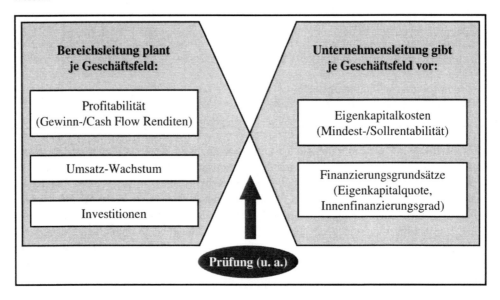

Abb. 6.1: Geschäftsfeldspezifische Planung und Kontrolle

Die Elemente dieses **Planungs- und Kontrollprozesses** werden in Abb. 6.1 skizziert. So gibt bspw. die **Unternehmensleitung** die von den einzelnen Geschäftsfeldern zu erwirtschaftenden Eigenkapitalkosten vor. Die Verteilung der Eigenkapitalkosten kann dabei z. B. nach kostenrechnerischen Prinzipien, nach Tragfähigkeitsgrundsätzen oder im Sinne einer in der modernen Unternehmensführung anzustrebenden Risikoadjustierung erfolgen. Unabhängig von den erst im *Dritten Teil* zu diskutierenden Prinzipien einer risikoadjustierten Eigenkapitalkostenschlüsselung bleibt als Ergebnis die Notwendigkeit einer geschäftsfeldspezifischen Vorgabe der Soll-Eigenkapitalrentabilität festzuhalten. Darüber hinaus können von der Unternehmensleitung auch Finanzierungsgrundsätze fixiert werden, um auf der Ebene der gesamten Unternehmung die Einhaltung finanzstruktureller Normen sicherzustellen.

Die **Bereichsleitung** ist demgegenüber für die geschäftsfeldspezifische Planung verantwortlich. Sie fixiert auf ihren speziellen Marktkenntnissen aufbauend Größen wie bspw. die geschäftsfeldspezifische Profitabilität, das geplante Umsatzwachstum oder die Höhe der erforderlichen Investitionen.

Im **Kontrollprozess** muss schließlich überprüft werden, ob

- die nachhaltigen Eigenkapitalrentabilitäten größer oder kleiner als die Eigenkapitalkosten in den einzelnen Geschäftsfeldern sind,
- das Renditeprofil der Geschäftsfelder im Einklang mit der Ziel-Rentabilität der Unternehmung steht und
- ein (dynamisches) Gleichgewicht von Cashflow-verzehrenden und Cashflow-generierenden Geschäftsfeldern besteht.

III. Modelle und Verfahren im Geschäftsfeldstruktur-Controlling

Im Rahmen des Geschäftsstruktur-Controllings kann grundsätzlich zwischen der Analyse einzelner Geschäftsfelder und der Analyse des Zusammenwirkens aller Geschäftsfelder differenziert werden.

Zur Untersuchung **einzelner Geschäftsfelder** können vor allem die Ideen und Aussagen der Lebenszyklus- und der Erfahrungskurvenanalyse herangezogen werden. Aus der Lebenszyklusanalyse lassen sich Aussagen über die potenzielle Umsatzentwicklung ableiten. Die Erfahrungskurvenanalyse versucht, die zukünftigen Kosten zu prognostizieren. Ein weiteres Instrument zur Beurteilung einzelner Geschäftsfelder ist die Ressourcenanalyse, die darauf ausgerichtet ist, die aktuelle und zukünftige Ressourcensituation richtig zu beurteilen. Dieses Instrumentarium ist natürlich nicht auf einzelne Geschäftsfelder beschränkt. Alle zuvor genannten Verfahren der Situationsanalyse lassen sich selbstverständlich auch auf Gesamtunternehmensebene anwenden. Insofern lassen sich diese Verfahren gerade auch für kleinere Unternehmen zur Beurteilung der aktuellen Lage einsetzen.

Vor dem Hintergrund der Beurteilung einzelner Geschäftsfelder lassen sich schließlich alternative Konzepte zur Beurteilung des **Zusammenwirkens aller Geschäftsfelder** abgrenzen. Hierzu zählen zum einen die Geschäftsfeldstrukturanalysen. Letztere sind quantitative Analysen, die in ihrem Kern enge Bezüge zu den vorgestellten Elementen des Rentabilitäts-Controllings aufweisen. Beispiele hierfür sind das Konzept der strategischen Geschäftsfeldkurve, die geschäftsfeldspezifische Cashflow-/Reinvestitionsanalyse sowie die Verfahren einer wertorientierten Geschäftsfeldstrukturanalyse.

Zum anderen können Portfolioanalysen durchgeführt werden. Hierbei handelt es sich um ordinale Analysen. Sie dienen dazu, im Wege von Scoring-Modellen bzw. Punktbewertungsverfahren Gesamtbewertungen für Geschäftsfelder abzuleiten. Dazu werden i. d. R. strategische Merkmalskombinationen zweidimensional miteinander verknüpft.

B. Instrumentarium zur Analyse einzelner Geschäftsfelder

Die Situationsanalyse einzelner Geschäftsfelder kann mithilfe des Lebenszykluskonzept, des Erfahrungskurvenkonzepts und der Resourcenanalyse erfolgen.

I. Lebenszykluskonzept

Das **Lebenszykluskonzept** versucht, einen idealtypischen Umsatzverlauf für ein Produkt zu skizzieren. Dazu wird der Umsatzverlauf in Abhängigkeit von der Zeit in vier Teilphasen zerlegt (vgl. Abb. 6.2).

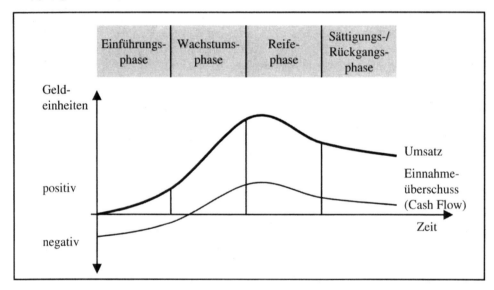

Abb. 6.2: Lebenszyklusanalyse

In der **Einführungsphase** ist der Markteintritt zu gestalten. In dieser Phase übersteigen die finanziellen Mittel für Investitionen und Marktbearbeitung die Umsatzerlöse. Der Cashflow ist negativ.

In der **Wachstumsphase** ist zu überlegen, ob und wie eine bereits vorhandene Marktposition gehalten oder weiter ausgebaut werden soll. Auch in der Wachstumsphase ist der Cashflow tendenziell noch negativ, wenngleich deutlich weniger negativ als in der Einführungsphase.

In der **Reifephase** ist zu entscheiden, wie der Markanteil gehalten oder weiter ausgebaut werden kann. Beim Eintritt in die Reifephase übersteigen die erzielbaren Umsätze die eingesetzten finanziellen Mittel. Der Cashflow erreicht seinen Höhepunkt.

In der abschließenden **Sättigungsphase** wird entweder mit allen Mitteln versucht, die Marktposition zu halten oder möglichst geschickt den Marktaustritt einzuleiten. In dieser Phase sinkt der Cashflow bis auf Null.

Die Situationsbedingungen in den einzelnen Phasen des Marktlebenszyklus lassen sich mit einer Vielzahl von Kriterien, wie bspw. Wachstumsrate, Marktpotenzial, Marktanteile, Stabilität der Markanteile, etc. beschreiben. Zum Beispiel sind die Entstehungsphase durch eine langsam steigende, die Wachstumsphase durch eine stark steigende, die Reifephase durch das Erreichen des Wendepunkts und die Sättigungsphase durch eine negative Wachstumsrate geprägt (vgl. DUNST 1982; HINTERHUBER 1996; MEFFERT 1998).

Das Lebenszykluskonzept ist in Theorie und Praxis erheblichen Vorbehalten ausgesetzt. Insofern sind die damit verbundenen Aussagen mit Vorsicht zu genießen. Trotzdem scheint zumindest der mit einem Produkt verbundene und im Lebenszykluskonzept unterstellte Verlauf der Umsatzentwicklung durchaus plausibel. Zumindest als Approximation kann diese beispielhafte Umsatzentwicklung für die Deutung der SGF-spezifischen Geschäftsentwicklung herangezogen werden.

II. Erfahrungskurvenanalyse

Das Konzept der **Erfahrungskurve** basiert auf dem empirisch nachgewiesenen Phänomen, dass die Produktionskosten je Stück mit zunehmender Ausbringungsmenge stark abnehmen. Dieser Erfahrungskurveneffekt wurde bereits gegen Ende der 60er Jahre festgestellt. Die Boston Consulting Group hatte die Preis- und Kostenentwicklungen in verschiedenen Branchen untersucht (vgl. HENDERSON 1968; MEFFERT 1998). Schließlich konnte eine recht pauschale Aussage über die zukünftige, in Abb. 6.3 skizzierte Kostenentwicklung aufgestellt werden.

Mit zunehmender Produktionsmenge steigt das Know-how des Produzenten. Dies führt i. d. R. dazu, dass bei einer Verdoppelung der Produktionsmenge die realen Stückkosten um ca. 20 bis 30 % reduziert werden können (vgl. HENDERSON 1974). Ursache hierfür ist die konsequente Ausnutzung vorhandener Kosteneinsparungsmöglichkeiten. Diese bestehen bspw. in Form von Lerneffekten, Produkt- und Verfahrensinnovationen, etc. (vgl. MEFFERT 1998). Angesichts der heute gegenüber den 60er Jahren doch stark veränderten Umweltbedingungen wäre eine neuerliche empirische Verifizierung der Höhe des Kostendegressionseffektes durchaus angebracht. Unabhängig davon ist die Tendenz der mit dem Erfahrungskurvenkonzept angesprochenen Kostenentwicklung immer noch einleuchtend. Deshalb kann das Erfahrungskonzept dazu herangezogen werden,

- langfristige Kostenprognosen,
- langfristige Preisprognosen bei unterstellter Konstanz der Entwicklung von Preisen und Kosten und damit auch
- Prognosen des langfristigen Gewinnpotenzials

durchzuführen (vgl. MEFFERT 1998).

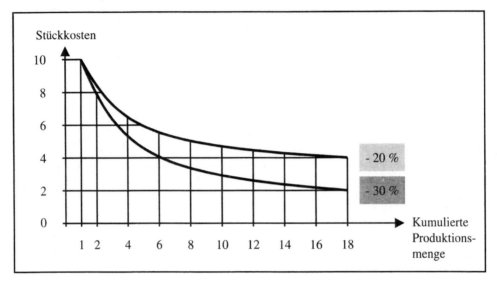

Abb. 6.3: Das Erfahrungskurvenkonzept

Sowohl die Lebenszykluskurve als auch das Erfahrungskurvenkonzept sind mit zentralen quantitativen Aussagen über die potenzielle Entwicklung bestimmter Geschäftsfelder verbunden. Sie lassen sich dazu nutzen, für einzelne Geschäftsfelder Cashflow- oder Gewinnpotenziale zumindest approximativ zu prognostizieren.

Zusammenfassend ergibt sich aus beiden Effekten die Forderung, dass eine Unternehmung einerseits über eine ausgewogene Mischung von Produkten unterschiedlicher Reifegrade verfügen muss. Andererseits sollte sie bemüht sein, hohe Marktanteile zu gewinnen, um aufgrund des Erfahrungskurveneffektes gegenüber Mitbewerbern einen relativen Kostenvorteil zu erzielen.

III. Ressourcenanalyse

Die **Ressourcenanalyse** stellt ein eher qualitativ ausgerichtetes Instrumentarium der Situationsanalyse dar. Sie dient dazu, ein Stärken-/Schwächen-Profil der Erfolgsfaktoren für das Unternehmen als Ganzes oder für einzelne Geschäftsfelder aufzustellen. Hierauf aufbauend können Strategien für weitere geschäftspolitische Aktivitäten entwickelt werden (vgl. CHRISTENSEN/ANDREWS/BAUER 1973; MEFFERT 1998).

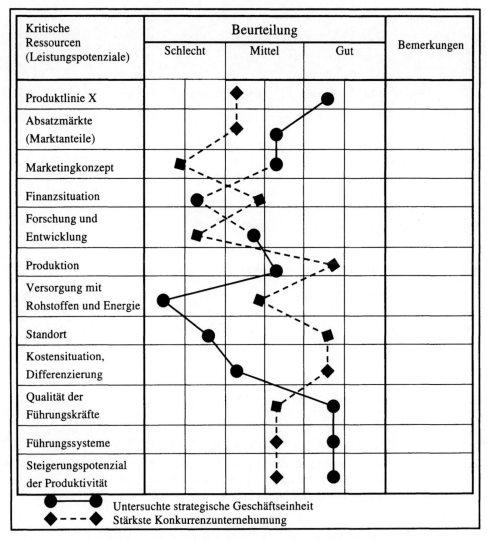

Abb. 6.4: Stärken-/Schwächen-Profil eines SGF (aus HENDERSON 1974)

Im Zentrum der Ressourcenanalyse steht die Entwicklung eines **Stärken-/Schwächen-Profils** (vgl. Abb. 6.4). Dazu werden zunächst die unternehmens- bzw. geschäftsfeldspezifisch vorhandenen Ressourcen erfasst. Dies können z. B. finanzielle, organisatorische oder technologische Ressourcen sein. Danach werden die Ressourcen vor dem Hintergrund der generellen Marktanforderungen bewertet. Eine solche Bewertung wird gleichzeitig für den Hauptkonkurrenten vorgenommen.

Das Ergebnis zeigt zweierlei: Zum einen lässt das Stärken-/Schwächen-Profil erkennen, welche Schlüsselfaktoren aus der Sicht der allgemeinen Marktanforderungen generell unbedingt zu verbessern sind. Zum anderen zeigt der Vergleich mit dem Hauptkonkurrenten, über welche Wettbewerbsvor- und -nachteile die Unternehmung bzw. das einzelne Geschäftsfeld verfügt. In Verbindung mit der aktuellen und zukünftig erwarteten Rentabilitätssituation lassen sich daraus notwendige Maßnahmen für geschäftspolitische Aktivitäten zur Ergebnisverbesserung ableiten.

C. Konzepte zur Analyse der Integration strategischer Geschäftsfelder

Zentrales Instrumentarium des Geschäftsfeldstruktur-Controllings sind die verschiedenen Verfahren der Geschäftsfeldanalyse. Diese dürfen allerdings nicht auf die Beurteilung einzelner Geschäftsfelder beschränkt werden. Statt dessen sind die quantitativen und qualitativen Wirkungen aus dem Zusammenspiel der einzelnen Geschäftsfelder ebenfalls zu untersuchen. Wie bereits erwähnt, können diesbezüglich die eher quantitativen Geschäftsfeldstrukturanalysen von den eher qualitativen Portfoliomethoden abgegrenzt werden.

I. Geschäftsfeldstrukturanalysen

Zu den Verfahren der Geschäftsfeldstrukturanalyse zählen das Konzept der strategischen Geschäftsfeldkurve sowie die geschäftsfeldspezifische Cashflow-/Reinvestitionsanalyse. Daneben kann vor dem Hintergrund des EVA-Konzeptes (vgl. *Viertes Kapitel*) auch eine wertorientierte Geschäftsfeldstrukturkurve aufgebaut und um eine sogenannte Marktwertkoeffizientenanalyse ergänzt werden.

1. Konzept der strategischen Geschäftsfeldkurve

Bei dem von MCKINSEY &CO. entwickelten Modell der strategischen Geschäftsfeldkurve handelt es sich um eine Art **strategische Rentabilitätsrechnung**. In Abhängigkeit von der Ertragskraft werden die Zusammensetzung und das Umsatzvolumen der strategischen Geschäftsfelder geplant, um die angestrebte Mindest- oder Soll-Rentabilität auf der Ebene der gesamten Unternehmung zu erzielen.

Für die Entwicklung einer strategischen Geschäftsfeldkurve ist es zunächst notwendig, die Unternehmung in strategische Geschäftsfelder aufzuteilen. Für jedes SGF sind dann in einem ersten Schritt sämtliche ergebnisrelevanten Größen, wie z. B. Umsatz, direkte Kosten, das (Direkte) Betriebsergebnis oder die (Brutto-)Umsatzrentabilität zu ermitteln.

Zur Vervollständigung der Rentabilitätsanalyse ist neben den strategischen Geschäftsfeldeinheiten die Summe der den Geschäftsfeldern nicht direkt zurechenbaren Gemeinkosten bzw. der Overhead en bloc zu erfassen. Alle Daten zusammen können dann in einer „**Geschäftsfeldstruktur-Tabelle**" zusammengefasst werden (vgl. Abb. 6.5).

Bereich	Umsatz	Direkte Kosten	(Direktes) Be-triebsergebnis	(Brutto-) Umsatzrentabilität
SGF 1	1.000	850	150	15 %
SGF 2	800	720	80	10 %
SGF 3	200	184	16	8 %
SGF 4	500	485	15	3 %
Zwischensaldo	2.500	2.239	261	10,44 %
Overhead	–	–	-111	-4,44 %
Gesamt	2.500	–	150	6 %

Abb. 6.5: Geschäftsfeldstruktur-Tabelle

Die **Geschäftsfeldkurve** der Unternehmung ergibt sich durch einfache grafische Umsetzung der ermittelten quantitativen Daten. Jedes SGF wird dabei in einem Koordinatensystem, dessen Abszisse den Umsatz markiert und auf dessen Ordinate die Deckungsbeiträge bzw. Betriebsergebnisbeiträge abgetragen werden, durch eine Gerade skizziert. Die horizontale Ausdehnung dieser Geraden stellt entsprechend für jedes Geschäftsfeld den Umsatz dar, während die Steigung der Geraden die relative Ertragskraft, also das Betriebsergebnis pro Umsatz bzw. die (Brutto-)Umsatzrentabilität wiedergibt.

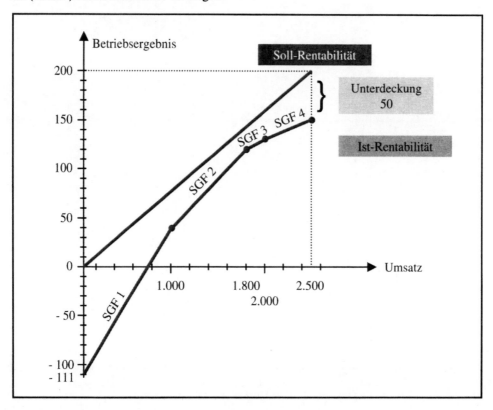

Abb. 6.6: Ausgangssituation einer strategischen Geschäftsfeldkurve

Abb. 6.6 zeigt beispielhaft eine solche Geschäftsfeldkurve. Sie verdeutlicht den gegenwärtigen Ergebnisstatus des beispielhaft betrachteten Unternehmens mit seinen vier strategischen Geschäftsfeldern. Zunächst sind auf der Abzisse die Gemeinkosten abgetragen. Sie sind überwiegend fixer Natur und müssen von allen Geschäftsfeldern gemeinsam abgedeckt werden. Die strategischen Geschäftsfelder selbst sind nach ihrer Ertragskraft geordnet. Das Geschäftsfeld mit dem größten Steigungswinkel bzw. der größten Umsatzrentabilität wird als Erstes eingezeichnet, das mit dem geringsten Steigungswinkel als Letztes.

Wie der Verlauf der Geschäftsfeldkurve verdeutlicht, wird das Betriebsergebnis fast ausschließlich von den Geschäftsfeldern 1 und 2 determiniert. Die Geschäftsfelder 3 und 4 weisen vergleichsweise nur marginale Ergebnisbeiträge auf. Sie produzieren im wesentlichen nur Volumen.

In Abb. 6.7 ist ferner das Rentabilitätsziel des Unternehmens eingezeichnet. Dieses Ziel ist als Soll-Rentabilität definiert. Graphisch ergibt es sich als eine Gerade durch den Nullpunkt mit entsprechendem Steigungsmaß. Wie ersichtlich kann die betrachtete Unternehmung mit ihrer gegenwärtigen Geschäftsstruktur das angestrebte Ziel nicht erreichen. Es bedarf also zusätzlicher Anstrengungen, um eine strategisch gesündere Geschäftsstruktur zu erhalten.

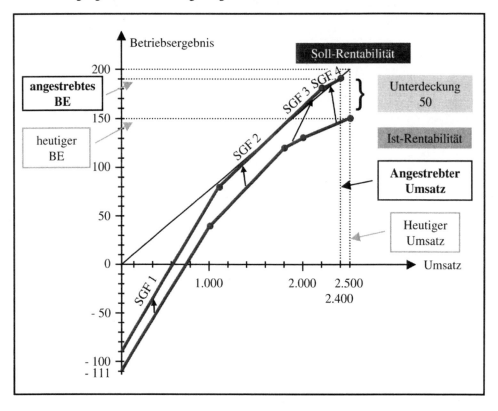

Abb. 6.7: Strategische Geschäftsfeldstrukturkurve im Planungsprozess

Um die notwendige Richtung solcher Strategien zu erkunden, bedarf es zunächst der Untersuchung der künftigen Markt- und Wettbewerbsentwicklung auf den einzelnen Geschäftsfeldern. Dazu kann bspw. auf die zuvor bereits erörterten Konzepte zur Analyse einzelner Geschäftsfelder zurückgegriffen werden. So könnte sich für das SGF 2 als Ergebnis einer Lebenszyklusanalyse zeigen, dass sich das hier vertriebene Produkt noch in einer Wachstumsphase befindet. Für die Zukunft sind deshalb weitere Umsatzzuwächse und damit einhergehend - im Sinne des Erfahrungskurvenkonzeptes - weitere Kostendegressionen zu erwarten.

Das Gesamtergebnispotenzial für jedes Geschäftsfeld wird schließlich umgesetzt in eine um wahrscheinliche zukünftige Entwicklungen korrigierte (Prognose-)Geschäftsfeldkurve. Sie ist dadurch gekennzeichnet, dass das Steigungsmaß der Geschäftsfeldgeraden mit steigendem Umsatzvolumen tendenziell abnimmt. Die Kurve weist also einen prinzipiell degressiven Verlauf auf.

Aus beiden Teilaufgaben, der Bestandsaufnahme der heutigen Geschäftsfeldstruktur und ihrer Modifikation durch vorhersehbare künftige Marktentwicklungen, sind anschließend die Elemente einer strategischen (Neu-)Ausrichtung abzuleiten. Dabei geht es im Kern darum, zu erreichen, dass Volumen und Ertrag einzelner Geschäftsfelder und damit auch des Gesamtgeschäftes „profitablere" Relationen aufweisen. Denn nur dann kann sichergestellt werden, dass das Unternehmen die nötige Rentabilität erzielt.

Abb. 6.7 skizziert über die Veränderung der Funktionslinie der SGF-Kurve beispielhafte Überlegungen, wie dies auf der Grundlage der Ist-Geschäftsstruktur realisiert werden könnte. Ein erster Ansatzpunkt zur Verbesserung der Ertragsposition ist die dauerhafte Senkung der Gemeinkosten. Sie sind offenbar gemessen am Umsatzvolumen und den Ertragsverhältnissen zu hoch. Auf die in diesem Zusammenhang bewährte Methode der **Gemeinkosten-Wertanalyse** sei nur verwiesen (vgl. ROEVER 1982 und 1983).

Die Position des ertragsstärksten Geschäftsfeldes 1 ist in jedem Fall zu halten. Sofern - was hier unterstellt sein mag - keine wesentlichen Wachstumsimpulse von diesem Bereich mehr ausgehen, sind Investitionen nur insoweit zu rechtfertigen, als die zusätzlichen Kosten unmittelbar zu entsprechenden Erlösen führen. Hierbei handelt es sich um den Bereich der **Abschöpfungsstrategien**.

Das Geschäftsfeld 2 wird als Wachstumsbereich angesehen und Investitionen werden entsprechend hier hinein gelenkt, um das Geschäftsvolumen zu steigern (Verlängerung der Kurve). Dies gilt auch dann, wenn die Deckungsbeiträge vorerst noch nicht Schritt halten, denn die Grundphilosophie ist hier, zunächst einmal entsprechende Marktanteile zu erringen, um dann in einer zweiten Phase von einer gesicherten Wettbewerbsposition aus die Geschäfte stärker ertragsorientiert führen zu können. Diesem Bereich werden demnach die **Investitions- oder Wachstumsstrategien** zugeordnet.

Für die Geschäftsfelder 3 und 4 werden **selektive Strategien** eingesetzt. Während im Geschäftsfeld 3 die Stoßrichtung auf eine Steigerung der Rentabilität abzielen mag, wird dem

Geschäftsfeld 4 zugemutet, den Umsatz angesichts der geringen Ertragskraft bewusst zu drosseln.

Zusammengenommen verändert sich die Ertragslage im Beispiel durch die strategischen Einzelmaßnahmen deutlich in Richtung auf ihre Ziel-Rentabilität hin. Signalisiert wird somit eine entscheidende und notwendige Verbesserung der **Geschäftsstruktur**.

2. Cashflow-/Reinvestitionsanalyse

Zur Berechnung des Unternehmenswertes werden im Rahmen der DCF-Methoden (vgl. *Drittes Kapitel*) die für die Aktionäre (nach dem Abzug der notwendigen Investitionen und Fremdkapitalleistungen) erwirtschafteten Cashflows mit einem risikoadjustierten Kalkulationszins diskontiert. Bei unterstellter Konstanz des Risikos verändert sich der Kalkulationszins nicht. In solchen Fällen wird zusätzlicher Unternehmenswert dadurch geschaffen, dass die über die Investitionen hinausgehenden Cashflow-Anteile gesteigert werden.

Im Rahmen der Cashflow-Bedarfsrechnungen (vgl. *Viertes Kapitel*) wurde die **Finanzkraft** definiert als Verhältnis von Cashflow zu Umsatz. Die Relation von Investitionen zum Cashflow zeigt auf, welcher Teil des erwirtschafteten Cashflows zur Reinvestition verwendet wird. Die Multiplikation von Finanzkraft und **Reinvestitionsfaktor** führt zum Verhältnis von Investition zum Umsatz. Diese sogenannte **Investitionsrate** zeigt den Anteil des Umsatzes, der zu Investitionszwecken verwendet werden kann bzw. muss. Es gilt:

$$\underbrace{\frac{CF}{U}}_{\substack{(erwartete)\\ Finanzkraft}} \times \underbrace{\frac{INV}{CF}}_{\substack{(höchstzulässiger)\\ Reinvestitionsfaktor}} = \underbrace{\frac{INV}{U}}_{\substack{(mögliche\ bzw.\\ notwendige)\\ Investitionsrate}}$$

und

$$\frac{INV}{U} : \frac{CF}{U} = \frac{INV}{U} \times \frac{U}{CF} = \frac{INV}{CF}$$

mit: CF = Cashflow; INV = Investition; U = Umsatz

Cashflow wird demnach immer dann von Unternehmen oder einem SGF generiert, wenn das Verhältnis von $\frac{INV}{CF} < 1$ ist. Wenn dieses Verhältnis den Wert 1 übersteigt, wird mehr investiert als Cashflow generiert wird. Im Kontext des Lebenszykluskonzepts würden tendenziell in der Einführungs- und Wachstumsphase diese Verhältniswerte über 1, in der Reifephase deutlich unter 1 und in der Sättigungsphase knapp unter 1 liegen.

Diese Zusammenhänge können zum Aufbau eines Koordinatensystems genutzt werden. In diesem werden auf der x-Achse die Investitionsrate und auf der y-Achse die Finanzkraft eingetragen. Für jedes Geschäftsfeld werden anschließend Finanzkraft und Investitionsrate gemessen und als Kreis an entsprechender Stelle eingetragen. Der Kreisumfang repräsentiert die in Umsätzen gemessene Größe des Geschäftsfeldes. Das Koordinatensystem kann in zwei Bereiche aufgeteilt werden. Dazu wird eine 45°-Linie eingetragen. Auf dieser Linie befinden sich diejenigen Kombinationen, die einem Reinvestitionsfaktor von 1 entsprechen. Alle über der Linie eingetragenen Geschäftsfelder weisen Reinvestitionswerte unter 1 auf. In diesen Geschäftsfeldern wird Cashflow generiert. Unterhalb der Linie befinden sich alle Cashflow-verzehrenden Geschäftsfelder.

Für ein Portfolio von Geschäftsfeldern ist der Ausgleich Cashflow-generierender und Cashflow-verzehrender Bereiche anzustreben. Im Beispiel werden für die SGF 4 und 5 nicht mehr akzeptable Reinvestitionsfaktoren mit Werten über 2 unterstellt. Diese Geschäftsfelder wären aus Cashflow-orientierter Sicht zu eliminieren. Der mit dem SGF 3 verbundene Reinvestitionsfaktor ist demgegenüber noch akzeptabel. Zum einen wird der hier zu erwartende Cashflow-Verzehr von den SGF 1 und 2 überkompensiert. Zum anderen wird eine Unternehmung im Hinblick auf die zukünftige Entwicklung nicht nur über Geschäftsfelder aus dem Bereich der Reifephase verfügen. Vielmehr müssen schon heute für die Zukunft neue Geschäftsfelder aufgebaut werden, deren Cashflows zumindest im Zeitraum der Einführungs- oder Wachstumsphase von den notwendigen Investitionen übertroffen wird.

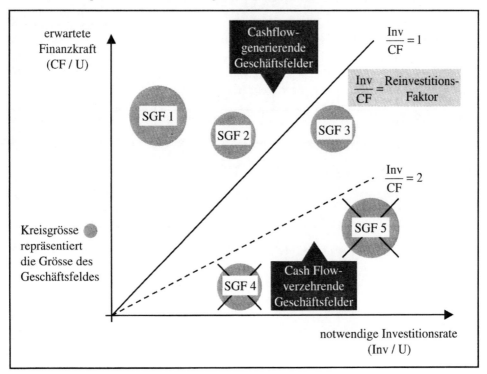

Abb. 6.8: Beispiel zur Cashflow-/Reinvestitions-Analyse

3. Geschäftfeldstrukturanalysen und Eigenkapitalkosten

a) Eigenkapitalkosten im Konzept der strategischen Geschäftsfeldkurve

Das Konzept der strategischen Geschäftsfeldkurve lässt sich auch um die Ausrichtung auf die gesamtunternehmensbezogene Zielgröße Shareholder Value erweitern. Dazu ist auf das **EVA-Konzept** (vgl. *Viertes Kapitel*) zurückzugreifen. Danach wird Shareholder Value immer dann generiert, wenn die Eigenkapitalrentabilität (ROE = Return on Equity) die Eigenkapitalkosten übertrifft.

Um diese gesamtunternehmensbezogene Betrachtungsweise auf die Ebene der Geschäftsfelder herunterbrechen zu können, ist die Zuweisung von Eigenkapital zu den einzelnen Geschäftsfeldern erforderlich. Schon im Zusammenhang mit dem Planungs- und Kontrollprozess wurde auf die verschiedenen Verfahren hingewiesen, die hierbei angewendet werden können.

Das Zuordnungsproblem soll im Folgenden nicht weiter problematisiert werden. Stattdessen soll an dieser Stelle ohne tiefergehende Diskussion der risikopolitischen Effekte die SGF-Kurve mit dem Konzept des Wertmanagements verknüpft werden.

Im Beispiel (vgl. Abb. 6.9 und Abb. 6.10) wird eine beliebige Eigenkapitalverteilung unterstellt. Analog zur traditionellen SGF-Kurve werden auch hier die SGF nach der Höhe der geschäftsfeldspezifischen Rentabilität sortiert und aneinandergereiht. Es zeigt sich, dass lediglich in den SGF 1 und 2 (zusätzlicher) Unternehmenswert generiert werden konnte. Demgegenüber stellen die SGF 3 und 4 sogar Wertvernichter dar.

SGF	ROE	x EK	= G	Soll-ROE	x EK	= EKK	G_{Netto} (=G-EKK)
1	15,0 %	x 300	= 45	10,0 %	x 300	= 30	15
2	11,0 %	x 200	= 22	10,0 %	x 200	= 20	2
3	9,0 %	x 400	= 36	10,0 %	x 400	= 40	- 4
4	- 2,0 %	x 100	= - 2	10,0 %	x 100	= 10	- 12
	10,1 %	x 1.000	= 101	10,0 %	x 1.000	= 100	+ 1

Abb. 6.9: *Geschäftsfeldstruktur-Tabelle unter Einbezug von Eigenkapitalkosten*
(mit: EK = Eigenkapital; EKK = Eigenkapitalkosten; G = Gewinn; ROE = Return on Equity bzw. Eigenkapitalrentabilität; SGF = Strategisches Geschäftsfeld)

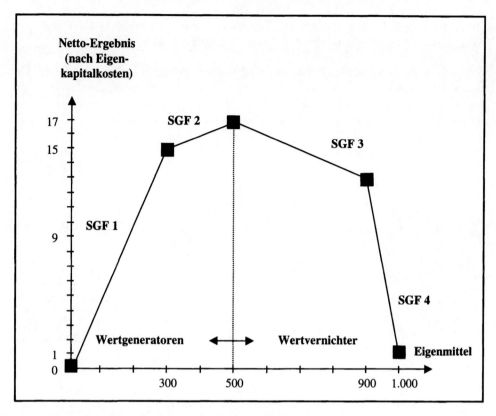

Abb. 6.10: Eigenkapitalkosten im Konzept der SGF-Kurve

b) Marktwertkoeffizientenanalyse

Die Marktwertkoeffizientenanalyse ist prinzipiell eng mit der wertorientierten SGF-Kurve verknüpft. In der Marktwertkoeffizientenanalyse wird ein Koordinatensystem aufgebaut, auf dessen y-Achse die Eigenkapitalrentabilität (EKR) und auf dessen x-Achse die Eigenkapitalkosten (EKK) eingetragen werden. Als **Marktwertkoeffizient** wird hier das Verhältnis von EKR zu EKK bezeichnet.

Wiederum wird auf das EVA-Konzept zurückgegriffen. Solange die Eigenkapitalrentabilität die Eigenkapitalkosten übersteigt, wird Shareholder Value generiert. Deshalb sind alle EKR/EKK-Relationen mit Werten unter 1 nicht akzeptabel. Der Wertebereich von 1 bis 1,5 stellt den Normalbereich dar. Alle darunter liegenden Werte befinden sich in einem überdurchschnittlich attraktiven Bereich, der langfristig kaum aufrecht zu halten sein dürfte.

Aus geschäftsfeldstruktureller Sicht ist ein Portfolio von Geschäftsfeldern anzustreben, dessen gewichteter Schwerpunkt im Bereich oberhalb eines EKR/EKK-Verhältnisses von 1 liegt. Dabei wird ein Unternehmen wohl hinnehmen müssen, dass nicht alle SGF Marktwertkoeffizienten über 1 aufweisen. So ist bspw. gerade in der Einführungsphase neuer Produkte eher mit niedrigen, vielleicht sogar negativen Werten zu rechnen. Entscheidend ist und bleibt aber das Zusammenspiel aller SGF. Abb. 6.11 verdeutlich die Zusammenhänge.

Schon an dieser Stelle ist darauf hinzuweisen, dass die Risikoallokation natürlich für das hier skizzierte Zusammenspiel von großer Bedeutung ist. Die damit einhergehenden Probleme werden aber erst im *Dritten Teil* erörtert.

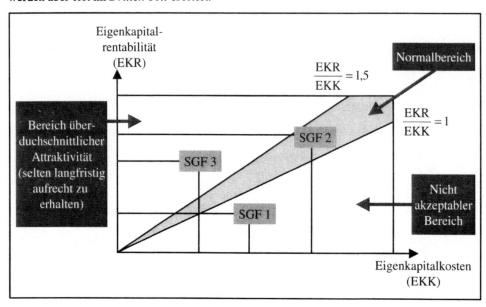

Abb. 6.11: Die Marktwertkoeffizientenanalyse

II. Portfolioanalysen

Die quantitativen Aussagen der Geschäftsfeldstrukturanalysen können – und müssen – durch die eher qualitativ orientierten Portfolioanalysen ergänzt werden. Die **Portfoliotechnik** ist eine in der Unternehmenspraxis weit verbreitete strategische Planungsmethode (vgl. zum folgenden MEFFERT/WEHRLE 1982). Grundlage der Portfoliotechnik ist die Bildung strategischer Geschäftsfelder. In Anlehnung an das Portfolio von Wertpapieren interpretiert die Portfoliotechnik ein Unternehmen als Menge einzelner SGF, die in ihrem Zusammenwirken unter Berücksichtigung dynamischer Aspekte auf ihre Zielwirkung hin analysiert werden.

Sämtliche in der Praxis verwendeten Portfolio-Konzepte zur Planung der Zusammensetzung der strategischen Geschäftsfelder (SGF) eines Unternehmens lassen sich durch vier wesentliche Merkmale charakterisieren:

- Es werden **zwei strategische Haupterfolgsfaktoren** verwendet. Der eine bezieht sich auf Umweltbedingungen und damit auf von Unternehmen nicht oder nur indirekt zu beeinflussende Entwicklungen. Der andere gibt dagegen Erfolgsfaktoren wieder, die in der

speziellen Unternehmenssituation begründet liegen und von Unternehmen insofern auch mehr oder weniger direkt beeinflusst werden können.
- Die einzelnen SGF werden **isoliert** anhand der Haupterfolgsfaktoren bewertet. Die Einordnung der SGF erfolgt gemäß ihrer Bewertung in eine durch die beiden Haupterfolgsfaktoren aufgespannte Portfolio-Matrix.
- Unter Beachtung erfolgs-, finanzwirtschaftlicher und risikopolitischer Aspekte wird ein optimales **Soll-Portfolio** entwickelt.
- Es werden **Basisstrategien** für die einzelnen SGF entsprechend ihrer Position in der Ist-Portfolio-Matrix zur Realisierung des Soll-Portfolios abgeleitet (Abschöpfungs- oder Desinvestitionsstrategien, Wachstums- oder Investitionsstrategien, selektive Strategien).

Die Vorgehensweise aller Varianten der Portfoliotechnik zielt darauf ab, die Chancen und Risiken von SGF durch ein System von Bestimmungsfaktoren zum Ausdruck zu bringen. Gruppiert man diese Bestimmungsfaktoren in zwei Kategorien, so lässt sich unabhängig von ihrer konkreten Ausprägung eine zweidimensionale Matrix aufstellen, in die sich die SGF des Unternehmens einordnen lassen. Eine Achsendimension wird hierbei regelmäßig von solchen Faktoren bestimmt, die weitgehend am Markt orientiert sind und von der Unternehmensleitung nicht bzw. nur indirekt beeinflusst werden können (z. B. Marktwachstum, Ressourcenversorgung, etc.). Die zweite Dimension repräsentiert dagegen in erster Linie vom Unternehmen direkt beeinflussbare Faktoren wie Marktanteile oder Qualifikation der Führungskräfte. Je nach Auswahl der Erfolgsfaktoren lassen sich aus der Positionierung der SGF innerhalb der jeweiligen Portfolio-Matrix strategische Tendenzaussagen ableiten.

Die einzelnen Portfoliovarianten unterscheiden sich im wesentlichen in dem zugrunde gelegten System von Einflussfaktoren. Zu nennen sind hier vor allem

- die Marktanteils-/Marktwachstums-Matrix,
- Geschäftsfeldstärken-/Marktattraktivitäts-Matrix und
- die Kernkompetenz-/Wertschöpfungs-Matrix.

1. Marktanteils-/Marktwachstums-Matrix

Eines der bekanntesten und anschaulichsten Portfolios, das von der Boston Consulting Group entwickelte **Marktanteils-/Marktwachstumsportfolio**, das auch als **Boston-Portfolio** bezeichnet wird, soll beispielhaft kurz umrissen werden. Es basiert wiederum auf dem Erfahrungskurven- und dem Lebenszyklus-Konzept und geht von der Überlegung aus, dass das Wachstum eines Marktes einen Indikator für seine Stellung im Lebenszyklus und daraus abgeleitet für seinen Investitionsbedarf darstellt. Hohe Marktwachstumsraten werden dementsprechend frühen Lebenszyklusphasen und hohem Investitionsbedarf zugeordnet. Der Marktanteil als zweite Determinante gilt als Indikator für die kumulierte Fertigungsmenge und damit verbundene Kostenvorteile im Wettbewerb. Ein hoher relativer Marktanteil ist hier als Indiz für besondere Stärken des Geschäftsfeldes zu werten.

Als wesentliche Erfolgsfaktoren der SGF werden dementsprechend das Marktwachstum und der relative Marktanteil (= eigener Marktanteil im Verhältnis zum Marktanteil des größten Wettbewerbers) gewählt. Die beiden Faktoren werden einander gegenübergestellt. Zudem werden auf jeder Achse grob zwei Bereiche (High und Low) unterschieden. Hieraus ergibt sich die in der in Abb. 6.12 dargestellte Matrix, in der vier Felder voneinander abgegrenzt werden.

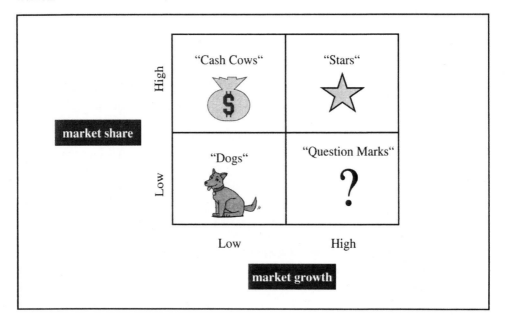

Abb. 6.12: Das Boston-Portfolio-Analyse-Konzept

Die einzelnen SGF eines Unternehmens lassen sich nun anhand der zwei Kriterien bewerten und in die Matrix einordnen. Die Definition der vier Felder lässt dann Rückschlüsse auf Erfolgspotenziale und strategische Erfordernisse zu.

„**Stars**" sind SGF mit überdurchschnittlichem Marktwachstum und dem Potenzial zu dominierender Marktposition bis in die Reifephase. Sie beanspruchen meist sehr große finanzielle Ressourcen und erwirtschaften in der Zeit des starken Wachstums i. d. R. kaum Finanzmittelüberschüsse. Stars bilden die wichtigsten Geschäftsfelder im Hinblick auf die Zukunft und erfordern somit die sofortige Reinvestition der erwirtschafteten Finanzmittel zum Halten des hohen Marktanteils bzw. zur Marktanteilsausweitung. Die Positionierung eines Geschäftsfeldes als Star spricht tendenziell für eine Investitionsstrategie.

„**Cash-Cows**" sind SGF auf kaum noch wachsenden oder gar stagnierenden Märkten, für die sich das Unternehmen jedoch eine gute Marktposition aufbauen konnte. Cash-Cows bedingen im allgemeinen einen deutlich niedrigeren Investitionsbedarf als Stars. Sie liefern allerdings aufgrund der starken Wettbewerbsposition hohe Erfolgsbeiträge, so dass SGF in diesem Matrixfeld meist die Hauptquelle für Gewinn und Liquidität eines Unternehmens darstellen.

„**Question Marks**" verzeichnen nur einen geringen Marktanteil. Sie sind jedoch in einem Markt mit hohen Wachstumsraten positioniert. Sie verursachen aufgrund ihres starken Wachstums einen hohen Finanzmittelbedarf, ohne dass dieser durch Kostenvorteile aufgrund von Erfahrungskurveneffekten kompensiert würde. Eindeutige strategische Empfehlungen sind für diese SGF i. d. R. nicht möglich. Die Unternehmen müssen vielmehr von Fall zu Fall prüfen, ob es möglich ist, die Question Marks durch gezielten Ausbau des Marktanteils in eine Position der Stars zu manövrieren, bevor das Marktwachstum zurückgeht (Investitionsstrategie). Erscheint dies nicht erreichbar, so empfiehlt es sich i. d. R., das betreffende SGF aufzugeben und so den Finanzmittelbedarf zu verringern (Desinvestitionsstrategie).

„**Dogs**" bilden schließlich die SGF, die sowohl durch ein niedriges Marktwachstum als auch durch einen niedrigen relativen Marktanteil gekennzeichnet sind. Sie sind für das Unternehmen tendenziell weniger interessant, da sie einerseits kein großes Marktpotential mehr aufweisen, es andererseits auch nicht gelungen ist, in ihnen besondere strategische Wettbewerbsvorteile zu erarbeiten. Da Dogs außerdem meist nur durch einen unverhältnismäßig hohen Einsatz von Ressourcen in günstigere strategische Positionen zu bringen sind, empfehlen sich für solche SGF tendenziell Desinvestitionsstrategien.

Die enge Verknüpfung mit dem Lebenszykluskonzept wird in Abb. 6.13 dargestellt. Auch im Lebenszykluskonzept werden vier Phasen anhand der unterschiedlichen aktuellen und zukünftigen Wachstumsraten differenziert. In Abb. 6.13 wird die Einführungsphase dem Bereich der Question Marks zugewiesen. Stars entsprechen der Wachstums, Cash-Cows der Reife- und Dogs der Sättigungsphase. Damit verbunden sind die in den einzelnen Phasen zu erwartenden und zuvor bereits erörterten Cashflowentwicklungen.

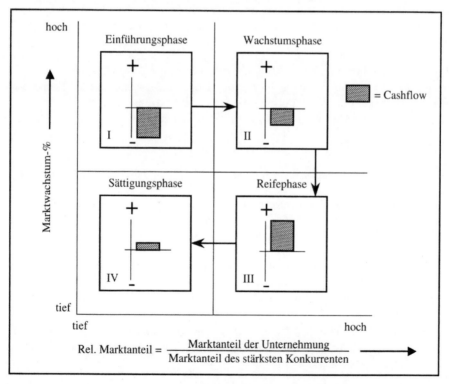

Abb. 6.13: Verknüpfung von Lebenzykluskonzept und Boston-Portfolio

In Umsetzung der Hypothesen des Erfahrungskurven- und des Lebenszykluskonzeptes zielt das Marktwachstums-/Marktanteilportfolio auf die Sicherung einer strategischen Ausgewogenheit des Portfolios ab. Diese Ausgewogenheit gilt immer dann als gewährleistet, wenn zum einen die gegenwärtige und die zukünftige Ertragskraft des Unternehmens sichergestellt ist. Zum anderen sollte durch eine gleichgewichtige Mischung von finanzmittelfreisetzenden und finanzmittelverbrauchenden SGF zum einen das finanzielle Gleichgewicht des Unternehmens dauerhaft gewährleistet werden können. Zum anderen muss das Portfolio aber auch so gestaltet werden, dass im Zusammenspiel aller Geschäftsfelder der Unternehmenswert mindestens gesichert, besser jedoch weiter erhöht werden kann.

Entsprechend sollte das Geschäftsfeldportfolio eines Unternehmens verschiedene Kriterien erfüllen:

- Das Portfolio sollte einen genügend großen Anteil an Produkten im „Cash-Cow"-Quadranten aufweisen. Denn die hier erwirtschafteten Finanzierungsüberschüsse werden zur Finanzierung der „Stars" benötigt.
- Es ist eine ausreichende Menge von SGF in „Star"-Positionen als Grundlage für das Zukunftsgeschäft erforderlich. Denn wenn in der Zukunft Geschäftsfelder in die Sättigungsphase rutschen, brechen die damit verbundenen Cashflow-Überschüsse weg. Diese müssen durch neue Geschäftsfelder, die in den Bereich der Cash-Cows wechseln, kompensiert werden können.
- Zudem sollte ein Unternehmen möglichst wenige SGF in der „Dog"-Position haben, da diese i. d. R. nur einen Hemmschuh für die strategische Gesamtposition des Unternehmens bedeuten.

Signalisiert die Verteilung der SGF Unausgewogenheiten in der Geschäftsstruktur eines Unternehmens, so bildet diese Erkenntnis Stimulanz und Ausgangspunkt für die Suche nach Strategien zur Herbeiführung einer größeren Ausgewogenheit, wobei die in der Matrix aufgezeigten Positionen bereits wesentliche Hinweise auf zu ergreifende Strategien liefern (vgl. Abb. 6.12).

2. Konzeption eines Geschäftsfeldstärken-/Marktattraktivitäts-Portfolios

Als zweites bedeutendes Portfolio-Konzept wird im Folgenden das von der Unternehmensberatungsgesellschaft MCKINSEY & CO. entwickelte **Marktattraktivitäts-/Wettbewerbsstärkenportfolio** vorgestellt. Es lässt sich durch folgende Besonderheiten beschreiben:

- Als Haupterfolgsfaktoren werden Marktattraktivität und Wettbewerbs- bzw. Geschäftsfeldstärke verwendet.
- Diese beiden Haupterfolgsfaktoren werden in eine Vielzahl einzeln zu bewertender Teilfaktoren disaggregiert.
- Anschließend erfolgt die Reaggregation der Einzelbewertung zu einem Gesamturteil mit Hilfe eines Scoring-Modells. Dabei werden explizit unterschiedliche Gewichte für die einzelnen Teilfaktoren berücksichtigt.

- Es wird eine 9-Felder-Matrix mit einer Differenzierung der Merkmalsausprägung der beiden Haupterfolgsfaktoren in jeweils drei Klassen (z. B. niedrig, mittel, hoch) verwendet.

Um die einzelnen SGF nach ihrer Marktattraktivität und Wettbewerbsstärke zu positionieren, ist in einem **ersten Schritt** zunächst ein Kriterienkatalog zu entwickeln, der qualitative und quantitative Elemente enthält.

Abb. 6.14 und Abb. 6.15 zeigen einen Vorschlag für die Aufspaltung des Faktors **Marktattraktivität** in fünf Hauptfaktoren, die sich in verschiedene Teilfaktoren weiter aufgliedern lassen. Zur zusammenfassenden Beurteilung müssen diese Teilfaktoren über eine geeignete Gewichtung wieder zusammengefasst werden. Die dabei verwendeten Gewichtungsfaktoren können je nach Einflussintensität auf den Haupterfolgsfaktor unterschiedlich gewichtet werden.

	Bewertungsfaktoren	Interpretation
Markt	- Marktvolumen - Nicht ausgeschöpftes Marktpotential - Marktwachstum/ Entwicklungsdynamik - Konjunkturstabilität - Staatliches Eingriffspotential - Stellung im Markt-Lebenszyklus - Spielraum für die Preispolitik - Wettbewerbsintensität - Eintrittsbarrieren für neue Anbieter - u. a. m.	z. B. Gesamtumsatz der Branche z. B. potentielles zusätzliches Geschäftsvolumen aufgrund mangelnder Marktbearbeitung Jährliche Veränderungsrate des Marktvolumens/Marktpotentials z. B. Veränderung des Deckungsbeitrags im Wirtschaftszyklus Wie stark ist die Beziehung zum SGF politischen Einflüssen ausgesetzt?
Kunden	- Anzahl und Struktur der Potentiellen Abnehmer - Demoskopische Entwicklung - Werte, Einstellungen - Wertwandel Verhaltensstabilität - Anforderungen an Distribution und Service	z. B. Alters-, Grössenklassen- und Branchenverteilung innerhalb der Kundengruppe z. B. Veränderungsrate der Anzahl potentieller Abnehmer Inwieweit ist das Verhalten der Kundengruppe von spezifischen Wertmassstäben geprägt? Stabilität der verhaltensrelevanten Wertmassstäbe z. B. Stabilität relevanter Verbrauchergewohnheiten

Abb. 6.14: Faktoren der Marktattraktivität (Teil 1)

	Bewertungsfaktoren	Interpretation
Ertrag	- Margenattraktivität - Zukünftige Ertragsstabilität - Kostenelastizitäten - Notwendigkeit hoher Vorlaufinvestitionen	Welche (Umsatz-) Margen sind potentiell zu erwirtschaften (in % des Ø-Standes)? Wie sind die Perspektiven der Margenentwicklung einzuschätzen? Wie ist die zukünftige geschäftsfeldspezifische Kostenentwicklung einzuschätzen? Wie stark muss in ein SGF vor Erreichen des Break-Even-Punktes investiert werden?
Ressourcen	- Verfügbarkeit geeigneten Personals - Verfügbarkeit einer organisationstechnischen Infrastruktur - Schutzfähigkeit des technischen Know How - Sicherheit der Energie- und Rohstoffversorgung	In welchem Masse ist ausreichend qualifiziertes Personal am Markt verfügbar? Inwieweit existieren EDV-Lösungen zur Bewältigung geschäftsspezifischer Problemstellungen?
Synergiepotential	- Image - Know How - Kosten	Wie sehr ist es dem Image des Unternehmens dienlich, im jeweiligen SGF vertreten zu sein? Lässt sich spezifisches Know How eines SGF auch in anderen Bereichen anwenden? z. B. inwieweit ist es möglich, Resourcen für mehrere SGF zu nutzen?

Abb. 6.15: Faktoren der Marktattraktivität (Teil 2)

Analog dazu ist der Aufbau des Bewertungsschemas für den zweiten Faktor **Wettbewerbs-** bzw. **Geschäftsfeldstärke** vorzunehmen (vgl. Abb. 6.15). Zu beachten ist, dass die Interpretation und Beurteilung der einzelnen Teilfaktoren jeweils in Relation zum stärksten Konkurrenten vorzunehmen ist. Welcher Konkurrent dabei den Hauptkonkurrenten darstellt, hängt maßgeblich von der Definition des relevanten Marktes ab. Die Bewertung kann auch hier durch Zuordnung von entsprechenden Urteilskategorien erfolgen.

	Bewertungsfaktoren
Marktposition	- Marktanteil und seine Entwicklung - Grösse des Geschäftsfeldes - Wachstumsrate der Unternehmung - Rentabilität (Deckungsbeitrag, Umsatzrendite und Kapitalumschlag) - Grad der Etablierung im Markt - kompetitive Konkurrenzvorteile im Markt - u. a. m.
Produktionsposition	- Kostenvorteile aufgrund der Modernität des Produktionsprozesses, der Kapazitätsausnutzung, der Produktionsbedingungen, der Grösse der Produktionseinheiten, usw. - Innovationsfähigkeit und technisches Know How der Unternehmung - Lizenzbeziehungen - Anpassungsfähigkeit der Anlagen an wechselnde Marktbedingungen - Standortvorteile - Steigerungspotential der Produktivität - Umweltfreundlichkeit der Produktionsprozesse - u. a. m.
Forschungs- und Entwicklungskraft	- Anteil der F+E-Aufwendungen - Grad der Produktinnovation - Erfolgsquote bei Produktinnovationen - Innovationskontinuität - u. a. m.
Qualifikation der Führungskräfte und Mitarbeiter	- Professionalität, Motivation und Flexibilität der Kader - Innovationsklima - Qualität der Führungssysteme - u. a. m.

Abb. 6.16: Faktoren der Wettbewerbs- bzw. Geschäftsfeldstärke

In einem **zweiten Schritt** erfolgt die konkrete Bewertung der einzelnen Erfolgsfaktoren, wobei diese getrennt für jedes strategische Geschäftsfeld vorgenommen wird. Dazu werden verschiedene Noten, z. B. aus einer Skala von 0 bis 3, vergeben. Daran anschließend werden die entsprechenden Punktwerte für die Marktattraktivität und die Geschäftsfeldstärke berechnet.

Schließlich erfolgt in einem **dritten Schritt** die graphische Positionierung in der Portfolio-Matrix, die gleichzeitig eine Zuordnung der einzelnen SGF zu den drei Gruppen von Basisstrategien ermöglicht.

Die in Abb. 6.17 skizzierte Matrix wurde, wie oben erwähnt, in neun Felder aufgeteilt. Die Felder 2, 3 und 6 befinden sich im Bereich der Wachstums- und Investitionsstrategien. Demgegenüber sind für die Felder 1, 5 und 9 selektive Strategien heranzuziehen. Schließlich entsprechen die Felder 4, 7 und 8 dem Bereich der Abschöpfungs- oder Desinvestitionsstrategien. Abb. 6.17 zeigt das Grundmuster des MCKINSEY-Portfolio-Konzeptes (vgl. TANEW-ILLITSCHEW 1982).

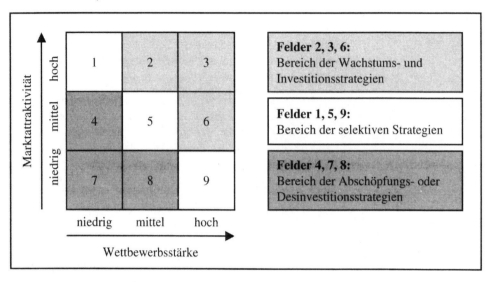

Abb. 6.17: Die McKinsey-Portfolio-Analyse

3. Kernkompetenz-/Wertschöpfungs-Matrix

Die zuvor dargestellten Portfoliomethoden lassen sich auf vielfältige Art und Weise differenzieren. Dazu müssen lediglich neue Kombinationen von Haupterfolgsfaktoren sinnvoll miteinander kombiniert werden.

Vor dem Hintergrund des Wertmanagements bietet es sich diesbezüglich an, eine für das Wertmanagement zentrale Zielgröße auszuwählen. Im EVA-Konzept (vgl. *Viertes Kapitel*) wurde hierzu festgestellt, dass Shareholder Value immer dann erzeugt wird, wenn die Ist-Eigenkapitalrentabilität bzw. ROE die Eigenkapitalkosten (EKK) übersteigt. Sofern sich das Problem der Zuordnung von Eigenkapital zu den einzelnen Geschäftsfeldern lösen lässt, kann dieses Prinzip auf die Analyse der Geschäftsfelder übertragen werden. Allerdings ist gerade dieses Zuordnungsproblem heikel. Für einen Konzern, in dem eigenständige Tochtergesellschaften den SGF entsprechen, ist die Eigenkapitalzuordnung klar. Innerhalb eines einzigen Unternehmens müssen deshalb geeignete Zuordnungsverfahren entwickelt werden (vgl. hierzu *Siebtes* und *Achtes Kapitel*). Der Faktor **Wertschöpfung** wird demnach durch das Verhältnis von ROE zu EKK determiniert.

Als zweiter Haupterfolgsfaktor werden an dieser Stelle die in einer Unternehmung vorhandenen **Kernkompetenzen** beurteilt. Schon im Zusammenhang mit der Ressourcenanalyse wurde aufgezeigt, wie ein Unternehmen das vorhandene Know-how beurteilen kann (vgl. *Abschnitt B. dieses Kapitels*). Die Kernkompetenzen werden dabei im Vergleich zur Konkurrenz und zu den allgemeinen Marktanforderungen beurteilt.

Aus der Verknüpfung beider Faktoren entsteht eine Vier-Felder Matrix. Klar ist, dass jedes Unternehmen daran interessiert sein sollt, möglichst viele Shareholder Value generierende Geschäftsfelder aufweisen zu können, in denen das Unternehmen zudem dauerhaft gegenüber der Konkurrenz höhere Kernkompetenzen aufweisen kann. Dieser, als **"Bread and Butter"** bezeichnete Bereich stellt das optimale Zielfeld dar.

Problematisch sind die **"Spielwiesen"**. Hier ist zwar eine hohe Kernkompetenz vorhanden. Es wird jedoch Shareholder Value vernichtet. Ein Argument für die Aufrechterhaltung solcher Bereiche könnte sein, dass hier dem Kunden unbedingt zur Vervollständigung des Sortiments bestimmte Leistungen angeboten werden müssen.

Noch kritischer sind diejenigen Geschäftsfelder zu sehen, die mit Wertvernichtung bei niedrigen Kernkompetenzen verbunden sind. Diese Felder werden als **"Me too"** bezeichnet. Sie sind häufig dann anzutreffen, wenn ein Unternehmen lediglich die Konkurrenz nachzuahmen versucht, ohne dabei eigene Wettbewerbsvorteile generieren zu können.

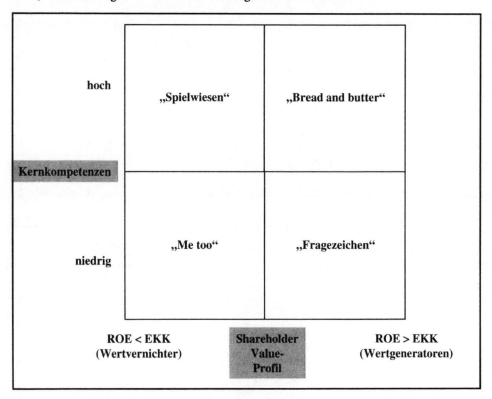

Abb. 6.18: Kernkompetenz-/Wertschöpfungs-Matrix

Die interessantesten Geschäftsfelder sind die mit einem **"Fragezeichen"** versehenen Bereiche. Bei hoher Wertgenerierung ist zu überlegen, wie die Kernkompetenzen weiter ausgebaut werden können, um auch in der Zukunft in diesem Marktbereich bestehen zu können. Gelingt dies nicht, wäre zu überlegen, ob man diesen Geschäftsbereich zu einem günstigen Marktpreis verkaufen sollte. Die Verknüpfung dieser beiden Faktoren führt zu der in Abb. 6.18 skizzierten Kernkompetenz-/Wertschöpfungs-Matrix, in der die vier zuvor genannten Felder differenziert werden.

Zusammenfassend lässt sich feststellen, dass **kritische Punkte** der Portfolio-Konzeption in der hier beschriebenen Form in der

- Auswahl,
- Gewichtung und
- Bewertung der Erfolgsfaktoren sowie in ihrer
- für die Ableitung von Basisstrategien notwendigen Verknüpfung über die zwei betrachteten Dimensionen

zu sehen sind.

Darüber hinaus besteht in der Anwendung eines solchen Modells generell die Gefahr einer zu unkritischen und schematischen Anwendung bzw. die Gefahr der Mechanisierung strategischen Denkens.

Vorzüge der Portfolio-Konzeption sind allerdings darin zu sehen, dass solche Analysen

- die ganzheitliche Unternehmensanalyse fördern,
- sich auf das strategisch Wesentliche konzentrieren,
- zu einer starken Komplexitätsreduktion führen,
- die sehr kommunikationsfreundliche Matrixdarstellung pflegen und
- nur geringe Prognoseanforderungen stellen.

Pro und Contra zu den Portfolio-Methoden werden abschließend in Abb. 6.19 gegenübergestellt.

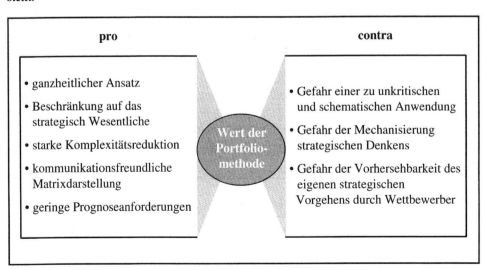

Abb. 6.19: Zusammenfassende Beurteilung der Portfoliomethoden

Dritter Teil

Value Controlling:
Stellschraube Risiko

Einführung

Im *Ersten Teil* wurde die Konfiguration des Value Controllings erörtert. Vor dem Hintergrund der Stellschrauben Rentabilität und Risiko wurden drei Thesen zur Konzeption des Value Controllings aufgestellt. Gemäß *These 1* führt bei gegebenem Risiko die Maximierung der Eigenkapitalrentabilität zu einer Maximierung des Unternehmenswertes. Vor diesem Hintergrund wurden im *Zweiten Teil* die mit der Stellschraube Rentabilität verbundenen Instrumente und Verfahren zur Optimierung des Unternehmenswertes vorgestellt.

Gemäß der *These 2* führt bei gleichbleibender Eigenkapitalrentabilität die Minimierung des Risikos zu einer Maximierung des Unternehmenswertes. Diese zweite These ist als theoretisches Gegenstück zur ersten These zu verstehen. Das noch zu erörternde Risiko-Rendite-Paradoxon wird zeigen, dass auch die mit der zweiten These formulierte Zielsetzung praktische Relevanz besitzt. Sowohl die erste als auch die zweite These werden aber letztlich dominiert von der umfassenderen *These 3*. Danach kann nur durch die gleichzeitige Optimierung von Rentabilität und Risiko eine wirkliche Maximierung des Unternehmenswertes erreicht werden.

Im Kern der Auseinandersetzung mit den Thesen 2 und 3 steht somit die **Stellschraube Risiko**. Die damit verbundenen Controlling-Elemente werden in diesem *Dritten Teil* behandelt. Dazu wird im *Siebten Kapitel* zunächst die Konzeption eines integrierten Risiko-Controllings vorgestellt. Anschließend wird das Controlling ausgewählter Risikodimensionen im *Achten Kapitel* vorgestellt. Hierauf aufbauend werden im *Neunten Kapitel* die Verfahren einer risikoadjustierten Kapitalallokation diskutiert.

Siebtes Kapitel: Konzeption eines integrierten Risiko-Controllings

Mit der Konzeption eines integrierten Risiko-Controllings werden die Rahmenbedingungen der risikopolitischen Auseinandersetzungen fixiert. Dazu wird in einem ersten Schritt das Risiko-Controlling in den Kontext des Wertmanagements integriert. Danach werden die Prozessstufen des Risiko-Controllings analysiert. Abschließend werden grundlegende Elemente der Risikoorganisation dargestellt.

A. Risiko-Controlling im Kontext des Wertmanagements

I. Begriff und Wesen des Risikos

1. Risikodefinition

Das Wort Risiko ist italienischer Abstammung. Übersetzt bedeutet es „Verlustmöglichkeit bei einer unsicheren Unternehmung". Der Risikobegriff wurde in Theorie und Praxis auf unterschiedlichste Weise zu konkretisieren versucht. Zwischenzeitlich sind dabei unterschiedliche Risikoauffassungen entstanden. Auf eine tiefergehende Diskussion der unterschiedlichen Risikoauffassungen wird an dieser Stelle verzichtet (vgl. hierzu STREITFERDT 1973).

Die **Ursachen** für das Eingehen von Risiken liegen in einem unzureichenden Informationsstand des Entscheidungsträgers begründet. Einerseits sind die zukünftigen Entwicklungen grundsätzlich ungewiss. Andererseits können Informationen falsch ausgewertet werden.

Die **Auswirkungen** des Eingehens von Risiken bestehen darin, dass das Ergebnis einer Entscheidung unsicher ist. Der Entscheidungsträger wird zwar üblicherweise mit einem bestimmten Ergebnis rechnen. Er muss sich gleichzeitig darüber im Klaren sein, dass in einer unvollkommenen Welt Abweichungen von diesem erwarteten Ergebnis möglich sind.

Die Zusammenfassung dieser knappen Betrachtung der Zusammenhänge von Ursache und Wirkung führt zu folgender **Risikodefinition** (vgl. BRAKENSIEK 1991; HÖLSCHER 1987; LISTER 1997; MÜLHAUPT 1980):

> Risiko ist definiert als die Gefahr einer negativen Abweichung des tatsächlich erreichten Ergebniswertes vom erwarteten Ergebniswert.

Mit dem Begriff des Ergebniswertes werden nicht nur die erwarteten Aufwendungen und Erträge, sondern auch alle anderen Faktoren des betrieblichen Geschehens erfasst. So besteht bspw. das Kundenzufriedenheitsrisiko darin, dass der gemessene Wert der Kundenzufriedenheit nicht wie geplant erreicht wird. Als weiteres Beispiel für die Allgemeingültigkeit dieser Risikodefinition können Rechtsrisiken herangezogen werden. Ein Unternehmer rechnet z. B. damit, dass die Gesetze zur Produkthaftung nicht angepasst werden. Dann besteht sein Risiko darin, dass der Gesetzgeber eben doch neue Vorschriften und Gesetze zur Produkthaftung erlässt.

2. Risikoverständnis

Auch wenn das Risiko allgemeingültig definiert werden kann, bleibt der Umgang mit dem Risiko **problematisch**. Dies wird in zahlreichen risikotheoretischen Untersuchungen eindrucksvoll demonstriert (für eine ausführliche Diskussion der nachfolgend dargestellten Experimente vgl. SPREMANN 1992). In der bereits 1944 von OSKAR MORGENSTERN und JOHN VON NEUMANN (vgl. MORGENSTERN 1979)begründeten **Theorie des Erwartungsnutzens** werden Normen für das Entscheidungsverhalten bei Unsicherheiten aufgestellt. Von zwei Investitionen mit gleichem Erwartungswert ist diejenige Investition zu wählen, die das geringere Risiko aufweist. Ferner ist von zwei Investitionen mit gleichem Risiko diejenige mit höherem Erwartungswert zu bevorzugen.

Zur Demonstration der mit dieser Theorie verbundenen Problematik wurde 1952 von MAURICE ALLAIS (vgl. ALLAIS 1979; THIEBEN 1993) das sogenannte **Allais-Paradoxon** vorgestellt. ALLAIS stellte Versuchspersonen zweimal vor die Wahl zwischen risikobehafteten Alternativen. Dabei wurde festgestellt, dass die Personen sich nicht gemäß der Theorie des Erwartungsnutzens verhalten.

Ein Beispiel demonstriert das beobachtete Fehlverhalten. Einer Person werden zwei Entscheidungsalternativen genannt: Entweder wird Alternative 1 gewählt. Dann erhält man mit einer Wahrscheinlichkeit von 89 % nichts, ansonsten 1.000. GE. Oder man wählt Alternative 2. Dann erhält man mit einer Wahrscheinlichkeit von 90 % nichts, ansonsten 10.000 GE. Empirische Untersuchungen bestätigen, dass mehr als die Hälfte aller Befragten die zweite der ersten Alternative vorziehen würden. Dieses Verhalten entspricht der Theorie des Erwartungsnutzens. Danach beträgt der wahrscheinlichkeitsgewichtete Erwartungswert bei der ersten Alternative 110 GE (= 89 % · 0 GE + 11 % · 1.000 GE) und bei der zweiten Alternative 1.000 GE (= 90 % · 0 GE + 10 % · 10.000 GE). Die Alternative zwei dominiert also Alternative 1 auch aus theoretischer Sicht.

Der gleiche Kreis von Versuchspersonen wird unmittelbar danach vor ein zweites Entscheidungsproblem gestellt: Entweder bekommt man bei Auswahl der ersten Alternative sicher 1.000 GE. Oder man erhält mit einer Wahrscheinlichkeit von 1 % nichts, mit 89 % Wahrscheinlichkeit 1.000 GE und mit 10 % Wahrscheinlichkeit sogar 10.000 GE. Die Empirie zeigt, dass die Mehrheit Alternative 1 präferiert. Demgegenüber würde die Theorie des Erwartungsnutzens die Alternative 2 mit einem Erwartungswert von 1.890 GE (= 1 % · 0 GE + 89 % · 1.000 GE + 10 % · 10.000 Mio. GE) über Alternative 1 mit einem Erwartungswert von 1.000 GE (= 100 % · 1.000 GE) stellen. Das tatsächlich beobachtbare Entscheidungsverhalten lässt sich demnach mit der Theorie des Erwartungsnutzens nicht erklären.

Während das Verhalten der Versuchspersonen bei der ersten Entscheidungssituation der Theorie des Erwartungsnutzens entsprach, konnte mit dieser Theorie das Entscheidungsverhalten in der zweiten Situation nicht erklärt werden. Damit steht das tatsächlich beobachtete Entscheidungsverhalten im Widerspruch zur Theorie.

Vor dem Hintergrund des Allais-Paradoxons wurden weitere Experimente zur Integration psychologischer und entscheidungstheoretischer Aspekte durchgeführt. AMOS TVERSKY entwickelte die **Theorie der Präferenz-Umkehr**. Dieses Prinzip kann am Beispiel zweier Finanzinvestitionen eindrucksvoll demonstriert werden. Ein Investor soll zwischen den Anlagen low und high wählen. Beide Anlageformen weisen ein marktgerechtes Verhältnis von Erträgen zu Risiken auf. Allerdings ist die Anlage low mit einem geringeren Risiko bei gleichzeitig geringerer Renditeerwartung und die Anlage high mit einem höheren Risiko bei gleichzeitig höherer Renditeerwartung verbunden. Den Versuchspersonen werden jetzt zwei unterschiedliche Fragen gestellt.

Zunächst wird gefragt, ob die Versuchspersonen die mit einer marktgerecht höheren Rendite verbundene risikoreichere Anlage high oder die mit einer marktgerecht niedrigeren Rendite verbundene risikoärmere Anlageform low präferieren. Diese Frage verlangt eine qualitative Bewertung der Investitionen. Die meisten der befragten Versuchspersonen entscheiden sich bei dieser qualitativen Bewertung für die risikoärmere Investitionsform low.

Mit der zweiten Fragestellung wird gefragt, wie viel die Versuchspersonen für das risikoreichere Papier high zu zahlen bereit wären, wenn der Kurs des risikoärmeren Papiers 100 GE beträgt. Diese zweite Fragestellung verlangt eine quantitative Beurteilung der Investitionen. Bei dieser quantitativen Bewertung stellt sich heraus, dass die meisten Versuchspersonen bereit wären, für das risikoreichere Papier high einen teilweise deutlich über dem aktuellen Marktkurs liegenden Preis zu bezahlen. Wenn der Marktkurs des risikoreicheren Papiers high jedoch unter dem Preis liegt, den die Versuchspersonen für dieses Papier zu zahlen bereit sind, so hätten sie eigentlich in der ersten Fragestellung das risikoreichere Papier vorziehen müssen.

Dieses von AMOS/TVERSKY entdeckte Phänomen bestätigt, dass die Versuchspersonen Schwierigkeiten haben, zwischen qualitativen und quantitativen Skalen rational zu differenzieren. Offensichtlich stellt die Verknüpfung zweier unterschiedlicher Skalen die Entscheidungsträger vor große Probleme. Dies ist gerade in der betrieblichen Praxis immer dann der Fall, wenn eine (qualitative) Risikoskala mit einer (quantitativen) Ergebnisskala verknüpft werden soll.

Vor allem die **Metrisierung des Risikos** stellt ein großes Problem dar. Mithilfe des *Wason-Tests* wird untersucht, wie Versuchspersonen in der Lage sind, mit Wahrscheinlichkeiten als Determinanten des Risikos umzugehen. Den Probanden wird dabei folgender Sachverhalt erklärt: Hinsichtlich einer Virusinfektion steht in der Bevölkerung 999 gesunden Personen ein Infizierter gegenüber. Ein medizinischer Test wird den Infizierten mit Sicherheit erkennen. Dummerweise zeigt der medizinische Test allerdings in 5 % aller Fälle eine Infektion an, obwohl die untersuchte Person gesund ist.

Bei einer untersuchten Person diagnostiziert der medizinische Test eine Infektion. Die befragten Personen sollen jetzt erklären, mit welcher Wahrscheinlichkeit die untersuchte Person tatsächlich infiziert ist. Die häufigste Antwort auf diese Frage ist 95 %. Diese Antwort ist falsch. Denn bei 1000 untersuchten Personen zeigt der Test einmal richtigerweise und 50-mal fälschlicherweise eine Infektionen an. Nur diese 51 Fälle mit positivem Testergebnis sind für die Wahrscheinlichkeitsaussage relevant. In dieser Gruppe von 51 Personen mit positivem Testergebnis ist eine Person enthalten, die tatsächlich erkrankt ist. Das bedeutet, dass mit einer Wahrscheinlichkeit von 1,96 % (= 1 / 51) bei einem positivem Testergebnis die untersuchte Person tatsächlich erkrankt ist. Auch der Wason-Test zeigt also, dass es Menschen offensichtlich schwer fällt, mit Wahrscheinlichkeiten richtig umzugehen.

In der Praxis zu beobachtende Anomalien zeigen ebenfalls ein aus rationaler Sicht fehlerhaftes Risikoverhalten auf. So hat WILLIAM T. ZIEMBA über 50.000 Pferderennen und -wetten analysiert und dabei den sogenannten **„favorite-longshot-bias"** beobachtet. ZIEMBA untersuchte die Wetteinsätze und Rennergebnisse, indem er Favoriten und Außenseitern trennte. Für die Favoriten konnte er reale Gewinnwahrscheinlichkeiten von 75 %, für Außenseiter von 0,1 % feststellen. Aus den Wetteinsätzen konnte ZIEMBA implizite, von den wettenden Personen unterstellte Gewinnwahrscheinlichkeiten von lediglich 70 % für die Favoriten, aber immerhin 1 % für die Außenseiter ableiten. Die Gewinnwahrscheinlichkeiten der Favoriten wurden demnach unterschätzt, die Gewinnwahrscheinlichkeiten der Außenseiter überschätzt. Als Erklärungsansätze für dieses Wettverhalten werden der spielerische Reiz, die Überschätzung der eigenen Fähigkeiten, Geheimtipps zu entdecken, sowie die fehlenden Abitrageure herangezogen (vgl. SPREMANN 1992).

Diese Paradoxien und Anomalien zeigen, dass der Umgang mit dem Risiko nicht unproblematisch ist. Es stellt sich immer die Frage, wie man das Risiko messen und beurteilen kann, wie man mit dem Risiko richtig umgeht bzw. wie man risikopolitisch richtige Entscheidungen trifft.

Unabhängig von der richtigen Interpretation des Risikos haben gerade die Entwicklungen der vergangenen Jahre deutlich gemacht, dass eine bewusste Auseinandersetzung mit dem Risiko für den unternehmerischen Erfolg zwingend erforderlich ist. Spektakuläre Unternehmenskrisen und -zusammenbrüche haben sogar die Gesetzgeber gezwungen, diesen Entwicklungen durch den Erlass neuer Gesetze, wie bspw. in Deutschland durch das Gesetz zur **Kontrolle und Transparenz im Unternehmensbereich (KonTraG)**, Rechnung zu tragen. Gerade das KonTraG hat zu verschärften Anforderungen im Hinblick auf das Risiko-Controlling der Unternehmen geführt (vgl. EMMERICH 1999).

Vor diesem Hintergrund wird in den folgenden Abschnitten versucht, alle risikopolitischen Aspekte des unternehmerischen Geschehens zu erfassen, diese in einen Gesamtzusammenhang zu stellen und Instrumente, Modelle und Verfahren zu erörtern, die den Umgang mit dem Risiko im unternehmerischen Alltag vereinfachen und eine integrierte Risiko-Renditesteuerung ermöglichen.

II. Risikowirkungen

Völlig unabhängig von der jeweiligen Risikokategorie, also auch unabhängig davon, ob es sich um qualitative oder quantitative Risiken handelt, lassen sich hinsichtlich des Eingehens und des Schlagend werdens von Risiken aus Sicht der Eigenkapitalgeber drei unterschiedliche Risikowirkungen voneinander abgrenzen:

- Durch das (zusätzliche) Eingehen von Risiken erhöhen sich die **Eigenkapitalkosten** einer Unternehmung. Die Renditeforderung der (Eigen-)Kapitalgeber nimmt zu.

- Unabhängig von der Höhe der eingegangenen Risiken führen schlagend gewordene Risiken zu Verlusten bzw. zu niedrigeren Gewinnen und damit auch zu einer sinkenden **Ist-Eigenkapitalrentabilität**. Im Extremfall besteht bei schlagend werdenden Risiken sogar die Gefahr des Untergangs der Unternehmung.
- Die aus der Übernahme von zusätzlichen Risiken resultierende Erhöhung der Eigenkapitalkosten oder der mit dem Schlagend werden von Risiken verbundene Gewinnrückgang können dazu führen, dass die zunehmenden Eigenkapitalkosten die sinkenden Gewinne übersteigen. Dann sinkt der **Marktwert des Eigenkapitals**.

Natürlich sind von den hier angesprochenen Effekten auch die Fremdkapitalgeber betroffen. Im Fokus des Wertmanagements steht allerdings nicht der Fremd- sondern der Eigenkapitalgeber. Trotzdem sind stets auch die das Fremdkapital betreffenden Wirkungen zu beachten. So führt eine Risikozunahme aufgrund steigender Risikoprämien tendenziell auch zu höheren Fremdkapitalkosten. Diese wiederum belasten das den Eigenkapitalgebern zustehende Ergebnis.

1. Risikospezifische Erhöhung der Eigenkapitalkosten

Nicht nur das Schlagend werden von Risiken ist mit für die Unternehmung negativen Wirkungen verbunden. Schon aus der Übernahme höherer Risiken resultieren negative Effekte. Wenn die Übernahme höherer Risiken von den aktuellen oder zukünftigen Anteilseignern erkannt wird, verlangen die Investoren eine höhere Risikoprämie. Die Eigenkapitalkosten steigen.

Der theoretische Zusammenhang zwischen Risiko und Renditeerwartung wird in Abb. 7.1 skizziert. Für eine risikofreie Investition können die Investoren nur eine Rendite in Höhe des risikofreien Zinses erwarten. Wenn eine Unternehmung nunmehr höhere Risiken eingeht, wird das von ihr zukünftig generierte bzw. zu generierende Ergebnis stärkeren Schwankungen ausgesetzt. Damit verbunden wird auch die von den Investoren zu erwartende Performance stärker schwanken. Schwankt der Unternehmenserfolg stärker, so wird auch die Performance der Investoren volatiler. Deshalb macht die Übernahme zusätzlicher Risiken aus Investorensicht nur dann Sinn, wenn diese eine Rendite erwarten können, die die gestiegene Renditeforderung mindestens erreicht, besser noch übersteigt.

Dieser in der **Entscheidungstheorie** in Verbindung mit dem **Erwartungswert-/Varianz-Kriterium** untersuchte Zusammenhang lässt sich grafisch mithilfe eines Koordinatensystems darstellen. Dazu werden auf der x-Achse das Risiko und auf der y-Achse die Renditeforderungen eingetragen. Im Modell des Erwartungswert-/Varianz-Kriteriums wird aufgrund der getroffenen Annahmen auf eine Differenzierung von Renditeforderung und -erwartung verzichtet, so dass beide Begriffe im Folgenden synonym verwendet werden können. Das Risiko wird im Beispiel mithilfe der Standardabweichung gemessen. Die eingetragene Funktionslinie des Renditeerwartungswertes in Abhängigkeit vom Risiko verläuft positiv steigend. Das zunehmende unternehmerische Risiko führt zu einem steigenden Performancerisiko der Investoren. Letzteres ist in einer rein statistischen Betrachtung verbunden mit einer höheren Standardabweichung. Die Standardabweichung erklärt, dass die Investoren mit einer bestimmten

Wahrscheinlichkeit damit rechnen müssen, dass das von ihnen erwartete Ergebnis um den Standardabweichungswert nach oben oder nach unten schwanken kann.

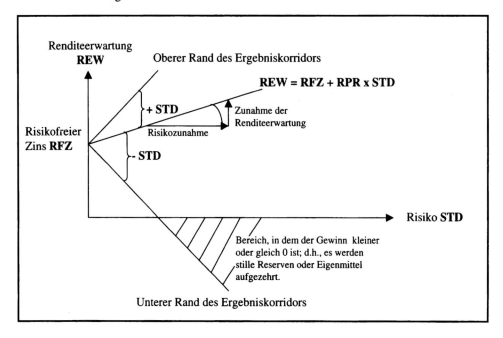

Abb. 7.1: *Zusammenhang zwischen Risiko und Renditeerwartung (mit: REW = Renditeerwartung; RFZ = Risikofreier Zins; RPR = Risikoprämie; STD = Standardabweichung)*

Wenn nun vom Renditeerwartungswert ausgehend im positiven Falle die Standardabweichung hinzuaddiert, im negativen Falle die Standardabweichung abgezogen wird, so ergeben sich der obere bzw. der untere Rand des potenziellen Ergebniskorridors.

Dieser durch die einfache Standardabweichung determinierte **Ergebniskorridor** enthält im Falle der Normalverteilung der Investitionsperformance ca. 68 % aller potenziellen Ergebniswerte. Die Verdoppelung des Ergebniskorridors auf das Zweifache der Standardabweichung erhöht diesen Wert auf 95 %, die Verdreifachung auf 99 %.

Während das Erreichen des oberen Randes sogar erwünscht ist, sind mit dem unteren Rand die vom Investor zu befürchtenden negativen Effekte verknüpft. Denn der Verlauf dieses unteren Randes zeigt, dass die Investoren im Falle negativer Abweichungen vom Renditeerwartungswert nicht nur mit einer Performance unterhalb des risikofreien Zinses zu rechnen haben. Es besteht vielmehr sogar die Gefahr, dass der Gewinn der Investoren entweder auf 0 sinkt oder sich in einen Verlust wandelt. Im letzteren Fall werden sogar die investierten Kapitalbeträge aufgezehrt. Gleichzeitig zeigt der Verlauf dieses unteren Randes, dass die Gefahr einer Aufzehrung des investierten Kapitals mit zunehmender Standardabweichung immer größer wird. Die Übernahme eines derart zunehmenden Performancerisikos muss zwangsläufig mit einer höheren Risikoprämie entgolten werden.

Allerdings sind zumindest theoretisch durchaus Konstellationen denkbar, in denen selbst dieser untere Rand positiv steigend verläuft. Dies gilt immer dann, wenn der Zuwachs der Renditeerwartung größer ist als der Zuwachs des Risikos. Würde bspw. der Anstieg der Standardabweichung von 0 % auf 1 % mit einem Anstieg der Renditeerwartung von 5 % auf 7 % einhergehen, so würde die Steigung des unteren Randes des Ergebniskorridors positiv verlaufen. Der Steigungswinkel der Renditeerwartungsfunktion beträgt 2 (= $\frac{7\% - 5\%}{1\% - 0\%}$), derjenige der Funktion des unteren Randes 1 (= $\frac{(7\% - 1\%) - 5\%}{1\% - 0\%}$). Dieser sehr extreme Fall ist heute bspw. bei Aktienwerten wie Nokia zu beobachten. Deren Renditeerwartungswerte sind mit Standardabweichungen der Kursentwicklungen verknüpft, die mit hoher Wahrscheinlichkeit nur positiv verlaufen.

Für die Unternehmung bedeutet die bei höherem Risiko zunehmende Renditeforderung, dass die Eigenkapitalkosten steigen. Denn die Übernahme zusätzlicher Risiken beinhaltet schon die Gefahr des Schlagend werdens dieser Risiken und wird von den Investoren mit einer entsprechenden Risikoprämie belegt. Die Übernahme zusätzlicher Risiken lohnt sich deshalb für eine Unternehmung nur dann, wenn aus der zusätzlichen Risikoübernahme Renditebeiträge resultieren, die mindestens die gleichzeitig steigenden Eigenkapitalkosten abzudecken in der Lage sind.

Bei dieser Betrachtung wurde bewusst nicht auf die kapitalmarkttheoretische Differenzierung von systematischen und unsystematischen Risiken zurückgegriffen. Im Sinne der Kapitalmarkttheorie würde nur die Übernahme höherer systematischer Risiken zu einer Erhöhung der Risikoprämie und damit der Eigenkapitalkosten führen. Unternehmensspezifische Risiken würden aufgrund des damit verbundenen Diversifikationseffektes am Markt nicht entgolten werden, so dass eine Erhöhung der Eigenkapitalkosten für derartige Risiken im Sinne der Kapitalmarkttheorie ausbleibt.

Wie im ersten Teil im Zusammenhang mit den verschiedenen Eigenkapitalkostenkonzepten bereits erörtert wurde, wird diese Aussage jedoch durchaus kontrovers diskutiert. Gleichwohl würde der oben beschriebene Zusammenhang natürlich auch dann gelten, wenn hinsichtlich der Übernahme zusätzlicher Risiken nur auf die systematischen Risiken abgestellt wird. Dann wäre lediglich die Standardabweichung als Maß für das Gesamtrisiko durch den Beta-Faktor als Maß für das systematische Risiko zu ersetzen.

2. Risikoinduzierte Gewinnminderung

Von den ex ante zu beobachtenden Risikoeffekten ist die ex post-Risikowirkung abzugrenzen. Werden die Erwartungswerte im positiven Sinne übertroffen (z. B. niedrigere Kosten oder höhere Erträge als erwartet), so nutzt die Unternehmung eine Chance. Wird das erwartete Ergebnis im negativen Sinne nicht erreicht, so sind Risiken schlagend geworden.

Schlagend werden heißt, dass tatsächlich der Ist-Zustand vom erwarteten Ergebnis abweicht und diese Abweichung aus Sicht des Unternehmens negativ zu beurteilen ist. Auch hier gilt, dass die Abweichungen sowohl qualitative als auch quantitative Planungsgrößen betreffen können.

Hinsichtlich des Zeitbezugs schlagend gewordener Risiken lassen sich, wie Abb. 7.2 zeigt, drei **Krisenstadien** differenzieren (vgl. SCHWARZECKER/SPANDL 1996). Der Krisenverlauf einer Unternehmung beginnt stets mit einer strategischen Krise. **Strategische Krisen** haben eine relativ lange Vorlaufzeit. So wird im Beispiel angedeutet, dass die strategische Krise vor mehr als drei Jahren bereits entstanden ist. Im Rahmen einer strategischen Krise werden Erfolgspotenziale beeinträchtigt, gestört oder zerstört. Es besteht aber auch die Gefahr, dass gar keine neuen Erfolgspotenziale mehr aufgebaut werden. Auf diese Art und Weise gehen der Unternehmung langfristig Wettbewerbsvorteile verloren. Die Konkurrenzsituation der Unternehmung verschlechtert sich.

Der strategischen Krise folgt eine **Erfolgskrise**. Letztere liegt grundsätzlich weniger weit zurück. Im Beispiel wird diesbezüglich eine Vorlaufzeit von ein bis zwei Jahren unterstellt. Hinsichtlich der Erfolgskrise führt der aus der strategischen Krise resultierende Verlust von Wettbewerbsvorteilen zu schrumpfenden Gewinnen bzw. zu steigenden Verlusten. Dies kann über die Aufzehrung des Eigenkapitals bis hin zu Überschuldung führen.

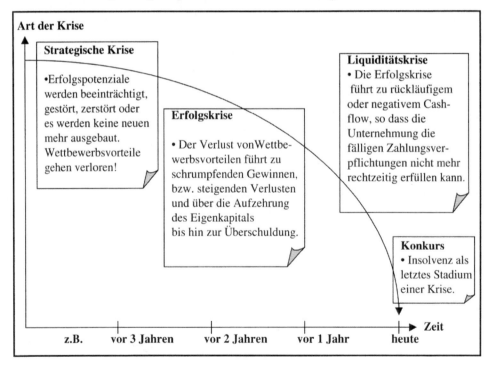

Abb. 7.2:   Zeitliche Abgrenzung der Krisenstadien einer Unternehmung

Die **Liquiditätskrise** stellt das dritte und letzte Krisenstadium dar. Sie schließt sich der Erfolgskrise an. Die Erfolgskrise führt zwangsläufig zu rückläufigem oder negativem Cashflow.

Auf Dauer kann die Unternehmung die fälligen Zahlungsverpflichtungen nicht mehr erfüllen. Dies kann schließlich sogar zum Konkurs als dem letzten Stadium der Liquiditätskrise führen.

Grundsätzlich lassen sich die verschiedensten unternehmensexternen und unternehmensinternen Ursachen für Krisensituationen voneinander abgrenzen (vgl. SCHWARZECKER/SPANDEL 1996). **Unternehmensexterne Ursachen** sind bspw.:

- Nachfragerückgang,
- Insolvenz wichtiger Kunden,
- Verschlechterung der Zahlungsmoral,
- Abhängigkeit von Lieferanten oder Abnehmern,
- Forderungsausfall,
- Streiks,
- etc.

Als **unternehmensinterne Ursachen** sind zu nennen:

- Managementfehler,
- mangelnde Anpassungsfähigkeit,
- mangelnde Kapitalausstattung,
- Kostenexplosionen,
- überhöhte Lagerbestände,
- etc.

Der Verlauf der Krisenstadien zeigt, dass spätestens im Stadium der Erfolgskrisen auch die eher qualitativen Elemente strategischer Risiken erfolgswirksame Verluste mit sich bringen. Somit führen schlagend gewordene Risiken zumindest zu sinkenden Gewinnen, häufig zu Verlusten und im Extremfall sogar zum Konkurs. Dies gilt natürlich nicht, wenn im Falle noch nicht erfolgswirksamer strategischer Risiken rechtzeitig Gegenmaßnahmen eingeleitet werden können. Sinkende Gewinne bzw. auftretende Verluste sind gleichbedeutend mit einer sinkenden, im Extremfall sogar negativen Eigenkapitalrentabilität. Somit bleibt als erstes Resümee festzuhalten, dass schlagend werdende Risiken zu sinkenden Eigenkapitalrentabilitäten führen.

Die Auseinandersetzung mit den drei Krisenstadien zeigt aber auch, dass im Extremfall schlagend gewordener Risiken die **Gefahr des Untergangs einer Unternehmung** besteht. Schlussendlich führt eine nicht durchbrochene Krisenkette zwangsläufig zum Konkurs der Unternehmung aufgrund von Illiquidität bzw. Überschuldung.

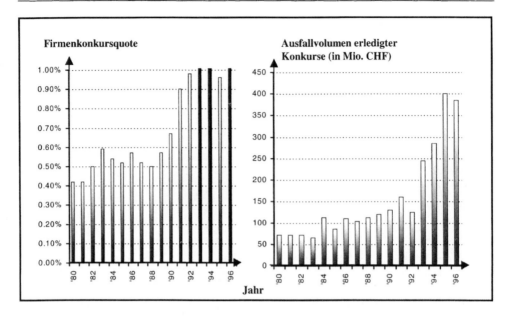

Abb. 7.3: Firmenkonkursquote und Ausfallvolumen in der Schweiz (Quelle: SCHWEIZE-
RISCHES BUNDESAMT FÜR STATISTIK (2000) und eigene Berechnungen)

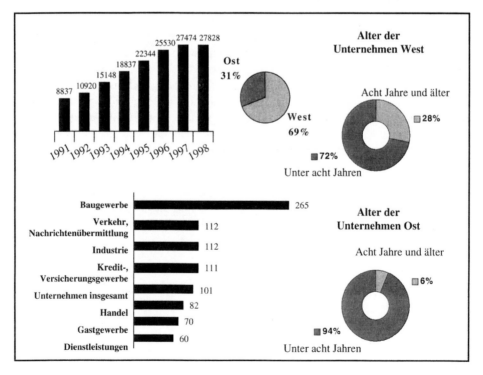

Abb. 7.4: Unternehmensinsolvenzen in Deutschland (Quelle: Statistisches Bundesamt und
o. V. 1999a)

Siebtes Kapitel: Konzeption eines integrierten Risiko-Controllings

Natürlich stellt dieses „Schreckensszenario" lediglich einen Extremfall dar. Allerdings wird die Verhinderung einer solchen Notsituation angesichts der zu beobachtenden hohen und tendenziell sogar steigenden Konkursquoten für die risikopolitischen Einstellungen der Unternehmensträger immer bedeutender. So ist bspw. die **Firmenkonkursquote** in der Schweiz von 1980 bis 1996 um das ca. 2 ½-fache angestiegen. Sehr extrem war dieser Anstieg in der Zeit von 1988 bis 1993. Ungefähr seit 1991 ist die Firmenkonkursquote in der Schweiz mit ca. einem Prozent relativ stabil auf hohem Niveau.

Ein ähnliches Bild zeigt die Analyse des **Ausfallvolumens abgewickelter Konkurse** in der Schweiz. Auch hier ist seit 1980 ein steigender Trend zu beobachten. So ist das Ausfallvolumen erledigter Konkurse von 1980 bis 1996 um mehr als das Fünffache angestiegen (vgl. Abb. 7.3).

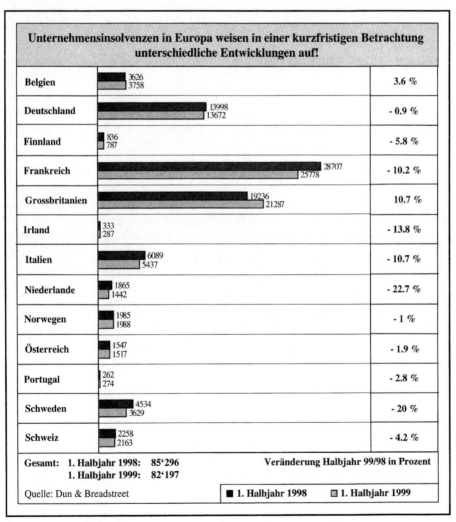

Abb. 7.5: Unternehmensinsolvenzen in Europa (Quelle o. V. 1999b)

Auch in Deutschland hat die Zahl der **Unternehmensinsolvenzen** in den vergangenen 10 Jahren permanent zugenommen. Seit der Wiedervereinigung ist die Zahl der Unternehmensinsolvenzen von 1991 bis 1998 um mehr als das Dreifache gewachsen. Wenig verwunderlich ist dabei, dass die größte Zahl der Unternehmensinsolvenzen im Baugewerbe zu beobachten ist. Sowohl in den alten als auch in den neuen Bundesländern betrifft ein Großteil der Unternehmensinsolvenzen Unternehmen, die seit weniger als acht Jahren existieren. Offensichtlich verringert sich das Risiko der Unternehmensinsolvenz mit fortwährender Unternehmensdauer. Dies ist angesichts der dann gewachsenen Strukturen und der gefestigten Stellung am Markt aber nicht besonders überraschend (vgl. Abb. 7.4).

Abb. 7.5 zeigt darüber hinausgehend die **europaweiten** Entwicklungen der Insolvenzen von 1998 bis 1999 auf. Es lässt sich keine einheitliche Tendenz feststellen. Während bspw. in Großbritannien und Belgien die Zahl der Insolvenzen um 10,7 % bzw. 3,6 % gestiegen ist, konnten die Niederlande und Schweden Rückgänge um 22,7 % bzw. 20 % verzeichnen.

3. Risikospezifische Markwerteffekte

In den beiden vorherigen Abschnitten wurden die aus dem Eingehen bzw. aus dem Schlagend werden von Risiken resultierenden Wirkungen analysiert. Mit dem Eingehen von Risiken sind steigende Eigenkapitalkosten und mit dem Schlagend werden von Risiken sinkende Gewinne verbunden. Im Fokus des Wertmanagements steht der Marktwert des Eigenkapitals.

Aus einer risikoorientierten Sichtweise ist im Wertmanagement in erster Linie die **Gefahr sinkender Marktwerte** zu untersuchen. Grundsätzlich sinkt der Marktwert immer dann, wenn die Eigenkapitalkosten die erwirtschafteten Gewinn übersteigen. In einer risikoorientierten Marktwertbetrachtung müssen deshalb die beiden zuvor beschriebenen Effekte zusammengeführt werden. Allerdings ist hier wie schon im *Zweiten Teil* die Differenzierung zwischen einer periodenrechnungsbezogenen und einer barwertorientierten Marktwertbetrachtung erforderlich. Die Analyse der risikospezifischen Marktwerteffekte soll anhand des in Abb. 7.6 skizzierten Beispiels erfolgen.

Für die Diskussion der **periodenbezogenen Effekte** kann auf das bereits erörterte EVA-Konzept zurückgegriffen werden. Betrachtet wird eine Unternehmung, die in der Ausgangssituation mit Eigenkapitalkosten in Höhe von 240.000 GE konfrontiert wird. Diesen Eigenkapitalkosten konnten in der Vergangenheit stets Nettogewinne in Höhe von 240.000 GE gegenübergestellt werden. Im Sinne des EVA-Konzepts verändert sich der Marktwert der Unternehmung nicht, solange die Eigenkapitalkosten durch entsprechende Nettogewinne gedeckt werden können. Wenn nun die Unternehmung zusätzliche Risiken eingeht, werden sich die Eigenkapitalkosten in entsprechender Weise erhöhen. Im Beispiel wird unterstellt, dass die Eigenkapitalkosten auf 300.000 GE steigen. Bei gleichbleibenden Nettogewinnen von 240.000 GE übersteigen nunmehr die Eigenkapitalkosten die Nettogewinne. Dies führt im Sinne des EVA-Konzepts zu einer Wertvernichtung.

Periodenbezogene Betrachtung	Barwertbezogene Betrachtung
Ausgangsituation (absolute Werte): Eigenkapitalkosten EKK = 240.000 GE; Nettogewinne NGW = 240.000 GE Fall 1 ↑ EKK (absolut) — Fall 2 ↓ — NGW	Ausgangsituation: – EKKS 8 % (5 % risikofreier Zins + 3 % Risikoprämie) – es wird eine „ewige" Rente von 240.000 GE erwartet – $EK_{MW} = \dfrac{240.000 \text{ GE}}{8\%} = 3$ Mio. GE
Fall 1) zusätzlich eingegangene Risiken	**Fall 1) zusätzlich eingegangene Risiken**
EKK ↑ auf 300.000 GE EKK 300.000 GE > NGW 240.000 GE	– Risikoprämie steigt auf 5 % – EKKS = 10 % (= 5 % + 5 %) – EK_{MW} = 240.000 GE/10 % = 2,4 Mio GE
Fall 2) schlagend gewordene Risiken	**Fall 2) schlagend gewordene Risiken**
NGW ↓ auf auf 200.000 GE EKK 240.000 GE > NGW 200.000 GE	– ewige Rente sinkt auf 200.000 GE – EK_{MW} = 200.000 GE/8 % = 2,5 Mio GE

Abb. 7.6: *Perioden- und barwertbezogene Betrachtung der Risikowirkung*

(mit EK = Eigenkapital; EKK = Eigenkapitalkosten; EKKS = Eigenkapitalkostensatz; MW = Marktwert; NGW = Nettogewinne)

Alternativ zu der vorherigen Konstellation ist es denkbar, dass die Unternehmung die Höhe der eingegangenen Risiken nicht verändert. Trotzdem können sich negative Effekte ergeben, wenn latente Risiken schlagend werden. Im Beispiel sei unterstellt, dass dadurch Verluste in Höhe von 40.000 GE entstehen, so dass die Nettogewinne nunmehr auf 200.000 GE sinken. Gleichzeitig bleiben die Eigenkapitalkosten mit 240.000 GE konstant. Auch in dieser Konstellation übersteigen die Eigenkapitalkosten die Nettogewinne. Es wird wiederum Unternehmenswert vernichtet. Der Marktwert der Unternehmung sinkt.

Selbstverständlich können die beiden zuvor erörterten Risikowirkungen auch gemeinsam auftreten und sich somit in ihrem Gesamteffekt auf den Marktwert der Unternehmung verstärken. Unabhängig davon, ob die Effekte einzeln oder gemeinsam auftreten, würde stets Shareholder Value vernichtet werden, wenn die Effekte nicht gegenläufig sind.

Für die **barwertbezogene Betrachtung** der Effekte muss das vorangegangene Beispiel entsprechend modifiziert werden. Dazu ist auf den ebenfalls bereits im *Vierten Kapitel* vorgestellten Eigenkapitalkostensatz zurückzugreifen. Die Marktwertrendite entspricht dem Verhältnis von Gewinn zum Marktwert des Eigenkapitals. In einer ex ante-Betrachtung wird demgemäß die Gewinnerwartung bestimmt und daraus der Eigenkapitalkostensatz abgeleitet.

Im Beispiel wird ein Eigenkapitalkostensatz (EKKS) von 8 % vorgegeben. Dieser EKKS setzt sich zusammen aus einem risikofreien Zins in Höhe von 5 % und einer aufgeschlagenen Risikoprämie in Höhe von 3 %. Die Unternehmung erwartet ebenso wie die Investoren Gewinne in Höhe einer ewigen Rente von 240.000 GE. Aus der Division der ewigen Rente durch den EKKS ergibt sich ein aktueller Marktwert des Eigenkapitals in Höhe von 3 Mio. GE (= 240.000 GE / 8 %).

Wenn die Unternehmung jetzt zusätzliche Risiken eingeht, steigt die Risikoprämie. Im Beispiel wird eine Erhöhung der Risikoprämie auf 5% angenommen. Damit erhöht sich gleichzeitig der EKKS auf 10 % (= 5 % + 5 %).

Auch für die marktwertorientierte Analyse sind zwei Fälle zu unterscheiden. Im ersten Fall wird die Konstanz der tatsächlich erzielten Gewinne unterstellt. Die ewige Rente beträgt unverändert 240.000 GE. Angesichts des gestiegenen EKKS ergibt sich deshalb ein Marktwert des Eigenkapitals von nur noch 2,4 Mio. GE (= 240.000 GE / 10 %). Der Marktwert des Eigenkapitals ist demnach gegenüber der Ausgangssituation um 600.000 GE (= 3 Mio. GE − 600.000 GE) gesunken.

Im Falle schlagend werdender Risiken sinkt die ewige Rente. Im Beispiel wird unterstellt, dass sich die ewige Rente auf 200.000 GE reduziert. Gleichzeitig bleibt der EKKS gegenüber der Ausgangssituation konstant bei 8 %. Aus dieser Konstellation folgt ein neuer Marktwert des Eigenkapitals von nur noch 2,5 Mio. GE (= 200.000 GE / 8 %). Somit führt auch das Schlagend werden von Risiken zu einer Veränderung des Marktwertes des Eigenkapitals von im Beispiel 500.000 GE.

Auch in der barwertbezogenen Betrachtung der Risikoeffekte verstärken mögliche Gleichläufigkeiten hinsichtlich des zusätzlichen Eingehens und des Schlagend werdens von Risiken die marktwertreduzierenden Effekte. In allen dargestellten Fällen wird somit Shareholder Value vernichtet.

Zusammenfassend bleibt festzuhalten, dass das Eingehen von Risiken zu höheren **Eigenkapitalkosten** und das Schlagend werden zu **sinkenden Gewinnen** führt. In beiden Fällen sind **sinkende Marktwerte** zu erwarten. Zudem können sich die beiden Effekte in ihrer negativen Gesamtwirkung verstärken, wenn sie gleichzeitig auftreten.

III. Ziele des Risiko-Controllings

1. Risikopolitische Ziele im Wertmanagement

Im Sinne des Wertmanagements müssen alle potenziellen negativen Risikowirkungen auf den Marktwert des Unternehmens in sinnvoller Weise gesteuert werden. Dies bedeutet nicht, dass Risiken von vornherein nicht eingegangen werden dürfen. Schließlich ist es ohne die Übernahme von Risiken nicht möglich, entsprechende Erträge zu generieren. Demzufolge muss jede Unternehmung eine den Prinzipien des Wertmanagements folgende Risikosteuerung implementieren.

Das wertorientierte Management stellt den Marktwert des Eigenkapitals in den Mittelpunkt und fragt nach dessen Bestimmungsgründen. Schon im zweiten Teil wurde diesbezüglich aufgezeigt, dass sich der Marktwert des Eigenkapitals zum einen aus der Multiplikation der Faktoren Eigenkapitalrentabilität nach Steuern, Buchwert des Eigenkapitals und dem Kurs-/Gewinn-Verhältnis (KGV) berechnen lässt. Zentrale Determinanten des Marktwertes des Eigenkapitals sind demnach die Eigenkapitalrentabilität nach Steuern und das KGV.

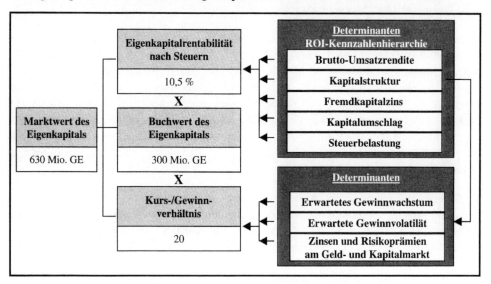

Abb. 7.7: Bestimmungsgründe des Marktwertes des Eigenkapitals

Die **Eigenkapitalrentabilität** nach Steuern lässt sich in der ROI-Kennzahlen-Hierarchie weiter aufspalten. Daraus lassen sich als Haupteinflussfaktoren der Eigenkapitalrentabilität die Brutto-Umsatz-Rendite, die Kapitalstruktur, der Fremdkapitalzins, der Kapitalumschlag sowie die Steuerbelastung ableiten.

Das **KGV** spiegelt vor allem die Erwartungshaltung der Investoren wieder. Es drückt das von den Investoren erwartete **Gewinnwachstum** und die erwartete **Gewinnvolatilität** aus. Die Zusammenhänge zwischen KGV und **Gewinnwachstum** zeigt das folgende Beispiel. Bei einem durchschnittlichen KGV von 20 weicht bspw. das KGV einer beliebigen Aktie mit einem KGV von 250 deutlich von diesem Wert ab. Bei einem Aktienkurs von 100 würde der Gewinn pro Aktie 0,40 GE betragen (mit: 250 = 100 GE / 0,40 GE). Ursache hierfür könnte die Erwartung der Investoren sein, dass der Gewinn zukünftig auf 5 GE pro Aktie steigt. Dann würde das KGV wieder auf 20 (= 100 GE / 5 GE) sinken. Hinsichtlich der Gewinnwachstumserwartungen weisen überdurchschnittlich hohe KGV auf dem Markt erwartete Gewinnsteigerungen hin. Umgekehrtes gilt für durchschnittliche KGV. Das Risiko besteht diesbezüglich darin, dass das Gewinnwachstum nicht wie geplant erreicht wird.

Die Auswirkungen höherer **Gewinnvolatilitäten** wurden bereits zu Beginn dieses *Dritten Teils* erörtert. Danach erhöht sich bei größer werdenden Gewinnschwankungen die Renditeerwartung der Investoren, weil letztere eine höhere Risikoprämie verlangen. Das KGV spiegelt bekanntlich die Renditeerwartung wieder. Der reziproke Wert des KGV entspricht dabei der (Soll-)Marktwertrendite. Diese stellt die Summe aus risikofreiem Zinssatz und Risikoprämie dar. Steigt die Gewinnvolatilität, so steigt auch die Risikoprämie. Dies hat zur Folge, dass das KGV sinkt. Aus Sicht der erwarteten Gewinnvolatilität führt also eine Zunahme der Gewinnschwankungen zu niedrigeren KGV. Vor dem Hintergrund der Gewinnvolatilität wären dann ein unterdurchschnittliche KGV Ausdruck für erwartete hohe Gewinnvolatilitäten. Umgekehrtes gilt für überdurchschnittliche KGV.

Außerdem wird das KGV beeinflusst von der Höhe der am Geld- und Kapitalmarkt üblichen **Zinsen und Risikoprämien**. Letzteres ist nicht zu verwechseln mit den unternehmensspezifischen Zinssätzen und Risikoprämien. Vielmehr ist das aktuelle Zinsniveau am Geld- und Kapitalmarkt zum einen maßgeblich für die Höhe des risikofreien Zinssatzes. Zum anderen werden am Markt für bestimmte Bonitätskategorien unterschiedliche Risikoprämien verlangt. Die Höhe der marktgerechten Risikoprämien bildet wiederum die Basis für die Ableitung einer unternehmensspezifischen Risikoprämie. Je höher also das allgemeine Marktniveau hinsichtlich des risikofreien Zinses und der marktgerechten Risikoprämie ausfällt, desto niedriger müsste prinzipiell auch das KGV sein.

In diesem Zusammenhang ist zu beachten, dass eine Unternehmung durch eine intensive Pflege der **Investor Relations** die Höhe des KGV durchaus beeinflussen kann. Diesbezüglich ist es unbedingt erforderlich, die zwischen dem Jahresergebnis und dem Marktwert des Eigenkapitals bestehenden Zusammenhänge externen Adressaten wie bspw. Investoren, Finanzanalysten und Medien im Rahmen einer effizienten Informationspolitik zu kommunizieren. Außerdem sollte eine solche Informationspolitik flankiert werden von weiteren aktionärsfreundlichen Maßnahmen wie bspw. der Lancierung von Rückkaufprogrammen anstelle von Dividendenausschüttungen. So es keineswegs verwunderlich, dass große Unternehmen zwischenzeitlich sogar Werbung für ihre eigenen Aktien betreiben, da angesichts der Euphorie für Neuemissionen die Nachfrage nach Blue Chips stagniert und deren Börsenkurse nur vergleichsweise schwach ansteigen (vgl. SLODCZYK 2000).

Alle drei Determinanten können keinesfalls losgelöst voneinander betrachtet werden. Vielmehr spiegelt sich im KGV das Zusammenspiel aller drei Einflussfaktoren wieder. Noch einmal sei betont, dass das KGV keinerlei normativen, sondern lediglich deskriptiven Charakter hat. Insofern mag aus Sicht der Kapitalmarkttheorie die in Abb. 7.7 dargestellte Verknüpfung als Basis der Erörterung risikospezifischer Zusammenhänge nicht überzeugen. Dem ist dreierlei entgegenzuhalten. **Erstens** ist die Einfachheit und Plausibilität des KGV unschlagbar. **Zweitens** nimmt das KGV gerade in der Fundamentalanalyse trotz aller Kritik auch heute noch einen überragenden Stellenwert ein. Insofern ist die Verwendung des KGV praxisnah. **Drittens** basieren KGV und kapitalmarkttheoretisch abgeleitete Renditeerwartungen konzeptionell zumindest auf der gleichen Grundaussage. Danach setzt sich die Renditeerwartung stets aus der risikofreien Verzinsung und einer Risikoprämie zusammen. Zwar geht die Kapitalmarkttheorie hier deutlich differenzierter vor. Alle bislang vorgestellten Modelle müssen sich jedoch den Vorwurf gefallen lassen, einer empirischen Überprüfung nicht mit abschließender Gewissheit standhalten zu können. Dieser Vorwurf kann dem KGV als Modell nicht entgegengehalten werden, das es den Anspruch, ein normatives Modell zu sein, gar nicht erst erhebt.

Schließlich ist noch ein weiterer Zusammenhang zwischen der Eigenkapitalrentabilität (nach Steuern) und dem KGV zu beachten. Denn die unternehmensspezifische **Kapitalstruktur** beeinflusst nicht nur die Eigenkapitalrentabilität (vgl. hierzu *Viertes und Achtes Kapitel*), sondern auch die Gewinnvolatilität, wie das nachfolgende Beispiel zeigt. Der Gewinn einer Unternehmung schwankt um +/- 100.000 GE. Die Unternehmung verfügt über 20 Mio. GE Bilanzsumme. Bei einer Eigenkapitalquote von 5 % beträgt die Eigenkapitalausstattung 1 Mio. GE und die Gewinnvolatilität somit 10 % (= 100.000 GE / 1 Mio. GE). Bei einer Eigenkapitalquote von 50 % ergibt sich eine Eigenkapitalausstattung von 10 Mio. GE und eine Gewinnvolatilität von nur noch 1 %.

Für die Risikosteuerung des Marktwertes des Eigenkapitals muss das Risiko-Controlling also Gewinnhöhe, Gewinnwachstum und Gewinnvolatilität nachhaltig positiv beeinflussen, um ein optimales Verhältnis von Eigenkapitalkosten zur Eigenkapitalrentabilität zu schaffen. Je mehr die Eigenkapitalrentabilität die Eigenkapitalkosten übersteigt, desto größer wird der Effekt auf den Marktwert des Eigenkapitals sein. Da schlagend werdende Risiken auch zum Untergang der Unternehmung führen können, ist das Risiko-Controlling gleichzeitig für die Sicherung der Existenz der Unternehmung verantwortlich. Es muss deshalb verhindern, dass aus Sicht der Unternehmung nicht mehr tragbare Risiken übernommen werden.

2. Der Zielkonflikt gemäß Risiko-/Rendite-Paradoxon

Im Zentrum des Wertmanagements steht die Fokussierung des betrieblichen Zielsystems auf die Integration von Risiko und Rendite. Das Wertmanagement folgt somit der normativen Entscheidungstheorie. Danach würde ein Anleger im Sinne des Erwartungswert-Varianz-Kriteriums von zwei Alternativen stets diejenige wählen, die bei gleichem Erwartungswert das geringere Risiko oder bei gleichem Risiko den höheren Erwartungswert aufweist. Auf dieser Theorie aufbauend sind die zahlreichen Modelle der Portefeuille- bzw. Kapitalmarkttheorie entwickelt worden. Aus der Sicht des Investors wurden vor dem Hintergrund der mit einer Investition verbundenen Risiken Renditeerwartungen abgeleitet. Zentrale Aussage, auf der auch das Wertmanagement basiert, ist: Ein höheres Risiko muss auch mit einer höheren Rendite abgegolten werden.

In empirischen Untersuchungen konnte jedoch entgegen dieser Kernaussage festgestellt werden, dass häufig Unternehmen hohe Renditen mit geringem Risiko und niedrige Renditen mit hohem Risiko erzielten. Dieses Phänomen wird als **Risiko-Rendite-Paradoxon** bezeichnet (vgl. BOWMAN 1980, WIEMANN/MELLEWIGT 1998). Es widerspricht den Forderungen des Wertmanagements. Die zur Bestätigung des Risiko-/Rendite-Paradoxons durchgeführten empirischen Untersuchungen (für eine Übersicht vgl. WIEMANN/MELLEWIGT 1998) kommen teilweise zu unterschiedlichen Ergebnissen. Trotzdem wurde in der Mehrzahl der Empirien die Existenz des Risiko-Rendite-Paradoxons bestätigt.

Mit der Prospect-Theory (vgl. KAHNEMANN/TVERSKY 1979) und dem Kontingenzansatz (vgl. BAIRD/THOMAS 1985) liegen mögliche Erklärungsansätze für die Existenz des Risiko-Rendite-Paradoxons vor. Die **Prospect Theory** erklärt, dass der Manager eines Unternehmens durch Verluste deutlicher in seinem Entscheidungsverhalten beeinflusst wird, als durch Gewinne. Im Falle negativer Unternehmensentwicklungen ist der Manager eher bereit, höhere

Risiken einzugehen, um durch die damit verbundenen höheren Ertragschancen die Problemsituation zu bereinigen. Die Empirien weisen jedoch überwiegend darauf hin, dass dieses Verhalten in der Mehrzahl der Fälle nicht erfolgversprechend ist.

Im Rahmen des **Kontingenzansatzes** wird der Einfluss unternehmensinterner und -externer Faktoren auf das Risiko-Rendite-Verhältnis untersucht. Im Kern konnte dabei festgestellt werden, dass Diversifikationsstrategien zu Verbesserungen des Risiko-Rendite-Verhältnisses führen (vgl. WIEMANN/MELLEWIGT 1998; FUNK 1999).

Diese sehr formalen und theoretischen Untersuchungen sind durchaus von praktischem Nutzen. Denn sie zeigen auf, dass in Krisensituationen sich eine höhere Risikoübernahme häufig nicht rechnet. Gerade in Negativsituationen ist deshalb die besondere Bedeutung des Risiko-Chancen-Kalküls (vgl. SCHIERENBECK 2001) im Hinblick auf ein ausgewogenes Verhältnis von Risiken und Chancen hervorzuheben.

B. Prozessstufen des Risiko-Controllings

Für ein ganzheitliches Risiko-Controlling sind alle mit dem Risikomanagement verbundenen Prozesse in ein einheitliches und standardisiertes System zu integrieren (vgl. Abb. 7.8). In diesem standardisierten System lassen sich drei Prozessstufen voneinander abgrenzen.

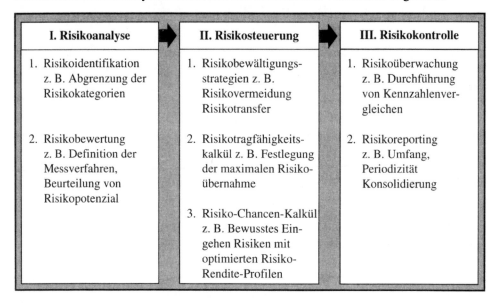

Abb. 7.8:   Prozessstufen des Risiko-Controllings

In der ersten Stufe erfolgt die **Risikoanalyse**. Hierzu zählt die **Risikoidentifikation**, in deren Rahmen z. B. die Abgrenzung der Risikokategorien erfolgt. Der Risikoidentifikation folgt die **Risikobewertung**. Hier müssen Messverfahren definiert werden, mit denen sich das Risikopotenzial beurteilen lässt.

Die zweite Prozessstufe umfasst die **Risikosteuerung**. Diesbezüglich sind grundsätzlich geeignete **Risikobewältigungsstrategien**, wie z. B. die Risikovermeidung oder der Risikotransfer zu unterscheiden. Ferner sind im Rahmen der Risikosteuerung zwei zentrale Risikokalküle voneinander abzugrenzen. Mit Hilfe des **Risikotragfähigkeitskalküls** werden z. B. die maximalen Risikoübernahmen festgelegt. Demgegenüber beinhaltet der **Risiko-Chancen-Kalkül** das bewusste Eingehen von Risiken mit optimierten Risiko-Rendite-Profilen.

Die dritte und letzte Risikoprozessstufe beinhaltet die **Risikokontrolle**. Hierzu zählt zum einen die **Risikoüberwachung**, mithilfe derer geeignete Kennzahlenvergleiche durchgeführt werden. Von besonderer Bedeutung ist hier ferner das in das Managementinformationssystem eingebettete **Risikoreporting**, bezüglich dessen z. B. Umfang und Periodizität der Berichterstattung vorzugeben sind.

I. Risikoanalyse

1. Risikoidentifikation

a) Instrumente zur Risikoidentifikation

Ein effektives Risiko-Controlling erfordert die Identifikation aller Risiken, sowie deren qualitative Bewertung oder quantitative Messung. Ziel der **Risikoidentifikation** ist die strukturierte Erfassung aller Risiken, die sich auf das Erreichen des obersten Unternehmensziels – im Wertmanagement ist dies die Steigerung des Unternehmenswertes – auswirken können. In der betriebswirtschaftlichen Theorie und Praxis wurden angesichts der besonderen Bedeutung des Risikos in der Vergangenheit zahlreiche Methoden zur Risikoidentifikation entwickelt. Hierzu zählen bspw. (vgl. HÖLSCHER 1999):

- das Brainstorming,
- standardisierte Befragungen in Form von Checklisten,
- Betriebsbesichtigungen,
- die Auswertung externer Informationsquellen,
- die Ausfalleffektanalyse sowie
- die Fehlerbaumanalyse,

die sich zum Teil auch zur Risikobewertung einsetzen lassen. Von diesen Verfahren sollen im Folgenden die Ausfalleffektanalyse und die Fehlerbaumanalyse intensiver dargestellt werden.

(1) Ausfalleffektanalyse

Die **Ausfalleffektanalyse** wurde grundsätzlich dazu entwickelt, die Schwachstellen technischer Systeme oder Abläufe zu untersuchen. Das Grundkonzept der Ausfalleffektanalyse lässt sich jedoch völlig unproblematisch auf die Risikoidentifikation übertragen.

Dazu wird in einem ersten Schritt das Unternehmen als intaktes, störungsfreies Gesamtsystem dargestellt. Dieses Gesamtsystem wird im zweiten Schritt in seine Teilkomponenten zerlegt.

Die Zerlegung kann auf unterschiedliche Art und Weise erfolgen. Tendenziell bietet es sich an, die Zerlegung anhand der Funktionsbereiche eines Unternehmens vorzunehmen. Selbstverständlich besteht keinerlei Zwang, die Ausfalleffektanalyse auf der obersten Unternehmensebene beginnen zu lassen. Vielmehr ist es auch denkbar, die Ausfalleffektanalyse auf tieferen Ebenen, wie bspw. Geschäftseinheiten, durchzuführen.

Unabhängig von der Art und Weise der Zerlegung in Teilkomponenten werden in der dritten Stufe die möglichen Störungszustände der einzelnen Teilkomponenten definiert. Dieser dritten Stufe kommt eine besondere Bedeutung zu. Um eine möglichst hohe Aussagekraft der Ausfalleffektanalyse zu erreichen, müssen die möglichen Störungszustände möglichst vollständig erfasst bzw. offengelegt werden.

In der abschließenden vierten Stufe werden auf den Erkenntnissen der dritten Stufe aufbauend mögliche Störungszustände des Gesamtsystem abgeleitet. Dazu werden die Störungszustände der einzelnen Teilkomponenten sowohl einzeln als auch miteinander kombiniert hinsichtlich ihrer Wirkung auf das Gesamtunternehmen analysiert (vgl. Abb. 7.9).

Zusammenfassend kann also festgestellt werden, dass die Ausfalleffektanalyse ausgehend von einem intakten Gesamtsystem über Störungen von Teilkomponenten mögliche Störungszustände des Gesamtsystems abzuleiten und deren Ursachen festzustellen versucht (vgl.

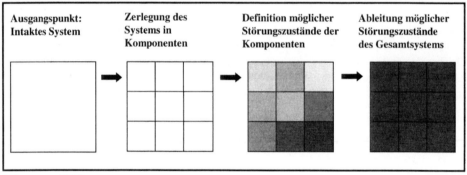

HÖLSCHER 1999).

Abb. 7.9:   Das Vier-Stufen-Schema der Ausfalleffektanalyse

(2) Fehlerbaumanalyse

Die **Fehlerbaumanalyse** beinhaltet eine im Vergleich zur Ausfalleffektanalyse umgekehrte Vorgehensweise. Ausgangspunkt ist hier ein bereits gestörtes System (vgl. Abb. 7.10). Ziel dieser Vorgehensweise ist es, eine detaillierte Ursachenanalyse für die Störung des Gesamtsystems durchzuführen.

Dazu muss in einem ersten Schritt die Störung des Gesamtsystems möglichst exakt beschrieben werden. Hierauf aufbauend wird analysiert, welche sekundären Störungen zur Störung des Gesamtsystems geführt haben. Auch diese sekundären Störungen können tiefergehende Ursachen haben, die zu einer weiteren Aufgliederung der Störungsebenen führen. Diese Aufgliederung wird solange durchgeführt, bis keine weitere Differenzierung der Störungsvarianten mehr möglich ist. Die am Ende der dabei entstehenden Baumstruktur befindlichen Störungsvarianten stellen die primären Störungen da.

Der Vorteil der Vorgehensweise der Fehlerbaumanalyse gegenüber der Ausfalleffektanalyse besteht zum einen darin, eine aufgrund der Risikozerlegung exaktere Ursachenforschung zu betreiben. Zum anderen lassen sich mithilfe der Fehlerbaumanalyse die zwischen einzelnen Risiken bestehenden Interdependenzen besser aufzeigen.

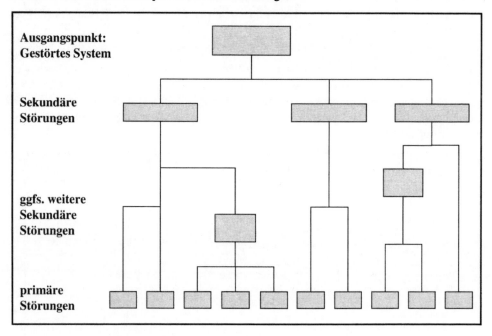

Abb. 7.10: Der Aufbau der Fehlerbaumanalyse

b) Risikokategorisierung

Bevor eine qualitative Bewertung oder quantitative Messung der Risiken vorgenommen werden kann, müssen die verschiedenen, für eine Unternehmung relevanten **Risikokategorien** zunächst sauber voneinander abgegrenzt werden. Erst die exakte Abgrenzung einzelner Risikokategorien ermöglicht es der Unternehmung, speziell auf die Beherrschung dieser einzelnen Risikokategorien zugeschnittene Risikosteuerungsinstrumentarien einzusetzen. Diesbezüglich lassen sich im Rahmen der Risikoidentifikation die geschäftspolitisch relevanten Risikokategorien mit einer Vielzahl dichotomischer Begriffspaare voneinander abgrenzen. Hierzu zählen z. B.:

- **Messbare** (z. B. Schwankungen der Umsatzrendite) versus **nicht messbare Risiken** (z. B. politische Risiken),
- **versicherbare** (z. B. Debitorenausfälle) versus **nicht versicherbare Risiken** (z. B. Konjunkturschwankungen),
- **Einzelrisiken** (z. B. sinkenden Rendite eines einzelnen Geschäftsfeldes) versus **Portfoliorisiken** (z. B. unzureichende Diversifikation der Geschäftsfelder),
- **Erfolgsrisiken** (z. B. Gewinnrückgang) versus **Liquiditätsrisiken** (z. B. Liquiditätsengpässe),
- **strategische Risiken** (z. B. fehlende Sensibilität gegenüber Marktveränderungen) versus **operative Risiken** (z. B. Produktionsausfall),
- **interne** (z. B. Organisationsrisiken) versus **externe Risiken** (z. B. Verhalten der Wettbewerber) und
- **Geschäftsrisiken** (z. B. Produktionsrisiken) versus **Finanzrisiken** (z. B. Zinsrisiken).

Die Risikosituation von Industrie- oder Dienstleistungsunternehmen ist offensichtlich vielschichtig. Diese Vielfalt macht es schwierig, eine zur Risikosteuerung geeignete Strukturierung vorzunehmen. Um die risikospezifischen Wirkungen auf den Marktwert der Unternehmung besser aufzeigen zu können, wird deshalb im Folgenden eine **stufenweise Risikokategorisierung** aufgebaut.

Unternehmensrisiken		
Risiken des Managements und der Organisationsstruktur	**Risiken des leistungswirtschaftlichen Bereichs**	**Risiken des finanzwirtschaftlichen Bereichs**
– Corporate Governance Risiken – Managementqualitätsrisiken – Personalrisiken – Organisationsrisiken – Rechtsrisiken	– Beschaffungsrisiken – Produktionsrisiken – Absatzrisiken – Technologierisiken	– Ausfallrisiken – Liquiditätsrisiken – Marktpreisrisiken (für Zinsen, Devisen, Commodities) – Kapitalstrukturrisiken
Interne und externe Risiken		

Abb. 7.11: Beispiel einer stufenweisen Risikokategorisierung (Teil 1)

Grundsätzlich lassen sich **interne** und **externe** Ursachen für fast alle unternehmerischen Risiken finden (vgl. Abb. 7.11). Bspw. gibt es ein marktbedingtes externes Beschaffungsrisiko, dass durch die Gefahr eines allgemeinen Preisanstiegs verursacht wird. Daneben besteht das interne, rein unternehmensspezifische Beschaffungsrisiko in einer fehlerhaften Einkaufspolitik. Die Abgrenzung **externer** und **interner Risiken** ist deshalb nicht unproblematisch.

Neben der Differenzierung interner und externer Risiken lässt sich die Gesamtheit der Unternehmensrisiken in drei Hauptkategorien unterteilen. Zu den **Risiken des Managements und** der **Organisationsstruktur** zählen die Corporate Governance-Risiken, Managementqualitätsrisiken, Personalrisiken und Organisationsrisiken. Als **Risiken des leistungswirtschaftlichen Bereichs** werden Beschaffungsrisiken, Produktionsrisiken, Absatzrisiken und Technologierisiken identifiziert. Zu den **Risiken des finanzwirtschaftlichen Bereichs** zählen die Ausfallrisiken, die Liquiditätsrisiken, die Marktpreisrisiken, aber auch die Kapitalstrukturrisiken und politische Risiken.

Die Vielschichtigkeit der Risiken eines Unternehmens wird noch deutlicher, wenn die zuvor genannten Risikokategorien weiter aufgeschlüsselt werden. Dies wird beispielhaft in den nachfolgenden Abbildungen anhand der **Beschaffungs-, Produktions- und Absatzrisiken** skizziert (vgl. Abb. 7.12, Abb. 7.13 und Abb. 7.14; vgl. KPMG 1999).

Für jede dieser Risikokategorien werden mögliche strategische und operative Ziele und Beispiele für die damit einhergehenden Risiken genannt (vgl. KPMG 1999). Grundsätzlich werden mithilfe der in Abb. 7.11 vorgenommenen Abgrenzung alle internen und externen Risiken erfasst und über die Differenzierung der drei Hauptkategorien voneinander getrennt. Trotzdem ist zu konstatieren, dass auch bei der hier vorgenommenen Kategorisierung eine gänzlich überschneidungsfreie Abgrenzung der unternehmerischen Risiken mit theoretischer Exaktheit abschließend nicht möglich ist.

Beschaffungsrisiken	
Strategische Dimension	
Ziele	*Risiken*
Versorgungssicherheit (z. B. langfristige Verträge)	Dauerhaft mangelndes Angebot, Rechtsrisiken
Lieferantenunabhängigkeit/Risikostreuung	Konzentration auf Anbieterseite
Kostenreduktion (intern/extern)	Schwächen der Ablauforganisation Marktpreisentwicklung
Qualitäts-/Leistungsverbesserung (intern/extern)	Prozessschwächen/Materialqualität des Lieferanten
Flexibilität	Lieferengpässe, Lieferantenkonzentration
Sicherung der Reputation (Zahlungsmoral)	Dauerhafte Liquiditätsprobleme
Operative Dimension	
Ziele	*Risiken*
Preisstabilität	Kurzfristige Preisschwankungen
Wirtschaftlichkeit	Effizienzlücken
Versorgungssicherheit (richtige Menge, Zeit, Qualität, Ort)	Engpässe, kurzfristige Bedarfsänderungen

Abb. 7.12: Beschaffungsrisiken

Produktionsrisiken	
Strategische Dimension	
Ziele	Risiken
Kostenführerschaft	Produktionskostenanstieg, der nicht an Kunden weitergegeben werden kann
Leistungsoptimierung	Produktionsengpässe, Produktionsqualität
Operative Dimension	
Ziele	Risiken
Realisierung des Produktionsprogramms (Qualität, Menge, Zeit, Ort)	Prozessschwächen (z. B. Logistik), Faktoreneigenschaften
Wirtschaftlichkeit, Produktivität, hohe Deckungsbeiträge	Ineffizienzen
Niedrige Leerzeiten, hohe Kapazitätsauslastung	Anpassungsfähigkeit der Kapazität

Abb. 7.13: Produktionsrisiken

Absatzrisiken	
Strategische Dimension	
Ziele	Risiken
Langfristige stabile, wachsende Umsatzentwicklung	Wechselnde Kundenbedürfnisse
Hoher Marktanteil	neue Wettbewerber, Substitute
Gewinnung neuer Kunden	Wechselnde Kundenbedürfnisse/ Modetrends, veraltete Technologien
Zielgerichtete Verhaltensbeeinflussung der Abnehmer	abweichende Verhaltensstrukturen
Erhöhung des Bekanntheitsgrades/Schaffung eines bestimmten Produkt- oder Unternehmensimages	Kommunikationsprobleme, Verfehlen der gewünschten Zielgruppe
Operative Dimension	
Ziele	Risiken
Erzielen des geplanten Umsatzes/Periode	Kundenverlust, Preisschwankungen
Niedrige Reklamationsraten	Schwächen bei der Qualitätskontrolle (mit Produktionsrisiken verknüpft)

Abb. 7.14: Absatzrisiken

Mit der zuvor erfolgten Risikoabgrenzung wurde bislang noch nicht die gewünschte **Verknüpfung mit dem Marktwert** der Unternehmung bzw. der damit verbundenen Risiken erreicht. Dazu ist die Integration zusätzlicher Risikokategorien erforderlich (vgl. Abb. 7.15).

Wesentlich ist in diesem Zusammenhang die Erkenntnis, dass alle qualitativen und quantitativen Risiken sich schlussendlich negativ auf die **Bilanz** bzw. auf die **Erfolgsrechnung** einer

Unternehmung auswirken können. Bspw. können Beschaffungsrisiken die Verteuerung der einzukaufenden Materialien beinhalten. Letzteres führt zu höheren Aufwendungen, niedrigeren Betriebsergebnissen, geringeren Umsatzrentabilitäten, etc. In diesen bilanziellen bzw. erfolgsrechnerischen Risikoeffekten spiegeln sich alle direkten und indirekten Wirkungen aus der Risikoübernahme wieder. Sie stehen deshalb im Zentrum des unternehmerischen Interesses. Jede Risikosteuerung ist darauf ausgerichtet, die dieser zweiten Stufe der Risikokategorisierung zugeordneten Risikofelder im Hinblick auf eine Maximierung des Unternehmenswertes zu steuern.

Eine weitergehende Risikodifferenzierung im Hinblick auf eine Trennung bilanzieller und erfolgsrechnerischer Effekte ist in diesem Zusammenhang nicht sinnvoll. Denn prinzipiell lassen sich alle Teilkategorien der zweiten Stufe sowohl mit bilanziellen als auch mit erfolgsrechnerischen Elementen verknüpfen.

Auf dieser zweiten Stufe werden insgesamt sieben Risikokategorien unterschieden, die aus den zur ersten Stufe erörterten Risikokategorien folgen. So können die in Abb. 7.15 genannten Unternehmensrisiken als **Umsatzrisiko** zu einer nachteiligen Umsatzentwicklung führen. Sinkende Rohertragsmargen führen zum **Margenrisiko**. Steigende Abschreibungen werden im **Abschreibungsrisiko** erfasst. Nachteilige Veränderungen der Kapitalstruktur führen zum **Kapitalstrukturrisiko**. Eine Verschlechterung des Kapitalumschlags ist mit dem **Kapitalumschlagsrisiko** verknüpft. Höhere Fremdkapitalzinsen umfasst das **Zinsrisiko** und höhere Steuern werden schließlich im **Steuerrisiko** erfasst.

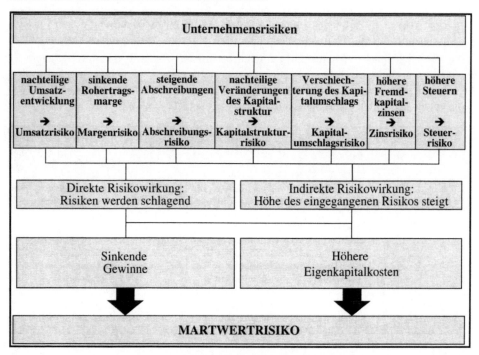

Abb. 7.15: Beispiel einer stufenweisen Risikokategorisierung (Teil 2)

Auch an dieser Stelle ist wieder zwischen dem Eingehen von Risiken und dem Schlagend werden von Risiken zu differenzieren. Aus den zuvor genannten Risikokategorien resultiert zum einen eine **indirekte Risikowirkung**, die darin besteht, dass die Höhe der eingegangenen Risiken zunimmt. Zum anderen ist mit diesem Risikokategorien aber auch eine **direkte Risikowirkung** verbunden, wenn Risiken schlagend werden.

Aus den indirekten und direkten Risikowirkungen ergibt sich einerseits das Risiko einer sinkender Gewinne aufgrund schlagend gewordener Risiken, andererseits aber auch das Risiko höhere Eigenkapitalkosten aufgrund veränderter Erwartungen. Beides führt, wie am Beispiel der periodenbezogenen und der barwertorientierten Betrachtung der Risikowirkungen bereits erörtert wurde, zu einem tendenziell sinkenden Marktwert der Unternehmung. Deshalb kann hier auch vom Marktwertrisiko der Unternehmung gesprochen werden. Das Marktwertrisiko umfasst als gesamtunternehmensbezogene Größe die Gefahr eines sinkenden Unternehmenswertes. Die Gesamtheit aller Unternehmensrisiken ist, wie die stufenweise Risikokategorisierung zeigen konnte, letztlich immer mit dem Marktwertrisiko verknüpft (vgl. Abb. 7.15).

2. Risikobewertung

a) Das Unsicherheitsproblem in der Risikomessung

Zur Risikoanalyse zählt neben der Risikoidentifikation auch die Risikobewertung. Gegenstand der **Risikobewertung** ist die Beurteilung des Ausmaßes der Auswirkungen Schlagend werdender Risiken. Dazu müssen zum einen möglichst alle potenziellen zukünftigen Umweltzustände identifiziert und, falls möglich, quantifiziert werden. Zum anderen sind möglichst exakte Wahrscheinlichkeiten für das Eintreten bestimmter zukünftiger Umweltzustände zu fixieren. Problematisch ist im Rahmen der Risikobewertung die Unsicherheit über zukünftige, das Ausmaß des Risikos determinierende Umweltzustände. Grundsätzlich lassen sich vier Unsicherheitskategorien unterscheiden (vgl. Abb. 7.16; HÖLSCHER 1999).

Unsicherheits-Kategorie	Charakteristika	Beispiele
1.Ordnung	Objektive Eintrittswahrscheinlichkeit für alle zukünftigen Umweltzustände bekannt	Wechselkursschwankungen Krankenstand der Mitarbeiter
2.Ordnung	Subjektive Eintrittswahrscheinlichkeit für alle zukünftigen Umweltzustände bekannt	Erwartete Umsatzerlöse, Anlaufverluste bei Markterweiterung
3.Ordnung	Art der Umweltzustände bekannt, jedoch keine Eintrittswahrscheinlichkeiten	Grundlagenforschung, Ausweitung des Versandhandels
4.Ordnung	Weder Art der Umweltzustände noch Eintrittswahrscheinlichkeiten bekannt	Neue Produkte im Bereich Biotechnologie, Jahr-2000-Problem

Abb. 7.16: Abgrenzung alternativer Unsicherheitskategorien

In der **Unsicherheitskategorie erster Ordnung** sind objektive Eintrittswahrscheinlichkeiten für alle zukünftigen Umweltzustände bekannt. Die Unternehmung kennt zunächst einmal alle zukünftigen Umweltzustände. Sie ist ferner in der Lage, Wahrscheinlichkeiten für das Eintreten dieser Umweltzustände zu beziffern. Beispiele hierfür sind Wechselkursschwankungen oder der Krankenstand der Mitarbeiter. So kann z. B. hinsichtlich der Wechselkursschwankungen aus den Daten der Vergangenheit abgeleitet werden, welche Volatilität der Wechselkurs der heimischen Währung gegenüber einer bestimmten Fremdwährung aufwies. Die Wechselkursschwankungen lassen sich mithilfe statistischer Verfahren berechnen. Hieraus können für die zukünftigen Wechselkursentwicklungen entsprechende Aussagen abgeleitet werden.

In der **Unsicherheitskategorie zweiter Ordnung** sind subjektive Eintrittswahrscheinlichkeiten für alle zukünftigen Umweltzustände bekannt. Im Gegensatz zur Unsicherheitskategorie erster Ordnung können jetzt aber keine objektiven Eintrittswahrscheinlichkeiten quantifiziert werden. Dieses Problem betrifft all jene Risikofaktoren, bezüglich derer die zukünftige Entwicklung nicht mit einer hinreichenden Genauigkeit aus den Daten der Vergangenheit abzuleiten ist. So können bspw. die zukünftig erwarteten Umsatzerlöse bzw. deren Schwankungen wohl kaum aus den Daten der Vergangenheit abgeleitet werden. Und bei der Markterweiterung durch Einführung neuer Produkte kann nicht auf hinreichend genaue Daten der Vergangenheit zurückgegriffen werden. Aber selbst wenn bezüglich dieser Beispiele objektive Eintrittswahrscheinlichkeiten fehlen, so lassen sich dennoch zumindest subjektive Wahrscheinlichkeitswerte aus den Erfahrungen der Vergangenheit mit einer hinreichenden Genauigkeit fixieren.

Bezüglich der **Unsicherheitskategorie dritter Ordnung** ist zwar die Art der Umweltzustände bekannt. Es fehlen jedoch die Eintrittswahrscheinlichkeiten. Im Gegensatz zur Unsicherheitskategorie zweiter Ordnung lassen sich jetzt noch nicht einmal mehr subjektive Eintrittswahrscheinlichkeiten mit einer ausreichenden Genauigkeit fixieren. Beispiele für die Unsicherheitskategorie dritter Ordnung sind die Grundlagenforschung oder die Ausweitung des Versandhandels.

Die **Unsicherheitskategorie vierter Ordnung** stellt das größte Problem für die Unternehmen da. Hier sind weder die Art der Umweltzustände noch die Eintrittswahrscheinlichkeiten bekannt. Diesbezüglich sind sich die Unternehmen völlig darüber im Unklaren, welche Entwicklungen sich in der Zukunft ergeben werden. Dies betrifft bspw. die neuen Produkte im Bereich der Bio-Technologie. Dies betraf auch das Jahr-2000-Problem.

Vor dem Hintergrund der vier Unsicherheitskategorien lässt sich zusammenfassend feststellen, dass für die Risikobewertung der Unternehmen vor allem die Eintrittswahrscheinlichkeit und das Ausmaß der mit zukünftigen Umweltzuständen verbundenen Ergebniseffekte entscheidend sind.

Hinsichtlich der Eintrittswahrscheinlichkeiten sind normale bzw. wahrscheinliche Schwankungen von außerordentlichen bzw. unwahrscheinlichen Ereignissen abzugrenzen (vgl. Abb. 7.17, aus UBS 1999). Die zentrale Basis der Zukunftsplanung bilden diesbezüglich sogenannte **Standardszenarien**. Diese Standardszenarien umfassen die mit einer hohen Wahrscheinlichkeit auftretenden Ereignisse. Diese mit hoher Wahrscheinlichkeit eintretenden Ereignisse bilden den Hauptteil zukünftiger Umweltzustände.

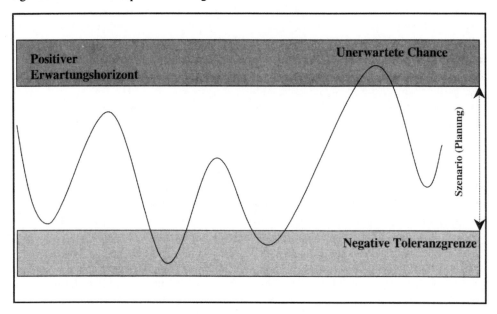

Abb. 7.17: Normale und außerordentliche Schwankungen

Letztere werden jedoch im Rahmen von Standardszenarien keineswegs vollständig erfasst. Denn es wird immer wieder besonders außergewöhnliche und unwahrscheinliche Umweltzustände geben. Diese können die Erwartungen des Standardszenarios sowohl im positiven als auch im negativen Sinne übertreffen. Während die positiven Entwicklungen für die Unternehmungen grundsätzlich kein Problem darstellen, sind gerade die unerwarteten Entwicklungen für die Unternehmensexistenz besonders gefährlich.

b) Alternative Verfahren zu Risikomessung

Vor dem Hintergrund der zuvor erörterten Unsicherheitsstufen müssen geeignete Methoden zur Risikomessung entwickelt und eingesetzt werden. Beispiele für alternative Methoden zur Risikomessung sind:

- VaR,
- Cashflow at Risk,
- Earnings at Risk,
- Praxismodell annualisierter Gesamtschadenerwartungswerte,
- Sensitivitätsanalyse,
- Drei-Werte-Verfahren und
- Szenarioanalyse.

Diese Verfahren werden im Folgenden kurz erörtert.

(1) VaR

Der **Value at Risk** (VaR) wurde ursprünglich für die Risikomessung im Rahmen von Finanzgeschäften, und hier insbesondere für die Messung von Zins-, Devisenkurs- und Aktienkursrisiken konzipiert. Der VaR ist definiert als der geschätzte maximal erwartete Verlust, der unter üblichen Marktbedingungen innerhalb einer bestimmten Periode mit einer bestimmten Wahrscheinlichkeit eintreten kann (vgl. SMITHSON/MINTON 1996). Die Quantifizierung des VaR erfolgt in einem mehrstufigen Verfahren.

In einer ersten Stufe ist der für die jeweilige Risikokategorie relevante Risikoparameter zu definieren. **Risikoparameter** können bspw. Aktienkursrenditen, Zinssatzänderungen, Devisenkursänderungen etc. sein. Allerdings werden in dieser Stufe bspw. nicht die Aktienkurse selbst, sondern deren Veränderungen betrachtet.

In der zweiten Stufe wird die **Standardabweichung** des jeweiligen Risikoparameters untersucht. Dazu wird für den Risikoparameter eine Reihe historischer Beobachtungsdaten aufgestellt. Ausgehend von dieser Reihe von Beobachtungsdaten wird deren Mittelwert berechnet. Gemäß der Prämisse, dass sich die Daten der Zukunft so wie die Daten der Vergangenheit verhalten werden, entspricht dieser Mittelwert gleichzeitig dem zukünftigen Erwartungswert:

$$EW = \frac{1}{N} \sum_{i=1}^{N} a_i$$

mit: a_i = Einzelwert; EW = Erwartungswert; i = Index; N = Anzahl der Einzelwerte; VAR = Varianz

Der **Erwartungswert** bildet die Grundlage der Berechnung der Varianz, aus deren Quadratwurzel die Standardabweichung folgt:

$$VAR = \frac{1}{N} \sum_{i=1}^{N} (a_i - EW)^2$$

$$STD = \sqrt{VAR} = \sqrt{\frac{1}{N} \sum_{i=1}^{N} (a_i - EW)^2}$$

mit: a_i = Einzelwert; EW = Erwartungswert; i = Index; N = Anzahl der Einzelwerte; STD = Standardabweichung; VAR = Varianz

Erwartungswert und Standardabweichung bilden die Basis der nachfolgenden statistischen Aussagen. In der Statistik wird mithilfe von Häufigkeitsverteilungen beschrieben, mit welcher Häufigkeit bzw. Wahrscheinlichkeit die Beobachtungsdaten einen bestimmten Wert oder ein bestimmtes Werteintervall erreichen, bzw. über- oder unterschreiten. Dabei lässt sich aus der sogenannten Dichtefunktion (vgl. Abb. 7.18) einer Verteilung ablesen, mit welcher Wahrscheinlichkeit ein bestimmter Wert beobachtet werden konnte. Die Fläche unterhalb dieser Dichtefunktion entspricht demnach 100 % aller Fälle.

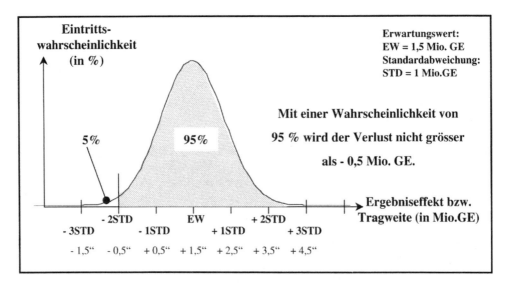

Abb. 7.18: Häufigkeitsverteilung im VaR-Konzept

Die hier dargestellte Standardnormalverteilung beschreibt die Verteilung einer Zufallsvariablen Z mit dem Erwartungswert 0 und der Standardabweichung 1. Aus dem symmetrischen Verlauf der Dichtefunktion zeigt sich, dass ausgehend von einem Erwartungswert 0 die Wahrscheinlichkeiten für positive und negative Abweichungen mit gleichem Abstand vom Erwartungswert gleich hoch sind. Jeder beliebige, ebenfalls normalverteilte Parameter lässt sich in diese Standardnormalverteilung überführen. Der Vorteil einer solchen Überführung besteht darin, dass sich dann die Wahrscheinlichkeitswerte einfacher berechnen oder mithilfe standardisierter Tabellen leicht ablesen lassen. Die Überführung eines normal verteilten Risikoparameters in die Standardnormalverteilung erfolgt mithilfe einer einfachen **Transformationsregel**:

$$Z = \frac{x - EW}{STD}$$

mit: *EW = Erwartungswert; STD = Standardabweichung; x = normalverteilte Zufallsvariable; Z = standardnormalverteilte Zufallsvariable*

Diese Transformationsregel lässt sich dazu nutzen, eine Aussage über die Wahrscheinlichkeit einer bestimmten zukünftigen Entwicklung zu treffen. Der Blick auf die Verteilungsfunktion zeigt bereits ohne weitere Berechnungen, dass jeweils 50 % aller zukünftigen Ergebniswerte links bzw. rechts vom Erwartungswert liegen. Um zu weitergehenden Aussagen zu gelangen, kann auf die statistischen Erkenntnisse bezüglich des Verlaufs der Standardnormalverteilung zurückgegriffen werden. Gemäß der Standardnormalverteilung sind bei einem Erwartungswert von 0 und einer Standardabweichung von 1 mit einer Wahrscheinlichkeit von 84,14 % Ergebnisse mit Werten ≥ -1 zu erwarten. Dies bedeutet ferner, dass mit einer Wahrscheinlichkeit von 16 % die Ergebnisse einen Wert ≤ -1 aufweisen werden. Verdoppelt man die Standardabweichung und damit den Z-Wert, so gilt: Mit einer Wahrscheinlichkeit von 95 % werden die Ergebniswerte ≥ -2, mit einer Wahrscheinlichkeit von 5 % demnach ≤ -2 sein.

Die in der Praxis zu beobachtenden Verteilungen der für Unternehmungen relevanten Risikoparameter werden in den seltensten Fällen standardisierte Erwartungswerte von 0 und Standardabweichungen von 1 aufweisen. In diesen Fällen ist deshalb die oben genannte Transformationsregel anzuwenden. So sei bspw. für einen bestimmten Beteiligungswert, den eine Unternehmung hält, ein Performanceerwartungswert von 1,5 Mio. GE bei einer Standardabweichung von 1 Mio. GE unterstellt. Aus der Umstellung der oben genannten Transformationsregel folgt:

$$X = Z \cdot STD + EW$$

mit: EW = Erwartungswert; STD = Standardabweichung; X = normalverteilte Zufallsvariable; Z = standardnormalverteilte Zufallsvariable

Für die normalverteilte Zufallsvariable X ergeben sich bei Z-Werten von - 1 bzw. - 2 somit Ergebniswerte von 0,5 Mio. GE (= - 1 · 1 Mio. GE + 1,5 Mio. GE) bzw. - 0,5 Mio. GE. Aus der Übertragung der Kenntnisse der Standardnormalverteilung folgt demgemäß, dass mit einer Wahrscheinlichkeit von 84 % die für die Beteiligung der Unternehmung erwartete Performance $\geq$ 0,5 Mio. GE bzw. mit einer Wahrscheinlichkeit von 16 % diese Performance $\leq$ 0,5 Mio. GE ausfallen wird. Für den Z-Wert von - 2 folgt, dass mit einer Wahrscheinlichkeit von 95 % der Ergebniswert $\geq$ - 0,5 Mio. GE bzw. mit einer Wahrscheinlichkeit von 5 % einen Wert $\leq$ - 0,5 Mio. GE ausmachen wird.

Für den Z-Wert von - 2 lässt sich somit folgende Aussage treffen: Mit einer Wahrscheinlichkeit von 95 % wird der maximal erwartete Verlust, der unter üblichen Bedingungen innerhalb eines bestimmten Zeitraums eintreten kann, nicht größer als - 0,5 Mio. GE sein. Vor dem Hintergrund der Risikodefinition ist diese Aussage allerdings nicht unproblematisch. Denn als Risiko wurde die Abweichung von einem erwarteten Ergebnis definiert. Die Abweichung vom erwarteten Ergebnis beträgt bei einem Z-Wert von - 2 insgesamt 2 Mio. GE. Insofern müsste unter Beachtung der getroffenen Risikodefinition der als Abweichung vom Erwartungswert verstandene VaR eigentlich 2 Mio. GE betragen. Tatsächlich wird in der praktischen Anwendung im Sinne der Risikodefinition verfahren. Dazu wird für jede beliebige Position ein **Erwartungswert von 0** unterstellt, selbst wenn eigentlich mit positiven Erwartungswerten gerechnet wird.

Im Beispiel wurden die Erwartungswerte und die Standardabweichung mit absoluten Zahlen beziffert. Tatsächlich werden in der Praxis diese Werte üblicherweise als Prozentgrößen berechnet. Aus verteilungstheoretischer Sicht ist zudem zur Verbesserung der Ergebnisgenauigkeit mit **logarithmierten** Werten zu rechnen. Wenn man jedoch Standardabweichungen und Erwartungswerte in Form von Prozentzahlen quantifiziert hat, so muss zur Berechnung des VaR abschließend überlegt werden, welches (finanzielle) Volumen einem Risiko ausgesetzt ist. Gleichwohl ist die Berechnung des VaR nicht auf den liquiditätsmäßig-finanziellen Bereich beschränkt. Es ließe sich auch ein VaR bspw. für Stückzahlen o. ä. kalkulieren.

Eine weitere Besonderheit des VaR besteht darin, dass die für einzelne Risikoparameter berechneten VaR-Werte sich angesichts ihrer gemeinsamen Basis zu einem **Gesamtrisiko** zusammenführen lassen. Hierbei ist allerdings zu beachten, dass für einzelne Risikoparameter die VaR-Werte nicht einfach addiert werden dürfen. Vielmehr sind die zwischen den Risikoparametern bestehenden Verbundeffekte zu berücksichtigen. Diese Risikoverbundeffekte verdienen deshalb besondere Beachtung, weil sich zwei oder mehr Risikoparameter üblicherweise nicht gleich entwickeln. Vielmehr ist anzunehmen, dass durch teilweise oder vollständig gegenläufige Entwicklungen risikokompensierende Wirkungen eintreten. Diese sind bei der Risikomessung entsprechend zu berücksichtigen.

Das Ausmaß der **Gleich- bzw. Gegenläufigkeit** der Entwicklung zweier Risikoparameter wird mithilfe der Korrelationen erfasst. Der **Korrelationskoeffizient** stellt ein statistisches Maß für die Stärke des Zusammenhangs der Entwicklung zweier Zufallsvariablen dar. Bei einem Korrelationskoeffizienten von + 1 verläuft die Entwicklung zweier Beobachtungsgrößen vollständig gleichgerichtet, bei einem von - 1 vollständig entgegengesetzt und bei einem von 0 ist keinerlei Zusammenhang zu erkennen.

Zur Verdeutlichung sei unterstellt, dass die betrachtete Unternehmung über einen weiteren Beteiligungswert verfügt. Hierfür wird eine Performance von 2 Mio. GE bei einer Standardabweichung von 3 Mio. GE erwartet. Wenn der VaR mit einer Wahrscheinlichkeit von 95 % berechnet wird, so beträgt dieser für den Beteiligungswert A 2 Mio. GE (= 2 · 1 Mio. GE) und für den Beteiligungswert B 6 Mio. GE (= 2 · 3 Mio. GE).

Die Ergebnisentwicklung der beiden Beteiligungswerte kann vollständig unterschiedlich verlaufen. Diesbezüglich werden vier Fälle mit unterschiedlichen Korrelationen von + 1 im Fall 1; + 0,5 im Fall 2; 0 im Fall 3 und - 1 im Fall 4 betrachtet. Für den gesamten, aus zwei einzelnen Positionen sich zusammensetzenden VaR gilt folgender formelmäßiger Zusammenhang:

$$VAR\left(r^{PF}\right) = q_A^2 \, xVAR(r^A) + q_B^2 \, xVAR(r^B) + 2 \, x \, q_A \, x \, q_B \, x \, KOV(r^A, r^B)$$

mit: A,B = Index der Aktien A und B; VAR = Varianz; KOR = Korrelationskoeffizient; q = Anteil am Gesamtportefeuille; r = Aktienrendite; STD = Standardabweichung

Mit den Zahlen des Beispiels ergeben sich dann folgenden Gesamtrisikowerte:

$$\text{Fall 1: } VAR_1 = \sqrt{(2\,Mio.GE)^2 + (3\,Mio.GE)^2 + 2\,x\,2\,Mio.GE\,x\,3\,Mio.GE\,x(+1)} = 5\,Mio.\,GE$$

$$\text{Fall 2: } VAR_2 = \sqrt{(2\,Mio.GE)^2 + (3\,Mio.GE)^2 + 2\,x\,2\,Mio.GE\,x\,3\,Mio.GE\,x(+0,5)} = 4\,Mio.\,GE$$

$$\text{Fall 3: } VAR_3 = \sqrt{(2\,Mio.GE)^2 + (3\,Mio.GE)^2 + 2\,x\,2\,Mio.GE\,x\,3\,Mio.GE\,x(0)} = 3,6\,Mio.\,GE$$

$$\text{Fall 4: } VAR_4 = \sqrt{(2\,Mio.GE)^2 + (3\,Mio.GE)^2 + 2\,x\,2\,Mio.GE\,x\,3\,Mio.GE\,x(-1)} = 1\,Mio.\,GE$$

In seiner ursprünglichen Version wurde der VaR auf der Basis von Marktwertschwankungen definiert. D. h., dass für alle untersuchten Positionen demnach zunächst deren Barwert und anschließend die Barwertschwankungen quantifiziert werden müssen. Diese Vorgehensweise ist für das Geschehen auf den Finanzmärkten unproblematisch, da hier ohnehin in erster Linie Barwerte verwendet werden.

Das VaR-Konzept lässt sich jedoch ohne größere Schwierigkeiten von dieser Barwertbezogenheit lösen. So werden bspw. im Konzept der **Earnings at Risk** die Schwankungen von Periodenerfolgsgrößen aus der Gewinn- und Verlustrechnung analysiert. Dazu werden im einfachsten Fall für die einzelnen Positionen der Gewinn- und Verlustrechnung Erwartungswerte und Standardabweichungen kalkuliert und im Sinne des zuvor vorgestellten VaR-Konzepts interpretiert. Im Zusammenhang mit der Unternehmensbewertung wurde für das Wertmanagement die besondere Bedeutung der Cashflows herausgearbeitet. Vor diesem Hintergrund besteht mit dem Modell der **Cashflow at Risk** eine weitere VaR-Variante. Hier wird analog zum Konzept der Earnings at Risk verfahren. Allerdings werden nur die liquiditätswirksamen Positionen betrachtet (vgl. MATTEN 1995).

Tendenziell werden im Rahmen dieser VaR-Varianten stets **Standardszenarien** betrachtet. Die wirklich außergewöhnlichen und sehr unwahrscheinlichen Ergebnisschwankungen bleiben häufig unberücksichtigt. Deshalb sollten die drei genannten Konzepte zum Beispiel durch Stressszenarien ergänzt werden. Hinsichtlich dieser **Worst-Case-** oder **Stressszenarien** wird überprüft, mit welchem VaR zum Beispiel bei der 7- oder 10-fachen Standardabweichung gerechnet werden müsste.

Bei allen VaR-Konzepten wird immer davon ausgegangen, dass die untersuchten Risikoparameter normalverteilt sind. Dies ist jedoch in der Praxis häufig nicht der Fall. Wenn die Normalverteilung nicht gegeben ist, so stimmen die Wahrscheinlichkeitsaussagen nicht mehr. Zur Verbesserung der Aussagequalität sind dann bspw. **Simulationsrechnungen**, in deren Rahmen man sich von der Normalverteilungsprämisse lösen kann, sinnvoll. In diesem Zusammenhang wird bei der **historischen Simulation** überprüft, mit welchen Ergebnisausschlägen gerechnet werden müsste, wenn sich die in der Vergangenheit beobachteten Veränderungen noch einmal wiederholen würden. Dazu werden zunächst die Ergebnisschwankungen der Vergangenheit quantifiziert. Hierauf aufbauend wird für eine heute bestimmte Position untersucht, wie deren Wert sich verändert, wenn die Schwankungen der Vergangenheit sich wiederholen würden. Mit der **Monte-Carlo-Simulation** können beliebige Verteilungen zugrunde gelegt werden. Hier kann man sich von den für die bisher vorgestellten Varianten notwendige Vergangenheitsorientierung gänzlich lösen und beliebige Erwartungswerte und Standardabweichungen für die Zukunft unterstellen (vgl. LISTER 1997).

Die häufig sehr restriktiven Annahmen des VaR hinsichtlich der Normalverteilung können zu einer gefährlichen Über- oder Unterbewertung des Risikos führen. Dieses Problem wird unter anderem mithilfe der Risikoberechnung über sogenannte **Lower-Partial-Moments** zu lösen versucht. Dazu werden die Formeln zur Risikoberechnung entsprechend angepasst (vgl. hierzu GUTHOFF/PFINGSTEN/WOLF 1998).

(2) Risikomessung mithilfe annualisierter Gesamterwartungswerte

Die zuvor erörterten statistischen Verfahren können nur dann angewendet werden, wenn sich aus einer ausreichend hohen Zahl von in der Vergangenheit beobachteten Daten entsprechende Verteilungsfunktionen ableiten lassen. Dies ist in der unternehmerischen Praxis häufig nicht der Fall. Deshalb sind unbedingt ergänzende Instrumentarien zur Risikobewertung in

Unternehmen zu entwickeln. Eine dieser Varianten stellt die **Risikomessung mithilfe annualisierter Gesamterwartungswerte** da.

Die Risikomessung mithilfe annualisierter Gesamterwartungswerte für potenzielle Schäden stellt eine sehr einfache, aber gleichzeitig sehr zweckmäßige Methode der Risikobewertung dar. Bei der Anwendung dieses Verfahrens wird zuerst eine Tabelle aufgestellt, in der zwischen realistischen Höchstschäden, mittleren Schäden und Kleinschäden differenziert wird (vgl. Abb. 7.19).

Gleichzeitig wird eine zeitliche Schadensbeurteilung vorgenommen. So wird im vorliegenden Beispiel zwischen täglichen, wöchentlichen, monatlichen, quartalsweisen, jährlichen, 5-jährigen, 20-jährigen, 100-jährigen und über 100-jährigen Schadensereignissen differenziert. Mithilfe dieser Tabelle wird anschließend in einem dreistufigen Verfahren die Risikobewertung vorgenommen.

Bezeichnung:									
realistischer Höchstschaden			100 Mio.						
mittlerer Schaden				2 Mio.					
Kleinschaden									500	
	Periode	>100 J.	100 J.	20 J.	5 J.	1 J.	q	m	w	t

Abb. 7.19: Risikomessung mithilfe annualisierter Gesamterwartungswerte (Schadenssummen in GE; J = Jahre, q = quartalsweise; m = monatlich; w =wöchentliche, t = täglich)

In der ersten Stufe erfolgt eine differenzierte Erfassung von **Schadenssummen** und **Eintrittshäufigkeiten**. So wird im vorliegenden Beispiel unterstellt, dass wöchentlich mit einem Kleinschaden in Höhe von 500 GE gerechnet wird. Alle 20 Jahre tritt ein mittlerer Schaden in Höhe von 2 Mio. GE auf. Einmal in 100 Jahren wird mit einem Maximalschaden in Höhe von 100 Mio. GE gerechnet.

Die zuvor erfassten Schadenssummen werden in der zweiten Stufe annualisiert. Das **Annualisierungsverfahren** ist denkbar einfach. Die Schadenssumme des voraussichtlich alle 100 Jahre einmal auftretenden Schadens wird durch 100 dividiert und somit auf 1 Jahr heruntergebrochen. Daraus folgt eine annualisierte Verteilung des maximalen Höchstschadens von 1 Mio. GE pro Jahr (= 100 Mio. GE / 100 Jahre). Analog hierzu wird der mittlere Schaden auf 20 Jahre verteilt. Hieraus resultiert ein annualisisierter Wert von 0,1 Mio. GE pro Jahr (= 2 Mio. GE / 20 Jahre). Der wöchentlich auftretende Kleinschaden muss schließlich auf ein Jahr hochgerechnet werden. Hieraus ergibt sich ein jährlicher Betrag von 26.000 GE (= 500 GE · 52) für Kleinschäden.

Schließlich werden in der dritten Stufe die annualisierten Werte zum **Gesamterwartungswert** zusammengefasst. Im Beispiel ergibt sich ein Gesamterwartungswert in Höhe von 1,126 Mio. GE (= 1 Mio. GE + 0,1 Mio. GE + 0,026 Mio. GE).

(3) Sensitivitätsanalyse

Mithilfe von Sensitivitätsanalysen wird gezeigt, welche Variablen für ein bestimmtes Ergebnis besonders bedeutsam sind. Derartige Variablen müssen sehr sorgfältig prognostiziert bzw. überwacht werden. Gleichzeitig lassen sich mit einer Sensitivitätsanalyse auch kritische Werte für die Variablen ermitteln, deren Über- oder Unterschreiten das Ergebnis verändern kann.

Die Sensitivitätsanalyse ist durch zwei Merkmale gekennzeichnet:

- Es erfolgen systematische Parametervariationen mit dem Ziel, einen vorgegebenen Ergebniswert auf dessen Sensibilität gegenüber Veränderungen seiner verschiedenen Einflussgrößen zu testen.
- Diese Sensibilität wird dabei gemessen an der Stärke der sich durch parametrische Variationen ergebenden Abweichungen von bestimmten Sollwerten.

Sensitivitätsanalysen werden vor allem in der Investitionsrechnung eingesetzt (für ein Beispiel vgl. SCHIERENBECK 2001).

(4) Risikoanalyse mithilfe des Drei-Werte-Verfahrens

Im Drei-Werte-Verfahren werden für die zu untersuchende Ergebnisgröße

- ein mit hoher Wahrscheinlichkeit erwarteter,
- ein optimistischer und
- ein pessimistischer Ergebniswert

geschätzt. Danach werden die Abweichungen des optimistischen und des pessimistischen Ergebniswertes vom mittleren Wert berechnet. Diese Abweichungen werden anschließend zueinander ins Verhältnis gesetzt. Es ergibt sich ein Koeffizient, der als Indiz für die potenzielle Ergebnisabweichung gewertet werden kann. In einem weiteren Schritt werden zusätzlich zu den zuvor genannten Output-Größen auch die Input-Faktoren untersucht. Dazu werden für die Input-Faktoren diejenigen Werte notiert, die mit der optimistischen, pessimistischen und mit der mittleren Ergebnisentwicklung verknüpft sind. Es werden wiederum die Abweichungen bestimmt und Koeffizienten berechnet.

Aus dem Vergleich des Input-Koeffizienten mit dem Output-Koeffizienten lässt sich zumindest ein grober Eindruck zur Beurteilung von Chancen und Risiken gewinnen.

	$\frac{D_o}{D_p} < 1$	$\frac{D_o}{D_p} = 1$	$\frac{D_o}{D_p} > 1$
$\frac{d_o}{d_p} < 1$			$\frac{D_o}{D_p} = \frac{44'}{40'} = 1{,}1 > 1$ $\frac{d_o}{d_p} = \frac{50'}{40'} = 1{,}25 > 1$ => Fall 3a: Chance
$\frac{d_o}{d_p} < 1$	$\frac{D_o}{D_p} = \frac{20'}{40'} = 0{,}50 > 1$ $\frac{d_o}{d_p} = \frac{50'}{40'} = 1{,}25 > 1$ => Fall 1: Chance	$\frac{D_o}{D_p} = \frac{20'}{20'} = 1 = 1$ $\frac{d_o}{d_p} = \frac{50'}{40'} = 1{,}25 > 1$ => Fall 2: Chance	$\frac{D_o}{D_p} = \frac{50'}{40'} = 1{,}25 > 1$ $\frac{d_o}{d_p} = \frac{50'}{40'} = 1{,}25 > 1$ => Fall 3b: Neutral
$\frac{d_o}{d_p} < 1$			$\frac{D_o}{D_p} = \frac{60'}{40'} = 1{,}50 > 1$ $\frac{d_o}{d_p} = \frac{50'}{40'} = 1{,}25 > 1$ => Fall 3c: Risiko
$\frac{d_o}{d_p} < 1$	$\frac{D_o}{D_p} = \frac{20'}{40'} = 0{,}50 > 1$ $\frac{d_o}{d_p} = \frac{40'}{40'} = 1 = 1$ => Fall 4: Chance	$\frac{D_o}{D_p} = \frac{20'}{20'} = 1 = 1$ $\frac{d_o}{d_p} = \frac{40'}{40'} = 1 = 1$ => Fall 5: Neutral	$\frac{D_o}{D_p} = \frac{50'}{40'} = 1{,}25 > 1$ $\frac{d_o}{d_p} = \frac{40'}{40'} = 1 = 1$ => Fall 6: Risiko
$\frac{d_o}{d_p} > 1$	$\frac{D_o}{D_p} = \frac{10'}{40'} = 0{,}25 < 1$ $\frac{d_o}{d_p} = \frac{20'}{40'} = 0{,}50 < 1$ => Fall 7a: Chance		
$\frac{d_o}{d_p} > 1$	$\frac{D_o}{D_p} = \frac{20'}{40'} = 0{,}50 < 1$ $\frac{d_o}{d_p} = \frac{20'}{40'} = 0{,}50 < 1$ => Fall 7b: Neutral	$\frac{D_o}{D_p} = \frac{20'}{20'} = 1 = 1$ $\frac{d_o}{d_p} = \frac{20'}{40'} = 0{,}50 > 1$ => Fall 8: Risiko	$\frac{D_o}{D_p} = \frac{50'}{40'} = 1{,}25 > 1$ $\frac{d_o}{d_p} = \frac{20'}{40'} = 0{,}50 < 1$ => Fall 9: Risiko
$\frac{d_o}{d_p} > 1$	$\frac{D_o}{D_p} = \frac{30'}{40'} = 0{,}75 > 1$ $\frac{d_o}{d_p} = \frac{20'}{40'} = 0{,}50 < 1$ => Fall 7c: Risiko		

Abb. 7.20: Risiko-Chancen-Analyse mithilfe des Drei-Werte-Verfahrens

Dieses Verfahren soll am Beispiel der Beziehung von Werbeausgaben und Absatzmengen demonstriert werden. Dazu werden insgesamt neun zu unterscheidende Fälle in Abb. 7.20 dargestellt. D_o und D_p bezeichnen diesbezüglich die Abweichungen von den durchschnittlich erforderlichen Werbeausgaben bei optimistischer (D_o) oder pessimistischer (D_p) Absatzentwicklung. Die Symbole d_o und d_p stehen demgemäß für die optimistische (d_o) bzw. pessimistische Entwicklung der Absatzmenge. Die durchschnittlichen Werbeausgaben werden mit 100.000 GE und die durchschnittliche Absatzmenge mit 500.000 Stück unterstellt.

Für jedes Feld werden unterschiedliche Annahmen getroffen, die am Beispiel des **ersten Falls** aufgezeigt werden sollen. Hier wird angenommen, dass im Falle einer optimistischen Entwicklung die Absatzmenge um 50.000 Stück auf 550.000 Stück gesteigert werden kann, wenn die Werbeausgaben um 20.000 GE auf 120.000 GE erhöht werden. Im pessimistischen Fall ergeben sich eine Absatzmenge von 460.000 Stück (= 500.000 Stück − 40.000 Stück) bei Werbeausgaben von 60.000 GE (= 100.000 GE − 40.000 GE).

Hieraus lassen sich für die Werbeausgaben ein Koeffizient von $\frac{20'}{40'} = 0,5$ und für die Absatzmenge ein Koeffizient von $\frac{50'}{40'} = 1,25$ berechnen. Die Koeffizienten zeigen an, dass eine geringe Erhöhung der Werbeausgaben zu einer relativ höheren Zunahme der Absatzmenge führt. Dieses Verteilungsprofil wurde ungeachtet aller sonst noch zu beobachtenden Aufwands- und Ertragsgrößen aufgestellt. Der Koeffizientenvergleich im Fall 1 zeigt, dass mit den hier betrachteten Relationen größere Chancen als Risiken verbunden sind.

Die Risiko-Chancen-Analyse auf der Basis des Drei-Werte-Verfahrens stellt somit prinzipiell eine Variante der Sensitivitätsanalyse dar. Sie ist nicht in der Lage, statistisch exakte Risikowerte zu generieren. Gleichwohl bietet ihre Anwendung zumindest Einblicke in die geschäftspolitische Risikostruktur (vgl. hierzu ausführlich RUNZHEIMER 1978; BLOHM/LÜDER 1995; NEUBÜRGER 1981 und 1989; WOLF/RUNZHEIMER 1999).

(5) Szenarioanalyse

Ein Szenario beschreibt die zukünftige Entwicklung eines Prognosegegenstandes. Im Rahmen von Szenarioanalysen werden

- die zukünftigen Entwicklungen
- eines Prognosegegenstandes
- bei alternativen Rahmenbedingungen

untersucht (vgl. KREIKEBAUM 1997). Die Vorgehensweise ist grundsätzlich von dem zugrunde liegenden Problem abhängig. Die Erörterung der Szenarioanalyse soll anhand des in Abb. 7.21 skizzierten Beispiels (entnommen aus WOLF/RUNZHEIMER 1999) erfolgen.

1. Aufgabenanalyse

Für das Unternehmen die Hans Häberle AG, Hersteller von hochpreisigen Automobilen, sind Einflussgrössen sowie deren Risiken für einen Prognosezeitraum über die nächsten 10 Jahre hinweg festzulegen.

2. Einflussanalyse

Einflussmatrix — Deskriptoren

		Wirtschaft	Politik/Recht	Umwelt	Technik	Markt (Gesellschaft)
strategische Variable	Imagebildung	1	1	1	3	3
	Beschaffungssicherung	3	2	1	1	0
	Investitionen	2	2	2	2	3
	Kundenorientierung	0	0	1	3	3
	Aus-und Weiterbildung der Mitarbeiter	2	2	0	0	0

Legende: 0 = kein, 1 = gewisser, 2 = starker, 3 = zwingender Einfluss

3. Trendprojektion und 4. Annahmebündelung

Nr.	Einflussbereich	Deskriptor	Merkmal	Ist-Zustand	Kritisch	Worst-Case	Normal-Fall	Best-Case
1	Wirtschaft	Exportchancen	quantitatv	250.000 EUR Umsatz	ja	275.000 EUR (30 %Wk)	300.000 EUR (50 % Wk)	350.000EUR (20% WK)
2	Politik/Recht	Gesetzesänderungen	qualitativ	qualitativ	nein	konstant	konstant	konstant
3	Umwelt	Entwicklung Rohölpreise (in EUR/l)	qualitativ	0,75 EUR/l	ja	1,50 EUR/l (30 % WK)	1,25 EUR/l (50 %Wk)	0,90 EUR/l (20 % Wk)
4	Technik	Kundenwünsche	qualitativ	qualitativ	nein	konstant	konstant	konstant
5	Markt (Gesellschaft)	Lohnentwicklung (in EUR)	qualitativ	qualitativ	ja	20.000 EUR (20 % Wk)	27.500 EUR (60 % Wk)	40.000 EUR (20 % Wk)

* WK = Wahrscheinlichkeit

5. Szenarioentwicklung

Nr.	Szenarien-Beschreibung
1	Im besten Fall wird der Exportanteil auf 350.000 EUR ansteigen, ein Liter Benzin nur noch 0,90 EUR kosten und der (unternehmensexterne) Durchschnittslohn (als Massstab für die Kaufkraft) bei 40.000 EUR liegen.
2	Im „Normalfall" wird der Export im Prognosezeitraum auf ca. 300.000 EUR ansteigen. Bis dahin wird der Rohölpreis bei 1,25 EUR/l liegen, wobei sich der Lohn auf etwa 27.500 EUR/Jahr fast konstant zum heutigen Tag verhalten wird.
3	Die Untergrenze der Szenarien liegt bei einer Exportsumme von 275.000 EUR, einem Rohölpreis von 1,50 EUR/l (angesichts der Inflation) und einer negativen Lohnentwicklung auf 20.000 EUR/Jahr.

6. Trendbruchanalyse

Störereignis		Auswirkungen auf Szenario		Eintrittswahr-scheinlichkeit
Nr.	Beschreibung	Nr. Intensität	Beschreibung	
1	Neue Konkurrenten	alle drei / hoch	Absatzschwierigkeiten	60 %
2	Lieferant Müller fällt aus	alle drei / hoch	Produktionsstop	40 %
3	Hochwasser im Produktionsgebäude	alle drei / mittel	Ausmass nicht exakt feststellbar (Produktionsstop, Schaden an Werkzeugen und Fahrzeugen)	30 %
4	Fehlende Neukunden	alle drei / mittel	Absatzprobleme bei Kapazitätsausweitung	25 %

7. Auswirkungsanalyse (Formulierung von Zielen und Handlungsempfehlungen)

Ist das Unternehmen in der Lage die Haupteinflussfaktoren der Szenarien selbst zu beeinflussen?

ja → Formulierung der Ziele und Handlungsempfehlungen, um das Eintreten der Szenarien zu fördern oder zu verhindern.

nein → Formulierung der Ziele und Handlungsempfehlungen, damit sich das Unternehmen in den Szenarien zurechtfindet.

Nr.	Strategische Chancen und Risiken aus den Ermittlungsszenarien.
1	Rohstoffversorgung wird sich kritisch entwickeln. Daher Produktion von Pkws mit niedrigem Spritverbrauch und robuster Karosserie produzieren
2	Exportchancen im asiatischen Raum ausweiten. Daher verstärkte Marketingmassnahmen in den dortigen Metropolen vornehmen.

8. Formulierung eines Massnahmekataloges

Abb. 7.21: Szenarioanalyse

Die Aufgabenstellung der Szenarioanalyse besteht im Beispiel darin, die Einflussgrößen des Unternehmenserfolgs und Risiken eines Automobilherstellers für die nächsten 10 Jahre zu identifizieren. Zur Erfüllung dieser Aufgabe wird im Rahmen einer Einflussanalyse untersucht, wie stark sich externe Faktoren, wie die Entwicklung der Wirtschaft, des politischen und rechtlichen Umfelds, der Umwelt, der Technik und des Marktes, sich auf die verschiedenen strategischen Variablen auswirken. Die Stärke des Einflusses wird mit Noten aus einer Skala von 0 bis 3 bewertet.

Anschließend werden für diese externen Faktoren Annahmen über die möglichen zukünftigen Entwicklungen getroffen. Damit werden im Beispiel gleichzeitig Annahmen über mögliche Entwicklungen von Preisen, Aufwendungen und Erträgen in verschiedenen Szenarien verknüpft. Anschließend werden die Ergebnisse für das Standard-, das Best-Case und das Worst-Case-Szenario zusammengefasst. Die Szenarioentwicklung wird im nächsten Schritt mit einer Trendbruchanalyse konfrontiert. Dabei wird untersucht, mit welcher Wahrscheinlichkeit sich potenzielle Störereignisse auf die Szenarien auswirken können.

Vor diesem Hintergrund wird untersucht, welche strategischen Chancen und Risiken sich daraus für eine Unternehmung ergeben. Diese sind wiederum Basis für die Formulierung eines Maßnahmenkatalogs. Letzterer enthält Handlungsempfehlungen, die helfen sollen, die strategischen Chancen zu nutzen und Risiken zu meistern (vgl. WOLF/RUNZHEIMER 1999; GESCHKA/HAMMER 1997).

c) Risk Map

Als oberstes Ziel aller Verfahren zur Risikomessung bleibt die Fixierung von Eintrittswahrscheinlichkeiten und die Quantifizierung potenzieller Ergebniseffekte festzuhalten. Wenn Eintrittswahrscheinlichkeiten und Ergebnisse feststehen, lassen sich diese in der sogenannten **Risk Map** miteinander kombinieren (vgl. Abb. 7.22). Dazu werden in einem Koordinatensystem auf der x-Achse die **Ergebniseffekte,** bzw. der **Impact**, und auf der y-Achse die **Eintrittswahrscheinlichkeiten,** bzw. die **Probability**, eingetragen. Die einzelnen Geschäfts- bzw. Risikobereiche werden als Schnittpunkte von Eintrittswahrscheinlichkeiten und Ergebniseffekte in dieses Koordinatensystem eingetragen. Die bspw. in Umsätzen ausgedrückte Größe des Geschäfts- bzw. Risikobereichs kann zumindest grafisch durch die jeweilige Kreisfläche angedeutet werden.

Die Risk Map präsentiert ein Bild des **Risikoportfolios** einer Unternehmung. Dieses Bild dient der besseren Einschätzung der Risikosituation und kann entsprechende Steuerungsimpulse generieren. Dazu kann das gesamte Feld einer Risk Map in verschiedene Teilbereiche zerlegt werden (vgl. Abb. 7.22).

Risiken mit einer hohen Eintrittswahrscheinlichkeit sollten, selbst wenn sie betragsmäßig noch so gering sind, gar nicht erst eingegangen werden. Diese Aussage gilt selbstverständlich für eine Eintrittswahrscheinlichkeit von 100 %. Für alle darunter liegenden Eintrittswahrscheinlichkeiten wäre im Sinne des Erwartungswert-Varianz-Kriteriums der wahrscheinlichkeitsgewichtete Erwartungswert entscheidend. Wenn mit einer Eintrittswahrscheinlichkeit von 99 % der Verlust 1 GE, mit einer Wahrscheinlichkeit von 1 % aber der Gewinn 1000 GE beträgt, so ergibt sich ein Erwartungswert von + 9,99 GE [(= 99 % · (- 1) GE + 1 % · 1000 GE)]. Demnach wäre trotz der hohen Wahrscheinlichkeit für das Schlagend werden des Risikos die Risikoübernahme sinnvoll.

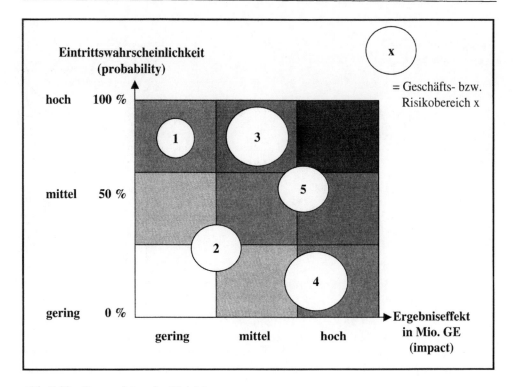

Abb. 7.22: Konstruktion der Risk Map

Aus der Multiplikation von **Eintrittswahrscheinlichkeit** und der in GE ausgedrückten **Tragweite** ergibt sich lediglich der Verlusterwartungswert. Dieser sagt zunächst einmal nichts über die Höhe der mit einem Geschäft verbundenen Chance aus. Trotzdem ist klar, das mit zunehmender Tragweite die potenzielle Belastung aus dem Schlagend werden von Risiken immer größer wird. Manche Risiken bergen dabei derart hohe Verlustgefahren in sich, dass sie die Unternehmerexistenz gefährden. Ein Unternehmen mit einer Eigenkapitalausstattung von 1000 GE sollte grundsätzlich selbst bei einer noch so geringen Eintrittswahrscheinlichkeit keine Risiken in Höhe von 1 Mio. GE übernehmen.

Darüber hinaus nimmt der **Gefährdungsgrad** nicht nur bei größer werdender **Tragweite** sondern auch bei steigender **Ergebniswahrscheinlichkeit** zu. Deshalb wird der Bereich gänzlich abzulehnender Risikoübernahmen mit steigender Wahrscheinlichkeit größer.

Beispielhaft werden in Abb. 7.23 vier Gefährdungsstufen differenziert. Die in der Risk Map einzutragenden Geschäftsbereiche können damit den Bereichen **Klein-Risiko, mittleres Risiko, Großrisiko** und dem nicht mehr akzeptablen Bereich des **Katastrophenrisikos** zugerechnet werden. Dadurch entsteht eine Übersicht über den gesamthaften Gefährdungsgrad einer Unternehmung.

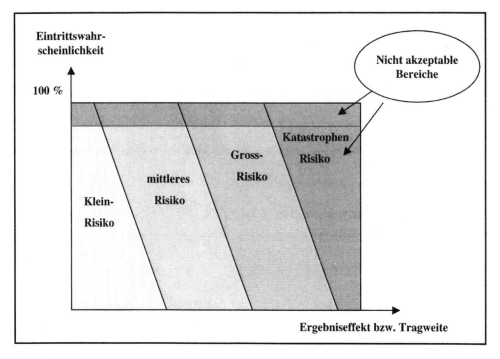

Abb. 7.23: Gefährdungsstufen in der Risk Map

Darüber hinaus sind für die Risk Map alle der vierten Unsicherheitsstufe zuzuordnenden Risikokategorien problematisch. Die Entscheidungsträger müssen sich stets dessen bewusst sein, dass die Risk Map diese Ergebnisbereiche zwar nicht enthält, diese trotzdem ein unter Umständen bedeutendes Gefährdungspotenzial für die Unternehmung darstellen.

II. Risikosteuerung

1. Risikobewältigungsstrategien

Im Rahmen der Risikosteuerung sind auf verschiedenen Ebenen unterschiedliche Strategien der Risikobewältigung zu differenzieren. Diesbezüglich können Maßnahmen der **aktiven Risikobewältigung** von den Maßnahmen der **passiven Risikobewältigung** abgegrenzt werden. Die Maßnahmen der aktiven Risikobewältigung sind auf die Steuerung der Risikostruktur ausgerichtet. Mithilfe der Strategien der Risikovermeidung, der Risikominderung und der Risikodiversifikation wird versucht, die Eintrittswahrscheinlichkeiten oder die Ergebniseffekte der einzelnen Risiken zu verändern.

Im Gegensatz dazu sind die Strategien der passiven Risikobewältigung darauf ausgerichtet, eine entsprechende Risikovorsorge zu betreiben. Diese Risikovorsorge kann einerseits darin bestehen, entsprechende Risikodeckungsmassen bereitzustellen, so dass Risikowirkungen aus eigener Kraft aufgefangen werden können. Sie kann andererseits aber auch die Abwälzung der aus dem Schlagend werden von Risiken resultierende Konsequenzen beinhalten (vgl. Abb. 7.24).

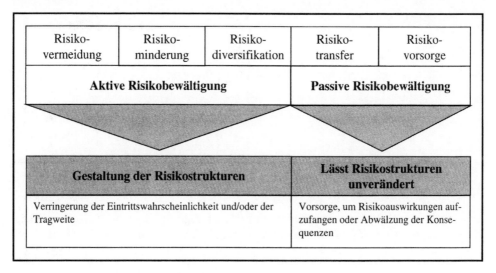

Abb. 7.24: Übersicht über alternative Risikobewältigungsstrategien

a) Strategien der aktiven Risikobewältigung

Die **Strategien der aktiven Risikobewältigung** lassen sich grafisch mithilfe eines Koordinatensystems darstellen. In diesem Koordinatensystem ist auf der x-Achse die Tragweite bzw. der Ergebniseffekt aus Risiken und auf der y-Achse die mit dem jeweiligen Risiko verbundene Eintrittswahrscheinlichkeit abzutragen (vgl. Abb. 7.25).

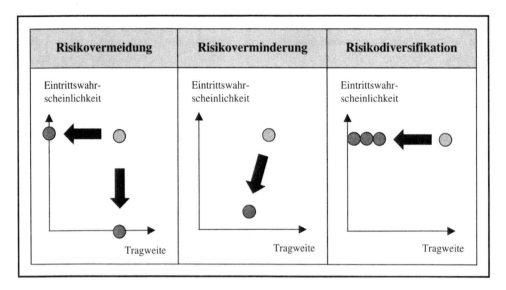

Abb. 7.25: Instrumente der aktiven Risikobewältigung

Im Rahmen der **Risikovermeidung** muss entweder die Eintrittswahrscheinlichkeit oder aber die Tragweite eines bestehenden Risikos vollständig heruntergefahren werden. So ließe sich bspw. das Produktionsrisiko einer bestimmten Anlage durch die vollständige Stilllegung dieser Anlage gänzlich ausschalten. Risikovermeidung bedeutet aber auch, dass bestehende Chancen ausgeschaltet werden. Denn ohne die Übernahme von Risiken – diese wird im Rahmen der Risikovermeidung zwangsläufig abgelehnt – werden auch keine Chancen generiert. Die Unternehmung beraubt sich damit positiver Ertragsaussichten. Insofern stellen die Strategien der Risikovermeidung grundsätzlich immer den letzten, sehr weitreichenden und außergewöhnlichen Schritt zur Risikobewältigung dar.

Grundsätzlich ist die Risikovermeidung eine Extremform der **Risikominderung.** Bei der Risikominderung werden die Eintrittswahrscheinlichkeiten oder die Tragweiten von Risiken auf ein für die Unternehmung akzeptables Maß zurückgeschraubt. So könnte für eine offene Devisenposition eine Unternehmung im Rahmen einer Risikovermeidungsstrategie das gesamte Risikovolumen durch ein entsprechendes Absicherungsgeschäft gegen Devisenkursschwankungen immunisieren. Gleichzeitig würde sich die Unternehmung aber die Chance nehmen, von einer für sie günstigen Wechselkursentwicklung profitieren zu können. Deshalb würde im Rahmen einer Risikominderungsstrategie nicht das vollständige Devisenvolumen, sondern bspw. nur 50 % des offenen Betrages abgesichert werden.

Im Rahmen der Risikominderung lassen sich drei Maßnahmenkategorien differenzieren (vgl. HÖLSCHER 1999, HOFFMANN 1985):

- **Personelle** Maßnahmen, wie bspw. Schulung, Personalauswahl, etc.,
- **technische** Maßnahmen, wie bspw. Verbesserung des Sicherheitsniveaus, Einsatz finanzieller Sicherheitsinstrumente, etc. oder

- **organisatorische** Maßnahmen, wie bspw. die Verbesserung von Arbeitsabläufen, die Einführung eines Qualitätsmanagements, etc.

Das dritte Instrument im Rahmen der aktiven Risikobewältigung ist die **Risikodiversifikation**. Bei der Risikodiversifikation wird ein bestehendes Gesamtrisiko in mehrere voneinander unabhängige Teilrisiken zerlegt. Tendenziell wird dadurch eine gleichbleibende Eintrittswahrscheinlichkeit erreicht. Gleichzeitig wird die Tragweite der einzelnen Teilrisiken gegenüber dem Gesamtrisiko verringert. Dadurch entsteht ein neues, für die Unternehmung günstigeres Risikoprofil (vgl. MÜLLER 1978).

Selbstverständlich ist es auch denkbar, dass im Rahmen der Diversifikation ein bestehendes Gesamtrisiko in Teilrisiken mit variierenden Eintrittswahrscheinlichkeiten und Tragweiten zerlegt wird, wobei unter Berücksichtigung von Korrelationseffekten die Zusammenführung der Teilrisiken wiederum zum Gesamtrisiko führt.

Die Risikodiversifikation kann auf verschiedenen Ebenen erreicht werden. **Regionale** Diversifikation wird durch die räumliche Streuung z. B. von Produktion oder Absatz erreicht. **Objektbezogene** Diversifikation liegt vor, wenn Aktivitäten auf mehrere Objekte verteilt werden. Z. B. könnte statt eines Großrechners zwei kleinere PC zur Bewältigung der EDV-Aufgaben angeschafft werden. Auch die **produktspezifische** Diversifikation, in deren Rahmen eine absatzpolitische Streuung vorgenommen wird, kann als objektbezogene Diversifikation betrachtet werden. Schließlich wird im Rahmen der **personenbezogenen** Diversifikation der gleichzeitige Ausfall wichtiger Personalkompetenzen verhindert (vgl. HÖLSCHER 1999).

b) Instrumente der passiven Risikobewältigung

Die **Instrumente der aktiven Risikobewältigung** dienen dazu, die Risikostrukturen eines Unternehmens aktiv zu gestalten. Dadurch sollen die Eintrittswahrscheinlichkeiten oder die Tragweite der Risiken verringert werden. Die Ausgangssituation des Instrumentariums der passiven Risikobewältigung ist hiervon losgelöst. Im Rahmen der passiven Risikobewältigung wird davon ausgegangen, dass trotz aller Gegenmaßnahmen nicht verhindert werden kann, dass Risiken schlagend werden. Deshalb muss bereits im Vorhinein dafür Sorge getragen werden, dass die Verluste aus schlagend gewordenen Risiken aufgefangen werden können, ohne dass die betroffene Unternehmung untergeht.

Demgemäß sind insbesondere solche Risiken diesem passiven Risikomanagement zu unterwerfen, bezüglich derer

- die Maßnahmen des aktiven Risikomanagements nicht greifen,
- die Kosten des aktiven Risikomanagements zu hoch sind und
- Restrisiken abgesichert werden müssen.

Passive Risikobewältigung wird dabei aufgeteilt in die Bereiche Risikovorsorge und Risikotransfer.

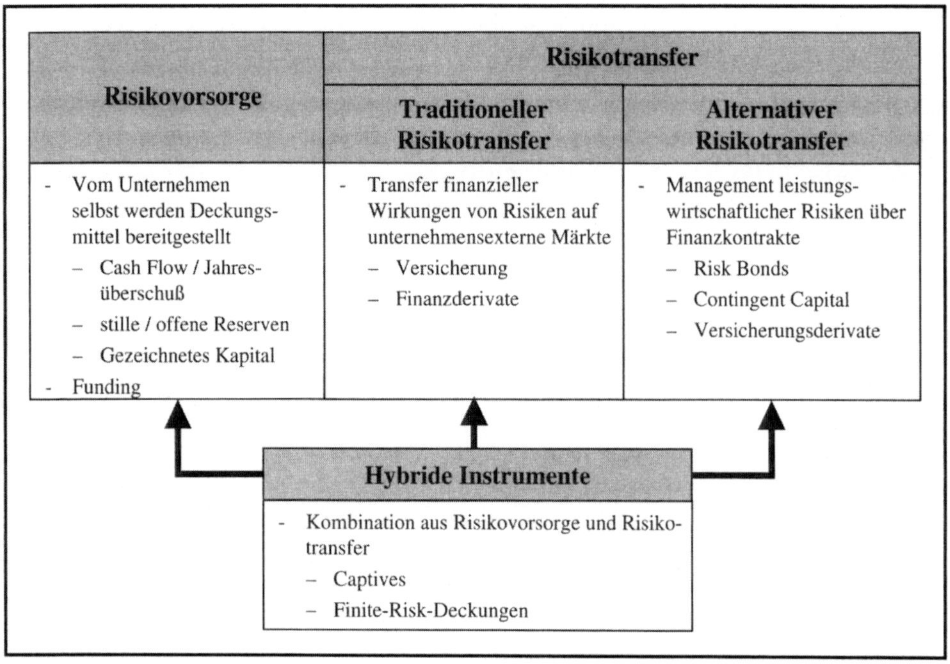

Risikovorsorge	Risikotransfer	
	Traditioneller Risikotransfer	Alternativer Risikotransfer

- Vom Unternehmen selbst werden Deckungsmittel bereitgestellt
  – Cash Flow / Jahresüberschuß
  – stille / offene Reserven
  – Gezeichnetes Kapital
- Funding
	- Transfer finanzieller Wirkungen von Risiken auf unternehmensexterne Märkte
	  – Versicherung
	  – Finanzderivate
		- Management leistungswirtschaftlicher Risiken über Finanzkontrakte
		  – Risk Bonds
		  – Contingent Capital
		  – Versicherungsderivate

Hybride Instrumente

- Kombination aus Risikovorsorge und Risikotransfer
  – Captives
  – Finite-Risk-Deckungen

Abb. 7.26: Instrumente der passiven Risikobewältigung

(1) Risikovorsorge

Die **Risikovorsorge** besteht darin, Deckungsmassen für (potenzielle) Verluste bereit zu stellen. Als Deckungspotenzial kommen die verschiedenen Elemente des Eigenkapitals inklusive des erwirtschafteten Gewinns in Frage. Verluste aus Schlagend gewordenen Risiken werden über die bereitgestellten Risikodeckungsmassen kompensiert.

Die Deckungsmassen können dazu stufenweise abgegrenzt werden. Mit einer solchen Abstufung der Deckungsmassen wird dem Umstand Rechnung getragen, dass Risiken mit einer unterschiedlich hohen Wahrscheinlichkeit schlagend werden (vgl. Abb. 7.27).

Deckungspotenzial	Deckungsmassen
Primäres Deckungspotenzial	Übergewinn
Sekundäres Deckungspotenzial	Stille Reserven
Tertiäres Deckungspotenzial	Mindestgewinn
Quartäres Deckungspotenzial	Offene Reserven und Gezeichnetes Kapital

Abb. 7.27: Risikodeckungspotenzial

Zur Abdeckung der mit hoher Wahrscheinlichkeit eintretenden Verluste sollte zunächst das **primäre Deckungspotenzial** verbraucht werden. Hierzu zählen solche Elemente, die ohne Publizitätswirkung aufgelöst bzw. verwendet werden können. Diese Eigenschaften erfüllt der Übergewinn. Als Übergewinn werden die über den Mindestgewinn hinausgehenden Gewinnbestandteile bezeichnet. Als Mindestgewinn wird grundsätzlich der zur Erhaltung des finanziellen Gleichgewichts erforderliche Überschuss definiert. Zur Sicherung des Unternehmenswertes wäre allerdings ein Mindestgewinn in Höhe der Eigenkapitalkosten zu erwirtschaften.

Als **sekundäres Risikodeckungspotenzial** gelten die stillen Reserven. Diese können unter Umständen aufgelöst werden, ohne dass dies von außenstehenden Personen bemerkt werden kann. Trotzdem stellt die Auflösung stiller Reserven einen Substanzverlust dar.

Als **tertiäres Risikodeckungspotenzial** kann der Mindestgewinn verwendet werden. Dessen Verbrauch wird Dritten angesichts der gesunkenen Gewinne unmittelbar ersichtlich. Prinzipiell ist ein Angreifen des Mindestgewinns immer dann unproblematisch, wenn es sich hierbei um „normale" Gewinnschwankungen handelt, mit denen Unternehmung und Investoren immer rechnen müssen.

Schließlich werden mit dem **quartären Risikodeckungspotenzial** alle sonstigen verfügbaren Deckungsmassen, wie bspw. offene Reserven, gezeichnetes Kapital, sowie gegebenenfalls z. B. bei Banken auch das Ergänzungs- bzw. Nachrangkapital erfasst.

Die hier vorgeschlagene Abstufung stellt lediglich eine von vielen möglichen Varianten dar. Entscheidend ist die Erkenntnis, dass eine Unternehmung auch aus eigener Kraft Verluste kompensieren kann, wenn Deckungspotenzial in ausreichender Höhe vorhanden ist (vgl. LISTER 1997).

Für eine effiziente Risikovorsorge ist die Abstimmung des Risikotragfähigkeitspotenzials bzw. der Risikodeckungsmassen mit dem Risikopotenzial der Unternehmung erforderlich. Dieser Abstimmungsprozess ist Bestandteil des noch zu erörternden Risikotragfähigkeitskalküls.

Eine moderne Variante der Bereitstellung von Deckungsmassen stellt das **Funding** dar (vgl. HÖLSCHER 1999; O. V. 1997). Im Rahmen des Fundings werden die Deckungsmassen nicht unternehmensintern bereitgestellt. Statt dessen werden diese bei einem Versicherer angesammelt. Diese Vorgehensweise soll dazu dienen, die Deckungsmasse als Aufwand in Form einer Risikoprämie absetzen zu können. Das Verfahren ist allerdings steuerlich umstritten (vgl. HÖLSCHER 1999; RÜCKER 1999).

(2) Risikotransfer

Von der Risikovorsorge ist der **Risikotransfer** abzugrenzen. Der Risikotransfer beinhaltet die Übertragung des Risikos auf Dritte. Dabei kann zwischen dem traditionellen und alternativen Risikotransfer differenziert werden.

Traditioneller Risikotransfer wird die Übertragung der finanziellen Risikowirkungen auf unternehmensexterne Märkte genannt. Dies kann z. B. über den Abschluss von Versicherungen oder den Einsatz von Finanzderivaten geschehen (vgl. Abb. 7.28).

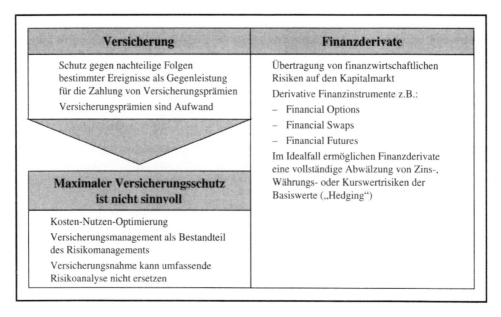

Abb. 7.28: *Instrumente des traditionellen Risikotransfers*

Versicherungen schützen vor den nachteiligen Folgen bestimmter Ereignisse. Dafür ist eine Versicherungsprämie zu zahlen. Diese Versicherungsprämie stellt Aufwand dar. Grundsätzlich sind alle Risiken versicherbar. Allerdings steigen mit zunehmendem Risiko die Versicherungsprämien. Deshalb ist vor dem Abschluss einer jeden Versicherung eine Kosten-/Nutzen-Analyse angebracht. Kosten sind diesbezüglich die Versicherungsprämien. Der Nutzen besteht darin, dass der ansonsten mit einer bestimmten Wahrscheinlichkeit eintretende Verlust ausbleiben wird. Der Erwartungswert eines Versicherungsgeschäfts entspricht immer dem negativen Betrag der zu zahlenden Versicherungsprämie. Der Erwartungswert ohne Versicherung ergibt sich aus der Summe der wahrscheinlichkeitsgewichteten Ergebnisse im Falle des Eintritts und des Nicht-Eintritts von Verlusten.

Für den Risikotransfer von Zins-, Devisen- oder Aktienkursrisiken können anstelle von Versicherungen auch **Finanzderivate** eingesetzt werden. Durch Finanzderivate, wie bspw.

- Financial Options,
- Financial Futures,
- Financial Swaps,
- etc.,

können finanzielle Risiken auf andere Kapitalmarktteilnehmer übertragen werden. Im Idealfall eines perfekten Hedgings werden die Risiken vollständig abgewälzt. Aber auch Finanzderivate sind nicht kostenfrei. Es entstehen Transaktionskosten, die für eine Unternehmung im Regelfall um so größer sind, je schlechter deren Zugang zum Kapitalmarkt ist.

In allen Fällen muss das Risikomanagement entscheiden, ob der Risikotransfer vollständig, nur teilweise oder gar nicht durchgeführt werden soll. Die Entscheidung darüber hängt einerseits von der Risikotragfähigkeit des Unternehmens, andererseits von der sich mit oder ohne Risikotransfer ergebenden Risiko-/Chancen-Relation ab.

Für leistungswirtschaftliche Risiken haben den Unternehmen bislang geeignete Instrumente zur Risikoübertragung gefehlt. In jüngster Zeit sind hier Modelle entwickelt worden, die den Transfer leistungswirtschaftlicher Risiken ermöglichen. Hierzu zählen Risk Bonds, Versicherungsderivate und das Contingent Capital. Diese Instrumente werden den **alternativen Formen des Risikotransfers** zugerechnet (vgl. HÖLSCHER 1999).

Als **Risk Bond** werden Anleihen mit schadenabhängigem Kapitaldienst bezeichnet. Grundsätzlich entsprechen Risk Bonds einer festverzinslichen Anleihe. Sofern aber Risiken schlagend werden, kommt der Emittent in den Genuss finanzieller Vorteile. Diese Vorteile können entweder geringere Zinsbelastungen oder geringere Tilgungsleistungen sein.

Versicherungsderivate sind wie traditionelle Terminkontrakte aufgebaut. Ein Schadensindex dient als Basiswert, der wie bei einem Index-Future auf ein bestimmtes Kontraktvolumen bezogen wird. Der Wert des Derivates ist somit vom zugrunde liegenden Schadensindex abhängig: Höhere schlagend gewordene Risiken führen zu einem steigenden Schadensindex und umgekehrt. Problematisch ist die Definition eines geeigneten Schadenindizes. Bislang ist es nicht gelungen, einen allgemein anerkannten Schadensindex zu entwickeln, dem von Anlegerseite entsprechendes Vertrauen entgegengebracht wird.

Als drittes Element des alternativen Risikotransfers ist das **Contingent Capital** zu nennen. Hier wird für den Fall eines zukünftigen Schadenseintritts die Zuführung von Kapital vereinbart. Für diese bedingte Kapitalzuführung wird zwischen dem risikoabsichernden Unternehmen und dem potenziellen Kapitalgeber im Voraus eine Renditevereinbarung getroffen. Tritt der Schadensfall ein, zahlt der Kapitalgeber den vereinbarten Betrag an das Unternehmen und erhält hierfür fortan die ursprünglich vereinbarte Verzinsung.

Übertragung leistungswirtschaftlicher Risiken auf den Kapitalmarkt		
Risk Bonds	**Versicherungsderivate**	**Contingent Capital**
Anleihen mit schadenabhängigem Kapitaldienst Bei einem Risikoeintritt – Zinsminderung bzw. -ausfall und/oder – Reduzierung der Rückzahlung	Derivative Instrumente, deren Underlying ein Schadenindex ist Möglichkeit des Hedgings von nicht-finanzwirtschaftlichen Risiken mit finanzwirtschaftlichen Instrumenten, insb. Financial Futures und Optionen	Bereitstellung von bedingtem Kapital im Falle eines Risikoeintritts zu einem im Voraus festgelegten Preis. Möglichkeit der Kapitalzuführung nach einem Risikoeintritt

Abb. 7.29: Alternative Formen des Risikotranfers

(3) Hybride Instrumente der Risikovorsorge und des Risikotransfers

Zur passiven Risikobewältigung können außerdem **hybride Instrumente** eingesetzt werden. Diese vereinen die Elemente der Risikovorsorge und des Risikotransfers. Hierzu zählen sogenannte Captives und Finite Risk-Deckungen.

Die Bezeichnung **Captive** ist eine Abkürzung für Captive Insurance Company. Die Captive ist eine unternehmenseigene Versicherungsgesellschaft. Als Tochterunternehmen übernimmt die Captive Risiken anderer Konzernunternehmen. Dabei handelt es sich vorzugsweise um Risiken,

- für die bei externen Versicherern keine adäquate Deckung gefunden wird oder
- die aus Gründen optimaler Kosten-/Nutzen-Verhältnisse nicht auf externe Versicherer übertragen werden sollen.

Durch die Einbindung der Captive in den Konzern werden die Risiken nicht aus dem Konzern transferiert. Die möglichen Verluste der Captive müssen nach wie vor vom Konzern getragen werden. Insofern dient die Captive lediglich zur Herstellung eines Risikoausgleichs in zeitlicher Hinsicht und im Kollektiv. Letztlich handelt es sich bei der Captive um ein speziell zur Erfüllung von Risikovorsorgefunktionen ausgelagertes Tochterunternehmen.

Die Captive kann trotzdem dazu genutzt werden, einen Teil des Risikos zu transferieren. Denn die Captive hat als Versicherer Zugang zum Rückversicherungsmarkt. Da die auf dem Rückverischerungsmarkt zu zahlenden Prämien sehr niedrig sind, kann sich ein Unternehmen mithilfe der Captive gegenüber dem Erst-Versicherungsmarkt Kostenvorteile verschaffen.

Captives scheinen eher für große Unternehmen geeignet. Um auch kleineren Gesellschaften die Vorzüge von Captives näher zu bringen, wurden unter anderem

- **Multi-Parent-Captives**, die von mehreren, voneinander unabhängigen Unternehmen gegründet werden (vgl. MEYER-KAHLEN 1988),
- **Rent-a-captive**, die von einem Spezialisten interessierten Unternehmen zeitlich befristet vermietet werden, oder
- **Captive-Accounts**, bzgl. derer eine Versicherungsgesellschaft lediglich Know-how, nicht jedoch Versicherungsleistungen zur Verfügung stellt,

entwickelt worden (vgl. HÖLSCHER 1999).

Finite Risk-Konzepte beinhalten die Übertragung der finanziellen Reserven und deren Verwaltung auf einen externen Risikoträger. Die Besonderheit von Finite Risk-Konzepten besteht darin, dass der Versicherer die Risiken nur begrenzt übernimmt. Die limitierte Risikoübernahme wird mit einer Selbstfinanzierung durch externe Kapitalbindungen verknüpft (vgl. hierzu ausführlich RÜCKER 1999).

In Finite Risk-Verträgen wird zunächst ein **Gesamtschadenswert** fixiert. Dieser entspricht dem **Gesamtdeckungslimit**. Letzteres muss über entsprechende Prämienzahlungen vom Unternehmen als Versicherungsnehmer in jedem Fall aufgebracht werden. Wenn nun vor dem Erreichen des vollständig eingezahlten Deckungslimits der Schadensfall eintritt, wird zunächst einmal die Versicherungsleistung fällig. Der Versicherer muss dann die Differenz zwischen dem vereinbarten Deckungslimit bzw. der niedrigeren Schadenssumme und den bereits eingezahlten Prämien bereitstellen. Diese Differenz muss in den nachfolgenden Jahren vom Versicherungsnehmer im nachhinein wieder ausgeglichen werden.

Typische Charakteristika von Finite Risk-Konzepten sind somit

- die begrenzte Risikoübernahme des Versicherers,
- die (teilweise) Prämienrückzahlung, wenn der tatsächliche Schaden geringer als erwartet ausfällt,
- die explizite Berücksichtigung von Erträgen aus der Kapitalanlage der Prämien,
- die häufig sehr langfristige Vertragsdauer,
- die individuelle Anpassung an die besonderen Kundenbedürfnisse und
- die Differenzierung von prospektiven Verträgen zu Finanzierung zukünftiger Schäden und von retrospektiven Verträgen zu Finanzierung von in der Vergangenheit bereits eingetretenen Schäden.

c) Fixierung des optimalen Sicherungsgrads

In den vorherigen Abschnitten wurden alternative Risikobewältigungsstrategien erörtert. Es wurde bereits darauf hingewiesen, dass z. B. für die Versicherung von Risiken ein optimales Kosten-/Nutzen-Verhältnis gesucht werden muss. Diese Idee einer Abstimmung von zu übernehmenden und absichernden Risiken wird mit der **Fixierung des optimalen Sicherheitsgrads** konkretisiert (vgl. Abb. 7.30; HÖLSCHER 1999).

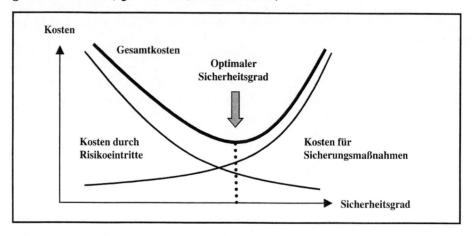

Abb. 7.30: Fixierung des optimalen Sicherheitsgrads

In ein Koordinatensystem werden auf der x-Achse die unterschiedlichen Sicherheitsgrade und auf der y-Achse die Kosten für Sicherungsmaßnahmen und Verluste aus Risiken eingetragen. Je höher der erreichte Sicherheitsgrad ist, desto geringer sind die Kosten für die trotz der erreichten Absicherung schlagend werdenden Risiken. Umgekehrt sind die anfallenden Risikokosten umso höher, je geringer der erreichte Sicherheitsgrad ist. Die Kosten für die Risikoabsicherung steigen mit zunehmenden Sicherheitsgrad. Je geringer der Sicherheitsgrad, desto geringer sind die dafür anfallenden Sicherheitskosten.

Zwischen den Funktionslinien für die Sicherungskosten und für die durch Risiken entstehenden Kosten aus Verlusten besteht ein enger Zusammenhang. Den mit steigendem Sicherheitsgrad zunehmenden Sicherungskosten stehen sinkende Risikokosten gegenüber. Im Sinne einer Grenzkostenbetrachtung ist derjenige Punkt zu suchen, bzgl. dessen die Beträge der Grenz-Sicherungs- und Grenz-Risikokosten sich gerade entsprechen.

Dazu kann die Gesamtkostenfunktion aus der Summe der beiden zuvor genannten Teilkostenfunktionen berechnet und in das Koordinatensystem eingetragen werden. Bei unterstellter Nicht-Linearität der konvex fallenden bzw. steigenden Teilfunktionen ergibt sich für diese Gesamtkostenfunktion ein parabelförmiger Verlauf. Der optimale Sicherungsgrad muss zwangsläufig im Minimum der Gesamtkostenfunktion liegen.

Das in Abb. 7.30 skizzierte Konzept stellt lediglich ein theoretisches Konstrukt dar. In der Praxis wird es kaum möglich sein, Gleichungen für die Teilfunktionen dieser Grafik aufzustellen. Trotzdem wird im Konzept des optimalen Sicherungsgrades deutlich, dass die Optimierung des Kosten-Nutzen-Verhältnisses aus Kostengesichtspunkten unbedingt erforderlich ist.

Aus wertorientierter Sicht ist ein weiterer Effekt zu beachten. Denn es sind, wie bereits mehrfach erwähnt, nicht nur die Ist-Werte entscheidungsrelevant. Die Übernahme zusätzlicher, nicht abgesicherter Risiken kann zu einer Erhöhung der Eigenkapitalkosten und damit auch zu einer Verringerung des Unternehmenswertes führen. Deshalb ist der optimale Sicherheitsgrad sowohl hinsichtlich schlagend gewordener als auch hinsichtlich eingegangener Risiken zu beurteilen.

Vor dem Hintergrund der alternativen Strategien zur Risikobewältigung sind im Rahmen der Risikosteuerung zwei Risikokalküle zu unterscheiden. Diese sind der Risikotragfähigkeitskalkül und der Risiko-Chancen-Kalkül. Beide Kalküle vereinen das Instrumentarium der aktiven und passiven Risikobewältigungsstrategien. Sie definieren zudem Grundsätze für das risikopolitische Verhalten einer Unternehmung.

2. Der Risikotragfähigkeitskalkül

Ein Unternehmen kann grundsätzlich nicht verhindern, dass übernommene Risiken teilweise oder vollständig schlagend werden und zu Verlusten führen. Im Sinne einer effizienten Risikovorsorge muss deshalb mithilfe des **Risikotragfähigkeitskalküls** sichergestellt werden, dass sich die Unternehmung die möglichen Verluste überhaupt leisten kann. Für diesen Risikotragfähigkeitskalkül können zwei zentrale Grundsätze formuliert werden:

(1) Das bei Anwendung des Vorsichtsprinzips kalkulierte und sich nach der Übertragung von Risiken auf Dritte ergebende (Total-)Risikopotenzial darf das in Abhängigkeit von repräsentativen Risikobelastungsszenarien definierte Risikotragfähigkeitspotenzial der Unternehmung grundsätzlich nicht übersteigen.

(2) Auftretende Verluste und/oder Liquiditätsunterdeckungen durch schlagend gewordene Risikopotenziale sind durch die Fixierung eines abgestimmten Systems von Risikolimiten konsequent zu begrenzen.

a) Die Grundgleichung des Risikotragfähigkeitskalküls

Die Risikodiversifikation zielt als Risikobewältigungsstrategie darauf ab, einen Ausgleich zwischen den verschiedenen Risikokategorien zu erreichen. Trotzdem besteht immer die Gefahr, dass sich die Risiken nicht ausgleichen sondern kumulieren. So ist bspw. in schwachen Konjunkturphasen sowohl mit sinkenden Umsätzen als auch mit zunehmenden Forderungsausfällen zu rechnen. Deshalb sind unbedingt alle Interdependenzen zwischen einzelnen Risikoarten aufzuzeigen. Hierauf aufbauend sind die kompensierenden und kumulierenden Effekte zu analysieren, die zwischen den einzelnen Risikokategorien bestehen. Grundsätzlich wurde diese Forderung zunächst für Banken definiert. Sie ist jedoch auf alle Nicht-Banken problemlos übertragbar (vgl. PROFESSOREN-ARBEITSGRUPPE 1987).

Zur Erfüllung der Forderung ist das Total-Risikopotenzial aus den einzelnen Risikokategorien kumulativ zu ermitteln. Dazu müssen zunächst für die einzelnen Risikokategorien die Risikopotenziale quantifiziert werden. So kann bspw. das Umsatzrisiko ermittelt werden, indem der geplante Umsatz mit der Rate des potenziellen Umsatzrückgangs multipliziert wird. Die Forderungsausfälle lassen sich quantifizieren, indem das geplante Forderungsvolumen mit der erwarteten Ausfallrate multipliziert wird.

Im Idealfall würden für alle Risikokategorien die Risiken einer einheitlichen Verteilung, am besten der Normalverteilung, folgen. Aus der Berechnung der Standardabweichung ließe sich dann für jede einzelne Risikokategorie der VaR berechnen. Unter Berücksichtigung der Korrelationseffekte würde sich schließlich das Gesamtverlustpotenzial eines Unternehmens ergeben.

Die Risikoparameter einer Unternehmung sind jedoch nicht normalverteilt. Für viele Risiken lassen sich überhaupt keine statistischen Kennziffern berechnen. Zudem gibt es Risiken der vierten Unsicherheitsstufe, die zum aktuellen Beobachtungszeitpunkt noch gar nicht bekannt sind.

Um trotzdem das gesamte Verlustpotenzial zumindest abschätzen zu können, sollte an dieser Stelle auf die Szenario-Technik zurückgegriffen werden. Dazu werden verschiedene Risikoszenarien durchgespielt und für jede Risikokategorie das bei einem bestimmten Szenarios zu erwartende Risikopotential kalkuliert. Für jedes Szenario wird anschließend die Summe der Teil-Risikopotenziale gebildet. Der sich dabei ergebende Maximalwert entspricht dem Total-Verlustpotenzial.

Für dieses Total-Verlustpotenzial wird die **Grundgleichung des Risikotragfähigkeitskalküls** aufgestellt. Diese Grundgleichung fordert, dass mit einer bestimmten Wahrscheinlichkeit das Total-Verlustpotenzial die verfügbaren Risikodeckungsmassen nicht übersteigen soll:

$$\textit{Wahrscheinlichkeit} \left\{ \textit{Total} - \textit{Verlustpotenzial} \leq \textit{verfügbare Risikodeckungsmassen} \right\} \geq x\,\%$$

Theoretisch könnte für diese Gleichgewichtsbedingung ein Wert von 100 % fixiert werden. Dann dürften jedoch keinerlei risikobehaftete Geschäfte mehr durchgeführt werden. Jede Unternehmung wird deshalb ein tolerierbares Restrisiko definieren. Für dieses von der Geschäftsleitung fixierte Restrisiko nimmt die Unternehmung die Überschuldung bzw. den Konkurs in Kauf.

b) Abstimmung von Risikopotenzial und Risikodeckungsmassen

Im Zusammenhang mit der Risikovorsorge wurde bereits auf eine mögliche Abstufung der Risikodeckungsmassen hingewiesen. Die aufgezeigte Abstufung der Risikodeckungsmassen kann nunmehr mit der Gleichgewichtsbedingung des Risikotragfähigkeitskalküls verknüpft werden. Dazu werden drei repräsentative **Risikobelastungsfälle** unterschieden (vgl. Abb. 7.31). Diese Belastungsfälle können in Abhängigkeit von der Risikoeintrittswahrscheinlichkeit, den zur Verfügung stehenden Deckungsmassen und den Risikobegrenzungsregeln voneinander abgegrenzt werden.

Als **Normalbelastungsfall** wird der mit sehr hoher Wahrscheinlichkeit eintretende Umweltzustand bezeichnet. Die dabei zu beobachtenden Gewinnschwankungen treten immer wieder auf. Beispiel hierfür sind die üblichen Nachfrageschwankungen. Da die Unternehmung mit dieser Risikosituation immer rechnen muss, sollten über den Mindestgewinn hinausgehende Gewinnbestandteile reserviert werden, um die hieraus resultierenden Verluste auffangen zu können. Wenn dies gelingt, steht immer noch der zu erzielende Mindestgewinn zur Befriedigung der Rentabilitätsansprüche zur Verfügung.

Als **negativer Belastungsfall** wird der mit mittlerer bis geringer Wahrscheinlichkeit eintretende Umweltzustand bezeichnet. Beispiel hierfür wäre eine anhaltende Konjunkturschwäche. Jetzt sollten Übergewinn, stille Reserven und Mindestgewinn zur Verlustabdeckung ausreichen. Ein (teilweiser) Verbrauch der vorhandenen Eigenmittel wäre an dieser Stelle noch nicht erforderlich.

Der dritte Fall kann auch als **Maximalbelastungsfall** bezeichnet werden. Dieser Fall tritt mit einer sehr geringen Wahrscheinlichkeit ein. Hierbei könnte es sich bspw. um ein gleichzeitiges Zusammentreffen von Konjunkturrückgängen, dem Zusammenbruch bedeutender Absatzmärkte und ungünstiger Devisenkursentwicklungen handeln. In diesem Fall wäre auch auf die Eigenmittel zurückzugreifen.

Diese Belastungsszenarien unterstellen implizit noch einen vierten Fall. Denn eine Unternehmung wird tendenziell immer auch den vollständigen Untergang der Unternehmung mit einem sehr geringen, immerhin jedoch vorhandenen Restrisiko in Kauf nehmen.

Die vorgestellte Abgrenzung alternativer Risikobelastungsfälle stellt einen eher praxisorientierten Vorschlag und kein theoretisches Muss dar. Jede Geschäftsleitung kann hiervon abweichende Szenarien definieren. Entscheidend ist nur, dass sich die Geschäftsleitung überhaupt der Notwendigkeit einer solchen Zuordnung von Risikopotenzial und -deckungsmassen bewusst wird.

Prinzipiell sind die bislang angesprochenen Elemente des Risikotragfähigkeitskalküls somit eher als Grundsätze zu verstehen. Würden sich alle Risiken mithilfe statistischer Verfahren erfassen lassen, so könnten die skizzierten Fälle sogar mit Zahlen konkretisiert werden. Dafür sind allerdings komplexe Rechnungen erforderlich (vgl. hierzu ausführlich LISTER 1997; SCHIERENBECK 2001).

Total-Risikopotenzial (nach Risikoübertragung)	≤	Risikodeckungsmassen
Risikopotenzial im Normalbelastungsfall (sehr hohe Wahrscheinlichkeit) z. B. übliche Nachfrageschwankungen	≤	Übergewinn
Risikopotenzial im negativen Belastungsfall (mittlere bis geringe Wahrscheinlichkeit) z. B. anhaltende Konjunkturschwäche	≤	Übergewinn + Stille Reserven + Mindestgewinn
Risikopotenzial im Maximalbelastungsfall (äußerst geringe Wahrscheinlichkeit) z.B. Zusammentreffen von Konjunkturrückgang, Zusammenbruch bedeutender Absatzmärkte und ungünstiger Devisenkursentwicklung	≤	Übergewinn + Stille Reserven + Mindestgewinn + Eigenmittel

Abb. 7.31: Risikobelastungsszenarien

c) Aufbau einer Risikomatrix als Basis der Risikolimitierung

Die bei der Operationalisierung der Gleichgewichtsbedingungen gewonnenen Erkenntnisse können gleichzeitig zum Aufbau einer **Risikomatrix** genutzt werden. Mithilfe einer Risikomatrix wird zum einen das Gesamtrisiko der betrachteten Unternehmung quantifiziert. Zum anderen wird ein Risikolimitsystem generiert, aus dem sich auch der Diversifikationsgrad ablesen lässt (vgl. Abb. 7.32)

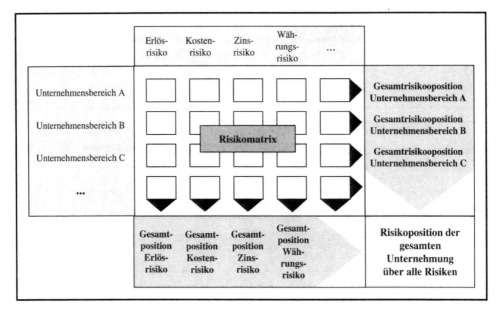

Abb. 7.32: Die Risikomatrix

In der Risikomatrix werden auf der horizontalen Ebene die verschiedenen Risikokategorien, wie bspw. Umsatzrisiken, Margenrisiken, Zinsrisiken, etc., voneinander abgegrenzt. Zusätzlich werden auf der vertikalen Ebene die verschiedenen Unternehmensbereiche differenziert. Aus der Kombination von Risikokategorien und Unternehmensbereichen ergibt sich die aus einer Vielzahl von Risikofeldern bestehende Risikomatrix.

Um den **Gesamtrisikostatus** der Unternehmung abbilden zu können, müssen die Risiken aus den einzelnen Feldern zusammengeführt werden. Dies kann entweder über die Risikokategorien oder über die Unternehmensbereiche hinweg erfolgen. Aus statistischer Sicht wären dabei die zwischen den einzelnen Risikofeldern bestehenden Korrelationen zu berücksichtigen. In der Praxis existiert, noch kein schlüssiges Konzept zur Erfassung sämtlicher Gleich- und Gegenläufigkeiten. Deshalb bietet es sich aus Vorsichtsgründen an, auf die Erfassung kompensatorischer Effekte zu verzichten und statt dessen alle Beträge zu summieren.

Innerhalb der einzelnen Risikofelder ist jeder Geschäftsbereich für das einzelgeschäftsbezogene Risiko-Management verantwortlich. Darüber hinaus können hier bereits strukturelle Maßnahmen greifen, indem bspw. aus einer übergeordneten Sicht der Geschäftsleitung heraus auf eine entsprechende Risikodiversifikation hingewirkt wird.

Die zentralen und dezentralen Aktivitäten des unternehmerischen Risikomanagements sind unbedingt aufeinander abzustimmen. Dazu ist ein System von Risikolimiten für alle Felder der Risikomatrix aufzubauen. Allen Feldern wird so ein Risikolimit vorgegeben. Diese Vorgehensweise verhindert, dass in den einzelnen Geschäftsbereichen Risiken übernommen werden, die auf der Ebene der gesamten Unternehmung nicht mehr tragbar wären.

Daraus resultiert schließlich eine unternehmensspezifische Risikobudgetmatrix (vgl. Abb. 7.33). In der **Risikobudgetmatrix** werden für alle sich aus der Kombination von Geschäftsbereichen und Risikokategorien ergebenden Risikofelder Verlustgrenzen definiert. Dazu können bspw. die für bestimmte Risiken erwarteten Ergebnisschwankungen in Relation zum bereichsspezifischen Umsatz gesetzt werden. Die fixierten Werte sind als Grenzwerte zu verstehen. Im Laufe einer Abrechnungsperiode ist dann zu analysieren, ob diese Grenzwerte eingehalten werden. Die Risikobudgetmatrix ist somit die Basis einer risikospezifischen Planungs- und Kontrollrechnung, verbunden mit einem insbesondere im Abweichungsfall erforderlichen Risikoreporting (vgl. WOLF/RUNZHEIMER 1999; POINTEK, J. 1996).

Risikofaktoren	Risikobereich			
	Beschaffung	Produktion	Absatz	Limit
Umsatzrisiko				10
Materialkostenrisiko		Prozentual auf den		20
Personalkostenrisiko		Umsatz bezogen		15
Abschreibungsrisiko				5
Limit	15	15	20	50

Abb. 7.33: Die Risikobudgetmatrix

3. Der Risiko-Chancen-Kalkül

Der **Risiko-Chancen-Kalkül** dient dazu, die Risikoperformance einer Unternehmung zu optimieren. Zentrale Frage des Risiko-Chancen-Kalküls ist deshalb, ob und inwieweit sich die übernommenen Risiken überhaupt lohnen. Im Zentrum des Risiko-Chancen-Kalküls steht darum erneut das Erwartungswert-Varianz-Kriterium.

Die zentrale Aussage des Risiko-Chancen-Kalküls wird in Abb. 7.34 dargestellt (vgl. UBS 1999). Jede risikolose Investition muss wenigstens einen Ertrag in Höhe des risikofreien Zinses erzielen. Der risikofreie Zins entspricht somit einem Basisertrag, der mindestens erzielt werden muss. Die Übernahme von Risiken ist nur dann sinnvoll, wenn für die Risiken ein zusätzlicher Ertrag in Form eines Risikozuschlags erzielt wird. Die Funktion des risikogerechten Ertrags verläuft somit positiv steigend. Sie setzt sich aus der Summe der risikolosen Ertragserwartung und dem Risikozuschlag zusammen.

Im Kern des Risiko-Chancen-Kalküls stehen die **risikoadjustierten Eigenkapitalkosten**, die im Sinne von Ergebnisvorgaben aus den Risikopositionen erwirtschaftet werden müssen. Dabei ist von Bedeutung, dass die risikoadjustierten Eigenkapitalkosten im modernen Risiko-Controlling aus den Erkenntnissen der Kapitalmarkttheorie abgeleitet werden, sie also auch enge Bezüge zum Shareholder Value-Konzept aufweisen. Dort wurde bereits als Forderung postuliert, dass Unternehmen mindestens ihre Eigenkapitalkosten verdienen müssen, um Share- holder Value zu generieren. Diese Forderung ist auf den Risiko-Chancen-Kalkül mithilfe einer Gleichgewichtsbedingung zu übertragen:

Nettoergebnisse ≥ risikoadjustierte Eigenkapitalkosten

bzw.

Nettoergebnisse nach risikoadjustierten Eigenkapitalkosten ≥ 0

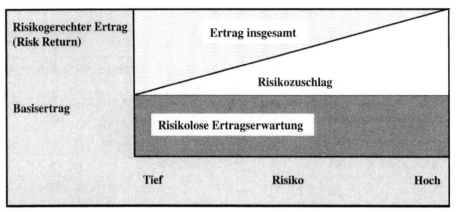

Abb. 7.34: Risiko-/Ertrags-Relationen im Risiko-Chancen-Kalkül

Zur Überprüfung der Gleichgewichtsbedingung müssen demnach die erzielten Nettoergebnisse den Eigenkapitalkosten gegenübergestellt oder die Eigenkapitalkosten von den Nettoergebnissen abgezogen werden. Ergibt sich im letzten Fall ein positives Ergebnis, so wurde die Gleichgewichtsbedingung eingehalten.

Zum wiederholten Male werden an dieser Stelle die Eigenkapitalkosten problematisiert. Erneut wird auf die Konstruktion des **CAPM** (vgl. hierzu *Drittes Kapitel*) zurückgegriffen. Danach sind zwei Determinanten der Eigenkapitalkosten zu beachten:

- die Höhe der Verzinsung einer risikolosen Anlage und
- die Risikoprämie für das eingegangene (systematische) Risiko.

Wie früher bereits dargelegt ergibt sich der unternehmensspezifische Eigenkapitalkostensatz im CAPM gemäß der Gleichung:

$$EKK_i = RFZ + \underbrace{\left[EW(r_M) - RFZ \right]}_{Marktrisikoprämie} \times BETA_i$$

mit: $BETA_i$ = Renditevolatilität der Unternehmung i in Relation zur Marktvolatilität; EKK_i = Eigenkapitalkostensatz der Unternehmung i; $EW(r_M)$ = Erwartungswert der Rendite des Marktportefeuilles; $EW(r_M) - RFZ$ = Risikoprämie des Marktes; RFZ = „risikoloser" Zinssatz

Das Produkt aus unternehmensspezifischen **Betafaktoren** und der **Risikoprämie des Marktes** kann als Risikozuschlag der Unternehmung auf den risikolosen Zins interpretiert werden.

Diese Risikoprämie steht im Fokus des Risiko-Controllings. Denn wenn das Risiko zunimmt, steigt die Risikoprämie und damit auch die Renditeforderung. Es lohnt sich also nur dann, zusätzliche Risiken zu übernehmen, wenn tatsächlich höhere Erträge erwirtschaftet werden können.

Umgekehrt bringt eine Risikoreduktion geringere Risikoprämien und damit auch geringere Renditeerwartungen mit sich. Gleichzeitig sinkt aber auch die Chance, hohe Erfolgsbeiträge zu erwirtschaften.

Abb. 7.35 verdeutlicht die zeitliche Entwicklung der Marktrisikoprämie am Beispiel des schweizerischen Marktes. Im oberen Teil der Grafik werden die Gewinnrenditen der Aktientitel den Obligationenrenditen gegenübergestellt. Die Differenz entspricht der Marktrisikoprämie, die in der unteren Grafik dargestellt wird. Es zeigt sich, dass die Marktrisikoprämie in den vergangenen 20 Jahren relativ starken Schwankungen ausgesetzt war.

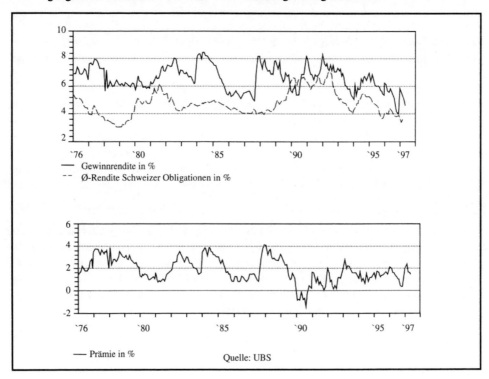

Abb. 7.35: Risikoprämie für Schweizer Aktien (Quelle UBS)

Für eine risikoadjustierte Unternehmenssteuerung im Sinne des Wertmanagements darf der Risiko-Chancen-Kalkül allerdings nicht auf die oberste Unternehmensebene beschränkt bleiben. Statt dessen sind die Eigenkapitalkosten mithilfe geeigneter Verfahren auf die einzelnen Geschäftsbereiche herunterzubrechen. Auch auf der Ebene einzelner Geschäftsbereiche ist schließlich der Vergleich von Nettoergebnissen und Eigenkapitalkosten zur risikoadjustierten Ergebnisbeurteilung erforderlich (vgl. *Neuntes Kapitel*).

III. Risikokontrolle

Im Zentrum der **Risikokontrolle** steht die permanente operative und strategische Überprüfung der Effizienz der Prozesse des Risiko-Controllings. Dazu zählen sowohl die Risikoüberwachung als auch das Risikoreporting.

Die **Risikoüberwachung** soll sicherstellen, dass die Ist-Risikosituation der Unternehmung in allen Risikofeldern dem vorgegebenen Sollzustand zu jedem Zeitpunkt entspricht. Dazu werden permanent – insbesondere vor dem Hintergrund der Risikobudgetmatrix – Abweichungsanalysen durchgeführt. Durch solche Abweichungsanalysen soll zum einen sichergestellt werden, dass die vorgegebenen Risikolimite eingehalten werden. Dadurch wird die Risikotragfähigkeit garantiert. Zum anderen wird überprüft, ob die Netto-Ergebnisse die Eigenkapitalkosten im Sinne des Risiko-Chancen-Kalküls übertreffen. Kennzahlen und sonstige Kriterien können zudem zur Überprüfung qualitativer Zielsetzung herangezogen werden.

Die Risikoüberwachung dient ferner der kontinuierlichen Erfassung von risikospezifischen Veränderungen. Hierzu können vor allem Früherkennungssysteme (vgl. *Zweites Kapitel*) eingesetzt werden. Dadurch soll das rechtzeitige Einleiten von Steuerungsmaßnahmen sichergestellt werden.

Die Risikoüberwachung ist natürlich nicht auf die geschäftspolitischen Aktivitäten zu beschränken. Vielmehr ist auch eine permanente Überwachung des gesamten Risikomanagements erforderlich. Dadurch sollen vor allem Schwachstellen im Risikomanagementsystem aufgedeckt werden (vgl. hierzu ausführlich KPMG 1998). Zur Risikoüberwachung zählt auch der Aufbau funktionsfähiger Corporate Governance Modelle. Allerdings stehen zumindest die in Deutschland existierenden Vorschriften zur Corporate Governance derzeit in der Kritik (vgl. SEIFERT 1999).

Demgemäß muss natürlich auch die Risikoüberwachung in das Führungsinformationssystem eingebettet sein. Von der Risikoüberwachung ist das **Risikoreporting** abzugrenzen. Aufgabe des Risikoreportings ist es, über die identifizierten und bewerteten Risiken sowie über die eingeleiteten Steuerungsmaßnahmen und deren Wirksamkeit zu berichten. Zentrale Aufgabe des Risikoreporting ist es somit, die Transparenz der Risikolage sowohl der operativen Geschäfte als auch des Gesamtunternehmens sicherzustellen.

Das Risikoreporting muss somit die Ergebnisse der Risikoüberwachung

- rechtzeitig,
- kontinuierlich und
- in klar strukturierter Form

kommunizieren.

In diesem Zusammenhang ist festzulegen,

- wie die Reports aussehen sollen,
- wie umfangreich sie sein sollen,

- mit welcher Periodizität sie durchgeführt werden sollen und
- welcher Konsolidierungskreis angesprochen werden soll.

Das Risikoreporting stellt einen integralen Bestandteil des unternehmenseigenen Berichtswesens dar. Somit ist auch im Rahmen des Risikoreportings zu beachten, dass die Report-Empfänger nicht von einer zu großen Fülle von Informationen erschlagen werden. Deshalb ist für alle bereitzustellenden Informationen zu entscheiden, ob diese für den Informationsempfänger wesentlich sind oder nicht (vgl. WEBER ET AL. 1999).

C. Risikoorganisation

I. Organisationsstruktur des Risiko-Controllings

Das Risiko-Controlling muss, wie alle übrigen Teilbereiche des Controllings, die an ein modernes Controlling-System gestellten Anforderungen erfüllen. Für die Organisation des **Risikomanagements** kann deshalb grundsätzlich auf die bereits erörterten Prinzipien verwiesen werden (vgl. *Erstes* und *Zweites Kapitel*).

Angesichts der zunehmenden Bedeutung des Risiko-Controllings können allerdings bei der Implementierung einer effinzienten Risikoorganisation bestimmte Aspekte besonders hervorgehoben werden. Die Notwendigkeit, ein eigenständiges Risikoorganisationssystem zu schaffen, ergibt sich z. B. auch aus den gesetzlichen Vorschriften. So verlangt bspw. das in Deutschland erlassene KonTraG (Gesetz zur Kontrolle und Transparenz) die Einführung eines Risikofrühwarnsystems und regelt ferner zahlreiche, das Risiko betreffende Informationspflichten (vgl. BITZ 2000, KPMG 1999).

Der Aufbau der Risikoorganisation ist immer abhängig von den jeweiligen Organisationsstrukturen. Denkbar wäre, eine Stabstelle für das Risiko-Controlling aufzubauen. Diese könnte für alle Teilbereiche sehr schnelle entscheidungsrelevante Informationen hinsichtlich der Risikosituation bereitstellen (vgl. HORNUNG ET AL. 1999).

Allerdings ist es für eine moderne Unternehmensführung von elementarer Bedeutung, dass auf allen Hierarchieebenen das Risikobewusstsein der Mitarbeiter geschärft wird. Es darf nicht der Eindruck entstehen, dass der einzelne Mitarbeiter nicht in die Risikosteuerung eingebunden ist. Im Sinne des Dualen Steuerungsmodells (vgl. *Erstes Kapitel*) ist bezüglich der Aufgaben des Risiko-Controllings in geeigneter Weise zwischen den zentralen und dezentralen Elementen zu trennen. Damit verbunden ist die notwendige Übertragung und Aufteilung der Risikoverantwortung sowohl auf zentrale als auch auf dezentrale Bereiche. In diesem Sinne dient das Risiko-Controlling als Stabstelle vor allem der Koordination aller risikopolitischen Aspekte der unternehmerischen Tätigkeiten.

Der Prozess des Risiko-Controllings und das dabei einzusetzende Instrumentarium wurden bereits erörtert. Dieser Prozess erfasst letztlich alle ablauforganisatorischen Aspekte der Risikoorganisation.

Alle aufbau- und ablauforganisatorischen Aspekte der Risikoorganisation können in einem Risiko-Handbuch (vgl. HORNUNG ET AL. 1999; KENDALL 1998) zusammengefasst werden. In diesem Handbuch können bspw. Richtlinien des Risikomanagements fixiert, Entscheidungen dokumentiert und begründet, sowie die Durchführung von Maßnahmen erörtert werden. Vor diesem Hintergrund soll im Folgenden mit dem **Mehr-Ebenen-Modell** ein praktisches Beispiel einer Risikoorganisation aufgezeigt werden.

II. Das Mehr-Ebenen-Modell des Risikomanagements

Um ein effizientes Risiko-Controlling betreiben zu können, ist eine klare (Risiko-) Organisationsstruktur erforderlich. Die Implementierung geeigneter Organisationsstrukturen bleiben aber trotzdem den Unternehmen selbst überlassen. Aus einer Vielzahl möglicher Varianten wird im Folgenden das Mehr-Ebenen-Modell vorgestellt (vgl. WITTMANN 1999). Im Mehr-Ebenen-Modell des unternehmensweiten Risikomanagements werden neben der Unternehmensleitung drei Typen von Unternehmenseinheiten unterschieden (vgl. Abb. 7.36):

- die operativen Geschäftseinheiten,
- die Stabs- und Fachabteilungen sowie
- die interne Revision.

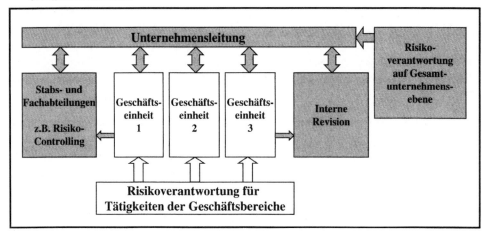

Abb. 7.36: Das Mehr-Ebenen-Modell des Risikomanagements

Die **operativen Geschäftseinheiten** sind als Träger des Geschäfts für die damit verbundenen Risiken und somit primär für das Risiko-Controlling verantwortlich. Innerhalb dieser Geschäftseinheiten müssen klare Organisations- und Verantwortungsstrukturen für das Risiko-Controlling definiert werden. Hierauf aufbauend sind die Risikoprozesse und ablauforganisatorische Zuständigkeiten zu definieren. Die Geschäftseinheiten werden bei Bedarf von Spezialisten aus dem unternehmensweiten Risiko-Controlling unterstützt. Zudem sind Anreizsysteme entsprechend der jeweiligen Risikoverantwortung in den Geschäftsbereichen zu gestalten.

Demgegenüber übernehmen die **Stabs- und Fachabteilungen** im Rahmen des Risiko-Controllings letztlich Unterstützungsfunktionen. Hierzu zählt vor allem die Entwicklung von risikopolitischen Grundsätzen. Es müssen aber auch risikospezifische Methoden und Standards zu den Elementen des Risikoprozesses für einzelne Risikobereiche und für die gesamte Unternehmung implementiert werden.

Die **interne Revision** dient dazu, die Ordnungsmäßigkeit, Rechtmäßigkeit, Zweckmäßigkeit und Wirtschaftlichkeit von Unternehmenseinheiten- und Prozessen zu auditieren. Die interne Revision stellt somit eine unabhängige Überwachungsinstanz dar. Da ihre Aufgabenstellung mit einer externen Wirtschaftsprüfung vergleichbar ist, kann diese auch an externe Dritte übertragen werden. Gerade die daraus resultierenden unabhängigen Revisionsberichte liefern häufig die Grundlage für Verbesserungsmaßnahmen im Risiko-Controlling.

III. Empirische Befunde zur Organisation des Risiko-Controllings

Mehrere **empirische Untersuchungen** haben sich bereits mit dem Risikomanagement in der deutschen Industrie auseinandergesetzt. Dabei stand in der Regel das Risikomanagement **finanzieller Risiken** im Fokus der Analysen (vgl. hierzu bspw. WIEDEMANN 2000 oder KROPP 1999).

Darüber hinausgehend wurde 1996 von HÖLSCHER (1999a) eine umfassendere empirische Untersuchung zum **Risiko- und Versicherungsmanagement** in deutschen Industrieunternehmen durchgeführt. Im Zentrum dieser Untersuchung stand die Frage, wie die Unternehmen die risikopolitischen Veränderungen wahrnehmen und welches Verständnis eines modernen Risikomanagements vorherrscht. Abb. 7.37, Abb. 7.38 und Abb. 7.39 (aus HÖLSCHER 1999a) zeigen einen kleinen Ausschnitt der dabei gewonnenen Erkenntnisse.

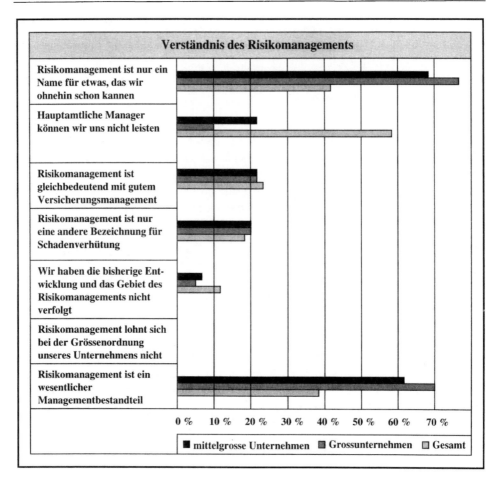

Abb. 7.37: Verständnis des Risikomanagements

Zusammenfassend wird in dieser Untersuchung festgestellt:

- dass für die Konzeption eines modernen Risikomanagements noch in vielen Unternehmen das notwendige Verständnis fehlt,
- dass die Bedeutung des strategischen Risikomanagements erheblich unterschätzt wird,
- dass viele Unternehmen auf externes Know-how verzichten, da sie von den eigenen risikospezifischen Fähigkeiten überzeugt sind, obwohl nur wenige große Unternehmen über moderne Risikomanagementkonzepte verfügen, und
- dass trotz der Möglichkeiten, die ein im Sinne des Risikotransfers und der Risikovorsorgebetriebenes Versicherungsmanagement bietet, hierauf häufig verzichtet wird.

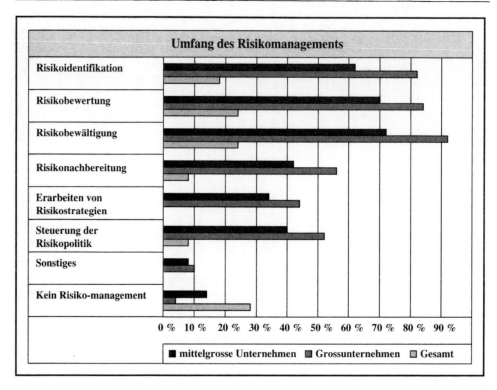

Abb. 7.38: Umfang des Risikomanagements

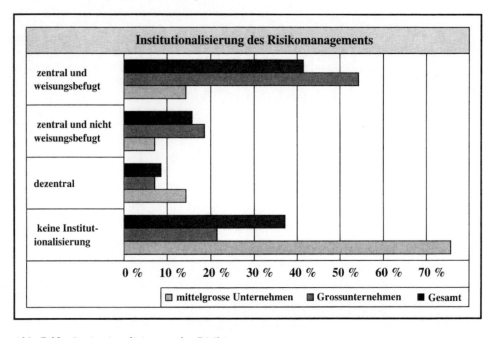

Abb. 7.39: Institutionalisierung des Risikomanagements

Achtes Kapitel: Controlling ausgewählter Risikodimensionen

A. Abgrenzung alternativer Risikodimensionen

I. Funktionsbereiche des Risiko-Controllings

Im Rahmen der Konzeption eines integrierten Risiko-Controllings wurde demonstriert, wie facettenreich die Auseinandersetzung mit dem Risiko ist. Für das Value Controlling ist vor dem Hintergrund dieser generellen Konzeption zu überlegen, welche risikospezifischen Controllingaufgaben und -bereiche in Verbindung mit den einzelnen Risikokategorien voneinander abzugrenzen sind.

Im Rahmen der Risikokategorisierung (vgl. *Siebtes Kapitel*) wurde diesbezüglich bereits aufgezeigt, dass sich die unterschiedlichen internen und externen Risiken stets in der GuV bzw. Bilanz niederschlagen können. Alle nicht GuV- bzw. bilanzbezogenen Risiken wurden dabei als Risiken der ersten Stufe, die unmittelbar die GuV- bzw. Bilanzpositionen betreffenden Risiken als Risiken der zweiten Stufe kategorisiert.

Für das Controlling ergibt sich an dieser Stelle das Problem, wie einerseits die Risiken einzelner geschäftlicher Aktivitäten, andererseits das Risiko in seiner Gesamtwirkung **koordiniert**, **geplant** und **kontrolliert** und hierüber **informiert** werden kann. Dazu muss man sich stets der Komplexität unternehmerischer Risiken bewusst sein. So besteht bspw. für eine Industrieunternehmung die Gefahr, dass einerseits eine einzelne Maschine ausfällt, der Produktionsprozess unterbrochen wird und hierdurch zusätzliche Kosten entstehen können. Andererseits könnte im Extremfall schon mit der Anschaffung der Maschine eine risikoerhöhende Wirkung verbunden sein. Wenn nämlich bspw. eine alte Maschine durch eine neue ersetzt wird, die neue billiger, aber auch störanfälliger ist, so wirkt dies risikoerhöhend.

Das Risiko-Controlling muss deshalb analog zur **Risikokategorisierung** zweistufig erfolgen. Das Controlling der internen und externen Risiken der ersten Stufe ist auf geeignete Fachverantwortliche zu übertragen. So muss bspw. die Produktionsleitung im Sinne des Self-Controllings das Controlling der Produktionsrisiken übernehmen. Die dazu erforderliche technische Analyse würde den Controller überfordern. Dessen Kenntnisse werden aber unbedingt benötigt, um die Ergebnisse der technischen Analyse in wirtschaftliche Begriffe zu transformieren. Letztlich maßgeblich ist, wie sich die technischen Risiken in der GuV, z. B. in Form höherer Aufwendungen, bzw. in der Bilanz niederschlagen.

Gerade für das Value Controlling ist entscheidend, wie sich die Vielfalt aller Teilrisiken einer Unternehmung in der GuV bzw. der Bilanz niederschlägt. Um diese Effekte zu erfassen sind **Schnittstellen** zwischen den Teilrisiken der ersten Stufe und den GuV- bzw. bilanzbezogenen Risiken der zweiten Stufe zu bilden. Die Teilrisiken der ersten Stufe werden nicht alleine vom Controlling erfasst. Hier wird häufig auf das Spezialwissen der betroffenen Geschäftsbereiche zurückzugreifen sein. Spätestens an der Schnittstelle zur GuV bzw. Bilanz wird das Controlling eingeschaltet, um die zuvor gewonnenen Erkenntnisse in **finanzwirtschaftliche Größen** zu **transformieren**.

In der täglichen Praxis des unternehmerischen Geschehens bedeutet dies, dass das Controlling die einzelnen Geschäftsbereiche bzw. Organisationseinheiten auffordern muss, eine individuelle **Risikoanalyse** durchzuführen. Im Anschluss daran werden das Controlling und die betroffenen Organisationseinheiten einen Risikostatus mit finanzwirtschaftlichen Größen aufstellen.

Zu den typischen Controlling-Aufgaben zählt der Aufbau eines Früherkennungssystems. Hierin eingebettet ist ein Frühwarnsystem, das vor allem dazu dient, strategische Risiken rechtzeitig zu erkennen. Sofern das Controlling auch das Früherkennungssystem auch betreibt, werden hier Risiken teilweise vom Controlling selbst analysiert bzw. in finanzwirtschaftliche Größen transformiert.

Darüber hinaus werden im Gesamtsystem **Risikolücken** unvermeidbar sein. Risikolücken entstehen, wenn bestimmte Risiken von den beteiligten Organisationseinheiten nicht erfasst werden. Dies kann geschehen, wenn z. B. Risiken von den Organisationseinheiten gar nicht identifiziert werden oder die Aufgabenstellung der Organisationseinheiten fehlerhaft formuliert wurde. Solche Risikolücken müssen vom Controlling geschlossen werden.

Zusammenfassend lassen sich für die Risikoanalyse von Risiken der ersten Kategorie für das Controlling drei Teilaufgaben feststellen:

- **Transformation** der Ergebnisse der Risikoanalyse einzelner Organisationseinheiten in finanzwirtschaftliche Größen,
- **Identifikation** bestimmter Risiken als eigenständige Controllingaufgabe, z. B. bei der Anwendung von Früherkennungssystemen, und
- **Schließen von Risikolücken** durch die Identifikation aller zuvor nicht erfassten Risiken.

Für das Value Controlling ist selbstverständlich die vollständige Risikoerfassung von elementarer Bedeutung. Letztlich entscheidend ist jedoch die Verknüpfung aller Risiken mit den Elementen des Jahresabschlusses. Denn erst die sich dort niederschlagenden Risikowirkungen führen zu Veränderungen **der Soll- bzw. der Ist-Eigenkapitalrentabilität**. Die Abstimmung dieser zentralen Parameter bildet das Herzstück des Value Controllings. Die auf die Determinanten der Bilanz und der Erfolgsrechnung bezogenen Risikokategorien der zweiten Stufe stehen deshalb im Fokus der nachfolgenden Diskussionen.

Die Transformation der Ergebnisse der Risikoanalyse in finanzwirtschaftliche Größen wird an dieser Stelle nicht tiefergehend behandelt. Dieser Bereich wurde in der betriebswirtschaftlichen Literatur bislang kaum behandelt. Hier sind in der Zukunft weitere Forschungsaktivitäten erforderlich.

II. Das Abgrenzungsproblem im Risiko-Controlling

In der betriebswirtschaftlichen Literatur findet sich eine Reihe von Untersuchungen zum Controlling finanzwirtschaftlicher Risiken (vgl. z. B. BARTRAM 1999; WIEDEMANN 2000). Fast immer beschränken sich diese Auseinandersetzungen auf die Analyse von Marktpreisrisiken. Marktpreisrisiken beinhalten die Gefahr von Verlusten aufgrund allgemeiner Marktpreisschwankungen. Marktpreise können Zinssätze, Devisenkurse und Aktienkurse, aber auch Warenpreise sein. Eine solche Eingrenzung erscheint durchaus sinnvoll. Denn die Instrumente, die zur Sicherung von Marktpreisrisiken eingesetzt werden, funktionieren grundsätzlich nach ähnlichen Prinzipien.

Aber schon der Bereich der finanziellen Risiken einer Unternehmung umfasst allerdings weit mehr als die bloße Auseinandersetzung mit Marktpreisen bzw. Marktpreisrisiken. So obliegt dem finanzwirtschaftlichen Bereich einer Unternehmung vor allem die Liquiditätssteuerung. Die Aufrechterhaltung der Liquidität stellt eine strenge und jederzeit einzuhaltende Nebenbedingung dar. Hiervon abzugrenzen sind alle controllingspezifischen Aufgaben im Asset-Liability-Management. Hierzu zählen die Planung des optimalen Verschuldungsgrades sowie die Auseinandersetzung mit dem Marktpreis- und dem Ausfallrisiko. Schon bei den Marktpreisrisiken ergibt sich wieder ein Zuordnungs- bzw. Abgrenzungsproblem. Die Commodity Risks bzw. Rohstoffpreisrisiken sind nämlich einerseits ein Marktrisiko, andererseits können sie auch Bestandteil der Absatz- oder der Beschaffungsrisiken und damit Risiken des leistungswirtschaftlichen Bereichs sein. Dieses Zuordnungs- bzw. Abgrenzungsproblem findet sich auch in den übrigen Risikobereichen wieder.

So können Adressenausfallrisiken einerseits als finanzwirtschaftliches Risiko betrachtet werden, da sie im Rahmen der Debitorenbuchhaltung von der finanzwirtschaftlichen Abteilung einer Unternehmung gesteuert werden. Sie können andererseits als Absatzrisiko auch dem Bereich leistungswirtschaftlicher Risiken zugerechnet werden.

Kapitalstrukturrisiken sind tendenziell eher finanzwirtschaftliche Risiken. Aber selbstverständlich wirkt sich auch der leistungswirtschaftliche Bereich auf die Kapitalstruktur aus. So können bspw. schlagend gewordene Abschreibungsrisiken über Veränderungen im Anlagevermögen und im Zusammenhang mit der Einhaltung bestimmter Kapitalstrukturnormen zu (negativen) Veränderungen der Kapitalstruktur führen. Schließlich weisen die unter dem Begriff des Geschäftsrisikos zusammengefassten Elemente des Controllings von Kosten-, Umsatz- und Margenrisiken sehr wohl auch finanzielle, sich direkt in der Erfolgsrechnung niederschlagende Wirkungen auf und könnten somit auch als finanzielle Risiken gedeutet werden. Eine **wirklich überschneidungsfreie Abgrenzung** der Risiken ist daher abschließend **nicht möglich**.

III. Zentrale Bausteine des Risiko-Controllings

Trotz aller Abgrenzungsprobleme werden nunmehr die Bereiche des Geschäftsrisiko-Controllings und des Controllings finanzieller Risiken voneinander abgegrenzt. Dem Geschäftsrisiko-Controlling werden dabei folgende zentrale Bereiche zugeordnet:

- das Kostenrisiko-Controlling,
- das Controlling von Umsatzrisiken und
- das Controlling des Margenrisikos.

Zum Controlling finanzieller Risiken zählen vor allem

- das Liquiditätsrisiko-Controlling,
- Das Controlling im Asset-Liability-Management mit den Teilbereichen Verschuldungsplanung, Ausfallrisiko-Controlling sowie Marktpreisrisiko-Controlling und die Bilanzplanung als integrierendes Element des finanziellen Risiko-Controllings.

Die Auseinandersetzung mit diesen Teilbereichen erhebt keinen Anspruch auf Vollständigkeit. Ohne Zweifel müssen sich Wissenschaft und Praxis auch in der Zukunft weitergehend mit den Elementen des Risiko-Controllings für Industrie- und Handelsunternehmen auseinandersetzen.

In einem alle Teilbereiche übergreifenden Ansatz ist schließlich zu überlegen, wie vor dem Hintergrund der Risiko-/Rendite-Profile aus den einzelnen Aktivitäten bzw. Geschäftsbereichen eines Unternehmens eine optimale Kapitalallokation erreicht werden kann.

B. Geschäftsrisiko-Controlling

Kostenrisiko-Controlling

1. Anforderungsprofil einer controlling-adäquaten Kostenrechnung

Das **Kostenrisiko** besteht in der Gefahr, dass die Ist-Kosten die geplanten Kosten übersteigen. Das Schlagend werden von Kostenrisiken kann dadurch verhindert werden, dass ein effizientes System der Budgetierung von Kosten aufgebaut wird. Würden die Kostenbudgets immer eingehalten, wäre zumindest das Risiko des Schlagend werdens ausgeschaltet.

Tatsächlich wird es sich in der unternehmerischen Praxis nicht verhindern lassen, dass Kostenrisiken schlagend werden. Deshalb ist es erforderlich, dass sich das Management von vorneherein über die Gefahr solcher Abweichungen bewusst wird. Mithilfe geeigneter Verfahren muss zum einen gemessen werden, wie groß die Gefahr zukünftiger Kostenabweichungen ist. Zum anderen sind Maßnahmen einzuleiten, welche die Gefahr zukünftiger Abweichungen verringern.

In allen Fällen wird hierfür eine geeignete, controlling-adäquate Kostenrechnung als Basis benötigt. Diese muss verschiedene Anforderungen erfüllen. Hierzu zählen:

- die Gewährleistung von **Kostentransparenz**,
- die Lieferung entscheidungsorientierter **Kosteninformationen**,
- die Sichtbarmachung der **Kostentreiber** bzw. cost driver und der **Kostenverantwortlichkeiten**, sowie
- die methodische Integration von Kostenplanung und Kostenkontrolle durch die Kombination von Plan- und Ist-Kostenrechnung.

Die Mängel der Ist- und der Normalkostenrechnung haben zur Entwicklung der Plan-Kostenrechnung geführt. Die Verfahren der Plankostenrechnung bilden mittlerweile den

Schwerpunkt moderner Kostenrechnungssysteme. Die Hauptaufgaben der Plankostenrechnung bestehen in

- der rechnerischen Fundierung unternehmenspolitischer Entscheidungen und in
- der Wirtschaftlichkeitskontrolle und Budgetierung.

Die **Plankostenrechnung** ist für die Zwecke des Controllings nicht zuletzt deshalb besonders gut geeignet, weil sie dem Prinzip von Planung und Kontrolle folgt. Die Kostenplanung erfolgt dabei zunächst für die Planungsperiode, die i. d. R. ein Jahr beträgt. Dazu werden Planbeschäftigung, Planmengen und Planpreise fixiert. Hieraus können im Rahmen der Kostenstellen-/Kostenträgerrechnung die zu budgetierenden Stellenkosten und Kalkulationssätze abgeleitet werden.

Die **Kostenkontrolle** wird in den Abrechnungsperioden durchgeführt. Die Abrechnungsperioden betragen i. d. R. einen Monat. Durch die Gegenüberstellung von Soll- und Ist-Zahlen werden die Kostenabweichungen ermittelt. Anschließend werden deren Ursachen analysiert. Dieses Vorgehen verdeutlicht zum einen die Verlustquellen und die Verantwortlichkeiten hierfür. Zum anderen können hieraus auch Impulse für spätere Planungsprozesse generiert werden.

Grundsätzlich lassen sich vier Varianten der Plankostenrechnung voneinander abgrenzen:

- Die **Prognosekostenrechnung** arbeitet mit prognostizierten Kosten. Prognosekosten sind sowohl im Hinblick auf die Mengen- als auch auf die Preiskomponente künftig erwartete Kosten. Es gilt:

Prognosekosten = Prognosemenge x Prognosepreis

Demnach signalisieren Kostenabweichungen in erster Linie Prognosefehler.

- Die klassische **Plankostenrechnung** und die **Standardkostenrechnung** folgen den gleichen Prinzipien. Sie arbeiten mit Standardkosten, welche die anzustrebende Kostenwirtschaftlichkeit ausdrücken. Es gilt:

Standard-(Plan-)Kosten = Standardmenge x Festpreis

Kostenabweichungen signalisieren Kostenunwirtschaftlichkeiten bzgl. der Kostengüterverbräuche und der Beschäftigung.

- Die **Zielkostenrechnung**, die auch als **Target Costing** bezeichnet wird, arbeitet mit Kostenobergrenzen. Diese Kostenobergrenzen werden als Zielgrößen vorgegeben. Die Kostenvorgaben müssen unbedingt eingehalten werden, um bestimmte Gewinn- oder auch Umsatzziele realisieren zu können. Hier gilt:

Zielkosten = Zielpreis – Zielmarge

Kostenabweichungen signalisieren, dass die ursprünglich gesetzten Ziele nicht erreicht werden können.

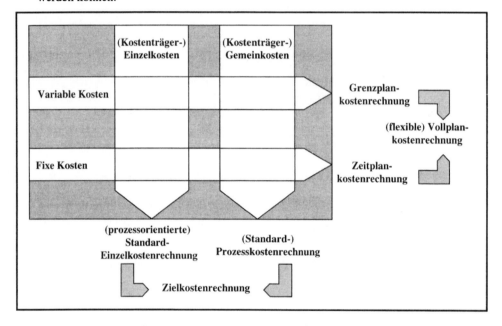

Abb. 8.1: Abgrenzung der Varianten der Plankostenrechnung

In Abb. 8.1 wird versucht, die Varianten der Plankostenrechnung vor dem Hintergrund der alternativen Kostenkategorien abzugrenzen. In der Grenzplankostenrechnung werden nur die variablen, leistungsmengenabhängigen Kosten geplant und kontrolliert. Im Zweifel werden die variablen (Kostenträger-)Gemeinkosten ebenfalls einbezogen. Werden die fixen, mengenunabhängigen Kosten in der Rechnung berücksichtigt, kann von einer Vollplankostenrechnung gesprochen werden. Die alleinige Planung und Kontrolle der Fixkosten könnte wegen der Zeitabhängigkeit auch als Zeitplankostenrechnung bezeichnet werden, auch wenn dies grundsätzlich unüblich wäre. Wird die andere Achse der Kosteneinteilung betrachtet und lediglich auf die Planung und Kontrolle der (Kostenträger-)Einzelkosten abgestellt, so liegt eine Standard-Einzelkostenrechnung vor.

In letzter Zeit wird verstärkt das Konzept der (Standard-)Prozesskostenrechnung diskutiert. Mit dieser Systematik sollen vor allem die Gemeinkostenbereiche von Fertigungsunternehmungen durchleuchtet werden. Dabei ergeben sich enge Berührungspunkte zur Standard-Einzelkostenrechnung vor allem dann, wenn sich die Perspektive von Fertigungsunternehmungen auf Dienstleistungsunternehmungen verschiebt. Die Zielkostenrechnung bzw. Target Costing schließlich integriert mit ihrer allerdings anders gelagerten, spezifischen Fragestellung speziell die Elemente der Standard-Einzelkostenrechnung und der (Standard-) Prozesskostenrechnung.

Standard-Einzelkostenrechnung, Prozesskostenrechnung und Target-Costing stellen die wohl modernsten der hier genannten Kostenrechnungssysteme dar. Diese Verfahren sollen deshalb als mögliche Basis eines Controllings der Kostenrisiken im Folgenden näher spezifiziert werden.

2. Ausgewählte Verfahren der Plankostenrechnung

a) Prozesskosten- und Standard-Einzelkostenrechnung

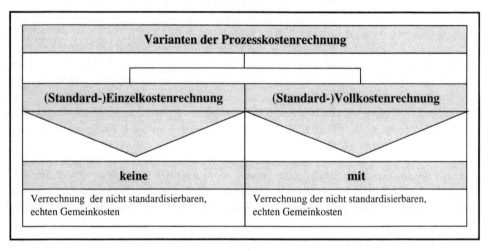

Abb. 8.2: Varianten der Prozesskostenrechnung

Das zentrale Abgrenzungskriterium zwischen der Standard-Einzelkostenrechnung und der Prozesskostenrechnung ist die unterschiedliche Behandlung von **Einzel- und Gemeinkosten** (vgl. Abb. 8.2).

Die **Prozesskostenrechnung** bzw. das **Activity-Based-Costing** wird als eine (neue) Methode zur besseren Planung und Kontrolle insbesondere der sogenannten Gemeinkostenbereiche (z. B. Forschung und Entwicklung, Beschaffung, Verwaltung u. a.) verstanden. Sie gilt wegen des steigenden Anteils der indirekten Kosten an den Gesamtkosten als sinnvolle Ergänzung zur Voll- oder Grenzkostenrechnung der direkten Fertigungsbereiche (vgl. COOPER/KAPLAN 1988, HORVÁTH/MEYER 1989). Merkmalsbestimmend ist dabei

- eine stärkere Aufgliederung der **Gemeinkostenbetrachtungsweise** als sie in der traditionellen Kostenstellenrechnung der Fertigungsbetriebe üblich war und damit zusammenhängend und
- ein Wechsel von der kostenstellenbezogenen Betrachtungsweise zu einer **stärker aktivitäts- oder arbeitsprozessbezogenen Sichtweise** auch der indirekten Leistungsbereiche.

Beides zusammen soll den Gemeinkostenblock im Unternehmen transparenter machen und insbesondere auch die Haupteinflussfaktoren der (Gemein-)Kostenentstehung – sie werden als Kostentreiber (Cost Driver) bezeichnet – sichtbar werden lassen (vgl. HORVÁTH & PARTNER 1998, FRANZ 1990).

Die Prozesskostenrechnung ist als Vollkostenrechnung konzipiert. Im Gegensatz dazu wird bei der Standard-Einzelkostenrechnung betont auf eine Zurechnung nicht leistungsbezogener Gemeinkosten verzichtet. Ansonsten sind Unterschiede lediglich darin zu sehen, dass letztere für Dienstleistungsunternehmen, speziell für Kreditinstitute, konzipiert wurde, in denen Fixkosten dominieren und variable Kosten kaum eine Rolle spielen (vgl. ausführlich FLECHSIG 1982; SCHIERENBECK 2001).

Im Folgenden soll daher unter Hervorhebung der Gemeinsamkeiten beider Rechnungsverfahren die prinzipielle Vorgehensweise einer **prozessorientierten Standard-Einzelkostenrechnung** dargestellt werden. Widersprüche zum eingangs postulierten Einsatzgebiet der Prozesskostenrechnung entstehen insoweit nicht, als die dortigen Kostenträger-Gemeinkosten speziell aus der Sicht der zu kalkulierenden Arbeitsprozesse natürlich als direkte Kosten interpretiert werden können.

Das stufenweise Vorgehen für die Kalkulation von sogenannten Hauptprozessen, die als (kostenstellenübergreifende) Aktivitätsbündel kostenrechnerisch jeweils als komplexe Leistungseinheit bewertet werden, zeigt Abb. 8.3. Die Kalkulation der Standard-Kostensätze erfolgt stets unter der Voraussetzung von vorgegebenen Zeit- und Mengenstandards. Abweichungen hiervon werden erst in der späteren Kostenkontrolle als sogenannte Restkosten erfasst und analysiert.

Ein konkretes Zahlenbeispiel möge die Vorgehensweise verdeutlichen. Analytisch geplant werden in diesem Beispiel nur die mengenbezogenen Personalleistungen. Sollen die Standardkostensätze auch die Sachkosten enthalten, ist entsprechend vorzugehen. Bei geringem Gewicht dieser Kosten ist es im Regelfall jedoch üblich, sie einfach proportional zu den Personalkosten in den Teilprozessen zu verrechnen. Ähnlich wird in der Prozesskostenrechnung im übrigen mit den sogenannten leistungsmengenneutralen Kosten verfahren, die in der Regel im Zusammenhang mit der Wahrnehmung von Führungsaufgaben entstehen. Um die hiermit verbundene Gemeinkostenschlüsselproblematik zu vermeiden, sei hierauf jedoch im Einklang mit den Grundprinzipien der Standard-Einzelkostenrechnung verzichtet.

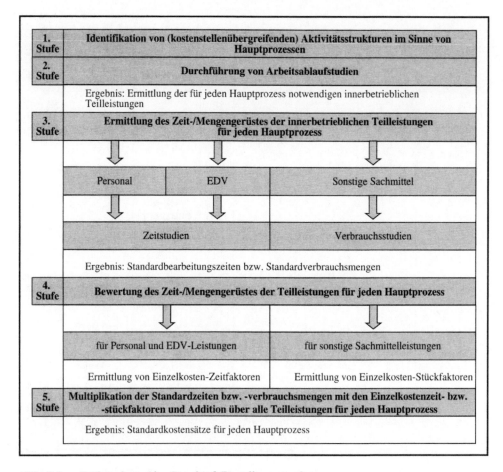

Abb. 8.3: Stufenschema der Standard-Einzelkostenrechnung

Für die Kalkulation der Standard-Personalkosten des Hauptprozesses „Material beschaffen" gilt einleitend die Annahme, dass in den einzelnen Kostenstellen feste Monatsgehälter gezahlt werden. Damit gelten als Kostentreiber die Arbeitszeiten, die pro Teilaktivität in den verschiedenen Stufen des Hauptprozesses anfallen. Demzufolge sind sowohl die Einzelkostenzeitfaktoren wie auch die Standardzeiten die maßgeblichen Komponenten des zu kalkulierenden Kostensatzes.

Die **erste Stufe** der Standard-Einzelkostenrechnung beinhaltet die Identifikation von Aktivitätsstrukturen. Dazu werden die Kostenstellen hinsichtlich ihrer Teilaktivitäten untersucht. Anschließend wird im Rahmen von Arbeitsablaufstudien, die der **zweiten Stufe** der Standard-Einzelkostenrechnung entsprechen, festgestellt, welche innerbetrieblichen Teilleistungen für die Erstellung des Hauptprozesses „Material beschaffen" erforderlich sind. Die **dritte Stufe** umfasst schließlich die Quantifizierung des den einzelnen Teilleistungen zuzurechnenden durchschnittlichen Zeitaufwands. Dieser beträgt für den Materialeinkauf 360 min., für die Materialentgegennahme 30 min., für Eingangsprüfung 240 min. und für die Materialeinlagerung 40 min. verbraucht (vgl. Abb. 8.4).

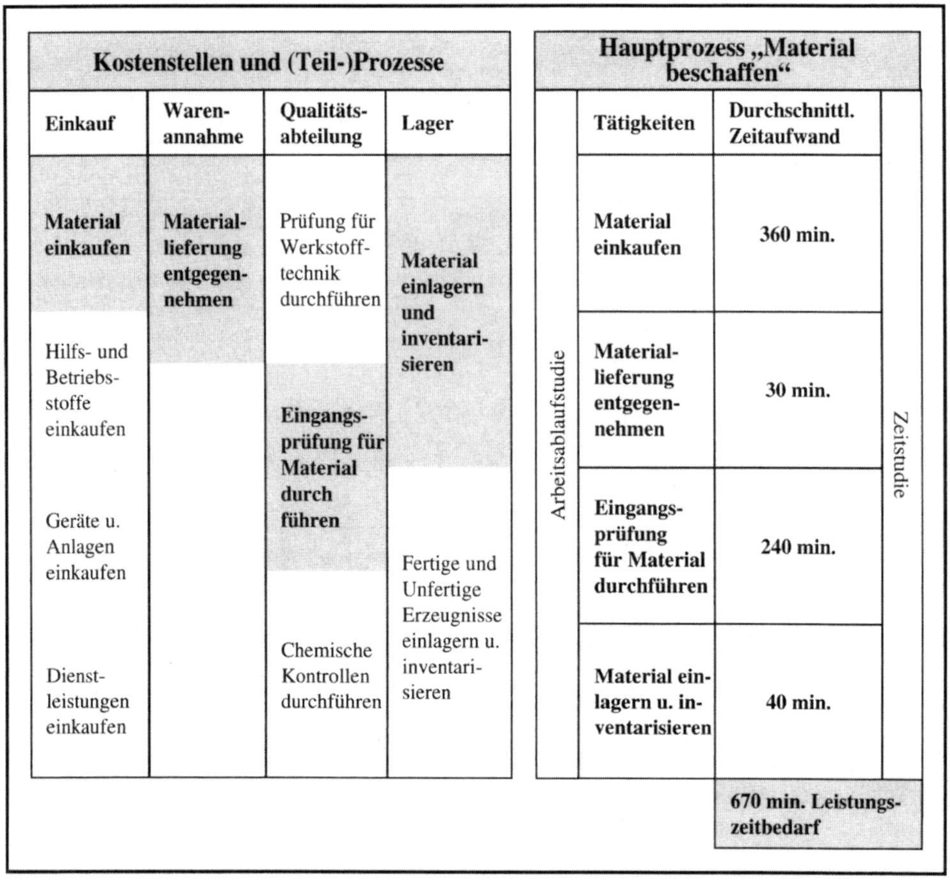

Kostenstellen und (Teil-)Prozesse				Hauptprozess „Material beschaffen"		
Einkauf	Waren-annahme	Qualitäts-abteilung	Lager	Tätigkeiten	Durchschnittl. Zeitaufwand	
Material einkaufen	**Material-lieferung entgegen-nehmen**	Prüfung für Werkstoff-technik durchführen	**Material einlagern und inventari-sieren**	Material einkaufen	360 min.	Arbeitsablaufstudie / Zeitstudie
Hilfs- und Betriebs-stoffe einkaufen		**Eingangs-prüfung für Material durch führen**		Material-lieferung entgegen-nehmen	30 min.	
Geräte u. Anlagen einkaufen			Fertige und Unfertige Erzeugnisse einlagern u. inventari-sieren	Eingangs-prüfung für Material durchführen	240 min.	
Dienst-leistungen einkaufen		Chemische Kontrollen durchführen		Material ein-lagern u. in-ventarisieren	40 min.	
					670 min. Leistungs-zeitbedarf	

Abb. 8.4: Stufen 1, 2 und 3 der Standard-Einzelkostenrechnung des Hauptprozesses „Material beschaffen"

Die **vierte Stufe** führt zur Bewertung des für den Hauptprozess relevanten Zeitgerüsts. Dazu wird zunächst die durchschnittliche Kapazität pro Mitarbeiter pro Jahr berechnet. Diese beträgt im Beispiel 86.278,5 min. pro Jahr. Anschließend werden die Periodeneinzelkosten je Kostenstelle durch die Gesamtkapazität je Kostenstelle dividiert. Angesichts unterschiedlicher Kostenstrukturen ergeben sich für die Kostenstellen variierende Einzelkosten-Zeitfaktoren. Letztere erklären, welche Kosten der Verbrauch von einer Minute Mitarbeiterkapazität verursacht (vgl. Abb. 8.5).

Achtes Kapitel: Controlling ausgewählter Risikodimensionen

	Einkauf	Waren-annahme	Qualitäts-abteilung	Lager
(1) Periodeneinzelkosten [GE] pro Jahr	425.000	90.000	215.000	105.000
(2) Mitarbeiterzahl	8,5	2,5	5	3
(3) Gesamtkapazität [min.] pro Jahr * [86.278,5 • (2)]	733.367,25	215.696,25	431.392,50	258.835,50
(4) Einzelkostenzeitfaktor [GE/min.] [(1) : (3)]	0,58	0,42	0,50	0,41

* Kapazität pro Mitarbeiter:

1.   365 Tage
2. − 115 Tage (Sa, So, Feiertag)
3. = 250 Tage
4.   250 Tage • 7,7 Std. / Tag • 60 min. / Std. = 115.500 min.
5. − 17 % Ausfallzeit
6. − 10 % Verteilzeit
7. = 86.278,50 min. pro Jahr und Mitarbeiter

Abb. 8.5: Stufe 4 der Standard-Einzelkostenrechnung des Hauptprozesses „Material beschaffen"

(Teil-) Prozess	Einheiten pro (Teil-) Prozess (1)	Minuten pro Einheit (2)	Einzelkosten-zeitfaktor [GE/min.] (3)	Standard-Einzelkosten[GE] (Teil-) Prozess (4) = (1) • (2) • (3)
Material einkaufen	1	360	0,58	208,80
Materiallieferung entgegennehmen	1	30	0,42	12,60
Eingangsprüfung für Material durchführen	1	240	0,50	120,00
Material einlagern u. inventarisieren	1	40	0,41	16,40
Summe der Standard-Einzelkosten				357,80

Abb. 8.6: Stufe 5 der Standard-Einzelkostenrechnung des Hauptprozesses „Material beschaffen"

Die **fünfte und letzte Stufe** umfasst die Verknüpfung der Ergebnisse der dritten und vierten Stufe. Dazu werden zuerst die Standard-Verbrauchszeiten mit den betreffenden Einzelkosten-Zeitfaktoren multipliziert. Anschließend werden die so errechneten Teilbeträge zum Standard-Einzelkostensatz für den Hauptprozess summiert. Im Beispiel werden somit für jeden einzelnen Hauptprozess „Material beschaffen" fortan jeweils 357,80 GE verrechnet (vgl. Abb. 8.6).

Für das Controlling der Kosten bzw. der Kostenrisiken ist fortan zu beachten, dass

- der errechnete Standard-Kostensatz durch arbeitsablauforganisatorische Maßnahmen ebenso beeinflusst werden kann wie durch die Änderung der Zeitvorgaben und/oder der Einzelkostenzeitfaktoren und dass
- die produktive Gesamtkapazität der Kostenstellen unter Umständen durch entsprechende Arbeitsvorgänge nicht ausgelastet wird, resp. die Zeitvorgaben nicht eingehalten werden. Dann sind die tatsächlich entstehenden Kosten zwangsläufig höher als die Summe der mit Standardkosten verrechneten Kostenstellenaktivitäten. Sofern nicht die Preiskomponente den fixen Kosten entsprechende Differenzen verursacht, sind solche Abweichungen als Beschäftigungsabweichungen bzw. als Leerkosten zu interpretieren.

Speziell diese letzten Aussagen verdeutlichen noch einmal, dass sich in der flexiblen Plankostenrechnung auf der einen Seite und der (Standard-)Prozesskosten- bzw. Standard-Einzelkostenrechnung auf der anderen Seite nur verschiedene Sichtweisen des gleichen Anliegens, nämlich der systematischen Kostenplanung und Kostenkontrolle, ausdrücken.

b) Zielkostenrechnung bzw. Target Costing

Die **Zielkostenrechnung** bzw. das **Target Costing** stellt ein modernes Kostenplanungs-, -steuerungs- und -kontrollinstrument dar. Dieses lässt sich dadurch charakterisieren, dass hierzu

- die Marktorientierung in die Unternehmung getragen werden soll,
- die Zielkosten retrograd bestimmt werden sollen und
- diese Rechnung das Ergebnis eine konsequenten Umsetzung des Management by Objectives darstellt.

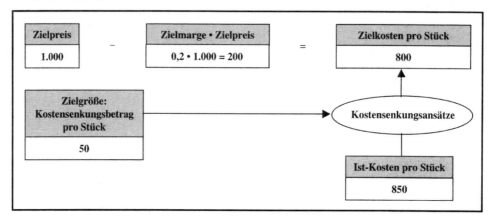

Abb. 8.7: Vorgehensweise beim Target Costing

Das primäre Anliegen der Zielkostenrechnung ist es, den Bedürfnissen und Gegebenheiten des Marktes Rechnung zu tragen. Dies geschieht in zweierlei Hinsicht. Einerseits fließen die Präferenzen der potenziellen Käufer bereits in die Produktplanung mit ein. Andererseits wird die Konkurrenzsituation am Markt bei der Produktionsgestaltung explizit berücksichtigt.

Kundenpräferenzen können beispielsweise mithilfe sogenannter Conjoint-Analysen abgefragt werden (vgl. SIMON 1992). Diese sind derart ausgestaltet, dass sich zum einen das bevorzugte Produktprofil und zum andern die Zahlungsbereitschaft der Konsumenten sowohl für einzelne Produktkomponenten als auch für das Gesamtprodukt ermitteln lassen.

Für die Preisgestaltung der Unternehmung bzw. die zulässige Kostenstruktur ist neben dem Produktprofil und der Zahlungsbereitschaft der Konsumenten auch die potenzielle Konkurrenzsituation maßgebend, die gesondert zu erheben ist. Aufgrund dieser Analysen stehen der Unternehmung nunmehr Daten zur Verfügung, die es erlauben, die exakte technische Ausgestaltung der Produkte konkret zu planen und dabei deren potenziellen Verkaufspreis relativ genau zu kennen. Dadurch ist bereits im Vorfeld absehbar, wie hoch die Kosten im Sinne von Vollkosten höchstens sein dürfen, um ein bestimmtes Zielergebnis zu erwirtschaften. Es lässt sich somit auch die genaue Höhe des für ein solches Zielergebnis notwendigen Kostensenkungsbedarfs bestimmen. Die Zielkostenrechnung stellt damit – im Gegensatz zu den anderen Plankostenrechnungsarten – auf solche Plankosten ab, deren Struktur und Höhe (noch) in hohem Maße gestaltbar sind, da die zugrundeliegenden Produktionsprozesse noch nicht (voll) implementiert sind. Das Beispiel aus Abb. 8.7 soll diesen Gedankengang kurz erläutern.

Es sollen die Zielkosten pro Periode bestimmt und der Kostensenkungsbedarf insgesamt ermittelt werden. Beabsichtigt ist, dass das untersuchte Produkt eine Umsatzrendite (Brutto) von 20 % erwirtschaftet. Aufgrund von Markterhebungen und Conjoint-Analysen möge mit einer Absatzmenge von 100 Einheiten zu einem (Ziel-)Preis von 1.000 GE gerechnet werden können. Somit belaufen sich die direkten Zielkosten des Umsatzes auf 800 GE pro Stück (= 1.000 GE – 1.000 GE · 20 %). bzw. 80.000 GE insgesamt (= 800 GE · 100 Stück). Innerbetriebliche Analysen haben ergeben, dass bei derzeitigem Produktionsstand die Ist-Kosten insgesamt 85.000 GE bzw. 850 GE pro Stück (= 85.000 GE/100 Stück) betragen würden. Diese müssen nun um 5.000 GE insgesamt oder 50 GE pro Stück (= 5.000 GE / 100 Stück) gesenkt werden, wenn das formulierte Ziel einer Umsatzrendite von 20 % realisiert werden soll.

Die ursprünglich in Japan für Industriebetriebe entwickelte Zielkostenrechnung ist prinzipiell auch im Dienstleistungssektor anwendbar, zumal sich dort die Conjoint-Analyse als eines der zentralen Instrumente der Zielkostenrechnung im Rahmen einer verstärkten Kundenorientierung bereits voll etabliert hat (vgl. ARNOUT ET AL. 1998)

3. Risikospezifische Aspekte des Kosten-Controllings

a) Problemstellungen im Controlling von Kostenrisiken

Vor dem Hintergrund der Risikoziele des Wertmanagements müssen die Kosten zum einen stabilisiert werden. Denn starke Kostenschwankungen führen zu hohen Gewinnvolatilitäten, aus denen negative Werteffekte resultieren können. Zum anderen dürfen die Kosten die geplante Höhe nicht übertreffen, da dadurch der Gewinn bzw. die Rentabilität vermindert wird.

Alle Maßnahmen, die ausschließlich auf eine Senkung der Kosten ausgerichtet sind, sind grundsätzlich Bestandteil des Rentabilitäts-Controllings. Trotzdem können auch kostensenkende Maßnahmen einen risikospezifischen Erfolgsbeitrag liefern. Dies kommt immer dann zum Tragen, wenn durch die Kostenreduktion auch die Gefahr negativer Kostenabweichungen oder volatilerer Kosten verringert werden kann.

Eine Erhöhung der Kosten muss zudem gar nicht problematisch sein. So kann bspw. eine Erhöhung der Fixkosten durchaus hingenommen werden, wenn gleichzeitig die Beiträge zur Fixkostendeckung, z. B. durch höhere Absatzmengen, erhöht werden können und sonstige mögliche negative Nebeneffekte, z. B. aus einer höheren Kapitalbindung, ebenfalls kompensiert werden können. Auch für die variablen Kosten gilt, dass ein Kostenanstieg immer dann unproblematisch ist, wenn die Deckungsspanne als Differenz zwischen Preis und variablen Kosten konstant gehalten werden kann. Diese beiden Effekte sind zudem Gegenstand des Margenrisikos. Unabhängig von möglichen Gegenläufigkeiten besteht deshalb das Kostenrisiko stets in der Gefahr steigender oder volatilerer Kosten.

Zentrale Fragestellungen sind in diesem Zusammenhang:

- Wie können die vorgelagerten **Risiken,** z. B. Beschäftigungs- oder Produktionsrisiken, **gemessen** und in Kostengrößen **transformiert** werden?
- Welches **Kostenrechnungssystem** ist am ehesten als Basis der Messung von Kostenrisiken geeignet?
- Wie kann die **Unsicherheit** von Soll-/Ist-Abweichungen im Rahmen der Kostenplanung **quantifiziert** werden?

Die erste im Controlling der Kostenrisiken zu überwindende Hürde ist die Messung der vorgelagerten Risiken und deren Transformation in Kostengrößen. Diese Aufgabe gestaltet sich zumindest zum aktuellen Zeitpunkt schwierig. Bislang wurden noch keine wirklich uneingeschränkt geeigneten Verfahren entwickelt.

Viele Teilrisiken sind aber nicht oder nur schwer quantifizierbar. So ergibt sich bspw. für jeden Unternehmer ein Abhängigkeitsrisiko, wenn man sich in die Hände eines einzigen Lieferanten begibt. Wenn dieser Lieferant ausfällt, muss er entweder durch einen anderen Lieferanten ersetzt werden, der gegebenenfalls höhere Kosten verursacht. Oder aber es entstehen Kosten für einen möglichen Produktionsausfall. In beiden Fällen könnten jedoch die Kostenabweichungen tendenziell nur approximativ bestimmt werden. Letzteres entweder, weil der mit einer möglichen Quantifizierung verbundene Aufwand zu hoch wäre. Oder weil sich aufgrund besonderer Umstände keine alternativen, mit einem anderen Lieferanten verknüpften Kosten finden lassen.

Zumindest für den Produktionsbereich werden zwar Produktionsfunktionen aufgestellt. Diese dienen jedoch vornehmlich der Quantifizierung des Kostenerwartungswertes. So werden bspw. für neue Maschinen im Rahmen von Kostenschätzverfahren Regressionsanalysen zur Ableitung von Produktionsfunktionen durchgeführt. Das Bestimmtheitsmaß kann als Indiz für die potenzielle Kostenabweichung gesehen werden (vgl. VON RECHBERG 1997). Diese Vorgehensweise lässt sich selbstverständlich auch auf bereits vorhandene Maschinen übertragen.

Die zweite Frage betrifft die **Auswahl eines geeigneten Kostenrechnungssystems**. Auch hier gilt die Überlegenheit der Plankostenrechnung und hier insbesondere der Prozesskostenrechnung bzw. der Standard-Einzelkostenrechnung. Deren prospektiver Ansatz und der mit der Plankostenrechnung einhergehende Zwang, Abweichungskontrollen durchzuführen, stellen eine geeignete Basis für Risikorechnungen dar.

Zuvor wurde bereits herausgearbeitet, dass das Target Costing und die Prozesskostenrechnung derzeit in der Praxis am häufigsten Verwendung finden. Das Target Costing stellt dabei einen eher marktorientierten Ansatz dar. Dessen Ziel ist es, eine vorgegebene Kosten-Obergrenze im Sinne einer maximalen marktlichen Belastbarkeit unbedingt einzuhalten. Der große Vorteil des Target Costing liegt darin, dass Kosten nicht mehr als vorgegebene Größe betrachtet werden. Statt dessen wird durch die marktliche Zielvorgabe das Kostenbewusstsein geschärft und damit auch auf die Einhaltung von Kostenbudgets gedrängt.

Tendenziell wird dabei zumindest das Risiko von Kostenabweichungen im Target Costing höher sein. Denn wenn nicht mehr auf der Basis der bisherigen Kostenstrukturkurven aufgebaut wird, so entsteht durch den erhöhten Kostendruck ein zusätzliches Risikopotenzial.

Die dritte Frage nach den Möglichkeiten zur **Quantifizierung des Kostenrisikos** wird im nachfolgenden Abschnitt diskutiert.

b) Das Produktivitätsergebnis als Basis der Risikomessung

Die Varianten der Prozesskostenrechnung basieren auf der Verrechnung von Standardkosten. Zur Kontrolle sind den verrechneten Standard-Kosten in der Planungsperiode die Ist-Kosten gegenüberzustellen. Hieraus resultieren die **Restkosten**. Im Kreditgewerbe erfolgt diese Gegenüberstellung von Ist- und Standardkosten im sogenannten **Produktivitätsergebnis**. Dieser Begriff kann grundsätzlich auch für alle übrigen Unternehmen verwendet werden. Die Abstimmung der Ist- und Standardkosten bzw. die Quantifizierung der Restkosten erfolgt dann im Produktivitätsergebnis, dessen Saldo im Idealfall null beträgt. Abweichungen führen dazu, dass dieses Produktivitätsergebnis einen – i. d. R. vermutlich negativen – Saldo in Höhe der nicht verrechneten Restkosten aufweist.

(Teil-) Prozess	Standardzeit [min.] (1)	Häufigkeit (2)	Verrechnete Standard-Einzelkosten [GE] (Einzelkostenzeitfaktor: 0,58 GE/min.)	
			pro Stück (1)	insgesamt (4) = (2) • (3)
Material einkaufen	360	480	208,80	100.224
Hilfs- und Betriebsstoffe einkaufen	45	2.700	26,10	70.470
Geräte und Anlagen einkaufen	480	400	278,40	111.360
Dienstleistungen einkaufen	300	600	174,00	104.400
Summe				386.454

Ist-Kosten	435.000	Produktivitätsergebnis
− Verrechnete Standard-Einzelkosten	− 386.454	
= Restkosten	= 48.546	

Abb. 8.8: Bestimmung des Produktivitätsergebnisses bzw. der Restkosten am Beispiel der Kostenstelle

Abb. 8.8 demonstriert anhand des Hauptprozesses „Material beschaffen" die Vorgehensweise. Über die Standardzeiten und Häufigkeiten wurden für diesen Hauptprozess insgesamt 368.454 GE Kosten verrechnet. Tatsächlich sind jedoch 435.000 GE Kosten angefallen. Es wurden demnach Restkosten von 48.546 GE nicht verrechnet. Der Saldo des Produktivitätsergebnisses beträgt - 48.546 GE.

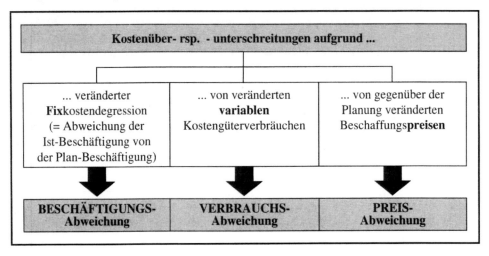

Abb. 8.9: Abweichungsursachen von Kostenüber- bzw. unterschreitungen

Als Ursachen für Kostenüber- bzw. unterschreitungen sind

- die Beschäftigungsabweichung,
- die Verbrauchsabweichung und
- die Preisabweichung.

zu nennen (vgl. Abb. 8.9).

Die Analyse der Restkosten bzw. des Produktivitätsergebnisses kann somit dazu herangezogen werden, schlagend gewordene Kostenrisiken zu messen. Die Analyse der Restkosten bzw. der Produktivitätsergebnisse der Vergangenheit kann aber auch dazu dienen, zukünftige Kostenrisiken besser einzuschätzen.

So könnten bspw. für Organisationseinheiten, deren Strukturen weitgehend unverändert bleiben, die Schwankungen des Produktivitätsergebnisses im Sinne eines Value at Risk gemessen werden. Es könnten aber auch im Sinne des Drei-Werte-Verfahrens oder unter Anwendung der Technik annualisierter Schadenswerte Kostenrisiken zumindest approximativ ermittelt werden. In allen Fällen wäre dann zu überlegen, welche Abweichungen der Ist-Kosten von den verrechneten Standardkosten erwartet werden. Die möglichen negativen Abweichungen entsprechen den zukünftigen Kostenrisiken.

c) Risikoreduktion durch Kostenflexibilisierung

Kostenrisiken können vor allem dadurch gemindert werden, dass die Kosten generell gesenkt werden oder dass höhere Kosten durch höhere Erträge aufgefangen werden. Eine weitere Möglichkeit zur Verringerung der Kostenrisiken besteht in der **Flexibilisierung** der Kosten (vgl. COPELAND/KEENAN 1998)

Zumindest für die mengenabhängige Komponente des Kostenrisikos gilt, dass bei gleichbleibenden Preisen die Erhöhung der variablen Kosten risikomindernd wirkt. So sei bspw. unterstellt, dass für eine geplante Produktionsmenge fixe Personalkosten durch die Einführung von Teilzeitarbeit variabilisiert werden können. Der Verlauf der Funktionslinie der fixen Kosten sinkt dadurch (vgl. Abb. 8.10).

Bei gleichbleibender Plan-Ausbringungsmenge und gleichbleibenden Plan-Gesamtkosten verändert sich dabei der Funktionsverlauf der zu verrechnenden Plankosten nicht. Für den Verlauf der Gesamtkostenfunktion gilt jedoch, dass deren Funktion die y-Achse an einem tiefer liegenden Punkt schneidet und demzufolge steiler verläuft. Der steilere Funktionsverlauf wird durch die höheren variablen Kosten verursacht. Der tiefere Schnittpunkt folgt aus den geringeren Fixkosten.

Wenn die Ist-Menge in der Planperiode die Plan-Menge unterschreitet, ergeben sich in beiden Fällen (vor und nach der Flexibilisierung) Kostenabweichungen. Die tatsächlichen Kosten (bei unveränderten Preisen) liegen stets über den verrechneten Plankosten. Da jedoch die Funktion des Kostentotals nach der Flexibilisierung bis zur Plan-Menge näher zur originären Funktion des Kostentotals verläuft, ergibt sich eine deutlich geringere Gesamtabweichung.

Das Kostenrisiko konnte demnach zumindest für den Fall der hier betrachteten Beschäftigungsabweichung reduziert werden.

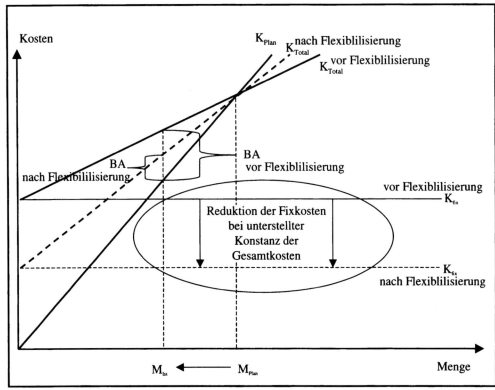

Abb. 8.10: *Abweichungsanalyse vor und nach Flexibilisierung (mit BA = Beschäftigungsabweichung; K = Kosten; M = Menge)*

Dies führt zu der Erkenntnis, dass die Variabilisierung der Fixkosten zumindest die Kostenrisiken aufgrund abweichender Produktions- bzw. Absatzmengen senkt. Im Extremfall würde eine vollständige Variabilisierung der Fixkosten das Risiko der Entstehung von Leerkosten vollständig eliminieren.

II. Controlling von Umsatzrisiken

Umsatzrisiken und Umsatzwachstumsrisiken sind miteinander verknüpft. Der geplante Umsatz leitet sich stets aus der geplanten Umsatzwachstumsrate ab:

$$U_1 = U_0 \times (1 + UWR)$$

mit: U = Umsatz; UWR = Umsatzwachstumsrate

Das Risiko schwankender bzw. rückläufiger Umsätze ist somit immer auch ein Risiko schwankender bzw. negativer Umsatzwachstumsraten.

Das Management von **Umsatzrisiken** ist grundsätzlich ein eher marketingspezifisches Problem. Aus der Sicht des Risiko-Controllings sind in einer langfristigen Betrachtung die Stabilität des Umsatzes und in einer kurzfristigen Betrachtung die tatsächliche Erreichung des geplanten Umsatzes entscheidend.

Auch die **Ursachen** von Umsatzrisiken sind vielschichtig. So können z. B. Konjunkturschwankungen zu sinkenden Absatzmengen führen. In Abhängigkeit von konjunkturellen Entwicklungen oder aufgrund des Verhaltens der Wettbewerber können zudem Absatzpreise sinken. Die Unternehmung kann sich aber auch für ungeeignete Marktbearbeitungsstrategien entschieden haben. In solchen Fällen verhindert die im Vergleich zur Konkurrenz schlechtere Strategiewahl, dass die Umsatzziele wie geplant erreicht werden.

Mit der **Lebenszyklushypothese** wurde bereits ein zentrales Konzept zur Analyse des typischen Umsatzverlaufs eines einzigen Produkts erörtert. Für die Beurteilung des Umsatzrisikos ist es dringend erforderlich, festzustellen, welcher Lebenszyklusphase ein Produkt zuzuordnen ist. Eine falsche Zuordnung kann zu einer falschen Einschätzung zukünftiger Umsatzerlöse und damit auch des zukünftigen Einnahmeüberschuss führen.

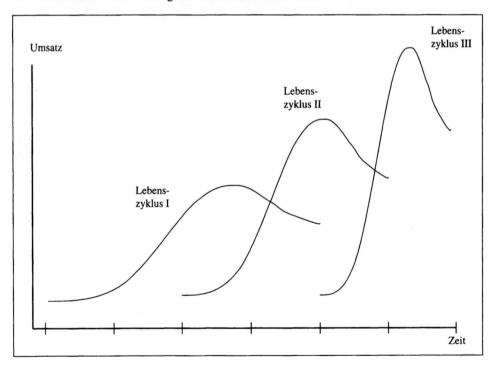

Abb. 8.11: Veränderungen im Produktlebenszyklus

Die Lebenszyklen sind von Produkt zu Produkt völlig unterschiedlich. Und selbst innerhalb einer bestimmten Produktkategorie sind sie nicht konstant. So kann für viele Produktionsbereiche unterstellt werden, dass sich die Produktlebenszyklen verkürzen. Insbesondere aufgrund des extremen Technologiefortschritts in der jüngeren Vergangenheit steigen die

Umsätze neuer Produkte einerseits schneller an und erreichen insgesamt höhere Maximalwerte. Gleichzeitig ergibt sich aber auch ein deutlicher schnelleres Zusammenbrechen der Märkte für einzelne Produkte. Abb. 8.11 skizziert diesen Zusammenhang.

Grundsätzlich stellt das Lebenszykluskonzept lediglich ein hypothetisches Modell dar, mit dem die allgemeine Umsatzentwicklung angedeutet werden soll. Die tatsächliche Höhe des Umsatzes bzw. der Umsatzwachstumsraten muss mithilfe geeigneter marketingspezifischer Verfahren eruiert werden. Dazu werden bspw. die Szenariotechnik oder die Delphi-Methode als Prognoseverfahren eingesetzt (vgl. z. B. MEFFERT 1998; FASSE 1995). Die Sicherheit, dass der geplante Umsatz einzelner Produkte tatsächlich erreicht wird, hängt schließlich in entscheidendem Maße von der Prognosequalität ab (eine risikospezifische Bewertung der Prognoseverfahren findet sich in FASSE 1995).

Umsatzrisiken sind in einem Ein-Produkt-Unternehmen grundsätzlich höher als in einem Mehr-Produkt-Unternehmen. Letzteres kann durch eine entsprechende Gestaltung des Produktportfolios Diversifikationseffekte erzielen. Dabei ist vor allem eine Portfoliostruktur aufzubauen, die langfristig eine Umsatzsteigerung ermöglicht. Wie bereits erörtert wurde (vgl. *Sechstes Kapitel*) sind dazu Geschäftsfelder so aufzubauen, dass eine Unternehmung vor dem Hintergrund zukünftig wegbrechender Geschäftsfelder stets über eine ausreichende Zahl von Produkten verfügt, die der Einführungsphase zuzurechnen sind und bzgl. derer mit zukünftig steigenden Wachstumsraten gerechnet werden kann.

Der richtige Umgang mit den Umsatzrisiken ist für Unternehmen überlebenswichtig. Das frühzeitige Erkennen von Umsatzproblemen ist dringend notwendig, um rechtzeitig Gegensteuerungsmaßnahmen einleiten zu können. Die den Umsatz betreffenden Gegensteuerungsmaßnahmen wirken jedoch i. d. R. nur auf lange Sicht. Dies gilt insbesondere für die Anpassung von fehlerhaften Marktbearbeitungsstrategien, mit denen kurzfristig tendenziell nur geringe positive Effekte erzielt werden können. Für das rechtzeitige Erkennen solcher Umsatzrisiken ist die Implementierung geeigneter Früherkennungssysteme erforderliche (vgl. *Zweites Kapitel*).

III. Controlling des Margenrisikos

Im **Margenrisiko** treffen die risikospezifischen Umsatz- und Kosteneffekte aufeinander. Das Margenrisiko kann letztlich durch die Umsatzrendite ausgedrückt werden. Es besteht demnach in der Gefahr einer sinkenden Rentabilität. Eine sinkende Rentabilität muss aber nicht unbedingt problematisch sein. Vielmehr kann eine sinkende Umsatzrentabilität durchaus bewusst angestrebt werden. Dies gilt z. B. immer dann, wenn die Unternehmensleitung die Preise senkt, um dadurch höhere Absatzmengen zu erzielen. Wenn der Wert der Steigerung der Absatzmengen größer ist als derjenige der Reduktion des Preises, so ergibt sich trotzdem eine Verbesserung des absoluten Gewinns.

Die mit dem Margenrisiko verbundenen Effekte lassen sich mithilfe der **Break Even Analyse** verdeutlichen. Allgemein gilt für den Gewinn:

$$G = M \times (p - k_v) - K_f$$

mit: G = Gewinn; K_f = fixe Kosten; k_v = variable Kosten (pro Stück); p = Preis; M = Menge

Für die damit einhergehende Umsatzrentabilität gilt:

$$UR = \frac{G}{M \times p} = \frac{M \times (p - k_v) - K_f}{M \times p}$$

$$UR = 1 - \frac{M \times k_v + K_f}{M + p}$$

mit: G = Gewinn; K_f = fixe Kosten; k_v = variable Kosten (pro Stück); p = Preis; M = Menge; UR = Umsatzrentabilität

Durch Umstellung der Formeln nach *M* ergibt sich in beiden Fällen:

$$M = \frac{G + K_f}{p - k_V}$$

mit: G = Gewinn; K_f = fixe Kosten; k_V = variable Kosten (pro Stück); p = Preis; M = Menge

Es zeigt sich, dass

- bei einer Erhöhung der variablen Kosten,
- bei einer Erhöhung der fixen Kosten und
- bei einer Verringerung des Preises

die zum Erreichen der Gewinnschwelle erforderliche Ausbringungsmenge größer wird. Die Gewinnschwelle kann dabei entweder über das Erreichen eines absoluten Gewinns von 0 GE oder einer Umsatzrentabilität von 0 % definiert werden. Negative Effekte, die mit einem der drei vorgenannten Parameter verbunden sind, können jedoch durch positive Effekte auf einen der übrigen Parameter kompensiert werden. Abb. 8.12 verdeutlicht diese Zusammenhänge grafisch.

Dazu werden die Umsatzfunktion *U*, die Funktion der fixen Kosten K_f und die Funktion der gesamten Kosten K_T, die sich als Summe der gesamten variablen Kosten und der fixen Kosten ergibt, untersucht. Die Höhe der variablen Kosten pro Stück k_v wird durch den Steigungswinkel der Funktion der Gesamtkosten wiedergegeben. Der Break-Even mit einem Gewinn von Null ist in der Ausgangssituation an der Schnittstelle der Umsatz- und der Gesamtkostenfunktion zu finden. Hierauf aufbauend werden die o. g. Parameter wie oben erwähnt variiert. In allen drei Fällen verlagert sich der Break-Even-Punkt nach rechts: Die Ausbringungsmenge muss erhöht werden, um mindestens die Gewinnschwelle zu erreichen.

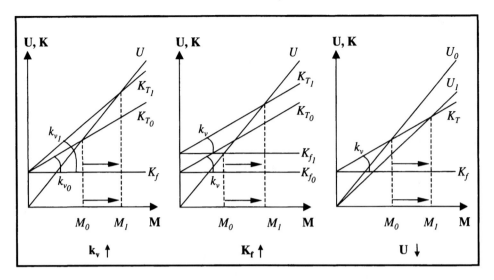

Abb. 8.12: Grafische Darstellung der Break-Even-Analyse

Natürlich lässt sich die Break-Even-Analyse auch dahingehend durchführen, dass die Effekte auf eine Verringerung der Ausbringungsmenge betrachtet werden. Demnach muss die o. g. Break-Even-Formel jeweils so umgestellt werden, dass die Wirkung einer Veränderung der Absatzmenge auf einen der übrigen Parameter berechnet werden kann.

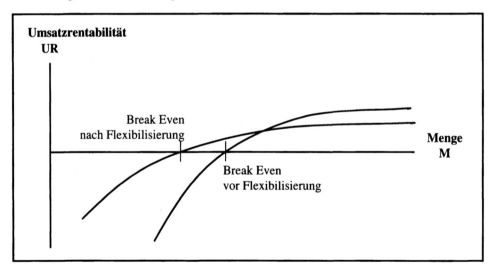

Abb. 8.13: Umsatzrentabilität in der Break-Even-Analyse

Die auf den absoluten Gewinn fokussierte Break-Even-Analyse steht im Einklang mit einer auf die Umsatzrentabilität bezogenen Betrachtung. Abb. 8.13 skizziert den Verlauf der Funktion der Umsatzrentabilität in Abhängigkeit von der Ausbringungsmenge. Nach der Flexibilisierung verläuft die Funktion der Umsatzrentabilität oberhalb der bisherigen Funktionslinie: Der Break-Even wird somit bei einer geringeren Ausbringungsmenge erreicht. Allerdings wird es einen, im Bereich positiver Umsatzrentabilitäten liegenden Schnittpunkt beider Funktionslinien geben, ab dem sich für die Umsatzrentabilität nach Flexibilisierung geringere Werte ergeben.

Für die unternehmerische Praxis bieten die Break Even Analysen einen Ansatzpunkt zur Beurteilung der Risikosituation. Das Einsetzen entsprechender Zahlenwerte in die Gewinnschwellenformel zeigt, welche Parameterveränderungen sich wie auswirken. Zur Verdeutlichung dieser Effekte wird auf ein Beispiel zur Flexibilisierung der Fixkosten zurückgegriffen. Dazu werden folgende Parameterwerte beispielhaft unterstellt:

$p = 10\ GE$

$k_V = 8\ GE$

$M_{Plan} = 60.000\ Stück$

$K_f = 50.000\ Stück$

mit: K_f = fixe Kosten; k_V = variable Kosten (pro Stück); p = Preis; M = Menge

In dieser Ausgangssituation wird die Gewinnschwelle bei

$$M = \frac{0 + 50.000}{10 - 8} = 25.000\ Stück$$

erreicht. Die Gewinnschwelle verschiebt sich, wenn die Parameter verändert werden. Es gilt:

$\Delta K_f = +10.000\ GE;\ K_f = 60.000\ GE$:
$$M = \frac{0 + 60.000}{10 - 8} = 30.000\ Stück$$

$\Delta p = -1\ GE;\ p = 9\ GE$:
$$M = \frac{0 + 50.000}{9 - 8} = 50.000\ Stück$$

$\Delta k_V = +1\ GE;\ k_V = 9\ GE$:
$$M = \frac{0 + 50.000}{10 - 9} = 50.000\ Stück$$

mit: K_f = fixe Kosten; k_V = variable Kosten (pro Stück); M = Menge; p = Preis

Der Unternehmung gelingt es nun, die Fixkosten zu variabilisieren. Bei einer Planmenge von 60.000 Stück ergaben sich zuvor Gesamtkosten von 530.000 GE (= 60.000 Stück · 8 GE/Stück + 50.000 GE).

Jetzt werden die Fixkosten auf 20.000 GE reduziert. Gleichzeitig erhöhen sich die variablen Kosten auf 8,50 GE. Die Gesamtkosten bleiben bei einer Plan-Menge von 60.000 Stück konstant – dies wird vereinfachender Weise angenommen – bei 530.000 GE (= 60.000 Stück · 8,50 GE/Stück + 20.000 GE).

Für die neue Situation ergeben sich folgende Gewinnschwellenwerte:

$$M = \frac{0 + 20.000}{10 - 8,50} = 13.333$$

$$\Delta K_f = +10.000 \text{ GE}; \; K_f = 30.000 \text{ GE}$$
$$M = \frac{0 + 30.000}{10 - 8,50} = 20.000$$

$$\Delta p = -1 \text{ GE}; \; p = 9 \text{ GE}$$
$$M = \frac{0 + 20.000}{10 - 8,50} = 40.000$$

$$\Delta k_V = +1 \text{ GE}; \; k_V = 9,5 \text{ GE}$$
$$M = \frac{0 + 20.000}{10 - 9,50} = 40.000$$

mit: K_f = fixe Kosten; k_V = variable Kosten (pro Stück); M = Menge; p = Preis

Die Gegenüberstellung der Ergebnisse in Abb. 8.14 zeigt, dass durch die **Variabilisierung** der Fixkosten in allen Fällen die Gewinnschwellen bei deutlich niedrigeren Ausbringungsmengen erreicht werden konnten. Daran ist gleichzeitig die Aussage geknüpft, dass für alle Ausbringungsmengen unterhalb der Planmenge die Variabilisierung sich höhere Gewinne ergeben würden.

	Gewinnschwelle ohne Variabilisierung bei M = ... (in Stück)	Gewinnschwelle mit Variabilisierung bei M = ... (in Stück)	Differenz
Ausgangssituation	25000	13333	- 11.667
ΔK_f = + 10.000 GE	30000	20000	- 10.000
Δp = - 1 GE	50000	40000	- 10.000
Δk_v = + 1 GE	50000	40000	- 10.000

Abb. 8.14: Beispiel zur Break-Even Analyse

Je flexibler eine Unternehmung auf Marktveränderungen reagieren kann, desto stärker wird sie von negativen Entwicklungen verschont bleiben. Flexibilisierung alleine reicht aber nicht aus, um das Margenrisiko zu beherrschen. Natürlich müssen vor allem auch die negativen Marktveränderungen rechtzeitig erkannt werden.

Mit einem nicht exakt quantifizierbaren zeitlichen Vorlauf werden bestimmte Marktindikatoren auf negative Veränderungen hinweisen. Je früher die Unternehmung diese Indikatoren im Rahmen ihres Früherkennungssystems identifiziert, desto besser kann sie auf potenzielle Gefahren reagieren. Prinzipiell gilt sogar, dass sich ein Unternehmen eine umso größere Trägheit bzw. Unflexibilität leisten kann, je besser ihr Früherkennungssystem funktioniert.

Insofern sollte die Variabilisierung der Fixkosten nie als Allheilmittel betrachtet werden. Sie muss mindestens flankiert werden von einem effizienten Informationssystem, das zu einer frühzeitigen Erkennung möglicher Krisensituationen führt.

Kurz vor der entscheidenden Krisensituation werden die Gefahrensignale immer deutlicher. Bspw. wäre ein einbrechender Auftragsbestand ein unübersehbares Indiz für einen baldigen Umsatzeinbruch.

Dieser Umsatzeinbruch folgt also unmittelbar. Mit dem Umsatzeinbruch beginnt die eigentliche Krisensituation. Für eine Unternehmung mit unflexiblen Strukturen würde sich jetzt das Problem ergeben, dass dem Umsatzeinbruch nur ein geringer Rückgang der Summe aller variablen Kosten gegenübersteht. In einem Unternehmen mit einem hohen Anteil variabler Kosten würde demgegenüber ein stärkerer Rückgang der Summe aller variablen Kosten zu beobachten sein. Dies hätte zur Folge, dass der Gewinneinbruch weniger dramatisch wäre.

C. Controlling finanzieller Risiken

Das Controlling finanzieller Risiken muss neben den Liquiditätsrisiko-Controlling alle controllingspezifischen Aspekte des Asset-Liability-Managements erfassen. Grundsätzlich könnte das Liquiditätsrisiko-Controlling natürlich auch dem Asset-Liability-Management zugerechnet werden. Allerdings ist das Controlling der Liquiditätsrisiken für jede Unternehmung von herausragender Bedeutung, wie in empirischen Studien festgestellt werden konnte (vgl. WIEDEMANN 2000). Angesichts dessen soll auch an dieser Stelle das Liquiditätsrisiko-Controlling vom Asset-Liability-Management losgelöst betrachtet werden. Die Integration aller Elemente des finanziellen Risiko-Controllings kann schließlich mithilfe der Bilanzplanung erfolgen.

I. Liquiditätsrisiko-Controlling

1. Der Finanzplan

Das **Liquiditätsrisiko** besteht in der Gefahr, dass die Liquidität nicht wie geplant aufrecht erhalten werden kann. Die Gefahr besteht also darin, dass eine gegenüber der Planung ungewollte Situation eintritt, die entweder mit einer unrentablen Überliquidität oder mit einer existenzgefährdenden Unter- bzw. Illiquidität verbunden ist. Die besondere Bedeutung des Liquiditätsrisikos erfordert ein effizientes Liquiditäts-Controlling.

Die Aufgaben des Liquiditäts-Controllings bestehen darin,

- mögliche Liquiditätsengpässe oder Situationen überschüssiger Liquidität rechtzeitig zu identifizieren und
- finanzwirtschaftliche Anpassungsmaßnahmen entweder zur Sicherung der Liquidität (bei drohenden Liquiditätsengpässen) oder zur Optimierung der Rentabilität (bei überschüssiger Liquidität) einzuleiten.

Um diese Aufgaben erfüllen zu können, müssen geeignete Liquiditätsrechnungen durchgeführt werden. Mit deren Hilfe muss die Liquidität geplant und kontrolliert werden. Im Mittelpunkt der Liquiditätsplanung und -kontrolle steht der **Finanzplan**. Der Finanzplan muss

- im Sinne eines hinreichenden Zukunftsbezugs die für die Zukunft geplanten bzw. erwarteten Zahlungsströme erfassen,
- im Sinne einer inhaltlichen Präzision die Zahlungsströme lückenlos und überschneidungsfrei erfassen und
- im Sinne einer zeitlichen Präzision die Zahlungsströme zeitlich genau, im Grenzfall tagesgenau erfassen (vgl. WITTE/KEIN 1983).

Der Finanzplan muss ferner eine laufende Liquiditätskontrolle im Hinblick auf Abweichungen und Abweichungsursachen ermöglichen.

Abb. 8.15 zeigt die verschiedenen **Prozessstufen der Liquiditätsplanung und -kontrolle**. Zunächst wird der vorhandene Liquiditätsbestand ermittelt. Hierauf aufbauend werden die zukünftigen Zahlungsströme prognostiziert. Dazu sind aus allen betrieblichen Teilplänen die finanzrelevanten Informationen abzuleiten. Damit einhergehend sind die vorhandenen Forderungen und Verbindlichkeiten in Einnahmen und Ausgaben zu transformieren. Mit dem dritten Schritt wird der vorläufige Finanzplan bzw. das vorläufige Finanzbudget aufgestellt. An dieser Stelle zeigt sich, ob die Unternehmung in der Zukunft mit finanziellen Fehlbeträgen oder mit Liquiditätsüberschüssen rechnen muss. Sollten Liquiditätsprobleme bereits in der Planung ersichtlich werden, würde sich das Unternehmen schon jetzt um den finanziellen Ausgleich kümmern müssen. Erst nach diesem Ausgleich wird der Finanzplan endgültig fixiert. Für die Planungsperioden sind anschließend entsprechende Liquiditätskontrollen durchzuführen. Dazu werden für den Liquiditätsbestand in regelmäßigen Zeitabständen Soll-Ist-Vergleiche durchgeführt. Wenn sich Abweichungen von den Planbeständen ergeben, sind geeignete liquiditätspolitische Anpassungsmaßnahmen einzuleiten. Gleichzeitig ist zu entscheiden, ob der Finanzplan auch nach diesen Anpassungsmaßnahmen weiter aufrecht erhalten werden kann oder ob der Finanzplan modifiziert bzw. neu aufgestellt werden muss.

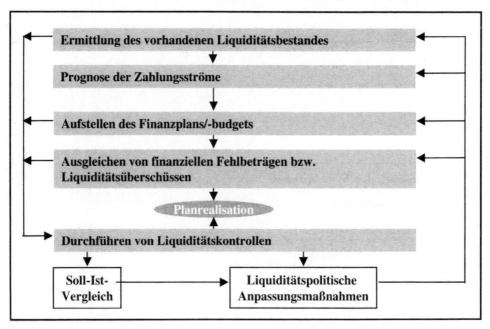

Abb. 8.15: Prozessstufen der Liquiditätsplanung und -kontrolle

Der Finanzplan kann sowohl für kurz- als auch für langfristige Analysen verwendet werden. Für die Liquiditätsplanung ist nur die kurzfristige Finanzplanung relevant. Trotzdem sind kurz- und langfristige Finanzplanung miteinander verzahnt. Die kurzfristige Finanzplanung umfasst den zahlungsstromorientierten Finanzplan und das Finanzbudget. Der zahlungsstromorientierte Finanzplan kann auch als Einnahmen- und Ausgabenplan bezeichnet werden. Das Finanzbudget stellt eine mit den einzelnen Organisationseinheiten zu treffende Vereinbarung über die Höhe der geplanten Einnahmen und Ausgaben dar. Hierfür gelten alle bereits im Zusammenhang mit der Budgetierung (vgl. *Zweites Kapitel*) genannten Anforderungen.

Zeitintervalle (Tage, Wochen, Monate usw.) / Positionen	I	II	III	IV
Zahlungskraft-Anfangsbestand	5	10	5	
+ Plan-Einnahmen	20	25	usw.	
./. Plan-Ausgaben	15	30		
Zahlungskraft-Endbestand	10	5		

Abb. 8.16: Grundstruktur eines Finanzplans

Zahlungskraft per...			
	Guthaben	Schulden	Kreditlinie
Kassenbestand, einschl. Nebenkasse			
Postgiroguthaben			
Landeszentralbank-Guthaben			
Fällige Wechsel und Schecks			
Bank 1 AG			
Bank 2 AG			
Sparkasse in X			
Volksbank Y			
Auslandsbank A			
Auslandsbank B			
Saldo	+	−	+

Abb. 8.17: Bestimmung des Zahlungskraft-Anfangsbestandes

Der (zahlungsorientierte) Finanzplan hat einerseits die Bestände an Zahlungskraft und andererseits die geplanten Zahlungsbewegungen als Bezugspunkte. Diese Grundstruktur wird beispielhaft in Abb. 8.16 wiedergegeben.

Die **Zahlungskraft** ist definiert als die sich zu einem bestimmten Zeitpunkt ergebende Summe aus den Bilanzpositionen Kasse, Wechsel und Scheck, Bank und Postgiroguthaben sowie aus zugesagten, aber noch nicht in Anspruch genommenen Kreditlimiten. Abb. 8.17 zeigt ein Beispiel für die Ermittlung der Zahlungskraft.

Auch für die **Erfassung der geplanten Zahlungsbewegungen** kann ein entsprechendes Schema entwickelt werden. Die Gliederung der Zahlungsbewegungen kann nach verschiedenen Gesichtspunkten erfolgen. Abb. 8.18 zeigt in der ersten Spalte einen praxisorientierten Vorschlag für die Gliederung der Zahlungsbewegungen.

Kurzfristiger Finanzplan für den Monat ...	SOLL-IST-VERGL. Monat...			DREI-MONATS-PLAN			DREI-QUARTALS-PLAN		
	Soll	Ist	Abw.	Monat ...	Monat ...	Monat ...	Q_1	Q_2	Q_3
1. Ordentliche betriebliche Zahlungen									
1.1 Einnahmen									
1.1.1 Umsatzeinnahmen (incl. Umsatzsteuer)									
1.1.1.1. aus abgeschlossenen Verträgen									
1.1.1.2. Schätzungen									
1.1.2 Sonstige laufende Einnahmen									
1.2 Ausgaben									
1.2.1 Material- und Energieausgaben									
1.2.2 Personal- und Sozialausgaben									
1.2.3 Anzahlungen									
1.2.4 Steuern (inkl. Umsatzsteuern)									
1.2.5 Sonstige laufende Ausgaben									
Saldo 1									
2. Außerordentliche Zahlungen									
2.1 Außerordentliche Einnahmen									
2.1.1 Zinseinnahmen									
2.1.2 Sonstiges									
2.2 Außerordentliche Ausgaben									
2.2.1 Investitionen (ohne Eigenleistungen)									
2.2.2 Zinsausgaben und Gewinnausschüttungen									
2.2.3 Sonstiges									
Saldo 2									
3. Kreditplan									
3.1 Ordentliche Kredittilgung									
3.2 Ordentliche Kreditaufnahme									
Saldo 3									
Summe der Salden									
+ Zahlungskraft Anfangsbestand (Vormonat)									
Neuer Saldo (Zahlungskraft Endbestand)									

Abb. 8.18: Struktur eines kurzfristigen Finanzplans

Ziel des Liquiditätsrisiko-Controllings ist die Sicherung der Liquidität. Dazu müssen **Liquiditätsengpässe** möglichst frühzeitig erkannt werden. **Finanzielle Fehlbeträge** sind rechtzeitig aufzudecken, um Maßnahmen zur Wiederherstellung des Deckungsgleichgewichts einleiten zu können. Ein Fehlbetrag liegt vor, wenn der Zahlungskraft-Endbestand in einer bestimmten Periode einen negativen oder einen zu geringen positiven Wert annimmt.

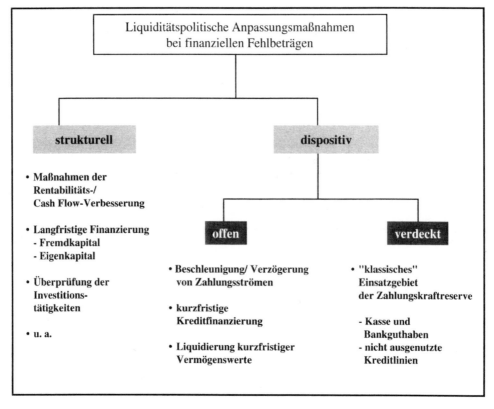

Abb. 8.19: Arten finanzieller Fehlbeträge

Im Finanzplan aufgedeckte finanzielle Fehlbeträge können **dispositive Fehlbeträge** von vorübergehender oder **strukturelle Fehlbeträge** von dauerhafter Natur sein (vgl. Abb. 8.19). Dispositive Fehlbeträge können offen oder verdeckt sein. Offene Fehlbeträge liegen vor, wenn sich Defizite nur in bestimmten Planungsintervallen ergeben. Im Durchschnitt über mehrere (Teil-)Perioden hinweg ist der Finanzplan jedoch ausgeglichen. Abb. 8.20 zeigt das Beispiel eines Finanzplans, der lediglich in den Monaten Februar und März negative Endbestände aufweist. In den darauffolgenden Monaten wird dieses Defizit wieder ausgeglichen.

Verdeckte Fehlbeträge liegen vor, wenn der Finanzplan einen Überschuss signalisiert, obwohl in dem betreffenden Prognoseintervall die Liquidität gefährdet ist. Ursachen hierfür können sein,

- dass die Einnahmen zu optimistisch, die Ausgaben zu gering eingeplant werden, wodurch das tatsächliche, später eintretende Liquiditätsbild, nicht der Planung entsprechen wird, oder
- das zeitliche Raster der Planungsintervalle ist zu grob, um die Struktur der Zahlungsbewegungen hinreichend präzise abzubilden.

Der Finanzplan in Abb. 8.20 weist für den Monat Mai einen positiven Zahlungskraft-Endbestand auf. Die Detaillierung der Planungssituation dieses Monats zeigt, dass in den ersten zwanzig Tagen sich tatsächlich Fehlbeträge ergeben. Erst in den letzten zehn Tagen wird dieses Defizit ausgeglichen. Der originäre Finanzplan hätte im Beispiel aufgrund einer nicht ausreichenden zeitlichen Differenzierung ein mögliches Liquiditätsproblem nicht aufgedeckt.

1. offen	Jan.	Feb.	Mrz.	Apr.	Mai	Jun.	Jul.
Zahlungskraft- Anfangsbestand	+ 100	+ 100	- 100	- 100	0	+ 100	+ 200
Einnahmen	200	200	200	200	200	200	200
Ausgaben	200	400	200	100	100	100	100
Zahlungskraft- Endbestand	+ 100	- 100	- 100	0	+ 100	+ 200	+ 300

Dispositive Fehlbeträge — zusätzliche Detaillierung des Finanzplans

2. verdeckt	1. Dekade	2. Dekade	3. Dekade
Zahlungskraft- Anfangsbestand	0	- 40	- 20
Einnahmen	20	40	140
Ausgaben	60	20	20
Zahlungskraft-Endbestand	- 40	- 20	+ 100

Abb. 8.20: Beispiel für dispositive finanzielle Fehlbeträge

Strukturelle Fehlbeträge liegen vor, wenn ein strukturelles Ungleichgewicht zwischen Einnahmen und Ausgaben besteht. In solchen Fällen ist der Finanzplan auf Dauer unausgeglichen. Abb. 8.21 zeigt ein entsprechendes Beispiel. Im Januar wird noch mit einem positiven Zahlungskraft-Endbestand gerechnet. In den darauf folgenden Monaten würde sich jedoch ohne weitere Gegenmaßnahmen ein immer größer werdendes „Finanzloch" ergeben.

	Jan.	Feb.	Mrz.	Apr.	Mai	Jun.	kum.
Zahlungskraft- Anfangsbestand	+ 100	+ 100	- 100	- 200	- 250	- 350	
Einnahmen	200	300	200	150	100	200	1150
Ausgaben	200	500	300	200	200	300	1700
Zahlungskraft- Endbestand	+ 100	- 100	- 200	- 250	- 350	- 450	- 450

Abb. 8.21: Beispiel für einen strukturellen Fehlbetrag

Wenn im Finanzplan potenzielle Fehlbeträge aufgedeckt werden, müssen liquiditätspolitische Anpassungsmaßnahmen eingeleitet werden. Diese Maßnahmen sind abhängig vom Charakter des jeweiligen Fehlbetrages.

Für **offene dispositive** Fehlbeträge bietet es sich an,

- Einnahmen zu beschleunigen und Ausgaben zu verzögern, wenn dies unter Rentabilitätsaspekten sinnvoll ist,
- sich durch kurzfristige Kredite oder
- durch Vermögensumschichtung die zum Ausgleich des Fehlbetrags erforderlichen liquiden Mittel zu beschaffen.

Verdeckte dispositive Fehlbeträge sind das „klassische" Einsatzgebiet der Zahlungskraftreserve. Um über eine ausreichende Zahlungskraftreserve zu verfügen, muss der im Finanzplan festgestellte Zahlungskraftendbestand am Ende einer jeden Teilperiode einen bestimmten Mindestwert übertreffen. Die Zahlungskraftreserve besteht üblicherweise in Form von Kasse und Bankguthaben oder über nicht ausgenutzte Kreditlinien.

Strukturelle Fehlbeträge erfordern umfangreichere Maßnahmen. Hierzu zählen z. B.

- Maßnahmen zur Verbesserung der Rentabilität oder zur Erhöhung des Cashflows,
- langfristige Finanzierungen über die Aufnahme langfristigen Fremd- oder Eigenkapitals,
- Überprüfung der geplanten Investitionsvorhaben,
- u. a.

Tendenziell sollten in diesem Zusammenhang Maßnahmen zur Erhöhung der Innenfinanzierungskraft bevorzugt werden, um neue Abhängigkeiten aus der Aufnahme externen Kapitals zu vermeiden.

Der Finanzplan stellt grundsätzlich das zentrale Instrument der Liquiditätssicherung dar. Trotzdem weist er konzeptionelle Schwächen auf. So können immer verdeckte Fehlbeträge entstehen. Dann signalisiert der Finanzplan unter Umständen einen Überschuss, obwohl die Liquidität in der betreffenden Periode gefährdet ist. Zudem ist der Finanzplan vom Liquiditätskonzept her nicht vollständig formuliert. Denn zum einen enthält er nur einen Teil der Liquiditätsreserve. Zum anderen fehlen die Quellen finanzwirtschaftlicher Mobilität. Die Quellen können mithilfe des im nachfolgenden Abschnitt erörterten Mobilitätsstatus aufgezeigt werden.

Schließlich orientiert sich der Finanzplan an den prognostizierten Einnahmen und Ausgaben. Vernachlässigt werden die unerwarteten bzw. falsch prognostizierten Einnahmen und Ausgaben. Abhilfe bzgl. dieses dritten Kritikpunktes könnte das Konzept der Liquidity-at-Risk schaffen (vgl. SCHIERENBECK 2001). Mit der Liquidity-at-Risk wird die Volatilität des Zahlungskraft-Endbestandes gemessen. Der Liquidity-at-Risk erklärt, analog zum Value-at-Risk, mit welcher Wahrscheinlichkeit ein bestimmter Zahlungsmittel-Endbestand über- oder unterschritten wird.

2. Der finanzielle Mobilitätsstatus

Als eine Ergänzung des Finanzplans ist ein Instrument vorgeschlagen worden, das man als **finanziellen Mobilitätsstatus** bezeichnen kann (vgl. DONALDSON 1969). Finanzielle Mobilität wird dabei ganz allgemein als Fähigkeit verstanden, sich an umweltbedingte Veränderungen jederzeit so anzupassen, dass liquiditätsbezogene Ungleichgewichte vermieden (bzw. eingetretene Störungen wieder beseitigt) werden können und zugleich stets genügend Mittel zur Verfügung stehen, um sich bietende Ertrags- und Wachstumschancen (im Rahmen des Gewünschten) jederzeit nutzen zu können.

Ein Status der finanziellen Mobilität ist demnach nicht gleichzusetzen mit einem Finanzplan. Er erklärt vielmehr, aus welchen Quellen zusätzliche Mittel beschafft werden können, wenn unter den gegebenen finanziellen Verhältnissen sich die in der Finanzplanung enthaltenen Prognosen als falsch erweisen sollten. In dieser Fragestellung ähnelt der Mobilitätsstatus in gewisser Weise dem traditionellen Liquiditätsstatus. Nur dass dieser sich auf den Ausweis der freien Zahlungskraftreserven beschränkt und in seiner normalen Ausgestaltung auch strikt gegenwartsorientiert bleibt, während der finanzielle Mobilitätsstatus sehr viel umfassender angelegt ist und prinzipiell auch mit Planungswerten arbeitet.

Abb. 8.22 stellt einen solchen Mobilitätsstatus in seiner Grundstruktur dar. Er erfasst die zu bestimmten Stichtagen als verfügbar angesehene finanzielle Mobilität, gegliedert nach den verschiedenen Mobilitätsressourcen.

Im Mobilitätsstatus werden die einzelnen Quellen der finanziellen Mobilität erfasst. Eine zentrale Rolle spielen dabei natürlich die freien Liquiditätsreserven, die sich - wie bereits geschildert - aus Zahlungskraft-, kurzfristigen Vermögens- und Finanzierungsreserven zusammensetzen. Daneben enthält der finanzielle Mobilitätsstatus Einsparungen und Kapitalfreisetzungen, die für den Fall eines Liquiditätsengpasses für möglich gehalten werden. Solche Einsparungen und Kapitalfreisetzungen würden natürlich unter „normalen" Bedingungen, etwa aus Kosten- und Ertragsgründen oder wegen negativer Rückwirkungen auf das Ansehen und „Standing" der Unternehmung, nicht ohne weiteres vollzogen. Hierzu zählen:

- Abbau des **working capitals** durch eine restriktivere Vorratspolitik (Drosselung der Produktionsrate unter die Absatzrate, Verzicht auf optimale Bestellmengen, Abbau der Sicherheitsbestände, Beschleunigung des Materialdurchflusses), durch eine stärkere Kontrolle der Debitoren (Intensivierung des Mahnwesens, Veränderung der Zahlungsbedingungen, Verzicht auf Belieferung von Kunden mit schlechter Zahlungsmoral) sowie durch Verlängerung der Kreditorendauer (Hinnahme von Skontoverlusten und volle Ausnutzung der Zahlungsziele, gezielter Einsatz von Wechselkrediten zur Verzögerung der Zahlungsausgänge).
- **Gemeinkostenreduzierungen** dort, wo dies möglich ist und keine unmittelbaren, kurzfristigen Rückwirkungen auf die laufenden Erträge zu befürchten sind. Als traditionelle Bereiche kommen hierfür vornehmlich das Marketing, die allgemeine Verwaltung sowie Forschung und Entwicklung (einschließlich Aus- und Fortbildung) in Betracht.
- **Kürzung von Anlageinvestitionen und Dividenden**. Hier wäre vor allem die Streckung des Investitionsprogramms zu nennen.

	Finanzielle Mobilität	
	zu Beginn der Budgetperiode	am Ende der Budgetperiode
I. Freie Liquiditätsreserven		
1. Zahlungskraftreserven		
– Kasse und Bankguthaben	0	0.000
– nicht ausgenutzte Kreditlinien	<u>350.000</u> 350.000	<u>0.000</u> 0.000
Summe (1)	<u>350.000</u>	<u>0.000</u>
2. Kurzfristige Vermögensreserven		
– Terminausleihungen	100.000	0.000
– Wertpapiere	<u>50.000</u> 150.000	<u>50.000</u> 50.000
Summe (2)	<u>150.000</u>	<u>50.000</u>
3. Finanzierungsreserven		
– nicht ausgenutztes Verschuldungspotenzial, kurzfristig	150.000	150.000
– nicht ausgenutztes Verschuldungspotenzial, langfristig	300.000	300.000
– Kapitalerhöhungsreserven	<u>300.000</u> 750.000	<u>500.000</u> 950.000
Summe (3)	<u>750.000</u>	<u>950.000</u>
Summe: Freie Liquiditätsreserven	**1.250.000**	**1.000.000**
II. Abbau des „working capital"		
1. Abbau Vorräte	84.000	84.000
2. Abbau Debitoren	30.000	30.000
3. Zunahme Kreditoren	20.000	20.000
Summe: Einsparung von „working capital"	**134.000**	**134.000**
III. Gemeinkostenreduzierung		
1. Marketing	50.000	50.000
2. Administration	76.000	76.000
3. Forschung und Entwicklung	30.000	30.000
Summe: Gemeinkostenreduzierung	**156.000**	**156.000**
IV. Kürzung von Anlageinvestitionen und Div.		
1. Anlageinvestitionen	100.000	150.000
2. Dividenden	50.000	50.000
Summe: Kürzung von Anlageinvestitionen und Dividenden	**150.000**	**200.000**
V. Liquidation von Anlagevermögen		
1. Sachanlagen	85.000	85.000
2. Finanzanlagen	100.000	100.000
Summe: Liquidation von Anlagevermögen	**185.000**	**185.000**
Gesamte finanzielle Mobilität zur Abdeckung potentieller Liquiditätsengpässe	**1.875.000**	**1.675.000**

Abb. 8.22: Beispiel eines Mobilitätsstatus

- **Liquidation von Anlagevermögen.** Wenn möglich, sollten bestehender Möglichkeiten, Desinvestitionen gegenüber dem Plan zeitlichvorgezogen werden. Zudem geht es hier um die Disposition nicht (oder noch nicht) betriebsnotwendige Vermögensgegenstände (wie beispielsweise Grundbesitz).

Nach der Erfassung der verschiedenen Mobilitätsressourcen in einem Mobilitätsstatus folgt die Beurteilung der vorhandenen finanziellen Mobilität hinsichtlich ihrer Adäquanz. Dazu bedarf es im einzelnen

- einer Würdigung der Höhe der gesamten finanziellen Mobilität (laut Mobilitätsstatus) sowie ihrer Aufteilung auf die verschiedenen Ressourcen und
- einer Würdigung der Sicherheit, mit der die einzelnen Ressourcen finanzieller Mobilität bei Bedarf im prognostizierten Umfang liquiditätswirksam zur Verfügung stehen und der hierzu erforderlichen Vorlaufzeit.

Anschließend ist zu überlegen, ob ein bestimmter Saldo des Mobilitätsstatus als ausreichend hoch anzusehen ist. Allgemein wird man zwar sagen können, dass der richtige Betrag zugleich der Mindestbetrag sein muss, der zur Abdeckung des maximalen Defizits, das entstehen kann, ausreichen sollte. Aber dieses Kriterium stellt keine geeignete operationale Entscheidungsregel dar. Es ist deshalb erforderlich, im Rahmen einer situationsgebundenen Analyse konkret die maximal möglichen Abweichungen von den budgetierten Zahlen und deren Auswirkungen auf die Liquidität zu schätzen. Dies kann jedoch regelmäßig nur unvollkommen geschehen. Zudem kann Sicherheit vor ungeplanten Entwicklungen kein Hauptzweck der finanziellen Unternehmensführung sein. Deshalb ist es zusätzlich erforderlich, die Höhe des bewusst tolerierten Risikos, irgendwann zahlungsunfähig zu werden, zu bestimmen.

Neben der Höhe finanzieller Mobilitätsreserven spielt im besonderen Maße deren Zusammensetzung eine wichtige Rolle. Damit eng verbunden ist die Frage nach der Sicherheit, mit der diese Ressourcen bei Bedarf auch zur Verfügung stehen, und nach der hierbei erforderlichen Vorlaufzeit. Es ist unzweifelhaft, dass dem Zweck der Liquiditätssicherung die Zahlungskraftreserven am meisten entsprechen. Ihre notwendige Vorlaufzeit ist gleich null, und es bestehen keine Unsicherheiten bezüglich ihrer rechtzeitigen und vollen Verfügbarkeit bei einem etwaigen Bedarf. Das Gegenteil davon sind Mobilitätsreserven im Anlagevermögen. Im allgemeinen nimmt der Liquidationsprozess hierfür eine nicht unerhebliche Zeit in Anspruch, zudem ist der erzielbare Liquidationserlös gerade bei Notverkäufen äußerst unsicher.

Für die anderen Quellen der Mobilität, die hinsichtlich der genannten Kriterien etwa im Mittelfeld liegen, sind vor allem die zu ihrer Aktivierung häufig erforderlichen Verhandlungen nicht selten ein wesentlicher Zeit- und Unsicherheitsfaktor. So etwa, wenn es darum geht, das nicht ausgenutzte Verschuldungspotenzial in Zahlungskraft umzuwandeln. Dies gilt auch, wenn die finanzielle Führung innerbetrieblich nicht die entsprechenden Kompetenzen für Maßnahmen zur Reduzierung des working capitals oder abbaufähiger Gemeinkosten besitzt. Dann ist sie gezwungen, mit den Führungskräften der hiervon betroffenen Bereiche zu verhandeln. Was speziell die Umwandlung von Finanzierungsreserven in Zahlungskraft betrifft, so kann eine gezielte Pflege des Finanzierungsspielraums und eine vertrauensvolle Zusammenarbeit mit den Hausbanken dazu beitragen, diesen Zeit- und Unsicherheitsfaktor entscheidend zu verringern.

Es zeigen sich dessen ungeachtet dennoch deutliche Abstufungen in der Eignung einzelner Ressourcen, schnell und sicher bei Bedarf zur Verfügung zu stehen. Insofern kann es also prinzipiell nicht nur die Situation einer insgesamt zu geringen finanziellen Mobilität, sondern auch die Situation einer unausgewogenen Zusammensetzung der verschiedenen Mobilitätsressourcen geben. Dabei ist zu berücksichtigen, dass die Adäquanzbeurteilung finanzieller Mobilitätsreserven sich nicht nur auf den Zeitraum der jeweils laufenden Budgetperiode beschränken darf, sondern zumindest in groben Umrissen auch den Zeitraum danach erfassen muss.

Neben der Adäquanzbeurteilung finanzieller Mobilitätsreserven sind die Prioritäten, nach denen die verschiedenen Ressourcen gebildet, eingesetzt und wieder aufgefüllt werden sollen, festzulegen. Im einzelnen entsteht die Frage nach solchen Prioritäten vor allem immer dann,

- wenn die Höhe der vorhandenen finanziellen Mobilität als nicht ausreichend angesehen wird,
- wenn die Zusammensetzung der verschiedenen Mobilitätsressourcen unausgewogen ist, insbesondere also die Zahlungskraftreserven unangemessen klein sind,
- wenn der Einsatz der finanziellen Mobilitätsreserven zur Abwendung einer Liquiditätsbedrohung erforderlich wird.

In allen drei Fällen bedarf es einer Entscheidungsregel, welche Ressourcen an erster Stelle aufgestockt, umgeschichtet oder eingesetzt werden, welche danach an die Reihe kommen und so weiter. Diesbezüglich können vier (empirisch nachgewiesene) Prinzipien liquiditätspolitischer Anpassung genannt werden (vgl. DONALDSON 1969):

- **Prinzip des geringsten Widerstands**: Liquiditätspolitische Anpassungen erfolgen zunächst in bezug auf diejenigen Mobilitätsreserven, die direkt der Kontrolle seitens der finanziellen Führung unterliegen. Weitere Anpassungen vollziehen sich tendenziell in der Reihenfolge bestehender (externer oder interner) Widerstände gegen Kapitalzuführungen, Ausgabenkürzungen, etc.

- **Prinzip der maximalen Vorhersehbarkeit und Sicherheit**: Dieses Prinzip ist Ausdruck der besonderen Gefahr kurzfristiger Liquiditätsengpässe. Es beinhaltet, dass Anpassungsmaßnahmen dort vollzogen werden, wo das Risiko von Fehlschlägen möglichst gering ist.

- **Prinzip der Schlüssel-Liquidität bzw. key resource strategy**: Zur Absorption unvorhergesehener finanzieller Ungleichgewichte in den budgetierten Einnahmen und Ausgaben verlässt man sich gerne hauptsächlich auf bestimmte Arten finanzieller Mobilitätsreserven. In Frage kommt vor allem der betonte Rückgriff auf auffallend hohe Liquiditätsreserven bzw. big cash balance approach oder die Pflege entsprechender Bankverbindungen.

- **Eichhörnchen-Prinzip**: Bei aller Vorliebe für das Prinzip der Schlüssel-Liquidität werden einzelne Reserven nie vollständig und restlos verbraucht, bevor andere Quellen in Anspruch genommen werden. Vielmehr werden (nach außen häufig willkürlich anmutende obere Grenzen der Inanspruchnahme einzelner Liquiditätsquellen fixiert.

3. Cash-Management-Systeme

Die Steuerung des Liquiditätsrisikos erfolgt auf der Basis kurzfristiger Finanzpläne. Beschränkt man die finanzplanerische Betrachtung auf die Position Kasse, so wird dies als Kassendisposition bezeichnet. Für den Begriff der Kassendisposition kann auch der Begriff des **Cash-Managements** verwendet werden (vgl. PERRIDON/STEINER 1999).

Die Kassendisposition soll vor allem die optimale Höhe des Kassenbestandes fixieren. Das Problem dabei ist, dass der Kassenbestand einerseits zentrale Basis der Liquiditätssicherung ist. Andererseits wird der Kassenbestand nicht verzinst und ist somit unrentabel.

Zur Ermittlung des optimalen Kassenbestandes wurden verschiedene theoretische Modelle entwickelt (vgl. hierzu ausführlich PERRIDON/STEINER 1999). Hierzu zählen

- das Baumol-Modell (vgl. BAUMOL 1952),
- das Beranek-Modell (vgl. BERANEK 1965) oder
- das Miller-Orr-Modell (vgl. MILLER/ORR 1966).

Alle Modelle unterstellen einen speziellen Verlauf der Zahlungsströme, der in der Regel nicht allgemeingültig ist oder sich in der Praxis kaum beobachten lässt. Insofern sind diese Modelle nur beschränkt aussagefähig.

Die Optimierung des Cash-Managements ist aber sowohl aus der risikopolitischen Sicht der Liquiditätssicherung als auch aus rentabilitätsorientierter Sicht für alle Unternehmen bedeutend und bedarf einer geeigneten Unterstützung. Nicht zuletzt deshalb wurden von den Banken sogenannte Cash-Management-Systeme entwickelt und den Unternehmen zur Verfügung gestellt. Als Cash-Management-System wird der elektronische Austausch von Daten zwischen Bank und Unternehmen sowie zwischen den einzelnen Unternehmen eines Konzerns bezeichnet. Ausgetauscht werden dabei Daten, die zur Steuerung der Liquidität wesentlich sind. Sie sind letztendlich nicht nur auf die Steuerung der Position Kasse beschränkt, sondern können prinzipiell sämtliche kurz-, mittel- und langfristigen Finanzplanungen unterstützen.

Die Ziele des Cash-Managements können grundsätzlich mit den Funktionen der Cash-Mangement-Systeme gleichgesetzt werden. Hierzu zählen (vgl. PERRIDON/STEINER 1999; REICHMANN/HAIBER/FRÖHLING 1996):

- **Balance Reporting**: Balance Reporting ist ein elektronischer Kontoauszug, der den traditionellen Papierauszug ersetzt.
- **Money Transfer**: Überweisungen können in verschiedenen Währungen auf elektronischem Weg aufgegeben werden.
- **Ergänzende Marktinformationen und -analysen**: Eine Bank kann ihren Kunden, ein Mutterunternehmen ihren Tochtergesellschaften auf elektronischem Weg wichtige Informationen über die aktuelle Situation an den Geld- und Kapitalmärkten elektronisch zur Verfügung stellen.
- **Cash-Pooling**: Als Dienstleistung von Banken beinhaltet das Cash-Pooling die automatische Konsolidierung der Salden mehrerer Zahlungsverkehrskonten. In einem konzerneigenen Cash-Management-System dient das Cash-Pooling dazu, Liquiditätsüberschüsse

bestimmter Tochtergesellschaften, die auch als Cash-Provider-Töchter bezeichnet werde, zu sammeln. Diese werden anschließend den sogenannten Cash-Consumer-Töchtern, das sind Tochtergesellschaften mit Liquiditätsengpässen, zur Verfügung gestellt. Das Cash-Pooling kann darüber hinaus nicht nur zum Liquiditätstransfer genutzt werden. Überschüssige Mittel können auch zur Durchführung von Anlageinvestitionen am Geldmarkt oder zur Rückführung vor allem kurzfristiger Kredite verwendet werden (vgl. Abb. 8.23).
- **Netting bzw. Clearing und Devisen-Netting**: Beim Netting bzw. Clearing werden konzerninterne Forderungen und Verbindlichkeiten gegeneinander aufgerechnet. Das Devisen-Netting führt dazu, dass sämtliche Fremdwährungsforderungen und -verbindlichkeiten, die auf eine bestimmte Währung lauten, immer nur von derjenigen Tochtergesellschaft mit Sitz im betreffenden Fremdwährungsgebiet vorgenommen werden.

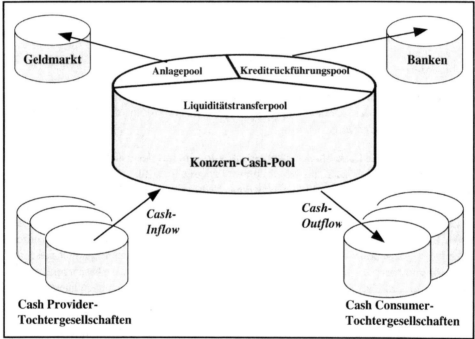

Abb. 8.23: Cash-Pooling im Konzern (in Anlehnung an REICHMANN/HAIBER/FRÖHLING 1996)

Angesichts dieser Ziele und Funktionen wird deutlich, dass sich Cash-Management-Systeme tendenziell wohl eher für größere Unternehmen bzw. Konzerne eignen. In jedem Fall unterstützen sie die Entscheidungsträger im Bemühen, das Liquiditätsrisiko in Form von Illiquidität oder dessen negative Rentabilitätswirkungen in den Griff zu bekommen (vgl. hierzu PERRIDON/STEINER 1999; REICHMANN/HAIBER/FRÖHLING 1996; O. V. 1999c; BREALEY/MEYERS 1991).

II. Controlling im Asset-Liability-Management

Im Fokus des Controllings im Asset-Liability-Management stehen die für eine Unternehmung zentralen Bilanzpositionen bzw. die sich aus diesen Positionen ergebende Bilanzstruktur. In diesem Zusammenhang ist zunächst zu analysieren, welcher Verschuldungsgrad aus Unternehmenssicht optimal ist. Daneben erfordert das Controlling im Asset-Liability-Management die Auseinandersetzung mit den Marktpreisrisiken sowie mit den Ausfallrisiken.

Dem Asset-Liability-Management steht eine Vielzahl steuerungspolitischer Maßnahmen für die unterschiedlichen Risikokategorien zur Verfügung. Grundsätzlich kann dabei auch im Rahmen des Asset-Liability-Managements eine Abgrenzung von ursachen- und wirkungsbezogenen Maßnahmen vorgenommen werden (zur generellen Abgrenzung ursachen- und wirkungsbezogenen Maßnahmen vgl. *Siebtes Kapitel*).

Als ursachenbezogene Maßnahmen gelten zum einen die Risikoverteilung bzw. Risikodiversifikation der Finanz- und Sachanlagen. Dabei ist unter **Risikoverteilung** die Verteilung über Risikoklassen oder Größenklassen zu verstehen. Die **Risikodiversifikation** wird durch die Streuung über Branchen oder Regionen erreicht. Daneben ist die **Risikolimitierung** durch die Begrenzung von Inkongruenzen vor allem in den Bereich Zinsbindungen und Währungen zu nennen. Zur Einschränkung von Rohstoffpreisrisiken kann das maximal zulässige bilanzielle Volumen an Rohstoffen fixiert werden. Schließlich führt die Vorgabe von **Verschuldungsobergrenzen** dazu, dass mögliche negative Rentabilitätseffekte eingeschränkt werden.

Die Vorgabe von Verschuldungsobergrenzen kann aber auch als wirkungsbezogene Maßnahme betrachtet werden, da dadurch gleichzeitig im Sinne der Risikotragfähigkeit Mindestgrenzen für die Eigenkapitalausstattung und damit für die verfügbaren Risikodeckungsmassen definiert werden.

Als weitere wirkungsbezogene Maßnahme ist die Risikovorsorge zur Stärkung der Risikotragfähigkeit zu beachten. Dies kann durch Stärkung der Ertragskraft oder durch die Erhöhung der Eigenkapitalreserven geschehen.

Für das Controlling von Ausfallrisiken muss das Asset-Liability-Management ein spezielles und von den vorgenannten Verfahren abzugrenzendes Instrumentarium einsetzen. So ist hier im Rahmen ursachenbezogener Maßnahmen eine Politik der Risikovermeidung durchzusetzen. Dazu können entweder eine selektive Kreditrisikopolitik oder eine effiziente Kreditwürdigkeitsprüfung herangezogen werden. Im Rahmen wirkungsbezogener Maßnahmen ist die Risikoüberwälzung anzustreben. Dies kann bspw. durch geeignete Absicherungsstrategien oder über das Durchsetzen von Risikoprämien bei den Debitoren erfolgen.

Vor diesem Hintergrund lassen sich drei zentrale Aufgabenbereiche des Controllings im Asset-Liability-Management erkennen:

- Die **Verschuldungsgradplanung** ist darauf ausgerichtet, die risikospezifischen Effekte aus einem variierenden Verschuldungsgrad zu analysieren und den zur Minimierung der Kapitalkosten optimalen Verschuldungsgrad zu finden.
- Im Rahmen des **Controllings von Marktpreisrisiken** sind die für ein Industrie- oder Handelsunternehmen wesentlichen Marktpreisrisiken zu erfassen und zu steuern, wobei sich die hier einzusetzenden Instrumente hinsichtlich ihrer Funktionsweise grundsätzlich ähneln.

- Hiervon abzugrenzen ist das **Controlling von Ausfallrisiken**, das spezielle Verfahren der Risikomessung und -steuerung erfordert.

1. Das Problem der optimalen Verschuldung

Das Problem der optimalen Verschuldung stellt grundsätzlich das zentrale Element des Kapitalstrukturrisikos dar. **Kapitalstrukturrisiken** bestehen in der Gefahr, dass Veränderungen der Kapitalstruktur zur Verschlechterung der Rentabilität oder zur Erhöhung des mit der Unternehmung verbundenen Risikos führen. Das Kapitalstrukturrisiko ist ein sehr vielschichtiges Risiko. Es lassen sich in diesem Zusammenhang unterschiedliche Facetten des Kapitalstrukturrisikos beleuchten. Im Kern sollen dabei folgende Zusammenhänge analysiert werden:

- der Leverage-Effekt,
- die kapitalstrukturellen Effekte auf die Soll-Eigenkapitalrentabilität und
- die Modelle zur Planung des optimalen Verschuldungsgrades.

a) Der Leverage-Effekt

Mit der **Leverage-Formel** werden die Beziehungen zwischen der Gesamtkapitalrentabilität *GKR* und der Eigenkapitalrentabilität *EKR* hergeleitet. Es gilt:

$EBIT = GKR \cdot (EK + FK)$

Nettogewinn = EBIT − Zinsaufwand

$EKR \cdot EK = GKR \cdot (EK + FK) - FKZ \cdot FK$

$$EKR = GKR \times \frac{EK}{EK} + GKR \times \frac{FK}{EK} - FKZ \times \frac{FK}{EK}$$

$$EKR = GKR + (GKR - FKZ) \times \frac{FK}{EK}$$

mit: *EBIT = Earnings Before Interest and Taxes; EK = Eigenkapital; EKR = Eigenkapitalrentabilität; FK = Fremdkapital; FKZ = Fremdkapitalzins; GKR = Gesamtkapitalrentabilität*

Die *EKR* ergibt sich somit aus der Verknüpfung von Gesamtkapitalrentabilität, Fremdkapitalzinssatz und Verschuldungsgrad (*FK / EK*). Die *EKR* unterscheidet sich dabei umso mehr von der *GKR*, je größer der (positive oder negative) Klammerausdruck und je höher der Verschuldungsgrad ist.

	Verschuldungsgrad FK : EK	0	1	2	10	20
Positiver Leverage-Effekt	GKR	10 %	10 %	10 %	10 %	10 %
	FKZ	5 %	5 %	5 %	5 %	5 %
	EKR	10 %	15 %	20 %	60 %	110 %

	Verschuldungsgrad FK : EK	0	1	2	10	20
Negativer Leverage-Effekt	GKR	3 %	3 %	3 %	3 %	10 %
	FKZ	8 %	8 %	8 %	8 %	5 %
	EKR	3 %	- 2 %	- 7 %	- 47 %	- 97 %

Abb. 8.24: Der Leverage-Effekt

Wie Abb. 8.24 zeigt, bewirkt ein positiver Klammerausdruck (*GKR* > *FKZ*), dass sich die Eigenkapitalrentabilität mit zunehmender Verschuldung gegenüber der Gesamtkapitalrentabilität immer stärker erhöht. Demgegenüber hat ein negativer Klammerausdruck (*GKR* < *FKZ*) eine entgegengesetzte Wirkung. Der Verschuldungsgrad wirkt sich also als eine Art „Hebel" auf die Eigenkapitalrentabilität aus. Im Falle eines positiven Klammerausdrucks (*GKR* > *FKZ*) spricht man daher auch vom ‚Leverage-Effekt, der die eigenkapitalrentabilitätssteigernde Wirkung wachsender Verschuldung umschreibt. Allerdings wirkt sich dieser Verschuldungshebel auch im umgekehrten Fall aus, wenn der Klammerausdruck negativ wird (*GKR* < *FKZ*), wenn also die Gesamtkapitalrentabilität kleiner als der Fremdkapitalzinssatz ist. Die Eigenkapitalrentabilität sinkt dann unter die Gesamtkapitalrentabilität und kann bei hoher Verschuldung sehr schnell negativ werden, bis hin zum vollständigen Verzehr des Eigenkapitals (*EKR* = - 100 %) oder noch darüber hinaus (Tatbestand der Überschuldung). Das sich hier andeutende Verschuldungsrisiko wird im allgemeinen um so größer sein,

- je höher der Verschuldungsgrad ist,
- je niedriger die durchschnittliche Gesamtkapitalrentabilität liegt und
- je größer die Gefahr, dass (zumindest längerfristig) *GKR* < *FKZ* wird.

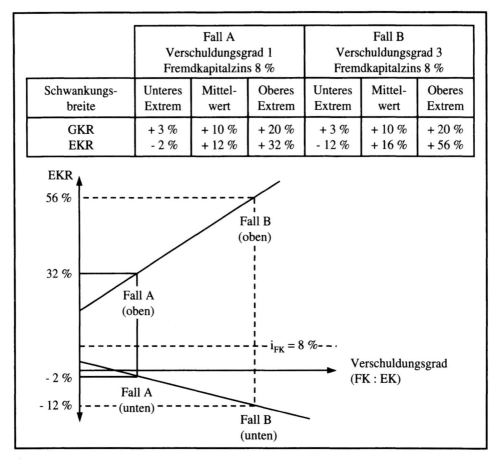

Abb. 8.25: Effekte des Verschuldungsrisikos

In Abb. 8.25 werden diese Effekte noch einmal verdeutlicht. Untersucht wird ein Unternehmen, dass bei gleichbleibendem Fremdkapitalzins von 8 % entweder einen Verschuldungsgrad von 1 oder von 3 aufweist. Bei alternativen Szenarien für die erreichbare Gesamtkapitalrentabilität schwankt die Eigenkapitalrentabilität im Fall A von - 2 % bis + 32 % um 34 % und im Fall B von - 12 % bis + 56 % um 68 %. Neben der größeren Schwankungsbreite steigt außerdem im Fall B das Risiko des Aufzehrens vorhandenen Eigenkapitals.

Es ist unmittelbar einsichtig, dass die hier erörterten Zusammenhänge von größter Bedeutung für die Formulierung von Eigen- und Gesamtkapitalrentabilitäten (als Zielgrößen in der Zielkonzeption) sind. Denn zum einen sind hierfür die inneren Beziehungen zwischen beiden Rentabilitätsgrößen strikt zu beachten, zum anderen wird durch die Leverage-Formel deutlich, wie die Eigenkapitalrentabilität stärker noch als die Gesamtkapitalrentabilität auch von Zielen und Entscheidungen im Finanzbereich der Unternehmung bestimmt wird.

b) Kapitalstrukturelle Effekte auf die Soll-Eigenkapitalrentabilität

(1) Kapitalstruktur und Gleichgewichtsergebnis

Bei der Ableitung der Soll-Eigenkapitalrentabilität wurde bereits das Konzept der strukturellen **Gleichgewichtsrentabilität** vorgestellt. Im Fokus dieses Konzepts steht die Forderung, dass eine Unternehmung alle ihr gegenübergestellten finanziellen Ansprüche erfüllen muss. In der bisherigen statischen Betrachtung dieser Problematik blieben kapitalstrukturelle Veränderungen unbeachtet, um risikoinduzierte Effekte vernachlässigen zu können. Die Betonung des Risikoaspektes erfordert deshalb nunmehr die Integration kapitalstruktureller Veränderungen.

Dazu wird auf die bereits erörterten Zusammenhänge und Formeln (vgl. *Viertes Kapitel*) zurückgegriffen. Hierbei werden zunächst der Verschuldungsgrad V und der Kapitalumschlag KU im Sinne einer komparativ statischen Analyse zeitlich differenziert. Für die Berechnung der Eigenkapitalveränderung, die aufgrund eines veränderten Kapitalumschlags und eines veränderten Verschuldungsgrads erforderlich wird, kann dann folgende Formel aufgestellt werden:

$$\Delta EK = \frac{U_0 \times (1+UWR)}{KU_1 \times (1+V_1)} - \frac{U_0}{KU_0 \times (1+V_0)}$$

mit: 0,1 = Zeitindex; KU = Kapitalumschlag; U = Umsatz; UWR = Umsatzwachstumsrate; V = Verschuldungsgrad

Hierauf aufbauend können die ursprünglich statischen Gleichgewichtsformeln für den gleichgewichtsorientierten Gewinn G^* und die gleichgewichtorientierte Umsatzrentabilität UR^* dynamisiert werden. In der statischen Betrachtung gilt:

$$G^* = \frac{\Delta U}{KU \left[Q + E(1-Q) \right](1+V)(1-s)}$$

$$UR^* = \frac{UWR}{(1+UWR) \times KU \times \left[Q + E(1-Q) \right] \times (1+V) \times (1-s)}$$

mit: 0,1 = Zeitindex; E = Kapitalerhöhungsquote; G* = (gleichgewichtsorientierter) Gewinn; KU = Kapitalumschlag; Q = Thesaurierungsquote; s = Steuersatz; U = Umsatz; UR* = (gleichgewichtsorientierte) Umsatzrendite; UWR = Umsatzwachstumsrate; V = Verschuldungsgrad

In der statischen Betrachtung wurde für die Eigenkapitaldifferenz folgende Gleichung aufgestellt:

$$\Delta EK = \left[Q + E \times (1-Q) \right] \times \left[G \times (1-s) \right]$$

mit: 0,1 = Zeitindex; E = Kapitalerhöhungsquote; G* = (gleichgewichtsorientierter) Gewinn; KU = Kapitalumschlag; Q = Thesaurierungsquote; s = Steuersatz; U = Umsatz; UR* = (gleichgewichtsorientierte) Umsatzrendite; UWR = Umsatzwachstumsrate; V = Verschuldungsgrad

Diese Formel kann auch in der **komparativ statischen Analyse** verwendet werden, da die eingesetzten Parameter unverändert bleiben. Durch Gleichsetzung mit der o. g. Formel für die Berechnung der Eigenkapitaldifferenz und nach dem Einsetzen in die Gleichgewichtsformel ergibt sich für den gleichgewichtsorientierten Gewinn bzw. die gleichgewichtsorientierte Umsatzrentabilität in der statisch komparativen Analyse:

$$G^* = \frac{\dfrac{U_0 \times (1+UWR)}{KU_1 \times (1+V_1)} - \dfrac{U_0}{KU_0 \times (1+V_0)}}{(Q+E-E \times Q)} \times \frac{1}{(1-s)}$$

$$UR^* = \frac{\dfrac{1}{KU_1 \times (1+V_1)} - \dfrac{1}{KU_0 \times (1+V_0) \times (1+UWR)}}{(Q+E-E \times Q)} \times \frac{1}{(1-s)}$$

mit: $0,1$ = Zeitindex; E = Kapitalerhöhungsquote; G^* = (gleichgewichtsorientierter) Gewinn; KU = Kapitalumschlag; Q = Thesaurierungsquote; s = Steuersatz; U = Umsatz; UR^* = (gleichgewichtsorientierte) Umsatzrendite; UWR = Umsatzwachstumsrate; V = Verschuldungsgrad

Diese formalen Zusammenhänge können wiederum mithilfe eines Beispiels verdeutlicht werden. Dazu wird auf die bereits im *Vierten Kapitel* mehrfach unterstellte Ausgangssituation zurückgegriffen. Betrachtet wird ein Unternehmen, das zunächst einen Umsatz von 60 Mio. GE aufweist. Der Kapitalumschlag beträgt 1 und soll zukünftig konstant gehalten werden. Die Werte für die übrigen Einflussgrößen betragen 40 % für den Steuersatz s, 0,431 für die Kapitalerhöhungsquote E und 0,463 für die Thesaurierungsquote Q. Die Unternehmung plant ein Umsatzwachstum UWR von 10 %. Gleichzeitig soll der Verschuldungsgrad V von derzeit 3 auf zukünftig 2,5 verringert werden.

Bei konstantem Verschuldungsgrad betrug das erforderliche Gleichgewichtsergebnis 3,6 Mio. GE (vgl. *Viertes Kapitel*). Für die veränderte Situation ist nunmehr ein Gewinn von 9,26 Mio. GE sowie eine Umsatzrentabilität von 14,03 % erforderlich:

$$G^* = \frac{\dfrac{60 \times (1+0,1)}{1 \times (1+2,5)} - \dfrac{60}{1 \times (1+3)}}{(0,463+0,431-0,463 \times 0,431)} \times \frac{1}{(1-0,4)} = 9,26 \, Mio.GE$$

$$UR^* = \frac{\dfrac{1}{1 \times (1+2,5)} - \dfrac{1}{1 \times (1+3) \times (1+0,1)}}{(0,463+0,431-0,463 \times 0,431)} \times \frac{1}{(1-0,4)} = 14,03\%$$

mit: G^* = (gleichgewichtsorientierter) Gewinn; UR^* = (gleichgewichtsorientierte) Umsatzrendite

Die höheren Gewinn- bzw. Rentabilitätsansprüche sind keineswegs überraschend. Denn die Senkung des Verschuldungsgrades erfordert eine höhere Eigenkapitalausstattung. Bei konstanter Thesaurierungsquote muss deshalb der Gewinn erhöht werden, um die zusätzlichen Thesaurierungserfordernisse erfüllen zu können.

Das Gleichgewichtsergebnis von 9,26 Mio. GE enthält 3,7040 Mio. GE Steuern (= 9,26 Mio. GE · 40 %). Demnach beträgt der Gewinn nach Steuern 5,5560 Mio. GE (= 9,26 Mio. GE − 3,7040 Mio. GE). Der Gewinn nach Steuern setzt sich zusammen aus einem Thesaurierungsbetrag von 2,5724 Mio. GE (= 5,5560 Mio. GE · 0,463) und einer Dividendenzahlung von 2,9836 Mio. GE [= 5,5560 Mio. GE · (1 − 0,463)]. Mithilfe des Dividendenbetrages lässt sich zudem der Kapitalerhöhungsbetrag in Höhe von 1,2859 Mio. GE (= 2,9836 Mio. GE · 0,431) ausrechnen.

Diese Werte können anschließend dazu verwendet werden, die Höhe der zukünftigen Eigenkapitalausstattung zu bestimmen und die Einhaltung des vorab fixierten Verschuldungsgrades zu überprüfen. In der Ausgangssituation betrug das Eigenkapital 15 Mio. GE [= 60 Mio. GE / (1 + 3)]. Dieser Wert wird um insgesamt 3,8583 Mio. GE erhöht. Die 3,8583 Mio. GE setzen sich zusammen aus einer Thesaurierung von 2,5724 Mio. GE und einer externen Kapitalerhöhung von 1,2859 Mio. GE (2,5724 Mio. GE + 1,2859 Mio. GE = 3,8583 Mio. GE). Hieraus folgt eine neue Eigenkapitalausstattung von 18,8583 Mio. GE (= 15 Mio. GE + 3,8583 Mio. GE).

Die zukünftige Gesamtkapitalausstattung lässt sich über den Kapitalumschlag aus dem geplanten Umsatz ableiten. Aus einem Umsatzwachstum von 10 % folgt ein Plan-Umsatz von 66 Mio. GE [= 60 Mio. GE · (1 + 10 %)]. Bei einem Kapitalumschlag von 1 muss deshalb auch der Kapitaleinsatz 66 Mio. GE betragen (= 66 Mio. GE / 1). Wenn das Eigenkapital auf 18,8583 Mio. GE erhöht wird, ergibt sich die Fremdkapitalausstattung als Residualgröße in Höhe von 47,1417 Mio. GE (= 66 Mio. GE − 18,8583 Mio. GE).

Das Verhältnis von Fremdkapital zu Eigenkapital entspricht einem Wert von 2,5 (= 47,1417 Mio. GE / 18,8583 Mio. GE). Der damit erreichte Verschuldungsgrad entspricht somit exakt dem geplanten Wert.

Mithilfe der **Gleichgewichtsrechnungen** lässt sich demnach auch aufzeigen, wie sich die kapitalstrukturellen Veränderungen auf die Höhe der Gleichgewichtsrentabilität bzw. des Gleichgewichtsergebnisses auswirken.

Die Formeln für eine komparativ-statische Analyse lassen sich aber auch zur Planung des **gleichgewichtsorientierten Verschuldungsgrades** einsetzen. Die Idee dabei ist, einen bestimmten Gewinn oder eine Umsatzrentabilität vorzugeben und den damit im finanziellen Gleichgewicht erreichbaren Verschuldungsgrad zu quantifizieren. Die Umstellung der Gleichgewichtsformeln führt zu folgenden Ergebnissen:

$$V_1(G) = \frac{U_0 \times (1+UWR)}{KU_1 \times \left[G \times (Q + E - E \times Q)(1-s) \dfrac{U_0}{KU_0 \times (1+V_0)} \right]} - 1$$

$$V_1(UR) = \cfrac{1}{KU_1 \times \left[UR \times (Q + E - E \times Q)(1-s) + \cfrac{1}{KU_0 \times (1+V_0) \times (1+UWR)} \right]} - 1$$

mit: *0,1 = Zeitindex; E = Kapitalerhöhungsquote; G* = (gleichgewichtsorientierter) Gewinn; KU = Kapitalumschlag; Q = Thesaurierungsquote; s = Steuersatz; U = Umsatz; UR* = (gleichgewichtsorientierte) Umsatzrendite; UWR = Umsatzwachstumsrate; V = Verschuldungsgrad*

Auch die Anwendung dieser Formel kann mithilfe eines einfachen Beispiels demonstriert werden. Dazu werden folgende Werte unterstellt. Die Umsatzrentabilität *UR* beträgt 3 %, der Kapitalumschlag *KU* in beiden Perioden 1, die Thesaurierungsquote *Q* 0,21, der Steuersatz 40 %, die Kapitalerhöhungsquote *E* 0,5 und die Umsatzwachstumsrate *UWR* 10 %. Für den Verschuldungsgrad wird in der Ausgangssituation ein Wert von 3 ermittelt. Durch Einsetzen der Werte in die Formel ergibt sich ein gleichgewichtsorientierter Verschuldungsgrad in der Planperiode von 3,2:

$$V_1 = \cfrac{1}{1 \times 0,03 \times (0,21 + 0,5 - 0,21 \times 0,5)(1-0,4) + \cfrac{1}{1 \times (1+3) \times (1+0,1)}} - 1 = 3,20$$

Das Unternehmen müsste also eine Erhöhung des Verschuldungsgrades von 3 auf 3,2 hinnehmen, wenn die Umsatzrentabilität 3 % betragen soll und die übrigen Parameter der Gleichgewichtsrechnungen unverändert bleiben.

	t_0	t_1	als absolute Werte ergeben sich in t_1	Veränderung (Δ)
FK	3	a	3,352380952	0,352380952
EK	1	b	1,047619048	0,047619048
GK	4	4,4	4,4	---

Abb. 8.26: *Entwicklung des Eigen- und des Fremdkapitals als Ergebnis der Verschuldungsgradplanung*

Abb. 8.26 zeigt, wie sich die Kapitalpositionen als Ergebnis der gleichgewichtsorientierten Verschuldungsgradplanung verändern. Für t = 0 soll bekanntlich ein Verschuldungsgrad von 3 gelten. Demnach steht drei Teilen Fremdkapital [3 = 4 / (1 + 3) · 3] ein Teil Eigenkapital gegenüber. Bei einem Umsatzwachstum von 10 % und einem gleichbleibenden Kapitalumschlag von 1 steigt der Anteilswert des gesamten Kapitaleinsatzes von 4 auf 4,4 [= 4 · (1 + 10 %)]. Hierin sind bei einem gleichgewichtsorientierten Verschuldungsgrad von 3,2 fortan 1,0476 Teile Eigenkapital (= 4,4 / (1 + 3,2) · 1] und 3,3524 Teile Fremdkapital [= 4,4 / (1 + 3,2) · 3,2] enthalten. Das Eigenkapital würde somit um 0,0476 Teile bzw. 4,76 % und das

Fremdkapital um 0,3524 Teile bzw. 11,75 % (= 0,3524/3) angehoben. Bemerkenswert ist dabei, dass die absolute Zunahme des Fremdkapitals immerhin das 7,4-fache (= 0,3524 / 0,0476) der absoluten Zunahme des Eigenkapitals ausmacht.

Die Formel für den gleichgewichtigen Verschuldungsgrad kann zudem dazu genutzt werden, finanzpolitische Anpassungsmaßnahmen abzuleiten. Es lassen sich verschiedene Determinanten identifizieren, durch deren bewusste Gestaltung die Erhöhung des Verschuldungsgrades verhindert werden kann:

- **Wachstumsbegrenzung** (UWR): Die Begrenzung der Umsatzwachstumsrate reduziert den Eigenkapitalbedarf.
- **Kosten- und Erlösoptimierung** (UR): Die Erhöhung der Umsatzrentabilität verbessert die Gewinnsituation. Dadurch stehen höhere Beträge zur Thesaurierung zur Verfügung.
- **Finanzielle Rationalisierung** (KU): Die Verbesserung des Kapitalumschlags führt tendenziell zu einem geringeren Kapitaleinsatz. Dadurch wird ebenfalls der Eigenkapitalbedarf reduziert.
- **Höherer Thesaurierungsanteil** (Q): Durch die Erhöhung des Thesaurierungsanteils werden mehr Gewinnbestandteile dem Eigenkapital zugeführt.
- **Höhere externe Kapitalzuführung** (E): Je mehr Kapital extern zugeführt werden kann, desto größer ist die zukünftige Eigenkapitalausstattung.

(2) Kapitalstruktur und kapitalmarkttheoretische Eigenkapitalkosten

Bei der Bestimmung der Soll-Eigenkapitalrentabilität (vgl. *Viertes Kapitel*) wurden drei Ansätze unterschieden:

- der finanzstrukturelle Ansatz,
- der Kapitalmarkttheoretische Ansatz und
- der Best-Practice-orientierte Ansatz.

Veränderungen der Kapitalstruktur wurden diesbezüglich nicht diskutiert. Die kapitalstrukturellen Effekte bzgl. des gleichgewichtsorientierten Gewinns bzw. der Rentabilität werden im nachfolgende Abschnitt diskutiert. Kapitalstrukturelle Effekte lassen sich im **Best-Practice-Ansatz** kaum erfassen. Es muss lediglich als Anforderung festgehalten werden, dass bei der Orientierung an Best-Practice-Standards kapitalstrukturelle Unterschiede bei der Rentabilitätsbeurteilung mit erfasst werden müssen. So könnte eine Unternehmung natürlich vor dem Hintergrund einer niedrigeren Eigenkapitalquote höhere Eigenkapitalrentabilitäten aufweisen. Dies wäre ein Indiz dafür, dass die rentabilitätsmäßig schlechtere Unternehmung überlegen sollte, ob ihre Eigenkapitalausstattung bzw. ihre Kapitalstruktur aus Sicherheitsgründen angemessen ist oder aus Rentabilitätsgründen angepasst werden sollte.

Die Kapitalstruktur ist aber auch für den **kapitalmarkttheoretischen Ansatz** zur Quantifizierung von Eigenkapitalkosten relevant. Die im CAPM erörterte Funktion zur Bestimmung von Renditeforderungen wurde im Grundmodell zunächst für eine unverschuldete Unternehmung aufgestellt. Zur Erfassung des Verschuldungsproblems müssen die bekannten Gleichungen für den Beta-Faktor und die Renditeforderungen im CAPM entsprechend umgestellt werden. Es gilt:

$$BETA_{VS} = BETA_{UVS} \times (1+V)$$

$$EKKS_{VS} = RFZ + (EW_{MR} - RFZ) \times BETA_{VS}$$

mit: BETA = Beta-Faktor; EK = Eigenkapital; EKKS = Eigenkapitalkostensatz; EW = Erwartungswert; MR = Marktrendite; RFZ = Risikofreier Zins; UVS = unverschuldet; VS = verschuldet

Im CAPM führt demnach eine Erhöhung des Verschuldungsgrades zu einem höheren Beta-Faktor. Es wird somit unterstellt, dass durch einen höheren Verschuldungsgrad das systematische Risiko steigt. Hieraus resultiert eine höhere Renditeanforderung für das Unternehmen (vgl. hierzu PERRIDON/STEINER 1999; ZIMMERMANN 1997).

Die höhere Renditeanforderung bzw. die höheren Eigenkapitalkosten sind aus wertorientierter Sicht nicht unproblematisch. Um nach einer Erhöhung des Verschuldungsgrades aus kapitalmarkttheoretischer Sicht Unternehmenswert zu generieren, muss die Ist-Rentabilität die Eigenkapitalkosten übersteigen. Durch eine höhere Verschuldung bzw. niedrigere Eigenkapitalquote wird es einerseits leichter, höhere Rentabilitäten zu erzielen. Andererseits wird aber auch die zu erreichende Messlatte höher gelegt, so dass es schwieriger wird, Shareholder Value zu generieren.

c) Modelle zur Planung des optimalen Verschuldungsgrades

Angesichts der zuvor erörterten Zusammenhänge ergibt sich die Frage, unter welchen Bedingungen es vorteilhaft oder unvorteilhaft ist, den Verschuldungsgrad zu erhöhen oder zu senken. Zur Beantwortung dieser Fragestellung wurden verschiedene Modelle entwickelt. Diese gehen in erster Linie von der Zielsetzung „firmeneigener Vermögensmaximierung" aus. Der Einfluss von Steuern bleibt ausgeklammert. Auch bestehen keine Kreditbeschränkungen, d. h. die Unternehmen können sich unbeschränkt verschulden, wenn sie bereit und in der Lage sind, die steigenden Belastungen hieraus zu tragen. Zudem versuchen diese Modelle, die Ungewissheit und das oben erörterte Verschuldungsrisiko zu erfassen.

Kennzeichnend für die (angelsächsischen) **Modelle der optimalen Verschuldung** ist die Orientierung am Marktwert- bzw. Kapitalkostenkonzept. Das Ziel „firmeneigener Vermögensmaximierung" gilt als realisiert, wenn der Marktwert der Unternehmung maximiert ist bzw. ihre Kapitalkosten minimiert sind. Dabei wird in den Grundmodellen unterstellt,

- dass die Kapitalkosten an den Renditeforderungen der (Eigen- und Fremd-)Kapitalgeber gemessen werden können, die ihrerseits sowohl von Opportunitätsgesichtspunkten bestimmt werden, als auch von den spezifischen Risiken abhängen, die mit der Kapitalhergabe verbunden sind,
- dass die Aktionäre ihre Renditeforderungen und -erwartungen nicht an den Ausschüttungen, sondern an den Gewinnen orientieren und
- dass der Marktwert der Unternehmung sich aus der Kapitalisierung der durchschnittlich erwarteten Bruttogewinne (vor Abzug der Fremdkapitalzinsen) mit dem durchschnittlichen Kapitalkostensatz ergibt.

Dementsprechend gelten folgende (durch Verwendung der Formel für die „ewige Rente" vereinfachte) Zusammenhänge:

Fremdkapitalkosten:

$$k_{FK} = \frac{Nominalverzinsung}{Marktwert\ des\ Fremdkapitals}$$

Eigenkapitalkosten:

$$k_{EK} = \frac{Durchschnittlich\ erwartete\ Nettogewinne}{Marktwert\ des\ Eigenkapitals}$$

Durchschnittl. Kapitalkosten:

$$k = k_{FK} \times a + k_{EK} \times b$$

mit *a = Anteil des Fremdkapitals am Gesamtkapital zu Marktwerten; b = Anteil des Eigenkapitals am Gesamtkapital zu Marktwerten*

oder

$$k = \frac{Durchschnittl.\ erwartete\ Bruttogewinne\ (vor\ Abzug\ v.\ Zinsen)}{Marktwert\ des\ Gesamtkapitals\ (der\ Unternehmung)}$$

Marktwert der Unternehmung:

$$W = \frac{Durchschnittl.\ erwartete\ Bruttogewinne\ (vor\ Abzug\ v.\ Zinsen)}{Durchschnittliche\ Kapitalkosten}$$

Aus der letztgenannten Formel für den Marktwert ergibt sich, dass der Marktwert bei steigender Verschuldung allein durch eine Veränderung der durchschnittlichen Kapitalkosten beeinflusst werden kann. Zu der Frage, ob dies nun realistischerweise angenommen werden kann, bestehen in der Literatur zwei gegensätzliche Auffassungen:

- Die „traditionelle" Auffassung (Hauptvertreter SOLOMON 1963), geht von der Existenz eines verschuldungsabhängigen Kapitalkostenverlaufs aus. Hier wird der optimale Verschuldungsgrad definiert als Punkt (oder Bereich), an dem die Kurve der durchschnittlichen Kapitalkosten ihr Minimum (bzw. der Marktwert der Unternehmung sein Maximum) erreicht.
- Demgegenüber läuft die These von MODIGLIANI/MILLER (1958) darauf hinaus, dass die durchschnittlichen Kapitalkosten einer Unternehmung (und damit ihr Marktwert) unabhängig vom Verschuldungsgrad sind. Nach dieser Auffassung gibt es also bei Zugrundelegung der durchschnittlichen Kapitalkosten als Optimalitätskriterium keinen optimalen Verschuldungsgrad bzw. ist jeder beliebige Verschuldungsgrad optimal.

(1) Traditionelle These

Die „traditionelle" Auffassung geht davon aus, dass mit beginnender Verschuldung die durch den (Rentabilitäts-)Leverage-Effekt erzielte Eigenkapitalrentabilitätssteigerung zunächst noch nicht durch eine entsprechende Zunahme der Eigenkapitalkosten (Renditeforderungen) kompensiert wird. Denn bei geringem Fremdkapitalanteil werden die Verschuldungsrisiken aus der Sicht der Anteilseigner noch als zu gering angesehen, um einen solchen Risikozuschlag zu rechtfertigen. Das gilt erst recht für die Fremdkapitalgeber, die in dieser für sie günstigen Konstellation ebenfalls noch keinen Anlass sehen, ihre Zinsforderung um einen besonderen Risikozuschlag zu ergänzen. Aus diesem Grunde sinken die durchschnittlichen Kapitalkosten bzw. nimmt der Marktwert der Unternehmung zu, wenn die Verschuldung bei noch geringem absolutem Niveau ansteigt.

Mit zunehmender Verschuldung jedoch werden sich die Anteilseigner (wegen ihrer im Verhältnis zu den Fremdkapitalgebern erhöhten Risikoposition) bald veranlasst sehen, ihre Renditeforderungen als Äquivalent für das aus ihrer Sicht steigende Risiko zu erhöhen. Trotzdem können die durchschnittlichen Kapitalkosten aber noch sinken, wenn und solange die erhöhten Eigenkapitalkosten nur „unterproportional" zunehmen, sie also die durch den Leverage-Effekt bewirkte Steigerung der Eigenkapitalrentabilität noch nicht kompensieren und darüber hinaus der durch die Fremdkapitalerhöhung hervorgerufene absolute Rückgang des Eigenkapitals zu Marktwerten kleiner ausfällt als der entsprechende Zugang an Fremdkapital.

Mit weiter steigender Verschuldung wird beides nun zunehmend unwahrscheinlicher. Irgendwann wird der Punkt erreicht, an dem die Renditeforderungen der Eigenkapitalgeber – gegebenenfalls noch verstärkt durch steigende Fremdkapitalkosten – so stark zugenommen haben, dass sie in ihrer Wirkung auf den Marktwert der Unternehmung den (positiven) Rentabilitätseffekt der Verschuldung gerade kompensieren.

Die durchschnittlichen Kapitalkosten haben ihr Minimum erreicht. Eine noch höhere Verschuldung ist wegen der nunmehr überproportional steigenden Risiken nur noch unter Inkaufnahme steigender durchschnittlicher Kapitalkosten bzw. eines sinkenden Marktwerts der Unternehmung möglich (für ein Zahlenbeispiel vgl. SCHIERENBECK 2000).

(2) Modigliani/Miller-These

MODIGLIANI/MILLER haben der geschilderten Auffassung von der Existenz eines kapitalkostenabhängigen optimalen Verschuldungsgrades widersprochen. Ihre These ist ebenso verblüffend wie der traditionellen Auffassung radikal entgegengesetzt.

Sie behaupten, dass bei Gültigkeit der von ihnen formulierten Grundprämissen die durchschnittlichen Kapitalkosten einer Unternehmung unabhängig von ihrem Verschuldungsgrad sind, folglich die Frage nach dem optimalen Verschuldungsgrad ein Scheinproblem darstellt, dem keine ökonomische Bedeutung zukommt. MODIGLIANI/MILLER gehen für den Beweis ihrer These u. a. von folgenden Prämissen aus:

- Die Kapitalgeber erwarten (einheitlich) bestimmte durchschnittliche Bruttogewinne bei den einzelnen Unternehmungen. Es bestehen folglich trotz Ungewissheit keine Erwartungsdifferenzen.
- Die Unternehmungen lassen sich in homogene Risikoklassen einteilen. Innerhalb der einzelnen Risikoklassen besteht ein einheitliches Geschäftsrisiko bezüglich etwaiger Gewinnschwankungen im Zeitablauf.
- Die Anteile der Unternehmungen werden an der Börse unter den Bedingungen vollkommener Märkte gehandelt. Das bedeutet u. a., dass für zwei Unternehmen der gleichen Risikoklasse, die beide unverschuldet sind, die durchschnittlichen Kapitalkosten (Renditeforderungen) gleich hoch sein müssen.
- Die Fremdkapitalkosten sind unabhängig vom Verschuldungsgrad und die Anteilseigner sind willens sowie in der Lage, Fremdkapital zu gleichen Sätzen aufzunehmen wie die Unternehmungen.

Die Gültigkeit ihrer These beweisen die Autoren mit der Überlegung, dass für zwei homogene Güter auf einem vollkommenen Kapitalmarkt auch stets gleiche Preise existieren müssen und auftretende Ungleichgewichte zu Arbitrageprozessen führen, die das Gleichgewicht wieder herstellen (für ein Zahlenbeispiel vgl. SCHIERENBECK 2000).

Der entscheidende Unterschied zur traditionellen Auffassung besteht bei MODIGLIANI/MILLER in der Betonung des Arbitrageprozesses, der dafür sorgt, dass die Eigenkapitalkosten der Unternehmung bei alternativen Verschuldungsgraden stets so hoch sind, dass rentabilitätsbezogene Leverage-Effekte der Verschuldung sich nicht auf den Marktwert der Unternehmung auswirken können. Die Eigenkapitalkosten steigen anders ausgedrückt im MODIGLIANI/MILLER-Modell stärker, wenn die Verschuldung zunimmt und reagieren empfindlicher auf Verschuldungsvariationen als im traditionellen Modell.

Die Kritik am MODIGLIANI/MILLER-Modell hat vornehmlich an der Behauptung der Autoren anzusetzen, die Aussagen ihres Modells stünden prinzipiell im Einklang mit der Wirklichkeit. Dieser Anspruch scheint jedoch überzogen. Die Unterstellung eines vom Verschuldungsgrad unabhängigen, konstanten Fremdkapitalzinssatzes leugnet die Existenz bonitätsabhängiger Bestandteile im Kreditzins. MODIGLIANI/MILLER haben diesen Kritikpunkt zwar in einer zweiten Version berücksichtigt und auch steigende Fremdkapitalkostensätze zugelassen. Um ihre These zu retten, waren sie aber gezwungen, die äußerst unrealistische Annahme rückläufiger Eigenkapitalkosten bei hoher Verschuldung zu machen. Fraglich ist auch, ob die Unterstellung eines im wesentlichen vollkommenen Kapitalmarktes der Wirklichkeit entspricht. Denn dies würde u. a. voraussetzen,

- dass alle Kapitalgeber nach dem Maximum- bzw. Minimumprinzip streben,
- dass die Anleger keine persönlichen Präferenzen hinsichtlich ihrer Kapitalanlagen haben,
- dass bei ihnen keine Erwartungsdifferenzen bezüglich der Risiken und Chancen alternativer Anlagemöglichkeiten bestehen,
- dass kein Informationsgefälle zwischen Anlegern und Unternehmung besteht,
- dass die Anleger in der Lage sind, alle Unternehmen in die ihnen entsprechenden Risikoklassen so einzuordnen, dass keine zeitlichen Verzögerungen in den Arbitrageprozessen auftreten und keine Transaktionskosten entstehen,

- dass ein einheitlicher Marktzinssatz für Fremdkapitalanbieter und -nachfrager existiert und kein Unterschied zwischen persönlicher und institutioneller Verschuldung besteht.

Bereits aus diesen kurzen Bemerkungen mag deutlich werden, dass der empirische Gehalt der MODIGLIANI/MILLER-These wohl im wesentlichen zu Recht bestritten wird.

Die traditionelle Auffassung erscheint demgegenüber also insgesamt realitätsnäher, wenngleich nicht zu übersehen ist, dass ihr theoretischer Unterbau gegenüber der MODIGLIANI/MILLER-These deutlich abfällt. So bietet sie keine Anhaltspunkte für eine operationale Bestimmung von Kapitalkostenfunktionen in Abhängigkeit vom Verschuldungsgrad, und sie weist auch keine dynamischen Elemente auf.

Um dieses „Theorie-Defizit" der traditionellen These zu beseitigen und zugleich die im MODIGLIANI/MILLER-Modell bestehende Kluft zwischen theoretischem Anspruch und empirischer Wirklichkeit zu verringern, wären die Verschuldungsmodelle demnach in Richtung auf eine Art Synthese aus beiden Modellansätzen fortzuentwickeln.

2. Controlling von Marktpreisrisiken

a) Begriff und Wesen des Marktpreisrisikos

Marktpreisrisiken beinhalten die Gefahr negativer Entwicklungen eines bestimmten Marktes. Hierzu zählen aus unternehmerischer Sicht vor allem

- das Zinsänderungsrisiko,
- das Währungsrisiko und
- das Rohstoffpreisrisiko.

Für Finanzdienstleister wäre an dieser Stelle noch das Aktienkursrisiko relevant. Für alle Nicht-Finanzdienstleister ist diese Form des Marktpreisrisikos jedoch nur von untergeordneter Bedeutung.

Unter dem Zinsänderungsrisiko wird allgemein die Gefahr der von Marktzinsänderungen herbeigeführten Verringerung einer geplanten oder erwarteten Zinsergebnisgröße verstanden. In einer jahresabschlussorientierten Betrachtung sind hiervon die Zinsaufwendungen und -erträge, aber auch die bzgl. der Assets zu beobachtenden (negativen) Veränderungen der Marktwerte einzubeziehen. Es kann aber auch als reines Marktwertrisiko in Erscheinung treten, wenn Änderungen des Zinsniveaus zu negativen Marktwerteffekten von Assets oder Liabilites führen.

Das Währungsrisiko beinhaltet die Gefahr, dass sich Assets (Liabilities) in Fremdwährungen an Wert verlieren (gewinnen), weil die heimische Währung aufgewertet (abgewertet) wird.

Den Rohstoffpreisrisiken sind alle Erfolgseinbußen zuzurechnen, die aus einer für die Unternehmung ungünstigen Entwicklung von Rohstoffpreisen resultieren.

In verschiedenen empirischen Untersuchungen wurde das Management von Marktpreisrisiken in deutschen Industrie- und Handelsunternehmen untersucht (vgl. hierzu vor allem BARTRAM 1999 und WIEDEMANN 2000). Insbesondere für das **Zinsänderungs- und das Wechselkursrisiko** konnte dabei festgestellt werden, dass ca. ¾ aller befragten Unternehmen solche Risiken gar nicht oder nur selektiv eingehen wollen (vgl. auch O. V. 2000b). Es wird eine möglichst vollständige Absicherung der identifizierten Risiken angestrebt. Tendenziell sind die Unternehmen demnach nicht bereit, hier effizientes Risikomanagement zu betreiben. Immerhin werden geeignete **Absicherungsinstrumente** zur vollständigen Risikolimitierung eingesetzt. Sowohl für Zinsänderungs- als auch für Währungsrisiken greifen die Unternehmen zu Absicherungszwecken vor allem zurück auf

- Futures,
- Forwards,
- Optionen und
- Swaps.

Erstaunlicherweise werden in deutschen Unternehmen im Gegensatz zu den Zins- und Währungsrisiken nur ca. ¼ der **Commodity Risks** abgesichert. Dies ist umso bemerkenswerter, als der Markt für Rohstoffe gleichfalls die oben genannte Palette von Finanzinstrumenten zu Sicherungszwecken anbietet. Allerdings weist der Markt für Rohstoffpreisderivate ebenso wie der für Zins- und Devisenderivate in der jüngeren Vergangenheit sehr hohe Zuwachsraten auf. Für ein effizientes Risiko-Controlling sind selbstverständlich auch die Commodity Risks analog zu den Zins- und Währungsrisiken in den Prozess des Risiko-Controllings zu integrieren (vgl. JADEN 1999).

Vor diesem Hintergrund soll die Auseinandersetzung mit dem Marktpreisrisiko am Beispiel des Zinsänderungs- und des Währungsrisikos erörtert werden (vgl. hierzu auch SCHIERENBECK 2001; SMITHSON ET AL. 1995; SCHWARTZ/SMITH 1993; PERRIDON/STEINER 1999).

b) Controlling von Zinsänderungsrisiken

(1) Ausprägungen und Steuerungsbereiche des Zinsänderungsrisikos

Bezüglich des Zinsänderungsrisikos lassen sich das Marktwertrisiko und das Zinsergebnisrisiko unterscheiden. In einer isolierten Betrachtung bestehen **Marktwertrisiken** auf der Aktivseite in der Gefahr, dass durch steigende Zinsen die Marktwerte der Aktivpositionen fallen und damit zu kalkulatorischen oder realisierten Kursverlusten führen. Umgekehrt bestehen Marktwertrisiken auf der Passivseite in der Gefahr, dass sich die Marktwerte der Passivpositionen durch fallende Zinsen erhöhen.

Führt man Aktiv- und Passivseite zusammen, so besteht das gesamte bilanzielle Marktwertrisiko in der Gefahr, dass sich der im Marktwert des Eigenkapitals ausdrückende Saldo aktivischer und passivischer Marktwerte aufgrund von Zinsänderungen verschlechtert. Zu beachten ist dabei, dass die damit verbundene Eigenkapitaldefinition nicht dem finanzbuchhalterischen Eigenkapital entspricht. Sinkende Zinsen führen zu einer Verschlechterung des Marktwertsaldos bzw. des Eigenkapital-Marktwertes, wenn der damit verbundene absolute Anstieg der passivischen Marktwerte größer ist als der Anstieg aktivischer Marktwerte. Umgekehrt gilt für den Fall steigender Zinsen, dass der Marktwertsaldo sinkt, wenn die aktivischen Marktwerte absolut stärker fallen als die passivischen.

Im Gegensatz zum Marktwertrisiko stellt die Analyse des Zinsergebnisrisikos eine jahresabschlussorientierte Betrachtung dar. Danach besteht das Zinsergebnisrisiko darin, dass sich das Zinsergebnis aufgrund von Marktzinsänderungen verschlechtert.

In einer **jahresabschlussorientierten** Betrachtung schlagen sich neben der Veränderung des Zinsergebnisses auch die Kursveränderungen der aktivischen bilanzwirksamen Positionen und der Positionen für Finanzderivate ergebnisbeeinflussend nieder. Demgemäß setzt sich das Zinsänderungsrisiko aus dem Zinsergebnisrisiko und dem Marktwertrisiko der aktivischen bilanzwirksamen Positionen und der Derivate zusammen. Hinsichtlich der Derivate ist dabei zu beachten, dass diese sowohl aus long- oder short-Positionen erfolgswirksame Marktwertveränderungen mit sich bringen und damit grundsätzlich auch für Derivate eine Unterscheidung zwischen aktivischen und passivischen Marktwerten möglich ist.

(2) Quantifizierung von Zinsänderungsrisiken am Beispiel von Marktwertrisiken

Die meisten Steuerungsinstrumente für Zinsänderungsrisiken werden auf der Basis von Marktwerten eingesetzt. Insofern bietet es sich für eine Übersicht über die verfügbaren Messinstrumente an, die Möglichkeiten einer Quantifizierung des marktwertspezifischen Zinsänderungsrisikos aufzuzeigen. In diesem Zusammenhang lassen sich

- die indirekte Bestimmung mithilfe von Sensitivitätsanalysen und
- die direkte Bestimmung mithilfe einer direkten Cashflow-Bewertung

unterscheiden.

Mit den Durationskonzepten von MACAULAY 1938 und FISHER/WEIL 1971 sollen zunächst die „Klassiker" **marktwertorientierter Sensitivitätsanalyseverfahren** erörtert werden, bevor – ausgehend von der Kritik an diesen Konzepten – mit dem Konzept der Key Rate Duration und der Basispoint Value-Methode zwei moderne, als Indikatormodelle zu bezeichnende Ansätze zur Analyse der Marktwertsensitivität von Zinsrisikopositionen gegenüber Marktzinsänderungen vorgestellt werden.

Die Duration, erstmals von MACAULAY Ende der dreißiger Jahre dieses Jahrhunderts entwickelt, wurde zunächst als eine einfache, eindimensionale Größe zur Festlegung der „**durchschnittlichen Laufzeit**" von kupontragenden Anleihen konstruiert und ergibt sich mathematisch als gewogener Mittelwert der einzelnen Zahlungszeitpunkte, zu denen Zahlungen (Zins- und Tilgungszahlungen) stattfinden. Als Gewichtungsfaktor der einzelnen Zahlungszeitpunkte dient dabei das Verhältnis des Barwertes der jeweiligen Zahlung zum Barwert der gesamten Zahlungsreihe. Die allgemeine Formel für die Berechnung der MACAULAY Duration lautet wie folgt:

$$D = \frac{\sum_{t=1}^{n} t \times CF_t \times (1+R)^{-t}}{M_0}$$

mit: D = Duration; M_0 = Marktwert im Zeitpunkt 0; CF_t = Cashflow (Rückfluss) im Zeitpunkt t; R = Marktrendite bzw. Effektivzins; t = Zeitindex; n = Restlaufzeit

Die Vorgehensweise bei der Bestimmung der Duration einer Zinsrisikoposition sei anhand eines festverzinslichen Wertpapiers mit folgenden Ausgestaltungsmerkmalen demonstriert:

- Nominalvolumen: 1 Mio. GE
- Zinskupon: 4 % (jährlich nachschüssig)
- Restlaufzeit: 3 Jahre
- Aktueller Marktwert: 1 Mio. GE
- Marktrendite bzw. Effektivzins: 4 %

Ausgangspunkt der Durationsberechnung bildet die mit Hilfe eines Liquiditätsplanes (vgl. Abb. 8.27) ermittelte Zahlungsreihe der zu analysierenden Zinsrisikoposition [Spalte (1) und (2)]. Zunächst ist der Barwert aller Zahlungen zu bestimmen, wobei als einheitlicher Kalkulationszinsfuß die aktuelle Marktrendite (Verfallrendite) eines Wertpapiers mit gleichem Zinskupon und identischer Restlaufzeit verwendet wird [Spalte (3)]. Aus diesen Barwerten ergibt sich im Verhältnis zum gesamten Barwert anschließend eine Anteilsquote [Spalte (4)], die als Gewichtungsfaktor für die Zahlungszeitpunkte verwendet wird [Spalte (5)]. Die Duration des Wertpapiers ergibt sich schließlich aus der Summe der gewichteten Zahlungszeitpunkte. Sie beläuft sich im Beispiel auf 2,88610 Jahre.

Zahlungszeit-punkt T	Cashflow im Zeitpunkt t	Barwert (Verfallrendite = 4 %)	Anteilsquote = Gewichtungs-faktor	MACAULAY Duration
(1)	(2)	(3) = (2) • $1{,}04^{-t}$	(4) = (3) / 1 Mio. GE	(5) = (1) • (4)
1	40.000	38.461,54	0,03846	0,03846
2	40.000	36.982,25	0,03698	0,07396
3	1.040.000	924.556,21	0,92456	2,77368
Summe	**1.120.000**	**1.000.000,00**	**1,00000**	**2,88610**

Abb. 8.27: *Bestimmung der Duration nach Macaulay am Beispiel eines festverzinslichen Wertpapiers*

Für die Quantifizierung von Marktwertrisiken ist die Duration deswegen interessant, weil man mit dieser Maßzahl über eine Kennziffer verfügt, mit deren Hilfe sich die Sensitivität eines Marktwertes gegenüber Veränderungen der Zinsstrukturkurve zumindest qualitativ abschätzen lässt: Je höher die MACAULAY Duration ist, desto stärker reagiert der Marktwert des untersuchten Titels auf Zinsänderungen. Damit wird allerdings nicht erklärt, in welcher Höhe Marktwertveränderungen zu erwarten sind. Um Marktwertänderungen berechnen zu können, muss die MACAULAY Duration lediglich durch den Term (1 + Marktrendite) dividiert werden. Analytisch ergibt sich die daraus von HICKS 1946 als **Modified Duration** bezeichnete Größe aus der ersten Ableitung der „klassischen" Barwertformel nach der Marktrendite, dividiert durch den aktuellen Marktwert der Zinsrisikoposition (ELLER 1991). Es gilt:

$$MD = -\frac{D}{1+i}$$

mit: D = Duration; MD = Modified Duration; i = Marktrendite

Für das betrachtete Wertpapier ergibt sich eine Modified Duration in Höhe von - 2,7751 (- 2,8861 / 1,04). Dieser Wert besagt, dass eine einprozentige Veränderung der Marktrendite zu einer Marktwertänderung der 4 %-Anleihe in Höhe von approximativ 2,77 %-Punkten führt. Dabei ist zu beachten, dass der Marktwert invers auf Renditeänderungen reagiert, d.h. sinkende Renditen zu höheren Marktwerten, steigende zu sinkenden Marktwerten führen.

Die **Qualität der Modified Duration** als exaktes Maß für die Zinssensitivität von Marktwerten ist aus verschiedenen Gründen als eher gering einzustufen (vgl. hierzu BÜHLER 1996).

- Es wird eine **flache Zinsstruktur** unterstellt, die in der Praxis nur selten beobachtet werden kann.
- Es wird eine lineare Beziehung zwischen den Veränderungen der Marktrendite und des Marktwertes unterstellt. Tatsächlich folgt der Marktwert in Abhängigkeit von der Veränderung der Marktrendite einer **konvexen Beziehung**.
- Es werden nur die Ergebniswirkungen von Parallelverschiebungen der Zinsstrukturkurve berechnet, die ebenfalls nur selten am Markt auftreten.

Die Annahme einer **flachen Renditestruktur** kann durch das Konzept der **Effective Duration** aufgehoben werden kann. Im Rahmen dieses von FISHER/WEIL (1971) vorgeschlagenen Ansatzes werden die Barwerte der einzelnen Cashflows mit Hilfe der laufzeitspezifischen Renditen von Zerobonds bzw. den korrespondierenden Zerobond-Abzinsfaktoren bestimmt. Sind diese am Markt nicht verfügbar, dann lassen sie sich, wie bereits an anderer Stelle gezeigt, synthetisch aus den am Markt beobachtbaren Renditestrukturkurven von Kuponpapieren replizieren (vgl. *Fünftes Kapitel*). Die allgemeine Formel für die Berechnung der Effective Duration lautet wie folgt:

$$ED = \frac{\sum_{t=1}^{n} t \times CF_t \, (1 + ZBR_t)^{-t}}{M_0}$$

mit: ED = Effective Duration; M_0 = Marktwert im Zeitpunkt 0; CF_t = Cashflow (Rückfluss) im Zeitpunkt t; R = Marktrendite; t = Zeitindex; n = Restlaufzeit; ZBR_t = laufzeitspezifische Zerbondrendite

Für das betrachtete Wertpapier ergibt sich unter der Annahme der in Spalte (3) gegebenen laufzeitspezifischen Zerobondrenditen eine Effective Duration in Höhe von 2,88472 Jahren, wie nachstehender Abb. 8.28 entnommen werden kann.

Zahlungs-zeitpunkt t	Cashflow im Zeitpunkt t	Laufzeit-spezifische Zerobond-rendite	Barwert	Anteilsquote = Gewichtungs-faktor	Effective Duration
(1)	(2)	(3)	(4)=(2)•(1+(3))$^{-t}$	(5) = (4) / 1 Mio	(6) = (1) • (5)
1	40.000	2,750 %	38.929,44	0,03893	0,03893
2	40.000	3,386 %	37.423,10	0,03742	0,07484
3	1.040.000	4,034 %	923.647,40	0,92365	2,77095
Summe	**1.120.000**	**–**	**1.000.000,00**	**1,00000**	**2,88472**

Abb. 8.28: *Bestimmung der Effective Duration am Beispiel eines festverzinslichen Wertpapiers*

Als Folge der Diskontierung der einzelnen Zahlungen mittels der laufzeitspezifischen Zerobondrenditen, resultiert nach dem Konzept von FISHER/WEIL eine – verglichen mit dem Ansatz von MACAULAY – geringere durchschnittliche Kapitalbindungsdauer. Bei inversem Verlauf der Zinsstrukturkurve der Zerobondrenditen würde sich dagegen eine Effective Duration ergeben, die größer ist als die MACAULAY Duration. Dabei ist die Abweichung umso größer, je steiler die Renditestruktur verläuft und je länger die Restlaufzeit der betrachteten Zinsrisikoposition ist. In Analogie zur Modified Duration resultiert durch Division mit dem Term (1 + R) eine **Modified Effective Duration** in Höhe von - 2,7738.

Das Konvexitätsproblem kann durch Integration der sogenanntenKonvexitätsformel zumindest näherungsweise ausgeschaltet werden. Durch die Konvexitätsformel soll dem konvexen Verlauf der Funktion des Marktwertes Rechnung getragen werden. Die Formel lautet:

$$K = \frac{1}{P}\sum_{t=1}^{T}\frac{t\times(t+1)\times CF_t}{(1+y)^t}$$

mit *CF = Cashflow; K = Konvexität; P = Marktpreis; t = Zahlungszeitpunkt; T = Restlaufzeit; y = Rendite*

Zur Bestimmung der prozentualen Preisänderung muss diese Formel mit der Modified Duration verknüpft werden:

$$\frac{\Delta P}{P} = -\frac{1}{1+y}\times D\times\Delta y + \frac{1}{2}\times\frac{1}{(1+y)^2}\times K\times(\Delta y)^2$$

mit *CF = Cashflow; D = Macauly Duration; K = Konvexität; P = Marktpreis; t = Zahlungszeitpunkt; T = Restlaufzeit; y = Rendite*

Im Beispiel ergeben sich folgende Werte:

$$K = \frac{1}{1.000.000}\left(\frac{1\times(1+1)\times 40.000}{(1+0,04)^1}+\frac{1\times(2+1)\times 40.000}{(1+0,04)^2}+\frac{1\times(3+1)\times 1.040.000}{(1+0,04)^3}\right) = 3,8861$$

$$\frac{\Delta P}{P} = -\frac{1}{1+0,04}\times 2,88610\times 0,01 + \frac{1}{2}\times\frac{1}{(1+0,01)^2}\times K\times(0,01)^2 = -2,7560\%$$

Bei einer Konvexität von 3,8861 führt also ein Anstieg des Marktzinses um 1 % zu einem Kursverlust von - 2,7560 %.

Das Problem der Annahme einer Parallelverschiebung der Zinsstrukturkurve kann schließlich mithilfe der Key-Rate-Duration behoben werden. Das von CHAMBERS/CARLETON (1988) und HO (1992) entwickelte Konzept der **Key Rate Duration** ist im Unterschied zur Modified Duration und Modified Effective Duration in der Lage, die Marktwertkonsequenzen komplexer, d.h. paralleler und nicht-paralleler Veränderungen der Renditestruktur abzubilden. Ausgehend von der Prämisse, dass die Renditestruktur und deren Veränderung durch bestimmte Schlüsselrenditen, sogenannte **Key Rates**, und deren Bewegung determiniert wird, wird die Marktwertsensitivität einer Zinsrisikoposition im Rahmen dieses Konzepts durch ein Set laufzeitspezifischer Sensitivitätskennzahlen, sogenannte **Key Rate Durationen** beschrieben. Jede dieser Key Rate Durationen gibt dabei an, wie der Marktwert prozentual auf die Veränderung einer einzelnen Key Rate reagiert.

Für die Berechnung der Key Rate Durationen einer Zinsrisikoposition müssen zuerst die Key Rates und anschließend die **Key Rate-Bewegungen** definiert werden. Die Anzahl der Key Rates ist beliebig wählbar, die Auswahl derselben sollte aufgrund der Charakteristika der betrachteten Zinsrisikopositionen und unter Berücksichtigung des Steuerungsziels der Analyse erfolgen. Soll beispielsweise das Marktwertrisiko eines Handelsportfolios gesteuert werden, dann empfiehlt sich die Festlegung einer größeren Anzahl Key Rates. Soll hingegen ein Key Rate Duration-Profil als Entscheidungsgrundlage für die Geschäftsleitung erstellt werden, so kann die Zinssensitivität der betrachteten Positionen anhand einiger weniger Key Rates anschaulich dargestellt werden. Allgemein sollten in denjenigen Laufzeitsegmenten mehr Key Rates festgelegt werden, in denen das Zinsrisiko der betrachteten Positionen groß ist. Key Rates lassen sich nach folgender Formel berechnen:

$$KRD_t = - \frac{\partial M_0 / \partial KR_t}{M_0} = \frac{t \times CF_t \times (1 + KR_t)^{-t-1}}{M_0}$$

mit: CF_t = Cashflow (Rückfluss) im Zeitpunkt t; KRD_t = laufzeitspezifische Key Rate Duration; M_0 = Marktwert im Zeitpunkt 0; t = Zeitindex

Für die im Beispiel betrachtete 4 %-Anleihe mit 3 Jahren Restlaufzeit ergeben sich die folgenden Werte:

$$KRD_1 = \frac{-1 \times 40.000\,GE \times (1,0275)^{-2}}{1.000.000\,GE} = -0,03789$$

$$KRD_2 = \frac{-2 \times 40.000\,GE \times (1,03386)^{-3}}{1.000.000\,GE} = -0,07239$$

$$KDR_3 = \frac{-3 \times 1.040.000\,GE \times (1,04034)^{-4}}{1.000.000\,GE} = -2,66350$$

Zur Illustration der Anwendung der Key Rates sei die relative Marktwertänderung der 4 %-Anleihe infolge einer Veränderung der 1-Jahres-Key Rate betrachtet. Bei einem Anstieg der 1-Jahres-Key Rate von 2,75 % um 0,10 %-Punkte auf 2,85 % reduziert sich der Marktwert des betrachteten Wertpapiers von 1 Mio. GE auf 999.962,11 GE, d.h. um 37,91 GE bzw. 0,003789 %-Punkte. Dividiert man die relative Marktwertänderung durch die unterstellte Key Rate-Änderung in Höhe von 0,10 %-Punkten, dann resultiert daraus eine numerisch approximierte Key Rate Duration in Höhe von 0,03789. Bei einer Schwankung der 1-Jahres-Key Rate um 1,0 %-Punkt verändert sich der Marktwert der 4 %-Anleihe somit näherungsweise um 0,03789 %-Punkte. Bei entsprechenden Änderungen der 2- und 3-Jahres-Key Rates schwankt der Marktwert um 0,07239 %-Punkte bzw. 2,66350 %-Punkte.

Würde man eine Parallelverschiebung der Zinsstrukturkurve um + 1 % unterstellen, so ergäbe sich hieraus ein Gesamteffekt von

- 2,77378 % (= + 1 % · - 0,03789 % + 1 % · - 0,07239 % + 1 % · - 2,66350 %)

Selbstverständlich ließen sich hiervon abweichende Veränderungen der Zinsstruktur analysieren, indem die Veränderung der laufzeitspezifischen Zinssätze variiert wird.

Eine weitere Variante zur Berechnung des Marktwertrisikos besteht in der Cashflow-Neubewertung mithilfe von Zerobond-Abzinsfaktoren. Schon im *Fünften Kapitel* wurde dargestellt, wie mithilfe von Zerobond-Abzinsfaktoren Markt- bzw. Barwerte berechnet werden können. Wenn sich nach der originären Barwertberechnung die Marktzinsen ändern, ändern sich auch die Zerobond-Abzinsfaktoren. Deren Schwankung bringt schließlich eine Veränderung des Marktwertes eines zukünftigen Cashflows mit sich.

So können für das bereits im Zusammenhang mit den Durationskonzepten genannten Beispiel eines dreijährigen Wertpapiers folgende Daten festgestellt werden:

Restlaufzeit	Zerobond	Zerobondschwankung
1 Jahr	0,9732	0,2172 %
2 Jahre	0,9356	0,4776 %
3 Jahre	0,8881	0,6034 %

Abb. 8.29: Daten zur Bestimmung des Marktwertrisikos

Die für einen bestimmten Zeitraum unterstellte Zerobondschwankung ergibt sich aus statistischen Analysen. Im Beispiel wurde berechnet, welchen Schwankungswert die einzelnen Zerobondabzinsfaktoren mit einer Wahrscheinlichkeit von 95% nicht überschreiten werden.

Für die einzelne, in einem Jahr aus der 4 %-Anleihe erwartete Zahlung in Höhe von 40.000 GE ergibt sich folgendes Marktwertrisiko:

Marktwert: 40.000 GE · 0,973236 = 38.929,44 GE

Marktwertrisiko: 38.929,44 GE · (- 0,217174 %) = - 84,54 GE

Unter den getroffenen Annahmen errechnet sich also ein Marktwertrisiko in Höhe von 84,54 GE. Dieser Wert bedeutet, dass der Marktwert der in einem Jahr erwarteten Zahlung in Höhe von 40.000 GE mit einer Wahrscheinlichkeit von weniger als 5 % um mehr als 84,54 GE sinkt. Der so berechnete Risikowert entspricht damit dem Value at Risk (vgl. zur Definition des Value at Risk *Siebtes Kapitel*). Auf diese Weise lässt sich für jeden Cashflow das entsprechende Verlustrisiko bestimmen. Für die in zwei und drei Jahren erwarteten Cashflows ergeben sich potenzielle Verluste in Höhe von:

37.442,84 GE · (- 0,477563 %) = - 178,72 GE

923.650,00 GE · (- 0,603407 %) = - 5.573,37 GE

Der Marktwert der in zwei (drei) Jahren erwarteten Zahlung in Höhe von 40.000 GE (1.040.000 GE) sinkt demnach mit einer Wahrscheinlichkeit von weniger als 5 % um mehr als 178,72 GE (5.573,37 GE).

Korrelationen			
ZB-AF	1 Jahr	2 Jahre	3 Jahre
1 Jahr	1	0,5822	0,5046
2 Jahre	0,5822	1	0,7664
3 Jahre	0,5046	0,7664	1

Abb. 8.30: Daten zur Bestimmung des Marktwertrisikos

Für eine Analyse des Gesamtrisikos müssen noch die zwischen den Zerobondabzinsfaktoren bestehenden Korrelationseffekte erfasst werden. Dazu müssen die Risikowerte der einzelnen Cashflows in einen Vektor eingestellt und mit der Korrelationsmatrix sowie der Transponenten dieser Vektors multipliziert werden. Auf Basis der in Abb. 8.28 unterstellten Korrelationen ergibt sich für das Beispiel folgendes Gesamtrisiko:

$$\sqrt{\begin{array}{l} 84,54\,GE^2 + 178,72\,GE^2 + 5.573,37\,GE^2 \\ + 2\times 0,582205 \times 84,54\,GE \times 178,72\,GE \\ + 2\times 0,504633 \times 84,54\,GE \times 5.573,37\,GE \\ + 2\times 0,746250 \times 178,72\,GE \times 5.573,37\,GE \end{array}} = 5.751,65\,GE$$

Diese Vorgehensweise muss nicht auf die Cashflows eines einzigen Titels beschränkt bleiben. Vielmehr können die Cashflows einzelner Geschäftspositionen bis hin zur Summe aller Geschäfte zusammengefasst und mithilfe des dargestellten Verfahrens bewertet werden.

In einer jahresabschlussorientierten Betrachtung wären die relevanten Marktwerteffekte mithilfe der oben genannten Verfahren zu erfassen. Ergänzend ist die Höhe des Zinsergebnisrisikos zu quantifizieren. Dazu sind Verfahren heranzuziehen, mit deren Hilfe die Schwankungen der Zinserträge und des Zinsaufwands bewertet werden können. Für Finanzinstitute wurden diesbezüglich mit der Zinsbindungs- und der -elastizitätsbilanz Konzepte entwickelt, die prinzipiell auch auf Industrie- und Handelsunternehmen übertragen werden können (vgl. hierzu SCHIERENBECK 2001; WIEDEMANN 1998).

(3) Steuerung des Zinsänderungsrisikos am Beispiel der Begrenzung von Marktwertschwankungen des Eigenkapitals

Die Steuerung des Zinsänderungsrisikos soll im Folgenden am Beispiel der Risikolimitierung durch Begrenzung zinsinduzierter Marktwertschwankungen des Eigenkapitals dargestellt werden. Zur Verdeutlichung der grundsätzlichen Vorgehensweise sei dabei von der in Abbildung dargestellten Unternehmung ausgegangen, die per 01.07.2000 zwei Aktivpositionen und zwei Passivpositionen aufweist, deren Marktwerte und Modified Durations in folgender Bilanz (vgl. Abb. 8.31) zu Marktwerten aufgeführt sind:

Aktiva			Passiva		
Position	Marktwert	Modified Duration	Position	Marktwert	Modified Duration
Asset A	1.000.000,-	2,774	Liability A	1.489.263,-	1,907
Asset B	2.100.213,-	1,881	Liability B	1.460.631,-	1,915
Σ/∅ Assets	3.100.213,-	2,170	Σ/∅ Liabilities	2.949.894,-	1,911
			Eigenkapital	150.319,-	7,239
Σ/∅ Gesamt	3.100.213,-	2,169	Σ/∅ Gesamt	3.100.213,-	2,169

Abb. 8.31: Bilanz zu Marktwerten

Die Modified Durationen der Aktiv- bzw. Passivseite (ohne Eigenkapital) ergeben sich als marktwertgewichtete Summen der Modified Durationen der einzelnen Assets resp. der einzelnen Liabilities. Für die Aktivseite resultiert ein Wert in Höhe von - 2,169, für die Passivseite (ohne Eigenkapital) entsprechend ein Wert in Höhe von - 1,911. Die Aktivseite der Bilanz reagiert damit stärker auf Marktzinsänderungen als die Passivseite. Das Ausmaß dieser Sensitivitätsinkongruenz kann dabei mit Hilfe des sogenannten **Modified Duration-Gap** gemessen werden. Dieser ist folgendermaßen definiert:

$$\text{Modified Duration - Gap} = MD_A - MD_L \times \frac{L_{MW}}{A_{MW}}$$

mit: *A = Assets; L = Liabilities; MW = Marktwert; MD = Modified Duration*

MD_A bezeichnet die durchschnittliche Modified Duration der marktwertgewichteten Aktivprodukte, während MD_L die durchschnittliche Modified Duration der marktwertgewichteten

Passivprodukte (ohne Eigenkapital) bezeichnet. M_A und M_L stehen für die Marktwerte. Für das vorliegende Beispiel resultiert ein Modified Duration-Gap in Höhe von:

$$\text{Modified Duration-Gap} = -2{,}169 - (-1{,}911) \times \frac{2.949.894}{3.100.213} = -0{,}351 > 0$$

Das positive Vorzeichen ist Ausdruck einer im Vergleich zu den Passivprodukten höheren Zinssensitivität der Aktivprodukte. Dies ist im Falle sinkender Zinsen von Vorteil, führt jedoch bei steigenden Zinssätzen dazu, dass der Marktwert der Aktivprodukte stärker sinkt als der Marktwert der Passivprodukte. Letzteres findet dabei seinen Niederschlag in einer negativen Veränderung des **Marktwertes des Eigenkapitals**.

Aus der Multiplikation des Modified Duration-Gap mit dem Quotienten aus Marktwert der Aktivprodukte und Marktwert des Eigenkapitals (*EK*) erhält man schließlich die **Modified Duration des Eigenkapitals,** die Ausdruck der prozentualen Marktwertänderung des Eigenkapitals hinsichtlich einer einprozentigen Marktzinsänderung ist. Im Beispiel ergibt sich folgender Wert:

$$\text{Modified Duration}_{EK} = \text{Modified Duration-Gap} \times \frac{A_{MW}}{EK_{MW}} = -0{,}351 \times \frac{3.100.213}{150.319} = -7{,}239$$

mit: *A = Assets; EK = Eigenkapital; L = Liabilities; MW = Marktwert; MD = Modified Duration*

Der Marktwert des Eigenkapitals reagiert auf eine einprozentige Veränderung der Marktzinsen im Ausmaß von -7,239 %-Punkten.

Um nun den Marktwert des Eigenkapitals auf dem derzeitigen Niveau zu stabilisieren, sind die Absicherungsinstrumente derart zu wählen, dass die durchschnittliche Modified Duration der Vermögenspositionen nach Durchführung der entsprechenden Geschäfte derjenigen der Verbindlichkeiten entspricht und damit der Modified Duration-Gap bzw. die Modified Duration des Eigenkapitals Null wird.

Zur Illustration der Immunisierung des Eigenkapitals gegenüber zinsinduzierten Marktwertschwankungen sei unterstellt, dass die betrachtete Bank die folgende **Absicherungsstrategie** fährt:

- **Emission** eines Wertpapiers mit:
  Nominalvolumen: 1,2 Mio. GE
  Zinskupon: 3,375 % (jährlich nachträglich)
  Laufzeit: 2 Jahre
  Aktueller Marktwert: 1,2 Mio. GE
  Modified Duration: 1,902

- **Kauf** eines Wertpapiers mit:
Nominalvolumen: 1,2 Mio. GE
Zinskupon: 2,75 % (jährlich nachträglich)
Laufzeit: 1 Jahr
Aktueller Marktwert: 1,2 Mio. GE
Modified Duration: 0,973

Unter Berücksichtigung der beiden Wertpapiergeschäfte ergibt sich somit die folgende erweiterte Marktwertbilanz:

Aktiva			Passiva		
Position	Marktwert	Modified Duration	Position	Marktwert	Modified Duration
Asset A	1.000.000,-	2,774	Liability A	1.489.263,-	1,907
Asset B	2.100.213,-	1,881	Liability B	1.460.631,-	1,915
1-Jahres-Wertpapier	1.100.000,-	0,973	2-Jahres-Wertpapier	1.100.000,-	1,902
Σ/Ø Assets	4.200.213,-	1,856	Σ/Ø Liabilities	4.049.894,-	1,909
			Eigenkapital	150.319,-	0,428
Σ/Ø Gesamt	4.200.213,-	1,856	Σ/Ø Gesamt	4.200.213,-	1,856

Abb. 8.32 Erweiterte Marktwertbilanz (inklusive GKM-Absicherungsgeschäfte)

Wie Abb. 8.32 verdeutlicht, bleibt der Marktwert des Eigenkapitals durch den Abschluss der beiden Wertpapiergeschäfte unverändert. Eine deutliche Reduktion wird jedoch hinsichtlich der Modified Duration des Eigenkapitals und damit der Zinssensitivität des Eigenkapitals erreicht. Der Grund ist darin zu sehen, dass durch das 1-Jahres-Wertpapier die Modified Duration der Aktivprodukte von 2,169 auf 1,856 gesunken ist, während die Modified Duration der Passivprodukte nach Emission des 2-Jahres-Wertpapiers annähernd konstant geblieben ist. Dies hat zur Folge, dass die Modified Duration des Eigenkapitals von 7,239 nach obiger Formel auf approximativ 0,428 sinkt. Der Marktwert des Eigenkapitals reagiert damit nur noch unwesentlich auf Marktzinsänderungen, ist also praktisch zinsimmunisiert worden.

Abschließend erwähnt sei, dass sich selbstverständlich an dieser Stelle auch Swaps, Futures oder Optionen zur Steuerung der Duration einsetzen lassen.

c) Elemente des Währungsrisiko-Controllings

(1) Risikobegriff und Risikodeterminanten im klassischen Währungsmanagement

Als Währungsrisiko wird üblicherweise die Gefahr bezeichnet, dass das erzielte Ergebnis aufgrund von Geschäften, die den Übergang von einer Währung in eine andere erfordern, das erwartete Ergebnis unterschreitet (HÖLSCHER 1987). Bei den angesprochenen Währungsübergängen kann es sich dabei einerseits um effektive Währungswechsel am Devisenkassa- bzw. Devisenterminmarkt handeln, bei denen schlagend werdende Währungsrisiken sowohl den Gewinn als auch die Liquidität belasten. Andererseits können Währungsparitätsverschiebungen auch ausschließlich erfolgsrelevante Bewertungsverluste verursachen. Unabhängig davon, ob bei einer Fremdwährungstransaktion ein effektiver oder kalkulatorischer Währungsübergang stattfindet, liegt die Ursache für die Entstehung des Währungsrisikos in der Ungewissheit, in welche Richtung und in welchem Ausmaß sich die Austauschverhältnisse zwischen der inländischen und der (den) ausländischen Währung (Währungen) im Zeitablauf verändern. Auf entwickelten Devisenmärkten besteht sowohl im Kassa- als auch im Terminhandel jederzeit die Möglichkeit, Verträge über den Tausch von Währungsbeträgen abzuschließen. Aus diesem Grund muss bei der Quantifizierung von währungsparitätsinduzierten (Opportunitäts-)Verlusten konsequenterweise zwischen dem Devisenkassa- respektive -kursrisiko und dem Devisentermin- respektive Swapsatzrisiko unterschieden werden.

Das Devisenkursrisiko entsteht grundsätzlich dann, wenn ein Unternehmen in seiner Bilanz **offene** aktivische und/oder passivische Fremdwährungspositionen hält, d.h. wenn in der Bilanz **betragsmäßige** Inkongruenzen zwischen aktivischen und passivischen Fremdwährungspositionen bestehen. Darüber hinaus muss sich der die jeweilige offene Fremdwährungsposition betreffende Wechselkurs für die Unternehmung in einer ungünstigen Weise verändern. Im einzelnen entstehen nachteilige Wechselkursentwicklungen bei **Fremdwährungsaktiva** nur dann, wenn der zugrundeliegende **Devisenkurs sinkt** (Aufwertung der Inlandswährung respektive Abwertung der Auslandswährung) und somit auch die in inländischen Währungseinheiten ausgedrückten ausländischen Vermögens- respektive Forderungspositionen an Wert verlieren. Umgekehrt sind bei **Fremdwährungspassiva** Ergebnisbelastungen ausschließlich mit dem **Anstieg des** zugrundeliegenden **Devisenkurses** (Abwertung der Inlandswährung respektive Aufwertung der Auslandswährung) verbunden, da dann der Wert der in inländischen Währungseinheiten gemessenen Verpflichtung zunimmt. Neben Kursrisiken beinhalten Fremdwährungsgeschäfte allerdings auch Kurschancen. Diese ergeben sich für Fremdwährungsaktiva immer dann, wenn der Wechselkurs steigt, und – vice versa – für Fremdwährungspassiva, wenn der Devisenkurs fällt. Im Ergebnis führt dies dazu, dass einerseits bei übereinstimmenden aktivischen und passivischen Fremdwährungspositionen Wertsteigerungen auf der einen Seite durch Wertminderungen auf der anderen Seite ausgeglichen werden, andererseits für die Höhe des Devisenkursrisikos respektive der Devisenkurschance nur die Höhe des Unterschiedsbetrags zwischen den Fremdwährungsaktiva und den Fremdwährungspassiva sowie die Richtung und das Ausmaß der Kursänderung (= Volatilität der zugrundeliegenden Devise) entscheidend sind.

Achtes Kapitel: Controlling ausgewählter Risikodimensionen

Gleichen sich Aktiv- und Passivpositionen einer Währung aus, so bezeichnet man diese Positionen als „geschlossen". Umgekehrt wird mit der Bezeichnung "offene Position" ein entsprechendes Ungleichgewicht zwischen aktivischer und passivischer Fremdwährungsposition gekennzeichnet. Übersteigen bei einer offenen Position die aktivischen Fremdwährungspositionen die passivischen Positionen, so liegt ein aktivischer Überhang oder eine Plus-Position vor. Fallen die Aktivpositionen geringer aus als die Passivpositionen, besteht ein passivischer Überhang oder eine Minus-Position (HÖLSCHER 1987).

Nachstehende Abbildung fasst noch einmal die Zusammenhänge von Devisenkursrisiken und -chancen sowie die Entwicklung des zugrundeliegenden Devisenkurses zusammen (vgl. Abb. 8.33).

Devisenkurse	Offene Positionen	
	aktivisch	passivisch
sinkt	Verlust	Gewinn
steigt	Gewinn	Verlust

Abb. 8.33: Devisenkursrisiken und -chancen offener Fremdwährungspositionen

Neben dem Kursrisiko offener Währungspositionen kann das Swapsrisiko als eine weitere Komponente des Währungsrisikos relevant werden, wenn Devisenterminpositionen laufzeitmäßig nicht übereinstimmen: das **Swapsatzrisiko**. Dieses stellt die Gefahr dar, dass sich aus heutiger Sicht die Differenz zwischen Devisenkassa- und -terminkurs (Swapsatz) in der Weise verändert, dass sich der Erfolg einer nachträglichen Schließung der offenen Terminposition verschlechtert.

Die klassischen und auch noch aktuell schwerpunktmäßig gehandelten Instrumente im internationalen Devisenterminhandel stellen die **Devisenforwards** dar. Innerhalb dieser Instrumentenklasse lassen sich Solo- respektive Outrightgeschäfte und Devisenswapgeschäfte unterscheiden. Bei einem Outrightgeschäft gehen beide Kontraktpartner die vertragliche Verpflichtung ein, eine bestimmte Menge einer bestimmten Währung zu einem ausgehandelten Kurs (= Terminkurs) an einem in der Zukunft liegenden Termin abzunehmen (**Devisenterminkauf**) respektive zu liefern (**Devisenterminverkauf**). Ein Devisenswap besteht stets aus einer zeitversetzten Kombination zweier entgegengesetzter, volumenidentischer Devisengeschäfte in einem definierten Währungspaar mit demselben Kontraktpartner. Je nachdem, ob es sich beim ersten Währungstausch um einen Devisenkauf oder -verkauf handelt, wird im internationalen Devisenterminhandel von sogenannten "buy-and-sell-Swaps" bzw. "sell-and-buy-Swaps" gesprochen. Devisenswaps werden sowohl als Kombination von Kassageschäften mit entgegengesetzten Termingeschäften ("Spot-Forward-Swap") als auch als Kombination zweier Termingeschäfte mit unterschiedlichen Laufzeiten ("Forward-Forward-Swap") gehandelt.

Für die **klassische Erfolgsrechnung** im Forwarddevisenhandel sind hauptsächlich die aus der Differenz von Devisenkassa- und -terminkurs berechenbaren Swapsätze der kontrahierten Geschäfte maßgebend, wobei diese situationsabhängig positiv, null oder negativ sein können. Entscheidend für die Ausprägung des Swapsatzes ist neben den Erwartungen der Devisenanbieter und -nachfrager bezüglich der Entwicklung des aktuellen Kassakurses primär die Differenz in den Zinssätzen, die am internationalen Markt für die betreffenden Währungen offeriert werden (MOSER 1978; TOPRITZHOFER/MOSER 1977). Im Falle niedrigerer Auslandszinsen fällt der Swapsatz positiv aus; die zugrundeliegende Währung notiert mit einem **Report**. Wird unter dieser Konstellation ein buy-and-sell-Swap oder ein Outrightverkauf abgeschlossen, so resultieren aus diesen Transaktionen Swaperlöse. Sell-and-buy-Swaps sowie Outrightkäufe schlagen sich in diesem Fall in Form von Swapkosten in der internen Erfolgsrechnung des Forwardhandels nieder. Im Fall höherer Auslandszinsen ist der Swapsatz negativ, und die Fremdwährung notiert mit einem **Deport**. Die erfolgsmäßigen Auswirkungen der angesprochenen Transaktionen sind in diesem Fall genau entgegengesetzt zum Reportfall. Sind ausländischer und inländischer Zinssatz gleich hoch, so entspricht der Devisenterminkurs exakt dem Devisenkassakurs. In diesem Fall verändern neu abgeschlossene Outrightgeschäfte und Devisenswaps die Erfolgsrechnung des Forwardhandels nicht. Abb. 8.34 fasst diesen Tatbestand noch einmal tabellarisch zusammen.

Swap	Transaktion	
	Buy-and-sell/Outrightverkauf	Sell-and-buy/Outrightkauf
Null (TK = KK)	–	–
Report (TK > KK)	Swaperlös	Swapkosten
Deport (TK < KK)	Swapkosten	Swaperlös

Abb. 8.34 : Erfolgsbeiträge im Devisenterminhandel bei unterschiedlichen Swapstellen

(2) Beispiel zur Berechnung des Währungsrisikos

Im Folgenden soll aufgezeigt werden, wann und wie Swaprisiken schlagend werden. Hierzu sei am **01.01.2001** beispielhaft von folgenden Fremdwährungspositionen eines schweizerischen Unternehmens ausgegangen:

- 100 Mio. EUR-Termin-Verbindlichkeiten per 01.07.2001
- 100 Mio. EUR-Termin-Forderungen per 01.01.2001.

Die Devisenmarktkonditionen mögen per 01.01.2001 wie folgt lauten:
- Kassafälligkeit: KK = 1,4000 CHF/EUR
- Für Fälligkeit 01.07.01: TK = 1,3828 CHF/EUR; Swapsatz = - 0,0172 CHF/EUR
- Für Fälligkeit 01.01.02: TK = 1,3699 CHF/EUR; Swapsatz = - 0,0301 CHF/EUR

Obgleich beide Fremdwährungspositionen mit jeweils 100 Mio. EUR betragsmäßig geschlossen sind und im laufenden Jahresergebnis kein Kursrisiko mehr schlagend werden kann, enthalten diese Positionen dennoch ein Swapsatzrisiko aufgrund ihrer **zeitlichen Inkongruenz**. Während die EUR-Termin-Verbindlichkeit bereits zum 01.07.01 fällig wird, erstreckt sich die Laufzeit der EUR-Termin-Forderung bis zum 01.01.02. Um die mit der Fälligkeit der EUR-Termin-Verbindlichkeit auftretende offene Devisenposition vom 01.07.01 bis zum 01.01.02 bereits per 01.01.01 absichern zu können, bedarf es eines Forward-Forward-Swaps (buy-and-sell vom 01.07.01 bis 01.01.02) über 100 Mio. EUR. Im gewählten Beispiel ergibt sich für den Forward-Forward-Swap ein sogenannter **impliziter Swapsatz** von - 0,0129 = - 0,0301 - (- 0,0172). Während mit der ersten Swapzahlung aufgrund der unterstellten Devisenmarktkonditionen ein Swaperlös in Höhe von 100.000.000,- EUR · 0,0172 CHF/EUR = 1.720.000,- CHF verbunden ist, verursacht die zweite Swapzahlung Swapkosten in Höhe von 100.000.000,- EUR · 0,0301 CHF/EUR = 3.010.000,- CHF. Insgesamt würden somit durch den Forward-Forward-Swap 1.290.000,- CHF an Nettokosten anfallen.

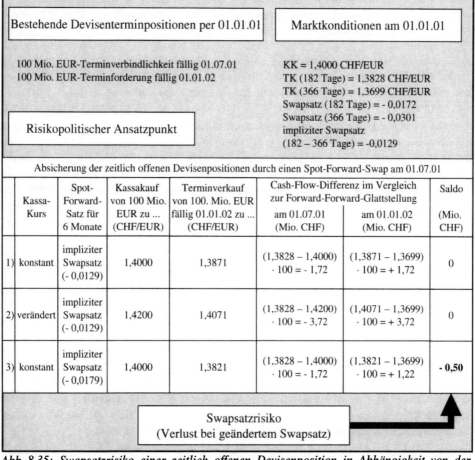

Abb. 8.35: *Swapsatzrisiko einer zeitlich offenen Devisenposition in Abhängigkeit von der Veränderung des Wechselkurses sowie des (impliziten) Swapsatzes*

Um die möglichen Erfolgskonsequenzen einer erst per 01.07.01 vorgenommenen Absicherung der Ursprungspositionen mit einem Spot-Forward-Swap darstellen zu können, müssen im Folgenden drei verschiedene Szenarien unterschieden werden (vgl. Abb. 8.35):

(1) Konstanter EUR-Kassakurs, 6-Monats-Swapsatz entspricht dem impliziten Swapsatz,
(2) Veränderter EUR-Kassakurs, 6-Monats-Swapsatz entspricht dem impliziten Swapsatz,
(3) Konstanter EUR-Kassakurs, 6-Monats-Swapsatz weicht vom impliziten Swapsatz ab.

Zu (1): Da am 01.07.9601er Kassakauf zum unveränderten EUR-Kurs in Höhe von 1,4000 CHF/EUR durchzuführen ist, entsteht zunächst im Vergleich zur Forward-Forward-Glattstellung per 01.01.01 ein Verlust in Höhe von 1,72 Mio. CHF (= 100 Mio. EUR · (1,3828 CHF/EUR – 1,4000 CHF/EUR)). Auf der anderen Seite resultiert aus dem zeitgleich abgeschlossenen Devisenterminverkauf zum EUR-Terminkurs von 1,3871 CHF/EUR (= 2,00 CHF/EUR + (- 0,0129 CHF/EUR)) ein Gewinn von ebenfalls 1,72 Mio. CHF (= 100 Mio. EUR · (1,3871 CHF/EUR – 1,3699 CHF/EUR)). Es wird deutlich, daß der per 01.07.01 abgeschlossene Spot-Forward-Swap zwar andere CHF-Cash-Flows am 01.07.01 und 01.01.02 erzeugt als ein am 01.01.01 kontrahierter Forward-Forward-Swap. Beide Swapalternativen führen demgemäß zu einem identischen Gesamt-Cash Flow.

Zu (2): Anstatt wie unter (1) noch angenommen, soll der Kassakurs am 01.07.01 nicht mehr 1,4000 CHF/EUR sondern jetzt 1,4200 CHF/EUR betragen. Dies hat zur Folge, daß die zuvor aus dem EUR-Kassakauf resultierende negative Cash-Flow-Differenz in Höhe von -1,72 Mio. CHF nunmehr auf - 3,72 Mio. CHF (= 100 Mio. EUR · (1,3828 CHF/EUR – 1,4200 CHF/EUR)) ansteigt. Da aber der Swapsatz unverändert geblieben ist, bedingt der Anstieg des Kassakurses um 0,04 CHF/EUR ebenfalls ein Ansteigen des relevanten Terminkurses um 0,02 CHF/EUR auf 1,4071 CHF/EUR (= 1,4200 CHF/EUR + (- 0,0129 CHF/EUR)) mit der Folge, daß auch in diesem Fall der – im Vergleich zum Szenario (1) – höhere Verlust in der ersten Swapzahlung durch einen entsprechenden Gewinn in Höhe von 3,72 Mio. CHF (= 100 Mio. EUR · (1,4071 CHF/EUR – 1,3699 CHF/EUR)) in der zweiten Zahlung kompensiert werden kann. Die Swapkosten des Glattstellungsswaps betragen, wie auch im ersten Beispiel, 1.290.000 CHF.

Zu (3): Wiederum den Fall eines unveränderten EUR-Kassakurses unterstellt, resultiert – wie bereits unter (1) dargestellt – aus dem Kassateil des Spot-Forward-Swaps per 01.07.01 eine Cash-Flow-Differenz zum Forward-Forward-Swap in Höhe von - 1,72 Mio. CHF. Hat sich nun aber zum 01.07.01 der periodenspezifische Swapsatz von - 0,0129 CHF/EUR (impliziter Swapsatz der Ausgangssituation) auf beispielsweise - 0,0179 CHF/EUR verändert, so kann aufgrund eines von 1,3871 CHF/EUR auf 1,3821 CHF/EUR (= 1,4000 CHF/EUR + (- 0,0179 CHF/EUR)) gesunkenen EUR-Terminkurses kein Gewinn mehr erzielt werden, welcher den Kassamarktverlust egalisieren kann (Opportunitätserfolg = 100 Mio. EUR · (1,3821 CHF/EUR - 1,3699 CHF/EUR) = 1,22 Mio. CHF). Die Folge ist eine gesamte Cashflow-Diffenz von - 0,5 Mio. CHF. Die Swapkosten des am 01.07.01 abgeschlossenen Glattstellungsswaps betragen dementsprechend 1.790.000,- CHF.

Zuvor wurde dargestellt, wie sich im Rahmen des klassischen, jahresergebnisorientierten Risikomanagements Währungsrisiken quantifizieren lassen. Diese ausschließlich einperiodig ausgelegte Sichtweise kann allerdings nur bedingt den Anforderungen an moderne Risikomanagementsysteme gerecht werden. Zur Bewertung bzw. Performancebestimmung von Finanzinstrumenten und Marktstrategien zusätzlich marktwertbasierte Kalkulationskonzepte zum Einsatz kommen. Hierauf aufbauend sind für ein integriertes Risikomanagement entsprechende Verfahren zu entwickeln, mit denen sich das dem Value at Risk entsprechende potentielle Verlustrisiko im Marktwert aktuell gehaltener Positionen quantifizieren und steuern lässt (vgl. hierzu SCHIERENBECK 2001; NOLTE 1997). Die dazu erforderliche Vorgehensweise entspricht grundsätzlich der im Zusammenhang mit dem Zinsänderungsrisiko skizzierten Cashflow-Neubewertung. Das dort vorgestellte Verfahren wird lediglich in Devisenkursschwankungen ergänzt.

(3) Instrumente zur Steuerung des Währungsrisikos

Im Rahmen der Strategien zur Begrenzung von Währungsrisiken existiert mittlerweile eine Vielzahl an Sicherungsinstrumenten und -techniken. Grundsätzlich kann eine Sicherung offener Devisenpositionen durch Transaktionen auf dem Devisenkassa- sowie auf dem Devisenterminmarkt erfolgen. Unterteilt man die Instrumente zur Absicherung von Währungsrisiken nach ihrer historischen Entstehung, so lassen sich zunächst **klassische** und **moderne (derivative) Instrumente** unterscheiden (vgl. Abb. 8.36).

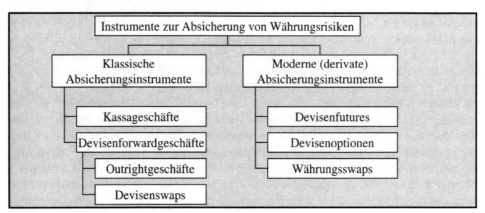

Abb. 8.36: Absicherungsinstrumente im Überblick

Zur Erläuterung der Kurssicherung über den **Devisenkassamarkt** soll von folgenden Fremdwährungspositionen ausgegangen werden (Stichtag: 01.01.2001):

- Forderung über 100 Mio. EUR, fällig am 30.06.01 sowie
- Verbindlichkeit über 40 Mio. EUR, fällig am 31.12.01.

Um die offene aktivische Fremdwährungsposition in Höhe von 60 Mio. EUR (100 Mio. EUR – 40 Mio. EUR) bis zum 30.06.01 schließen zu können, wird im Folgenden eine EUR-Position dergestalt aufgebaut, dass bei einem zum 30.06.01 eventuell erfolgten EUR-Verfall der eingetretene Kursverlust aus der aktivischen Devisenposition durch einen entsprechenden Kursgewinn in der kurssichernden Position kompensiert wird. Möglich ist dies dadurch, dass auf dem Devisenkassamarkt eine entsprechende Shortposition eingegangen wird, d.h. dass am 01.01.01 60 Mio. EUR verkauft werden müssen. Ist nun der EUR-Kurs zum 30.06.01 gesunken, so müsste zwar ein Verlust in der aktivischen Devisenposition hingenommen werden, da der in CHF gemessene Vermögenswert gesunken ist; gleichzeitig würde jedoch ein Gewinn in der hedgenden Shortposition erzielt, da der in CHF ausgedrückte Gegenwert der zu tilgenden Fremdwährungsschuld ebenfalls gesunken ist. Da die absoluten Wertveränderungen von abzusichernder EUR-Forderung und hedgender EUR-Kassaposition bei EUR-Kursveränderungen stets gleich hoch sind, entspricht im Falle eines EUR-Kursverfalls das Kursrisiko in der Netto-Longposition aus den Ursprungsgeschäften exakt der Kurschance in der Shortposition am Kassamarkt. Umgekehrt würde aber auch im Falle einer EUR-Kurssteigerung die Kurschance der Netto-Forderung genau dem Kursrisiko in der hedgenden Kassaposition entsprechen. Unabhängig von der eintretenden EUR-Kursentwicklung wird somit stets eine Kurssicherung erzielt werden können. Da die abzusichernde EUR-Forderung und der kurssichernde Kassaverkauf ein zwar gegenläufiges, aber in ihrem absoluten Ausmaß identisches "Preisverhalten" aufweisen, kann von einer "perfekten" Absicherung ("Perfect Hedge") gesprochen werden.

Selbstverständlich gelingt mit obiger Hedgetransaktion lediglich eine vorübergehende Schließung der offenen Devisenposition. Am 30.06.01 wird die Forderung über 100 Mio. EUR fällig, so dass aus der Summe aus effektiver Devisenkassaposition aus dem ursprünglichen Hedgegeschäft über 60 Mio. EUR und der Terminverbindlichkeit über 40 Mio. EUR fällig am 31.12.01 eine neue offene passivische Position in Höhe von 100 Mio. EUR entsteht. Diese könnte dann ebenfalls über den Devisenkassamarkt kursgesichert werden, indem – nun umgekehrt zur Absicherung der ursprünglichen Nettoforderung – ein Kassakauf von 100 Mio. EUR gegen CHF getätigt wird. Um bereits zum 01.01.01 sowohl betragsmäßige als auch zeitliche Inkongruenzen beseitigen zu können, muss ein fristenkongruentes Hedging für jede Einzelposition durchgeführt werden. Diese Alternative zu Hedging-Transaktionen am Kassamarkt wird für gewöhnlich über den **Devisenterminmarkt** abgewickelt. Eine Möglichkeit besteht beispielsweise darin, am 01.01.01 gegen CHF sowohl einen Outrightverkauf über 100 Mio. EUR fällig 30.06.01 als auch einen Outrightverkauf über 40 Mio. EUR fällig 31.12.01 abzuschließen. Eine andere – bei Vollkommenheit der Märkte Cashflow-identische – Möglichkeit besteht im gleichzeitigen Abschluss eines Forward-Forward-Swaps (sell-and-buy) über 40 Mio. EUR vom 30.06.01 bis zum 31.12.01 und eines Outright-verkaufes über 60 Mio. EUR fällig 30.06.01.

Von dieser traditionellen Vorgehensweise abzugrenzen ist der Einsatz moderner Absicherungsinstrumente. Innerhalb der Gruppe der modernen derivativen Absicherungsinstrumente werden, wie bereits zuvor ausgeführt, Devisenfutures, Devisenoptionen sowie Währungsswaps zusammengefasst. Bei den **Devisenfutures** respektive **Devisenterminkontrakten** handelt es sich um eine **standardisierte** Form des Devisentermingeschäftes. Der Kauf (respektive der Verkauf) eines Futures beinhaltete die Verpflichtung zur Abnahme (respektive zur Lieferung) eines standardisierten Fremdwährungsbetrages bei einer standardisierten Kontraktfälligkeit zu einem heute festgelegten Kurs. Die überwiegende Zahl der Kontrakte wird durch ein kompensierendes Gegengeschäft rechtzeitig vor Fälligkeit glattgestellt; nur in weniger als 1 % aller Fälle kommen die Kontraktwährungen zur Andienung.

Ein weiterer Unterschied zu den Devisenforwards besteht darin, dass Futures-Transaktionen an organisierten Börsen abgeschlossen und die Preise für die einzelnen Futures-Kontrakte öffentlich bekanntgegeben werden. Ein "Clearing House" übernimmt jeweils die Gegenposition zu einer Transaktion und minimiert somit das Bonitätsrisiko. Die damit verbundene Erfüllungsgarantie wird durch ein System von Sicherheitsleistungen und Nachschusspflichten gestützt. So ist bei Geschäftsabschluss ein Sicherheitsbetrag („Initial Margin") aufzubringen, welcher 5 – 10 % des Kontraktwertes beträgt. Ebenso werden sämtliche Futures-Positionen durch das Clearing House täglich neu bewertet („marking to market"), wobei im Verlauf eines Handelstages erzielte Gewinne dem Sicherheitskonto („Margin Account") gutgeschrieben respektive Verluste über dieses Konto – im Sinne der Vermeidung einer Verlustansammlung – gedeckt werden. Sinkt die „Initial Margin" durch Verluste unter den Wert einer Mindestquote („Maintenance Margin"), welche ca. 75 – 80 % der „Initial Margin" beträgt, so muss ein Nachschuss („Variation Margin") geleistet werden, um eine Glattstellung der Futures-Position durch das Clearing House zu vermeiden.

Obgleich Devisenfutures ausschließlich über ein Vielfaches des Kontraktwertes lautende Beträge und nur für bestimmte Fälligkeiten, bis zu maximal einem Jahr, abgeschlossen werden können, eignen sie sich vor allem zur Absicherung kleinerer Währungsbeträge. Aufgrund eines hohen Standardisierungsgrades sind Futures-Märkte außerordentlich liquide, so dass auch für kleinere Volumina, für die ein Abschluss eines Devisenforward nur mit Kursaufschlägen möglich wäre, marktgerechte Kurse erzielt werden können. Nachteilig gegenüber Devisenforwards ist jedoch bei einer Kurssicherung mittels Futures, dass auch nach erfolgter Absicherung eine wechselkursbedingte Unsicherheit über zukünftige Zahlungsströme besteht, da gegebenenfalls Nachschusszahlungen zu leisten sind, die ebenfalls auf Fremdwährung lauten (BECK 1989; FASTRICH/HEPP 1991)

Kassaposition	Futures-Position
01.01.2001 1.000.000,- EUR short, Kurs 1,4000; Gegenwert: - 1.400.000,- CHF	**01.01.2001** Kauf von 20. März-01-Kontrakten zu 1,3917
15.01.2001 1.000.000,- EUR short, Kurs 1,4200; Gegenwert: - 1.420.000,- CHF	**15.01.2001** Verkauf von 20. März-01-Kontrakten zu 1,4130
Verlust - 20.000,- CHF	**Gewinn** + 21.300,- CHF (4130 – 3917 = 213 Ticks; 213 · 5 CHF · 20 = 21.300,- CHF)

Abb. 8.37: Hedging mit Devisenfutures

Das Prinzip des Hedgings mittels Devisenfutures soll anhand des folgenden Beispiels erläutert werden (vgl. Abb. 8.37). Hierbei sei von einer Shortposition in Höhe von 1.000.000 EUR ausgegangen, die am 01.01.01 bei einem Kassakurs von 1.4000 einem CHF Gegenwert von -1.400.000 entspricht.

Da diese Position bei steigendem Kassakurs einen (kalkulatorischen) Bewertungsverlust erleidet, soll mit dem Kauf einer geeigneten Anzahl von EUR/CHF-Devisenfutures-Kontrakten (fällig 20.03.01; unterstelltes Kontraktvolumen 50.000 EUR; Tick value 5 CHF) an der EUREX eine Position aufgebaut werden, die einen möglichst entgegengesetzten Wertverlauf besitzt. Bei der Bestimmung der nötigen Kontraktanzahl soll vereinfachend das **Nominalwertprinzip** Verwendung finden:

$$\text{allgemein}: \quad \text{Kontraktanzahl} = \frac{\text{Nominalwert der Kassaposition}}{\text{Kontraktvolumen des Devisenfutures}}$$

$$\text{bzw. für das Beispiel}: \quad \text{Kontraktanzahl} = \frac{1.000.000\ EUR}{50.000\ EUR} = 20$$

Unterstellt man also eine konstante Futures-Basis (zinsbedingte Differenz zwischen Terminkurs und Kassakurs), so sind am 01.01.01 20 März-01-Kontrakte zu kaufen. Der entsprechende Terminkurs beträgt bei einem CHF-Zins von 3,200 % und einem EUR-Zins von 5,950 %:

$$TK = \frac{\left(1+0,0320 \times \frac{79}{360}\right)}{\left(1+0,0595 \times \frac{79}{360}\right)} \times 1,4000 \frac{CHF}{EUR} = 1,3917 \frac{CHF}{EUR}$$

Am 15.01.01 soll der aktuelle Kassakurs auf 1,4200 gestiegen sein. Dies führt in der Kassaposition zu einem Verlust in Höhe von 20.000 CHF. Um die Wertveränderung der Futuresposition vom 01.01.01 bis zum 15.01.01 bestimmen zu können, ist wiederum der Terminkurs auf den 20.03.01 zu berechnen. Bei fälligkeitskongruenten CHF- und EUR-Zinssätzen von 3,1417 % bzw. 5,8917 % errechnet sich dieser zu:

$$TK = \frac{\left(1+0,031417 \times \frac{65}{360}\right)}{\left(1+0,058917 \times \frac{65}{360}\right)} \times 1,4200 \frac{CHF}{EUR} = 1,4130 \frac{CHF}{EUR}$$

Es ergibt sich somit zwischen dem 01.01.01 und dem 15.01.01 eine Terminkursdifferenz von 1,4130 − 1,3917 = 0,0213 CHF bzw. 213 Ticks. Bei einem Verkauf der 20 Futures-Kontrakte am 15.01.01 kann somit ein Gewinn von 213 · 5 CHF/Kontrakt · 20 Kontrakte = 21.300 CHF realisiert werden. Es wird deutlich, dass der Gewinn aus dem Futures-Hedge den Verlust in der Kassaposition nicht nur ausgleicht sondern sogar überkompensiert. Der Grund hierfür liegt darin, dass im gewählten Beispiel nicht nur der Kassakurs gestiegen ist, sondern auch die Futures-Basis abgenommen hat, was sich im Falle von Deportnotierungen zusätzlich positiv auf den Wertverlauf von Futures-Longpositionen auswirkt.

Seit Ende 1982 wurde der Katalog der Absicherungsinstrumente durch die Einführung von Devisenoptionen an der Philadelphia Stock Exchange (PHLX) erweitert. Eine **Devisenoption** ist ein Vertrag zwischen Käufer und Verkäufer (Stillhalter) des Optionskontraktes, der dem Optionskäufer gegen Zahlung eines bestimmten Preises (Optionsprämie) das Recht einräumt, einen vereinbarten Fremdwährungsbetrag zu einem festgelegten Kurs (Ausübungs- respektive Basispreis) zu kaufen (Kaufoption) oder zu verkaufen (Verkaufsoption). Im Gegensatz zum Devisentermingeschäft beinhaltet eine Devisenoptionsvereinbarung somit nur ein Recht, nicht jedoch die Verpflichtung, den vertraglich festgelegten Devisenbetrag zu kaufen respektive zu verkaufen. Dies charakterisiert eine Devisenoption als ein „**bedingtes**" Devisentermingeschäft und grenzt sie von „**unbedingten**" Devisentermingeschäften, wie sie Devisenforwards respektive Devisenfutures darstellen, ab. Während bei unbedingten Devisentermingeschäften sich **beide** Vertragsparteien, d. h. Käufer **und** Verkäufer, zur Abnahme respektive Lieferung der zugrundeliegenden Devise verpflichten, hat bei einem Devisenoptionsgeschäft **nur** der **Verkäufer** (= Stillhalter) die Verpflichtung zur Abnahme respektive Lieferung, sofern der Optionskäufer von seinem erworbenen Optionsrecht Gebrauch macht. Der Käufer einer Devisenoption kann hingegen sein Optionsrecht verfallen lassen oder veräußern; sein Einsatz ist auf die ursprünglich bezahlte Optionsprämie begrenzt (IMO/GITH 1989; KÖPF 1987; MEHL 1991; LOMBARD/ MARTEAU 1990).

Zur Beschreibung des Hedgings mit Devisenoptionen sei erneut das Beispiel aus dem vorangegangenen Abschnitt aufgegriffen. In diesem Fall soll die Shortposition über 1.000.000 EUR durch entsprechende Devisenoptionstransaktionen (EUR/CHF-Calls an der EUREX; unterstellte Kontraktgröße 50.000 EUR; Kontraktfälligkeit 20.03.01, Tick-Value 5 CHF) vom 01.01.01 bis zum 15.01.01 gegen einen steigenden EUR-Kassakurs gesichert werden, wobei das Prinzip des delta-neutralen Fix-Hedge zur Anwendung kommen soll. Allgemein lässt sich der Preis für auf Kassadevisen lautende europäische Calloptionen mittels folgender Gleichung bestimmen (GARMAN/KOHLHAGEN 1983):

$$C = S \times e^{(-r_f \times t)} \times N(d_1) - E \times e^{(-r_d \times t)} \times N(d_2)$$

$$\text{mit} : d_1 = \frac{\ln\left(\frac{S}{E}\right) + \left(r_d - r_f - \frac{STD^2}{2}\right) \times t}{STD \times \sqrt{t}} \quad \text{und } d_2 = d_1 - STD \times \sqrt{t}$$

mit: C = Wert der Calloption; E = Ausübungspreis; N(...) = Wahrscheinlichkeitswert der kumulierten Standardnormalverteilung; S = Devisenkassakurs, r_f = ausländische stetige Rendite bis zur Optionsfälligkeit; r_d = inländische stetige Rendite bis zur Optionsfälligkeit; STD = anualisierte Standardabweichung logarithmierter Kassakursveränderungen; t = Restlaufzeit der Option als Jahresbruchteil

Zur Bestimmung der Prämie vom EUR/CHF-Call per 01.01.01 sollen folgende Werte für die einzelnen preisbestimmenden Faktoren unterstellt werden: E = 1,3800; r_d = 0,03189; r_f = 0,05911; t = 0,21944; S = 1,4000; STD = 0,1123. Für d_1 und d_2 errechnen sich demnach folgende Werte:

$$d_1 = \frac{ln\left(\frac{1,4000}{1,3800}\right) + \left(0,03189 - 0,05911 - \frac{0,1123^2}{2}\right) \times 0,21944}{0,1123 \times \sqrt{0,21944}} = 0,13366976$$

$$d_2 = 0,13366976 - 0,1123 \times \sqrt{0,21944} = 0,08106347$$

Per 01.01.01 beträgt die Call-Prämie:

$$C = 1,4000 \times e^{(-0,03189 \times 0,21944)} \times N(0,13366976)$$
$$- 1,3800 \times e^{(-0,05911 \times 0,21944)} \times N(0,08106347) = 0,0439$$

Zur Bestimmung der zur Absicherung der Kassaposition nötigen Kontrakt-Anzahl muß beim delta-neutralen Fix-Hedge zuvor das Call-Delta bei Öffnung der Position bestimmt werden. Allgemein stellt das Options-Delta ein Maß für die Reaktion der Options-Prämie auf infinitesimal kleine Änderungen im Basiswert der Option dar. Es entspricht somit der ersten partiellen Ableitung der Options-Preisformel nach dem Spotsatz. Im Fall der betrachteten Call-Option berechnet sich das Delta gemäß:

$$\frac{\delta C}{\delta S} = e^{(-r_f \times t)} \times N(d_1())$$

bzw. für das Beispiel:

$$\frac{\delta C}{\delta S} = e^{(-0,05911 \times 0,21944)} \times N(0,13366976) = 0,5459$$

Die zum delta-neutralen Hedging benötigte Kontraktzahl lässt sich nun z.B. mit Hilfe folgender Gleichung ermitteln:

$$\frac{Kassapositionsvolumen}{Kontraktvolumen} \times \frac{1}{Options\text{-}Delta} = Kontraktzahl$$

Im gewählten Beispiel wären somit 37 Calls (1.000.000/50.000 · 1/0,5459 = 37) zu einem Preis von 0,0439 CHF je EUR zu kaufen.

14 Tage später, am 15.01.01, soll die Optionsposition bei folgenden Konstellationen wieder verkauft werden: $E = 1,3800$; $r_d = 0,03133$; $r_f = 0,05861$; $S = 1,4200$; $STD = 0,1123$; $t = 0,18056$. Die Call-Prämie beläuft sich dann auf:

$$C = 1,4200 \times e^{(-0,03133 \times 0,18056)} \times N(0,47170289)$$
$$- 1,3800 \times e^{(-0,05861 \times 0,18056)} \times N(0,42398398) = 0,0552$$

Der Gewinn aus der gesamten Optionstransaktion beträgt somit:

$$\frac{113\,Ticks}{Kontrakt} \times \frac{5\,CHF}{Tick} \times 37\,Kontrakte = 20.905\,CHF$$

Es ist zu beachten, dass der tatsächliche Gewinn bei dem hier vorgenommenen Fix-Hedge vom theoretischen, deltabasierten Gewinn über $0{,}5459 \cdot 0{,}02 \cdot 37 \cdot 50.000 = 20.198{,}30$ CHF abweicht. Dies liegt einerseits darin begründet, dass die Call-Preiskurve in Abhängigkeit des Kassakurses einen konvexen Verlauf besitzt, die Delta-Sensitivität bei sofortigen Kassakurserhöhungen somit lediglich stets unter dem tatsächlichen Wertgewinn liegt. Des weiteren muss beachtet werden, dass das Optionsdelta lediglich eine Punktsensitivität zur Veränderungen des Kassakurses darstellt, der Optionspreis jedoch eine Funktion des Kassakurses sowie der in- und ausländischen Zinsen, der Restlaufzeit und der Volatilität ist. Abb. 8.38 fasst die Kalkulationsergebnisse noch einmal zusammen.

Kassaposition	Futures-Position
01.01.2001 1.000.000,- EUR short, Kurs 1,4000; Gegenwert: - 1.400.000,- CHF	**01.01.2001** Kauf 37 Calls Prämie 0,0439
15.01.2001 1.000.000,- EUR short, Kurs 1,4200; Gegenwert: - 1.420.000,- CHF	**15.01.2001** Verkauf 37 Calls, Prämie 0,0552
Verlust - 20.000,- CHF	**Gewinn** + 20.905,- CHF (552 - 439 = 113 Ticks; 113 · 5 CHF · 37 = 20.905,- CHF)

Abb. 8.38: Delta-neutraler Fixed-Hedge mit Devisenoptionen

Zum Zwecke der Absicherung langfristiger Währungsrisiken (bis zu 18 Jahren) entstanden zu Beginn der achtziger Jahre sogenannte Währungsswaps ("Currency Swaps") [nicht zu verwechseln mit den Swapgeschäften im Rahmen von Devisentermingeschäften!]. Im Rahmen eines **Währungswaps** verkaufen sich zwei Vertragsparteien gegenseitig Fremdwährungsbeträge mit der vertraglichen Verpflichtung, dieselben Beträge zu einem fixierten Wechselkurs an einem bestimmten Zeitpunkt in der Zukunft zurückzukaufen. Ein Währungsswap vollzieht sich dabei grundsätzlich in drei Schritten:

- Gegenseitiger Austausch der Finanzierungsmittel zu dem bei Swapabschluss geltenden Kassa-Wechselkurs,
- Jährlicher oder halbjährlicher Austausch der anfallenden Zinszahlungen auf der Grundlage der ausgetauschten Nominalbeträge und der vereinbarten Zinssätze sowie
- Rücktausch der Kapitalbeträge am Ende der Laufzeit des Swaps zu einem festgelegten Kurs (meist zum ursprünglichen zu Beginn der Laufzeit des Swaps geltenden Kassakurs) (KNIPPSCHILD 1991).

Neben das Motiv der Wechselkurssicherung tritt häufig auch das der Nutzung von Arbitragemöglichkeiten, um beabsichtigte Finanzierungsvorhaben zu verbilligen. Zur Veranschaulichung der Struktur von Währungsswaps sowie der Arbitrage mit diesem Geschäft diene nachstehendes Beispiel (vgl. Abb. 8.39).

Die Ausgangssituation bildet ein CHF-Bedarf der Weltbank. Die Weltbank ist zwar an sämtlichen Anleihemärkten ein geschätzter Schuldner, sie kann allerdings nicht den Markt eines bestimmten Landes unbegrenzt in Anspruch nehmen.

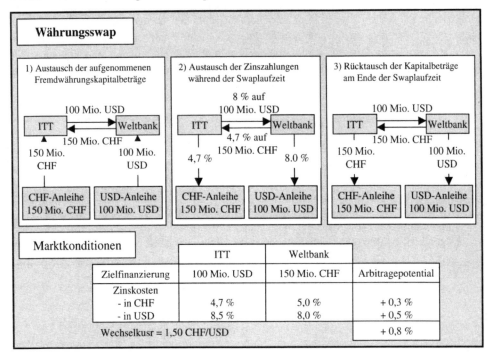

Abb. 8.39: *Beispiel für einen Währungsswap*

Eine spürbare Sättigung mit Weltbankpapieren war beispielsweise Anfang der achtziger Jahre auf dem Schweizer Kapitalmarkt zu verzeichnen. Daher musste die Weltbank trotz erstklassiger Bonität eine Prämie gegenüber schwächeren Adressen auf dem Schweizer Kapitalmarkt bezahlen (5 % statt wie beispielsweise ITT nur 4,7 %), wohingegen auf dem größeren Markt für langfristige USD keine Sättigungsgrenze bestand und die Bonität der Bank sich hier auch in guten Konditionen widerspiegelte (nur 8 % statt wie beispielsweise ITT 8,5 %). Gleichzeitig konnte die amerikanische Gesellschaft ITT, die USD benötigte, allerdings am USD-Markt nicht ein solches Standing wie die Weltbank aufweist (demnach nur 8,5 %), auf dem Schweizer Kapitalmarkt günstigere Konditionen als die Weltbank erzielen (4,7 %). Insgesamt ergibt sich aus den für die Weltbank sowie für ITT gültigen Marktkonditionen ein Gesamt-Arbitragepotential von 0,8 %. Um dieses allerdings nutzen zu können, bedarf es der Durchführung eines Währungsswaps, bei dem die Weltbank anstelle einer CHF-Emission eine USD-Anleihe zu 8 % und – im Gegenzug – ITT eine CHF-Anleihe zu 4,7 % statt einer USD-Anleihe begibt.

Untersucht man nun die Kosten, die für jeden Swappartner anfallen, so ergeben sich für die Weltbank Nettokosten von 4,7 % (= - 8 % [Zinskosten für USD] + 8 % [Swap-Inflow] – 4,7 % [Swap-Outflow]) anstatt Kosten in Höhe von 5 %, welche ohne Swapvereinbarung angefallen wären, und für ITT Nettokosten von 8 % (= - 4,7 % [Zinskosten für CHF] + 4,7 % [Swap-Inflow] – 8 % [Swap-Outflow]) anstatt Kosten von 8,5 % ohne Swaptransaktion. Damit konnte durch den Währungsswap die Weltbank einen Finanzierungsvorteil von 0,3 %-Punkten (= 5 % – 4,7 %) realisieren, während ITT 0,5 %-Punkte (8,5 % – 8 %) einsparen konnte. Der gesamte Finanzierungsvorteil von 0,8 %-Punkten ergab sich dabei ausschließlich durch die Bedingung, dass jeder Swappartner Zinszahlungen in der von ihm nicht gewünschten Währung nur weiterleitete. Obgleich die Weltbank insgesamt bei Betrachtung beider Kapitalmärkte ein besseres Standing als ITT hatte (sie hätte bei einer gleichzeitigen Inanspruchnahme des CHF- sowie des USD-Marktes insgesamt nur 13 % (= 5 % + 8 %) aufwenden müssen, während ITT 13,2 % (= 4,7 % + 8,5 %) zu leisten gehabt hätte), erhielt sie nur einen Finanzierungsvorteil von 0,3 %-Punkten und ITT die restlichen 0,5 %-Punkte. I. a. R. werden die Zinszahlungen und damit die Aufteilung des Gesamtfinanzierungsvorteils nicht in der oben beschriebenen Weise bestimmt, sondern sind Verhandlungssache der jeweiligen Swappartner. Theoretisch wäre beispielsweise eine hälftige Aufteilung des Gesamtvorteils oder eine Aufteilung entsprechend dem Standing der Partner auf den durch die Swapvereinbarung betroffenen Kapitalmärkten denkbar (KNIPPSCHILD 1991).

3. Controlling von Ausfallrisiken

a) Charakterisierung des Ausfallrisikos

Ausfallrisiken können der Gegenparteienrisiken zugeordnet werden. Gegenparteienrisiken beinhalten grundsätzlich die Gefahr, dass aufgrund von Bonitätsveränderungen einer Person oder einer Unternehmung, zu der eine wirtschaftliche Beziehung besteht, Verluste entstehen. Demnach beinhalten Gegenparteirisiken vor allem die als Ausfallrisiko bezeichnete Gefahr, dass ein Vertragspartner seinen (Rück-)Zahlungsverpflichtungen nicht nachkommt. Vor allem für Unternehmen, die auch am Geld- und Kapitalmarkt aktives Asset-Management betreiben, wäre als zweite Variante des Gegenparteinrisikos das spezifische Risiko zu beachten. Spezifische Risiken ergeben sich aus den Bonitätsschwankungen des Emittenten eines Finanzinstruments. Die Bonitätsschwankungen des Emittenten des Finanzinstruments führen zu Preisschwankungen, die wiederum Verluste für die betroffene Unternehmung mit sich bringen können. Tatsächlich steht jedoch das Ausfallrisiko im Mittelpunkt des – unternehmerischen – Interesses.Ausfallrisiken bestehen in der Gefahr, dass ein Vertragspartner seinen Verpflichtungen nicht oder nur teilweise nachkommt. Aus der Sicht von Industrie und Handelsunternehmen können dem Ausfallrisiko drei Teilrisiken zugeordnet werden (vgl. WIEDEMANN 2000):

- Das **Kreditrisiko** besteht in der Gefahr des Ausfalls von Forderungen und Leistungen.
- Das **Wiedereindeckungsrisiko** besteht in der Gefahr, dass ein Vertragspartner ausfällt und durch einen neuen Vertragspartner ersetzt werden muss. Dadurch können zusätzliche Kosten entstehen. Das Wiedereindeckungsrisiko besteht vor allem in Verbindung mit Finanzderivaten.

- Das **Vorleistungsrisiko** besteht in der Gefahr, dass eine Vorleistung erbracht und nicht entgolten wird.

Auch hier zeigen die – mit aller Vorsicht zu beurteilenden – Empirien, dass die Unternehmen hinsichtlich ihrer Risikoeinschätzung Schwerpunkte legen. Ca. ¾ der Befragten managen das Kreditrisiko, während sich lediglich ca. ¼ der Befragten mit dem Wiedereindeckungs- bzw. Verlustrisiko auseinandersetzen.

Zur Messung von Ausfallrisiken sind insbesondere für Finanzdienstleister verschiedenste Modelle entwickelt worden. Hierzu zählen bspw.

- die Jahresabschlussanalyse,
- das Rating,
- Diskriminanzfunktionen,
- künstliche Neuronaler Netze und
- Expertensysteme.

Für alle Nicht-Finanzdienstleister stellt sich die Frage, inwieweit solche Verfahren überhaupt angewendet werden. Die Anwendung dieser Instrumente erfordert nämlich Know-how im Bereich des Kreditmanagements, dass die Fähigkeiten der meisten Unternehmen übersteigen dürfte. Zudem sind mit der Anwendung dieser Konzepte Kosten verbunden, die durch den geschaffenen Informationswert überkompensiert werden müssen.

Allerdings sollten die vorgenannten Verfahren ohnehin prinzipiell zur Beurteilung der eigenen Bonität z. B. im Rahmen von Frühwarnsystemen eingesetzt werden. Dann müssten die dabei gewonnenen Kenntnisse lediglich auf die Bewertung des Kreditrisikos im Forderungsportefeuille übertragen werden. Zudem sollte man bedenken, wie stark die eigene Unternehmung im Mitleidenschaft gezogen wird, wenn bestimmte Forderungen, z. B. aufgrund der Insolvenz von Debitoren, ausfallen. Die solchermaßen drohenden Krisensituationen sollten die Kosten einer intensiven Bewertung des Ausfallrisikos durchaus rechtfertigen.

b) Modelle zur Quantifizierung des Ausfallrisikos

Im Folgenden sollen mit der Jahresabschlussanalyse, dem Rating, derDiskriminanzfunktion, den künstlichen Neuronale Netzen und den Expertensystemen die wichtigsten Verfahren zur Messung von Ausfallrisiken kurz vorgestellt werden (vgl. hierzu ausführlich SCHIERENBECK/HÖLSCHER 1998)

Aufgabe der **Jahresabschlussanalyse** ist es, aus den Daten des Jahresabschlusses Erkenntnisse für eine Beurteilung der wirtschaftlichen Lage eines Unternehmens zu gewinnen. Der Jahresabschluss stellt für Außenstehende eine sehr leicht zugängliche und objektive Informationsquelle dar. Die gesetzlichen Vorschriften zu Erstellung des Jahresabschlusses mach diesen zu einem nach gesicherten Regeln und Verfahrensweisen systematisch erstellten Rechenwerk. Die darin enthaltenen, überwiegend quantitativen Daten, sind bestens für eine detaillierte Analyse geeignet. Die Jahresabschlussanalyse erfolgt in drei Schritten:

- Im ersten Schritt wird das vorliegende **Datenmaterial aufbereitet**. Dabei werden die einzelnen Positionen des Jahresabschlusses auf die Existenz, die Auflösung bzw. Bildung stiller Reserven, auf Unregelmäßigkeiten, Periodenbezogenheit oder Betriebsbedingtheit sowie andere bilanzpolitische Beeinflussungen untersucht (vgl. PEEMÖLLER/HÜTTCHE 1993).
- Im zweiten Schritt werden die aufbereiteten **Jahresabschlussinformationen ausgewertet**. Für diese Auswertung werden häufig Kennzahlen berechnet oder Kennzahlensysteme aufgestellt (vgl. *Viertes Kapitel*). Es kann aber auch eine verbale Auswertung erfolgen, indem mithilfe des Anhangs, des Lageberichts oder der sonstigen Bestandteile eines Geschäftsbereichs die wirtschaftliche Lage einer Unternehmung beurteilt wird.
- Bekanntlich ist die Aussagekraft einer isolierten Kennzahlenanalyse eher gering (vgl. *Viertes Kapitel*, GRÄFER 1994). Erst durch **Kennzahlenvergleiche** können im dritten Schritt der Jahresabschlussanalyse sinnvolle Aussagen über die Höhe des sich in Kennzahlen wiederspiegelnden Ausfallrisikos getroffen werden.

Insgesamt darf die Aussagefähigkeit von Jahresabschlussanalysen nicht überschätzt werden. Die Grenzen der Jahresabschlussanalyse (vgl. GRÄFER 1994; KÜTING/WEBER 1993) bestehen vor allem in:

- der Manipulierbarkeit,
- der Unvollständigkeit,
- der mangelnden Aktualität und
- der häufig nur bedingt für die Zwecke der Jahresabschlussanalyse geeigneten Daten des Jahresabschlusses.

Alternativ zur selbständig durchgeführten Jahresabschlussanalyse kann für eine Ausfallrisikobewertung auch auf das **Rating** externer Anbieter zurückgegriffen werden (vgl. SCHIERENBECK/HÖLSCHER 1998). Externe Anbieter wie bspw. Standard & Poors oder Moodys führen mittlerweile weltweit Bonitätsbeurteilungen für Unternehmen und Länder durch. Dazu wird die Bonität von Unternehmen bzw. Ländern mithilfe geeigneter Verfahren durch diese Rating-Agenturen analysiert. Die Höhe des Bonitätsrisikos erfolgt anschließend über die Einordnung im Bonitäts- bzw. Ratingklassen, die z. B. von AAA bis C reichen können. Die Ratingklassen bzw. die Zuordnung von Unternehmen oder Ländern zu einer bestimmten Ratingklasse kann dabei anhand von Ratingkomitees oder unter Einsatz klassifizierender Verfahren erfolgen.

Mit dem Rating wird einerseits ausgedrückt, wie ein Unternehmen in der Lage ist, seine Zahlungsverpflichtungen rechtzeitig und in vollem Umfang nachzukommen. Das Rating ist andererseits Ausdruck für die Höhe der Insolvenzgefahr (vgl. EVERLING 1991).

Die **Diskriminanzanalyse** ist die Basis von Insolvenzprognosemodellen und Credit-Scoringsystemen (vgl. SCHIERENBECK/HÖLSCHER 1998). Die Diskriminanzanalyse basiert auf der sogenannten dichotomischen Klassifikation. Im Rahmen der dichotomischen Klassifikation wird die Gesamtmenge unter Verwendung eines bestimmten Klassifikationsmerkmals in zwei Teilmengen zerlegt. Für die Ausfallrisikoanalyse werden dabei kreditwürdige und nichtkreditwürdige Unternehmen differenziert.

Aufgrund der so vorgenommenen Trennung aufbauend werden statistische Analysen durchgeführt. Die Gruppen werden dahingehend überprüft, durch welche Eigenschaften, Merkmale und Kennzahlen sie sich voneinander unterscheiden. Gleichzeitig wird die Trennungsqualität dieser Faktoren untersucht. Aufgabe der Diskriminanzanalyse ist es, den- oder diejenigen Trennungsfaktoren zu finden, die die bestmögliche Trennung der kreditwürdigen und der nicht-kreditwürdigen Unternehmen ermöglicht.

Bei einer univariaten Diskriminanzanalyse werden die Kennzahlen einzeln auf ihre Trennfähigkeit untersucht. In der multivariaten Diskriminanzanalyse werden demgegenüber verschiedene Kennzahlen gewichtet und additiv miteinander verknüpft. Der sogenannte Diskriminanzwert Z, dessen Wert die Zuordnung zu der Gruppe der kreditwürdigen oder nicht-kreditwürdigen Unternehmen bewirkt, wird somit nach folgender Funktion ermittelt:

$$Z = a_1 \times x_1 + a_2 \times x_2 + \ldots\ldots + a_m \times x_m$$

mit: a = *Gewichtungsfaktor des Einzelmerkmals; m = Index für das jeweilige Einzelmerkmal; x = Einzelmerkmal; Z = Diskriminanzwert*

Grundsätzlich werden in diesem Zusammenhang die unterschiedlichsten Kennzahlen zur Vermögens-, Finanz- und Ertragslage überprüft (vgl. *Viertes Kapitel* und BLOCHWITZ/EIGERMANN 1999). Trotzdem wird mit keiner Kennzahl eine wirklich perfekte Trennung erreicht. Es besteht immer die Möglichkeit, dass der für ein Unternehmen errechnete Diskriminanzwert eine Zuordnung zur Gruppe der kreditwürdigen Unternehmen anzeigt, obwohl die Unternehmung eben nicht mehr kreditwürdig ist. Deshalb gilt es, im Rahmen der Diskriminanzanalyse diesen Trennfehler zu minimieren.

Zusammenfassend bleibt festzustellen, dass der im Rahmen der Diskriminanzanalyse berechnete Z-Wert als Indikator für die Höhe des Ausfallrisikos betrachtet werden kann. Je nachdem, ob hohe oder niedrige Z-Werte schlechte Risiken anzeigen, ist das Ausfallrisiko umso höher, je höher bzw. niedriger der für ein Unternehmen berechnete Z-Wert ist.

Als **Expertensysteme** werden rchnergestützte Informations- und Planungssysteme zur Entscheidungsunterstützung und Problemlösung bezeichnet (vgl. SCHIERENBECK/HÖLSCHER 1998; ZÜNDORF 1992; GABRIEL/FRICK 1991). Darin wird die Fachkompetenz von Experten gespeichert und ausgewertet. Dazu werden die Wissenselemente und Strukturen von Experten auf das Expertensystem übertragen und von diesem simuliert. Wenn nun die Daten eines zu analysierenden Unternehmens in das Expertensystem eingegeben wird, wertet das Expertensystem vor diesem Hintergrund das ihm zur Verfügung stehende Expertenwissen selbständig aus. Das Expertensystem versucht dabei, die vorgegebenen Wissensstrukturen zu modellieren. Ziel ist es vor diesem Hintergrund der dem Expertensystem zur Verfügung stehenden Informationen zu einer abschließenden Aussage über die Beurteilung des Ausfallrisikos einer Unternehmung zu gelangen.

Ein sehr innovatives Verfahren zur Quantifizierung des Ausfallrisikos stellt die Verwendung künstlicher Neuronaler Netze (KNN) dar. Diese beruhen auf den Erkenntnissen der Forschung auf dem Gebiet der künstlichen Intelligenz, die auf eine Simulation des intelligenzgesteuerten Handelns des Menschen, insbesondere der informationsverarbeitenden Prozesse, zielt. Etabliert hat sich hier insbesondere ein Verfahren, das von BAETGE entwickelt wurde (vgl. BAETGE 1998 und 1998a).

Grundgedanke des Ansatzes ist, dass auf der Basis von quantitativen Daten des Jahresabschlusses mittels mathematisch-statistischer Verfahren wesentlich zuverlässigere Bonitätsbeurteilungen möglich sind als auf der Basis von primär qualitativen Daten. Daher sind nur diese Objekt der Verarbeitungsprozesse des KNN. Als KNN werden technische Systeme bezeichnet, die bestimmte Funktionsmechanismen menschlicher Gehirne nachzuahmen versuchen (GRAUEL 1992). Sie bestehen i.d.R. aus mehreren Schichten von Neuronen (Zellen), die durch sogenannte Synapsen miteinander verbunden sind. Informationen werden in der Eingabeschicht aufgenommen, in einer Zwischenschicht mathematisch verarbeitet und in der Ausgabeschicht zu einem sogenannten N(etz)-Wert im Sinne eines Gesamturteils verdichtet. Die besondere Eigenschaft von KNN liegt darin, dass sie anhand von Beispielsdaten in der Lage sind, Wissen zu akquirieren und dieses auf ähnliche Sachverhalte anwenden können.

Zunächst werden dem KNN eine große Zahl von Jahresabschlussdaten solventer und insolventer Unternehmen präsentiert, anhand derer das KNN ermittelt und lernt, welche Kernzahlen in welcher Gewichtung die Unternehmen am besten klassifizieren. Damit entspricht die Vorgehensweise grundsätzlich der Diskriminanzanalyse. Das KNN ist nun in der Lage fremde Unternehmen anhand ihrer Jahresabschlusskennzahlen mit einer nicht-linearen Funktion zu trennen. Genau in dieser Nicht-linearität unterscheidet sich die KNN-Analyse (KNNA) von der Multivariaten Diskriminanzanalyse.

Einen derart entwickelten Klassifikator stellt das BP-14 (Backpropagation)-Netz von BAETGE dar (BAETGE/JERSCHENSKY 1996). Mit Hilfe der KNNA wurden 14 Jahresabschlußkennzahleu zur Vermögens-, Finanz- und Ertragslage und entsprechende Hypothesen über Klassifizierungsindikatoren definiert, anhand derer fremde Datensätze analysiert werden. Um bilanzpohtische Einflüsse zu kompensieren, nimmt das BP-14-Netz bestimmte Bilanzkorrekturen bei der Auswertung vor.

Die Entwicklung des Klassifikators BP-14 zielt auf eine möglichst geringe Zahl von Fehlklassifikationen. D.h., es soll möglichst vermieden werden, dass tatsächlich insolvente Unternehmen fälschlich als solvent (α-Fehler) bzw. tatsächlich solvente Unternehmen fälschlich als insolvent (β-Fehler) bezeichnet werden. Wird der Klassifikator zur Bonitätsbeurteilung herangezogen, so entstehen im ersten Fall Kosten durch den Ausfall des eingeräumten Kredits, im zweiten Fall hingegen Opportunitätskosten durch die ungerechtfertigte Ablehnung. Die Validierung des BP-14-Netzes auf der Basis eines 3-jährigen Betrachtungszeitraums ergab bei einem α-Fehler von 8,75 % einen β-Fehler von 33,55 %, was vergleichsweise niedrig ist (vgl. BAETGE 1998).

Der mit der KNNA ermittelte Bonitätsindex N kann nicht nur zu einer Unterscheidung in solvente und insolvenzgefährdete Kreditnehmer herangezogen werden, sondern auch zu einer weiteren Differenzierung in verschiedene Bonitätsklassen. Das von BAETGE entwickelte System zur Bonitätsbeurteilung teilt auf der Basis einer Skala von N-Werten von -10 bis +10 in sechs Güteklassen und vier Risikoklassen ein, wobei ein höherer N-Wert für eine größere Bestandskraft steht. Jede Bonitätsklasse geht einher mit einer klassenspezifischen

Aposteriori-Insolvenzwahrscheinlichkeit, worunter man die Wahrscheinlichkeit versteht, dass ein in eine bestimmte Bonitätsklasse eingestuftes Unternehmen unter der Annahme einer bestimmten A priori-Insolvenzwahrscheinlichkeit insolvent wird. Die A priori-Insolvenzwahrscheinlichkeit ist die durchschnittliche Insolvenzwahrscheinlichkeit für den Gesamtbestand der untersuchten Unternehmen. Zur Zeit beträgt diese in Deutschland etwa 1 % d. h. von 100 Unternehmen wird i.d.R. eines insolvent. Die A posteriori-Insolvenzwahrscheinlichkeit steigt von den Güte- zu den Risikoklassen hin an.

c) Ansätze zur Ausfallrisikosteuerung

Die Steuerung des Ausfallrisikos umfasst verschiedene ursachen- und wirkungsbezogene Maßnahmen. Als eine auf die Gesamtheit aller Ausfallrisiken ausgerichtete, ursachenbezogene Maßnahme ist die Risikoverteilung und Risikodiversifikation der ausfallrisikobehafteten Assets zu nennen. In diesem Zusammenhang wird die Struktur aller ausfallrisikoabhängigen Bilanzpositionen bewusst gesteuert. Dazu werden die entsprechenden Assets bzgl. der **Risikoverteilung** in **Risikoklassen**, wie sie bspw. anhand des Ratings bestimmt werden können, und in volumenabhängige **Größenklassen** eingeteilt. Durch diese Strukturierung soll verhindert werden, dass das Portefeuille der ausfallrisikobehafteten Assets Schwerpunkte in einzelnen Risiko- oder Größenklassen bildet. Die **Risikodiversifikation** umfasst die **Streuung** der Assets über **Branchen** oder **Regionen**. Eine branchenabhängige Streuung dürfte vielen Unternehmen schwerfallen, da sich deren Geschäftsgebiet i. d. R. auf eine oder wenige Branchen beschränkt. Schon eher erreichbar erscheint eine **regionale Streuung**, die gegebenenfalls eine Ausdehnung des bisherigen Geschäftsgebietes erfordert.

Auf einzelne Assets fokussierte, ursachenbezogene Maßnahmen dienen der Risikovermeidung. Diese bestehen vor allem in einer **selektiven Kreditpolitik** und einer **effizienten Kreditwürdigkeitsprüfung**. Beide Maßnahmen sind eng mit der Messung des Ausfallrisikos verknüpft. So beinhaltet eine effiziente Kreditwürdigkeitsprüfung die Auswahl und Anwendung geeigneter Verfahren zur Messung und Beurteilung des Ausfallrisikos. Wenn im Rahmen einer solchen Kreditwürdigkeitsprüfung das mit einzelnen Assets verbundene Kreditrisiko zu hoch erscheint, wäre eine selektive Kreditpolitik angebracht. Dann sollte im Einzelfall z. B. auf die Gewährung von längeren Zahlungszielen verzichtet und die Rechnung sofort zur Zahlung fällig gestellt werden.

Als wirkungsbezogene Maßnahmen lassen sich im Rahmen der **Risikoüberwälzung** Absicherungsstrategien und das Durchsetzen von Risikoprämien differenzieren. Absicherungsstrategien bestehen darin, die möglichen Verluste aus schlagend werdenden Risiken durch geeignete Sicherungsmaßnahmen zu verringern. Diesbezüglich kann auf eine Vielzahl von traditionellen und modernen Instrumenten zurückgegriffen werden. Hierzu zählen bspw.

- Anzahlungen,
- Factoring,
- Kreditversicherungen,
- Kreditderivate,
- etc.

Mit Hilfe moderner Finanzinstrumente können unerwünschte Kreditpositionen aus der Bilanz herausgenommen werden. Dies geschieht bspw. durch den Handel mit **forderungsgestützten Wertpapieren (Asset Backed Securities)**. Kreditaktiva werden bezüglich Laufzeit und Bonität möglichst homogene Gruppen eingeteilt und durch Einbringung in einen Forderungspool in Wertpapiere überführt, die anschließend an einem Sekundärmarkt gehandelt werden können. Dies wird erreicht, indem die Unternehmung ihren Forderungspool mit bilanzbefreiender Wirkung an eine ausschliesslich zu diesem Zweck gegründete Zweckgesellschaft („Special Purpose Vehicle") verkauft, die fortan als Gläubiger der im Pool enthaltenen Forderungen auftritt und der die Zins- und Tilgungszahlungen zufließen.

Diese Zweckgesellschaft refinanziert sich über die Emission von Wertpapieren, die mit den übertragenen Forderungen besichert sind und bedient aus den Zins- und Tilgungsleistungen die Wertpapiere.

Die Unternehmung kann sich so des Kreditrisikos der verbrieften Aktiva entledigen und gleichzeitig sofort den Barwert der Kundenzahlungen vereinnahmen. Allerdings wird zum einen der Investor ein Entgelt für die Risikoübernahme für sich beanspruchen und zum anderen die Zweckgesellschaft eine Provision fordern (vgl. Abb. 8.40).

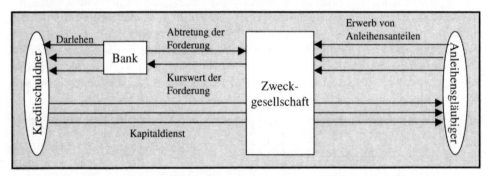

Abb. 8.40: Struktur eines Asset Backed Security-Geschäfts

Eine andere Möglichkeit zur aktiven Gestaltung der Struktur des Portefeuilles ausfallbehafteter Assets besteht im Handel mit **Kreditderivaten**. Bei der Entwicklung dieser Art von Instrumenten wurden auf Basis der Optionspreistheorie Modelle entwickelt, um das kundenspezifische Kreditrisiko zu bewerten und den Gleichgewichtspreis der Risikoprämie zu ermitteln (REINELT/KELLER 1995, GERDSMEIER/KROB 1994, KAHN 1992). Dadurch besteht die Möglichkeit, die Ausfallrisiken zu trennen und am Markt zu verkaufen. Durch die Handelbarkeit der Ausfallrisiken kann sich die Bank einerseits von Risiken befreien, andererseits aber auch bilanzunwirksam Kreditrisiken eingehen.

Prinzipiell unterscheidet man bei den Kreditderivaten Instrumente, die auf der Basis von Swapstrukturen und solche, die auf Basis von Optionskontrakten dargestellt werden. Ein einfaches Beispiel ist der **Credit Default Swap** (vgl. Abb. 8.41). Er ermöglicht eine Absicherung des Kreditrisikos bei Zahlung einer Prämie an den Swap-Kontrahenten. Bei Eintritt eines vorher definierten Schadenereignisses wird eine Ausgleichszahlung an den Investor durch den Swap-Kontrahenten als Entschädigung fällig. Diese kann entweder zuvor festgelegt, oder in Abhängigkeit vom Marktpreis des Basisinstruments (Kredit oder Anleihe) bei Insolvenz ermittelt werden. Das Schadenereignis kann sowohl der Ausfall des Basisinstrumentes als auch die Herabstufung des Ratings der die Anleihe begebenden Unternehmung sein (SAVELBERG 1996).

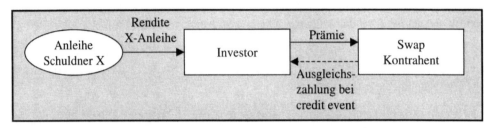

Abb. 8.41: Credit Default Swap

Die folgende Abbildung (Abb. 8.42) beschreibt den Verkauf einer **Credit Option**. Durch den Verkauf kann ein Investor das Kreditrisiko eines Unternehmens übernehmen, ohne notwendigerweise eine Kreditbeziehung zu ihm zu unterhalten. Der Verkäufer erhält eine Optionsprämie und muss dafür im Fall einer Insolvenz eine Ausgleichszahlung an den Käufer entrichten. Grundsätzlich existiert zur Zeit in Deutschland und der Schweiz noch kein liquider Markt für Kreditderivate. Es ist jedoch zu vermuten, dass sich ein derartiger Markt zukünftig entwickeln wird.

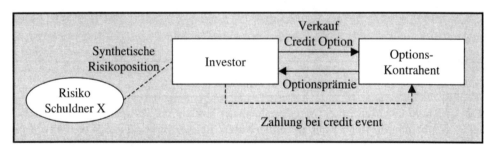

Abb. 8.42: Verkauf einer Credit Option

Eine weitere Variante der Risikoüberwälzung besteht im **Durchsetzen von Risikoprämien** bei den Debitoren. Grundsätzlich wird dazu der Betrag des Forderungsausfallvolumens in Relation zu Debitorenvolumen gesetzt. Die daraus resultierende Ausfallrate kann fortan als Risikoprämie verwendet werden. Diese Risikoprämie wäre den Debitoren in Rechnung zu stellen bzw. in die Preise einzukalkulieren. Werden diese Risikoprämien in der Zukunft tatsächlich vereinnahmt, so kann der zukünftige Forderungsausfall über die vereinnahmten Risikoprämien kompensiert werden. Eine solche, als Risikokostenrechnung bezeichnete Vorgehensweise ist im Kreditgeschäft der Finanzdienstleister seit langem üblich. Hier wurden geeignete Verfahren entwickelt, um den dabei auftretenden Problemen, wie bspw. schwankende Ausfallquoten oder die Notwendigkeit der Berechnung von bonitätsabhängig unterschiedlichen Risikoprämien, gerecht zu werden.

III. Bilanzplanung als integrierendes Element des finanzwirtschaftlichen Risiko-Controllings

Die bereits im *Vierten Kapitel* durchgeführten Berechnungen des strukturellen Gewinn- bzw. Cashflow-Bedarfs bilden die Basis der strategischen Finanzplanung. Letztere muss auf den Ergebnissen der Bedarfsrechnungen aufbauend mithilfe von Planbilanzen und Planerfolgsrechnungen weiter konkretisiert werden. Planbilanzen und Planerfolgsrechnungen dienen demgemäß vor allem der rechnerischen Umsetzung der strategischen Gleichgewichtsrechnung. Sie können aber gerade im Fall komparativ-statischer Analysen auch als Alternative zur Verwendung analytischer Gleichgewichtsmodelle betrachtet werden. So avanciert die Sicherung des strukturellen finanziellen Gleichgewichtes zur zentralen Aufgabe der strategische Bilanzplanung.

Gleichzeitig ist die strategische Bilanzplanung eingebettet in das Controlling finanzwirtschaftlicher Risiken. Denn im Rahmen der Bilanzplanung werden verschiedene Kennzahlenwerte definiert, die auch als Risikonormen zu verstehen sind. Die Einhaltung dieser Risikonormen dient dabei der Umsetzung der risikopolitischen Strategien einer Unternehmung. Insofern stellt die Bilanzplanung ein zentrales Instrument des Risiko-Controllings dar.

Grundsätzlich können 6 Stufen der strategischen Bilanzplanung unterschieden werden:

- In der ersten Stufe muss zunächst der **Planungshorizont** festgelegt werden. Anschließend müssen vor dem Hintergrund risikopolitischer Überlegungen **Prognoserechnungen** aufgestellt werden, zum Beispiel Umsatzprognosen, Investitions- und Abschreibungsplanungen, Kapitalbedarfsrechnungen, Rentabilitätsprognosen, Steuerbelastung und Zinsprognosen.
- In der zweiten Stufe werden die entsprechenden **Gleichgewichtsbedingungen** für die Investitions-, Finanzierungs- und Ausschüttungspolitik formuliert.
- Die dritte Stufe umfasst die **Erstellung vorläufiger Planbilanzen und Planerfolgsrechnungen**. Hierauf aufbauend sind außerdem **Finanzbedarfsrechnungen** erforderlich.
- In der vierten Stufe wird mithilfe der vorläufigen Planbilanzen und Planerfolgsrechnungen kontrolliert, ob die bereits aufgestellten **Gleichgewichtsbedingungen eingehalten** werden können.
- Sofern die in der vierten Stufe aufgebaute Kontrolle nicht mehr tolerierbare Ungleichgewichte offenbart, müssen die **Entscheidungsparameter** nach Maßgabe geschäftspolitischer Grundsatzentscheidungen entsprechend **modifiziert** werden.
- In der sechsten und letzten Stufe erfolgt dann die abschließende Aufstellung endgültiger Planbilanzen, Planerfolgsrechnungen und Finanzbedarfsrechnungen.

1. Prognoserechnungen

Planungs-jahr	Umsatz-wachs-tumsrate	Umsatz (Mio. GE)	Brutto-(Anlage-)Investitionen (Mio. GE)	Abschreibungen auf Anlagever-mögen (Mio. GE)	Kapital-um-schlag	Kapitaleinsatz = $\frac{\text{Umsatz}}{\text{Kapitalumschlag}}$	Umsatz-rendite Brutto
2000 (Vorjahr)	n. a.	926	n. a.	n. a.	1,610	575	n. a.
2001	8 %	1.000	87,00	72,00	1,667	600	5,1 %
2002	5 %	1.050	93,60	75,60	1,667	630	4,7 %
2003	7 %	1.124	108,00	81,00	1,665	675	4,5 %
2004	6 %	1.191	102,60	84,60	1,689	705	4,5 %
2005	5 %	1.251	117,00	90,00	1,668	750	4,6 %
Σ bzw. ø	6,2 %	6.542	508,20	403,20	1,663	3.935	4,7 %

Abb. 8.43: Prognosewerte der strategischen Bilanzplanung

Die praktische Vorgehensweise bei der strategischen Finanzplanung kann mithilfe eines umfassenden Beispiels erörtert werden. Diesem Beispiel (vgl. Abb. 8.43) wird als Ausgangsjahr das Jahr 2000 zugrundegelegt. In diesem Jahr betrug der Umsatz der betrachteten Unternehmung 926 Mio. GE bei einem Kapitalumschlag von 1,610. Mithilfe des Kapitalumschlages und des Umsatzes lässt sich der Kapitaleinsatz berechnen, indem der Jahresumsatz durch die Kapitalumschlagsziffer dividiert wird. Im Ausgangsjahr betrug der Kapitaleinsatz demgemäß 575 Mio. GE (926 Mio. GE / 1,610).

Der **Planungshorizont** reicht bis zum Jahr 2005. Aufgrund der Analysen der Marketingabteilung rechnet die Unternehmung für die Folgejahre mit Umsatzwachstumsraten von durchschnittlich 6,2 %. Hieraus resultiert der Planumsatz, indem der Umsatz des Vorjahres jeweils mit dem Faktor (1 + Umsatzwachstumsrate) multipliziert wird. Die Überprüfung des Anlagevermögens führte zu der Erkenntnis, dass um die in den Folgejahren erforderliche Kapazität zu erreichen Bruttoinvestitionen in der genannten Höhe erforderlich sind.

Diese Daten wurden aus Vereinfachungsgründen vorab berechnet. Dahinter steht die Annahme, dass die Anlagenintensität stets 60 % betragen soll. Gleichzeitig werden jährlich 20% Abschreibungen auf den Jahresendbestand unterstellt. Hierbei handelt es sich um eine vereinfachende Annahme. Tatsächlich werden die Abschreibungen üblicherweise auf den Jahresanfangsbestand bezogen. Insgesamt ergeben sich die Abschreibungen somit aus der Multiplikation des Kapitaleinsatzes mit der Anlagenintensität und der Abschreibungsquote (z. B. 2001: 600 Mio. GE · 60 % · 20 % = 72 Mio. GE). Die Brutto-Anlageinvestitionen folgen aus der Gleichung:

Brutto-Anlageinvestitionen =
(Kapitaleinsatz Planjahr – Kapitaleinsatz Vorjahr) · Anlagenintensität
+ Abschreibungen Planjahr.

So ergibt sich für 2001:

(600 Mio. GE – 575 Mio. GE) · 60 % + 72 Mio. GE = 87 Mio. GE.

In dieser dynamischen Planungsvariante bleibt der genannte Kapitalumschlag nicht konstant. Die geplanten Veränderungen des Umsatzes sowie des Kapitalumschlages führen in ihrer Gesamtwirkung zu einer Veränderung des Kapitaleinsatzes. Schließlich muss die planende Unternehmung überlegen, mit welcher Bruttoumsatzrendite sie in den Folgeperioden rechnet. Die entsprechenden Werte sind in der letzten Spalte wiederzufinden. Für die weiteren Stufen wird ferner ein durchschnittlicher Fremdkapitalzins von 6 % sowie ein Steuersatz von 40 % unterstellt.

2. Formulierung von Gleichgewichtsbedingungen

Die zweite Stufe beinhaltet die **Formulierung von Gleichgewichtsbedingungen** für die Investitions-, Finanzierungs- und Ausschüttungspolitik. Für diese Gleichgewichtsbedingungen können zum einen unbedingt einzuhaltenden Zielwerte, zum anderen aber auch Zielkorridore oder -limite fixiert werden. Insofern sind die Gleichgewichtsbedingungen mit fixierter Ober- oder Untergrenze von den Gleichgewichtsbedingungen ohne Anpassungsspielraum abzugrenzen. Für das zugrunde liegende Beispiel sollen die in Abb. 8.44 genannten Gleichgewichtsbedingungen beachtet werden.

Gleichgewichtsbedingungen mit fixierter Ober- oder Untergrenze		
(1) Anlagendeckungsgrad II	$\geq$	1,2
(2) Liquidität 3. Grades	$\geq$	1.6
(3) statischer Verschuldungsgrad	$\leq$	2,7
(4) Gewinneinbehaltungsquote	$\geq$	0,45
Gleichgewichtsbedingungen ohne Anpassungsspielraum		
(5) kurzfristiges Fremdkapital zu Umsatz	=	15 %
(6) langfristiges Fremdkapital zu Anlagevermögen	=	80 %
(7) Kapitalerhöhung im Planungszeitraum	=	0
(8) Dividendensatz (in % des gezeichneten Kapitals von 40Mio.)	=	20 %

Abb. 8.44: Gleichgewichtsbedingungen in der Bilanzplanung

3. Erstellung vorläufiger Planbilanzen und Planerfolgsrechnungen

Auf den Erkenntnissen der ersten und zweiten Stufe aufbauend, kann nunmehr im Rahmen der dritten Stufe eine **vorläufig geplante Bilanz** aufgestellt werden. Für die Planung der Aktivseite (vgl. Abb. 8.45) ist zu beachten, dass im Ausgangsjahr 2000 bei einem Gesamtkapitaleinsatz von 575 Mio. GE das Umlaufvermögen 230 Mio. GE und das Nettoanlagevermögen 345 Mio. GE betrug. Für die folgenden Planungsjahre wurden bereits die Veränderungen der Bruttoinvestitionen sowie der Abschreibungen als maßgebliche Determinanten des Anlagevermögens definiert. Hieraus lässt sich der Bilanzausweis der Position Anlagevermögen für die Folgeperioden ableiten. Ausgehend von einem Anlagevermögen im Vorjahr in Höhe von 354 Mio. GE wird dieser Betrag zunächst um die Bruttoanlageinvestitionen in Höhe von 87 Mio. GE auf einen Bruttowert auf 432 Mio. GE (= 345 Mio. GE + 87 Mio. GE) erhöht. Hiervon sind die Abschreibungen in Höhe von 72 Mio. GE abzuziehen. Demgemäß beträgt der Bilanzausweis des Nettoanlagevermögens im Jahr 2001 360 Mio. GE (= 432 Mio. GE - 72 Mio. GE). Der geplante Bilanzausweis des Umlaufvermögens stellt eine Residualgröße dar. Angesichts des für das Planungsjahr 2001 vorgesehenen Gesamtkapitaleinsatzes in Höhe von 600 Mio. GE muss der Bilanzausweis des Umlaufvermögens bei einem Anlagevermögen von 360 Mio. GE dann 240 Mio. GE (= 600 Mio. GE - 360 Mio. GE) betragen. Für die nachfolgenden Planjahre 2002 bis 2005 muss diese Rechnung entsprechend fortgesetzt werden.

	Vorjahr 2000	Planungsjahr				
		2001	2002	2003	2004	2005
Brutto-(Anlage-) Investitionen	n. a.	87	93,60	108	102,60	117
Anlagevermögen (Brutto)	n. a.	432	453,60	486	507,60	540
Abschreibungen	n. a.	72	75,60	81	84,60	90
Anlagevermögen (Netto)	345	360	378	405	423	450
Umlaufvermögen	230	240	252	270	282	300
Gesamtvermögen	575	600	630	675	705	750

Abb. 8.45: Vorläufige Planbilanz (Aktivseite)

	Rechenspalte	Vorjahr	2001	2002	2003	2004	2005
Eigenkapital davon :		160,10					
- Aktienkapital	keine Kapitalerhöhung	40,00	40,00	40,00	40,00	40,00	40,00
- Gewinnreserven		120,10					
Fremdkapital davon:		414,90	438,00	459,90	492,60	517,05	547,65
- langfristig		276,00	288,00	302,40	324,00	338,40	360,00
- kurzfristig		138,90	150,00	157,50	168,60	178,65	187,65
Zwischensumme Finanzierungs -lücke -überschuss							
Bilanzsumme		575	600	630	675	705	750

Abb. 8.46: *Vorläufige Planbilanz (Passivseite ohne Eigenkapitalentwicklung)*

Die Planung der Passivseite erfolgt zweistufig. In der Ausgangssituation (vgl. Abb. 8.46) verfügt die betrachtete Unternehmung über eine Eigenkapitalausstattung in Höhe von 160,10 Mio. GE. Diese Eigenkapitalposition setzt sich zusammen aus 40 Mio. GE Aktienkapital und 120,10 Mio. GE Gewinnreserven. Bei einer Gesamtkapitalausstattung von 575 Mio. GE betrug der Fremdkapitaleinsatz 414,90 Mio. GE.

Zur Abgrenzung des lang- und kurzfristigen Fremdkapitals können schon für die Ausgangssituation die zuvor genannten Gleichgewichtsbedingungen ohne Anpassungsspielraum herangezogen werden. Gemäß der sechsten Gleichgewichtsbedingung soll das Verhältnis des langfristigen Fremdkapitals zum Anlagevermögen genau 80 % betragen. Angesichts eines Nettoanlagevermögens im Ausgangsjahr in Höhe von 345 Mio. GE betrug der Wert des langfristigen Fremdkapitals in eben diesem Jahr 276 Mio. GE (= 345 Mio. GE · 80 %).

Das kurzfristige Fremdkapital kann an dieser Stelle zum einen als Residualgröße quantifiziert werden. Dann muss vom Gesamtkapitaleinsatz in Höhe von 575 Mio. GE der Wert des Eigenkapitals in Höhe von 160,10 Mio. GE sowie der Wert des langfristigen Fremdkapitals in Höhe von 276 Mio. GE abgezogen werden. Daraus resultiert der Betrag des kurzfristigen Fremdkapitals mit 138,90 Mio. GE. Zum anderen kann die Höhe des kurzfristigen Fremdkapitals mithilfe der 5. Gleichgewichtsbedingung berechnet werden. Danach beträgt das Verhältnis des kurzfristigen Fremdkapitals zum Umsatz 15 %. Demgemäß muss die Ausstattung mit kurzfristigem Fremdkapital im Ausgangsjahr 138,90 Mio. GE (= 926 Mio. GE · 15 %) betragen.

Für die Planperioden 2001 bis 2005 muss nun versucht werden, die Zahlenwerte entsprechend fortzuschreiben. Bezüglich der Eigenkapitalausstattung kann zunächst nur konstatiert werden, dass angesichts der fehlenden Möglichkeiten zu einer externen Kapitalerhöhung das Aktienkapital über die Planperioden hinweg konstant 40 Mio. GE betragen wird. Die Höhe der Gewinnreserven sowie der gesamten Eigenkapitalausstattung ist von den Ergebnissen der Planerfolgsrechnung abhängig. Demgemäß können diese Felder zur Zeit noch nicht mit Zahlen belegt werden. Die Fremdkapitalausstattung lässt sich auch für die Planperioden 2001 bis 2005 über das bereits erörterte Konstrukt der 5. und 6. Gleichgewichtsbedingung quantifizieren. Im Gegensatz zur Ausgangssituation ist jedoch zu beachten, dass keines der beiden Teilelemente des Fremdkapitals über das Residualprinzip quantifiziert werden kann.

Zur Vervollständigung der Passivseite der Planbilanz ist jetzt in einem weiteren Schritt die **vorläufige Planerfolgsrechnung** aufzustellen (vgl. Abb. 8.47). Deren Ergebnisse determinieren die unternehmenseigenen Fähigkeiten zur Gewinnthesaurierung.

Planungsjahr	Rechenspalte	2001	2002	2003	2004	2005
Umsatz		1.000,00	1.050,00	1.124,00	1.191,00	1.251,00
− Aufwand	$(1-UR_B)\cdot$Umsatz	949,00	1.000,65	1.073,42	1.137,41	1.193,45
davon: • AfA	20% vom AV	72,00	75,60	81,00	84,60	90,00
• Bar		877,00	925,05	992,42	1.052,81	1.103,45
= Bruttogewinn	$UR_B\cdot$Umsatz	51,00	49,35	50,58	53,60	57,55
− Fremdkapitalzinsen	6 % auf FK	26,28	27,59	29,56	31,02	32,86
= Nettogewinn vor Steuern		24,72	21,76	21,02	22.58	24,69
− Steuern	40 %	9,89	8,70	8,41	9,03	9,88
= Nettogewinn nach Steuern		14,83	13,06	12,61	13,55	14,81
− Dividende	20 % v. gez. Kap.	8,00	8,00	8,00	8,00	8,00
= Gewinneinbehaltung		6,83	5,06	4,61	5,55	6,81

Abb. 8.47: Vorläufige Planerfolgsrechnung

Für das Planjahr 2001 wurden in der ersten Stufe der strategischen Finanzplanung der Umsatz mit 1000 Mio. GE sowie die Bruttoumsatzrendite mit 5,1 % geplant. Demgemäß rechnet die Unternehmung mit einem umsatzbezogenen Aufwand (ohne Zinsen) in Höhe von 94,9 % (= 1 − 5,1 %). Die Aufwendungen betragen also absolut 949 Mio. GE (= 1000 Mio. GE · (1 − 5,1 %)). In diesem umsatzbezogenen Aufwand sind die nicht-liquiditätswirksamen Abschreibungen enthalten, die gemäß der ersten Stufe 72 Mio. GE betragen sollen. Demnach beträgt der liquiditätswirksame Aufwand (vor Zinsen) 877 Mio. GE (= 949 Mio. GE − 72 Mio. GE).

Der Bruttogewinn ergibt sich entweder als Saldo aus Umsatz abzüglich Aufwand oder aus der Multiplikation des Umsatzes mit der geplanten Umsatzrendite. Der Bruttogewinn beträgt im Beispiel im Planjahr 2001 genau 51 Mio. GE. Hiervon sind anschließend die Fremdkapitalzinsen abzuziehen. Gemäß der im Rahmen der ersten Stufe der Bilanzplanung aufgestellten Prämisse beträgt der durchschnittliche Fremdkapitalkostensatz 6 %. Angesichts der geplanten

Fremdkapitalausstattung von 438 Mio. GE (vgl. Abb. 8.46) betragen die Fremdkapitalzinsen 26,28 Mio. GE (= 438 Mio. · 6 %).

Der Saldo aus Bruttogewinn abzüglich Fremdkapitalzinsen stellt den Nettogewinn vor Steuern dar. Dieser beträgt im Beispiel 24,72 Mio. GE. Bei einem Steuersatz von 40% sind hierauf 9,89 Mio. GE (= 24,72 · 40 %) Steuern zu zahlen. Der Nettogewinn nach Steuern beträgt dann 14,83 Mio. GE (= 24,72 Mio. GE – 9,89 Mio. GE).

Dieser Nettogewinn nach Steuern entspricht aber immer noch nicht dem Betrag der Gewinnthesaurierung. Denn annahmegemäß plant die betrachtete Unternehmung eine Dividendenzahlung in Höhe von 20 % auf das gezeichnete Aktienkapital. Da sich letzteres im Verlauf der Planungsperioden nicht verändert, beträgt die Dividendenzahlung in jedem Planjahr 8 Mio. GE (= 40 Mio. GE · 20 %). Zur Gewinneinbehaltung bleiben deshalb im Planjahr 2001 nur noch 6,83 Mio. GE (= 14,83 Mio. GE – 8 Mio. GE) übrig. Diese für das Jahr 2001 sehr ausführlich dargestellte Vorgehensweise wiederholt sich für die Planperioden 2002 bis 2005.

	Rechenspalte	Vorjahr	2001	2002	2003	2004	2005
Eigenkapital davon :		160,10	166,93	171,99	176,60	182,15	188,96
– Aktienkapital	keine Kapitalerhöhung	40,00	40,00	40,00	40,00	40,00	40,00
– Gewinnreserven	siehe Planerfolgsrechnung	120,10	126,93 (+6,83)	131,99 (+5,06)	136,60 (+4,61)	142,15 (+5,55)	148,96 (+6,81)
Fremdkapital davon:		414,90	438,00	459,90	492,60	517,05	547,65
– langfristig		276,00	288,00	302,40	324,00	338,40	360,00
– kurzfristig		138,90	150,00	157,50	168,60	178,65	187,65
Zwischensumme		575,00	604,93	631,89	669,20	699,20	736,61
Finanzierungs – lücke – überschuss		0 –	– 4,93	– 1,89	5,80 –	5,80 –	13,39 –
Bilanzsumme		575	600	630	675	705	750

Abb. 8.48: *Vorläufige Planbilanz (Passivseite mit Eigenkapitalentwicklung)*

Das Ergebnis der Planerfolgsrechnung ist schließlich auf die **Passivseite** der Planbilanz zu übertragen. Die Übertragung beschränkt sich allerdings auf die entsprechende Modifikation der Position Gewinnreserven (vgl. Abb. 8.48).

Für das Planjahr 2001 müssen die Gewinnreserven des Vorjahres um den Gewinneinbehaltungsbetrag in Höhe von 6,83 Mio. GE auf 126,93 Mio. GE (= 120,10 Mio. GE. + 6,83 Mio. GE) erhöht werden. Die Eigenkapitalausstattung beträgt dann im Jahr 2001 insgesamt 166,93 Mio. GE. (= 40 Mio. GE. + 126,93 Mio. GE). Die Höhe der Fremdkapitalposition bleibt unberührt.

Die Summe aus Eigen- und Fremdkapital umfasst den gesamten für das Planjahr 2001 vorgesehenen Kapitaleinsatz. Im Beispiel ergibt sich ein Wert von 604,93 Mio. GE. In der ersten Stufe der Bilanzplanung wurde jedoch aufbauend auf den Daten Umsatz und Kapitalumschlag lediglich ein Kapitaleinsatz von 600 Mio. GE anvisiert. Aufgrund der Höhe des Gewinnes bzw. der daraus resultierenden Gewinnthesaurierungsmöglichkeiten würde die Kapitalausstattung im Planungsjahr 2001 die Vorgaben übertreffen. Es entsteht ein Finanzierungsüberschuss an frei verfügbaren liquiden Mitteln in Höhe von 4,93 Mio. GE (= 604,93 Mio. GE - 600 Mio. GE). Für die übrigen Planjahre können diese Berechnungen wiederholt werden. Es zeigt sich, dass auch im Planjahr 2001 ein Finanzierungsüberschuss in Höhe von 1,89 Mio. GE entsteht. Demgegenüber würden sich für die Jahre 2003 bis 2005 Finanzierungslücken in Höhe von 5,80 Mio. GE, 5,80 Mio. GE sowie 13,39 Mio. GE ergeben.

	2001	2002	2003	2004	2005
A. Mittelverwendung					
1. Investitionen					
2. a) Sachanlagevermögen (Brutto)	87,00	93,60	108,00	102,60	117,00
b) Änderung des Umlaufvermögens	+10,00	+12,00	+18,00	+12,00	+18,00
Summe (Finanzbedarf I)	97,00	105,60	126,00	114,60	135,00
3. Kapitaldienst					
a) Zinsen	26,28	27,59	29,56	31,02	32,86
b) Tilgung (hier saldiert mit B.1a))	--	--	--	--	--
4. Dividenden und Steuern					
a) Dividenden	8,00	8,00	8,00	8,00	8,00
b) Steuern	9,89	8,70	8,41	9,03	9,88
Summe (Finanzbedarf II)	141,17	149,89	171,97	162,65	185,74
B. Mittelherkunft					
1. Aussenfinanzierung					
a) Fremdkapitalaufnahme	23,10	21,90	32,70	24,45	30,60
b) Kapitalerhöhung	--	--	--	--	--
Saldo (Finanzbedarf III)	118,07	127,99	139,27	138,20	155,14
2. Innenfinanzierung aus Cash Flow					
a) Brutto-Gewinn (vor Steuern und Zinsen)	51,00	49,35	50,58	53,60	57,55
b) Abschreibungen	72,00	75,60	81,00	84,60	90,00
Summe Cash Flow	123,00	124,95	131,58	138,20	147,55
C. Finanzierungsüberschuss (+), -lücke (-)					
a) periodisch	+4,93	-3,04	-7,69	0	-7,59
b) kumuliert	+4,93	+1,89	-5,80	-5,80	-13,39

Abb. 8.49: Gegenüberstellung von Finanzbedarfs- und Cashflow-Rechnungen

Die **Ursachen für diese Finanzierungsdifferenzen** können durch die Gegenüberstellungen von **Finanzbedarfsrechungen und Cashflow-Rechnungen** aufgezeigt werden (vgl. Abb. 8.49). Dazu muss zunächst der Finanzbedarf III quantifiziert werden. Diese Sollgröße ist mit dem voraussichtlich zu erzielenden Cashflow abzustimmen. Differenzen zwischen dem Finanzbedarf III und dem voraussichtlich zu erwirtschaftenden Cashflow führen zu den Finanzierungsdifferenzen analog zu den mithilfe der Planbilanz ermittelten Werten.

Die Bestimmung des Finanzbedarfs erfolgt mithilfe des bereits im Rahmen der Gleichgewichtsrechnungen skizzierten Schemas (vgl. *Viertes Kapitel*). Danach ergibt sich aus der Summe der Brutto-Anlageinvestitionen sowie der Nettoveränderung des Umlaufvermögens zunächst der Finanzbedarf I. Die Brutto-Anlageinvestitionen betragen im ersten Planjahr 2001, wie in der ersten Stufe der strategische Finanzplanung aufgezeigt, 87 Mio. GE.

Aus der aufgestellten Planbilanz lässt sich die Änderung des Umlaufvermögens bestimmen. Gegenüber dem Ausgangjahr 2000 wird das Umlaufvermögen im Jahr 2001 um netto 10 Mio. GE (= 240 Mio. GE − 230 Mio. GE) erhöht. Die Summe dieser beiden Werte ergibt den Finanzbedarf I in Höhe von 97 Mio. GE (= 87 Mio. GE + 10 Mio. GE).

Der Finanzbedarf I muss um den Kapitaldienst sowie die Dividenden und Steuern hin zum Finanzbedarf II ergänzt werden. Der Kapitaldienst setzt sich dabei zusammen aus den Zinssowie Tilgungsleistungen. Bereits im Zusammenhang mit der Finanzbedarfsrechnung wurde erklärt, dass die Tilgungsleistungen auch über die Nettoveränderung der Fremdkapitalausstattung in die Rechnung integriert werden können. Dann erfolgt jedoch die Erfassung der Tilgungsleistung erst beim Übergang vom Finanzbedarf II zum Finanzbedarf III. Diese Vorgehensweise wird aus Vereinfachungsgründen auch hier gewählt. Zinslast, Dividendenzahlungen und Steuerzahlungen können unmittelbar aus der Planerfolgsrechnung übernommen werden. Es ergibt sich ein Finanzbedarf II in Höhe von 141,17 Mio. GE.

Die bisher angesprochenen Elemente beziehen sich auf die Mittelverwendung. Der Finanzbedarf II stellt deshalb denjenigen Betrag dar, der im Rahmen der Mittelherkunft durch entsprechende Außen- bzw. Innenfinanzierung gedeckt werden muss. In der Finanzbedarfsrechnung wird zunächst nur die Außenfinanzierung betrachtet. Im Beispiel wurde angenommen, dass eine externe Kapitalerhöhung während der Planungsperioden nicht möglich sei. Demgemäß beschränken sich die Außenfinanzierungsmöglichkeiten der zugrunde liegenden Unternehmung auf die Aufnahme vom Fremdkapital.

Angesichts der aus Vereinfachungsgründen vorgenommenen Rechnung mit der Tilgung ist im Rahmen der Fremdkapitalaufnahme die Nettoveränderung der Fremdkapitalposition zur Quantifizierung der Außenfinanzierung zu erfassen. So beträgt beispielsweise im Planungsjahr 2001 die Nettoveränderung des Fremdkapitals insgesamt 23,10 Mio. GE (= 438 Mio. GE − 414,90 Mio. GE). Die Außenfinanzierungsmöglichkeiten reduzieren den Finanzbedarf II. Es ergibt sich deshalb ein Finanzbedarf III in Höhe von 118,07 Mio. GE (= 141,17 Mio. GE − 23,10 Mio. GE).

Dieser Finanzbedarf III muss nun über die Innenfinanzierungsmöglichkeiten der Unternehmung gedeckt werden. Ansonsten entstehen ungewünschte Finanzierungslücken. Deshalb muss im nächsten Schritt analysiert werden, inwieweit die Unternehmung im Rahmen der geplanten Ertragssituation Cashflow zu generieren in der Lage ist.

Auf den Daten der Planerfolgsrechnung aufbauend lässt sich der Cashflow sehr einfach bestimmen, indem der Bruttogewinn vor Steuern und Zinsen und die Abschreibungen summiert werden. Im Planjahr 2001 ist die betrachtete Unternehmung also in der Lage, einen Cashflow in Höhe von 123 Mio. GE (= 51 Mio. GE + 72 Mio. GE) zu erwirtschaften. Der geplante Cashflow ist demnach höher als der zu deckende Finanzbedarf III. Sofern die Planungsprämissen zutreffen, wird die Unternehmung im Planungsjahr 2001 somit mehr Finanzierungsmittel erwirtschaften als sie tatsächlich benötigt. Es entsteht deshalb in der Periode 2001 ein Finanzierungsüberschuss in Höhe von 4,93 Mio. GE (= 123 Mio. GE – 118,07 Mio. GE).

In den nachfolgenden Jahren sind die Rechnungen auf gleiche Art und Weise durchzuführen. Im Planungsjahr 2002 entsteht dann eine Finanzierungslücke in Höhe von 3,04 Mio. GE. Diese Finanzierungslücke kann im Jahr 2002 noch vollständig durch den im Jahr 2001 erwirtschafteten Finanzierungsüberschuss gedeckt werden. Es verbleibt sogar trotz der Finanzierungslücke in einer kumulierten Betrachtung ein Finanzierungsüberschuss in Höhe von 1,89 Mio. GE. Dieser Betrag entspricht genau dem bei der Aufstellung der Planbilanz ermittelten Wert.

Aber schon im Jahr 2003 ist die periodische Finanzierungslücke mit 7,69 Mio. GE so groß, dass der am Ende der Planperiode 2002 noch vorhandene Finanzierungsüberschuss nicht nur vollständig aufgezehrt, sondern sogar in ein Defizit umgewandelt wird. Es ergibt sich eine kumulierte Finanzierungslücke von 5,80 Mio. GE. Während im Jahr 2004 Finanzbedarf III und Cashflow sich entsprechen, so dass die Finanzierungslücke unverändert bleibt, wird im Jahr 2005 abermals eine periodische Finanzierungslücke geöffnet, die in der kumulativen Betrachtung zu einer gesamthaften Finanzierungslücke von 13,39 Mio. GE führt.

4. Kontrolle der Gleichgewichtsbedingungen

Kennzahlen / Planungsjahre	Normwerte	2001	2002	2003	2004	2005
(1) Anlagedeckungsgrad II	≥ 1,2	1,26	1,25	1,24	1,23	1,22
(2) Liquidität 3. Grades	≥ 1,6	1,60	1,60	1,60	1,58	1,60
(3) statischer Verschuldungsgrad	≤ 2,7	2,63	2,68	2,80	2,84	2,90
(4) Gewinneinbehaltungsquote	≥ 0,45	0,46	0,38	0,35	0,41	0,47
		deuten Verletzung der Normwerte an				

Abb. 8.50: Kontrolle der Gleichgewichtsbedingungen

Ungeachtet der bereits in der dritten Stufe erkennbaren Problematik erfolgt in der vierten Stufe der strategischen Bilanzplanung die **Kontrolle der Gleichgewichtsbedingungen**. Diese Kontrolle kann sich auf die Gleichgewichtsbedingungen mit fixierter Unter- bzw. Obergrenze beschränken. Denn Gleichgewichtsbedingungen ohne Anpassungsspielraum wurden bereits bei der Erstellung der Planbilanz berücksichtigt.

Der Vergleich der in den einzelnen Planungsperioden voraussichtlich erzielbaren Kennzahlenwerten mit den bei der Aufstellung der Gleichgewichtsbedingungen formulierten Normwerten zeigt, ob gegen die aufgestellten Normen verstoßen wird oder ob die aufgestellten Normen eingehalten werden können (vgl. Abb. 8.50).

Im Beispiel sind bei insgesamt 20 Kennzahlenüberprüfungen 7 Verstöße gegen die aufgestellten Normwerte festzustellen. So werden die geplanten Normwert für die Liquidität 3. Grades im Jahr 2004, den Verschuldungsgrad in den Jahren 2003 bis 2005 und für die Gewinneinbehaltungsquote in den Jahren 2002 bis 2004 nicht erreicht.

5. Modifikation der Plangrößen und Fixierung der Planbilanz

Angesichts der Verstöße gegen die aufgestellten Normen ist in der fünften Stufe der Bilanzplanung zu überlegen, ob diese Nichteinhaltung hingenommen werden kann. Ansonsten ist nunmehr eine **Modifikation der Ergebnisse** angesichts der festgestellten Planungleichgewichte vorzunehmen. Im Rahmen dieser Modifikation erfolgt eine angemessene Anpassung der Input-Größen. Diese Anpassung kann beispielsweise darin bestehen, dass:

- Kapitalerhöhungen durchgeführt werden,
- der Kapitalumschlag erhöht wird,
- das Wachstum begrenzt wird,
- die Ertragskraft erhöht wird,
- der Thesaurierungsanteil erhöht wird,
- etc.

Die Modifikation der Ergebnisse führt dann in der sechsten Stufe zum **endgültigen** Ergebnis. Jetzt stehen die **Planbilanzen, Planerfolgsrechnungen** und **Finanzbedarfsrechnungen** ohne Finanzierungslücke fest. Die Gleichgewichtsbedingungen werden in allen Planungsperioden eingehalten.

Neuntes Kapitel: Risikoadjustierte Kapitalallokation im Kontext des Risiko-Controllings

A. Rahmenbedingungen einer integrierten Risiko-/Renditesteuerung

I. Problemstellung der Kapitalallokation

Im *Siebten Kapitel* wurde mit der Diskussion des Risiko-Chancen-Kalküls bereits darauf hingewiesen, dass eine risikoadjustierte Steuerung des Ergebnisses zumindest aus der Sicht des Wertmanagements zwingend erforderlich ist. Dies gilt jedoch nicht nur für die Ebene der Gesamtunternehmung. Dies gilt letztendlich für jede einzelne Aktivität im Unternehmen. Insbesondere in Konzernen mit mehreren voneinander abzugrenzenden Geschäftsfeldern ist zu planen und zu kontrollieren, inwieweit die einzelnen Geschäftsfelder dazu beigetragen haben, den Unternehmenswert zu erhöhen.

Schon im Planungsprozess ist diesbezüglich zu quantifizieren, welchen Beitrag einzelne Geschäftsfelder oder geschäftliche Aktivitäten zur Wertsteigerung leisten können. Wenn dies feststeht, wird die Unternehmensleitung die i. d. R. knappe Ressource Eigenkapital verstärkt solchen Geschäftsbereichen zuweisen, von denen der höchste Beitrag zur Wertsteigerung erhofft werden kann.

Bei der **Zuweisung von Eigenkapital** sind die beiden zentralen Grundsätze des Risiko-Controllings unbedingt zu beachten:

- Im Sinne des **Risiko-Chancen-Kalküls** müssen alle Geschäftsbereiche vor dem Hintergrund des jeweiligen Risikos angemessene Erträge erwirtschaften. Je höher das Risiko dabei ist, desto mehr Eigenkapital muss einem Geschäftsbereich zugewiesen werden. Damit einhergehend nehmen auch die Gewinnansprüche zu.
- Im Sinne des **Risikotragfähigkeitskalküls** dürfen nur solche Risiken übernommen werden, die aus Unternehmenssicht noch tragbar sind. Demnach darf ein Unternehmensbereich nur Risiken übernehmen, die in einem angemessenen Verhältnis zum verfügbaren Eigenkapital stehen, das dem Geschäftsbereich zugewiesen wurde.

Die Verknüpfung dieser beiden Grundsätze führt dazu, dass im Controlling

- eine **Kapitalzuweisung** von der Höhe der übernommenen bzw. zu übernehmenden Risiken abhängig sein sollte und gleichzeitig
- die bereichsspezifischen **Risiko-/Rendite-Verhältnisse** dazu führen sollten, dass ein Geschäftsbereich mit sehr günstigen Risiko-/Rendite-Verhältnissen tendenziell mehr Kapital zugewiesen bekommt.

Entscheidend ist dabei, dass es dem Controlling gelingt, ein geeignetes Maß zur Beurteilung der **Wertsteigerung** zu finden. Mithilfe einer die potenzielle Wertsteigerung ausdrückenden

Kennziffer muss einerseits der Risikobeitrag des einzelnen Geschäfts- bzw. Geschäftsbereichs richtig erfasst werden. Die Kennzahl muss andererseits zur steuerungsadäquaten Bewertung des Risiko-/Rendite-Verhältnisses beitragen.

II. Eignung alternativer Konzepte zur Beurteilung der Wertsteigerung

Vor diesem Hintergrund muss zunächst entschieden werden, welches Konzept überhaupt zur Messung der Wertsteigerung von Geschäftsfeldern verwendet werden soll. Bereits in den vorangegangenen Kapiteln wurden als zentrale Konzepte des Wertmanagements die Discounted Cashflow-(DCF-)Methoden, das Konzept des Economic Value Added (EVA) oder der Cashflow Return on Investment (vgl. hierzu *Drittes* und *Viertes Kapitel*) vorgestellt. Tatsächlich werden diese drei zentralen Verfahren in der Praxis mit unterschiedlichem Erfolg eingesetzt. Allerdings nehmen die Anwender häufig Modifikationen der ursprünglich vorgestellten Methode vor (vgl. BALLWIESER 2000). Die in der Praxis angewendeten Verfahren sind bereits Gegenstand wissenschaftlicher Untersuchungen. Dabei werden zum einen die Ursachen für die in der Praxis vorgenommenen Variationen und zum anderen deren Steuerungsimpulse und Wirkungsgrad erforscht. Ziel dieser Untersuchungen ist es, den Unternehmen zu helfen, die aus wertorientierter Sicht richtigen Entscheidungen zu treffen (vgl. hierzu sowie zum folgenden BALLWIESER 2000).

In den **DCF-Verfahren** werden zukünftige Cashflows entweder insgesamt mit einem durchschnittlichen Kapitalkostensatz (Entity-Methode) diskontiert. Oder die den Eigenkapitalgebern zustehenden Cashflows werden mit dem Eigenkapitalkostensatz abgezinst (Equity-Methode). Die Besonderheiten des APV-Ansatzes sollen an dieser Stelle außer Acht gelassen werden.

Grundsätzlich stellt der mit den DCF-Methoden ermittelte Barwert eine durchaus auch für die Steuerung einzelner Geschäftsfelder geeignete Zielgröße dar. Vor deren unternehmensweiter Anwendung ist jedoch eine Reihe von Problemen zu lösen (vgl. BALLWIESER 2000):

- Das **Anreizproblem** beinhaltet, dass zentrale und dezentrale Entscheidungen gegebenenfalls nicht richtig aufeinander abgestimmt werden.
- Das **Kommunikationsproblem** besteht darin, dass über die Höhe der zu diskontierenden Cashflows und über die Kapitalkosten gegebenenfalls keine Einigung besteht, wodurch die Kommunikation der DCF-Methoden erschwert wird.
- Das **Kostenproblem** entsteht, wenn die mit der Anwendung der DCF-Verfahren verbundenen Aufwendungen zu hoch und damit unter Umständen unwirtschaftlich sind.
- Das **Zuordnungsproblem** besteht darin, dass im Sinne einer Trennung der Ergebnisverantwortung die Ergebnisse als Folge zentraler und dezentraler Entscheidungen verursachungs- und verantwortungsgerecht zugeordnet werden müssen.
- Schließlich ergibt sich ein **Planungsintegrationsproblem**, weil die in die DCF-Verfahren einfließenden Komponenten unter Umständen nicht direkt mit den traditionellen Planungs- und Steuerungsgrößen verbunden sind.

Im **EVA-Konzept** werden bekanntlich den Ergebnissen aus der Erfolgsrechnung die (kapitalmarkttheoretischen) Eigenkapitalkosten gegenübergestellt (vgl. *Viertes Kapitel*). Der große

Vorteil dieses Konzepts liegt somit in der Möglichkeit, auf den Daten des Rechnungswesens aufbauen zu können. Problematisch ist dabei allerdings die Vorgabe der Eigenkapitalkosten. Es ist zu entscheiden, mithilfe welcher Modelle die Eigenkapitalkosten quantifiziert werden sollen. Und es ist zu überlegen, nach welchen Prinzipien die Eigenkapitalkosten auf die Geschäftsbereiche verteilt werden können. Die Hauptkritik am EVA-Konzept, das sich an den Periodenerfolgsgrößen orientiert, entzürnt sich vor allem an der fehlenden Berücksichtigung der zeitlichen Verteilung der erwirtschafteten Cashflows.

Das **Konzept des CFROI** (vgl. *Drittes Kapitel*) berechnet den Internen Zinsfuß einer Zahlungsreihe, in dem aus der aktuellen Erfolgsrechnung der Cashflow abgeleitet und für die Zukunft als konstant unterstellt wird. Eine Investition ist danach immer dann sinnvoll, wenn der CFROI über den Kapitalkosten liegt.

Für die Berechnung des CFROI ist zunächst die Vorgabe von Eigenkapitalkosten und die Zuweisung von Eigenkapital irrelevant. Um aber zu einer Aussage über die Durchführung oder Ablehnung einzelner Projekte oder über die Vorteilhaftigkeit einzelner Geschäftsbereiche zu gelangen, muss der CFROI mit einem Alternativzins verglichen werden. Dieser Alternativzins entspricht dem WACC. Letzterer wird aus dem mit dem Marktwert des Eigen- und des Fremdkapitals gewichteten Durchschnitt von Eigen- und Fremdkapitalkosten berechnet. Um sinnvolle Aussagen zu erlangen, sind also auch im CFROI-Konzept die Eigenkapitalkosten und die Eigenkapitalzuweisung zu fixieren.

Der CFROI ist mit allen Nachteilen der Internen Zinsfußmethode verknüpft. Es werden Anreizprobleme erzeugt. Zudem sind die im Konzept getroffenen Annahmen nur schwer kommunizierbar. Diese Kritik hat dazu geführt, dass mit der Boston Consulting Group bereits einer der Vorreiter dieses Konzepts hiervon wieder Abstand genommen hat.

Alle drei genannten zentralen Konzepte des Wertmanagements sind offensichtlich problembeladen. Dem EVA-Konzept wird aufgrund der Periodenerfolgsorientierung vor allem die Nicht-Berücksichtigung des zeitlichen Anfalls der erwirtschafteten Überschüsse vorgeworfen.

Den DCF-Varianten und dem CFROI-Konzept liegen häufig restriktive Prämissen zugrunde, die in der praktischen Anwendung vor allem zu Anreiz- und Kommunikationsproblemen führen können. Trotzdem steht die Überlegenheit barwertorientierter Steuerungsansätze wohl zumindest aus theoretischer Sicht außer Frage. Zumindest für den Bereich der Finanzdienstleister wurden sogar schon erste Ansätze zur Aufstellung von Marktwertbilanzen vorgestellt (vgl. z. B. SCHIERENBECK/WIEDEMANN 1996).

Im *Fünften Kapitel* wurden mit der **Marktzinsmethode** bereits die Vorzüge einer barwertorientierten Rechnungskonzeption präsentiert. Dieser Ansatz unterscheidet sich von den DCF-Methoden, da auf eine Risikoadjustierung über die Kapitalkostensätze verzichtet wird.

Im Barwertkalkül gibt es deshalb kein Anreizproblem hinsichtlich der Kalkulationszinsen. Diese müssen für alle Unternehmensbereiche von der Zentrale auf der Basis der jeweils aktuellen Zinsstrukturen vorgegeben werden. Die Gefahr einer unterschiedlichen Einschätzung der Planungshorizonte kann ebenfalls durch entsprechende Vereinbarungen begrenzt werden. Im Rahmen des Kommunikationsproblems besteht auch hier Unsicherheit über Höhe und

Struktur zukünftiger Cashflows. Für das Marktzinsmodell wurden allerdings bereits erste optionspreistheoretische Ansätze zur Bewertung unsicherer Cashflows entwickelt (vgl. SCHIERENBECK/WIEDEMANN 1996).

Im Marktzinsmodell der Investitionsrechnung kann zwischen dem Investitions- und dem Finanzierungserfolg differenziert werden. Im Industriemodell der Marktzinsmethode wird außerdem das Gesamtergebnis aufgespalten. Die barwertigen Teilergebnisse werden verantwortungs- und verursachungsgerecht zugewiesen. Insofern ergibt sich das Zuordnungsproblem nicht.

Bezüglich des Aufwandsproblems ist zu hinterfragen, ob barwertorientierte Kalküle wirklich deutlich höhere Kosten verursachen. Die für die Kontrollrechnungen erforderliche Datenerfassung entspricht grundsätzlich der Vorgehensweise in der Finanzbuchhaltung. Tatsächlich fällt im vorhinein ein höherer Aufwand im Zusammenhang mit der Cashflow-Planung an. Die hierfür anfallenden Mehrkosten sind dann sinnvoll, wenn die angewendeten Verfahren zu einer gewinnbringenden Verbesserung der Entscheidungsqualität in entsprechender Höhe führen.

Es existiert allerdings ein Planungsintegrationsproblem, da die Cashflows auch im Marktzinsmodell nicht den sonst üblichen Planungs- und Steuerungsgrößen entsprechen. Wenn sich der tendenziell überlegene Barwertansatz durchsetzt, wird jedoch ein Umdenken im Rechnungswesen zu neuen Planungs- und Steuerungsgrößen führen.

Schließlich lassen sich die Ergebnisse der Marktzinsmethode problemlos mit der Grundidee des EVA-Konzepts verknüpfen. Anstelle des der Erfolgsrechnung entnommenen Jahresüberschusses werden die Barwertveränderungen im Sinne des Industriemodells der Marktzinsmethode untersucht. Wenn die Bewertung aller Cashflows tatsächlich vollständig risikofrei durchgeführt werden konnte, würde sich als Mindest-Ergebnisanspruch der Eigentümer die Verzinsung des Barwertes des Eigenkapitals vom Periodenanfang zum risikofreien Zins ergeben. Statt dessen könnte die Unternehmung aber, wie im *Fünften Kapitel* diskutiert, z. B. Fristentransformationsrisiken eingegangen sein. Dann würde dieses Risiko den Ergebnisanspruch erhöhen. Es würde eine Renditeforderung im Sinne von Eigenkapitalkosten, die sich aus einer risikofreien Verzinsung und einer Risikoprämie zusammensetzen. Die Bezugsbasis dieser Eigenkapitalkosten wäre jedoch im Gegensatz zu den vorgenannten Verfahren klar: Die Renditeforderung würde sich auf den Barwert des Eigenkapitals zum Periodenanfang beziehen.

III. Entscheidungsparameter im Rahmen der integrierten Risiko-/Renditesteuerung

Alle vorgenannten Verfahren dienen dazu, die wertsteigernden oder wertmindernden Effekte geschäftspolitischer Aktivitäten zu quantifizieren. Dazu wird gerade im Wertmanagement die notwendige Integration von Risiko und Rendite forciert.

In allen Modellen geht es prinzipiell immer um die Frage, ob es eine Unternehmung über mehrere Geschäfte hinweg geschafft hat, einen Gewinn zu erzielen, der die Kapitalkosten übertroffen hat. Wenn dies gelingt, wird Unternehmenswert generiert.

Den gesamten, dem **Weighted Average Cost of Capital** (WACC) entsprechenden Kapitalkosten werden grundsätzlich alle Kosten des Fremd- und des Eigenkapitals zugewiesen. Die Kosten des Fremdkapitals und die Höhe des Fremdkapitalvolumens sind zumindest auf der Ebene der Gesamtunternehmung grundsätzlich exakt quantifizierbar. Natürlich stellt sich aber auch hier die noch zu erörternde Frage, wie und ob überhaupt das Fremdkapital einzelnen Geschäftsbereichen zugewiesen werden soll.

Die zentralen Problemstellungen aller Verfahren beziehen sich jedoch auf das Eigenkapital. Hier ist zu entscheiden,

- wie **geschäftsfeldspezifische Eigenkapitalkosten** zu fixieren sind und
- wie für einzelne Geschäftsfelder bzw. Geschäfte eine **Eigenkapitalzuordnung** vorzunehmen ist.

Diese Fragen sollen in den folgenden Abschnitten weiter analysiert werden.

B. Geschäftsfeldspezifische Eigenkapitalkosten

I. Übersicht über alternative Verfahren

Die Fixierung der (relativen) Eigenkapitalkosten kann entweder für alle Geschäftsbereiche einheitlich oder individuell bestimmt werden. Bei der unternehmensweit **einheitlichen** Zielvorgabe werden zunächst die unternehmensspezifischen Eigenkapitalkosten ermittelt. Dazu werden die im *Vierten Kapitel* erörterten Verfahren angewendet.

Eine unternehmenseinheitliche Vorgabe der Eigenkapitalkosten führt dazu, dass die geschäftsbereichsspezifisch unterschiedlich hohen Risiken zumindest im Eigenkapitalkostensatz unberücksichtigt bleiben. Dem unterschiedlichen Risikogehalt der einzelnen Geschäftsbereiche muss dann über eine risikoadäquate Eigenkapitalzuweisung Rechnung getragen werden.

Alternativ dazu können die (relativen) Eigenkapitalkosten **geschäftsfeldspezifisch** fixiert werden. Dazu sind in der Vergangenheit verschiedene Modelle entwickelt und vorgestellt worden, die allesamt auf der Grundidee des CAPM aufbauen. Im CAPM wird bekanntlich nur das systematische Risiko bepreist. Die Übernahme unsystematischer Risiken wird nicht entgolten.

Die folgende Gleichung beschreibt die von den Investoren gemäß CAPM geforderte Rendite:

$$EW(R_j) = RFZ + [EW(R_M) - RFZ] \times BETA_j$$

mit: $EW(R_j)$ = Renditeerwartung der Kapitalanlage j; RFZ = Zinssatz für "risikolose" Kapitalanlagen, $E(R_M)$ = Marktrenditeerwartungen, $E(R_M)$-RFZ = Marktrisikoprämie, $BETA_j$ = Renditevolatilität der Kapitalanlage i in Relation zur Marktrendite

Vor diesem Hintergrund sind die verschiedenen Verfahren darauf ausgerichtet, das systematische Risiko einzelner Geschäftsfelder zu ermitteln bzw. mit hinreichender Genauigkeit zu schätzen. Im CAPM wird bekanntlich der Beta-Faktor als Indikator für das systematische Risiko herangezogen. Deshalb wird mithilfe der verschiedenen Verfahren letztendlich stets versucht, eben diesen Beta-Faktor für einzelne Geschäftsbereiche zu fixieren.

Grundsätzlich lassen sich zwei Kategorien solcher Verfahren unterscheiden. Als Analogieansatz bzw. analogy approach werden Verfahren bezeichnet, welche die relevanten Beta-Faktoren entweder aus der jeweiligen Branche oder über börsennotierte Unternehmen mit ähnlichen Strukturen ableiten. Dem steht der sogenannte Analyseansatz bzw. analytic approach gegenüber. Im Analyseansatz wird versucht, aus den Daten der Bilanz und der Gewinn- und Verlustrechnung die Bestimmungsfaktoren des systematischen Risikos und damit auch die relevanten Beta-Faktoren zu ermitteln (vgl. BOWER/JENKS 1975).

Im CAPM wird nur eine Renditeanforderung für die Übernahme systematischer Risiken erhoben. Die durch Diversifikation eliminierbaren unsystematischen Risiken werden nicht bepreist. Deshalb ergeben sich die gesamten Eigenkapitalkosten einer Unternehmung aus der mit den (Eigenkapital-)Marktwerten einzelner Geschäftsfelder gewichteten geschäftsfeldspezifischen Eigenkapitalkosten, die wiederum aus der Übernahme systematischer Risiken resultieren (vgl. MYERS 1968; FREYGANG 1993; FULLER/KERR 1981). Diese Aussage ist nicht unproblematisch. Ein Unternehmen könnte danach die Eigenkapitalkosten nur dadurch senken, dass es Geschäftsbereiche mit niedrigen Betas, bzw. mit niedrigen systematischen Risiken auswählt. Diversifikationsstrategien zum Ausgleich unsystematischer Risiken wären demnach sinnlos. Tatsächlich zeigen jedoch gerade die empirischen Untersuchungen zum Risiko-Rendite-Paradoxon (vgl. *Siebtes Kapitel*), dass gut diversifizierte Unternehmen häufig eine überdurchschnittliche Performance aufweisen. Die Frage nach der Bepreisung unsystematischer Risiken ist bislang nicht abschließend beantwortet.

Ein weiteres Problem ist mit der zur Bestimmung der gesamten Eigenkapitalkosten erforderlichen Gewichtung geschäftsfeldspezifischer Eigenkapitalkosten mithilfe der Marktwerte einzelner Geschäftsbereiche verknüpft. Unklar ist nämlich, welcher Marktwertanteil den einzelnen Geschäftsbereichen zuzurechnen ist. Wenn der Marktwertanteil über die modernen Verfahren der Unternehmensbewertung bestimmt werden soll, so müssten erst die Eigenkapitalkosten der Geschäftsfelder bekannt sein, bevor der Marktwert des Eigenkapitals berechnet werden kann. die Bestimmung der Eigenkapitalkosten ist aber wiederum vom Marktwert des Eigenkapitals abhängig. Insofern gerät man hier in eine Zwickmühle.

II. Analogie-Ansatz

Der **Analogie-Ansatz** stellt ein sehr einfaches Verfahren zur Ermittlung geschäftsfeldspezifischer Beta-Faktoren dar. Im Analogie-Ansatz wird unterstellt, dass die Eigenkapitalkosten eines Geschäftsfeldes grundsätzlich mit den Richtwerten der dem Geschäftsfeld entsprechenden Branche oder mit den Werten eines Unternehmens oder einer Gruppe von Unternehmen mit gleichem Tätigkeitsbereich übereinstimmen müssen. Demnach müssen lediglich die Beta-Faktoren der Branche, einer Gruppe von Unternehmen oder eines einzelnen Unternehmens festgestellt werden. Diese Beta-Werte können anschließend als Ersatz für den Beta-Faktor als Ausdruck des systematischen Risikos eines bestimmten Geschäftsfelds herangezogen werden (vgl. FULLER/KERR 1981).

Bei der Auswahl des Vergleichsmaßstabs können Selektionskriterien helfen, eine möglichst große Übereinstimmung der Geschäftsstruktur herzustellen. Selektionskriterien können sein:

- Industriezweig,
- Produktpalette,
- Betriebsgröße,
- geografische Lage des Absatzmarktes,
- etc.

So werden im Siemens-Konzern die Beta-Faktoren für nicht börsennotierte Geschäftsbereiche aus den Kapitalmarktdaten der Wettbewerber abgeleitet (vgl. NEUBÜRGER 2000).

In einer neueren, eher theoretischen Variante wird eine **multiple Regression** zur Bestimmung geschäftsfeldspezifischer Beta-Faktoren im Analogieansatz durchgeführt. Dazu werden mehrere Unternehmen mit ihren unterschiedlichen Geschäftsfeldern zu einer Gruppe zusammengefasst. Der Beta-Faktor eines einzelnen Unternehmens muss sich zusammensetzen aus den mit den Marktwerten der einzelnen Geschäftsfelder gewichteten Beta-Faktoren. Wenn sich diese Marktwerte einzelner Geschäftsbereiche hinreichend genau bestimmen lassen, so können über die multiple Regression Beta-Faktoren für die jeweiligen Geschäftsfelder quantifiziert werden. Dazu ist eine multiple Querschnittsregression für folgende Gleichung durchzuführen (vgl. BOQUIST/MOORE 1983; HARRIS/O`BRIAN/WAKEMAN 1989):

$$BETA_n = BETA_{GF1} \times MW_{GF1} +$$
$$BETA_{GF2} \times MW_{GF2} + ... +$$
$$BETA_{GFm} \times MW_{GFm} + \varepsilon_n$$

mit: *BETA = Beta-Faktor; ε_n = Störterm der untersuchten Unternehmung n; GF = Geschäftsfeld; m = Anzahl der untersuchten Geschäftsfelder; n = Unternehmensindex*

Die auf diese Weise für die einzelnen Geschäftsfelder ermittelten Beta-Faktoren können anschließend als Basis für die Beurteilung ähnlich strukturierter Geschäftsfelder herangezogen werden. Der weiterentwickelte Analogieansatz dürfte allerdings in der Praxis kaum Anwendung finden. Unüberwindbar scheint das Problem, geschäftsfeldspezifische Marktwerte anzugeben. Ohne diese Basis der Regressionsgleichung kann eine Regression erst gar nicht durchgeführt werden.

Demgegenüber stellt der einfache Analogieansatz eine sehr einfache und praxisnahe Variante dar. Allerdings können die damit gewonnenen Ergebnisse nur als Approximation betrachtet werden.

III. Analyseansatz

Im **Analyseansatz** wird versucht, aus unternehmensspezifischen Daten Rückschlüsse auf geschäftsbereichsspezifische systematische Risiken zu ziehen. Dazu wird die Berechnung der Beta-Faktoren mit Elementen der Bilanz, der Gewinn- und Verlustrechnung oder der Kosten- und Leistungsrechnung verknüpft. Grundsätzlich lassen sich drei Varianten voneinander abgrenzen:

- Analyse von Investitionsbetas,
- Analyse gewinnstrukturspezifischer Betas und
- Empirische Analyse des Betas.

1. Analyse des Investitionsbetas

Die Analyse des **Investitionsbetas** untersucht die Renditeschwankungen einzelner Investitionen. Aus der Beziehung zwischen der Renditeschwankung der einzelnen Investition und der Marktrendite wird das Investitionsbeta berechnet. Die mit den Marktwerten der einzelnen Investitionen gewichteten Investitionsbetas ergeben schließlich den geschäftsfeldspezifischen Beta-Faktor.

In einem ersten Schritt wird diesbezüglich die erwartete Investitionsrendite definiert. Für die Herleitung des Investitionsbetas ist dabei auf die folgende Gleichung zurückzugreifen:

$$E(r_i) = E\left(\frac{G_i}{EK_i^{MW}}\right) = E\left[\frac{(p-k_V) \times M - K_f}{EK_i^{MW}}\right]$$

mit: E = Erwartungswert; EK_i^{MW} = Marktwert des Eigenkapitals der Investition i; G_i = Betriebsgewinn aus der Investition i; i = Investitionsindex; K_f = fixe Kosten; k_V = variable Kosten; M = Absatzmenge; p = Preis; r = Rendite

Wenn die Parameter EK_i^{MW}, p, k_V und K_f konstant gehalten werden, kann nach entsprechenden Umformungen der einzelne Investitions-Beta-Faktor mithilfe folgender Gleichung berechnet werden:

$$BETA_i = \frac{p - k_V}{EK_i^{MW}} \times \frac{COV(M; r_n)}{VAR(r_n)}$$

mit: COV = Covarianz; EK_i^{MW} = Marktwert des Eigenkapitals der Investition i; i = Investitionsindex; k_V = variable Kosten; M = Absatzmenge; p = Preis; r_n = Marktrendite; VAR = Varianz

Aus den mit den Marktwerten der Investitionen gewichteten Investitions-Betas ergibt sich schließlich der Beta-Faktor eines Geschäftsfeldes (vgl. RUBINSTEIN 1973; BAUER 1992; SCHALL/HALEY 1991). Es gilt:

$$BETA_{GF} = \sum_{i=1}^{n} BETA_i \times EK_i^{MW}$$

mit: BETA = Beta-Faktor; EK_i^{MW} = Marktwert des Eigenkapitals der Investition i; GF = Geschäftsfeld; i = Investitionsindex; n = Anzahl der Investitionen innerhalb eines Geschäftsfeldes

2. Gewinnstrukturspezifische Ermittlung von Beta-Faktoren

Bei der **gewinnstrukturspezifischen** Ermittlung von Beta-Faktoren werden Kennziffern für sogenannte operative und finanzielle Ergebnisbereiche multiplikativ mit einem die Gewinnschwankungen erfassenden Beta-Faktor verknüpft. Dazu wurden zunächst in verschiedenen Untersuchungen theoretische Beziehungen zwischen dem systematischen Risiko auf der einen Seite und dem sogenannten operativen und dem finanziellen Leverage nachgewiesen (vgl. RUBINSTEIN 1973; SCHALL/HALEY 1991). Später konnten der operative und finanzielle Leverage über das so bezeichnete Intrinsic Business Risk miteinander verknüpft werden.

Der **operative Leverage** (Degree of Operating Leverage) erklärt, um wie viel Prozent die EBIT ansteigen, wenn der Umsatz um 1 % zunimmt:

$$DOL_i = \frac{\frac{EBIT_{t=1}^i}{EBIT_{t=0}^i} - 1}{\frac{U_{t=1}^i}{U_{t=0}^i} - 1}$$

mit: DOL = Degree of Operating Leverage; EBIT = Earnings Before Interest and Taxes; i = Geschäftsfeldindex; t = Zeitindex; U = Umsatz

Demgegenüber erklärt der **finanzielle Leverage** (Degree of Financial Leverage), um wie viel Prozent sich der Jahresüberschuss nach Steuern ändert, wenn die EBIT sich um 1 % erhöhen:

$$DFL_i = \frac{\dfrac{J\ddot{U}^i_{t=1}}{J\ddot{U}^i_{t=0}} - 1}{\dfrac{EBIT^i_{t=1}}{EBIT^i_{t=0}} - 1}$$

mit: DFL = Degree of Financial Leverage; EBIT = Earnings Before Interest and Taxes; i = Geschäftsfeldindex; JÜ = Jahresüberschuss nach Steuern; t = Zeitindex

Der Wert des **Intrinsic Business Risk** stellt eine Variante des Beta-Faktors dar. Gemessen wird die Beziehung zwischen der Schwankung des Gewinnwachstums und der Marktrendite. Das Gewinnwachstum wird dabei approximativ quantifiziert. Dazu wird der Faktor (1 + Umsatzwachstumsrate) mit der Eigenkapitalrentabilität multipliziert. So würde bspw. ein Umsatzwachstum von 5 % bei einer Eigenkapitalrentabilität von 10 % in der Vorperiode zu einer unterstellten Eigenkapitalrentabilität von 10,5 % [= (1 + 5 %) · 10 %] in der Folgeperiode führen. Es gilt:

$$IBR_i = \frac{COV\left(\dfrac{J\ddot{U}^i_{t=0}}{EK^i_{t=0}} \times \dfrac{U^i_{t=1}}{U^i_{t=0}}; r_M\right)}{VAR(r_M)}$$

mit: COV = Covarianz; IBR = Intrinsic Business Risk; EK = bilanzielles Eigenkapital; i = Geschäftsfeldindex; JÜ = Jahresüberschuss (nach Steuern); r_M = Marktrendite; t = Zeitindex; U = Umsatz; VAR = Varianz

Die Zusammenfassung aller drei Komponenten führt zum geschäftsfeldspezifischen Beta (vgl. GAHLON/GENTRY 1982; MANDELKER/RHEE 1984). Es gilt:

$$BETA_i = DOL_i \times DFL_i \times IBR_i$$

mit: BETA = Beta-Faktor; DFL = Degree of Financial Leverage; DOL = Degree of Operating Leverage; i = Geschäftsfeldindex; IBR = Intrinsic Business Risk

3. Empirisch getestete Beta-Faktoren

In den zuvor beschriebenen Analyseansätzen wurde versucht, spezielle Gleichungen zur Berechnung von geschäftsfeldspezifischen Beta-Faktoren aufzustellen. Daneben wurden in zahlreichen Untersuchungen weitere Positionen des Jahresabschlusses auf ihren Zusammenhang zum systematischen Risiko **empirisch** getestet.

So können bspw. sogenannte **Accounting-Betas** definiert werden. Diese Accounting-Betas beschreiben den Zusammenhang zwischen bestimmten Größen des Jahresabschlusses eines einzelnen Unternehmens bzw. Geschäftsfeldes und der Gesamtheit aller Unternehmen eines bestimmten Geschäftsbereichs.

Die generelle Definition von Accounting-Betas lautet:

$$BETA_i^{ACC} = \frac{COV(x_i; x_M)}{VAR(x_M)}$$

mit: BETA = Beta-Faktor; i = Geschäftsfeldindex; M = alle Unternehmen eines Marktes; x = Cashflow, Gewinn, Gewinnwachstumsrate, etc.

Andere Empirien versuchen, das systematische Risiko bspw. aus der Dividendenausschüttung, dem Kurs-/Gewinn-Verhältnis, der Unternehmensgröße, etc. abzuleiten.

IV. Zusammenfassende Beurteilung

Analogie- und Analyseansätze unterstellen, dass das CAPM in der Praxis gilt. Schon mehrfach wurde aber darauf hingewiesen, dass die empirischen Tests hinsichtlich der Validität des CAPM zu unterschiedlichen Ergebnissen kommen. Solange aber die Validität des CAPM nicht zweifelsfrei bestätigt werden kann, stehen alle hierauf aufbauenden Modelle auf einem eher wackeligen Fundament. Trotzdem ist festzustellen, dass aus der Reihe von kapitalmarkttheoretischen Modellen zur Bestimmung von Eigenkapitalkosten das CAPM als am ehesten geeignet hervorzuheben ist.

Die hinter den Analyseansätzen stehende Idee erscheint grundsätzlich sinnvoll. Da für einzelne Geschäftsfelder keine Marktdaten verfügbar sind, wird versucht, über andere, i. d. R. jahresabschlussorientierte Daten das systematische Risiko zu quantifizieren. Problematisch ist dabei zum einen der empirische Nachweis, dass die mit den jeweiligen Varianten beschriebenen Zusammenhänge überhaupt gelten. Zum anderen ergibt sich auch bei diesen Modellen unter Umständen das Problem, die notwendigen Input-Daten zu generieren. So ist bspw. zu erwarten, dass in einem Konzern schon die Frage nach der geschäftsfeldspezifischen Zuweisung von Eigenkapital-Buchwerten kontrovers diskutiert wird. Das Volatilitätsproblem und das Zuordnungsproblem werden zudem dazu führen, dass die Akzeptanz gegenüber diesen Analyseansätzen nur schwer zu erzeugen ist.

Mithilfe der Analogieansätze wird gar nicht erst versucht, eine theoretisch fundierte Exaktheit zu erzeugen. Statt dessen wird ein pragmatischer Ansatz gewählt, über dessen Schwächen sich der Anwender stets bewusst sein muss. Denn die Orientierung an den für andere Unternehmen oder Geschäftsbereiche ablesbaren Beta-Faktoren kann aufgrund abweichender Strukturen nicht den Anspruch theoretischer Exaktheit erfüllen. Sofern man aber diese Schwächen kennt, kann zumindest die sehr einfache Anwendung dieses Konzepts überzeugen.

Im Zusammenhang mit der Unternehmensbewertung wurde festgestellt, dass alle vorgestellten Verfahren Stärken und Schwächen aufweisen. Sinnvollerweise sollten die Ergebnisse aus der Anwendung der verschiedenen Verfahren miteinander verglichen und daraus der endgültige Wert abgeleitet werden. Diese Vorgehensweise bietet sich prinzipiell auch für die Kalkulation geschäftsfeldspezifischer Eigenkapitalkosten an. Das gewonnene Ergebnis wird dabei umso akzeptabler sein, je geringer die Differenz zwischen den ermittelten Beta-Faktoren bzw. Eigenkapitalkosten ist.

C. Controllingspezifische Aspekte der optimalen Eigenkapitalallokation

I. Problematik der geschäftsfeldspezifischen Eigenkapitalzuordnung

Neben der Höhe der Eigenkapitalkosten ist für die Beurteilung einzelner Geschäftsfelder die Höhe der (Eigen-)Kapitalzuweisung entscheidend. Denn erst die Multiplikation des Eigenkapitalkostensatzes mit dem zugewiesenen Eigenkapital führt zum absoluten Gewinnanspruch. Letzterer muss bekanntlich erfüllt werden, um im Sinne des Wertmanagements den Unternehmenswert konstant zu halten oder weiter aufzubauen. Problematisch ist dabei, welche Kapitalbestandteile denn überhaupt als Eigenkapital auf die Geschäftsbereiche verteilt werden sollen. Grundsätzlich lassen sich verschiedene Formen des Eigenkapitals unterscheiden:

- Buchwert des Eigenkapitals,
- Marktwert des Eigenkapitals in Höhe der Börsenkapitalisierung,
- Marktwert des Eigenkapitals als Ergebnis der Unternehmensbewertung,
- Eigenkapital als Risikodeckungsmasse in Form von Risikokapital und
- aufsichtsrechtlich anerkanntes Eigenkapital.

Das aufsichtsrechtlich anerkannte Eigenkapital ist nur für Banken und Versicherungen bedeutend. Für diese Unternehmen gelten besondere Steuerungsmechanismen. Deshalb wird hierauf nicht weiter eingegangen (vgl. hierzu SCHIERENBECK 2001).

Das **bilanzielle Eigenkapital** bzw. der Buchwert des Eigenkapitals kann grundsätzlich proportional zum Geschäftsvolumen auf die Geschäftsbereiche verteilt werden. Dazu wird zunächst für die Gesamtunternehmung die unternehmensweite Eigenkapitalquote ermittelt. Anschließend muss aus den Daten der Finanzbuchhaltung das Geschäftsvolumen einzelner Geschäftsfelder bestimmt werden. Schließlich wird das Geschäftsvolumen mit der Eigenkapitalquote multipliziert, woraus die absolute Eigenkapitalunterlegung je Geschäftsfeld resultiert. Diese Vorgehensweise ist allerdings nicht unkritisch.

Zum einen wird es nicht jedem Unternehmen problemlos gelingen, das geschäftsfeldspezifische Geschäftsvolumen zu fixieren. Sofern bspw. ein Autohersteller in einer Fabrik mehrere Fahrzeugtypen herstellt, müsste das damit verbundene Anlagevermögen auf die verschiedenen Produkte aufgeteilt werden. Eine solche Schlüsselung wird vermutlich immer subjektiv und damit anfechtbar bleiben. Alternativ dazu könnte über Umsatz und Kapitalumschlag auf die Höhe des Kapitaleinsatzes geschlossen werden. Hierbei wäre die Vorgabe eines Wertes für den Kapitalumschlag tendenziell strittig.

Zum anderen entspricht eine proportionale Kapitalverteilung nicht den Erfordernissen der Risikotragfähigkeit. In Abhängigkeit vom übernommenen Risiko fordert der Markt für Unternehmen mit höherem Risiko auch eine dem Risiko angemessene Eigenkapitalausstattung verfügen. Eine Kapitalverteilung proportional zum Geschäftsvolumen würde dieser Marktanforderung widersprechen.

Eine den unterschiedlichen Geschäftsstrukturen Rechnung tragende Verteilung des Buchwertes könnte bspw. unter Zuhilfenahme branchenspezifischer Normwerte für Eigenkapitalquoten erfolgen. Allerdings existieren solche Normwerte nicht für alle Geschäftsfelder, so z. B. nicht für Geschäftsfelder mit innovativen Produkten. Auch ist fraglich, ob auf diese Weise die Summe der auf die Geschäftsfelder verteilten Buchwerte dem insgesamt vorhandenen Buchwert entspricht.

Ferner würden bei einer rein buchwertorientierten Betrachtung die stillen Reserven missachtet. Stille Reserven können geschäftsfeldspezifisch in unterschiedlicher Höhe vorhanden sein. Sie erhöhen den Teilwert des Unternehmensbereichs. Hieraus würde tendenziell auch eine höhere Renditeforderung der Eigentümer resultieren, die eine Verzinsung der über die Bildung stiller Reserven nicht ausgeschütteten Gewinnbestandteile verlangen.

Für den Eigentümer eines Unternehmens ist der **börsenkapitalisierte Marktwert** entscheidend. Dieser Marktwert bildet bekanntlich die Ausgangsbasis für die Berechnung der Renditeforderung. Insofern würde eine am Marktpreis orientierte Eigenkapitalzuteilung am ehesten in Einklang mit den Renditeansprüchen und damit auch mit der Zielsetzung des Wertmanagements stehen. Allerdings müssten dazu für die einzelnen Geschäftsbereiche individuelle Marktpreise ermittelt werden können. Sofern die einzelnen Geschäftsbereiche nicht als Tochtergesellschaften börsennotiert sind, müssten diese zum Verkauf angeboten werden, um einen aktuellen Marktpreis zu quantifizieren. Außerdem dürfte die Summe der einzelnen Marktpreise kaum dem Gesamtpreis der Unternehmung entsprechen, da die zwischen den Geschäftsfeldern bestehenden Synergien bei einer Zerschlagung der Unternehmung in einzelne Teilbereiche verloren gehen.

Schließlich können Marktpreise aufgrund zukünftiger Erwartungen vom Buchwert oder Substanzwert abweichen. Bei allen geschäftspolitischen Aktivitäten ist im Sinne des Risikotragfähigkeitskalküls zu beachten, dass Verluste möglichst durch das zur Verfügung stehende und sich im Buchwert des Eigenkapitals ausdrückende Eigenkapital zuzüglich vorhandener stiller Reserven gedeckt werden können. Ansonsten droht im Verlustfall die Überschuldung. Die Orientierung am Marktpreis kann dann zu Fehlallokationen führen. Deshalb müsste neben der Verteilung von Marktwerten gleichzeitig stets eine Limitierung des Verlustrisikos vor dem Hintergrund der tatsächlich zur Verfügung stehenden Risikodeckungsmassen erfolgen.

Eine aus der **Unternehmensbewertung** abgeleitete Zuteilung des Barwertes des geschäftsbereichsspezifischen Eigenkapitals wäre ebenfalls denkbar. Danach müssten für die einzelnen Unternehmensbereiche mithilfe geeigneter Verfahren die jeweiligen Teilunternehmenswerte bestimmt werden. Dieser Unternehmenswert entspräche dem zuzuteilenden Marktwert des Eigenkapitals. Letzterer darf nicht mit dem zuvor erörterten Marktpreis verwechselt werden. Diese Vorgehensweise hätte den Vorteil, dass am Ende einer jeden Periode ein Vergleich des aktuellen mit dem vorgegangenen Unternehmenswert erfolgen könnte. Dadurch ließe sich stets die erreichte Unternehmenswertveränderung quantifizieren.

Kritisch ist hier, dass der Unternehmenswert, der sich mithilfe geeigneter Bewertungsverfahren ermitteln lässt, nicht mit dem Marktpreis übereinstimmen muss. Abweichungen können, wie bereits im *Dritten Kapitel* erörtert wurde, ein Indiz für Über- oder Unterbewertungen sein. Ebenso wie bei der marktpreisorientierten Eigenkapitalzuweisung wären auch bei dieser Vorgehensweise die Aspekte der Risikotragfähigkeit mindestens in einer Nebenrechnung zu beachten. Die größte Schwierigkeit dürfte allerdings darin bestehen, objektiv nachvollziehbare und akzeptable Teilunternehmenswerte zu bestimmen.

Eine letzte Variante besteht in der Zuteilung von **Risikokapital**. Risikokapital ist der kleinstmögliche Eigenkapitalbetrag (zu Marktwerten), der bereitgestellt werden muss, um die Rückzahlung des investierten Fremdkapitals mit einer bestimmten vorgegebenen Wahrscheinlichkeit sicher zu stellen. Diese Definition des Risikokapitals verdeutlicht dessen primäre Funktion. Die Bereitstellung von Risikokapital ist darauf ausgerichtet, Verluste aus schlagend gewordenen Risiken über das Aufzehren des Risikokapitals aufzufangen. Demnach muss das Risikokapital in Abhängigkeit von der Höhe der übernommenen bzw. zu übernehmenden Risiken auf die Geschäftsbereiche verteilt werden. Unabhängig vom Marktpreis einer Unternehmung können dabei sinnvollerweise nur Beträge verteilt werden, die maximal der Summe aller zur Verfügung stehenden Risikodeckungsmassen entsprechen. Diese Risikodeckungsmassen setzen sich aus dem Buchwert des Eigenkapitals und den stillen Reserven zusammen.

Die Orientierung am Risikokapital erfordert die geschäftsfeldspezifische Quantifizierung des Risikos nach einheitlichen Regeln. Prinzipiell müssten für alle Bereiche die mit gleicher Wahrscheinlichkeit eintretenden Risiken kalkuliert werden. Die Diskussion der vier Unsicherheitskategorien hat jedoch bereits gezeigt, dass in Industrie- und Handelsunternehmen eine Vielzahl von nicht oder nur ungenau quantifizierbaren Risiken existiert. Um diesem Umstand Rechnung zu tragen, müsste entweder der den einzelnen Geschäftsbereichen zugewiesene Risikokapitalbetrag einen Puffer für nicht oder nur schwer quantifizierbare Risiken enthalten. Oder es wird nur ein unter dem Gesamtbetrag der Risikodeckungsmassen liegender Teilbetrag als Risikokapital verteilt. Dann verbleibt auf der Ebene der gesamten Unternehmung eine entsprechende Kapitalreserve für Verlustfälle.

II. Fremdkapital, Fremdkapitalkosten und WACC

Die Zuweisung des **Fremdkapitals** bzw. der damit verbundenen **Fremdkapitalkosten** stellt ein weiteres Problem dar. Sofern nicht jeder Geschäftsbereich selbst für die Beschaffung des notwendigen Fremdkapitals verantwortlich ist, müssen die Fremdkapitalkosten auf die einzelnen Geschäftsbereiche verteilt werden. Erst nach Abzug der Fremdkapitalkosten ergibt sich der den Eigentümern zustehende Gewinn.

Bei einer Bewertung mittels **Weighted Average Cost of Capital** (WACC) wird auf Gesamtunternehmensebene ein Durchschnittskostensatz berechnet (vgl. *Drittes Kapitel*). Dieser Durchschnittskostensatz ist vom Verhältnis des Fremdkapitals zum Eigenkapital abhängig. Wenn dieses Verhältnis variiert, müssen für alle Geschäftsbereiche individuelle WACC vorgegeben werden. Tatsächlich kann nicht davon ausgegangen werden, dass dieses Verhältnis über alle Geschäftsbereiche konstant ist. Deshalb wird ein unternehmensweit einheitlicher WACC zu Fehlallokationen führen.

Abb. 9.1: Gesamtkapitalkostenbestimmung im Siemens-Konzern (vgl. Neubürger 2000)
(mit EK = Eigenkapital; FK = Fremdkapital; n. St. = nach Steuern)

Abb. 9.1 zeigt, wie im Siemens-Konzern die durchschnittlichen Gesamtkapitalkosten berechnet werden. Der Eigenkapitalkostensatz wird mithilfe des CAPM bestimmt. Dabei werden im Rahmen von Analogieansätzen Beta-Faktoren für die einzelnen Geschäftsbereiche ermittelt. Der Fremdkapitalkostensatz wird unter Berücksichtigung der Steuereffekte aus dem langfristigen Zins für Anleihen mit guter Bonität abgeleitet. Die Gewichtung über die Marktwerte von Eigen- und Fremdkapital führt schließlich zu den Gesamtkapitalkosten, die den WACC entsprechen.

Individuelle WACC für einzelne Geschäftsbereiche sind somit erforderlich, um den unterschiedlichen Finanzierungsstrukturen Rechnung zu tragen. Bevor jedoch für jedes Geschäftsfeld zunächst die individuellen WACC bestimmt werden, sollte überprüft werden, ob es nicht weniger aufwendig ist, die Fremdkapitalkosten direkt in Abzug zu bringen und eine Bewertung nur mithilfe von Eigenkapitalkosten vorzunehmen.

Sicherlich stellt die unternehmensweit einheitliche Fremdkapitalzuweisung und die Verwendung einheitlicher WACC eine praktische Vereinfachung der Bewertung dar. Diese Vereinfachung wird jedoch mit der Gefahr von Fehlsteuerungen erkauft. Dies kann an einem einfachen Beispiel demonstriert werden. Ein Geschäftsbereich A, z. B. Bauträger, weist WACC von 12 % auf. Der Geschäftsbereich B, z. B. Baumaschinen, weist bei identischem Geschäftsvolumen WACC von 8 % auf. Die durchschnittlichen WACC betragen 10 % (= $\frac{12\% + 8\%}{2}$).

Eine Investition im Geschäftsbereich A, die eine Rendite von 11 % aufweist, wird durchgeführt. Denn die Investitionsrendite liegt über den unternehmensweiten WACC. Betrachtet man die WACC des Geschäftsfeldes von 12 % hätte die Investition besser abgelehnt werden sollen. Umgekehrt wird im Geschäftsbereich B eine Investition mit einer Rendite von 9 % abgelehnt. Denn in diesem Fall liegen die unternehmensweiten WACC über der Investitionsrendite. Da die geschäftsfeldspezifischen WACC tatsächlich unter der Investitionsrendite liegen, hätte die Investition besser durchgeführt werden sollen.

Einige Unternehmen behelfen sich, indem sie zumindest geschäftsfeldspezifisch unterschiedliche WACC definieren. Damit wird jedoch das zuvor erörterte Problem lediglich auf eine tiefere Ebene verlagert. Abb. 9.2 zeigt dies am Beispiel des RWE-Konzerns. Aus dem Betrieblichen Vermögen wird auf die Höhe des Fremdkapital geschlossen. Über das CAPM werden auch hier die Eigenkapitalkosten determiniert. Die Gewichtung der Eigen- und Fremdkapitalkosten mit dem Eigen- und Fremdkapital wird geschäftsbereichsspezifisch vorgenommen. Hieraus resultieren für alle Geschäftsbereiche unterschiedliche WACC, die immerhin zwischen 5,6 % und 10,1 % schwanken.

RWE-Konzern Betriebliches Vermögen und Kapitalkosten der Unternehmensbereiche	Betriebl. Vermögen[1)] 1998/99 Mrd. EUR	Verzinsl. Eigenkapital 1998/99 Mrd. EUR	Beta- faktor	Gewichtete Kapitalkosten 1998/99 %
Energie	10,0	3,3	0,9	6,6
Bergbau und Rohstoffe	5,6	0,5	0,9	5,6
Mineralöl und Chemie	2,8	0,7	1,1	8,1
Umweltdienstleistungen	1,8	0,5	1,0	7,9
Industriesysteme	4,4	2,4	0,9/1, 1[2)]	10,1
Bau	4,5	1,7	1,0	8,4
Summe Unternehmensbereiche	**29,1**			
Telekommunikation	1,4	0,4	1,3	9,7
Konzern	**27,7**	**6,9**	**0,9**	**6,5**

Abb. 9.2: Kapitalkosten im RWE-Konzern (vgl. BÖRSIG 2000)
(mit: 1) Durchschnitt einschließlich betriebliche Kasse; 2) Druckmaschinen: 0.9; andere Sparten; 1,1)

RWE-Konzern Wertbeiträge der Unternehmensbereiche	ROI 1998/99 (%)	Kapitalkosten 1998/99 (%)	Wertbeitrag 1998/99 (%)	ROI 1997/98 (%)
Energie	18,5	6,6	11,9	22,2
Bergbau und Rohstoffe	10,8	5,6	5,0	11,6
Mineralöl und Chemie	14,6	8,1	6,5	21,2
Umweltdienstleistungen	5,9	7,9	- 2,0	- 15,1
Industriesysteme	11,5	10,1	1,4	15,0
Bau	6,5	8,4	- 1,9	5,3
Summe Unternehmensbereiche	**13,0,**			**14,8**
Telekommunikation	- 24,7	9,7	- 34,4	- 19,7
Konzern	**11,5**	**6,5**	**5,0**	**13,1**

Abb. 9.3: Wertbeiträge der Unternehmensbereiche im RWE-Konzern (vgl. BÖRSIG 2000)

Hierauf aufbauend werden in Abb. 9.3 die Wertbeiträge der einzelnen Geschäftsbereiche quantifiziert, indem der erwirtschaftete und auf das Gesamtkapital bezogene ROI mit den WACC verglichen wird. Die Differenz stellt den Wertbeitrag bzw. die Wertvernichtung dar.

Schließlich ist mit den WACC stets eine Durchschnittsbetrachtung der Fremdkapitalkosten verknüpft. Die Fremdkapitalkosten variieren aber in Abhängigkeit von der Refinanzierungslaufzeit. Da unterschiedliche Investitionen unterschiedliche Nutzungsdauern und damit auch unterschiedliche Refinanzierungslaufzeiten aufweisen, führt auch diese Durchschnittsbetrachtung zu Problemen. Nur angemerkt sei, dass dieses Problem bei der Anwendung der Marktzinsmethode nicht existiert.

Zusammenfassend bleibt festzustellen, dass die mit dem WACC-Konzept verbundene Durchschnittsbetrachtung problematisch ist. Sinnvoller ist die direkte Zuordnung des Fremdkapitals bzw. der Fremdkapitalkosten zu einzelnen Geschäftsfeldern bzw. Investitionen. Im Industriemodell der Marktzinsmethode ergibt sich dieses Problem erst gar nicht.

III. Integrierte Risiko-/Renditesteuerung zur Optimierung des Eigenkapitaleinsatzes

1. Transformation der Renditeforderungen

Im Zentrum des Wertmanagements steht die Forderung der Investoren, eine angemessene Rendite bzgl. des von ihnen investierten Kapitals zu erhalten. Für risikofreie Investitionen verlangen sie eine Mindestverzinsung in Höhe des risikofreien Zinssatzes. Für risikobehaftete Investitionen verlangen sie zusätzlich eine Risikoprämie. Bezugsbasis der Renditeforderung ist das investierte Kapital, das dem Marktpreis des Eigenkapitals entspricht.

Wie bereits erwähnt, kann es am Markt zu Über- oder Unterbewertungen eines Unternehmens kommen. In solchen Fällen würden sich angesichts des „falschen" Marktpreises zu hohe oder zu niedrige Ergebnisansprüche ergeben. Dann können Interessenkonflikte zwischen dem Management auf der einen und den Eigentümern auf der anderen Seite auftreten. Sachlich richtig wäre es, die Renditeforderungen stets auf den „objektiv richtigen" Unternehmenswert zu beziehen.

Für den Gesamtanspruch der Investoren gilt demnach:

$$EK_{MW} \times (RFZ + RP) = EA = J\ddot{U}^{Soll}$$

mit: EA = Ergebnisanspruch; EK = Eigenkapital; $J\ddot{U}^{Soll}$ = Soll-Jahresüberschuss; MW = Marktwert; RFZ = Risikofreier Zins; RP = Risikoprämie

Dividiert man diese Gleichung auf beiden Seiten durch den Buchwert des Eigenkapitals, so ergibt sich:

$$\frac{EK_{MW}}{EK_{BW}} \times (RFZ + RP) = \frac{J\ddot{U}^{Soll}}{EK_{BW}}$$

$$\text{mit } \frac{EK_{MW}}{EK_{BW}} = MBV \text{ und } \frac{J\ddot{U}^{Soll}}{EK_{BW}} = EKR^{Soll}$$

folgt:

$$MBV \times (RFZ + RP) = EKR^{Soll}$$

mit: EA = Ergebnisanspruch; EK = Eigenkapital; EKR = Eigenkapitalrentabilität; $J\ddot{U}^{Soll}$ = Soll-Jahresüberschuss; MW = Marktwert; MBV = Markt-/Buchwert-Verhältnis; RFZ = Risikofreier Zins; RP = Risikoprämie

Anstelle des Buchwertes des Eigenkapitals hätte hier auch das Risikokapital eingesetzt werden können. So lassen sich die Renditeansprüche auf beliebige Bezugsgrößen **umrechnen**. Wenn den Geschäftsfeldern, ausgehend von dieser gesamtgeschäftsbezogenen Betrachtung, Renditeansprüche zugewiesen werden, müssen also entweder Eigenkapitalbuchwerte, Risikokapital oder Eigenkapitalmarktwerte zuvor auf die Geschäftsfelder verteilt werden.

2. Renditeansprüche in Abhängigkeit von der Art der Eigenkapitalzuweisung

Eine Verteilung des Buchwertes **proportional zum Geschäftsvolumen** sollte aus den genannten Gründen unbedingt vermieden werden. Bei einer solchen Vorgehensweise würde weder über dem Renditeanspruch noch über die Kapitalzuweisung dem unterschiedlichen Risikogehalt innerhalb einzelner Geschäftsbereiche Rechnung getragen werden. Alle Geschäftsbereiche würden so bewertet, als würden sie identische Risikostrukturen aufweisen. Eine risikoadäquate Kapitalverteilung wird dadurch nicht erreicht. Eine Vergleichbarkeit der Ergebnisse kann nicht hergestellt werden. Denn auf diese Weise wird Geschäftsbereichen mit hohem Risikopotenzial zu wenig, solchen mit niedrigem Potenzial zu viel Risikotragfähigkeitspotenzial überlassen.

Die Orientierung an **Normwerten für Eigenkapitalquoten** würde zumindest eine Verbesserung darstellen. Aber auch diese Variante würde nur näherungsweise dem tatsächlichen Risiko einzelner Bereiche gerecht werden.

Die gleichen Probleme würden auftreten, wenn anstelle des Buchwertes der Marktwert proportional zum Geschäftsvolumen oder über Normwerte für Eigenkapitalquoten verteilt wird.

Im Sinne des Wertmanagements optimal wäre es, wenn für jeden Bereich die Marktwerte des Eigenkapitals ermittelt werden könnten. In einem solchen Fall wäre es jedoch kaum sinnvoll, mit einem einheitlichen Renditeanspruch zu kalkulieren. Vielmehr würden sich über die Volatilitäten der Eigenkapitalmarktwerte individuelle Renditeansprüche ermitteln lassen. Ursache für solchermaßen variierende Renditeansprüche ist das unterschiedlich hohe Risiko in einzelnen Geschäftsbereichen.

Die Problematik der Zuordnung von Eigenkapitalkosten und Eigenkapital soll anhand eines Beispiels erörtert werden. Zwei Unternehmen weisen denselben Brutto-Unternehmenswert von 100 GE vor Abzug des Fremdkapital-Marktwertes auf. Die Unternehmung A muss zur Bestimmung des Marktwertes des Eigenkapitals einen Marktwert des Fremdkapitals von 80 GE in Abzug bringen. Hieraus folgt ein Marktwert des Eigenkapitals von 20 GE. Für Unternehmung B resultiert aus einem Marktwert des Fremdkapitals von 60 GE ein Marktwert des Eigenkapitals von 40 GE. Das Risiko ist jedoch bei der Unternehmung A höher als bei der Unternehmung B. Deshalb ist es nicht verwunderlich, dass der Renditeanspruch der Investoren gegenüber A höher ausfällt als gegenüber B. Denn aufgrund der bei A niedrigeren Eigenkapitalausstattung ist die Gefahr, dass schlagend werdende Verluste zu einem Verzehr des Eigenkapitals führen, deutlich höher.

So sei für beide Unternehmen eine Schwankung des (Brutto-)Unternehmenswertes (vor Abzug des Fremdkapitalmarktwertes) von 10 % unterstellt. Im Folgenden wird auf die statistischen Elemente des Value at Risk-Konzepts zurückgegriffen (vgl. *Siebtes Kapitel*). Darin werden die in Prozent gemessenen Volatilitäten mit einem Z-Wert multipliziert. Von der Höhe des gewählten Z-Wertes ist zum einen das mögliche Schwankungsintervall der Ergebniswerte abhängig (im Beispiel führt z = 1 zu einem Intervall von +/- 10 %, z = 2 zu +/- 20 %, z = 3 zu +/- 30 %, z = 4 zu +/- 40 % etc.). Zum anderen wird über den Z-Wert die Wahrscheinlichkeit dafür vorgegeben, dass die zukünftigen Ergebniswerte den unteren Rand des Ergebniskorridors (- 10 %, - 20 %, - 30 %) **nicht** unterschritten wird. So beträgt die Gefahr, dass der untere Rand von - 10 % bei einem Z-Wert von 1 noch unterschritten wird, 16 %, bei z = 2 und - 20 % sind es 2,28 %, bei z = 3 und - 30 % sind es 0,2 % und bei z = 4 und - 40 % sind es 0,003 %.

Bei einem Z-Wert von 2 schwanken beide Brutto-Unternehmenswerte um 20 GE (= 100 GE x 10 % x 2). Im Falle der Unternehmung A wäre jedoch bei schlagend werdendem Risiko das Eigenkapital verbraucht (20 GE − 20 GE = 0 GE), während B noch über eine Reserve von 20 GE (= 40 GE − 20 GE = 20 GE) verfügt. Hieraus lässt sich in einer vereinfachten Rechnung dass Risiko der Schwankung des Eigenkapitalmarktwertes berechnen. Dazu wird unterstellt, dass der Marktwert des Fremdkapitals konstant bleibt. Die Schwankung des Unternehmenswertes muss dann zur Berechnung der Schwankung des Eigenkapitalmarktwertes in Relation zum Eigenkapitalmarktwert gesetzt werden. Die Schwankung beträgt demnach für A 100 % (= 20 GE / 20 GE) und für B 50 % (= 20 GE / 40 GE).

Die Renditeanforderungen setzen sich aus 5 % risikofreier Verzinsung und 0,25 % Rendite für jeweils 4 % Risiko zusammen. Daraus resultiert ein Renditeanspruch von 11,25 % (= 5 % + $\frac{100\%}{4\%}$ · 0,25 %) für den Bereich A und 8,125 % (= 5 % + $\frac{50\%}{4\%}$ · 0,25 %) für den Bereich B zusammen. Beide Renditeforderungen beziehen sich auf den Marktwert des Eigenkapitals. Der absolute Gewinnanspruch beträgt somit 2,25 GE (= 20 GE · 11,25 %) für A und 3,25 GE (= 40 GE · 8,125 %) für B.

Nun sei angenommen, dass beide Unternehmen fusionieren. Vor dem Hintergrund des Wertadditivitätstheorems ergibt sich ein Gesamt-(Brutto-)Unternehmenswert von 200 GE (= 100 GE + 100 GE). Die Summe des Fremdkapitalmarktwertes beträgt 140 GE (= 80 GE + 60 GE). Der Marktwert des Eigenkapitals beträgt 60 GE (= 20 GE + 40 GE).

Innerhalb des entstandenen Konzerns ergibt sich der konzernweite Renditeanspruch als Durchschnittswert der ursprünglichen Renditeansprüche. Aus einem Gesamtergebnisanspruch von 5,5 GE (= 2,25 GE + 3,25 GE) resultiert eine Renditeforderung von 9,17 % (= 5,5 GE / 60 GE). Diese kann auch über das Gesamtrisiko ermittelt werden. Letzteres beträgt 66,67 % [= (20 GE + 20 GE) / (40 GE + 20 GE)]. In die Renditeformel eingesetzt ergibt sich ein Renditeanspruch von 9,17 % (= 5 % + $\frac{66,67\%}{4\%}$ · 0,25 %).

Anschließend ist zu entscheiden, ob die in einem Konzern vereinten Bereiche A und B fortan einen **einheitlichen** oder einen **individuellen** Renditeanspruch erfüllen sollen. Für die Antwort ist entscheidend, ob der Konzern den Untergang einzelner Geschäftsbereiche mit **identischem** oder mit **unterschiedlichem** Risiko hinnehmen will.

Denkbar wäre, dass der Konzern die ursprünglichen Vorgaben aus dem Zeitraum vor der Fusion übernimmt. Dann wird dem Geschäftsbereich A das zweifache der Schwankung des (Brutto-) Unternehmenswertes als Kapital zugewiesen. Somit beträgt dass Risiko, dass dieser Betrag von 20 GE (= 100 GE · 2 · 10 %) verbraucht wird, 2,28 %. Gleichzeitig wird dem Bereich B das vierfache Wertschwankung zugewiesen. Bei einer Kapitalzuweisung von 40 GE (= 100 GE · 4 · 10 %) beträgt das Risiko des vollständigen Verzehr des Eigenkapitals nur 0,003 %. Diese unterschiedlichen Untergangsrisiken von 2,28 % für A und 0,003 % für B müssen unbedingt in den Renditeforderungen mit berücksichtigt werden. Demgemäß müssten die geschäftsfeldspezifischen Eigenkapitalkosten unterschiedlich hoch sein und den o. g. Werten für die einzelnen Geschäftsbereiche vor der Fusion entsprechen.

Würde die Kapitalzuweisung proportional zum Risiko erfolgen, müssten bei einem Z-Wert von 3 jedem Bereich 30 GE (= 100 GE · 3 · 10 %) Kapital zugewiesen werden. Jetzt beträgt das Untergangsrisiko in beiden Bereichen 0,135 %. Mit einer Wahrscheinlichkeit von 0,135 % wird der den Bereichen zugewiesene Kapitalbetrag somit verbraucht. Das Risiko, dass der zur Verfügung stehende Kapitalbetrag aufgezehrt wird, ist in beiden Fällen gleich hoch. Demgemäß kann auch mit einem identischen Renditeanspruch von jeweils 9,17 % gerechnet werden. Daraus resultiert ein Ergebnisanspruch von 2,75 GE für A und B. Der Gesamtergebnisanspruch beträgt 5,5 GE.

Im Beispiel ist interessanterweise der Gewinnanspruch gegenüber B von 3,25 GE auf 2,75 GE gesunken. Ursache hierfür sind die zwischen der risikofreien Verzinsung und der Risikoprämie gewählten Relationen. Durch die im Vergleich zu A überdurchschnittlich hohe Kapitalausstattung wurde B zu einer über den risikofreien Zins von 5 % determinierten Mindestverzinsung von 2 GE (= 40 GE · 5 %) gezwungen. Demgegenüber betrug die Risikoprämie nur 1,25 GE (= 3,25 GE – 2 GE). Bei A ergab sich ein Mindestverzinsungsanspruch von 1 GE (= 20 GE · 5 %) bei einer Risikoprämie von ebenfalls 1,25 GE (= 2,25 GE – 1 GE). Dieser aus einer überdurchschnittlichen Eigenkapitalausstattung resultierende „Ballast" konnte durch die konzerninterne Kapitalzuweisung mit identischen Risikohöhen auf den Unternehmensbereich B übertragen werden.

Unternehmen sollten demnach versuchen, das Eigenkapital so zuzuweisen, dass die Wahrscheinlichkeit eines Aufzehrens des Eigenkapitals über alle Geschäftsfelder hinweg gleich hoch ist. Dann können die durchschnittlichen Eigenkapitalkosten der gesamten Unternehmung über das zugewiesene Eigenkapital auf die Geschäftsbereiche verteilt werden. Geschäftsfeldspezifisch unterschiedlich hohe Renditeforderungen wären nicht erforderlich.

Im vorangegangenen Beispiel wurde stets der gesamte Marktwert des Eigenkapitals auf die Geschäftsbereiche verteilt. Zuvor wurde bereits erklärt, dass eine Unternehmung tendenziell nicht Marktwerte sondern – im Sinne des Risikotragfähigkeitskalküls – lediglich die vorhandenen Risikodeckungsmassen als **Risikokapital** den Geschäftsbereichen zuweisen wird. Selbst dann werden vermutlich nicht alle Risikodeckungsmassen den Geschäftsbereichen zur Verfügung gestellt. Über den Aufbau eines Systems von Risikolimiten, die dem maximal verzehrbaren Risikokapital entsprechen (vgl. *Siebtes Kapitel*), werden die bereitgestellten Deckungsmassen nur einen vorgegebenen Teil des gesamten Deckungspotenzials ausmachen.

Bei einer **risikoproportionalen Verteilung der Risikodeckungsmassen** hat diese Vorgehensweise auf die Renditeansprüche keinerlei Auswirkungen. Für das o. g. Beispiel sei unterstellt, dass der Konzern fortan nur noch 40 GE Deckungsmassen über einen Z-Wert von 2 auf die Bereiche verteilen will. So erhalten A und B jeweils 20 GE (= 100 GE · 2 · 10 %). Unterstellt sei ferner, dass der Buchwert insgesamt 50 GE beträgt. Stille Reserven existieren nicht. Somit entspricht der Buchwert der Summe der insgesamt verfügbaren Risikodeckungsmassen. Es werden 80 % (= 40 GE / 50 GE) der Risikodeckungsmassen auf die Geschäftsbereiche verteilt. Der Gesamtergebnisanspruch, bestehend aus risikofreier Verzinsung und Risikoprämie, beträgt nach wie vor 5,5 GE. Dieser Betrag muss jetzt aber über die in Form von Risikokapital bereitgestellten Risikodeckungsmassen verteilt werden. So erhöht sich die auf das Risikokapital bezogene Renditeforderung auf 13,75 %. Für die Geschäftsbereiche ergibt sich aber immer noch eine Gewinnforderung von jeweils 2,75 GE (= 40 GE · 13,75 %).

Das Beispiel zeigt, dass trotz der gegenüber dem Eigenkapitalmarktwert geringeren Risikodeckungsmassen bei einer risikoproportionalen Kapitalzuteilung die aus risikofreier Verzinsung und Risikoprämie sich zusammensetzende Renditeforderung nicht in ihre Bestandteile zerlegt werden muss.

Aus Vereinfachungsgründen wurden im Beispiel einheitliche Unternehmenswerte und Wertschwankungen hierfür unterstellt. Die Berechnungen führen allerdings zu identischen Erkenntnissen, wenn diese Parameter variiert werden.

In der Finanzierungstheorie wurden für die Analyse der zuvor erörterten Zusammenhänge sogenannte **risikoadjustierte Performance-Kennzahlen (RAPM = Risk Adjusted Performance Measurement)** definiert. Die beiden zentralen RAPM-Kennziffern sind die Kennzahlen **RORAC** (Return on Risk Adjusted Capital) und **RAROC** (Risk Adjusted Return on Capital). Diese Kennzahlen werden folgendermaßen berechnet:

$$\text{Ziel-/Ist-RORAC} = \frac{\text{Ziel-/Ist-Gewinn}}{\text{Risikokapital}}$$

$$\text{RAROC} = \frac{\text{Ist-Gewinn} - \text{Eigenkapitalkosten}}{\text{Risikokapital}}$$

$$\text{RAROC} = \frac{\text{Ist-Gewinn} - \text{Ziel-RORAC} \times \text{Risikokapital}}{\text{Risikokapital}}$$

$$\text{RAROC} = \text{Ist-RORAC} - \text{Ziel-RORAC}$$

Die Kennziffer RORAC lässt sich demnach sowohl für Planungs- als auch für Kontrollzwekke einsetzen. Die Kennziffer RAROC ist letztlich aus der Kennziffer RORAC abgeleitet worden. Für den RORAC werden grundsätzlich individuelle Werte vorgegeben. Demgegenüber sollte der RAROC mindestens Null betragen. Je positiver der RAROC-Wert ist, desto größer ist die damit einhergehende Wertsteigerung.

Zusammenfassend bleibt festzustellen, dass für die optimale Kapitalallokation im Sinne des Wertmanagements erst die genaue Kenntnis der Eigenkapitalkosten und des zuzuweisenden Eigenkapitals zur richtigen Beurteilung einzelner Geschäftsfelder führt. Vor allem aus der Sicht des Risikotragfähigkeitskalküls sollte dabei die Verteilung von Risikokapital vorangetrieben werden. Denn mit der Zuweisung von Risikokapital geht zwangsläufig der Aufbau eines umfassenden Risikolimitsystems einher. Mit der Kennziffer RORAC werden diese die Integration von Risiko und Rendite betreffenden Aussagen in einem einzigen Wert verdichtet.

3. Der Prozess der Risikokapitalallokation

Für eine Kapitalallokation im Sinne der beiden zentralen Grundsätze des Risiko-Controllings bietet sich also die Zuweisung von Risikokapital an. Mit den bisherigen Ausführungen wurde noch keine abschließende Aussage darüber getroffen, wie die Risikokapitalallokation einer Unternehmung optimiert werden kann und wie sich gegebenenfalls bessere Performance-Werte im Sinne günstigerer Risiko-/Rendite-Verhältnisse erreichen lassen.

Technisch besteht der dafür erforderliche Allokationsprozess aus zwei Stufen:

- Auf der **ersten Stufe** ist das Risikokapital als Ausdruck des tolerierten Risikos mit geschäftspolitisch normierten Wahrscheinlichkeiten zu bestimmen.
- Auf der **zweiten Stufe** erfolgt die Aufteilung des gesamtunternehmensbezogenen Risikokapitals auf die einzelnen Geschäftsbereiche.

Da beide Stufen nicht unabhängig voneinander sind, müssen sie ähnlich wie dies im Budgetierungsprozess üblich, auf dem Wege eines iterativen Prozesses mit einem kombinierten top-down/bottom-up-Ansatz verbunden werden. Das reine Durchlaufen dieser beiden Schritte garantiert natürlich noch nicht, dass die Risikokapitalallokation ökonomischen Optimalitätskriterien genügt. Eine optimale Risikokapitalallokation ist erst dann vollzogen, wenn diese

Allokation gleichzeitig den (Ist-)RORAC der Unternehmung bzw. den Unternehmenswert maximiert.

Dadurch wird der Prozess der optimalen Risikokapitalallokation zu einem komplexen Problem, das sich letztlich nur durch die Anwendung eines **EDV-technisch zu verarbeitenden Algorithmus** lösen lässt. Ein sukzessiver Planungsansatz kann hier nicht angewendet werden. Der RORAC muss von daher unter Berücksichtigung zahlreicher Nebenbedingungen maximiert werden. Hierbei handelt es sich beispielsweise um:

- die Gewinnerwartungen in den einzelnen Geschäftsbereichen,
- geschäftspolitisch fixierte bzw. marktlich existierende Beschränkungen in den verschiedenen Geschäftsfeldern,
- Risikokorrelationseffekte zwischen den Geschäftsbereichen,
- u.a.

Besonders problematisch ist dabei natürlich, dass einzelne der oben genannten Parameter nur schwer prognostiziert werden können und typischerweise auch starken Schwankungen unterworfen sind, so dass rechnerische Optimallösungen ständig an die veränderten Daten angepasst werden müssten bzw. für diese Änderungen entsprechende Vorkehrungen zu treffen wären.

Zu konstatieren ist jedenfalls, dass beim derzeitigen Erkenntnisstand keine leistungsfähigen Modelle zur praktischen Lösung des skizzierten Problems existieren. Hier werden noch erhebliche Forschungsanstrengungen erforderlich sein.

Literaturverzeichnis

Adam, D. (1997): Investitionscontrolling, 2. Aufl., München, Wien, 1997.

Agthe, K.: (1972): Strategie und Wachstum der Unternehmung. Praxis der langfristigen Planung, Baden-Baden/Bad Homburg 1972.

Albach, H. (1970): Informationsgewinnung durch strukturierte Gruppenbefragungen – Die Delphin-Methode, in: ZfB, 40. Jg., 1970, Ergänzungsheft, S. 11 ff.

Albach, H. (1974): Innerbetriebliche Lenkpreise als Instrumente dezentraler Unternehmensführung, ZfbF 1974, S. 216-242.

Albach, H. (1999): Eine allgemeine Theorie der Unternehmung, in: ZfB, Heft Nr. 4, 69. Jg., 1999, S. 411-427.

Alexander, J. C./ Spivey M. F./ Wayne Marr, M. (1997): Nonshareholder constituency statues and shareholder wealth: A note, in: JoBF, Vol. 21, No. 3, March, 1997, pp. 417 - 432.

Allais, M. (1979): The Foundations of a Positive Theory of Choice Involving Risk and a Criticism of the Postulates and Axioms of the American School, in: Allais, M./Hagen, O., (Hrsg.): Expected Utility and the Allais Paradox, 1979.

Allais, M. (1979a): The So Called Allais Paradox and Rational Decisions under Uncertainty, in: Allais, M./Hagen, O. (Hrsg.): Expected Utility and the Allais Paradox, 1979.

Amshoff, B. (1993): Controlling in deutschen Unternehmungen: Realtypen, Kontext und Effizienz, 2. Aufl., Wiesbaden 1993.

Ansoff, H. I. (1979): Strategic Management, London/Basingstoke 1979.

Arnaout, A./ Hildebrandt, J./ Werner, H. (1998): Einsatz der Conjoint-Analyse im Target Costing, in: Controlling, Zeitschrift für erfolgsorientierte Unternehmenssteuerung, Heft Nr. 5, September/Oktober, 10. Jg., 1998, S. 306 - 315.

Arnsfeld, T. (1998): Deduktion einer grenzkostenorientierten Eigenkapitalkosten-kalkulation für Banken, in: Schriftenreihe des Zentrums für Ertragsorientiertes Bankmanagement, Bd. 19, Frankfurt a. M. 1998.

Backhaus, K (1992): Investitionsgütermarketing, 3. Aufl., München 1992.

Baden, A. (1998): Die strategische Kostenrechnung, in: ZfB, Heft Nr. 6/Juni, 68. Jg., 1998, S. 605 – 626.

Baetge, J. (1998): Aktuelle Entwicklungen bei Bonitätsbeurteilung mit Hilfe Neuronaler Netze, in: Rolfes, B./Schierenbeck, H./Schüller, S. (Hrsg): Gesamtbankmanagement – Integrierte Risiko-Ertragssteuerung in Kreditinstituten, Frankfurt a. M. 1998, S. 137-157.

Baetge, J. (1998a): Stabilität des Bilanzbonitätsindikators bei internationalen Abschlüssen und Möglichkeiten zur Bepreisung von Bonitätsrisiken auf der Basis von A-posteriori-Wahrscheinlichkeiten, in: Oehler; A. (Hrsg.): Credit Risk und Value-at-Risk Alternativen – Herausforderungen für das Risk Management, Stuttgart 1998, S. 2-29.

Baetge, J./Jerschensky, A. (1996): Beurteilung der wirtschaftlichen Lage von Unternehmen mit Hilfe von modernen Verfahren der Jahresabschlußanalyse, in: DB 1996, S. 1581-1591.

Baird, I./Thomas, H. (1985): Toward a Contingency Model of Stategic Risk Taking, in: Academy of Management Review, Vol. 10, S. 230-243.

Ballwieser, W. (2000): Wertorientierte Unternehmensführung: Grundlagen, in: ZfbF, 52. Jg., März 2000, S. 160-166.

Bamberg, G./Coenenberg, A. G. (1996): Betriebswirtschaftliche Entscheidungslehre, 9. Aufl., München 1996.

Bärtl, O./Pfaff, D. (1997): Wertorientierte Unternehmenssteuerung mit differenzierten Kapitalkosten, in: ZfbF, Heft Nr. 4, 49. Jg., 1997, S. 370-378.

Bartram, S. M. (1999): Corporate Risk Management, Bad Soden/Ts 1999.

Bauer, Ch. (1992): Das Risiko von Aktienanlagen: Die fundamentale Analyse und Schätzung von Aktienrisiken, Münster, Köln 1992

Baumgartner, B. (1980): Die Controller-Konzeption: Theoretische Darstellung und praktische Anwendung, Schriftenreihe des Instituts für betriebliche Forschung der Universität Zürich, Bd. 35, Bern/Stuttgart 1980.

Baumol, W. J. (1952): The transactions demand for cash: An inventory theoretic approach, in: QJE, Vol. 66, 1952, S. 545ff.

Bausch, A./Kaufmann, L. (2000): Innovationen im Controlling am Beispiel der Entwicklung monetärer Kennzahlensysteme, in: Controlling, März 2000, S. 121-128.

Beaver, W. H./Parker, G. (1995): Risk Management: Problems & Solutions, New York et al. 1995.

Beck, M. S. (1989): Devisenmanagement, Wechselkursrisiken aus operativer und strategischer Sicht, in: Hagenmüller, K.-F./Engels, W./Kolbeck, R. (Hrsg.): Schriftenreihe für Finanzierung, Bd.5, Wiesbaden 1989.

Becker, H. (1997): Neue Anforderungen im Berufsleben: Controller - ein Berufsbild im Wandel, in: Gabler's Magazin, Heft: 3, 1997, S. 42-43.

Becker, W./ Benz, K. (1997): Effizienz-Verständnis und Effizienz-Instrumente des Controlling, in: DBW, Heft Nr. 5, September/Oktober, 57. Jg., 1997, S. 655 – 671.

Beranek, W. (1995): Analysis for Financial Decisions, 2nd ed., Homewood 1965.

Berens, W./Karlowitsch, M./Mertes, M. (2000): Die Balanced Scorecard als Controllinginstrument in Non-Profit-Organisationen, in: Controlling, 12. Jg., Januar 2000, S. 23-28.

Bernstein, P. L. (1993): Capital Ideas: The improbable origins of modern Wall Street, New York, 1993.

Bernstein, P. L. (1997): Wider die Götter: Die Geschichte von Risiko und Risikomanagement von der Antike bis heute, München, 1997.

Berry, A./Phillips, J. (1998): Enterprise Risk Management: Pulling It Together, in: Risk Management, September 1998, S. 53-58

Bitz, H. (2000): Risikomanagement nach KonTraG, Stuttgart 2000.

Bitz, M. (1997): Bernoulli-Prinzip und Risikoeinstellung, Diskussionsbeitrag Nr. 241, in: Diskussionsbeiträge Fachbereich Wirtschaftswissenschaft, Fernuniversität Hagen, Hagen, 1997.

Black, F./Jensen, M. C./Scholes, M. (1972): The Capital Asset Pricing Model: Some Empirical Tests, in: Jensen, M. C. (Hrsg.): Studies in the Theory of Capital Markets, New York 1972, S. 79-124.

Bleicher, K. (1999): Das Konzept Integriertes Management, 5. Aufl., Frankfurt/New York 1999.

Blochwitz, S./Eigermann, J. (1999): Effiziente Kreditrisikobeurteilung durch Diskriminanzanalyse mit quantitativen Merkmalen, in: Eller, R./Gruber, W./Reif, M. (Hrsg.): Handbuch Kreditrisikomodelle und Kreditderivate, Stuttgart 1999, S. 3-23.

Blochwitz, S/Eigermann, J. (2000): Unternehmensbeurteilung durch Diskriminanzanalyse mit qualitativen Merkmalen, in: ZfbF, 52. Jg., Februar 2000, S. 58-73.

Blohm, H. (1969): Informationswesen, in: Grochla, E. (Hrsg.): HWO, Stuttgart 1969, Sp. 727-734.

Blohm. H./Lüder, K. (1995): Investition. Schwachstellen im Investitionsbereich des Industriebetriebes und Wege zu ihrer Beseitigung, 8. Aufl., München 1995.

Böckem, H./D'Arcy, A. (1999): Evolution of (International) Accounting Systems, in: ZfbF, Heft Nr. 1, 51. Jg., 1999, S. 60-76.

Boquist, J. A./Moore, W. T. (1983): Estimating the Systematic Risk of an Industry Segment : A Mathematical Programming Approach, in: Financial Management, Vol 12, 1983, S. 11-18.

Born, K. (1995): Unternehmensanalyse und Unternehmensbewertung, Stuttgart, 1995.

Börsig, C. (2000): Wertorientierte Unternehmensführung bei RWE, in: ZfbF, 52. Jg., März 2000, S. 167-175.

Botschatzke, W.: (1996): Koordination und Informationsversorgung als Kernfunktionen des Controllings, in: Steinle, C./Eggers, B./Lawa, D. (Hrsg.): Zukunftsgerichtetes Controlling, 2. Aufl., Wiesbaden 1996, S. 95-120.

Botta, V.r (1997): Kennzahlensysteme als Führungsinstrumente: Planung, Steuerung und Kontrolle der Rentabilität im Unternehmen, Berlin, 5. Aufl. 1997.

Bower, R./Jenks, J. (1975): Divisional Screening Rates, in: Financial Management, Vol. 12, 1983, S. 42-49.

Bowman, R. G. (1980): The Importance of a Market-Value Measurement of Debt in Assessing Leverage, in: Journal of Accounting Research, Vol. 18, 1980, S. 242-254.

Brakensiek, T. (1991): Die Kalkulation und Steuerung von Ausfallrisiken im Kreditgeschäft der Banken, in: Schierenbeck, H. (Hrsg.), Band 44 der Schriftenreihe des Instituts für Kreditwesen der Westfälischen Wilhelms-Universität Münster, Frankfurt a. M. 1991.

Bramsemann, R. (1990): Handbuch Controlling, 2. Aufl., München 1990.

Brealey, R. A./Myers, S. C. (1991): Principles of Corporate Finance, 4th ed., New York et al 1991.

Breid, V. (1997): Marktorientierte Risikoberücksichtigung in den Ansätzen der neoklassischen Finanzierungstheorie, in: BFuP, Heft Nr. 3, 1997, S. 308 – 321.

Brucklacher, D. (1994): MIS-gestützte Zusammenarbeit zwischen Controller und Management, in: Witt, F.-J. (Hrsg.): Controllingprofile, München 1994, S. 37-55.

Bruhn, M. (1998): Ein ganzheitliches Konzept der Wertorientierten Unternehmensführung?, in: Bruhn, M. et al. (Hrsg.): Wertorientierte Unternehmensführung, Wiesbaden 1998, S. 145-168.

Brunner, J. (1993): Rezepte für Controller: Anleitungen für bestandene und zukünftige Controller, in: Schriftenreihe der Vereinigung eidgenössisch diplomierter Buchhalter, Controller, Band 3, Bern, Stuttgart, Wien, 1993.

Bufka, J./ Schiereck, D./ Zinn, K. (1999): Kapitalkostenbestimmung für diversifizierte Unternehmen, in: ZfB, Heft Nr. 1, Januar, 69. Jg., 1999.

Bughin, J./Copeland, T. E. (1997): The virtuous cycle of shareholder vlaue creation, in: The McKinsey Quarterly, 2/1997, S. 156-167.

Buhl, H. U./Weinhardt, C. (1999): Informationssysteme in der Finanzwirtschaft, in: Wirtschaftsinformatik, 41. Jg, Heft 2, 1999, S. 103-104

Bühler, A. (1996): Management komplexer Zinsänderungsrisiken, in: Gehrig, B./Zimmermann, H., (Hrsg.): Fit for Finance, Zürich 1996, S. 285-304.

Bühler, W. (1999): Qualitätsdifferenzierung durch Value Added-Services, in: Die Bank, Heft Nr. 1, 1999, S. 25 - 31.

Bühler, W./Korn, O./Schmidt, A. (1998): Ermittlung von Eigenkapitalanforderungen mit „Internen Modellen", in: DBW, 58. Jg., 1/1998, S. 64-85.

Bühlmann, H.; Loeffel, H.; Nievergelt, E. (1969): Einführung in die Theorie und Praxis der Entscheidungen bei Unsicherheit, 2. Aufl., Berlin 1969.

Bühner, R./Sulzbach, K. (Hrsg.) (1999): Wertorientierte Steuerungs- und Führungssysteme, Stuttgart 1999.

Bundesverband deutscher Unternehmensberater BdU e. V. (Hrsg.) (1990): Controlling, Leitfaden für Controllingpraxis und Unternehmensberatung, 2. Aufl., Berlin, 1990.

Busch, V./Nölken, D./Tesch, R. (1999): Flexibilisierung von Unternehmensstrukturen auf Basis von Centerkonzeptionen, in: Controlling, 11. Jg, Oktober 1999, S. 477-476.

Busse von Colbe, W. (1957): Der Zukunftserfolg. Die Ermittlung des künftigen Unternehmenserfolgs und seine Bedeutung für die Bewertung von Industrieunternehmen, Wiesbaden 1975.

Callen, E./Shapero, D. (1974): A Theory of Social Imitation, in: Physics Today 27, No. 7, 1974.

Chambers, D./Carleton, W. (1988): Generalized Approach to Duration, in: Research in Finance, Vol. 7, 1988, S. 163-181.

Christensen, G. R./Andreus, K. R./Bower, J. L. (1973): Business Policy, 3. Aufl., Homewood, Ill. 1973.

Clark, C. H. (1980): Brainstorming, 3. Aufl., München 1980.

Cochran, W. G. (1972): Stichprobenverfahren, Berlin 1972.

Coenenberg, A. G. (1996): Kostenrechnung und Kostenanalyse, 3. Aufl., Landsberg/Lech, 1996.

Coenenberg, A. G. (1997): Billiger oder Besser – Was macht Unternehmen erfolgreich?, in: DBW, 57. Jg., Heft Nr. 3, 1997, S. 301 – 303.

Cooper, R./Kaplan, R. S. (1988): Measure Costs Right: Make the Right Decisions, in: Harvard Business Review, Vol. 66, 1988, S. 96-103.

Copeland, T. E./ Keenan, P. T. (1998): How much is flexibility worth?, in The McKinsey Quartely, No.2, 1998, pp. 38 – 49.

Copeland, T. E./ Keenan, P. T. (1998): Making real options real, in: The McKinsey Quartely, No. 3, 1998, p. 128 - 141.

Copeland, T. E./Weston, J. F. (1992): Financial Theory and Corporate Policy, 3th Ed., Reading et al. 1992.

Copeland, T./Koller, T./Murrin, J. (1993): Valuation, Measuring and Managing the Value of Companies, New York 1990, deutsche Ausgabe: Unternehmenswert: Methoden und Strategien für eine wertorientierte Unternehmensführung, Frankfurt/New York 1993.

Dellmann, K. (1999): Modell einer entscheidungsorientierten Kostenrechnung, in: ZfB, Nr. 5/6 1999, S. 617-642.

Demmler, W./Homburg, C. (1994): Controllingsystem: KSB AG, in: Witt, F.-J. (Hrsg.): Controllingprofile, München 1994, S. 17-34.

Deutsche Bundesbank (2000): Monatsberichte Januar bis Mai 2000.

Deutsches Aktieninstitut (1999) DAI-Factbook 1999, Frankfurt a. M. 1999.

Deyhle, A. / Eiselmayer, K. / Grotheer, M. / Hauser M. (1997): Controller's Vorgehensplan 2000 - Schrittliste für's Controller-Team in 16 Punkten mit integrierter Budget-Systematik, in: Controller Magazin, Heft: 1, 1997, S. 4 bis 59.

Deyhle, A./Steigmeier, B. (1993): Controller und Controlling, Bern/Stuttgart/Wien 1993.

Diederichs, K. (1998): Die Bewertung von Banken und ihren strategischen Geschäftsfeldern, J. P. Morgan, Brunnen 24. Juni 1998.

Donaldson, G. (1969): Strategy for Financial Mobility, Boston 1969.

Drukarczyk, J. (1998): Unternehmensbewertung, 2. Aufl., München 1998.

Dunst, K. H. (1982): Portfolio Management. Konzeption für die strategische Unternehmensplanung, 2. Aufl., Berlin, New York 1982.

DVFA/SG (1990): Ergebnis nach DVFA/SG. Gemeinsame Empfehlung, Darmstadt 1990.

Egger, A./Grün, O./Moser, R. (Hrsg.) (1999): Management- instrumente und –konzepte, Stuttgart 1999.

Eilenberger, G. (1997): Betriebliche Finanzwirtschaft, 6. Aufl., München, Wien 1997.

Elben, W. (1973): Entscheidungstabellentechnik, Berlin 1973.

Eller, R. (1991): Modified Duration und Convexity – Analyse des Zinsrisikos, in: Die Bank 1991, S. 322-326.

Emmerich, G. (1999): Risikomanagement in Industrieunternehmen – gesetzliche Anforderungen und Umsetzung nach dem KonTraG, in: ZfbF, 51. Jg., 11/1999, S. 1075-1089.

Everling, O. (1991): Ratingagenturen weltweit, in: Die Bank, 1991, S. 151-156.

Fabozzi; F. J. (1991): The Handbook of Fixed Income Securities, 3rd Ed., Illinois 1991.

Fama, E. F./French, K.P. (1992): The Cross-Section of Expected Stock Returns, in: Journal of Finance 47, 1992, S. 427-465.

Fama, E. F./Macbeth, J. (1973): Risk, Return and Equilibrium: Empirical Tests, in: Journal of Political Economics 81, 1973, S. 607-636.

Faßbender, H. (1973): Zur Theorie und Empirie der Fristigkeitsstruktur der Zinssätze. Untersuchungen über das Spar-, Giro- und Kreditwesen, in: Voigt, F. (Hrsg.): Abteilung A: Wirtschaftswissenschaft, Band 72, Berlin 1973.

Fasse, F.-W. (1995): Risk-Management im strategischen internalen Marketing, Bd. 10, Duisburg 1995.

Fastrich, H./Hepp, S. (1991): Währungsmanagement international tätiger Unternehmen, Stuttgart 1991.

Fehr, B. (1998): Wie das EVA-Konzept die Shareholder-Value-Bewegung antreibt, in: FAZ, Nr. 126, 03. Juni 1998, S. 31.

Feldmann, P. (1998): Focus on Risk, in: Risk Management, September 1998, S. 12-25.

Felton, R. F./ Hudnut, A. / Heeckeren, J. van (1996): Putting a value on board governance, in: The McKinsey Quarterly, No. 4, 1996, p. 170 – 175.

Financial Executive Institute (Hrsg.) (1962): The Controller, 1962, S. 289 (dt. Agthe, K., Controller, Sp. 353f.)

Fischer, E. O. (1999): Die relevanten Kalkulationszinsfüße in der Investitionsplanung, in: ZfB, 69. Jg., Juli 1999, S. 777-802.

Fischer, E. O. (1999a): Die Bewertung riskanter Investitionen mit dem risikolosen Zinsfuß, in: ZfB, Erg.-Heft Nr. 1, 1999, S. 25 – 42.

Fisher, L./Weil, R. L. (1971): Coping with the Risk of Interest-Rate, Fluctuations: Returns to Bondholders from Naive and Otimal Strategies, in: The Journal of Business, Vol. 44, 1971, S. 409-431.

Flechsig, R. (1982): Kundenkalkulation in Banken, Schriftenreihe des Instituts für Kreditwesen der Westfälischen Wilhelms-Universität Münster, Bd. 24, Frankfurt a. M. 1982.

Franz, K. P. (1990): Die Prozeßkostenrechnung im Vergleich mit der flexiblen Plankostenrechnung und der Deckungsbeitragsrechnung, in: Horváth, P. (Hrsg.): Strategieunterstützung durch das Controlling: Revolution im Rechnungswesen?, Stuttgart 1990.

Freygang, W. (1993): Kapitalallokation in diversifizierten Unternehmen: Ermittlung divisionaler Eigenkapitalkosten, Wiesbaden 1993.

Fröhling, O. (2000): Reward and Risk-Controlling, in: Controlling, 12. Jg., Januar 2000, S. 5-14.

Fuller, R. J./Kerr, H. S. (1981): Estimating the Divisional Cost of Capital: An Analysis of the Pure Play Technique, in: Journal of Finance, Vol. 36, 1981, S. 997-1009.

Fulton, C. (1973): Produktivitätssteigerung durch Wertanalyse, Frankfurt 1973.

Funk, J. (1999): Wie schaffen diversifizierte Unternehmen Wert?, in: ZfbF, 51. Jg., 7/8 1999, S. 759-772.

Gabriel, R./Frick, D. (1991): Expertensysteme zur Lösung betriebswirtschaftlicher Problemstellungen, in: Zeitschrift für betriebswirtschaftliche Forschung, 43. Jg., 1991, S. 544-563.

Gahlon, J. M./Gentry, J. A. (1982): On the Relationship between Systematic Risk and the Degree of Operating an Financial Leverage, in: Financial Management, Vol. 11, 1982, S. 15-23.

Garman, M. B./Kohlhagen, S. W. (1983): Foreign Currency Option Values, in: Journal of International Money and Finance, Vol. 2, 1983, S. 231-237.

Gehrig, B./Zimmermann, H. (1997): Fit for Finance, Zürich 1997.

Gerdsmeier, S./Krob, B. (1994): Kundenindividuelle Bewertung des Ausfallrisikos mit dem Optionspreismodell, in: Die Bank, 1994, S. 469-475.

Gerke, W. / Oerke, M. /Sentner, A. (1997): Der Informationsgehalt von Dividendenänderungen auf dem deutschen Aktienmarkt, in: DBW, Heft Nr. 6, November/Dezember, 57. Jg., 1997, S. 810 – 822.

Geschka, H./Hammer, R. (1997): Die Szenario-Technik in der strategischen Unternehmensplanung, in: Hahn, D./Taylor, B. (Hrsg.): Strategische Unternehmensplanung – strategische Unternehmensführung: Stand und Entwicklungstendenzen, Heidelberg 1997, S. 464-489.

Giegerich, U. (1999): Eine Risikosteuerung für Stromunternehmen, in: Frankfurter Allgemeine Zeitung, Nr. 128, 7. Juni 1999, S. 30.

Gomez, P. (1993): Wertmanagement, Vernetzte Strategien für Unternehmen im Wandel, Düsseldorf, Wien, New York, Moskau, 1993.

Gomez, P. / Weber, B. (1989): Akquisitionsstrategie, Wertsteigerung durch Übernahme von Unternehmungen, in: Institut für Betriebswirtschaft, HOCHSCHULE ST. GALLEN FÜR WIRTSCHAFTS, RECHTS UND SOZIALWISSENSCHAFTEN (Hrsg.): Entwicklungstendenzen im Management, Band 3, Stuttgart, Zürich, 1989.

Gordon, W. J. J. (1961): Synectics, New York 1961.

Gräfer, H. (1994): Bilanzanalyse, 6. Aufl., Herne/Berlin 1994.

Gramlich, D. (1998): Neuere Ansätze des betrieblichen Finanzmanagements, in: Der Betrieb, 51. Jg., Heft 8, Februar 1998, S. 377-381.

Grauel, R. (1992): Neuronale Netze, Mannheim 1992.

Grebe, U. (1993): Finanzwirtschaftliches Risikomanagement in Nichtbanken, Frankfurt a. M. et al. 1993.

Grob, H. L. (1989): Investitionsrechnung mit vollständigen Finanzplänen, München 1989.

Grob, H. L./Langenkämper, C./Wieding, A. (1999): Unternehmensbewertung mit VOFI, in: ZfbF, 51. Jg., 5/1999, S. 455-483.

Grob, H.-L./ Mrzyk, P. (1998): Risiko-Chancen-Analyse in der Investitionsrechnung, in: Controlling, Zeitschrift für erfolgsorientierte Unternehmenssteuerung, Heft Nr. 2, März/April, 10. Jg., 1998, S. 120 – 129.

Große-Oetringhaus, W. F. (1979): Praktische Projektgestaltung mit Netzplantechnik, 2. Aufl., Gießen 1979.

Guhse, S. (1967): Liquiditätsprognose auf der Grundlage von Phasenfolgen mit Hilfe von EDVA, Diss., Mannheim 1967.

Günther, T./Landrock, B./Muche, T. (2000): Gewinn- versus unternehmenswertbasierte Performancemaße, in: Controlling, 12. Jg, Februar 2000, S. 68-76.

Günther, T./Landrock, B./Muche, T. (2000): Gewinn- versus unternehmenswertbasierte Performancemaße, Teil II, in: Controlling, 12. Jg., März 2000, S. 129-134.

Gutenberg, E. (1998): Die Unternehmung als Gegenstand betriebswirtschaftlicher Theorie, Wiesbaden 1998.

Guthoff, A./Pfingsten, A./Wolf, J (1998): Der Einfluß einer Begrenzung des Value at Risk oder des Lower Partial Moment One auf die Risikoübernahme, in: DB Januar 1998.

Haase, K. D. (1980): Zur Planungs- und Kontrollorganisation des Controlling, in: DB 1980, S. 313-367.

Haase, K. D. (1996): Geschichte des Controlling, in: Schulte, C. (Hrsg.): Lexikon des Controlling, München/Wien 1996, S. 293-295.

Hachmeister, D. (1995): Der Discounted Cash Flow als Maß der Unternehmenswertsteigerung, Frankfurt a. M. et al. 1995.

Hachmeister, D. (1996): Die Abbildung der Finanzierung im Rahmen verschiedener Discounted Cash Flow-Verfahren, in: ZfbF, 38. Jg., 1996, S. 251-277.

Hachmeister, D. (1996a): Die Abbildung der Finanzierung im Rahmen verschiedener Discounted Cashflow-Verfahren, in: ZfbF, Heft Nr. 3, 48. Jg., 1996, S. 251-277.

Hachmeister, D. (1996b): Erwiderung zu den Anmerkungen von Frank Richter, in: ZfbF, Heft Nr. 10, 48. Jg., 1996, S. 931-933.

Hachmeister, D. (1997): Shareholder Value, in: DBW, 57. Jg., Heft 6, 1997, S. 823-839.

Hachmeister, D. (1997): Shareholder Value, in: DBW, Heft Nr. 6, 57. Jg., 1997, S. 823-839.

Hachmeister, D. (1997a): Der Cash Flow Return on Investment als Erfolgsgröße einer wertorientierten Unternehmensführung, in: ZfbF, Heft Nr. 6, 49. Jg., 1997, S. 556 – 579.

Hahn, D. (1996): Planung und Kontrolle, Planungs- und Kontrollsysteme, Planungs- und Kontrollrechnung, 5. Aufl., Wiesbaden 1996.

Hahn, D. (1996a): PUK, Controllingkonzepte, 5. Aufl., Wiesbaden, 1996.

Hahn, D. (1998): Konzepte strategischer Führung, Entwicklungstendenzen in Theorie und Praxis unter besonderer Berücksichtigung der Globalisierung, in: ZfB, Heft Nr. 6/Juni, 68. Jg., 1998, S. 563 - 579.

Hahn, D./Nicklas, M. (1999): PuK auf Basis eines einheitlichen periodischen Rechnungswesens und nach US-GAAP, in: Controlling, 11. JG., Februar 1999, S. 67-74.

Hansmann, F.: (1995): Quantitative Betriebswirtschaftslehre, Lehrbuch der modellgestützten Unternehmensplanung, 4. Aufl., München 1995.

Harris, R. S./O'Brian, T. J./Wakeman, D. (1989): Divisional Cost of Capital Estimation for Multi-Industry Firms, in: Financial Management, Vol. 18, 1989, S. 74-84.

Hauschildt, J. / Schewe, G. (1993): Der Controller in der Bank, Systematisches Informations-Management in Kreditinstituten, in: BÜSCHGEN, H. E./ KOPPER, H. (Hrsg.) Taschenbücher für Geld Bank Börse, Band 29, 2. Aufl., Frankfurt, 1993.

Henderson, B. D. (1968): Perspectives on Experience, Boston Consulting Group, Boston 1968.

Henderson, B. D. (1974): Die Erfahrungskurve in der Unternehmensstrategie, Frankfurt a. M. 1974.

Henderson, B. D. (1984): Die Erfahrungskurve in der Unternehmensstrategie, 2. Aufl., Frankfurt a. M. 1984.

Henzler, H. A. (Hrsg.) (1988): Handbuch Strategische Führung, Wiesbaden, 1988.

Heri, E.W. (1999): Risikomanagement auf des Messers Schneide, in: Finanz und Wirtschaft, Nr. 24, 27. März 1999, Seite 49.

Herter, R. (1994): Unternehmenswertorientiertes Management: Strategische Erfolgsbeurteilung von dezentralen Organisationseinheiten auf Basis der Wertsteigerungsanalyse, München, 1994.

Hicks, J. R. (1946): Value and Capital: An Inquiry into Some Fundamental Principles of Economic Theory, 2nd ed., Oxford 1946.

Hill, W. (1996): Der Shareholder value und die Stakeholder, in: Die Unternehmung 6/1996, S. 411-420.

Hill, W./Fehlbaum, R./Ulrich, P. (1992): Organisationslehre, Bd.2: Theoretische Ansätze und praktische Methoden der Organisation sozialer Systeme, 4. Aufl., Bern/Stuttgart 1992.

Hill, W./Fehlbaum, R./Ulrich, P. (1994): Organisationslehre, Bd. 1: Ziele, Instrumente und Bedingungen der Organisation sozialer Systeme, 5. Aufl., Bern/Stuttgart 1994.

Hinterhuber, H. H. (1996): Strategische Unternehmensführung, Band 1: Strategisches Denken und Band 2: Strategisches Handeln, &. Aufl., Berlin/New York 1996.

Hinterhuber, H. H./Sauerwein, E./Fohler-Norek, C. (Hrsg.) (1998): Betriebliches Risikomanagement, Wien 1998.

Ho, T. S. Y. (1992): Key Rate Durations: Measures of Interest Rate Risk, in: The Journal of Fixed Income, Vol. 9, 1992, S. 29-44.

Hoffmann, K. (1985): Risk Management: Neue Wege der betrieblichen Risikopolitik, Karlsruhe 1985.

Höhn, R. (1979): Stellenbeschreibung und Führungsanweisung. Die organisatorische Aufgabe moderner Unternehmensführung, 10. unveränderte Aufl., Bad Harzburg 1983.

Hölscher, R. (1987): Risikokosten-Management in Kreditinstituten – Ein integratives Modell zur Messung und ertragsorientierten Steuerung der bankbetrieblichen Erfolgsrisiken, in: Schierenbeck, H.

(Hrsg.), Band 36 der Schriftenreihe des Instituts für Kreditwesen der Westfälischen Wilhelms-Universität Münster, Frankfurt a. M. 1987.

Hölscher, R. (1999): Gestaltungsformen und Instrumente des industriellen Risikomanagements, in: Schierenbeck, H. (Hrsg.), Risk Controlling in der Praxis, Zürich 1999; S. 297-363.

Hölscher, R. (1999a): Die Praxis des Risiko- und Versicherungsmanagements in der deutschen Industrie, in: Schierenbeck, H. (Hrsg.), Risk Controlling in der Praxis, Zürich 1999, S. 413-455.

Hölscher, R. / Rücker, C. (1996): Investitions-Controlling auf der Basis der Marktzinsmethode, in: Controller Magazin, Heft Nr. 6, 1996, S. 368 – 378.

Homburg, C./Schnurr, P. (1998): Kundenwert als Instrument der Wertorientierten Unternehmensführung, in: Bruhn, M. et al. (Hrsg.): Wertorientierte Unternehmensführung, Wiesbaden 1998, S. 169-190.

Homburg, C./Zimmer, K. (1999): Optimale Auswahl von Kostentreibern in der Prozeßkostenrechnung, in: ZfbF, 51. Jg. 11/1999, S. 1042-1055.

Hornung, K./Reichmann, T./Diederichs, M. (1999): Risikomanagement, Teil I: Konzeptionelle Ansätze zur pragmatischen Realisierung gesetzlicher Anforderungen, in: Controlling, 11. Jg., Juli 1999, S. 317-325.

Horváth & Partner (Hrsg.) (1998): Prozeßkostenmanagement, 2. Aufl., München 1998.

Horvath, P. (Hrsg.) (1991): Synergien durch Schnittstellen-Controlling, Stuttgart, 1991.

Horvath, P. / Brokemper, A. (1998): Strategieorientiertes Kostenmanagement, in: ZfB, Heft Nr. 6/Juni, 68. Jg., 1998, S. 581 - 604.

Horváth, P. (1999): Controlling, 7. Aufl., München 1999.

Horváth, P. (1999a): Richtig verstanden ist Balanced Scorecard das künftige Managementsystem, in: FAZ Nr. 200, 30. August 1999, S. 29

Horváth, P./Meyer, R. (1989): Prozeßkostenrechnung – Der neue Weg zu mehr Kostentransparenz und wirkungsvolleren Unternehmensstrategien, in: Controlling, 1. Jg., 1989, Nr. 4, S. 214-219.

Hostettler, S. (1998): Economiv Value Added (EVA): Darstellung und Anwendung auf Schweizer Aktiengesellschaften, in: FICKERT, R. (Hrsg.): Schriftenreihe des Instituts für Rechnungslegung und Controlling, Bern, Stuttgart, Wien, 1998.

Hull, J. C. (1997): Options, Futures and Other Derivatives, 3rd ed., New Jersey, 1997.

Imo, C./Gith, T. (1989): Einführung in den Optionshandel, in: (Hrsg.): DTB Deutsche Terminbörse GMBH, in Zusammenarbeit mit IFCI International Finance & Commodities Institute, Wiesbaden 1989.

Jacobs, O. H./Oestreicher, A./Rheinboldt, R./Krahmer, E. (1999): Beurteilung der wirtschaftlichen Lage von Unternehmen, in: ZfB, Nr. 5/6 1999, S. 643-665.

Jaden, E. (1999): Risikomanagement in volatilen Märkten, in: FAZ Nr. 272, 22. Nov. 1999, S. 31.

Jantsch, E. (1967): Technological Forecasting in Perspective, Paris 1967.

Johannig, L. (1998): Value-at-Risk zur Marktrisikosteuerung und Eigenkapitalallokation, Bad Soden, 1998.

Kaeser, W. (1984): Controlling im Bankbetrieb, 2. Aufl., Bern/Stuttgart 1984.

Kahn, F. (1992): Using Option Pricing Theory to value assets, in: Global Finance, 1992.

Kahnemann, D./Tversky, A. (1979): Prospect Theory: An analysis of decisions under risk, in: Econometrica, Vol. 47, 1979, S. 262-291.

Kaltenhäuser, U. (1979): Das Aufgabenfeld des Controllers – Von der Rechnungsverantwortung zur Mitentscheidung, in: ZFO, 48. Jg., 1979, S. 429-434.

Kaplan, R. S. (1998): Shareholder value allein ist etwas dürftig!, in: Handelszeitung, Nr. 32, 5. August 1998, S. 11.

Kaplan, R. S./Norton, D. P. (Hrsg) (1997): Balanced Scorecard: Strategien erfolgreich umsetzen. Aus dem Amerikan. von Péter Horváth, Stuttgart 1997, (Handelsblatt-Reihe).

Kaplan, R. S./Norton, D. P.: (1996): The Balanced Scorecard. Translating Strategy into Action, Boston 1996.

Kaplan, R. S./Norton, D.P.: (1996a): Using the Balanced Scorecard as a Strategic Management System, Harvard Business Review, January-February 1996, p. 75 - 85.

Kempf, A. (1998): Was messen Liquiditätsmaße?, in: DBW, 58. Jg., 3/1998, S. 299-311.

Kendall, R. (1998): Risk Management , Wiesbaden 1998.

Kieser, A./Kubicek, H. (1992): Organisation, 3. Aufl., Berlin/New York 1992.

Kirmße, S. (1996): Die Bepreisung und Steuerung von Ausfallrisiken im Firmenkundengeschäft der Kreditinstitute, Frankfurt 1996.

Klenger, F. (1994): Operatives Controlling, 3. Aufl., München, 1994.

Knippschild, M. (1991): Controlling von Zins- und Währungsswaps in Kreditinstituten, in: Schriftenreihe des Instituts für Kreditwesen der Westfälischen Wilhelms-Universität Münster, Bd. 41, Frankfurt a. M. 1991.

Knoepfel, P. (Hrsg.) (1988): Risiko und Risikomanagement, Bd. 3, Basel/Frankfurt a. M. 1988.

Knorren, N. (1997): Unterstützung der Wertsteigerung durch Wert-Orientiertes Controlling (WOC), in: Kostenrechnungs-Praxis, Heft: 4, 1997, S. 203-210.

Knorren, N./Weber, J. (1997): Shareholder-Value – Eine Controlling-Perspektive - , Vallendar 1997.

Koch, H. (1977): Aufbau der Unternehmensplanung, Wiesbaden 1977.

Koch, H. (1983): Integrierte Unternehmensplanung, Wiesbaden, 1983.

KonTraG/Schitag Ernst & Young (Hrsg.) (1998): Risikomanagement –und Überwachungssystem im Treasury, Stuttgart, 1998.

Köpf, G. (1987): Ansätze zur Bewertung von Aktienoptionen – Eine kritische Analyse, in: Beschorner, M./Heinhold, M. (Hrsg.): Hochschulschriften zur Betriebswirtschaftslehre, Bd. 52, München 1987.

Koreimann, D. S. (1972): Systemanalyse, Berlin 1972.

Koreimann, D. S. (1976): Methoden der Informationsbedarfsanalyse. Berlin/New York 1976.

Kormann, B.: (1974): Vierzehn Maßnahmen zur Abwehr von Manipulationen in Planungs- und Kontrollsystemen, in: Deutsche Bank, 27. Jg., 1974, S. 1633ff. u. S. 1683ff.

Koyama, H. H./ Tassel, R. van (1998): How to trim capital spending by 25 percent, in: The McKinsey Quartely, No. 3, 1998, p. 143 - 153.

KPMG (1998): Integriertes Risikomanagement, Berlin 1998.

KPMG (1999): Reformen im Zeichen von Internationalität, Transparenz und Kontrolle, Berlin 1999.

Kralicek, P. (1991): Grundlagen der Finanzwirtschaft, Bilanzen, Gewinn- und Verlustrechnung, Cashflow, Kalkulationsgrundlagen, Frühwarnsysteme, Finanzplanung, Wien, 1991.

Kreikebaum, H. (1997): Strategische Unternehmensplanung, 6. Aufl., Stuttgart/Berlin/Köln 1997.

Kropp, M. (1999): Management und Controlling finanzwirtschaftlicher Risikopositionen, Bad Soden 1999.

Kruschwitz, L. (1995): Investitionsrechnung, 6. Aufl., Berlin/Heidelberg/New York 1995.

Kruschwitz, L./Löffler, A. (1997): Ross' APT ist gescheitert. Was nun?, in: Zfbf, Heft Nr. 7/8, 49. Jg., 1997, S. 644-651.

Kruschwitz, L./Löffler, A. (1997): Mors certa, hora incerta, in: ZfbF, Heft Nr. 12, 49. Jg., 1997, S. 1089-1101.

Kruschwitz, L./Milde, H. (1996): Geschäftsrisiko, Finanzierungsrisiko und Kapitalkosten, in: ZfbF, Heft Nr. 12, 48. Jg., 1996, S. 1115-1133.

Krystek, U./Müller, M. (1999): Frühaufklärungssysteme, in: Controlling, 11. Jg., April/Mai 1999, S. 177-184.

Krystek, U./Müller-Stewens, G. (1990): Grundzüge einer Strategischen Frühaufklärung, in: Hahn, D./Taylor, B. (Hrsg.): Strategische Unternehmensplanung. Strategische Unternehmensführung. Stand und Entwicklungstendenzen, 5. Aufl., Heidelberg 1990, S. 337-364.

Küpper, H.-U. (1995): Controlling: Konzeption, Aufgaben und Instrumente, Stuttgart 1995.

Küting, K. / Lorson, P. (1997): Messung der Profitabilität strategischer Geschäftsfelder: Grundsatzfragen einer Discounted-Cash-flow-basierten strategischen Unternehmensbewertung in einem Konzern, in: Controlling, Heft: 1, 1997, S. 4-13.

Küting, K./Weber, C.-P. (1993): Die Bilanzanalyse, Stuttgart 1993.

Küting, K/Lorson, P. (1999): Anmerkungen zur unternehmenswertorientierten Unternehmensführung, in: FAZ Nr. 230, 4. Oktober 1999, S. 33.

Lachnit, L. (1994): Controllingkonzeption für Unternehmen mit Projektleistungstätigkeit: Modell zur systemgestützten Unternehmensführung bei auftragsgebundener Einzelfertigung, Grossanlagenbau und Dienstleistungsgrossaufträgen, unter Mitwirkung von Helmut Ammann und Bernhard Becker, München 1994.

Lachnit, L. (Hrsg.) (1992): Controllingsysteme für ein PC-gestütztes Erfolgs- und Finanzmanagement, München, 1992.

Landsberg, G. von / Springer, V. / Richarz, R. (1997): Return on Controlling (ROC), in: Controller Magazin, Heft: 5, 1997, S. 317-320.

Lantner, N. (1996): Beziehungsdynamik im Controlling: Schwierigkeiten in der Zusammenarbeit zwischen Managern und Controllern unter konstruktiver Sicht, Bern/Stuttgart/Wien 1996.

Lay, R. (1987): Dialektik für Manager, 13. Aufl., München 1987.

Lebefromm, U. (1997): Controlling: Einführung mit Beispielen aus SAP® R/3®, in: Dorn, Dietmar/ Fischbach, Rainer (Hrsg.): Managementwissen für Studium und Praxis, München, Wien, 1997.

Leffson, U. (1984): Bilanzanalyse, 3. Aufl., Stuttgart 1984.

Lehneis, A. (1971): Langfristige Unternehmensplanung bei unsicheren Erwartungen, Neuwied 1971.

Leontief, W. (1970): Über Planungstechniken in der modernen Wirtschaft, in: Haseloff, O. W. (Hrsg.), Planung und Entscheidung, Berlin 1970.

Lewandowski, R. (1974): Prognose- und Informationssysteme, Bd. 1, Berlin 1974.

Lewis, T. G./und Mitarbeiter (1995): Steigerung des Unternehmenswertes, 2. Aufl. 1995.

Lintner, J. (1965): Security Prices, Risk and Maximal Gains from Diversification, in: Journal of Finance 20, 1965, S. 587 ff.

Lister, M. (1997): Risikoadjustierte Ergebnismessung und Risikokapitalallokation, in: Rolfes, B./Schierenbeck, H. (Hrsg.), Band 12 der Schriftenreihe des Zentrums für Ertragsorientiertes Bankmanagement, Münster 1997.

Lister, M. (2000): Die Eignung des Option Pricing Model zur Bestimmung von Eigenkapitalkosten. Diskussionspapier der Abteilung Bankmanagement und Controlling, Wirtschaftswissenschaftliches Zentrum der Universität Basel, Basel 2000.

Lombard, O./Marteau, D. (1990): Devisenoptionen, Wiesbaden 1990.

Lusti, M. (1998): Data Warehousing und Data Minig – Wege zur Eindämmung der Datenflut?, in: Bruhn, M. et al. (Hrsg.): Wertorientierte Unternehmensführung, Wiesbaden 1998, S. 285-310.

Lutz, F. A./Lutz, V. C. (1951): The Theory of Investment in the Firm, Princeton, New York 1951.

Macaulay, F. R. (1938): Some Theoretical Problem Suggested by the Movement of Interest Rates, Bond Yields and Stock Prices in the United States since 1856, National Bureau of Economic Research, New Aork 1938, S. 44.53.

Macharzina, K. (1993): Unternehmensführung – Das internationale Managementwissen – Konzepte – Methoden – Praxis, Wiesbaden 1993.

Mandelker, G. N./Rhee, S. G. (1984): The Impact of the Degrees of Operating and Financial Leverage on Systematic Risk on Common Stock, in: Journal of Financial and Quantitative Analysis, Vol. 19, 1984, S. 45-57.

Mann, R. (1989): Praxis strategisches Controlling, 5. Aufl., Landsberg/Lech 1989.

Männel, W. (1997): Bedeutung und Aufgaben des Ergebniscontrollings, in: Kostenrechnungs-Praxis, Heft: 5, 1997, S. 291-294.

Männel, W. (Hrsg.) (1992): Handbuch Kostenrechnung, Wiesbaden, 1992.

Martino, J. P. (1972): Technological Forecasting for Decision Making, New York 1972.

Marusev, A. W. (1990): Das Marktzinsmodell in der bankbetrieblichen Einzelgeschäftskalkulation, Schriftenreihe des Instituts für Kreditwesen der Westfälischen Wilhelms-Universität Münster, Bd. 40, Frankfurt a. M. 1990.

Marusev, A. W./Siewert, K.-J. (1990): Das engpaßbezogene Bonus-/Malus-System im Marktzinsmodell, in: Die Bank (1990), S. 217-224.

Matten, C. (1995): The capital allocation challenge for the banks, in: SBC (ed.): Prospects 4-5, 1995, pp. 2 – 5.

Matten, C. (1996): Managing Bank Capital. Capital Allocation and Performance Measurement, West Sussex, 1996.

Mayer, E./ Weber, J. (Hrsg.) (1990): Handbuch Controlling, Stuttgart, 1990.

Mayer, E./Weber, J. (Hrsg.) (1990): Handbuch Controlling, Stuttgart 1990.

Meffert, H. (1985): Größere Flexibilität als Unternehmungskonzept, ZfbF 37, (1985), S. 121-137.

Meffert, H. (1986): Marketing: Grundlagen d. Absatzpolitik; mit Fallstudien / Einf. u. Relaunch d. VW-Golf, Wiesbaden 1986.

Meffert, H. (1998): Marketing – Grundlagen marktorientierter Unternehmensführung; 8. Aufl., Wiesbaden 1998.

Meffert, H. (1999): Marketing-Arbeitsbuch. Aufgaben, Fallstudien, Lösungen, 7. Aufl., Wiesbaden 1999.

Meffert, H./Wehrle, F. (1982): Strategische Unternehmensplanung, in: Meffert, H./Wagner, H. (Hrsg.): Arbeitspapiere der Wissenschaftlichen Gesellschaft für Marketing und Unternehmensführung e. V., Nr. 4, Münster 1982.

Mehl, J. (1991): Devisenoptionen als Instrumente des Währungsrisikomanagements, Schriftenreihe des Instituts für Kreditwesen der Westfälischen Wilhelms-Universität Münster, Bd. 45, Frankfurt a. M. 1991.

Meier, H. B. (1998): Controlling im Roche Konzern, in: Bruhn, M. et al. (Hrsg.): Wertorientierte Unternehmensführung, Wiesbaden 1998, S. 97-144.

Mertens, P. (1982): Simulation, 2. überarb. Aufl., Stuttgart 1982.

Mertin, K. (1982): (Self-) Controlling, in: Zfgk, 35. Jg., 1982, S. 1118-1121.

Meyer, C. (1994): Betriebswirtschaftliche Kennzahlen und Kennzahlen-Systeme, 2. Aufl., Stuttgart, 1994.

Meyer-Kahlen, W. (1988): Captive-Versicherungen, in: Farny, D. u. a. (Hrsg.), Handwörterbuch der Versicherungen, Karlsruhe 1988, S. 95-97.

Middendorf, A. (1999): Eigenkapitalrichtlinien für Nicht-Finanzunternehmen?, in: FAZ, Nr. 212, 13. Sept. 1999, S. 33.

Miller, M. H./Orr, D. (1966): A model for the demand for money by firms, in: OJE, Vol. 80, 1966, S. 413ff.

Miller, M. H./Scholes, M. (1972): Rates of Return in Relation to Risk: A Reexamination of Recent Findings, in: Jensen, M.C. (Ed.), Studies in the Theory of Capital Markets, New York 1972, S. 47-78.

Modigliani, F./Miller, M. H. (1958): The cost of capital, corporation finance, and the theory of investment, American Economic Review 48, 1958, pp. 261-297.

Morgenstern, O. (1979): Some Reflections on Utility, in: Allais, M./Hagen, O. (Hrsg.): Expected Utility and the Allais Paradox, 1979.

Moser, R. (1978): Wechselkursrisiko: Theorie und Praxis der Kurssicherungstechniken, in: Krasensky, H. (Hrsg.): Schriftenreihe der Österreichischen Bankwirtschaftlichen Gesellschaft, Heft LV, 2. Aufl., Wien 1978.

Mossin, J. (1966): Equilibrium in a Capital Asset Market, in: Econometrica 34, 1966, S. 768-783.

Mülhaupt, L. (1980): Einführung in die BWL der Banken. Struktur und Grundprobleme des Bankwesens in der Bundesrepublik Deutschland, 3. Aufl., Wiesbaden 1980.

Müller, W. (1978): Instrumente des Risk Management. Gestaltungsformen und Konsequenzen, in: GEBERA-Schriften, Band 5: Risk Management, Strategien zur Risikobeherrschung, Hrsg.: Goetzke, W./Sieben, G., Köln 1978, S. 69-81

Müller, W. R. (1998): Welche Welten gelten? – oder: Was ist der Mitarbeiter wert?, in: Bruhn, M. et al. (Hrsg.): Wertorientierte Unternehmensführung, Wiesbaden 1998, S. 231-250.

Müller-Merbach, H. (1973): Operations Research. Methoden und Modelle der Optimalplanung, 3. Aufl., Berlin, Frankfurt a. M. 1973.

Müller-Merbach, H. (1984): Risikoanalyse, in: Management-Enzyklopädie, Bd. 8, 2. Aufl., München 1984, S. 211-217.

Myers, S. (1968): Procedures for Capital Budgeting Under Uncertainty, in: Industrial Management Review, 1968, S.1-15.

Neubürger, H.-J. (2000): Wertorientierte Unternehmensführung bei Siemens, in: ZfbF, 52. Jg., März 2000, S. 188-197.

Neubürger, K. W. (1980): Risikobeurteilung bei strategischen Unternehmensentscheidungen. Grundlagen eines Risiko-Chancen-Kalküls, Stuttgart 1980.

Neubürger, K. W. (1981): Risiko-Chancen-Kalkül: Hilfsmittel für die Unternehmensentscheidungen bei Unsicherheit, in: DBw, 1981, Heft 3, S. 447-456.

Neubürger, K. W. (1989): Chancen- und Risikobeurteilung im strategischen Management: Die informatorische Lücke, Stuttgart 1989.

Nolte, M. (1997): Marktwertcontrolling im Währungsportfolio, Schriftenreihe des Zentrums für Ertragsorientiertes Bankmanagement, Münster, Frankfurt a. M. 1997.

Novartis (2000): Daten unter http://www.info.novartis.com/investors/annual_rep.html

o. V. (1997): Makler will Anteile zur eigenen Neuausrichtung zurückkaufen, in: Handelsblatt vom 23.09.1997.

o. V. (1999) Die Euro 500 im Test, manager magazin, Heft 11/1999, S. 208 - 223.

o. V. (1999a): Unternehmens-Insolvenzen in Deutschland, in: Die Zeit Nr. 49, 2. Dezember 1999, S. 37.

o. V. (1999b): Unternehmensinsolvenzen in Europa, in: FAZ Nr. 242, 18. Oktober 1999, S. 27.

o. V. (1999c): „Es gilbt keinen objektiven Unternehmenswert", in: FAZ Nr. 226, 29. September 1999, S. 19.

o. V. (2000) Daten zur technischen Aktienanalyse unter http://www.consors.de.

o. V. (2000a): Unzugängliches Risikomanagement in deutschen Unternehmen, in: FAZ Nr. 25, 31. Januar 2000, S. 32.

o. V. (2000b): Deutsche Finanzvorstände scheuen das Risiko nicht, in: FAZ Nr. 37, 24. Februar 2000, S. 31.

o. V. (2000c): Unzulängliches Risikomanagement in deutschen Unternehmen, in: FAZ Nr. 25, 31. Januar 2000, S. 32.

o. V. (2000d): Der Shareholder Value zwingt die Unternehmen zur Transparenz, in: FAZ Nr. 12, 15. Januar 2000, S. 26.

O'Meara, J. T. (1961): Selecting Profitable Products, in: HBR, 39. Jg. (1961), S. 83 ff.

Oehler, A. (Hrsg.) (2000): Kreditrisikomanagement, Stuttgart 2000.

Oertmann, P. (1997): Investment Style, in: Gehrig, B./Zimmermann, H. (Hrsg.): Fit for Finance, Zürich 1997, S. 139-157.

Offenbächer, V./Schmitt, G. (1999): Spezialprobleme und Lösungsansätze im Zusammenhang mit der Ermittlung der Eigenkapitalkosten, in: Bühner, R. (Hrsg.): Wertorientierte Steuerungs- und Führungssysteme, Stuttgart 1999, S. 237-251.

Ohl, H. P. (1994): Asset-Backed Securities – Ein innovatives Instrument zur Finanzierung deutscher Unternehmen, Wiesbaden 1994.

Ossadnik, W. (1996): Controlling, in: Corsten, Hans (Hrsg.): Lehr- und Handbücher der Betriebswirtschaftslehre, München, Wien, 1996.

Ossadnik, W. (1997): Controlling, München, 2. Aufl., Wien, 1997.

Ossadnik, W. (1997): Synergie-Controlling: Controlling als Instrument des Shareholder Value-Konzepts in: Dutsches Steuerrecht, Heft: 46, 1997, S. 1822.

Paul, W. / Zieschang, M. (1995): Die Steuerung eines industriellen Unternehmens durch ein geschlossenes Zielrenditesystem, in: ZfB, Heft Nr. 1, 65. Jg., 1995, S. 15 – 48.

Peemöller, V. (1992): Controlling. Grundlagen und Einsatzgebiete, 2. Aufl., Herne/Berlin 1992.

Peemöller, V./Hüttche, T. (1993): Unternehmensbewertung und funktionale Bilanzanalyse, Teil I und Teil II, in: Deutsches Steuerrecht, 1993, S. 1307-1311; S. 1344-1348.

Pellens, B. / Rockholtz, C. / Stienemann, M. (1997): Marktwertorientiertes Konzerncontrolling in Deutschland - Eine empirische Untersuchung, in: Der Betrieb, Heft: 39, 1997, S. 1933-1939.

Perridon, L./Steiner, M. (1999): Finanzwirtschaft der Unternehmung, 10. Aufl., München 1997.

Pfohl, H.-C. (1997): Planung und Kontrolle, 2. Aufl., Stuttgart/Berlin/Köln/Mainz 1997.

Pointek, J. (1996): Controlling, München/Wien 1996.

Porter, M. E. (1983): Wettbewerbsstrategie, Frankfurt 1983.

Porter, M. E. (1985): Competitive Advantage, London, New York 1985.

Porter, M. E. (1998): Competitive Strategy: Techniques for Analyzing Industries and Competitors, New York 1998.

Probst, G. J. B./Schmitz-Dräger, R. (Hrsg.) (1985): Controlling und Unternehmungsführung, Bern, 1985.

Professorenarbeitsgruppe (1987): Bankaufsichtsrechtliche Begrenzung des Risikopotenzials von Kreditinstituten, in: DBW, 47. Jg., 1987, Heft 3, S. 285-302.

Pümpin, C. (1999): Strategie der Wertsprünge – ein neues Planungskonzept für turbulente Zeiten, in: Manager Bilanz, Juli 1999, S. 6-12

Rappaport, A. (1986): Creating Shareholder Value, New York/London 1986.

Recktenwald, H. C. (Hrsg.) (1971): Nutzen-Kosten-Analyse und Programmbudget – Grundlage staatlicher Entscheidung und Planung, Tübingen 1971.

Reichard, C. (1977): Betriebswirtschaftslehre der öffentlichen Verwaltung, Berlin, New York 1977.

Reichmann, T. (1996): Strategisches und operatives Kosten- und Erfolgs-Management und –Controlling, in: Controlling, Januar/Februar 1996, S. 4-13.

Reichmann, T. (1997): Controlling mit Kennzahlen und Managementberichten, Grundlagen einer systemgestützten Controlling-Konzeption, 5. Aufl., München, 1997.

Reichmann, T./Form, S. (2000): Balanced Chance- and Risk-Management, in: Controlling, 12. Jg, April/Mai 2000, S. 189-198.

Reichmann, T./Haiber, T./Fröhling, O. (1996) Cash-Management, Cash-Pooling und Controlling. Einbau von kennzahlenorientierten Sicherheitsschwellen in den Prozess des Konzern-Cash-Managements, in: Controlling, 1996, S. 296 – 302.

Reinelt, I./Keller, T. (1995): Außerbilanzielle Risiken in bilanziellen Geschäften, in: Die Bank, 1995, S. 292-297.

Richter, F. (1996): Die Finanzierungsprämissen des Entity-Ansatzes vor dem Hintergrund des APV-Ansatzes zur Bestimmung von Unternehmenswerten, in: Zfbf, Heft Nr. 12, 48. Jg., 1996, S. 1076-1097.

Roever, M. (1982): Gemeinkosten-Wertanalyse. Erfolgreiche Antwort auf den wachsenden Gemeinkostendruck, in: ZFO, 51. Jg., 1982, S. 249-253.

Roever, M. (1983): Gemeinkosten-Wertanalyse. Erfolgreiche Antwort auf die Gemeinkostenproblematik, in: Rationalisierung und Personalmanagement in Kreditinstituten, (Hrsg.): Schierenbeck, H./Wielens, H., Frankfurt a. M. 1983, S. 27-31.

Rogge, H.-J. (1972): Methoden und Modelle der Prognose aus absatzwirtschaftlicher Sicht, Berlin 1972.

Rohrbach, B. (1973): Techniken des Lösens von Innovationsproblemen, in: Jacob, H. (Hrsg.), Rationeller Einsatz der Marketinginstrumente, Schriften zur Unternehmensführung, Bd. 17, Wiesbaden 1973.

Rolfes, B. (1992): Moderne Investitionsrechnung: Einführung in die klassische Investitionstheorie und Grundlagen marktorientierter Investitionsentscheidungen, München/Wien 1992.

Rolfes, B. (1999): Gesamtbanksteuerung, Stuttgart 1999.

Rolfes, B./Koch, U. (2000): Gesamtbankbezogene Zinsrisikosteuerung: Dynamisierung des Barwertansatzes, in: Die Bank, 8/2000, S. 540-545.

Rosenkranz, F. (1995): Unternehmensplanung, 2. Aufl., München/Wien 1995.

Ross, St. A. (1976): The Arbitrage Theory of Capital Asset Pricing, in: Journal of Economic Theory 13, 1976, S. 341-360.

Rubinstein, M. (1973): A Mean-Variance Synthesis of Corporate Financial Theory, in: Journal of Finance, Vol. 28, 1973, S. 161-181.

Rücker, U. (1999): Finite Risk Konzepte als Beispiel hybrider Instrumente der Risikofinanzierung, in: Schierenbeck, H. (Hrsg.), Risk Controlling in der Praxis, Zürich 1999, S. 365-411.

Runzheimer, B. (1978): Risiko-Analyse in der Investitionsplanung, in: DBw, 1978, Heft 2-3, S. 44-50.

Savelberg, A. H. (1996): Risikomanagement in Kreditderivaten, in: Die Bank, 1996, S. 328-332.

Schall, L. D./Haley, C. W. (1991): Introduction to Financial Management, New York 1991.

Schaltegger, S. (1997): Controlling in der betrieblichen Praxis: Schreibt Ihr Unternehmen auch "grüne" Zahlen?, in: Gabler´s Magazin, Heft: 1, 1997, S. 12-15.

Schierenbeck, H. (Hrsg.) (1999x): Risk Controlling in der Praxis, Zürich 1999.

Schierenbeck, H. (1973): Beteiligungsentscheidungen - Betriebswirtschaftliche Grundlagen des Erwerbs und der Veräußerung von Unternehmensbeteiligungen, Berlin 1973.

Schierenbeck, H. (1975): Abwicklungsformen und -probleme externen Unternehmenswachstums, in: „Betriebs-wirtschaftliche Forschung und Praxis", 27. Jg. (1975), Heft 4, S. 357-367.

Schierenbeck, H. (1977): Unternehmensbewertung und Beteiligungskalkül, in: „Zeitschrift für Betriebswirtschaft", 47. Jg. (1977), Heft 10, S. 651-668.

Schierenbeck, H. (1980) Unternehmensfinanzen und Konjunktur - Eine theoretische und praxeologische Analyse der Zusammenhänge zwischen Konjunktur und betrieblicher Finanzwirtschaft, Stuttgart 1980.

Schierenbeck, H. (1993): Innerbetriebliche Leistungen, in: K. Chmielewicz u. a. (Hrsg.), „Handwörterbuch des Rechnungswesens", 3. Aufl., Stuttgart 1993, Sp. 910-920.

Schierenbeck, H. (1997): Ertragsorientiertes Bankmanagement im Visier des Shareholder Value-Konzepts, in: H. Schierenbeck (Hrsg.), "Shareholder Value-Konzepte in Banken", Tagungsband zum 4. Basler Bankentag am 27.11.1996, Basler Bankenstudien, Verlag Paul Haupt Bern, Stuttgart Wien 1997, S. 3-48.

Schierenbeck, H. (1997a): Investment-Kontrollrechnungen im Anlagenportefeuille, in: "Input", Nr. Juli 2/97, S. 36-38.

Schierenbeck, H. (1998): Shareholder Value-Management im Konzept Ertragsorientierter Banksteuerung, in: "Die Bank", Nr. 1/1998, S. 13-17.

Schierenbeck, H. (1999a): Wertorientiertes Management als Triebfeder für Bankzusammenschlüsse – Konsequenzen für die Geschäftspolitik, in Institut für Wirtschaftswissenschaften der Universität Klagenfurt (Hrsg.), „Reihe BWL aktuell" Nr. 3 im Januar 1999.

Schierenbeck, H. (2000): Grundzüge der Betriebswirtschaftslehre, 15. Aufl., München/Wien 2000.

Schierenbeck, H. (2000a): Übungsbuch zu Grundzüge der Betriebswirtschaftslehre, 8. Aufl., München/Wien 2000.

Schierenbeck, H. (2001): Ertragsorientiertes Bankmanagement, Bd. 1: Grundlagen, Marktzinsmethode und Rentabilitäts-Controlling, und Band 2: Risiko-Controlling und Bilanzstruktur-Management, 7. Aufl., Wiesbaden 2001.

Schierenbeck, H./Hölscher, R. (1998): BankAssurance, Stuttgart 1998.

Schierenbeck, H./Lister, M. (1998): Finanz-Controlling und Wertorientierte Unternehmensführung, in: Bruhn, M. et al. (Hrsg.): Wertorientierte Unternehmensführung, Wiesbaden 1998, S. 13-56.

Schierenbeck, H./Lister, M. (1998): Risikoadjustierte Ergebnismessung und Allokation von Risikokapital, in: B. Rolfes / H. Schierenbeck / St. Schüller (Hrsg.), „Gesamtbankmanagement – Integrierte Risiko-/Ertragssteuerung in Kreditinstituten", Schriftenreihe des Zentrums für Ertragsorientiertes Bankmanagement (ZEB), Bd. 18, Frankfurt/Main 1998, S.195-269.

Schierenbeck, H./Paul, S. (1998): Moderne Bankkalkulation mit Hilfe der Marktzinsmethode und der Optionspreistheorie, WWZ-Forschungsbericht 2/98, Basel August 1998.

Schierenbeck, H./Wiedemann, A. (1996): Marktwertrechnung im Finanz-Controlling, Stuttgart, 1996.

Schmalenbach, E. (1963): Kostenrechnung und Preispolitik, 8.Aufl., Köln/Opladen 1963.

Schmidt, G. (1997): Methode und Technik der Organisation, 11. Aufl., Gießen 1997.

Schmidt, R.-B. (1973): Wirtschaftslehre der Unternehmung, Bd.2: Zielerreichung, Stuttgart 1973.

Schneeweiß, H. (1990): Ökonometrie, 4. überarb. Aufl., Heidelberg 1990.

Schneider, D. (1992): Investition, Finanzierung und Besteuerung, 7. Aufl., Wiesbaden 1992.

Schulte, C: (Hrsg.) (1996): Lexikon des Controlling, München, Wien, 1996.

Schwartz, R. J./Smith, C. W. (1993): Advanced Strategies in Financial Risk Management, New York 1993.

Schwarzecker, J./Spandl, F. (1996): Krisenmangement mit Kennzahlen: mit Stufenplan zur Sanierung, 2. Aufl., Wien 1996.

Schweizerisches Bundesamt für Statistik (2000) Daten unter http://www.statistik.admin.ch.

Schwetzler, B. (1999): Shareholder Value Konzept, Managementanreize und Stock Option Plans, in: DBW, 59 Jg., 3-1999, S. 332-350.

Schwetzler, B./Darijtschuk, N. (1999): Unternehmensbewertung mit Hilfe der DCF-Methode - eine Anmerkung zum „Zirkularitätsproblem", in: ZfB, Heft Nr. 3, 69. Jg. 1999, S. 295-318.

Seifert, W. G. (1999): Vom Nutzen der Ungeduld, FAZ Nr. 242, 18. Oktober 1999, S. 29.

Serfling, Klaus (1992): Controlling, 2. Aufl., Stuttgart, 1992.

Sharpe, W. F. (1964): Capital Asset Prices. A Theory of Market Equilibrium under Conditions of Risk, in: Journal of Finance 19, 1964, S. 425-442.

Siegert, T.:/Böhme, M./Pfingsten F./Picot, A. (1997): Marktwertorientierte Unternehmensführung im Lebenszyklus, in: ZfbF, Heft Nr. 5, 49. Jg., 1997, S. 471-489.

Siegwart, H. (1994): Der Cash-flow als finanz- und ertragswirtschaftliche Lenkungsgröße, in: Institut für Betriebswirtschaft, HOCHSCHULE ST. GALLEN FÜR WIRTSCHAFTS-, RECHTS- UND SOZIALWISSENSCHAFTEN (Hrsg.): Entwicklungstendenzen im Management, Band 2, 3. Aufl., Stuttgart, Zürich, 1994.

Simon, H. (1992): Preismanagement. Analyse, Strategie, Umsetzung 2. Aufl., Wiesbaden 1992.

Slodczyk, K. (2000): Aktien im Sixpack, in: Die Zeit Nr. 13, 23. März 2000, S. 27.

Smith, C. W./ Smithson, C. W./Wilford, D. S. (1995): Managing Financial Risk, New York, 1995.

Smithson, C./Minton, L. (1996): Value at Risk, in: Risk, Vol. 9, No. 1, January 1996, pp. 25 – 27.

Spremann K./Zur, E. (Hrsg.): (1992): Controlling. Grundlagen – Informationssysteme – Anwendungen, Wiesbaden, 1992.

Spremann, K. (1996): Wirtschaft, Investition und Finanzierung, 5. Aufl., München/Wien 1996.

Spremann, K. (1998): Finanzielle Führung und interner Kapitalmarkt, in: Die Unternehmung, 52. Jg., Heft 5/6 1998, S. 339-347.

Spremann, K./ Zur, E. (Hrsg.) (1992): Controlling, Grundlagen - Informationssysteme - Anwendungen, Wiesbaden, 1992.

Staehle, W. H. (1969): Kennzahlen und Kennzahlensysteme als Mittel der Organisation und Führung von Unternehmen, Wiesbaden 1969.

Steiner, M./Bruns, C. (1996): Wertpapiermanagement, 5. Aufl., Stuttgart 1996.

Steinle, C. (1998): Unternehmensführung - ein „grundlegender" Überblick, in: Steinle, C./Bruch, H.: Controlling: Kompendium für Controller/innen und ihre Ausbildung, Stuttgart 1998, S. 152-202.

Steinle, C. (1998a): Strategisches Controlling und strategische Planung im Zusammenwirken: Der zentrale Entwicklungstrend im Controlling, in: Steinle, C./Bruch, H. (Hrsg.): Controlling: Kompendium für Controller/innen und ihre Ausbildung, Stuttgart 1998, S. 341 - 353.

Steinle, C. (1998b): Systeme, Objekte und Bestandteile des Controlling, in: Steinle, C./Bruch, H. (Hrsg.): Controlling: Kompendium für Controller/innen und ihre Ausbildung, Stuttgart 1998, S. 279-340.

Steinle, C. (1998c): Organisation des Controlling, in: Steinle, C./Bruch, H. (Hrsg.): Controlling: Kompendium für Controller/innen und ihre Ausbildung, Stuttgart 1998.

Steinle, C. / Eggers, B. / Lawa, D. (Hrsg.) (1996): Zukunftsgerichtetes Controlling: Unterstützungs- und Steuerungssystem für das Management; mit Fallbeispielen, 2. Aufl., Wiesbaden, 1996.

Steinle, C./ Lawa, D. / Kolbeck, F. (1994): Strategieentwicklung und strategisches Controlling – Plädoyer für eine klare Aufgabentrennung und Gestaltungshinweise zum Zusammenwirken, in: BfuP, Heft 4, 1994, S. 376 – 395.

Steinle, C./Bruch, H. (1998a): Controllerrollen - fachliche und persönliche Anforderungsprofile, Selbstverständnis und Fremdwahrnehmung, in: Steinle, C./Bruch, H. (Hrsg.): Controlling: Kompendium für Controller/innen und ihre Ausbildung, Stuttgart 1998, S. 48-61.

Steinle, C./Bruch, H. (Hrsg.) (1998): Controlling: Kompendium für Controller/innen und ihre Ausbildung, Stuttgart 1998.

Stewart, G. B. (1991): The Quest for Value, New York 1991,

Stippel, N./ Reichmann, T. (1998): Target Costing und Wertanalyse, in: Controlling, Zeitschrift für erfolgsorientierte Unternehmenssteuerung, Heft Nr. 2, März/April, 10. Jg., 1998, S. 98 - 105.

Streitferdt, L. (1973): Grundlagen und Probleme der betriebswirtschaftlichen Risikotheorie, Wiesbaden 1973.

Studer, T. (1998): Die Eigenkapitalkosten – Schwachstelle aller Führungsinstrumente der Wertorientierten Unternehmensführung, in: Bruhn, M. et al. (Hrsg.): Wertorientierte Unternehmensführung, Wiesbaden 1998, S. 365-390.

Süchting, J. (1995): Finanzmanagement. Theorie und Politik der Unternehmensfinanzierung, 6. Aufl., Wiesbaden 1995.

Tanew-Illitschew, G. (1982): Portfolio-Analyse als Instrument strategischen Bankmanagements, in: ÖBA, 30. Jg. (1982), S. 133-149.

Thießen, F. (1993): Das Paradoxon von Maurice Allais. Zeigt es die Notwendigkeit einer zu erneuernden Verhaltenstheorie?, in: ZfbF, 45. Jg., 1993, S. 157-174.

Töpfer, A. (1976): Planungs- und Kontrollsysteme industrieller Unternehmungen, Berlin 1976.

Topritzhofer, E./Moser, R. (1977): Wechselkursrisiko und Kurssicherung aus unternehmerischer Sicht, in: WiSt, 6. Jg., 1977, S. 412-419.

Tucker, S. A. (1973): Einführung in die Break-Even-Analyse, München 1973.

UBS (1999): Risiko-Management. 14 Thesen zur risikobewussten Unternehmensführung, in: UBS Outlook, Zürich 1999.

Uhlir, H./Steiner, P. (1994): Wertpapieranalyse, 3. Aufl., Heidelberg 1994.

Ulrich, P./Fluri, E.: (1992): Management. Eine konzentrierte Einführung, 6. Aufl., Stuttgart 1992.

Vaga, T. (1990): The Coherent Market Hypothesis, in: Financial Analysts Journal, Vol. 6, 1990, S. 36-49.

Value Management & Research (1998) plenum AG, Technologie und Systeme, Neu-Isenburg, 23.07.1998.

Volkart, R. (1997): Wertkommunikation, Aktienkursbildung und Managementverhalten, in: Die Unternehmung 2/1997, S. 119-132.

Volkart, R. (1998): Finanzielle Führungsinstrumente im „Konvergenzprozess", in: Die Unternehmung, Heft Nr. 6, 51. Jg., 1998, S. 443 - 458.

Volkart, R. (1998a): Strategische Finanzpolitik, 2. Aufl., Zürich, 1998.

Volkart, R. (1999): Unternehmensbewertung und Aquisitionen, Zürich 1999.

Volkart, R. / Buehlmann, B. (1997): Free Cash Flow - Schillernde Finanzzielgröße Anregungen zu einem kompetenteren Free Cash Flow-Verständnis, in: Der Schweizer Treuhänder , Heft: 8, 1997, S. 649-654.

von Rechberg, U. (1997) Systemgestützte Kostenschätzung. Eine Controlling-Perspektive, Wiesbaden 1997.

Weber, J. (1990): Ursprünge, Begriffe und Ausprägungen des Controlling, in: Mayer, E./Weber, J. (Hrsg.): Handbuch Controlling, Stuttgart 1990, S. 3-32.

Weber, J. (1995): Strategisches Beteiligungscontrolling, in: Zeitschrift für Planung, Heft Nr. 2, 1995, S. 95 – 111.

Weber, J. (1997): Marktorientiertes Controlling, Vallendar 1997.

Weber, J. (1997a): Controllership versus Controlling: Stellungnahmen zum Editorial von Prof. Dr. Peter Horvath in Heft 4/1996, in: Controlling , Heft: 3, 1997, S. 180-185.

Weber, J. (1997a): Prozeßkostenorientiertes Controlling, Vallendar 1997.

Weber, J. (1997b): Controlling 2000: Der Abschied vom "Erbsenzähler", in: Gabler´s Magazin, Heft: 9, 1997, S. 36-39.

Weber, J. (1998): Einführung in das Controlling, 7. Aufl., Stuttgart, 1998.

Weber, J./ Goeldel, H./ Schäfer, U. (1997): Gestaltung der strategischen und operativen Planung, in: Die Unternehmung, Heft Nr. 4, 51. Jg., 1997, S. 273 – 295.

Weber, J./Knorren, N. (1997): Implementierung Shareholder Value, Vallendar 1997.

Weber, J./Knorren, N. (1998): Sicherung der Rationalität durch wertorientierte Planung, in: Die Unternehmung, Heft 4, 52. Jg, 1998, S. 209 – 223.

Weber, J./Schäfer, U. (1999): Re-Inventing Controlling, Vallendar 1999.

Weber, J./Schäffer, U. (1998): Balanced Scorecard, Vallendar 1998.

Weber, J./Weißenberger, B. E. (1998): Finanzorientiertes Controlling, Vallendar 1998.

Weber, J./Weißenberger, B. E./Liekweg, A. (1999): Risk Tracking and Reporting, Vallendar 1999.

Weber, J./Wertz, B. (1999): Benchmarkting Exellence, Vallendar 1999.

Weber, J./Willauer, B. (2000): Marktorientierte Instrumente des Controlling, Vallendar 2000.

Wiedemann, A. (1997): Bilanzstrukturmanagement im Unternehmen, WWZ-Forschungsbericht 8/97, Basel, November 1997.

Wiedemann, A. (1998): Die Passivseite als Erfolgsquelle: Zinsmanagement in Unternehmen, Wiesbaden 1998.

Wiedemann, A. (1998a): Herausforderungen für das Finanz-Controlling in Unternehmen – Ein Messkonzept für das Zinsrisiko und den daraus resultierenden Erfolg, in: Bruhn, M. et al. (Hrsg.): Wertorientierte Unternehmensführung, Wiesbaden 1998, S. 57-80.

Wiedemann, A. (2000): Studie „Finanzielles Risikomanagement in Unternehmen", in: Finanzbetrieb, Heft 6, 2. Jg., Juni 2000, S. 382-384.

Wiemann, V./Mellewigt, T. (1998): Das Risiko-Rendite Paradoxon. Stand der Forschung und Ergebnisse einer empirischen Untersuchung in: ZfbF, 50. Jg., Juni 1998, S. 551-572.

Wild, J. (1973): Product Management, 2. Aufl., München 1973.

Wild, J. (1982): Grundlagen der Unternehmensplanung, 4. Aufl., Reinbek bei Hamburg 1982.

Witt, F.-J. (1994): Controllingkultur, in: Witt, F.-J. (Hrsg.): Controllingprofile, München 1994, S. 2-16.

Witt, F.-J. (Hrsg.) (1991): Aktivitäts-Controlling und Prozesskosten-Management, Stuttgart 1991.

Witt, F.-J. (Hrsg.) (1994): Controllingprofile, München, 1994.

Wittmann, E. (1999): Organisation des Risikomanagements im Siemens Konzern, in: Schierenbeck, H. (Hrsg.), Risk Controlling in der Praxis, Zürich 1999, S. 457-482.

Wittmann, E. (1999a): Umsetzung wertorientierter Strategien mit Scorecards, in: Bühner, R./Sulzbach, K., (Hrsg.): Wertorientierte Steuerungs- und Führungssysteme, Stuttgart 1999, S. 165-180.

Wohlleben, H.-D. (1984): Präsentationstechnik, hrsg. v. Lindlaub, H., 3. Aufl., Gießen 1984.

Wöhrmann, P. (1998): Neue Lösungen gefragt, in: Schweizer Bank, Heft Nr. 11, 1998, S. 52-60.

Wolf, K./Runzheimer, B. (1999): Risikomanagement und KonTraG: Konzeption und Implementierung, Wiesbaden 1999.

Wu, Chunchi/ Yu, Chih-Hsien (1996): Risk aversion and the yield of corporate debt, in: JoBF, Vol. 20, No. 2, March, 1996, pp. 267 - 282.

Ziegenbein, K. (1997): Controlling, 6. Aufl., Ludwigshafen, 1997.

Zimmermann, G./ Jöhnk, T. (1998): Shareholder-Value- oder Stakeholder-Ansatz als Zielkonzeption für öffentlich-rechtliche Kreditinstitute?, in: ZfgK, Heft Nr. 6, 51. Jg., 15. März 1998, S. 277 – 280.

Zimmermann, H. (1997): Corporate Finance und Financial Engineering, Kapitel 20 in: Gehrig, B./Zimmermann, H.: Fit for Finance, Theorie und Praxis der Kapitalanlage, 4. Aufl., Zürich 1997.

Zündorf, H. (1992): Bilanzanalyse mit Expertensystemen, Teil I und Teil II, in: Deutsches Steuerrecht, 1992, S. 553-556; S. 593-596.

Zwicky, F. (1971): Entdecken, Erfinden, Forschen im morphologischen Weltbild, München 1971.

Stichwortverzeichnis

A

Abschöpfungsstrategien 293
Abschreibungsrisiko 335
Absicherungsinstrumente 429
Absicherungsstrategie 438
Abweichungsanalyse 36, 370
Abweichungsursachen 64
Accounting-Betas 482
Acid Test Regel 140
Activity-Based-Costing 383
Adressausfallrisiken 379
Allais-Paradoxon 312
Amortisationsverlauf 265
Analogieansatz 479
Analyseansatz 480
Anlageergebnis 259, 271
Annualisierter Gesamterwartungswert 344
Annualisierungsverfahren 344
Annuitätenmethode 252
Anreiz- und Vergütungssystem 53
APV-Methode 106, 107
Arbitrage Pricing Theory 95, 169
Asset Backed Securities 459
Asset-Liability-Management 379, 402
Ausfalleffektanalyse 329
Ausfallrisiko(s), Bewertung des 455
Ausgleichsgesetz der Planung 39
Ausschüttungspolitik 106

B

Balance Reporting 413
Balanced Scorecard 15, 17, 32, 44, 45, 46, 49, 51, 52, 53
Barwertkalkül 221
Benchmarking 121, 176
Berichtswesen 72
Best-Practice-Ansatz 121, 176, 423
Betriebsvergleich 180
Bilanzielles Eigenkapital 484
Bilanzorientierung 141

Boston-Portfolio 299
Break Even Analyse 397
Brutto-Investitionsrendite 239
Brutto-Unternehmenswert 98, 105
Budget 59, 61
Budgetierung 60
Budgetkontrolle 63
Budgetprozess 54
Budgetvorgabe 62

C

Capital Asset Pricing Model 93, 169
Captive 360
Cashflow at Risk 343
Cashflow-Bedarf 147, 168, 200
Cashflow-Eigenkapitalrentabilität 201
Cashflow-Relationen 162
Cashflow-Return on Investment 108, 201
Cashflow-Saldo 122
Cash-Management 413
Cash-Pooling 414
Clearing 414
Coherent Market Hypothesis 100, 169
Commodity Risks 379, 429
Conjoint-Analysen 389
Contingent Capital 359
Controlling-Funktionen 4
Controlling-Philosophien 4
Controlling-Ziele 4
Controlling-Zieltypen 4
Controlling-Zyklus 14
Corporate Governance 370
Cost driver 380
Credit Default Swap 459
Current-Ratio 140
Customer Relations 49

D

Deckungspotenzial 356
Deport 442
Devisenforwards 441
Devisenfutures 446
Devisenkassamarkt 445
Devisenoption 449
Devisenterminkontrakte 441, 446
Devisenterminmarkt 446
Discounted-Cashflow- Methoden 82, 474
Diskriminanzanalyse 455
Diversifikation 95
Dividend Discount Model (DDM) 99, 169
Dividendenpolitik 144
Dividendenquote 154, 166
Dividendenrendite 174
Dividendenstabilität 145
Double-Loop 55
Drei-Werte-Verfahren 345
Duales Steuerungsmodell 15
Duration 431, 433, 438

E

Earnings at Risk 343
EBIT 185, 188, 256
EBITDA 185
Economic Value Added 218, 296, 474
Effective Duration 432
Eichhörnchen-Prinzip 413
Eigenkapitalallokation 477
Eigenkapitalaufnahmerate 166
Eigenkapitalbedarf 142, 216
Eigenkapitalkosten 95, 169, 315, 317, 324, 368, 477
Eigenkapitalquote 194, 490
Eigenkapitalrentabilität 121, 178, 213
Eigenkapitalrentabilitätssteigerung 426
Eigenkapitalwachstumsquote 154
Einzel- und Gemeinkosten 383
Employed Capital 183
Enterprise Value 213
Entity-Methode 105, 107
Entscheidungsmodelle 63

Entscheidungstheorie 315
Entwicklungsindikatoren 58
Erfahrungskurve 287
Erfolgsbegriffe 181
Erfolgskrise 318
Erfolgspotenzialbeitrag 283
Erfolgsrisiken 332
Erfolgsziele 45
Ergebnis, operatives 264
Ergebnisentstehungs- und -verwendungsrechnung 255
Ergebniskontrollen 36
Ergebniskorridor 316
Expectations Hypothesis 233
Expertensysteme 456

F

Faktorbetas 96
Faktorrisikoprämie 96
Faktorsensitivitäten 96
Favorite-longshot-bias 314
Feedback, strategisches 54
Fehlerbaumanalyse 330
Financial Accounting 73
Financial Engineering 217
Finanzbedarf 147, 163
Finanzbedarfsrechnungen 461, 471
Finanzderivate 358
Finanzergebnis 259, 279, 280
Finanzielles Gleichgewicht 121f
Finanzierungsdifferenzen 468
Finanzierungsinstrumente 159
Finanzierungskosten 243
Finanzierungsregeln 138
Finanzkraft 200, 294
Finanzplan 402, 403
Finanzrechnung 73
Finanzrisiken 332
Finanzstruktureller Ansatz 178
Finanzstrukturgleichgewicht 122, 149
Finanzziele 45
Finite Risk-Konzepte 360
Firmenkonkursquote 321
Flexibilisierung 393

Fortschreibungsbudgetierung 63
Free lunches 95
Free-Cashflow 90, 91
Fremdkapitalkosten 102
Fristenkongruente Finanzierung 245
Fristentransformation 224, 247, 277
Fristentransformationsergebnis 260, 275
Fristentransformationsperformance 277
Fristentransformationsrendite 277
Früherkennungssysteme 57, 74, 377
Frühwarnsysteme 57, 59
Funding 357

G

Gap Analyse 437
Gegenstromverfahren 14, 38
Gemeinkostenreduzierung 409
Gemeinkosten-Wertanalyse 63, 293
Gesamtbewertungsverfahren 98
Gesamtkapitalrentabilität 256
Gesamtrisikostatus 366
Gesamtschadenswert 360
Geschäftseinheiten 372
Geschäftsfeld, strategisches 283
Geschäftsfeldkurve 291
Geschäftsfeldstärke 304
Geschäftsfeldstrukturanalyse 290
Geschäftsfeldstruktur-Controlling 116, 284
Geschäftsfeldstruktur-Tabelle 290
Geschäftsphilosophie 11f
Geschäftsrisiken 332, 379
Gewinn pro Aktie 206
Gewinnbedarf 146, 153
Gewinnschwelle 397
Gewinnsteuer 88, 146
Gewinnvolatilität 325
Gewinnwachstum 325
Gleichgewichtsbedingungen 461, 463
Gleichgewichtsergebnis 122, 150
Gleichgewichtsformel 157
Gleichgewichtsrechnungen 421
Gleichgewichtsrentabilität 122, 148, 419
Goldene Bilanzregel 140

Großaktionärsinteressen 145
Gross-Return on Assets 185, 191

H

Human Ressource Accounting 74
Hybride Instrumente 360

I

Income Capitalization Model (ICM) 99, 169
Industriemodell der Marktzinsmethode 224, 255
Information coverage ratio 50
Informationsaskese 68
Informationsaufbereitung 71
Informationsbedarf 68
Informationsbereitstellung 68
Informationserzeugung 68
Informationsfunktion 9, 68
Informationsmarketing 68
Informationssystem 22
Informationstechnologien 3, 69
Informationstransformation 69
Innenfinanzierung 143
Innenfinanzierungsgrad 200
Innovationsprozess 48
Intrinsic Business Risk 482
Investitionsbetas 480
Investitions-Controlling 224
Investitionskontrolle 225, 229
Investitionsplanung 224
Investitionskoordination 224
Investitionsrate 165, 200, 294
Investitionsrate 166
Investitionsrechnung 226
Investitionsrendite 239
Investor Relations 85, 326
Ising Modell 100
Isoquantenanalyse 113, 115, 190
Istvergleich 59

J

Jahresabschlussanalyse 454

K

Kalkulationszinsfuss 227
Kapitalallokation 473
Kapitalbasis 238
Kapitalbedarfsplan 38
Kapitalbindung 217
Kapitalerhöhungen 144, 154
Kapitalflussrechnungen 73
Kapitalgewinn 256
Kapitalgewogener Durchschnittszins 240
Kapitalkosten 90
Kapitalmarktkommunikation 115
Kapitalmarkttheorie 317, 326, 423
Kapitalstruktur 103, 327, 128, 130, 135, 151, 217
Kapitalstrukturgleichgewicht 122
Kapitalstrukturkennzahlen 127
Kapitalstrukturnormen 127, 138
Kapitalstrukturrisiko 335, 379, 416
Kapitalumschlag 125, 191
Kapitalumschlagsrisiko 335
Kapitalwertmethode 82
Kapitalzuführung 142, 423
Kapitalzuweisung 473
Katastrophenrisiko 351
Kennzahlenveränderungen 185
Kernkompetenz-/Wertschöpfungs-Matrix 308
Key Rate Duration 434
KGV 92, 208
Kommunikationsinstrumente 52
Kommunikationsproblem 69, 474
Kommunikationsstrategien 52
Kongruenzprinzip 18
Konkurrenzstrategien 88
Kontingenzansatz 328
KonTraG 50, 314
Kontrolle 36, 43
Kontrollfunktion 43, 60
Kontrollphase 32

Kontrollprozess 285
Kontrollrechnung 109
Konvexitätsproblem 432
Konzentrationsstrategien 88
Konzept der Wertkette 86
Koordinationsaufgabe 13
Koordinationsfunktion 9, 60
Kosten-/Nutzen-Analyse 358
Kostenkontrolle 381
Kostenrechnungssystem 390
Kostenrisiko 380, 391
Kostentransparenz 380
Kostentreiber 380
Kostenverantwortlichkeiten 380
Kreditderivate 459
Kreditrisiko 453
Krisenstadien 318
Kunden-/Marktnähe 23
Kundenperspektive 46
Kundenzufriedenheit 47
Künstliche Neuronale Netze (KNN) 456
Kurs-/Gewinn-Verhältnis 92, 208
Kursrendite 174

L

Lageanalyse 34
Lageprognose 34
Lebenszykluskonzept 285, 286, 395
Leverage-Effekt 186, 416, 481
Liquidationswertmethode 98
Liquiditäts-Controlling 401
Liquiditätsergebnis 259, 268
Liquiditätskrise 319
Liquiditätsplanung 73
Liquiditätsplanung und -kontrolle 402
Liquiditätsreservehaltung 280
Liquiditätsrisiko 332, 402
Liquiditätssteuerung 379
Liquidity Preference Theory 233
Liquidity-at-risk 408
Lower-Partial-Moment 343

M

Management Accounting 73
Management-by-Exception 15, 19
Manipulationsabwehr 39, 42
Manufacturing cycle effectiveness 48
Margenrisiko 396
Markt-/Buchwert-Verhältnis 92, 174
Marktanteils-/Marktwachstumsportfolio 299
Marktattraktivitäts-/Wettbewerbsstärkenportfolio 302f
Marktinformationen und -analysen 27, 414
Marktpreisrisiken 428, 378
Marktrisikoprämie 171
Marktteilnehmerstrategien 88
Marktwert 103, 206, 315, 221
Marktwertkoeffizient 297
Marktwertrendite 331
Marktwertrisiken 429
Marktwertsteuerung 210, 222
Marktwertveränderung 220
Marktzinsmethode 222, 475
Marktzinsmodell der Investitionsrechnung 224, 229
Marktzinsstrukturkurve 271
Maximalbelastungsfall 364
MBV 92, 174
Mehr-Ebenen-Modell 372
Mindest Rentabilität 178
Mindestgewinn 157
Minimal-Ebenen-Prinzip 19
Minimumsektor 39
Mobilitätsreserven 411
Mobilitätsstatus 409
Modigliani/Miller-Modell 427
Money Transfer 413
Monitoring 59
Monte-Carlo-Simulation 343
Multi-Parent-Captives 360

N

Net-Return on Assets 186, 190
Netting 414
Netto Methode 105, 181
Netto-Investitionsrendite 254
Nominalwertprinzip 448
Normalbelastungsfall 364

O

Operationalisierungslücke 52
Operationalitätsprinzip 19
operatives Ergebnis 266
Opportunitätskosten 102
Option Pricing Model 97, 169
Optionspreistheorie 97
Organisationsstruktur 18f, 30
Outrightgeschäft 441

P

Partialmodelle 227
Passivisches Zinsergebnis 259, 272
Peer Review 54
Performancerisiko 315
Periodenerfolgsorientiertes Rentabilitäts-Controlling 115
Periodisierung 251, 252, 253
Planabweichungen 37
Planbilanzen 461, 471
Planerfolgsrechnungen 461, 466, 471
Planfortschrittskontrolle 43
Plankostenrechnung 381
Planung 39
Planung und Kontrolle 9, 32, 37, 60, 284
Planungs- und Kontrollrechnung 367
Planungshorizont 461, 462
Planungsintegrationsproblem 474
Planungsverfahren 38
Portfolioanalyse 191, 286
Portfoliogleichgewicht 122
Portfoliorisiken 332
Portfoliotechnik 298

Portfoliotheorie 95
Prämissenkontrolle 36, 43
Preisabweichung 393
Price Earning Ratio 213
Prinzip der maximalen Vorhersehbarkeit und Sicherheit 412
Prinzip der Schlüssel-Liquidität bzw. key resource strategy 412
Prinzip der Schlüssel-Liquidität bzw. key resource strategy 412
Prinzip der Zielvereinbarung 60
Prinzip des geringsten Widerstands 412
Prinzip des minimalen Prognosebedarfs 40
Prinzip flexibler und elastischer Planung 42
Prioritätenprinzip 61
Problemanalyse 34
Produktivitätsergebnis 391
Profit-Center-Konzept 21
Prognose 34, 35, 80
Prognosehorizont 92
Prognosekostenrechnung 381
Prognosemodell 35, 62
Prognoserechnungen 461
Programmbudgetierung 63
Prospect Theory 327
Prozesskostenrechnung 382, 383

Q

Querschnittsvergleiche 59
Question Marks 300

R

RAPM 493
RAROC 493
Rating 455
Rationalisierung 217, 423
Realisation 32, 36, 225
Regelkreismodell 14
Reifephase 287
Reingewinnbedarf 146

Reinvestitionsfaktor 294
Renditeanspruch 94
Rentabilitätsbedarf 122, 216
Rentabilitäts-Controlling 113, 115, 121, 221
Rentabilitätshebel 187
Rentabilitätslücke 216
Rentabilitätsorientierung 77
Rentabilitätsziel 292
Rent-a-captive 360
Report 442
Reporting 75
Residualprizip 106
Ressourcenanalyse 288
Restkosten 391
Return on Assets 152
Return on Equity 152, 176
Richtpreise 17
Risiken des finanzwirtschaftlichen Bereichs 333
Risiken des leistungswirtschaftlichen Bereichs 333
Risiken des Managements und der Organisationsstruktur 332
Risiko 93, 172, 332, 333
Risiko-/Rendite-Verhältnisse 473
Risikoanalyse 36, 328, 378
Risikobegriff 311
Risikobelastungsfälle 364
Risikobewältigung 329, 353, 355
Risikobewältigungsstrategie 363
Risikobewertung 328, 336
Risikobewusstsein 31, 371
Risikobudgetmatrix 367
Risiko-Chancen-Kalkül 329, 367, 473
Risiko-Controlling 116, 377
Risikodeckungsmassen 356
Risikodeckungsmassen 493
Risikodeckungspotenzial 357
Risikodefinition 311
Risikodiversifikation 355
Risikohebel 187
Risikoidentifikation 328, 329
Risikokapital 486, 493
Risikokapitalallokation 494
Risikokategorien 331, 332, 377

Risikokategorisierung 335
Risikokennzahlen 58
Risikokontrolle 329, 370
Risikolimite 18
Risikolücken 378
Risikomatrix 365
Risikominderung 354
Risikoorganisationssystem 371
Risikoparameter 339
Risikopolitik 352
Risikoportfolio 350
Risikoprämie 93, 460
Risiko-Rendite-Paradoxon 327
Risikoreporting 329, 370
Risikoschwellen 58
Risikosteuerung 329
Risikostruktur 103
Risikotragfähigkeitskalkül 329, 362, 363, 473
Risikotransfer 357, 359
Risikoübernahme 11
Risikoüberwachung 329, 370
Risikoverantwortung 371
Risikovermeidung 354
Risikovorsorge 356
Risikovorsorgefunktion 360
Risikowert 435
Risikozuschlag 368
Risk Adjusted Balanced Scorecard 50
Risk Adjusted Performance Measurement 493
Risk Bond 359
Risk Map 350
Rohstoffpreisrisiken 428
ROI-Analyse 153, 161, 185, 186, 192, 196, 198
Rückversicherungsmarkt 360

S

Sättigungsphase 287
Scanning 59
Schachtelprinzip 40
Schnittstellen 377
Schuldentilgungskraft 130

Scoring-Modell 286
Self-Controlling 15, 20, 27, 31, 377
Sensitivitätsanalyse 345, 430
Shareholder Value-Netzwerk 83
Shareholder-Value 77
Sicherheitsbetrag 447
Sicherheitsgrad, optimaler 361
Sicherheitskonto 447
Sicherungsinstrumente 445
Simulation 343
Simultanmodelle 226
Situationsgebundene Analyse 411
Soll-/Ist-Vergleich 403
Soll-Rentabilität 179
Stakeholder 79
Standardeinzelkostenrechnung 381, 384
Standardszenarien 337, 343
Stärken-/Schwächen-Profil 289
Stars 300
Stellenbesetzung 20, 30
Stellschrauben des Wertmanagements 115
Steuereffekte 102
Steuergrössen 111
Steuern 103, 146
Steuerrisiko 335
Störungsvarianten 331
Strategic job coverage 50
Strategieempfehlung 77
Strategische Unternehmensführung 56
Strukturelle Fehlbeträge 408
Struktursteuerung 16
Substanzwertmethode 98
Substitutionsprodukte 86
Swapsatz 443
Swapsatzrisiko 441
Systembetrieb 14
Systembildung 14
Systemdurchsetzung 14
Systemkoppelung 14
Systemorientierte Teilaufgaben 69
Systemüberprüfung und -anpassung 14
Szenarien, Worst-Case- oder Stress- 343
Szenarioanalysen 54, 347
Szenarioentwicklung 350
Szenario-Technik 363

T

Target Costing 382, 388
Teamfähigkeit 32
Theorie der Präferenz-Umkehr 313
Theorie des Erwartungsnutzens 312
Theory of Social Imitation 100
Thesaurierung 423
Thesaurierungspolitik 106
Thesaurierungsquote 154, 420
Top-down-approach 19
Total Assets 183
Total Investor Performance 173, 209
Total Net Assets 183
Totalmodelle 227
Treasury 275
Trendbruchanalyse 350
Triade des Wertorientierten Managements 11

U

Übergewinn 356
Umsatzrentabilität, gleichgewichtsorientierte 158
Umsatzrisiko 335, 395
Umsatzwachstum 87, 124, 150, 160
Unsicherheitskategorie 336
Unternehmensbewertung 81
Unternehmensinsolvenzen 322
Unternehmensphilosophie 77
Unternehmensplanung, hierarchische 38, 42
Unternehmenswert 81

V

Value at Risk 339
Value per-share 205
Verantwortungsprinzip 61
Verbrauchsabweichung 393
Vergleich Soll-/Ist-V. 36, 180
Vergleich, Perioden-V. 180
Vergleich, Zeit-V. 180

Vermögens-Endwertmodelle 228
Vermögensstruktur 128
Verrechnungspreise 17
Verschuldung 104
Verschuldung, Modelle der optimalen 424
Verschuldungsgrad 130, 150, 189, 421
Verschuldungsintensität 130
Verschuldungspolitik 128
Verschuldungsregeln 138
Versicherungsderivate 359
Versicherungsmanagement 373
Versicherungsprämie 358
Vorleistungsrisiko 454

W

Wachstumsbegrenzung 423
Wachstumsphase 286
Wachstumsrate 145
Währungsrisiko 428
Währungsswaps 451
Wechselkursrisiko 429
Weighted Average Cost of Capital 92, 103, 477, 486
Wertadditivitätstheorem 105, 244
Wertaktivitäten 87
Wertanalyse 63
Wertkette 86
Wertmanagement 148, 221, 322, 473, 489
Wertorientierte Preispolitik 12
Wertpapierlinie 93
Wertschöpfung 306
Wertsteigerung 473
Wertsteigerungspotenziale 80
Wertsynthese 35
Werttreiber 82, 109
Wettbewerbsadditivitätstheorem 492
Wettbewerbsstärke 304
Wiederanlageprämisse 228
Wiedereindeckungsrisiko 453
Wirkungsbezogene Massnahmen 415
Wirkungsprognosen 35
Wirtschaftlichkeitsrechnung 74, 226
working capital 133, 409

Z

Zeitliche Inkongruenz 443
Zeitreihenanalysen 59
Zero-Base-Budgeting 63
Zerobond-Abzinsfaktoren 235
Ziel- und Problemanalysen 33f
Zieldekomposition 152
Zielkonzeption 45
Zielkostenrechnung 382, 388

Zielrevisionen 33
Zielvereinbarungen 17
Zinsänderungsrisiko 170, 429, 437
Zinsaufwand 193
Zinsbelastungsrate 167
Zinsrisiko 335
Zinsstruktur 231, 247
Zukunftserfolgswertmethode 82